Das rote Amerika

Christian F. Feest

Das rote Amerika

Nordamerikas Indianer

Europaverlag

Umschlag und Einband von Georg Schmid
Das Foto des Umschlages stammt von Foto Votava. Wien

Lektorat Peter Aschner

© 1976 by Europa Verlags-AG Wien
Printed in Austria
Gesetzt im Filmsatzzentrum Deutsch-Wagram
Druck Elbemühl Wien
ISBN 3-203-50577-0

Inhalt

Vorwort

Dieses Buch versteht sich als eine Einführung in die Probleme der nordamerikanischen Indianer in einer nichtindianischen Welt. Im Gegensatz zu den Verhältnissen in den Vereinigten Staaten, wo die zwischen Geschichte und Völkerkunde stehende Studienrichtung der *Indian-White Studies* besonders in den letzten zwei Jahrzehnten besondere Beachtung erfahren hat, bleibt die Darstellung der Beziehungen zwischen Uramerikanern und Weißen in Europa noch immer weitgehend der Belletristik überlassen.

Die komplexe rechtliche, wirtschaftliche und politische Situation, in der sich die nordamerikanischen Eingeborenen heute befinden, ist in der Zeit, seit Europa die Neue Welt für sich erschloß, mehr oder weniger organisch gewachsen. Im heutigen Verhältnis zwischen Rot und Weiß wird so reichlich mit der Geschichte argumentiert, daß diese Geschichte unbedingt als Teil der gegenwärtigen Existenz gelten muß. Anderseits ist ein völkerkundliches Verständnis für die Ereignisse der Vergangenheit und Gegenwart unerläßlich, wenn man über die Klischeevorstellungen hinauskommen will, die allzu lange das Indianerbild der Öffentlichkeit bestimmt haben.

Entscheidend für meine persönliche Sicht des roten Amerikas war mein einjähriger Forschungsaufenthalt in den USA in den Jahren 1972–1973 als *Postdoctoral Fellow* der Smithsonian Institution in Washington. Meine bisherigen ethnohistorischen Forschungen bekamen durch die direkte Konfrontation mit der indianischen Wirklichkeit neue Perspektiven und neue Bezugspunkte. Unzählige Anregungen zum Thema verdanke ich auch meinen amerikanischen Freunden und Kollegen, insbesondere William C. Sturtevant und Wilcomb E. Washburn.

Ein Buch, das ein so unendlich vielschichtiges Problem, wie es das Verhältnis von Indianern und Weißen ist, behandelt, kann keinen Anspruch auf Vollständigkeit erheben. Bei allem Bemühen um eine ausgewogene Darstellung sind regionale und thematische Schwerpunktbildungen unvermeidlich. Der Verweis auf die reiche amerikanische Literatur im letzten Kapitel mag dem Leser auf der Suche nach ausgeklammerten Fragen behilflich sein.

Schließlich noch ein Wort zum Aktualitätsgehalt: Bücher sind keine Zeitungen. Was letztere meist an Hintergrundinformation vermissen lassen, wird durch den Neuigkeitswert wettgemacht. Wenn anderseits im folgenden Ereignisse der jüngeren Vergangenheit geschildert werden, so können sie niemals den letzten Stand bieten. Ihre Darstellung steht vielmehr für typische Einzelsituationen, wie sie sich auch nach Drucklegung noch oft ereignen werden. Ihre Analyse mag das Verständnis künftigen Geschehens erleichtern.

C. F. F.

Der edle Wilde

Seit 1522 die Berichte über Magellans Weltumseglung endgültige Gewißheit schufen, weiß Europa, daß Kolumbus auf der Suche nach einem kürzeren Seeweg nach Indien eine »neue Welt« entdeckt hatte. Neu freilich nur für die weißen Nautiker und Geographen, denn bereits Zehntausende Jahre zuvor waren die Landmassen der westlichen Hemisphäre von anderen Völkern aufgefunden und besiedelt worden. Diese ersten Einwanderer auf dem amerikanischen Doppelkontinent stammten gleichfalls aus der Alten Welt, insbesondere aus den Weiten Sibiriens, doch waren sie zu Kolumbus' Zeiten schon so lange in ihrer neuen Heimat ansässig, daß man sie getrost als die ersten Amerikaner, als die Eingeborenen der Neuen Welt bezeichnen kann. Sie und ihre Nachkommen hatten Amerika für den Menschen erschlossen, das erste Wild auf dem Kontinent erlegt, die ersten Häuser, Dörfer und Städte gebaut, die ersten Felder und Bewässerungssysteme angelegt. Ihre Sprachen hatten sich mittlerweile so weit von jenen Eurasiens fortentwickelt, daß eine Verwandtschaft zwischen alt- und neuweltlichen Idiomen bis heute nicht eindeutig nachweisbar ist. Ihre Kulturen, wiewohl auf altweltlichem Erbe fußend, waren in charakteristischer Weise von denen unterschieden, die man außerhalb Amerikas antraf, und auch im physischen Habitus waren die Unterschiede nach außen hin größer als die allerdings beträchtlichen Verschiedenheiten der amerikanischen Volksstämme untereinander.

Während sich aber für den Kontinent zwischen dem Atlantischen und dem Pazifischen Ozean schon sehr bald der Name *Amerika* einbürgerte (Amerigo Vespucci verewigend, der als erster erkannte, daß das von Kolumbus »entdeckte« Land keinen Platz in dem bis dahin nicht grundsätzlich angezweifelten antiken Bild von der Erde hatte), bezeichnete man die Eingeborenen weiterhin so, als ob sie Bewohner Indiens wären: als *Indios, Indians, Indier* oder *Indianer*. Nur kurzer Beliebtheit erfreute sich für sie die Bezeichnung *Amerikaner,* die bald von den in der Neuen Welt geborenen oder lebenden Weißen in Anspruch genommen wurde. Zum Irrtum ihrer Benennung trat ein zweiter: Während im folgenden das Wort *Indianer* lediglich als Überbegriff für die Uramerikaner und ihre Nachkommen Verwendung finden soll, verband und verbindet sich bis zum heutigen Tag für die meisten Nichtindianer mit dieser Bezeichnung ein einheitliches Vorstellungsbild. Auch wenn diese Vorstellung im Laufe der Geschichte verschiedenen Veränderungen unterworfen war und für den einzelnen unterschiedliche Inhalte haben mag, vermittelt sie doch die Ansicht, daß es »den Indianer« schlechthin gebe. Diese Ansicht entsprach nie den Tatsachen: Als Kolumbus seinen historischen Irrtum beging, war der nördlich der mexikanischen Hochkulturen gelegene Teil Amerikas von mehr als tausend gesellschaftlich und politisch getrennten Stammesgruppen bewohnt, die mehrere hundert Sprachen verwendeten, welche teilweise so grundverschieden waren wie Deutsch und Chinesisch. Manche der Gruppen waren seßhafte Bodenbauern, andere waren Fischer, wieder andere nomadisierende Jäger. Es gab kriegerische Stämme und friedliche, Bewohner von Lehmburgen, Holzhäusern, Lederzelten und Rindenhütten, Gesellschaften mit Klassengliederung und solche ohne größere Standesunterschiede. Die europäischen Ankömmlinge sahen langköpfige und breitköpfige, groß- und kleingewachsene Eingeborene, Leute in Fellkleidung, andere in Baumwollgewändern und wieder andere, die nackt gingen. Was aber den Weißen allein ins Bewußtsein drang, war die Verschiedenheit der Uramerikaner von ihnen selbst. Die Suche nach dem Gegensatz, die das europäische Denken beherrscht, führte dazu, daß die Gegensatzpaare Weiß–Rot, Europäer–Indianer, Kolonisten–Eingeborene entstanden. Wie stark das Streben nach eindeutiger Polarisierung war, zeigen die noch zu besprechenden Schwierigkeiten, die sich dem Versuch der Weißen, das spätere Nebeneinander von Indianern, Afrikanern und Europäern in Amerika in ein einfaches Gegensatzschema zu pressen, entgegenstellten.

Europa betrachtete die Neue Welt als unverhofftes Geschenk, dessen Eingliederung in den eigenen Machtbereich verhältnismäßig geringe geistige Anforderungen stellte. Viel komplizierter schien dagegen die Einordnung der Urbewohner Amerikas in das überkommene Weltbild. Neue Welt – ja, neue Menschen – nein. Bei der Beschreibung des Unbekannten bedienten sich die weißen Berichterstatter des Bekannten: der antiken Geographie und Völkerbeschreibung, der Bibel und der neuzeitlichen Entdeckungsberichte. Kolumbus beschrieb die Hautfarbe der Bewohner der westindischen Inseln als vergleichbar mit jener der Einwohner der Kanarischen Inseln, Vespucci zog eine Parallele mit den Tartaren, Petrus Martyr, der Historiograph der spanischen Conquista, verglich das Nomadisieren der Uramerikaner mit dem der alten Skythen. Kanarier, Tataren, Skythen: sie waren Randvölker im Sinne der antiken Erdbeschreibung; Völker, die an der Grenze der bekannten und zivilisierten Welt lebten, Menschen, über die man wenig Zuverlässiges wußte und denen man nicht nur Abweichungen von der kulturellen, sondern auch solche von der physischen Norm zuschrieb: Menschenfresserei, Promiskuität und Amazonentum galten für die Randvölker als ebenso typisch wie Einäugigkeit, Einfüßler- oder Kopffüßlertum. Schon Herodot, der zwar die angeblichen körperlichen Abnormitäten der Menschen an den »Rändern der Erde« mit Skepsis vermerkte, schrieb den dortselbst gelegenen Ländern großen Reichtum an Bodenschätzen und natürlichen Ressourcen zu. Die Rolle als Lieferanten billiger Rohstoffe haben die Länder der Dritten Welt bis heute nicht verloren.

Als die Kenntnis von der Alten Welt sich vertiefte und die Zivilisation des Abendlandes mehr und mehr bislang barbarische Regionen in ihren Einflußbereich schloß, übertrug man die gleichen antiken Vorstellungen von Land und Leuten an den Grenzen der Ökumene auf immer neue Gegenden und Völker – zuletzt auf Amerika. Es nimmt daher kaum Wunder, daß die Wikinger nach einem Besuch auf Neufundland fast fünfhundert Jahre vor Kolumbus von einem *ein-foetingr* (Einfüßler) berichteten, der ihren Anführer Thorvald Ericsson angeblich erschossen hatte. Jacques Cartier hörte von angeblichen Einfüßlern 1535 im Hinterland des St.-Lorenz-Stroms, während etwas frühere europäische Berichte noch das Vorkommen solcher Wesen in Äthiopien und Asien »belegen«. Erzählungen über Amazonen in der Umgebung des Flusses, der heute ihren Namen trägt, und über Kopffüßler in Guayana bestätigen die Macht der vorgeformten Erwartungen, mit denen die Kolonisten Amerika betraten. Der Reichtum an Bodenschätzen in einigen der ersten Kolonisationsgebiete wurde von den Zeitgenossen als weiterer Beleg für die Richtigkeit der antiken Anschauungen gewertet.

Die Vorstellung, daß man mit dem neuentdeckten Erdteil wenn schon nicht Asien, so doch ein mit diesem verbundenes Stück Land gefunden hätte, blieb auch nach Magellans Entdeckungen im Umlauf. Die englischen Kolonisten im Virginia des frühen siebzehnten Jahrhunderts sahen bei einem benachbarten Häuptling eine Schatulle mit Einlegearbeiten, die dieser aus einer mehrere Tagereisen weiter nordwestlich gelegenen Region erhalten hatte und die nach Ansicht der Briten aus China stammen mußte. Auch der französische Missionar Nicolet suchte 1634 im Seengebiet Nordamerikas, das in der von dem virginischen Häuptling angegebenen Richtung lag, nach China: Auf eine Erkundungsreise in diese Gegend nahm der umsichtige Jesuit ein reichbesticktes chinesisches Gewand mit, um passend adjustiert zu sein, sollte der Orient tatsächlich bereits jenseits des Michigan-Sees beginnen.

Englands erste Erfahrungen in Nordamerika aber waren mehr von der erst kürzlich erfolgten Unterwerfung der Iren als vom Bücherwissen über Inder und Chinesen bestimmt. Frühe englische Berichte aus der Neuen Welt ziehen immer wieder den Vergleich zwischen den Inselnachbarn im nahen und den neuen Nachbarn der Kolonie im fernen Westen. Beide Völkergruppen waren im Vergleich zu den Briten ungehörig wild und wehrhaft, unterwarfen sich nicht freiwillig den Zivilisationsbringern, ja sie ähnelten einander sogar in äußerlichen Details. Die Iren waren zwar Christen, jedoch von einer suspekten Spielart: »abergläubische« Katholiken, denen die rechte Gesittung fehlte, um zum wahren Christentum gelangen zu können, das sich anschickte, sich die Erde zu unterwerfen. Um aus den gälischen Insulanern vollwertige Menschen zu machen, war es notwendig, sie zu zivilisieren; das heißt, sie zu anglisieren. Dasselbe galt für die Indianer.

Die eigentliche Einbindung der neuen Menschen ins alte Weltbild geschah fernab der amerikanischen Wirklichkeit. Unbelastet vom Druck der Realität konnte man versuchen, die gestörte Harmonie der Sicht von der Welt wiederherzustellen. Schließlich mußten die Uramerikaner von den acht Menschenwesen herstammen, die die Sintflut überlebt hatten und mit Noahs Arche am Berg Ararat gestrandet waren. Nur viertausend Jahre zwischen der großen Flut und der Entdeckung Amerikas bot die biblische Geschichte als möglichen Zeitraum für die Einwanderung der Eingeborenen aus der Alten in die Neue Welt.

Die Bibel selbst wurde bei der Feststellung der Identität der Indianer vorerst außer acht gelassen – das antike Schrifttum bot bessere Anhaltspunkte. Der spanische Chronist Oviedo, der nicht lange nach der Conquista selbst Amerikaerfahrung gesammelt hatte, neigte zu der Annahme, die westindischen

Inseln wären dreitausend Jahre vor Kolumbus von Spaniern unter dem sagenhaften König Héspero entdeckt und besiedelt worden: die Hesperiden der griechischen Mythologie wurden in die Neue Welt verpflanzt und mit der angeblichen spanischen Erstbesiedlung zugleich ein vager Rechtstitel auf Amerika geschaffen.

Mehr Anhänger als diese schlecht fundierte Spekulation fand die kaum besser belegbare Theorie von einer karthagischen Besiedlung. Hatte nicht selbst der große Aristoteles davon geschrieben, daß einst karthagische Handelsleute jenseits der Säulen des Herkules eine Insel entdeckt hätten, die ausschließlich von wilden Tieren bewohnt war? Obwohl es Widersprüchlichkeiten in der Argumentation der Exegeten und ihrer Quellen gab, wurde die karthagische Theorie fleißig propagiert. Auch aus ihr konnte ein Rechtstitel abgeleitet werden: Nach dem Dritten Punischen Krieg seien alle karthagischen Rechte auf Rom übergangen, der Papst als rechtmäßiger Nachfolger der römischen Kaiser konnte somit rechtsgültig die von den Nordafrikanern gefundenen Länder an die Spanier abtreten. Es fanden sich auch kulturelle Parallelen zwischen Karthago und Amerika: Die Bewohner beider Gegenden waren Idolanbeter und Sonnenverehrer, sie hatten Priester und Opfer, sie tranken gerne und ermangelten der Strebsamkeit. Die ungewöhnlichen Inschriften der mittelamerikanischen Tempelbauten waren in der Meinung der Verfechter dieser Theorie karthagischen Ursprungs.

Andere lasen in Senecas *Medea* von »novi orbes« und mußten an die Neue Welt denken: Amerika war also der Antike doch schon bekannt gewesen! Das sagenumwobene Atlantis war eine geeignete Mittelstation bei der Überbrückung des Atlantiks und erklärte den relativ hohen Stand der altamerikanischen Zivilisationen. Das aztekische Wort für Wasser, *atl*, wurde als Beleg für die Erinnerung der Mexikaner an ihre alte Heimat bemüht. Um die Unterschiede zwischen Azteken und Mayas einleuchtend zu erklären, ließen manche Autoren neben den Atlantis-Leuten auch Ulysses sich nach Yucatan verirren. Ein späterer Schriftsteller griff in diesem Zusammenhang auf die spanische Besiedlungstheorie zurück: Er ließ die Basken über Atlantis in die Neue Welt einwandern. Neben allgemeinen Ähnlichkeiten (Barbarei, rohe Sitten) gab es spezifischere Übereinstimmungen (Menschenopfer, Männerkindbett, Zopfträger) und besonders gewisse sprachliche Parallelen zwischen dem Baskischen und dem Quechua Perus;

Ortsnamen mit dem Präfix *Gua* fänden sich nur in Spanien (Guadalquivir, Guadina) und in Amerika (Guatemala, Guayaquil). Es ist eine Ironie der Geschichte, daß manche Sprachforscher heute ernstlich versuchen, die Verwandtschaft zwischen dem Baskischen und bestimmten nordamerikanischen Indianersprachen wissenschaftlich zu beweisen. Eine zweite Ironie des Schicksals ist es, daß in der Gegenwart zwischen der relativ starken baskischen Kolonie in Arizona und den dort lebenden Navajos (die bevorzugte Kandidaten für eine Sprachverwandtschaft mit dem Baskischen sind) häufig Mischehen vorkommen, deren Schließung unter anderem durch die gemeinsame traditionelle Wirtschaftsform, die Viehzucht, gefördert wird.

Die Briten begannen erst wesentlich später als die Spanier, über den Ursprung der Indianer nachzudenken, so wie sie auch erst später mit der Kolonisation begonnen hatten. Soweit sie sich nicht einfach herrschenden spanischen Meinungen anschlossen, stellten auch sie heimische Entdecker in den Vordergrund, um ihrer Landnahme in der Neuen Welt wenigstens im Nachhinein den Anschein der Legalität zu geben. Dabei war der heilige Brendan, ein irischer Mönch, der im sechsten Jahrhundert zu Inseln westlich von Irland vorgestoßen sein soll, weniger beliebt als der walisische Prinz Madoc, der nach einer anderen Legende zur Zeit der walisischen Bürgerkriege im zwölften Jahrhundert mit seinen Anhängern gleichfalls nach Westen ausgewandert sein soll. Diese These erfreute sich bis ins neunzehnte Jahrhundert hinein großer Beliebtheit. Madocs Reise lag aber zeitlich zu spät, um die Besiedlung ganz Amerikas erklären zu können. Die Anhänger des walisischen Prinzen suchten deshalb nach bestimmten Stämmen als Nachkommen der Emigranten und fanden sie nacheinander in den Doegs, Pawnees und Mandans. Hauptargument war immer die Sprache: Waliser behaupteten, mit den Indianern ohne große Schwierigkeit Konversation betreiben zu können; gelegentlich »fand« sich auch eine walisische Bibel in indianischem Besitz.

Biblischen Ursprungs war die Gleichsetzung des Reichs Ophir mit Peru. Dieses Reich, aus der König Salomon Gold importiert hatte, war von Ophir, dem legendären Urururenkel Noahs und Sohn Joktans, oder seinen Nachkommen gegründet worden. Die Ähnlichkeit der Worte Ophir und Peru ließ letzteres als geeigneten Kandidaten für Ophir erscheinen; Gold gab es auch dort in Hülle und Fülle. Yucatan sei sicherlich nach Vater Joktan benannt worden. Eine andere biblisch inspirierte Version besagte, Amerika sei von den Nachkommen Kanaans, des Sohnes Hams, der von Noah wegen Hams Sünde verflucht worden war, besiedelt worden. Dieser Ursprung erklärte besser als spanische oder walisische Ahnen die Idolatrie und allgemeine »Sündhaftigkeit« der Uramerikaner.

Bei weitem die größte Verbreitung fand jedoch die Ableitung der amerikanischen Eingeborenen von den zehn verlorenen Stämmen Israels, die aus der assyrischen Gefangenschaft nicht mehr nach Samaria zurückgekehrt waren. Das apokryphe vierte Buch Esdras berichtet, die zehn Stämme hätten nach ihrer Umsiedlung durch den Assyrerkönig Salmanassar V. beschlossen, nicht bei den Heiden zu bleiben, sondern in ein unbewohntes Land zu ziehen, wo sie ihre Gebräuche pflegen könnten, ohne von feindlichen Nachbarn daran gehindert zu werden. Sie durchquerten den Euphrat und verbrachten anderthalb Jahre auf der Wanderschaft, bis sie Arzareth erreichten, ein Land, das ihren Vorstellungen entsprach. Schon für manche spanische Autoren des sechzehnten Jahrhunderts war Arzareth Amerika. Großen Aufschwung aber nahm die Theorie um die Mitte des siebzehnten Jahrhunderts im Zusammenhang mit der Wiederaufnahme der Juden in England, von wo sie seit 1290 ausgesperrt waren. Die europäischen Juden, die sich nun selbst in die Diskussion einschalteten, unterstützten die These mit der folgenden Argumentation: Der Messias war den Juden für den Fall der Zerstreuung Israels bis an die Enden der Welt in Aussicht gestellt worden; die Auffindung der zehn verlorenen Stämme in Amerika brachte dieses Ziel greifbar nahe; nur England fehlte noch, um die Prophezeiung voll zu machen. Die englischen Christen wieder dachten an das nahende Reich Gottes, das durch die Bekehrung der Juden eingeleitet werden sollte. Die Missionierung der Indianer als der zehn verlorenen Stämme Israels und die Wiederzulassung der Juden in England zwecks leichterer Bekehrung waren daher zwei Wege zum selben Ziel.

Die rein theoretische Argumentation wurde durch scheinbare ethnographische und sprachliche Parallelen gestützt. Bei der großen Vielfalt der indianischen Kulturen war es kein unüberwindliches Problem, für alle Bräuche der Israeliten eingeborene amerikanische Entsprechungen zu finden. Mit zunehmender Kenntnis der Verhältnisse in Amerika wurde daher die Stützung der liebgewordenen Hypothese immer leichter. Thomas Thorowgood, der erste englische Exponent der Gleichsetzung der Indianer mit den zehn verlorenen Stämmen Israels, hatte es 1650 noch schwer, genügend Beweismaterial zusammenzutragen, zumal er selbst nie in Amerika gewesen war. 125 Jahre später veröffentlichte James Adair, ein Händler unter den Indianern des nordamerikanischen Südostens, seine *Geschichte der amerikanischen Indianer,* die weitgehend einer detaillierten Beweisführung in derselben Richtung auf der Grundlage seiner eigenen Kenntnisse und Erfahrungen gewidmet war.

Adairs dreiundzwanzig auf Parallelen beruhende Argumente schließen unter anderem ein: die Unterteilung der Indianer in Stämme – wie im Falle der Stämme Israels; die Benennung des höchsten Himmelswesens der Chickasaws als *Yo He Wah* – der Jehovah der Hebräer; das Mondjahr bei Indianern und Israeliten; das Vorkommen von Propheten auch bei den Roten; deren Einhaltung spezifischer Tabus, die mosaischen Vorschriften entsprechen; die Befolgung von Heiratsregeln wie Levirat und Sororat, die Form der Ehescheidung und der Bestrafung von Ehebruch; Gewährung von Asylrecht; Ähnlichkeiten in der Form der Namengebung. Obwohl Adairs Beweisführung zwar länger, jedoch kaum überzeugender war als die anderer Autoren, hatte sein Buch im neunzehnten Jahrhundert einen nachhaltigen Einfluß auf einen breiten Sektor der Literatur über den Ursprung der Indianer.

Die Lehre der Mormonen übernahm die These vom amerikanischen Fortleben der zehn verlorenen Stämme Israels in adaptierter Form. James Fenimore Cooper beschreibt in seinem Roman *Der Bienenjäger* (1850), wie ein von dieser These begeisterter Missionar versucht, den Indianern klarzumachen, daß sie eigentlich Hebräer seien, dabei aber auf skeptische Ablehnung stößt. Die Mormonen straften Cooper Lügen: Die von ihnen bekehrten Eingeborenen, so etwa die Catawbas, bekennen sich heute zu ihrem fiktiven biblischen Erbe.

Alle Versuche, den Urbewohner der Neuen Welt in seinem Ursprung in die Alte Welt einzubinden, zielten darauf ab, sein unbestreitbares Menschsein zu verkraften. Die Frage nach seiner Wesenheit war damit nur zum geringsten Teil beantwortet. Eine Verwandtschaft mit dem auserwählten Volk verlieh ihm zweifellos eine gewisse Respektabilität, doch selbst wenn die Indianer Abkommen der zehn verlorenen Stämme oder der alten Spanier waren, so waren sie deshalb nicht auch schon »bessere Menschen«. Alle Ableitungen von Kulturvölkern implizierten Degeneration, Verrohung, Verfall. Grundsätzlich näherte man sich dem Problem der Bewertung des indianischen Wesens jedoch ohne Rücksicht auf Spekulationen über seine Herkunft.

Interessant wurde die Frage durch die fast labormäßige Isolierung Amerikas und seiner Eingeborenen von der Alten Welt. Reiner als die außerhalb der abendländischen Zivilisation stehenden Völker Asiens und Afrikas repräsentierten die Urbewohner der Neuen Welt den Typus des »Wilden« (so wie nach ihnen nur noch die Südseeinsulaner). In der Jungfräulichkeit der transatlantischen Wildnis erschloß sich am ehesten die Artung des Naturmenschen. Die Frage nach der Natur des Wilden wurde ohne Rücksicht auf die Realität und im Sinn der klassischen Auffassung von diesem Thema gestellt, sie konnte daher notfalls auch ohne faktische Bestätigung durch die Augenzeugenberichte der Eroberer und »Entdecker« beantwortet werden. Tatsachen konnten die Theorien bestenfalls bestätigen.

Die beiden Extrempositionen der europäischen Auseinandersetzung über die Qualität des Indianertums finden sich deshalb bereits im sechzehnten Jahrhundert, kurz nach der Erkenntnis der Neuweltlichkeit Amerikas: Waren die Eingeborenen lebendige Repräsentanten des Goldenen Zeitalters – »edle Wilde«? Oder waren sie Randvölker wie alle anderen: an der Grenze der Menschheit und der Menschlichkeit? Waren die Uramerikaner – unbelastet von der hehren, aber schweren Bürde der Zivilisation – glücklicher als die Europäer, oder zählten sie zu jenen Völkern, die nach Aristoteles von der Natur zum Sklavendasein bestimmt waren, unverständige Wesen, deren Hauptunterschied zum Tier in ihrer vom Teufel beherrschten Seele lag?

Adam Ferguson, ein schottischer Historiker des späten achtzehnten Jahrhunderts, charakterisierte das unkultivierte Gemüt der amerikanischen Wilden als von »einfachen Leidenschaften, Freundschaft, Dankbarkeit und Liebe« bestimmt; der Indianer erfreue sich »einer köstlichen Sorgenfreiheit« und lebe in einer Gesellschaft, »in der keine anderen Verhaltensregeln vorgeschrieben sind als das einfache Diktat des Herzens«. Fergusons Zeitgenosse, der französische Naturhistoriker Buffon, hielt hingegen den amerikanischen Eingeborenen für unfähig, seine Umwelt zu beherrschen; für haarlos und asexuell (»seine Fortpflanzungsorgane sind klein und schwach«); für wehleidig und feige; für asozial, kalt und grausam. Beide Charakterisierungen sind teilweise aus der Beobachtungsliteratur belegbar; trotzdem haben beide mit den echten Uramerikanern soviel gemeinsam wie das Märchen vom Rotkäppchen mit dem Verhalten von Wölfen in freier Wildbahn.

Zu glauben, die Beobachter der Indianer an Ort und Stelle hätten ein wesentlich wirklichkeitsgetreueres Bild von ihnen zu zeichnen vermocht, wäre irrig. Die meisten Beobachter waren nicht in der Lage, den Eingeborenen in seinem Selbstverständnis zu sehen und zu beschreiben. Auch ist es fraglich, ob eine solche Beschreibung – wenn sie überhaupt möglich war – für europäische Leser viel Sinn ergeben hätte. So legten also die Berichterstatter ihre mitgebrachten Maßstäbe an die Indianer an. Das Ergebnis war, daß die Abmessungen nur die europäischen Normen widerspiegelten. Ein Meter, mit einem englischen Zollstock gemessen, erscheint als drei Fuß drei Zoll und einundfünfzig Hundertachtundzwanzigstel: eine absurd unrunde Zahl; mit dem Metermaß gemessen, ist dieselbe Länge die selbstverständlichste Einheit.

Manchmal spricht aus den Berichten der Kolonisten Verwunderung über die Inkongruenz von Erwartung und Erleben. Nachdem die englischen Siedler sich in Virginia niedergelassen hatten, begab sich ein Aufklärungstrupp auf eine Entdeckungsfahrt in die angrenzenden Gebiete. Während die Kundschafter bei den von ihnen besuchten Indianergruppen mit freundlicher Neugierde aufgenommen wurden und diese sich gerne mit den für sie faszinierenden Gütern der Europäer beschenken ließen, attackierten die in ihrer Ruhe gestörten Nachbarn der englischen Siedlung die junge Kolonie. Ein Berichterstatter faßte diese Erfahrungen, die für ihn unverständlich blieben, in dem paradoxen Satz zusammen: »Die Wilden sind von Natur aus verräterisch, was wir aber auf unserer Entdeckungsreise nicht bestätigt fanden: Vielmehr erscheinen sie uns als ein äußerst freundliches und liebenswertes Volk.«

Andere Nachrichten aus den Kolonien beschränken sich auf die Wiederholung des Klischees, für das sich der jeweilige Beobachter wahrscheinlich schon vor der Abreise aus England entschieden hatte. Ein Anhänger der romantischen Schule bezeichnete die Eingeborenen des Küstenlands von North

Carolina als »die vornehmsten, liebenswertesten und treuesten Leute, ohne Arglist und Verrat, die in der Art des Goldenen Zeitalters leben«. Wer indianische Schlechtigkeit sehen wollte, konnte sie überall finden. »Sie sind so boshaft«, schrieb ganz ohne Ironie ein Kolonist, »daß sie selten ein Unrecht vergessen.« William Bradford, ein Führer der puritanischen Siedler von Neu-England, wußte schon vor der Abfahrt in die Neue Welt, daß Amerika nur von »wilden und rohen Menschen« bewohnt sei, »die hin und her schweifen und sich nur wenig von wilden Tieren unterscheiden«. Diese Wilden seien »grausam, barbarisch und äußerst verräterisch, rasend in ihrem Zorn und gnadenlos, wenn sie die Oberhand behalten«.

Es kann nicht verwundern, wenn die Puritaner dann durch ihr von solchen Vorstellungen geprägtes Verhalten eine ihren Erwartungen entsprechende Reaktion der Indianer stimulierten. Wer an Einfüßler glaubt, wird auch welchen begegnen. Cotton Mather, ein puritanischer Missionar unter den Indianern von Massachusetts im siebzehnten Jahrhundert, war überzeugt, die Sprachen der benachbarten Indianer seien so widernatürlich, daß nicht einmal der Teufel sie verstehen könnte. Beim Exorzieren von »Hexen« hatte Mather die auszutreibenden Teufel vorerst einer Prüfung unterworfen: Auf seine lateinischen, griechischen und hebräischen Fragen antworteten sie gehorsam im entsprechenden Idiom; in der Sprache der lokalen Indianer angesprochen, versagten sie kläglich.

Nach und nach verband sich der Kontrast »edler Wilder« – »untermenschliche Bestie« mit dem Gegensatz zwischen Heimat und Grenze. Jenseits des Atlantiks, später auch in dem weitgehend von Indianern gesäuberten Osten Nordamerikas, konnte man leicht im Lehnstuhl von der bedürfnislosen Freiheit der Wilden träumen, deren natürlicher Edelmut und Charme an der Brutalität der weißen Pioniere scheitern mußte. Welcher von den Zwängen der Zivilisation bedrückte Weiße hätte kein Mitleid mit der verfolgten roten Unschuld gefühlt? Auch an der Grenze, die sich im Verlauf der Jahrhunderte immer weiter westwärts verschob, herrschten Zwänge, verursacht von dem Bewußtsein der Kolonisten, Sendboten der Zivilisation zu sein. Ohne dieses Bewußtsein wäre für die Pioniere die gewaltsame Landnahme kaum zu verkraften gewesen. Gerade die Gewalttätigkeit des Grenzerlebens aber führte dazu, daß viele Siedler am Rand des

Indianerlands die Eingeborenen überwiegend durch das Visier ihrer Feuerwaffen betrachteten. Räumliche Nähe schloß nicht von selbst größere Erfahrung ein. Auch in Friedenszeiten war für den Grenzer der Rote weniger Partner als Gegner. Der Eingeborene stand dem amerikanischen Fortschrittsglauben im Weg: Seine Barbarei war unvereinbar mit der Errichtung eines zukunftsorientierten Staatswesens. Zivilisation, das war in den Worten des Präsidenten und Indianerschlächters General Andrew Jackson, der selbst von der Grenze stammte, »unsere ausgedehnte Republik, bedeckt mit Städten, Dörfern und wohlbestellten Farmen, ausgeschmückt mit allen Verbesserungen, die von der Kunst erdacht und vom Fleiß verwirklicht werden können, bewohnt von mehr als zwölf Millionen glücklicher Menschen und erfüllt von den Segnungen der Freiheit, der Zivilisation und der Religion«. All dies hatten die Pioniere aus der Wildnis geschaffen, »einem Land, bedeckt mit Wäldern und durchschweift von ein paar tausend Wilden«.

»Wenn wir bedenken, daß die Ausrottung der indianischen Rasse und der Fortschritt der Künste, der diese bestürzende Folge zeitigt, zur Vermehrung der Menschheit und zur Förderung des Glücks und des Ruhms in der Welt beitragen«, schrieb 1795 der amerikanische Historiker Sullivan, »wenn wir bedenken, daß fünfhundert Vernunftwesen sich eines Lebens in Hülle und Fülle erfreuen können, wo nur ein Wilder sein kärgliches Leben fristete, dann werden wir mit dieser Zukunftsaussicht (der Ausrottung der Indianer) zufrieden sein.«

Der Fortschritt reklamierte die Neue Welt für sich, die Zivilisation mußte auf den Trümmern der Barbarei errichtet werden. Der Abgang des roten Mannes von der Bühne der Weltgeschichte war sein einziger positiver Beitrag zum Triumphzug des Abendlandes. »Die Knochen der Indianer müssen den Boden düngen, bevor der Pflug des zivilisierten Menschen ihn erschließen kann«, berichtete 1839 der reisende Rechtsanwalt Thomas Farnham über seine Beobachtungen an der Grenze.

Die fortschrittsgläubige Grenzertradition benötigte den Eingeborenen zur antithetischen Bestätigung der eigenen Zivilisation, die nostalgische Heimattradition benützte ihn als moralische Anstalt. Der französische Baron Lahontan schloß an seine 1703 erschienene Reisebeschreibung Kanadas einen Anhang mit Gesprächen zwischen dem Autor und einem Huronen: Der Indianer als »nackter Philosoph« stellte die

Zivilisation ebenso in Frage, wie es die Pioniere der Grenze behaupteten. Nur war die Heimattradition im Gegensatz dazu geneigt, dem roten Mann in seiner Skepsis zuzustimmen. Bei der Betrachtung der Kinder der Wildnis erwachten im Europäer Erinnerungen an sein eigenes Goldenes Zeitalter und Zweifel am Wert des Fortschritts.

Enttäuscht über seine Erfahrungen in Paris, wird ein junger Hurone in Delisles Erfolgsdrama *Arlequin sauvage* (1722) zum Kritiker der Zivilisation. Die Geschichte vom englischen Schiffbrüchigen Inkle, der von der Indianerin Yarico gerettet wird, sie in die Zivilisation mitnimmt und dort in die Sklaverei verkauft, war eines der beliebtesten Motive der Literatur des achtzehnten Jahrhunderts: »Wir Wilden sind doch bess're Menschen«, wie der amerikaerfahrene Poet Seume in seinem Gedicht *Der Wilde* schrieb.

Das Bild vom nordamerikanischen Indianer, das sich den Europäern einprägte, war nicht realistischer als das der Grenzsiedler, auch wenn Europa den roten Mann ernster nahm. Das Material, das zur Belebung des antiken Wunschbilds verwendet wurde, entstammte selten eigener Anschauung. Die Beschreibungen, die Besucher aus der Neuen Welt mitbrachten, waren zu oft von vorgeformten Meinungen gefärbt, um als objektiv gelten zu können. Bildliche Darstellungen, die im Druck erschienen, waren häufig noch weiter von der Wirklichkeit entfernt: Europäische Kupferstecher veredelten und antikisierten die wenigen vorhandenen Originalvorlagen so weitgehend, daß viel von ihrem ethnographischen Gehalt verloren ging. Der Kupferstecher De Bry verwandelte 1590 ein Aquarell des britischen Entdeckungsreisenden John White, das drei tanzende Indianerinnen darstellte, in ein perfektes Abbild der drei Grazien; Stammeskrieger erstarrten in der Pose griechischer Helden. Die geringe Zahl von bildlichen Darstellungen wurde bis zum Überdruß wieder und wieder verwendet, was die Entstehung von Stereotypen wesentlich förderte.

Eingeborene Besucher waren in der Zivilisation nicht allzu häufig. Gelangten sie trotzdem nach Europa (oder später in den amerikanischen Osten), so zwängte man sie von vornherein in den Rahmen der eigenen Vorstellungen. Häuptlinge und ihre Kinder wurden bei Hof als Könige oder Fürsten, Prinzen und Prinzessinnen eingeführt, nicht ohne vorher – um die Peinlichkeit eines halbnackten Monarchen zu vermeiden – nach neuester Mode eingekleidet zu werden. Zwei virginische

Indianer, offensichtlich nicht von Rang, wurden hingegen 1615 neben exotischen Tieren im St. James' Park in London zur Schau gestellt.

Wie schon angedeutet, fand das europäische Bild vom Indianer vor allem in der schönen Literatur Verbreitung, wobei indianische Themen nicht nur wegen ihrer kulturkritischen Bedeutung, sondern auch aus aktuellen Anlässen aufgegriffen wurden. So erwachte das deutsche Interesse an den Roten, als hessische Söldnertruppen an der Seite der Briten in der amerikanischen Revolution kämpften; es steigerte sich mit der deutschen Auswanderungsbewegung nach Amerika im neunzehnten Jahrhundert und blieb bis 1900 trotz mancher Romantisierungstendenzen grundsätzlich gegenwartsbezogen. Die mehr als tausend Titel umfassende Indianerbelletristik, die von Hunderten Autoren im letzten Viertel des neunzehnten Jahrhunderts auf den deutschsprachigen Markt kam, beschäftigte sich zwar über allgemeinen Wunsch auch mit lieblichen indianischen Maiden, grausamen Kriegern und abergläubischen Medizinmännern, behandelte aber zugleich aktuelle Themen, wie den Ausbruch von Stämmen aus ihren Reservationen und die Erlebnisse von Sitting Bull und Buffalo Bill. Nach dem Ende der Indianerkriege verlegten sich die Autoren von Trivialliteratur erwartungsgemäß auf andere Stoffe: Erzählungen aus den deutschen Kolonialgebieten Afrikas und von den Kriegsschauplätzen Asiens rückten in den Vordergrund.

In Frankreich, wo im achtzehnten Jahrhundert kanadische Indianer Buch und Bühne beherrschten, verlagerte sich das Interesse im neunzehnten Jahrhundert (in Verbindung mit dem Verlust der nordamerikanischen Kolonien und dem Aufkeimen französischer politischer Ambitionen in Mexiko) in das mexikanisch-amerikanische Grenzland, zu den Apachen und Comanchen, die in Übersetzungen von Gabriel Ferrys *Waldläufer* und den Schriften Gustave Aimards beim deutschen Publikum eingeführt wurden.

Eine Lektüre der einschlägigen Literatur zeigt, daß die Autoren und wohl auch ihre Leser mehr an ihren eigenen Problemen als an denen der Indianer interessiert waren. Französische Schriftsteller in dem nun zu den USA gehörenden Louisiana flochten dem aussterbenden Indianer dichterische Kränze, weil sie in seinem Schicksal das der Franzosen in Louisiana vorweggenommen sahen. Fritz Steuben, der unter seinem wahren Namen Erhard Wittek nationalsozialistische

Erbauungsliteratur veröffentlichte, verfolgte mit seinem Romanzyklus über den Shawnee-Häuptling Tecumseh, der die Indianer gegen die Amerikaner zu sammeln versucht hatte, durchaus politische Ziele. Seiner eigenen Aussage nach wollte er zeigen, daß der Widerstand der Roten scheitern mußte, weil sie es nicht verstanden hatten, die tribale Zersplitterung zu überwinden und zur (imaginären) völkischen Einheit zu gelangen. Überdies lieferte die Mannhaftigkeit und Wehrhaftigkeit der Eingeborenen der deutschen Jugend ein gutes Beispiel. Eine andere Indianerbuchautorin des Dritten Reichs verbreitete die Idee, die heldenhaften Indianerhäuptlinge des östlichen Nordamerikas, die den Kolonisten des »falschen Albion« entgegengetreten waren, seien Abkömmlinge der Wikinger gewesen.

Karl Mays 24 Millionen Bände über nordamerikanische Indianer leiden an einem ähnlichen Defekt. Ein indianischer Leser seiner Schriften dürfte sich darüber wundern, daß ausgerechnet Mays Werke so viele Mitteleuropäer angeregt haben, sich dem roten Mann verbunden zu fühlen. In der Tat sind die Romane Mays grundsätzlich nicht indianerfreundlich. Die wenigen »guten« Exemplare, die vorgestellt werden, sind solche, die von Deutschen oder wenigstens vom Christentum »verbessert« wurden. Der Stamm der Navajos ist nach May nur deshalb zu den »anständigen« Indianern zu zählen, weil der Häuptling eine deutsche Frau geheiratet hatte, die in der Folge erfolgreich Ordnung und Sauberkeit propagierte; ihren Sohn schickte sie auf die Forsthochschule zu Dresden. Winnetou wäre wohl kaum ein so edelmütiger Charakter geworden, hätte er nicht von den Unterweisungen seines deutschen Lehrers profitiert. Diesen germanisierten Roten stellt der Radebeuler Vielschreiber jene ursprünglich harmlosen Wilden gegenüber, die durch den Kontakt mit der amerikanischen Zivilisation verdorben wurden: schmutzig, faul, dumm und hinterlistig sind die zahlreichen indianischen Feinde Old Shatterhands. Deutschland wird unter der Hand als die potentiell fähigere Kolonialmacht gepriesen; glücklicherweise ist den Indianern diese Erfahrung erspart geblieben.

Europas Indianerliteratur ist im letzten Drittel des zwanzigsten Jahrhunderts mit wenigen Ausnahmen auf dem geistesgeschichtlichen Niveau der frühen Entdeckungszeit stehengeblieben. Die Versuche der USA, nach dem Zweiten Weltkrieg in Europa für ein pionierfreundlicheres Geschichtsbild zu werben, haben bestenfalls in den Schullesebüchern Wirkung

gezeigt, in denen die Abenteuergeschichte von der »Erschließung des Wilden Westens« ad usum delphini erzählt wird. Die
Filmgattung des *Western,* die schematisierte Reflexion Amerikas über seine Tradition der Grenze, hat im europäischen
Beobachter kaum Antipathien gegen die Uramerikaner zu
wecken vermocht. In den USA hingegen war es bis vor
wenigen Jahren noch so, daß auch ein indianisches Kinopubli-
kum das Eintreffen des rettenden Armee-Entsatzes gegen die
roten Belagerer des Blockhauses mit lautem Jubel begrüßte.
Das Klischee erweist sich allemal als stärker denn das Blut.

Nicht immer geht der historische Realitätsverlust so weit
wie im Falle jener älteren Dame, die an der alljährlichen Feier
zum Jahrestag der Landung der ersten Puritaner in Neu-England teilnahm. Demonstrierenden Indianern, die daran erinnern wollten, daß der Weihrauch für die Pilgerväter die triste
Gegenwart der Eingeborenen vernebelte, schleuderte sie das
klassische Argument gegen alles ungewohnt Fremdartige
entgegen: »Geht doch zurück, wo ihr hergekommen seid!«

Den Wall der Vorurteile hätten am ehesten jene überbrük-
ken können, die in beiden Kulturen aufgewachsen waren und
mehr oder minder frei zwischen Rot und Weiß hin und her
pendelten. Man hat die Weißen, die in jungen Jahren entweder durch freiwilligen Tausch oder durch Entführung in die
Gemeinschaft jenseits der Indianergrenze gelangten und im
Lauf der Jahre völlig in sie hineinwuchsen, als »weiße
Indianer« bezeichnet. Obwohl sie allein mit beiden Seiten
genügend vertraut waren, um als Mittler fungieren zu können,
blieb ihnen letztlich sowohl diesseits als auch jenseits der
Grenze die Anerkennung versagt. Der Knabe Henry Spelman,
der in den ersten Jahren der Kolonie Virginia zu den
Eingeborenen geschickt wurde, um deren Sprache zu erlernen, diente in seinem kurzen Leben den Siedlern als Dolmetsch im Rang eines Miliz-Hauptmanns. Weil er sich angeblich einem Indianerhäuptling gegenüber despektierlich über
den englischen Gouverneur der Kolonie geäußert hatte,
stellten ihn die Engländer 1619 wegen Hochverrats vor
Gericht und degradierten ihn; doch mußten sie Spelman
wegen seiner unentbehrlichen Fähigkeiten wenig später be-
gnadigen, obwohl es von ihm hieß, er hätte »mehr vom
Heiden als vom Christen an sich«. 1623 wurde er während
einer Strafexpedition gegen die Urbevölkerung von den
Indianern als »böser Weißer« getötet. Sein knapper Bericht
über das Leben der Eingeborenen, kurz nach seinem ersten

Aufenthalt im Indianerland verfaßt, weist ihn als besten Kenner der Urvirginier unter seinen Zeitgenossen aus. Später wurde er immer einsilbiger, wie es von jemandem zu erwarten ist, der an der unbedingten Richtigkeit der weißen Kulturwerte zu zweifeln gelernt hat.

Den anderen »weißen Indianern« in Virginia ging es nicht anders: alle Knaben, die man zu den Roten geschickt hatte, um sie später als Dolmetsch verwenden zu können, »kamen schlimmer zurück, als sie gegangen waren«. Von einem gewissen Robert Poole schrieb man, er sei »sogar Heide geworden«.

Der bekannteste »weiße Indianer« des neunzehnten Jahrhunderts war John Tanner, der als Kind aus seinem Elternhaus in Kentucky von Indianern mitgenommen und an einen anderen Stamm im Nordwesten weitergegeben worden war. Mehr als zwanzig Jahre lebte er ohne direkten Kontakt mit der weißen Zivilisation, bevor er zu seiner Familie zurückkehrte. Aber immer wieder zog es ihn hinaus zu seiner indianischen Verwandtschaft, bei der er jedoch gleichfalls keine volle Zufriedenheit finden konnte. Schließlich wurde er Dolmetsch des amerikanischen Indianerdiensts, geriet wegen seiner halbindianischen Manieren häufig mit seinen Vorgesetzten in Konflikt und verschwand eines Tages unter mysteriösen Umständen für immer. Sein bemerkenswerter Bericht über die Jahrzehnte, die er als Indianer verlebt hatte, stieß bei Zeitgenossen auf Skepsis: Hier waren weder edle Wilde noch untermenschliche Bestien porträtiert. Irgend etwas konnte da nicht stimmen.

So ging es vielen, die das Klischee in der Realität vermißten. Ein deutscher Nordamerikareisender um 1830 rief angesichts der armseligen Verhältnisse bei den Oneidas in New York bestürzt aus: »Wo bleiben Coopers Ideale?« Dasselbe Phänomen erklärt die weitgehende Ablehnung von Indianermischlingen durch die amerikanische Bevölkerung. Einem »Halbblut« war alles zuzutrauen: In ihm verkörperten sich nach gängiger Auffassung die negativen Elemente beider Rassen. In Wahrheit war lediglich der nichteuropäische Anteil im Verhalten des in der weißen Gesellschaft lebenden Mischlings verdächtig. Halbblutindianer, die im Indianerland lebten, wurden dagegen durchwegs als fleißig und strebsam geschildert: Hier war ihr indianisches Verhalten edel, ihr englisches Erbe brachte sie den weißen Beobachtern eher noch näher.

Es mag beruhigen, wenn man erfährt, daß auch manche

Indianer Vorurteile gegen Mischlinge hatten. Aus den Prärien berichtete 1823 ein Weißer, der lange unter den Roten gelebt hatte, die Eingeborenen »betrachten die weiße Farbe als Merkmal für Feigheit und Weichlichkeit und alle Schattierungen zwischen dieser und der eigenen Farbe als von jenen Eigenschaften im Verhältnis der Mischung beeinflußt«. Gab es also das Klischee vom »verweichlichten Weißen« und sicher auch das vom Weißen als untermenschliche Bestie, so scheint das Bild vom »edlen Zivilisierten« nur geringe Verbreitung besessen zu haben. Sicher nicht ganz ohne Grund.

Mutter Land und Vaterland

Im Februar 1973, als die Besetzung des Dorfs Wounded Knee
in der Pine Ridge-Reservation durch indianische Aktivisten
Schlagzeilen machte, hatte die amerikanische Comics-Heldin
Orphan Little Annie ein denkwürdiges Erlebnis. Sie wurde
auf ein Schloß verschleppt, auf dem eine ältere und offenbar
am Rande des Wahnsinns stehende Dame in dem Glauben
lebte, die Königin Amerikas zu sein. In ihrem Besitz fand sich,
wie die kleine Annie bald feststellte, eine Urkunde, mit
welcher Christoph Kolumbus den von ihm entdeckten neuen
Kontinent der spanischen Herrscherin Isabella vermacht
hatte. Um ihren Rechtstitel auf das Land gegen die Vereinigten Staaten durchzusetzen, verbündete sich besagte Dame mit
der Sowjetunion (gegen das Versprechen, bei erfolgreicher
Intervention den Russen New York, Chicago, Kalifornien und
noch einige andere Gebiete abzutreten). Den amerikanischen
Präsidenten und seine Berater traf der Schachzug unerwartet:
Nie hatten sie vermutet, daß jemand einen besser legitimierten Anspruch auf das Land haben könnte als sie selbst.
Experten bestätigten jedoch die Echtheit des alten Dokuments, und die Führer des Landes waren bereits entschlossen,
auf die Vereinigten Staaten Verzicht zu leisten, als Orphan
Little Annie eingriff. Sie weihte einen indianischen Müllkut-
scher, Häuptling Wot-A-Pun-Um, in die Geschehnisse ein,
und er versprach seine Hilfe. Tatsächlich erschien im letzten
Augenblick der Indianer im Weißen Haus und präsentierte
eine noch ältere Urkunde, in der mehrere Häuptlinge einander den Besitz der Neuen Welt bestätigten, die sie damals –
vor Jahrtausenden bereits – entdeckt und besiedelt hatten. Als
der Präsident daraufhin Wot-A-Pun-Um anbot, als rechtmäßiger Erbe die Führung des Landes zu übernehmen, lehnte der
Häuptling mit der Begründung ab, der weiße Mann sei dazu
besser befähigt.
   Die Bildergeschichte illustrierte für den amerikanischen
Zeitungsleser eine der heikelsten Rechtsfragen in der
Geschichte Amerikas: den Konflikt zwischen dem Recht der
Eingeborenen auf das Land und dem Recht der europäischen
»Entdecker«. Das Problem der wirklichen Uramerikaner
besteht aber im Gegensatz zu dem Comic strip darin, daß sie

ihr Recht tatsächlich nirgends verbrieft haben, wenngleich niemand ernstlich bezweifelt, daß sie die ersten Menschen auf dem amerikanischen Kontinent waren. Und über die bessere Befähigung der Weißen zur Führung Amerikas bestehen bei den echten Roten handfeste Zweifel.

Übrigens konnten die Uramerikaner schon deshalb kein Schriftstück vorweisen, weil ihnen der Begriff des Grundeigentums unbekannt war. Die Indianer betrachteten das Land als eine Gabe des Großes Geistes, den Menschen zur Nutzung übergeben, als eine Mutter, die Nahrung hervorbringt und die man dafür dankbar achtet. Heilige Stätten waren von der wirtschaftlichen Nutzung ausgenommen; in mancher Hinsicht aber hatte alles Land einen geheiligten Charakter. Es konnte nicht verkauft werden, weil man es ja nicht als Eigentum besaß. Zwar gab es Interessensphären der einzelnen Stammesgruppen, aber Krieg um Territorialgewinn im engeren Sinn war nicht bekannt.

Nach europäischer Vorstellung ruhte das souveräne Recht über alles Land innerhalb der territorialen Grenzen einer Nation beim Monarchen (später beim Staat), der das Land an seine Untertanen (oder Bürger) vergeben oder verkaufen konnte; diese waren ihrerseits berechtigt, es zu vererben, zu verpachten, zu verschenken, zu belehnen oder zu veräußern, bis es allenfalls durch eine Unterbrechung in der Rechtstitelfolge an den Souverän zurückfiel. Territoriale Expansion konnte durch Kriege erfolgen, die nach scholastischer Lehre durch die »Schuld« des Gegners verursacht waren.

Wie konnten nun europäische Mächte einen legitimen Anspruch auf den Besitz der Neuen Welt geltend machen? Die spanischen Entdecker Amerikas machten sich die katholische Doktrin zunutze, wonach Gott die ganze Welt beherrsche und der Papst als sein Vertreter auf Erden das Recht habe, über die irdische Verwaltung dieser Welt zu verfügen. Der Papst tat in der Bulle *Inter caetera* (1493) genau das und machte den Spaniern, denen er den Großteil Amerikas anvertraute, nur die Auflage, die Eingeborenen zu christianisieren. An irgendwelche Rechte der Indianer dachte man vorerst nicht.

Als erste Zweifel an der Rechtmäßigkeit des spanischen Vorgehens aufkamen, ließ sich der König im Jahr 1512 von Theologen und Juristen bestätigen, daß er einen echten Titel auf die Länder und Völker Amerikas besitze. Um aber eine »Schuld« zu finden, die Spanien berechtigte, Krieg gegen die

Urbevölkerung der Neuen Welt zu führen, wurde das *Requerimiento* geschaffen, eines der seltsamsten Dokumente, die jemals erdacht wurden. Es berief sich auf die von Gott kommende Autorität der Päpste, die der spanischen Krone die zivile Macht über Amerika verliehen hätten, und forderte die Heiden auf, sich zu bekehren. Wollten sie sich freiwillig dazu verstehen – gut; wenn nicht, würde man mit Gewalt gegen sie vorgehen. Das Dokument war vor jedem Angriff auf Indianer von einem Notar in vollem Wortlaut vorzulesen. Selten erhielten die Spanier eine positive Antwort, denn kaum ein Indianer verstand den spanischen Text, der meist aus sicherer Distanz vorgetragen wurde.

Aber auch außerhalb der christlichen Lehre suchte man nach Vernunftgründen zur Enteignung der Eingeborenen. Aristoteles hatte davon gesprochen, daß manche Menschen von Natur aus minderwertig und zu Sklaven bestimmt seien. Über Jahrzehnte wogte der Gelehrtenstreit, ob die Uramerikaner wegen ihrer »natürlichen Minderwertigkeit« den Europäern gehorchen sollten und – da sie dies ablehnten – mit Gewalt unterdrückt werden dürften. Die pazifistischen Ansichten des Dominikanermönchs Las Casas, der sich dieser Doktrin widersetzte und verlangte, man solle den Indianern das ihnen geraubte Land zurückgeben, wurden zwar nach 1550 zur Grundlage der offiziellen Politik Spaniens; tatsächlich aber hatte der Umschwung wenig Effekt, da zu diesem Zeitpunkt die reichen Länder Amerikas bereits erobert waren.

Andere Herrscher waren nicht unbedingt davon überzeugt, daß es bei der Aufteilung der Rechte auf die Landflächen Amerikas des Papstes bedurfte. Die Entdeckung von Ländern, die nicht von Christen bewohnt und auch von keiner anderen christlichen Macht entdeckt worden waren, verbunden mit der tatsächlichen Unterwerfung ihrer Bewohner, wurde von der britischen Krone für ausreichend erachtet, wenn sie an Abenteurer und Geschäftsleute das Privileg vergab, sich die Neue Welt untertan zu machen. Andere Rechtfertigungen für das Eingreifen in die inneren Angelegenheiten der Eingeborenen waren die Erhaltung des »Naturrechts« des freien Handels sowie das vorgebliche Recht, aus Gründen der Menschlichkeit zu intervenieren.

Vor allem der letztgenannte Grund konnte sehr großzügig ausgelegt werden, wie der britische Schriftsteller Gilbert Murray in einem anderen Zusammenhang bemerkte: »Widernatürliche Neigungen, Kindesmord, Vatermord, Inzest, Vorherrschen von erblichem Fluchen, doppelter Brudermord und Verstoß gegen die Heiligkeit von Leichnamen – wenn man eine solche Liste von Vorwürfen gegen einen Stamm oder ein Volk in Vergangenheit oder Gegenwart liest, kann man sich nur schwer der Schlußfolgerung entziehen, daß jemand sein Land annektieren wollte.« Die Vorstellung, die Indianer wären wie wilde Tiere, kam da sehr gelegen. Der Dominikaner Ortiz wußte schon 1525 in Spanien eine Liste von indianischen Sünden aufzuzählen, die sich vor Murrays Parodie nicht zu verstecken braucht: Menschenfresserei, mehr Sodomie als bei jeder anderen Nation, keine Gerechtigkeit, Nacktgehen, kein Respekt vor Liebe und Jungfräulichkeit, allgemeine Beschränktheit und Dummheit, keine Achtung vor der Wahrheit, außer wenn sie zu ihren Gunsten ist... verlogen, abergläubisch und feige wie Kaninchen, rohe Flöhe, Spinnen und Würmer essend ... je älter sie werden, desto schlimmer wird es mit ihnen.

Englische Traktatschreiber und Prediger des frühen siebzehnten Jahrhunderts gelangten zu einer verblüffend einfachen Begründung der Landnahme und ihrer Rechtmäßigkeit. Gott hatte England auserwählt, das Evangelium in die Neue Welt zu tragen. England wollte gerne die Indianer zu Christentum und Zivilisation führen, so wie einst Julius Caesar, als er England eroberte, den Grundstein für die Entbarbarisierung und spätere Bekehrung der britischen Inseln gelegt hatte. Obwohl die Missionierung der Heiden ein selbstverständlicher Akt brüderlicher Liebe war, verlange Gott von den Eingeborenen, die Briten für ihre guten Taten angemessen zu entschädigen. »Wir geben den Wilden«, schrieb 1610 der Prediger Crashaw, »was sie am dringendsten brauchen: erstens Gesittung für ihre Körper, zweitens Christentum für ihre Seelen. Wir nehmen uns von ihnen nur, was sie leicht entbehren können: erstens ihr überflüssiges Land, zweitens ihre überflüssigen Naturschätze.«

Im übrigen heiligte der Zweck die Mittel. Auch jene, die nur zu ihrer eigenen Bereicherung nach Amerika kamen, trugen dazu bei, das Reich Gottes jenseits des Atlantiks zu vergrößern. Dieses Zusatzargument war bitter notwendig, denn wenngleich Missionierung und Zivilisierung von der Kolonisationspropaganda für Virginia im guten alten England groß geschrieben wurden, war davon in der Kolonie selbst nicht allzuviel zu bemerken. In den ersten hundert Jahren ihres Bestandes sah man hier keinen einzigen organisierten Versuch der anglikanischen Kirche, die enteigneten Ureinwohner zu bekehren. Währenddessen aber strömten Tausende Kolonisten nach Virginia und besiedelten das Indianerland, das auf andere als die geplante Weise unter englische Kontrolle geraten war: durch Eroberung oder Kauf.

Wie in England betrachtete sich der britische Monarch auch in Amerika als Souverän über alles Land, selbst wenn es von Indianern bewohnt war. Er und seine Vertreter hatten die alleinige Verfügungsgewalt über Grund und Boden und konnten daher auch den bisherigen Eigentümern der Neuen Welt gestatten oder verbieten, das Land weiterhin zu nutzen. Die Ablöse des indianischen Nutzungsrechts erfolgte zumeist auf vertragliche Weise: in Friedenszeiten, indem man den Roten eine (freilich der Geringfügigkeit ihres Rechtsanspruchs angemessene) Kompensation bot, in Kriegszeiten durch schriftliche Besiegelung der mit militärischen Mitteln herbeigeführten Änderungen des Besitzstandes. Privatpersonen waren durch das Souveränitätsprinzip vom direkten Erwerb von Indianerland ausgeschlossen: Schließlich hatte der König den Eingeborenen niemals einen Rechtstitel auf ihr Land eingeräumt. So gerieten die Jesuiten, die in der Kolonie Maryland eine Indianermission betrieben hatten, in einen Rechtsstreit mit dem vom König zum Verfügungsberechtigten über die Kolonie bestimmten Lord Baltimore, weil sie sich von ihren Missionszöglingen nach dem Prinzip »Christentum für Land« ein größeres Gut zur Bewirtschaftung schenken ließen.

Ursprünglich als Ausdruck des Herrschaftsanspruchs gedacht, entwickelte sich das Souveränitätsprinzip in der Folge zu einem Grundpfeiler des Schutzes der Indianer vor der Willkür und dem Landhunger der Siedler, die immer wieder entgegen dem Gesetz und zum Nachteil der Roten versuchten, selbst ins Landgeschäft einzusteigen.

Die frommen Begründungen für die Erlangung eines Rechtstitels auf die Neue Welt mögen in der Motivation des frühen Kolonialismus eine wichtige Rolle gespielt haben, in seiner Praxis haben sie sich weniger deutlich ausgewirkt. Mit dem Aufstieg der Vereinigten Staaten zur führenden Macht Nordamerikas mußte ein neues Argument gefunden werden. Die Trennung von Kirche und Staat machte die Ableitung des Territorialanspruchs von göttlicher Sendung und Missionierung endgültig unbrauchbar. Der aufklärerische Rechtsphilosoph Emerich von Vattel hatte hingegen in seiner 1758 erschienenen Schrift *Droit de gens* eine offensichtlich bessere Begründung geliefert, die gelegentlich schon früher von Kolonisten – in weniger formalisierter Weise – geäußert worden war. Nach Vattel war die gesamte Erde zum Unterhalt der auf ihr lebenden Völker bestimmt. Dieses Ziel sei nicht ohne die Praktizierung von Ackerbau zu verwirklichen. Kein Volk könne daher auf mehr Land Anspruch erheben, als es tatsächlich besiedle und kultiviere. Die verschwenderische Bodennutzung durch schweifende Jägervölker sei daher nicht als echte Besiedlung anzusehen, weswegen die Bewohner des übervölkerten Europas das Recht hätten, jene ungenutzten Landstriche in Besitz zu nehmen und zu bebauen.

So bestechend das Argument Vattels klingt, so wenig war es durch die Tatsachen gerechtfertigt. Die Stämme des östlichen Nordamerikas, die bis 1758 und später ihr Land an die Kolonisten abgeben mußten, waren keineswegs Nomaden, sondern seßhafte Bodenbauern, wenn auch Jagd und Fischerei in ihrer Wirtschaft eine große Rolle spielten. Ohne den von den Indianern angebauten Mais hätten die ersten Kolonisten die frühen Jahre in der Neuen Welt kaum überlebt. Der Grund, warum in Europa die Meinung entstanden war, die Indianer seien Jäger und Nomaden, muß daher anderswo gesucht werden. Er findet sich am ehesten in der für die Weißen ungewohnten Form der Arbeitsteilung bei den Eingeborenen. Tatsächlich beschäftigten sich die männlichen Uramerikaner überwiegend mit Jagd und Fischerei, während die Frauen die Felder bestellten. Da aber für die stark paternal orientierten europäischen Gesellschaften immer noch der Hauptsatz des männlichen Chauvinismus galt, wonach Frauenarbeit mindere Arbeit sei, vergaß man bei der Bewertung des indianischen Wirtschaftstreibens ganz einfach den Feldbau. Im Gegensatz dazu machten sich die Siedler die Tatsache, daß es bereits Bodenbau gab, durchaus zunutze. Das Land, das von ihnen vorzugsweise besiedelt wurde, war jenes, das die früheren Besitzer zur Anlegung von Feldern gerodet hatten. Das Argument, der pfluglose indianische Feldbau sei dem europäischen nicht gleichwertig, ist nicht stichhältig, da die Kolonisten selbst die längste Zeit die für sie lebenswichtige Kultivierung von Tabak und Mais mit den von den Indianern erlernten Methoden, also ohne Pflug, praktizierten.

Auch die Berufung auf die intensivere Nutzung des Landes ist nur mit Einschränkungen anzuerkennen. Auf den großen

Plantagen der Weißen ging man sehr verschwenderisch mit dem Boden um. Felder, die durch die Monokultur von Tabak oder Mais erschöpft waren, ließ man jahrelang brachliegen, genauso, wie es die Indianer gemacht hatten. 1763 entschloß sich die britische Krone, eine westliche Grenze der Kolonisation in Amerika festzusetzen, weniger um die Eingeborenen zu schützen als um die Siedler zu veranlassen, die enormen Landflächen, die man den Roten bereits abgenommen hatte, auch tatsächlich zu besiedeln und produktiv zu verwerten.

Die Gerichte der Vereinigten Staaten haben bis in die Gegenwart ihr Arsenal an Argumenten für den Rechtstitel der USA auf das Land nicht wesentlich vermehrt. Unter Zuhilfenahme der Beweisführung Vattels und des präjudizierenden Verhaltens der Kolonialmächte schloß man, daß das Recht der Eingeborenen auf das Land lediglich ein Nutzungsrecht war, das durch das Recht des Entdeckers gelöscht wurde. Eine materielle Kompensation für den Entzug dieser Rechte an die Indianer, »die, erratisch in ihrem Verhalten, keinen Gebrauch vom Boden machten, über den sie schweiften, sondern von Raubzügen und Gewalttaten lebten oder sich auf die unsicheren Erträge aus Jagd, Fischerei und dem Sammeln von Wildpflanzen verließen« (*Caldwell versus The State of Alabama*, 1832), erfolgte bestenfalls aus Mitleid, nicht jedoch in Anerkennung eines Rechtstitels. Die Löschung des indianischen Nutzungsrechts wurde immer als politische, nicht als eine juridische Angelegenheit betrachtet. 1946 entschied zwar der Oberste Bundesgerichtshof im Prozeß *United States versus Alcea Band of Tillamooks,* daß die Tillamooks für das ihnen 1855 entschädigungslos entzogene Land einen Anspruch auf Wiedergutmachung ausschließlich auf der Grundlage ihres Nutzungsrechts hätten. Doch kehrte dasselbe Gericht bereits neun Jahre später wieder zum alten Standpunkt zurück: Nach dem Kommen der Weißen sei der indianische Titel auf Landbesitz vom europäischen Anspruch auf Landeigentum gelöscht worden. Die Indianer hätten in der Folge ihr Land nur noch mit Bewilligung der Weißen bewohnt, eine Bewilligung, die durch den souveränen Staat jederzeit rückgängig gemacht werden konnte, ohne daß daraus Ansprüche irgendwelcher Art resultierten (*Tee-Hit-Ton versus United States,* 1955).

In einer symbolischen Geste hat am 26. September 1973 der Chippewa-Indianer Adam Nordwall Italien den Italienern zurückgegeben. Er war zwei Tage zuvor in der Heimat von

Christoph Kolumbus gelandet, hatte einen Speer in den Boden gerammt und sich aufgrund des »Entdeckerrechtes« die Eigentumsrechte auf diesen Teil der Alten Welt gesichert. Warum auch nicht?

Mit genügender Spitzfindigkeit könnte man sicherlich unschwer beweisen, daß die Bodennutzung in Italien keineswegs optimal ist. Der einzige Unterschied zwischen der Entdeckung Amerikas und der »Entdeckung Italiens« ist der, daß die Europäer in der Neuen Welt Gewalt anwendeten, um gegen den Willen der Eingeborenen das Land zu besiedeln. Durch Gewaltanwendung wurde aus der an sich grotesken Idee, daß jemand durch Entdeckung eines ihm unbekannten, wiewohl schon besiedelten Landes einen rechtlichen Anspruch darauf erwerbe, ein anerkannter Rechtstitel. Die Gewaltanwendung ist aber nie anders motiviert worden als mit der angeblichen »natürlichen Minderwertigkeit« der früheren Bewohner, ihrem »naturrechtswidrigen« Verhalten (das freilich stets nur Ausdruck einer anderen, objektiv nicht schlechteren Kulturform war) oder ihrer mangelnden Bereitschaft, sich dem Primat des Papstes zu unterwerfen. Die Vereinigten Staaten befinden sich also in keiner beneidenswerten Situation, wenn sie aus den gegebenen Alternativen eine Begründung zu wählen haben.

Sieht man von der rechtlichen Problematik des europäischen Vorgehens ab, bleibt eine Reihe wichtiger Faktenfragen bestehen: Wie ist es dazu gekommen, daß von den fast 9,4 Millionen Quadratkilometern des Territoriums der Vereinigten Staaten heute nur noch etwa 160.000 Quadratkilometer im Besitz der indianischen Stämme sind? Wieso befindet sich ein Teil davon im Eigentum der Indianer und ist nur durch gesetzliche Verfügungsbeschränkungen der Kontrolle des Innenministeriums unterstellt, während ein anderer Teil davon im Eigentum der Vereinigten Staaten ist und den Stämmen lediglich zur Nutzung überlassen wurde? Welche Schwierigkeiten ergeben sich aus dem Souveränitätsanspruch der USA über das Indianerland für dessen Bewohner?

Indianischer Landverlust konnte herbeigeführt werden durch Kauf oder Eroberung (mit oder ohne Unterzeichnung eines bilateralen Vertrages), auf unilaterale Weise (durch weiße Gesetze oder Verordnungen) oder durch eine Kombination der angeführten Methoden und ihrer Spielarten. Alle Vorgangsweisen wurden von den englischen Kolonisten bereits im siebzehnten Jahrhundert praktiziert und sind – mit

Ausnahme der selten gewordenen Eroberung und des im Zeitalter der Bürokratie ebenso seltenen Verzichts auf schriftliche Festlegung – bis heute nicht aus der Übung gekommen.

Was den Kauf von Land betrifft, so fragt sich natürlich, was sich die Indianer vor allem zur Zeit der ersten Kolonisierung ihrer Länder durch Europäer, als sie noch keine Ahnung von europäischen Rechtsbegriffen haben konnten, bei solchen Transaktionen vorgestellt haben. Wenn Eigentum an der Mutter Erde gar nicht möglich war, mußten die Indianer den Sinn der Bezahlung, die sie von den Europäern in Form von Glasperlen, Kupferplatten oder Geräten erhielten, anders verstehen, als es die Absicht der Weißen war. Vielleicht empfanden sie die erhaltenen Güter als Kompensation für die Überlassung zeitlich begrenzter Nutzungsrechte, vielleicht auch als Tributzahlung, wie sie zwischen den Stämmen gelegentlich üblich war. Auch wenn die Grundstückpreise im siebzehnten Jahrhundert noch nicht heutige Höhen erreicht hatten, war den weißen Käufern völlig klar, daß der entrichtete Preis in keinem Verhältnis zum potentiellen Wert des Verkaufsobjekts stand. Das Entgelt richtete sich vielmehr nach der europäischen Einschätzung der Indianer als kindisch-unvernünftige Wesen, die man mit glitzerndem Tand unschwer zufriedenstellen konnte.

Zum Teil ließen sich die Eingeborenen auf Landabtretungen auch deswegen ein, weil sie sich von den blaßhäutigen Gästen Hilfe gegen feindliche Stämme oder geregelten Nachschub von Importartikeln erhofften. Der virginische Häuptling Powhatan bot dem Führer der englischen Kolonisten die Häuplingswürde und einen Landstrich für die Siedler unter der Bedingung an, daß der Brite ihn in Hinkunft mit selbstgefertigten Eisengeräten versorge. Angesichts der kleinen Zahl von Fremden konnte den Roten nicht klar sein, daß sie durch ihr Verhalten Präzedenzfälle für die Entindianisierung der Neuen Welt schufen.

Die meisten Verträge zwischen Indianern und Weißen im siebzehnten Jahrhundert waren die Folge indianischer Niederlagen. Fast immer wurde in den Verträgen der Verlust der von den Weißen eroberten Gebiete bestätigt und als Gegenleistung die Wiederherstellung des Friedens akzeptiert. Materielle Kompensation gab es unter diesen Umständen keine. So war es 1646 in Virginia, als die algonquinsprechenden Nachbarn der Briten auf ein beträchtliches Territorium verzichten mußten. Dafür erhielten sie Garantien für die Unverletzlichkeit ihrer übrigen Siedlungsgebiete. Aber schon wenige Jahre später waren so viele Siedler illegal auf Indianerland vorgedrungen, daß die Kolonialverwaltung zwischen den vertraglichen Verpflichtungen und den Interessen der Kolonisten wählen mußte. Sie entschied selbstverständlich gegen die Eingeborenen, die ihre vertraglichen Verpflichtungen pünktlich eingehalten hatten. Ohne in neue Verhandlungen einzutreten, wurde der hemmende Vertragsartikel, der Gesetzescharakter hatte, durch ein einfaches Gesetz ersatzlos gestrichen. Vom englischen Standpunkt aus gesehen, lag keinerlei Widerspruch vor. Der König von England war auch ohne Zustimmung der Indianer souveräner Herr über alles Land der Kolonie, die Indianer bestenfalls geduldete Bewohner des Landes. Die Argumentation der amerikanischen Justiz im Fall *Tee-Hit-Ton versus United States* war damit um mehr als dreihundert Jahre vorweggenommen.

Kurz danach schuf man in Virginia Reservationen im Ausmaß von zwanzig Hektar je Stammeskrieger und ließ sie auf Kosten der Eingeborenen vermessen. Auch diese Reservate waren bald Zielpunkt der widerrechtlichen Bemühungen vieler Siedler, denen selbst die bescheidenen Reste indianischen Stammeslandes noch zu groß waren. In diesem Fall verteidigte die Kolonialverwaltung die Besitzrechte der Indianer, da ohnehin genug anderes Land für die weißen Kolonisten vorhanden war. Man ließ aber zu, daß einzelne Weiße sich Vorkaufsrechte für noch bewohntes Indianerland sicherten, für den Fall, daß dieses von den Eingeborenen verlassen würde. Folglich brauchte es niemand Wunder zu nehmen, daß diese Weißen die Roten so lange in ihrem Besitz störten, bis letztere es vorzogen, anderswo zu siedeln. Sobald sie aber ihre Reservation verlassen hatten, gab es für sie keinen weiteren Anspruch auf eigenen Grund und Boden.

Riesige Gebiete fielen den Kolonisten ohne Schwierigkeiten zu. Weite Teile von Virginia sowie von Nord- und Süd-Carolina waren bereits entvölkert, als die ersten Siedler in diese Landstriche vorstießen. Kriege mit Weißen und mit anderen Stämmen, vor allem aber eingeschleppte Krankheiten hatten die einheimische Bevölkerung auf Null reduziert. Hier gab es keinen Streit um den Rechtstitel mehr, die Kolonisten konnten Glasperlen sparen.

Die Mehrzahl der Verträge zwischen den unabhängigen USA und den eingeborenen Amerikanern waren jedoch kein Resultat von Kriegen. Wohl gab es Einzelfälle dieser Art, doch ergaben sich die meisten vertraglichen Abmachungen aus den Bemühungen der amerikanischen Regierung, indianisches Land ohne die großen Kosten militärischer Eroberungszüge für die Besiedlung durch Weiße zu gewinnen. Die Indianer wußten mittlerweile ganz gut, was die Amerikaner unter »Landverkauf« verstanden. Viele Vollblutindianer und Traditionalisten weigerten sich dementsprechend auch, solchen Transaktionen ihre Zustimmung zu geben. Daß es dennoch zu Landzessionen kam, erklärt sich teils aus den militärischen Machtverhältnissen, die auch ohne Kriegführung eindeutig genug gegen die Roten sprachen, teils aus der Tatsache, daß die USA beinahe jeden Indianer als zeichnungsberechtigt für ihre Verträge ansahen. Bei den sogenannten *Fünf Zivilisierten Stämmen* im Südosten der Union waren es die mischblütigen Indianerführer, die skrupellos unterschrieben, wenn sie davon persönliche Vorteile hatten – ungeachtet dessen, daß die nach indianischen Begriffen rechtmäßigen Stammesführungen einen Verkaufsstop beschlossen hatten. Die Creeks und Chickasaws machten 1798 weitere Zessionen von der Zustimmung der Choctaws und Cherokees abhängig – trotzdem unterschrieben die Mischlinge der Chikkasaws 1801, 1805, 1816 und 1818 Verträge, die den Stamm um einen Großteil seiner Gebiete brachte. Dasselbe gilt für die Creeks und die Verträge von 1802, 1805, 1814, 1818, 1821 und 1825. Die Bezahlung der habgierigen Marionetten erfolgte in Waren und in Land, das durch die Abtretung des übrigen Stammesterritoriums im Wert stieg und schon nach wenigen Jahren mit enormem Profit verkauft werden konnte. Der Creek-Häuptling William McIntosh erhielt 1825 für 259 Hektar 25.000 Dollar, während sein Stamm für dasselbe Flächenausmaß weniger als ein Dreißigstel dieser Summe bekam.

Die von den Vereinigten Staaten den Indianervölkern gewährten Entschädigungen waren zwar, gemessen an den Bestechungsgeldern, die sie ihren Freunden zukommen ließen, nicht überwältigend, immerhin aber realistischer als manche der früher erlegten Kaufpreise. Im Zusammenhang mit den gleichzeitigen Zivilisierungsbemühungen der Regierung kam allerdings nur ein Teil des Kaufpreises den Stämmen direkt zugute. Beträchtliche Summen wurden an Missionsgesellschaften überwiesen, die dafür im Indianerland Schulen errichteten. Andere Teile der Gelder flossen in die Tasche der Regierung zurück und wurden zur Anstellung von Farmern, die die Roten den Pflugbau lehren sollten, sowie zum Ankauf landwirtschaftlicher Geräte verwendet. Auch Schmiede stellte die Regierung auf Wunsch der Indianer an und entlohnte sie aus dem Vertragssäckel. Was nach Abzug der Gelder, die von weißen Gläubigern eingefordert und ohne Überprüfung der Richtigkeit dieser Forderung meist willig bezahlt worden waren, übrig blieb, wurde teils in Pfandbriefen der öffentlichen Hand angelegt, teils in Form jährlicher Raten (meist zehn bis zwanzig Jahre lang) an die Indianer ausgezahlt. In der Mehrzahl der Fälle erfolgte die Zahlung dieser sogenannten Annuitäten auf Pro-Kopf-Basis (wobei bestimmte Häuptlinge einen größeren Betrag erhielten), manchmal wurde der volle Betrag den Stammesführern zur Aufteilung übergeben. Wiewohl die abgetretenen Gebiete fast immer von bedeutender Größe waren, fielen nach Abzug aller anderen Unkosten die Pro-Kopf-Zahlungen im allgemeinen relativ gering aus. Der Betrag von 1,25 Dollar, den 1822 jeder Chippewa erhielt, mag als typisch angesehen werden: Er reichte gerade dazu, sich einmal ordentlich zu betrinken. Die Spirituosenhändler, die das wußten, waren denn auch am Zahltag in genügender Menge in der Nähe der Auszahlungsstellen zu finden. Die Verantwortlichen in der Regierung zogen es aus diesem Grund vor, die Zahlungen in natura zu leisten, was aber bei den Indianern zu Beschwerden über die Minderwertigkeit der Güter führte.

Die Annuitätenzahlungen konnten auch als Druckmittel für weitere Landzessionen verwendet werden. Als 1818 die Verhandlungen mit den Chickasaws über neue Landverkäufe ins Stocken gerieten, versuchte man die Indianer durch Zurückhaltung ihrer Jahresraten weichzumachen. Offiziell fand man für das Ausbleiben der regelmäßigen Gelder allerhand Vorwände, in der internen Korrespondenz freilich sprachen die weißen Unterhändler ganz offen über ihre Taktik.

Der Widerstand vieler Indianerstämme gegen weitere Landverkäufe erklärt sich auch daraus, daß zahlreiche Gruppen allmählich in Gefahr gerieten, durch weitere Abtretungen gänzlich landlos zu werden. Die Ausmerzung aller Stammesgebiete aber war gerade der Wunschtraum vieler Amerikaner. Die Umsiedlung von Indianergruppen aus der Nähe expandierender weißer Siedlungen in den fernen Westen schien ein gangbarer Weg. Durch den *Indian Removal Act* (1830) wurde der Präsident der USA vom Kongreß beauftragt, Land westlich des Mississippi, das bereits von den dortigen Indianern verkauft worden war, zur Aufnahme von Indianern aus dem Osten zu reservieren, es ihnen zum Tausch anzubieten und die Kosten für die Übersiedlung zu übernehmen. Wie auch bei anderen Landkäufen üblich, sollten die früheren Besitzer für Investitionen auf ihrem alten Land entschädigt werden. Faktisch fielen diese Entschädigungen meist mager aus, oder sie boten neue Bestechungsmöglichkeiten. Viele der Einzelverträge, die den Tausch perfekt machten, enthielten eine Klausel, die den Indianern die Alternative bot, statt der Umsiedlung einen Teil ihres bisherigen Lands als Privateigentum zu akzeptieren. Obwohl sie damit der Stammesmitgliedschaft verlustig gingen, ließen viele, die ihre Heimat nicht verlassen wollten, sich auf das Angebot ein, wurden aber nur wenig später von ihren neuen weißen Nachbarn ausgekauft oder noch unsanfter verdrängt. Nicht alle Indianer ließen sich umsiedeln: Ein großer Teil der Seminolen verwickelte die USA wegen dieses Ansinnens in lange Kriege, die Irokesen behielten fast alle ihre Reservationen im Staat New York, die Ottawas in Michigan verkauften zwar ihr gesamtes Land, blieben aber trotzdem in ihrer Heimat, bis man ihnen dortselbst Land in Privateigentum gab.

Das Prinzip der Aufteilung, das nach 1830 (und gelegentlich auch vorher) nur zur Wahl gestellt wurde, war natürlich billiger als die Übersiedlung ganzer Stämme und löste überdies ein für allemal das Problem des indianischen Rechtstitels. Schon Präsident Jefferson hatte zu Beginn des neunzehnten Jahrhunderts die Meinung vertreten, daß die einzige Hoffnung auf eine Zivilisierung der Uramerikaner liege darin, ihnen Privatland zu geben. Damals hatte aber der amerikanische Kongreß – aus welchen Beweggründen, ist nicht klar – diese Vorgangsweise abgelehnt. Erst nach der Jahrhundertmitte begann man auf dem Vertragsweg die Auflösung des Stammeslands und seine Aufteilung unter die Stammesmitglieder zu betreiben. »Aufteilung« klingt allerdings zu sehr nach völliger und gleichmäßiger Teilung, um der Wahrheit zu entsprechen. Die Verträge sahen nämlich vor, daß jedes Familienoberhaupt zum Beispiel 32 Hektar und jeder unversorgte Minderjährige 16 Hektar Land erhalten sollte. Addiert man die Summe der so vergebenen Flächen, kommt man auf eine wesentlich niedrigere Ziffer als die Gesamtfläche des Stammeslands. Die Differenz fiel an die Vereinigten Staaten, welche die früheren Besitzer auf dem bereits bekannten

Annuitätenweg entschädigten. Der nunmehr in Privateigentum übergegangene Grundbesitz war zum Schutz der Eingeborenen für eine bestimmte Zeitperiode, im allgemeinen zwanzig oder fünfundzwanzig Jahre, bestimmten Beschränkungen, vor allem einem Verkaufsverbot, unterworfen. Die Hoffnung, die indianischen Grundbesitzer würden dann wirtschaftlich genügend gefestigt sein, um einen Verkauf vermeiden zu können, trog. Weiteres Indianerland ging in weiße Hände über.

Der Mißerfolg des Experiments mit den Uramerikanern war noch nicht voll sichtbar geworden, als man beschloß, das Prinzip auf alle Indianerstämme anzuwenden. Nach längeren Diskussionen über die Form der Verwirklichung wurde 1887 der *General Alloment Act* (nach seinem Hauptproponenten Senator Dawes auch *Dawes Act* genannt) vom Kongreß verabschiedet. Durch ihn sollte die Majorität der verbliebenen Stammesländer aufgeteilt werden, wobei jedes Familienoberhaupt 65 Hektar, jeder ledige Erwachsene über achtzehn Jahre die Hälfte, jede unversorgte Person unter achtzehn ein Viertel erhalten sollte. Auch hier bestand eine Schutzfrist von zwanzig Jahren.

Einer der wenigen Gegner dieses Gesetzes, Senator Teller, wagte in einer Rede vor dem Senat im Jahr 1881 die folgende Voraussage: Sollte die Aufteilung des Indianerlands tatsächlich wie geplant erfolgen, so könne man als sicher annehmen, daß fünf Jahre nach Ende der Schutzperiode kein oder fast kein Indianer mehr im Besitz seines Landes sein werde. Tellers Prophezeiung kam der späteren Wirklichkeit erschreckend nahe: Von den etwa 160.000 Quadratkilometern, die unter dem *Dawes Act* in indianisches Privateigentum überführt worden waren, befand sich 47 Jahre später nur noch etwas mehr als ein Viertel im Besitz von Indianern. Rechnet man dazu noch das Land, das bei der Verteilung als »Überschuß« abfiel, so verloren die Uramerikaner zwischen 1887 und 1934 insgesamt 352.000 von 558.000 Quadratkilometern Land (wobei 161.000 Quadratkilometer im Besitz der Stämme verblieben). Den Nez-Percés beispielsweise waren von ursprünglich weit größeren Gebieten nach dem Vertrag von 1863 immerhin noch mehr als 3000 Quadratkilometer Land verblieben. Durch den *General Allotment Act* verloren sie mehr als 2000 Quadratkilometer allein an Überschußland, der Rest schrumpfte bis 1964 auf weniger als 250 Quadratkilometer.

Zu den Befürwortern des *General Allotment Act* gehörten nicht nur Bodenspekulanten, die auf das Geschäft mit dem freiwerdenden Land warteten, sondern auch viele weiße Freunde der Indianer. Sie sahen in der Überführung des Grundbesitzes in Privateigentum die längst fällige Gleichstellung der Roten mit den anderen Bürgern Amerikas. Der amerikanische Traum, daß jeder Mann mit 40 (amerikanischen) Morgen Land (etwa 16 Hektar) und einem Maultier sein eigener König werden könne, verleitete die wohlmeinenden Träumer zur Annahme, individueller Landbesitz würde die Uramerikaner auf wundersame Weise im Sinne der Eigenverantwortung des Unternehmers, getrieben vom Motor des persönlichen Profitstrebens, aus einem Kostgänger des Steuerzahlers zum prosperierenden Farmer und selbst steuerzahlenden Bürger machen. Die Opfer dieser irregeleiteten Menschenfreundlichkeit, die innerhalb der gewohnten Stammesorganisation (zum Teil auch als Farmer) zufrieden leben konnten, wurden – trotz Schutzfristen – allzu unvermittelt in das ihnen fremde weiße Wirtschaftssystem geworfen, als daß sie sich hätten behaupten können.

Auch abgesehen von Landverlust durch Verkauf brachte der *General Allotment Act* mehr Nach- als Vorteile. Durch Zerstückelung des Stammeslands wurde eine wirtschaftlich rentable Viehzucht verhindert, die wegen des Vorhandenseins von guten Weideländern auf manchen indianischen Besitzungen von größerer ökonomischer Bedeutung war als der Ackerbau, den die Anhänger der Aufteilungspolitik vor Augen hatten. Die Blindheit vor der Realität erklärt sich teilweise aus der Beweisführung, mit der man nach Vattel den Indianern das Recht auf ihr Land streitig machte: Sie waren Jäger, denen der Ackerbau fehlte, um an die Zivilisation und deren Rechte Anschluß zu finden. Daß in der modernen arbeitsteiligen Gesellschaft auch andere Tätigkeiten wirtschaftlich sinnvoll sein konnten, daß ja auch nicht alle Weißen Bauern waren, ließ man für die Indianer aus diesem Grund nicht gelten.

Das schwierigste Problem, das sich in den aufgeteilten Gebieten, die unter der Treuhänderschaft der Regierung standen und deshalb vom Verlust durch Verkauf verschont blieben, entwickelte, war das des geteilten Erblands. Da das Land nicht verkauft werden konnte, unterlag es der ungehinderten Teilung durch Vererbung nach dem amerikanischen Erbrecht. Allerdings wurde das Land selbst nicht geteilt, sondern nur der Anspruch auf seine Nutzung. In kinderreichen Familien und bei der meist geringen Lebenserwartung der Eingeborenen kam es in relativ kurzer Zeit zu einer derart einschneidenden Fragmentierung der Anteile, daß keiner der Erben mehr in der Lage war, das Land sinnvoll zu nutzen. In diesen Fällen wurde das Land mit Genehmigung des Innenministeriums meist an Weiße verpachtet und der Pachtertrag auf die Erben aufgeteilt. Heute ist ein Viertel alles geteilten Erblands an Nichtindianer verpachtet. Nicht nur war damit das Ziel der Aufteilungspolitik, die Indianer zu Farmern zu machen, verfehlt, die Erben verloren auch zusehends die Kontrolle über ihr Land und mußten sich mit den meist lächerlichen Pachtzinsanteilen abfinden, die man ihnen auszahlte. Die Berechnung dieser Beträge stieß anderseits wegen der großen Zahl der Anspruchsberechtigten und deren extrem unterschiedlichen Erbanteilen häufig auf größte Schwierigkeiten.

Ein Sisseton-Sioux namens Akipa hatte 1887 seine 65 Hektar erhalten und war vier Jahre später gestorben. 1937 waren bereits 150 Erben vorhanden. Allein die Abwicklung der Erbschaftsformalitäten kostete 2500 Dollar und erforderte die Erstellung eines genealogischen Dokuments von 250 Maschinschreibseiten Umfang. Bei einem Verkauf dieses Landes hätte der Erbe mit dem geringsten Anspruch genau 1,6 Cents für seinen Anteil erhalten. Tatsächlich aber war das Land verpachtet. Da jedoch Schecks für Pachterträge für keine Summe von weniger als einem Dollar ausgestellt wurden, hätte der Erbe 1600 Jahre lang warten müssen, um seinen ersten Scheck zu bekommen. In anderen Fällen partizipierten die Erben zu gleichen Teilen am Ertrag des Erblands. So erhielten 1938 die gemeinsamen Besitzer eines 32 Hektar großen Grundstücks je 1344 Weizenkörner. Schon im Jahr zuvor hatte die Indianeragentur der Sisseton-Reservation das Indianerbüro in Washington um die Genehmigung gebeten, eine neue Rechenmaschine zu kaufen, um die Erträge aus dem geteilten Erbland berechnen zu können. Die alte Maschine war zu klein geworden, seit der kleinste gemeinsame Nenner bei manchen Erbteilen 56.582,064.000 betrug.

Offensichtlich war eine größere Rechenmaschine zwanzig Jahre später in der Crow Creek-Reservation vorhanden, wo bei 99 Erben eines Grundstücks von 47 Hektar der kleinste gemeinsame Nenner 54.268.714,886.400 (in Worten: vierundfünfzig Billionen zweihundertachtundsechzig Milliarden siebenhundertvierzehn Millionen achthundertsechsundachtzigtausendvierhundert) betrug.

Weitere Komplikationen ergeben sich aus der Tatsache, daß die Erben häufig in verschiedenen Reservationen leben oder überhaupt nicht aufzufinden sind. Da eine Verpachtung aber die Zustimmung aller Anteilsinhaber erfordert, liegen 200.000 Hektar Land völlig brach. Insgesamt befindet sich mehr als die Hälfte des noch im Indianereigentum stehenden aufgeteilten Landes, etwa 2,5 Millionen Hektar, in diesem komplizierten Status.

Einen Spezialfall stellen die Länder der Fünf Zivilisierten Stämme in Oklahoma dar. Nach ihrer Zwangsübersiedlung aus der alten Heimat im Südosten der USA hatten die Creeks, Seminolen, Choctaws, Chickasaws und Cherokees in ihrer neuen Heimat unter großen Mühen ihre autonomen Verwaltungen wieder aufgebaut. 1866 wollte man sie zwar zur Aufteilung ihres Landes bewegen, verankerte aber in einem Vertrag ihr Recht, daß dies nicht gegen ihren Willen geschehen solle. Aus diesem Grund fielen die Fünf Zivilisierten Stämme auch nicht unter den *General Allotment Act*. Senator Dawes ließ jedoch nicht locker. Trotz des Widerstands der Stämme wurde 1895 ihr Land im Indianerterritorium (das später dem neuen Bundesstaat Oklahoma zugeschlagen wurde) vermessen und im folgenden Jahr eine Liste der Mitglieder jedes der Stämme angelegt. Der Druck auf sie wurde so stark, daß sich 1898 die Seminolen zu einer freiwilligen Übereinkunft mit der Bundesregierung im Sinne des *General Allotment Act* bereitfanden. Im selben Jahr beschloß der amerikanische Kongreß den *Curtis Act*, der die Zwangsaufteilung des Besitzes der anderen vier Stämme vorsah, falls diese zu keiner einvernehmlichen Lösung bereit wären. Die Choctaws und die Chickasaws entschlossen sich daraufhin zu einer raschen Bereinigung der Angelegenheit, die Creeks und die Cherokees weigerten sich vorerst und fielen unter die Bestimmungen des *Curtis Act*. Dessen Härte führte bis 1901 und 1902 endlich zu einer Sinnesänderung der beiden letzten Stämme.

Die Aufteilung der mehr als acht Millionen Hektar unter die Stammesbevölkerung war keine leichte Aufgabe. Schon bei der Prüfung der Anspruchsberechtigung geriet die staatliche Kommission in Schwierigkeiten. Bei allen fünf Stämmen zählten neben Voll- und Mischblutindianern auch eingeheiratete oder adoptierte Weiße und nach dem Bürgerkrieg befreite Negersklaven zur Stammesbevölkerung. In den letzten fünfunddreißig Jahren vor der Landaufteilung waren jedoch immer mehr Stammesfremde – Weiße und Schwarze – ins Indianerterritorium eingedrungen und hatten sich in gesetzwidriger Weise dort niedergelassen. Die wiederholten Bemühungen der Bundesregierung, die ungebetenen Gäste mit Militärgewalt zu vertreiben, hatten mehr symbolischen Charakter und richteten sich hauptsächlich gegen das stark vertretene kriminelle Element unter den Zuwanderern. Stammesmitgliedsrollen waren zwar vorhanden, doch zweifelte die staatliche Kommission an ihrer Vollständigkeit. Sie wollte eigene Listen erstellen. Die Vollblutindianer aber, die strikt gegen eine Aufteilung waren, machten alle Anstrengungen, nicht erfaßt zu werden, in der Hoffnung, dadurch die Zersplitterung des Stammesbesitzes aufzuhalten oder gar zu verhindern. Viele weiße und schwarze Nicht-Stammesmitglieder ließen hingegen nichts unversucht, um sich in die neuen Rollen zu schwindeln und an dem großen Kuchen mitzunaschen.

Obgleich viele betrügerische Antragsteller von der Kommission abgewiesen wurden, erhielten Tausende falsche Indianer durch Urteile von Bundesgerichten dennoch die Bestätigung, Bürger der Fünf Zivilisierten Stämme zu sein. In Massenprozessen setzten jedoch die Choctaws und die Chikkasaws durch, daß von 3403 Neo-Indianern 3247 wieder von der Stammesrolle gestrichen wurden. Die weißen Anwälte, die diesen Kampf für die Indianer gewonnen hatten, erhielten immerhin 4,5 Prozent des Streitwerts, insgesamt 750.000 Dollar, die aus dem Stammesvermögen ausgezahlt wurden.

Die tatsächliche Aufteilung des Landes erfolgte auf unterschiedliche Art und Weise. Die Choctaws und die Chickasaws waren einverstanden, daß jedes Stammesmitglied 130 Hektar Boden durchschnittlicher Qualität als Privateigentum erhielt und das Überschußland verkauft wurde; die anderen Stämme bestanden auf völliger und gleichmäßiger Verteilung des Stammeslands. Eine gleichmäßige und dabei gerechte Teilung mußte aber die verschiedenen Bodenqualitäten berücksichtigen. Es gab reiche Waldländer, fruchtbares Schwemmland und steiniges Hügelland innerhalb der Grenzen der ehemals unabhängigen Völker. Durch willkürliche, nicht dem Marktwert entsprechende, jedoch untereinander vergleichbare Bewertung der einzelnen Bodenqualitäten kam man zu einem nominalen Totalwert, den man durch die Anzahl der

Anspruchsberechtigten dividierte. Aufgrund des so ermittelten Pro-Kopf-Anteils konnte jeder Anspruchsberechtigte Land im Gesamtwert seiner Quote auswählen oder einen Ausgleichsbetrag in bar aus dem Stammesvermögen akzeptieren. Der Pro-Kopf-Anteil betrug bei den Seminolen etwa 300 Dollar, die 130 Hektar der Choctaws und der Chickasaws entsprachen 65 Hektar des besten und 1600 Hektar des schlechtesten Landes.

Auch diese Verteilungssysteme enthielten Betrugsmöglichkeiten. Die Vereinigten Staaten wurden mehrfach aktiv, um den Stämmen unter Zwangsbedingungen Land abzukaufen: Als Kaufpreis wurden die nur zu Vergleichszwecken erstellten Schätzwerte gezahlt.

Ein Teil des Einzelanteils (16 Hektar) galt als »Heimstätte« und war weitergehenden Verkaufsbeschränkungen unterworfen als das »Überschußland«. Der Schutz vor Veräußerung war auch vom Blutsanteil des Eigentümers abhängig. Vollblutindianer waren, weil weniger mit den Schlichen des weißen Mannes vertraut, strengeren Restriktionen unterworfen als Halbblutindianer oder gar weiße Stammesbürger. Das Bestreben der Bodenspekulanten ging dahin, unter der Parole »Gleiche Bürgerrechte für die Vollblutindianer« diese Beschränkungen zu beseitigen und das Land dem Markt zuzuführen. Schon bei der Landverteilung hatten die Spekulanten die Unerfahrenheit der Indianer ausgenützt, indem sie sich von ihnen zur Auswahl ihres Anteils bevollmächtigen ließen und mit dieser Vollmacht minderwertige Grundstücke als Heimstätten wählten und den besten Boden als Überschuß ließen. Den Indianern war der Überschuß, den sie nie gesehen hatten, völlig gleichgültig. Während für den Stamm alles Land von wirtschaftlicher Bedeutung gewesen war, konnten die armen Vollblutindianer den neuen Reichtum nicht nutzen, weil es ihnen an Kapital für die notwendigen Investitionen und an Verständnis für die Nutzungsmethoden der Weißen mangelte. Die Bodenspekulanten nahmen daraufhin das gute Überschußland gegen einen minimalen Betrag, der oft noch unter dem Titel von »Vermittlungskosten« einbehalten wurde, in Pacht und verpachteten es mit mehreren tausend Prozent Profit an weiße Farmer weiter.

Da jeder Stammesbürger, auch jedes neugeborene Kind, seinen Anteil am Stammesbesitz erhielt, entstand die Notwendigkeit, zur Verwaltung der Liegenschaften der Minderjährigen Vormünder einzusetzen. Bei mehr als hunderttausend

Anspruchsberechtigten ging die Zahl der Minderjährigen in die Zehntausende. Gerne erklärten sich besagte Spekulanten auch zur Übernahme der Vormundschaftspflichten bereit. Von Helfern ließen sie die Namen von hilflosen Vollblutindianern und deren Kindern sammeln und erschienen dann beim Vormundschaftsgericht, um diese Minderjährigen zu ihren Mündeln machen zu lassen. Ein solcher Spekulant, der unvorsichtigerweise 161 Kinder auf einmal übernehmen wollte, wurde abgewiesen, bei geschickterem Vorgehen erhielten seine Konkurrenten jedoch ohne Schwierigkeiten die Vormundschaft und die damit verbundene Vertretungsbefugnis für eine entsprechende Vielzahl von Minderjährigen, deren Land ebenfalls sofort verpachtet und weiterverpachtet wurde.

Es ist unmöglich, auf wenigen Seiten alle Methoden zu beschreiben, deren die gewissenlosen Bodenhändler sich bedienten, um an das Land der Roten heranzukommen. Ihr Ideenreichtum war sowohl imposant als auch zielführend. 1936 verblieben von den ursprünglich 80.000 Quadratkilometer nur noch 6500 Quadratkilometer in indianischem Eigentum, unter der Treuhandschaft der amerikanischen Bundesregierung. 1971 war die Landbasis der Fünf Zivilisierten Stämme in Oklahoma auf etwa 2500 Quadratkilometer zusammengeschmolzen.

Die Hoheitsgebiete der Fünf Zivilisierten Stämme und die Reservate vieler der Stammesgruppen, die unter den *General Allotment Act* fielen, waren auf der Grundlage von Verträgen durch Tausch oder durch Abtretung anderer Territorien zustande gekommen. 1871 beendete der Kongreß schließlich die Praxis, mit den Eingeborenen Verträge zu schließen, und regelte deren Angelegenheiten auf dem Wege von einfachen Gesetzen oder Verordnungen des Präsidenten. Das Land wurde den Indianern also nicht einmal mehr nominell abgekauft, sondern schlicht weggenommen. Der Präsident wurde ermächtigt, bestimmte Gebiete für die Indianer zu reservieren und die anderen Ländereien zum Verkauf an Siedler freizugeben. Indianer, die sich dem Angebot nicht gutwillig fügen wollten, wurden von der Armee dazu gezwungen. Das Vorgehen der USA entsprach genau dem der Kolonie Virginia mehr als zweihundert Jahre zuvor.

Nicht immer war es möglich, die Indianer, besonders die mächtigeren Stämme, einfach durch Dekret zu enteignen. An die Stelle von Verträgen traten Abmachungen, die inhaltlich durchaus Verträgen entsprachen, aber die Stämme formal nicht als souveräne Gebilde anerkannten. Die bedeutsamste dieser Abmachungen war das *Great Sioux Agreement* (1889), das von General Crook (nomen est omen) ausgehandelt wurde. Die einundzwanzig Jahre vorher durch Vertrag errichtete Große Reservation des Sioux-Volkes wurde durch die Abmachung in mehrere kleine Reservate zerteilt und der Rest des Landes in die Verfügungsgewalt der öffentlichen Hand »zurückgeführt«. Das *Great Sioux Agreement* hätte gemäß Absatz 28 von den Sioux mit Dreiviertelmehrheit ratifiziert werden müssen; obwohl nur 10 Prozent der erwachsenen Männer das Abkommen unterzeichneten, wurde es dennoch vom Kongreß als Gesetz beschlossen.

Die Hauptbedeutung des Abkommens liegt aber nicht so sehr in der darin vereinbarten Landabtretung, sondern in der Tatsache, daß dadurch die Reservation, die aufgrund eines Vertrages gebildet worden war, in eine durch Abkommen und einfaches Gesetz entstandene Gruppe von Reservaten umgewandelt wurde. Dies impliziert aber eine verringerte Souveränität des Stammes, da das Land nun nicht mehr als Restbestand eines Rechtstitels der Eingeborenen gilt, sondern nur als durch ein Gesetz der Weißen begründeter Indianerbesitz. Schon 1894 aber wies der Justizminister der USA auf den faktischen Vertragscharakter des *Great Sioux Agreement* hin: »Es ist zu bemerken, daß die Gültigkeit dieses Gesetzes von der Zustimmung der Indianer abhängig war. Mit anderen Worten, es war dem Wesen nach ein Vertrag mit dem Sioux-Volk.« Wiewohl ein Bundesgericht sich im Jahr 1905 diese Argumentation zueigen machte, hat dieser Aspekt, unter dem die Ersetzung von Verträgen durch Abkommen zu sehen ist, rechtlich bis heute keine ernsthafte Beachtung gefunden. Wie so vielen anderen Einzelheiten aus der Rechtsgeschichte des Indianerlandes kommt aber auch diesem Argument als Pfeil im Köcher der heutigen indianischen Rechtsanwälte große potentielle Bedeutung zu.

Noch auf andere Art konnten die Gebilde entstehen, die man unter dem Sammelbegriff »Reservationen« zusammenfaßt: durch Kauf. Ein Teil der Mesquakies (Fox), die 1837 ihre letzten Gebiete in Iowa abgetreten hatten, zog nicht nach Kansas, sondern blieb in der Nähe ihrer alten Siedlungen. Nachdem sie durch Rückwanderer aus Kansas verstärkt worden waren, kauften sie mit eigenem Geld zwischen 1857 und 1896 ein paar tausend Hektar in Iowa zurück. Auch das

Land der Eastern Cherokees ist deren selbsterworbenes Eigentum. Obwohl diesen »Reservationen« (von den Mesquakies und Cherokees wird diese Bezeichnung heftig abgelehnt) nicht ein Hauch von indianischem Ursprung anhaftet, sind sie für ihre Besitzer Anlaß zu großem Stolz: als sichtbares Zeichen der eigenen Tüchtigkeit und Unabhängigkeit von den USA. Ihr Rechtstitel ist wenigstens eindeutig und kann nicht durch einen einseitigen Akt des Kongresses getilgt werden.

Nicht alle indianischen Ländereien sind im Laufe der Zeit geschrumpft. Die Reservation der Navajos etwa hat sich seit ihrer Errichtung im Jahr 1868 beträchtlich vergrößert: teils durch Verordnungen des Präsidenten, mit denen dem stark wachsenden Stamm mehr Raum gegeben werden sollte, teils auch durch Übergriffe der Navajos auf das Land der Hopis, das mitten in der Navajo-Reservation liegt. Als 1882, gleichfalls durch Verordnung des Präsidenten, das Hopi-Reservat errichtet wurde, war ein Teil des nun an die Hopis fallenden Gebiets besitzrechtlich umstritten. Die Hopis beschwerten sich darüber, daß ihre alten Intimfeinde, die Navajos, ihre Schafe über die Hopi-Felder hinwegtrieben, sie an Quellen auf Hopi-Land tränkten und sich auch sonst Freiheiten aller Art erlaubten. Nach Ansicht der Hopis war ihr Land eigentlich viel größer als das ihnen zugeteilte Reservat. Sie waren zweifellos schon länger in dieser Gegend ansässig als die Navajos. Eines ihrer Dörfer, Oraibi, ist die am längsten ununterbrochen bewohnte Ansiedlung in Nordamerika: Schon lange vor Kolumbus lebten hier Hopis.

Es scheint jedoch, daß die Navajos frühzeitig Teile des ältesten Hopi-Besitzstands durch Eroberung an sich gebracht hatten. Tatsache ist, daß die Grenzen nie klar gezogen wurden, bevor die USA durch die Errichtung der Reservationen die undankbarste Seite ihres Hoheitsanspruchs kennenlernten. 1910 berichtete der den Hopis zugeteilte Indianeragent, daß vier Fünftel des vom Präsidenten garantierten Hopi-Landes praktisch unter der Kontrolle der Navajos standen. Die Vereinigten Staaten hatten aber wenig Neigung, für einen Stamm gegen einen anderen in den Krieg zu ziehen, und ließen die Sache auf sich beruhen. 1943 stellte man zumindest klar, daß etwa ein Viertel des Hopi-Reservats von 1882 wirklich allein den Hopis gehören solle, den Rest überließ man weiterhin den Navajos.

Gegen den Widerstand der Traditionalisten, die der Ansicht sind, der weiße Mann hätte in Landfragen zwischen

Indianern überhaupt nichts zu entscheiden, erhob der Hopi-Stammesrat 1960 beim zuständigen Bundesgericht Klage gegen die Navajos. Nach zweijährigem Prozeß entschied das Gericht, daß nur das 1943 garantierte Gebiet den Hopis allein gehöre, während die übrigen Teile der Reservation von 1882 gemeinschaftlicher Besitz der Hopis und der Navajos seien. Das Urteil befriedigte keine der beiden Parteien.

Eine gemischte Kommission, bestehend aus Vertretern der beiden streitenden Gruppen und Regierungsvertretern als Vermittlern, versuchte zu einer außergerichtlichen Einigung zu gelangen. Die von diesen Beratungen praktisch ausgeschlossenen Traditionalisten, die in mancher Beziehung weniger traditionell verwurzelt sind als die gewählten Vertreter im Stammesrat, führten gesonderte Gespräche, ohne je nennenswerten Einfluß auf die Entscheidung zu erlangen. Die Verhandlungen gestalteten sich äußerst schwierig, weil keine Seite von ihren Maximalforderungen abgehen wollte. Der Vorsitzende des Navajo-Stammesrats, Peter MacDonald, drohte mit gewaltsamem Widerstand, sollte auch nur eine Navajo-Familie aus der strittigen Zone abgesiedelt werden. Abbott Sekaquaptewa, der Hopi-Häuptling, flog gemeinsam mit Navajo-Vertretern im Hubschrauber über das gemischte Siedlungsgebiet, um auf Neuansiedlungen von Navajos hinzuweisen, die ein Gericht eben erst bis zu einer endgültigen Regelung verboten hatte. Die Navajos enthielten sich jedes Kommentars. Selbst auf der Rumpf-Reservation der Hopis begannen sich Navajo-Siedler niederzulassen.

Während die Verhandlungen liefen, wurden im amerikanischen Kongreß verschiedene Gesetzentwürfe zu einer Beilegung des Konflikts eingebracht. Die Kompromißlösung, die schließlich Ende 1974 eine Mehrheit fand, sieht eine Teilung des seit 1943 gemeinsam genutzten Gebietes zu gleichen Teilen vor. Die amerikanische Regierung übernahm die Absiedlungsentschädigung für die Navajo-Siedler. Obwohl das Gesetz einen Sieg für die Hopis darstellt, waren sie alles andere als zufrieden. Schon eine Woche nach der Entscheidung erschienen sie vor einem Bundesgericht, um die gleichmäßige Teilung der gesamten Navajo-Reservation zu verlangen. »Dies alles ist unser Land gewesen«, argumentierten sie, »und mit der Teilung der Hopi-Reservation in den Grenzen von 1882 ist ein Präjudiz geschaffen worden, das unser Verlangen nach der Hälfte der Navajo-Reservation stützt.«

Die Navajos fanden sich rasch mit dem De-facto-Verlust

(der zugleich ein De-jure-Gewinn war) ab, kauften an der Nordgrenze der Reservation 100.000 Hektar Land aus Bundesbesitz und begannen mit der Umsiedlung ihrer Familien. Sie sind sich ihrer Stärke wohl bewußt, ein Bewußtsein, das den Hopis, die weiterhin völlig von Navajos umgeben sind, auch in Zukunft schlaflose Nächte bereiten wird.

Auch auf andere Art vermehrte sich das Indianerland, wenn auch nur geringfügig und auf eine Weise, die den USA kaum zur Ehre gereicht. Nachdem Franklin D. Roosevelt zum Präsidenten der Vereinigten Staaten gewählt worden war, kündigte er eine Politik an, die sowohl den verarmten Farmern als auch den Indianern helfen sollte. Aus Mitteln, die teilweise »für den ausschließlichen Nutzen der Indianer« bestimmt waren, wurde sogenanntes »submarginales Land«, auf dem weiße Farmer nicht mit Gewinn wirtschaften konnten, aufgekauft, um der bäuerlichen Bevölkerung einen neuen Start zu ermöglichen. Das erworbene Land sollte zur Errichtung von Nationalparks und – wo immer möglich – zur Vergrößerung und Konsolidierung der durch den *General Allotment Act* arg zerstückelten Indianerreservationen dienen.

Daß man zu den Worten »submarginales Land« gleich »Indianer« assoziierte, darf nicht verwundern. Von den 200.000 Quadratkilometern indianischen Bodens galt damals (und die Verhältnisse haben sich seither nicht wesentlich geändert) die Hälfte als leicht erodiert, mehr als ein Viertel als schwer erodiert und der Rest als kritisch erodiert. Das submarginale Land paßte also gut zu dem schon vorhandenen Besitzstand der Eingeborenen. Das neue Land sollte ebenso wie das übrige Reservationsland unter Treuhandschaft der USA in indianisches Eigentum übergeben werden. Das konnte nur auf legislativem Wege geschehen, und der Gesetzgeber ließ sich Zeit. Zum größten Teil wurde das submarginale Land daher bis zur endgültigen Übereignung an die Indianer verpachtet.

Während im Kongreß die Opposition gegen die Übergabe des Ödlandes an die Indianer wuchs, wurde der von diesen gezahlte Pachtzins zwischen 1944 und 1964 auf einem Sonderkonto im Schatzamt der USA gesammelt. 1955 wurde die Pacht sogar über das gesetzlich erlaubte Ausmaß hinaus erhöht, weil der Kongreß der Ansicht war, die Indianer bereicherten sich unrechtmäßig an Land, das den Vereinigten Staaten gehöre. Teile des submarginalen Landes wurden schließlich 1972 tatsächlich ins Eigentum der Stämme übertragen, wobei der Wert der übereigneten Flächen gegen allfällige Forderungen der Eingeborenen an die USA aufgerechnet wurde. Somit haben die neuen Eigentümer zweimal für das Land bezahlt, das ursprünglich aus Mitteln, die für ihren alleinigen Nutzen bestimmt waren, erworben wurde: durch den nie rückerstatteten Pachtzins für Land, von dem es 1938 hieß, es solle administrativ wie tatsächliches Indianerland behandelt werden, was es seiner Bestimmung nach ja sei; und durch die Aufrechnung gegen Forderungen, die sonst den Stämmen in bar zugekommen wären.

Die Verzögerung der Übereignung des submarginalen Landes war durch die *Terminationspolitik* verursacht worden, die vor allem in den fünfziger Jahren eine Auflösung der Reservationen und eine Tilgung aller damit verbundenen Rechte der Eingeborenen zum Ziel hatte. Die Terminationspolitik als *General Allotment Act* in neuem Gewand war von vornherein ein katastrophaler Fehlschlag. Man hatte immer noch nicht begriffen, daß eine Entlassung der Indianer aus der staatlichen Obhut in einem Chaos enden mußte, wenn nicht vorher eine wirtschaftliche Infrastruktur geschaffen wurde, die den indianischen Gemeinschaften auch nach Aufhören der staatlichen Hilfeleistungen und der Steuerfreiheit eine ausreichende Existenzgrundlage bietet.

Wie im Falle des *Dawes Act* waren die Agitatoren für die Termination nicht nur in den Reihen der Indianerfeinde zu finden. Auch Liberale mit hohen Idealen und mangelnder Beziehung zur Realität traten für die »Befreiung der Indianer von der Regierungsaufsicht« und für ihre Entlassung aus den Reservationen ein. Sie hatten die vage Ahnung, daß es den Eingeborenen schlecht ging, und vermeinten den Grund dafür in der Beschränkung der Indianer auf die Reservate zu finden. In ganz ähnlichem Sinn bezeichneten kommunistische Kritiker in den sozialistischen Ländern die Reservationen als Konzentrationslager für die Rothäute.

Diese Meinung über die Funktion der Reservationen war im späten neunzehnten Jahrhundert durchaus zutreffend, als man die vorher freien Indianer des Westens ohne viele Umstände unter Armeeaufsicht in Reservationen einsperrte. Wer sich ohne Erlaubnis außerhalb der Reservatsgrenzen aufhielt, wurde als gefährlicher Feind angesehen und mußte damit rechnen, massakriert oder mit Gewalt in das geschrumpfte Indianerland zurückgebracht zu werden. Fast ein Jahrhundert später waren die Reservate den Indianern aus einem Gefängnis zur Heimat geworden. Sie waren das letzte Stammesland, Symbol und Garantie des Schutzes der Bundesregierung und zugleich Zuflucht vor der zwangsweisen Einverleibung in den Schmelztiegel Amerika.

Der größte Widerstand gegen die Terminationspolitik kam also von den Indianern selbst, und er war klarer artikuliert als jeder frühere Widerstand gegen die offizielle Indianerpolitik. Ihm ist es zu verdanken, daß die Rückkehr zum *Dawes Act* nicht von Dauer war und nur relativ wenige Opfer forderte. Diese Opfer waren für die Betroffenen schmerzlich genug. 1954 beschloß der Kongreß, das unheilige Experiment mit den Menominees in Wisconsin, den Klamaths in Oregon, sechs Stammesgruppen in Utah und zwei kleinen Stämmen in Texas zu beginnen. Die Termination hatte überall schreckliche Folgen, nirgends aber wurden sie so deutlich wie im Fall der Menominees, die mit mehr als 3000 Mitgliedern und einer 930 Quadratkilometer großen Reservation der größte der betroffenen Stämme waren.

Die Menominees waren deshalb zur Termination ausgewählt worden, weil sie es über Jahrzehnte hinweg verstanden hatten, ihre Reservation in weitgehender Selbstverwaltung zu führen. Als wirtschaftliche Grundlage diente ihnen eine Sägemühle, in der das Holz der stammeseigenen Wälder verarbeitet wurde. Der Stamm kam selbst für fast alle laufenden Kosten für Erziehungswesen, Fürsorge, Gesundheit und Straßenbau auf: Stammesmitteln von 520.000 Dollar standen im Jahr vor Beginn der Termination Bundesmittel von nur 144.000 Dollar zur Erhaltung der Reservation gegenüber.

Die Termination selbst wurde den Menominees brutal aufgezwungen. 1951 hatten sie einen Prozeß gewonnen, in dem es um die Zahlung von zehn Millionen Dollar für von der amerikanischen Forstbehörde verursachte Schäden am Stammeswald ging. Der Kongreß machte seine notwendige Zustimmung zur Auszahlung des Betrags an die Menominees von deren Zustimmung zur Auflösung der Reservation abhängig. Diese Nötigung läßt die spätere Erklärung des Innenministers Seaton, kein Stamm werde ohne Zustimmung seiner Mitglieder »terminiert« werden, in neuem Licht erscheinen. Weniger als 10 Prozent der wahlberechtigten Menominees nahmen an der Abstimmung über diese Frage teil, und diese kleine Minderheit gab mit 91 zu 16 Stimmen grünes Licht für die Beendigung des Treuhandverhältnisses.

Um einen Rest an Selbstverwaltung zu erhalten und eine

bessere Steuersituation zu schaffen, verwandelte man 1961 die Reservation in einen politischen Bezirk. Jedes Stammesmitglied erhielt seinen Anteil am Stammesvermögen in jederzeit verkäuflichen Anteilscheinen ausgezahlt und war mit hundert Aktien an einer Gesellschaft beteiligt, die das Sägewerk weiterführen sollte. Eine weiße Bank übernahm die Stimmrechte für alle minderjährigen Menominees in der Gesellschaft und gewann so entscheidenden Einfluß auf die Geschäftsführung. Diese »Kontrolle durch Fachleute« konnte nicht verhindern, daß die Sägemühle in ernste Schwierigkeiten geriet. Als einziger Betrieb des Bezirks hatte sie 90 Prozent der gesamten Steuerlast zu tragen, was ihre Konkurrenzfähigkeit wesentlich beeinträchtigte. Unter dem Druck der Steuerschraube wußten die Bankiers sich nicht anders als durch einen Griff ins Gesellschaftskapital zu helfen. Zugleich wurde rationalisiert, was gleichbedeutend mit der Entlassung von 50 Prozent der Arbeitskräfte war, die sich nun außerhalb der ehemaligen Reservationen um Arbeitsplätze umsehen mußten. Mit der Arbeitslosigkeit stiegen die Fürsorgekosten des Bezirks und damit die Steuerlast, die von den Bewohnern und dem Sägewerk eingetrieben werden mußten. Das einzige Spital, das zur Zeit der Reservation vom amerikanischen Gesundheitsdienst geführt worden war, mußte geschlossen werden, weil kein Geld vorhanden war und die staatlichen Sanitätsvorschriften nicht eingehalten werden konnten. Die Menominees begannen ihre Anteilscheine zu verkaufen. Der Bezirk mußte Schulden machen, so daß schließlich der Staat Wisconsin und die Bundesregierung gezwungen waren, mit Krediten und einmaligen Aushilfen die Mißgeburt am Leben zu erhalten.

Mehrere Millionen Dollar wurden ohne ersichtlichen Erfolg zur Stützung einer Gemeinschaft aufgewendet, die kurz zuvor den Staat kaum etwas gekostet hatte. Als dann noch das Sägewerk abbrannte, weil kein Geld für Bandschutz ausgegeben werden konnte, begann die Aktiengesellschaft Indianerland an Weiße zu verkaufen. Die Bankleute versagten auch in diesem Fall beim Umgang mit fremdem Gut, indem sie das Land ohne Wissen der Stammesmitglieder für Niedrigstpreise an Außenseiter verschleuderten, während der Bezirk die hohen Aufschließungskosten übernehmen mußte. Als einige Menominees als Aktionäre Aufklärung über die Geschäftspraktiken der Aktiengesellschaft verlangten, wies man sie brüsk ab. Erst 1971 bot sich den roten Aktionären die

Möglichkeit, durch Abstimmung die Geschäftsleitung abzuberufen: 1090 Menominees waren dafür, 694 dagegen. Die von der weißen Bank verwalteten 486 Stimmen kehrten das Ergebnis um. Wer sich von der Termination die Befreiung der Eingeborenen aus weißer Kontrolle und Bevormundung erhofft hatte, war eines Besseren belehrt.

Die Katastrophe hatte ihr Gutes: Sie wirkte nicht nur als abschreckendes Beispiel, sondern förderte auch die Einigung der Stammesbevölkerung. Was als Aktionsgruppe einiger Unzufriedener begonnen hatte und von weißen und roten Gegnern als kommunistischer Agitationstrupp verleumdet worden war, entwickelte sich innerhalb kurzer Zeit zum repräsentativen Sprachrohr eines betrogenen Volkes: *DRUMS (Determination of Rights and Unity for Menominee Stockholders).* DRUMS-Vertreter wurden mehrheitlich in den Aufsichtsrat der Aktiengesellschaft gewählt. Der größte Erfolg war jedoch die Einbringung eines Gesetzentwurfes, der die Wiederherstellung der alten Reservation vorsah. Der Entwurf, der die Unterstützung aller wichtigen Politiker und vor allem der Indianer hatte, wurde 1973 vom amerikanischen Kongreß zum Gesetz erhoben: seltenes Eingeständnis eines Fehlers in der Indianerpolitik.

Schon vorher war die 1959 beschlossene Termination der Choctaws rückgängig gemacht worden. In diesem Fall war die Entscheidung deshalb von erstrangiger Bedeutung, weil der Oberste Bundesgerichtshof erst 1970 entschieden hatte, daß die Choctaws rechtmäßige Mitbesitzer eines hundertsechzig Kilometer langen Abschnitts des Arkansas River seien. Ohne Stammesorganisation wäre es den Choctaws kaum möglich gewesen, aus dieser Entscheidung Nutzen zu ziehen.

Ein Teil der Northern Utes in der Uintah-Ouray-Reservation entging mit knapper Not dem Schicksal der Termination. Da die Mischlinge in der Reservation für, die Vollblutindianer aber gegen die Termination waren, entschloß man sich zu der ungewöhnlichen Lösung, nur die Mischlingsbevölkerung zu »terminieren«. Der aliquote Teil der Forderungen der Northern Utes an den Staat wurde den Mischlingen auf Pro-Kopf-Basis ausgezahlt, während die Vollblut-Utes ihr Land behalten durften und ihr Anteil gemeinschaftlich investiert werden konnte – eine Lösung, die letztlich alle befriedigte und den nicht »terminierten« Utes sichtbare wirtschaftliche Fortschritte brachte.

Schlimmer noch als der Landverlust durch Termination war

für die nordamerikanischen Eingeborenen in diesem Jahrhundert eine andere Form der Enteignung. Seit in den USA Wasserkraftwerke errichtet werden, konfiszierte und überflutete man mit Vorliebe Teile von Reservationen. Wann immer die Dammbauingenieure der Regierung die Wahl hatten, weißes oder rotes Land einzuziehen, entschieden sie sich für das Indianerland, da man dort – meist zu Recht – weniger Widerstand erwartete. 623 Quadratkilometer, ein Viertel der Fort Berthold-Reservation in North Dakota, wurden 1953 unter Wasser gesetzt: das beste Land der drei darauf siedelnden Stämme und zugleich das einzige Stück Boden, das wirtschaftlich genutzt werden konnte. Experten hatten einen Alternativplan erstellt, der keine indianischen Rechte verletzt hätte. Er wurde abgelehnt. Die Überflutung zerstückelte die Reservation in fünf durch den Stausee getrennte Teile. Die Fürsorgezahlungen an die Indianer stiegen in den ersten fünfzehn Jahren nach Errichtung des Staudamms auf das Hundertfache.

Auch den Senecas im Staat New York überschwemmte man ihr bestes Land: mehr als 36 Quadratkilometer fruchtbarsten Bodens am Alleghany River. Der Kinzua-Damm, der die Irokesen der Allegany-Reservation um das Land brachte, das ihnen im Vertrag von 1794 »für alle Ewigkeit« zugesichert worden war, sollte als Überschwemmungsschutz für das Ohio-Tal dienen. Ein privates Gegengutachten sprach sich für einen Alternativplan aus, der nicht nur keine indianischen Rechte angetastet, sondern auch bloß die Hälfte gekostet hätte und wesentlich betriebssicherer gewesen wäre als das Regierungsprojekt. Er wurde abgelehnt. Die Überflutung zerschnitt Anfang der sechziger Jahre die Reservation in zwei durch den Stausee getrennte Teile.

In Kanada sehen sich die Indianer ähnlichen Problemen gegenüber. Das Wasserkraftwerksystem James Bay im Norden von Quebec wird in seiner bis 1984 fertigzustellenden ersten Ausbaustufe 9000 Quadratkilometer Waldland überfluten: Land, von dem mehrere tausend jagdtreibende Crees und Eskimos leben. Umweltschützer meldeten ernste Bedenken gegen das Großbauprojekt an, von dem sie unabsehbare Auswirkungen auf das biologische Gleichgewicht der Region befürchten. Sie gingen ein Bündnis mit den Eingeborenen ein, denen die Regierung von Quebec ohne Verhandlungen eine grotesk niedrige Abfindung bot. Da die 8,3 Millionen Kilowatt in erster Linie für den Export in die USA bestimmt sind, die schon vor der Ölkrise von 1973 nie genug Energie bekommen konnten, nun aber den Strom noch dringender benötigen, bestanden für die Gegner des Riesenstausees nur wenig Chancen auf eine Verhinderung des Projektes.

Die Roten erzielten einen unerwarteten Teilerfolg, als 1973 ein Gericht eine einstweilige Verfügung zur sofortigen Einstellung aller Arbeiten an dem Projekt erließ. Während bis dahin die Crees und die Eskimos in der Defensive gegen die Baumaschinen agierten, mußte nun die Regierung sehen, wie sie schnell zu einer Einigung gelangen und die Verluste aus dem Baustopp gering halten konnte. Die 1974 getroffene Regelung stellt wahrscheinlich das Optimum für die Eingeborenen dar: Die unterste Staustufe wird um 31 Meilen flußaufwärts verlegt; dadurch wird die Errichtung einer Reservation von mehr als 11.000 Quadratkilometern für die Crees möglich; die Crees erhalten außerdem für weitere 65.000 Quadratkilometer das Jagd-, Fischerei- und Fallenstellerrecht (das in Zukunft freilich durch Landtausch oder Geldzahlung abgelöst werden kann); den Eingeborenen werden insgesamt 150 Millionen Dollar Entschädigung gewährt. Für die Eskimos sind analoge Bestimmungen vorgesehen.

Trotz dieses Erfolges steht den betroffenen Gruppen eine schwere Zeit der Umstellung bevor. Die Mistassini-Crees müssen zum Beispiel ihre Fallenjagd, die sie früher auf einem Gebiet von 150.000 Quadratkilometern ausübten, nunmehr auf 18.000 Quadratkilometer beschränken. Da eine Lebenssicherung bei einer derartigen Einschränkung jedoch unmöglich ist, wird es notwendig sein, daß die Mistassinis andere Erwerbsmöglichkeiten erschließen. Wie günstig diese Regelung für die Indianer war, zeigt die Tatsache, daß schon eine Woche nach dem Vertragsabschluß das Berufungsgericht die einstweilige Verfügung aufhob und damit die Rechtssituation der Eingeborenen radikal verschlechterte.

Die Landtransaktionen zwischen Roten und Weißen in der Neuen Welt verliefen natürlich nicht ohne größere und kleinere technische Unregelmäßigkeiten. Verträge wurden nicht oder nur teilweise erfüllt, Bestimmungen falsch ausgelegt, Land vom Staat widerrechtlich enteignet. Den Indianern in den USA war lange Zeit nur die Möglichkeit gegeben, ihre Ansprüche beim Entschädigungsgericht (Court of Claims) einzuklagen. Wollten die Stämme die Vereinigten Staaten klagen, so war dazu – wegen der eigenartigen Rechtsstellung der Stämme – die Genehmigung des Kongresses erforderlich.

Es ist klar, daß es hier zu Interessenkollisionen kommen mußte und viele Fälle nur langsam einer Entscheidung zugeführt wurden. Eine bereits im *Great Sioux Agreement* zugesicherte Entschädigung für Pferde, die man den Sioux 1876 weggenommen hatte, wurde erst 1946 ausgezahlt; immerhin waren noch drei der siebzig Jahre zuvor geschädigten Indianer am Leben. 1946 errichtete man eine *Indian Claims Commission*, die ein für allemal reinen Tisch mit der Vergangenheit machen sollte. Die Einsetzung der Kommission erfolgte wohl im Hinblick auf die schon damals geplante Termination der besonderen Beziehungen zwischen den Indianern und den USA.

Das Gesetz, mit dem die neue Behörde geschaffen wurde, sah vor, daß »jeder indianische Stamm, jede wandernde oder sonstige Gruppe amerikanischer Indianer« innerhalb von fünf Jahren alle Ansprüche, die sich aus Handlungen der Vereinigten Staaten zwischen 1790 und dem Inkrafttreten des Gesetzes ableiteten, anmelden konnte. Nach Ende dieser Frist war keine Entschädigung mehr möglich. Die Kommission sollte binnen zehn Jahren ihre Arbeit beenden. Nach mehr als fünfundzwanzigjähriger Tätigkeit hat die *Indian Claims Commission* erst etwa die Hälfte der ihr zugeleiteten Fälle erledigt. Verzögerungen entstanden durch die bürokratische Arbeitsweise und die indianerfeindliche Einstellung mancher Kommissionsmitglieder.

Die Feststellung der Ansprüche richtete sich nach dem Wert zum Zeitpunkt der Schädigung. Zinsen wurden keine gezahlt. Hingegen konnte die Kommission alle mittlerweile von den Vereinigten Staaten erbrachten Hilfeleistungen von der zugesprochenen Entschädigungssumme abziehen. Diese Ungerechtigkeiten entgingen den Indianern nicht. Der Häuptling der Saginaw-Chippewas, die 1819 etwa 2400 Quadratkilometer Land abgetreten hatten, ohne dafür eine Entschädigung erhalten zu haben, war zum Beispiel mit dem ersten Angebot der Kommission – 600.000 Dollar – nicht zufrieden. Auch die 800.000 Dollar, die man ihm schließlich bot, schienen ihm wenig. Dieser Betrag entsprach einem Hektarpreis von 3,30 Dollar. Dokumente bewiesen, daß der Hektarpreis für das ehemalige Indianerland drei Jahre nach der Abtretung bereits das Fünffache betrug; 1819 aber war das Land nur deswegen nicht mehr wert, weil es noch von Indianern bewohnt und sein Rechtstitel unklar war. Niemand konnte damals legal Indianerland kaufen, weshalb sich keine freien Marktpreise bilden konnten. Nach der Zession freilich stiegen die Preise sprunghaft, ohne daß dies auf die Entscheidung über den Wert des Landes zur Zeit der Abtretung einen Einfluß gehabt hätte.

Der Chippewa-Häuptling ging nach Hause und las in der Zeitung über die Kosten des Vietnamkriegs. Er dividierte diese Summe durch den Flächeninhalt von Nord- und Südvietnam und fand, daß die USA in diesem Krieg mehrere hundert Dollar pro Hektar ausgegeben hatten. »Wäre es nicht sinnvoller gewesen, ganz Vietnam zu kaufen?« meinte er. »Wenn die Vereinigten Staaten mehrere hundert Dollar pro Hektar für ein Land ausgeben, das ihnen nachher nicht einmal gehört, warum sind sie dann nicht in der Lage, für ein Land, das sie von ihren eigenen Staatsbürgern gekauft haben, einen gerechten Preis zu zahlen?«

Ein anderes Problem ist das der Auszahlung. Im Sinne der Terminationspolitik schien eine Auszahlung an die einzelnen Stammesmitglieder als praktikabelste Lösung. Das *Bureau of Indian Affairs* (BIA), das die einzelnen Ansprüche zu prüfen hatte, wollte lieber an die Stämme zahlen, am besten in Form von Investitionen, die es selbst vornehmen wollte. Tatsächlich ist nicht leicht festzustellen, wer beispielsweise die anspruchsberechtigten Nachkommen der Ottawas nach dem Vertrag von 1821 sind, zumal die betreffenden Ottawa-Gruppen 1874 als Stamm zu bestehen aufgehört haben. Gerade die Nachkommen dieser Gruppen aber, die ja auch kein Stammesland besitzen, auf dem investiert werden kann, sind nur an Einzelzahlungen interessiert. Für die bestehenden Stämme, bei denen Stammesrollen existieren, die eine Prüfung der Anspruchsberechtigung erleichtern würden, sind hingegen Zahlungen an den Stamm wirtschaftlich sinnvoller. Das BIA wußte sich zu helfen, indem es zum Beispiel Gelder, die den Ottawas und den Chippewas aus einem gemeinsam geschlossenen Vertrag mit den USA zustanden, bei den als Stamm noch existierenden Chippewas zu investieren begann, während die Ottawas fürchten mußten, abermals leer auszugehen. So wird heute bei Versuchen, vergangenes Unrecht zu beseitigen, neues Unrecht gesetzt, das neuerliche Entschädigungsforderungen nach sich ziehen könnte.

Wenn man die Errichtung der *Indian Claims Commission* als Teil der Terminationspolitik betrachtet, dann hat die Arbeit der Kommission nicht das gewünschte Ergebnis gebracht. Durch die teilweise beträchtlichen Entschädigungssummen – achtstellige Dollarbeträge sind keine Seltenheit – und die geringe Lust zu Einzelzahlungen kamen die Stämme in die (wenn auch beschränkte) Verfügungsgewalt über Kapital, das sie wirtschaftlich und politisch erstarken ließ. Den in bezug auf Investitionen wie Kolonien geführten Reservaten kam die unerwartete Geldspritze gelegen, um lange überfällige Sanierungsmaßnahmen einzuleiten. Stammesland gewann an Attraktivität, seine Bewohner gewannen an Selbstbewußtsein.

Rein formal war der Vorgang der Auszahlung reichlich kompliziert. Nach dem Urteil der *Indian Claims Commission* oder der übergeordneten Instanzen (*Court of Claims,* Oberster Bundesgerichtshof) mußte aufgrund von Verhandlungen zwischen BIA und anspruchsberechtigten Indianern ein Gesetz beschlossen werden, das die Auszahlung genehmigte. Dadurch verzögerte sich die Ausfolgung der Gelder oft um mehr als zehn Jahre. Ein 1973 beschlossenes Gesetz, das nur noch ein Vetorecht des Kongresses vorsieht und die Auszahlung beschleunigen soll, stieß im Indianerbüro auf harte Kritik, weil diesem die vorgesehenen Fristen zu einer Einigung über Zahlungsmodus und Anspruchsprüfung viel zu kurz waren.

Nicht alle Stämme wurden eingeladen, ihre Ansprüche geltend zu machen. Das BIA informierte fast ausschließlich die ihm unterstehenden Gruppen, die vom Bund als Indianer »anerkannt«, das heißt betreut und bevormundet werden. Die Stämme, die vom BIA nicht anerkannt werden, sind aber genauso Anspruchsberechtigte im Sinne des *Indian Claims Commission Act.* Da sie von der Möglichkeit, Ansprüche anzumelden, nichts wußten, konnten sie sich auch nicht an die Kommission wenden. Heute sind weitere Anträge infolge der Fristversäumnis nicht mehr möglich. Das betrifft auch Stammesgruppen, die erst jetzt Schädigungen entdecken, für die sie daher keinen Ersatz mehr erhalten können.

Die Crows in Montana beispielsweise waren immer der Meinung, daß die Grenze ihrer Reservation seit dem Vertrag von 1868 entlang des 107. westlichen Längengrades verlaufe. 1884 wurde westlich der Crow-Reservation das Reservat der Northern Cheyennes errichtet, dessen östliche Grenze der 107. Längengrad und zugleich die Westgrenze des Crow-Landes war. 1889 wurde die Grenze der Reservation vermessen. Gemäß den Worten des BIA verlief die Grenzlinie »in nördlicher Richtung, abweichend vom 107. Längengrad«. 85

Kilometer lang schlängelte sich die Grenzlinie neben dem 107. Längengrad einher und ließ dabei ungefähr 120 Quadratkilometer vertraglich zugesicherten Crow-Landes außerhalb der vermessenen Reservation.

Im Jahr 1900 wurde durch Verordnung des Präsidenten die Northern Cheyenne-Reservation vergrößert: unter anderem durch Erweiterung nach Osten bis zu den Grenzen der Crow-Reservation, was theoretisch nicht möglich war, da die beiden Reservate ja schon seit 1884 eine gemeinsame Grenze am 107. Längengrad besaßen. Wegen des Vermessungsfehlers aber war es doch möglich, und die Cheyennes kamen in den Besitz der erwähnten 120 Quadratkilometer, von denen sie später durch Aufteilung wieder die Hälfte verloren. Der alte Fehler wurde erst 1956 von einem Crow, der als Gehilfe an der Neuvermessung der Grenze mitwirkte, entdeckt – fünf Jahre zu spät für einen Antrag bei der *Claims Commission*.

Die rechtliche Situation ist an sich klar: Zum Unterschied von den rund 140.000 Quadratkilometern, die den Crows zwischen 1851 und 1904 durch Verträge und Verordnungen weggenommen wurden, ist der Verlust der 120 Quadratkilometer nicht aus einem absichtlichen Akt der Vereinigten Staaten entstanden. Nach dem in diesem Punkt noch rechtsgültigen Vertrag von 1868 folgend verläuft die Westgrenze der Crow-Reservation entlang des 107. Längengrads. Es ist natürlich schwer, die Cheyennes, die das Land in gutem Glauben in Besitz genommen haben, zu enteignen. Die Crows forderten deshalb vom amerikanischen Kongreß lediglich die Rückgabe jener 2,5 Quadratkilometer, die sich im Besitz des Bundes befinden, sowie folgende Entschädigung für den Rest: den heutigen Marktwert der übrigen 117,5 Quadratkilometer, eine Verzinsung des Werts für die Jahre, während derer ihnen das Land widerrechtlich entzogen gewesen war, und die Reservierung allfälliger Mineral- und Bodenrechte auf dem ihnen durch irrtümliche Vermessung entzogenen Land. Zum Unterschied von Anträgen bei der *Indian Claims Commission* können die Crows den heutigen Marktwert und Zinsen fordern, weil sie aufgrund des zitierten Vertrages bis heute die rechtmäßigen Eigentümer des umstrittenen Landes sind. Der Kongreß hat sich in dieser klaren Angelegenheit bis heute zu keiner Entscheidung durchringen können. Das BIA lehnt sogar eine Unterstützung der erforderlichen Gesetzgebung ab.

In vielen Fällen wollen die Indianer keine Wiedergutmachung in bar und fordern statt dessen die Rückgabe von Land.

Wie schon das Beispiel der Crows gezeigt hat, ist das nicht immer leicht möglich, weil ein großer Teil des Landes nicht mehr der Bundesregierung gehört. 1906 entzogen die Vereinigten Staaten dem Pueblo Taos in New Mexico 194 Quadratkilometer, die für die Bewohner von Taos heilig waren. Blue Lake, wie das Areal nach dem größten seiner vielen Gewässer, die das Quellengebiet des Rio Grande bilden, genannt wurde, enthielt mehrere heilige Schreine, an denen lokale Gottheiten verehrt wurden. Jedes Jahr kehrten die Indianer zu den Quellen des Flusses als den Quellen des Lebens zurück. Land und Leute bildeten eine Einheit, die nicht aufgelöst werden konnte. Deshalb kämpften die Bewohner von Taos seit jeher für die Rückgabe ihres Heiligtums. Vierundsechzig Jahre lang ohne Erfolg. Gerichte und Abgeordnete konnten nicht verstehen, was an einem Grundstück Heiliges sein konnte (außer vielleicht die Eigentumsrechte). Die Argumente der nach Washington angereisten geistlichen Führer des Pueblos waren ihnen unbegreiflich. Ein Senator äußerte die Sorge, im Falle einer Rückstellung des Blue Lake würden im nächsten Augenblick »Medizinmänner im ganzen Land aufstehen und ähnliche Geschäfte machen wollen«. 1969 bot der zuständige Senatsausschuß statt der 194 Quadratkilometer den Eingeborenen von Taos 4,5 Quadratkilometer an; der Rest sollte für den Fremdenverkehr erschlossen werden. Man kann sich leicht vorstellen, daß die Anwesenheit von weißen Kampierern, Sportfischern und Gaffern auf heiligem Boden als Sakrileg empfunden werden mußte. Genausogut hätte man die Umwandlung des Peterdoms in Rom (mit Ausnahme des Hochaltars) in ein Striptease-Lokal fordern können. Es bedurfte des ungewöhnlichen starken Engagements von Präsident Nixon in dieser Angelegenheit, um im Herbst 1970 die gesetzliche Rückführung von Blue Lake in vollem Umfang und ohne beschränkende Auflagen an das Pueblo Taos zu erreichen.

Zwar standen nicht im ganzen Land die Medizinmänner auf, immerhin aber war durch die Rückgabe von Land anstelle von Geld ein Präzedenzfall geschaffen worden. Vor allem die völlig landlosen Pitt River-Indianer in Kalifornien hätten eine Entschädigung in Land jedem finanziellen Ersatz vorgezogen. Für die ihnen entzogenen 14.000 Quadratkilometer bot die *Claims Commission* 117 Cents je Hektar. Die Pitt River-Indianer schickten die Schecks zurück und versuchten durch Besetzung des Landes, das zum größten Teil der

Bundesregierung und einem großen Konzern gehört, ihren Anspruch auf Grund und Boden durchzusetzen.

Aber auch wenn das Land selbst noch im Eigentum der Indianer ist, gibt es genug Möglichkeiten, sie an seiner Nutzung zu hindern. Der Status des geteilten Erblandes ist nur einer von vielen Gründen, die es den Eingeborenen unmöglich machen, von ihrem ohnedies kargen Boden zu leben. Verpachtungen von Indianerland an Weiße zu Niedrigstpreisen durch das BIA, vielfach ohne Beiziehung der Eigentümer, sind an der Tagesordnung, wobei den Pächtern zusätzlich Vergünstigungen gewährt werden, die man den Indianern in der Regel vorenthält. Wenn auf der riesigen Pine Ridge-Reservation in South Dakota nur ein Prozent des Bodens von Indianern, hingegen mehr als die Hälfte von weißen Pächtern effektiv genutzt wird, so liegt das nicht an der Faulheit der Indianer.

Eine Lebensfrage für die Indianer, besonders in den trockenen Westgebieten der USA, sind die Wasserrechte. Obwohl das Recht, Wasser aus den die Reservation durchfließenden Gewässern zur Bewässerung von Feldern abzuleiten, in keinem Vertrag ausdrücklich erwähnt wird, käme eine Verweigerung dieses Rechts einem Todesurteil für die betroffenen Stämme gleich. Trotzdem haben immer wieder Privatpersonen, insbesondere aber die Bundesregierung selbst – über das dem Innenministerium unterstellte *Bureau of Reclamation* – versucht, den Roten das Wasser abzugraben. Durch Errichtung von Dämmen und Umleitung der Flüsse oberhalb des Indianerlandes wurden und werden die Stämme mit der Austrocknung bedroht. In einem richtungweisenden Rechtsfall entschied der Oberste Bundesgerichtshof schon 1907, daß ein solches Vorgehen dem Geist, wenn schon nicht dem Buchstaben der geschlossenen Verträge widerspricht. Das hat jedoch nichts an der Fortsetzung des versuchten Wasserdiebstahls geändert.

Das *Bureau of Reclamation* ist für die Indianer – in den Worten von Senator Edward Kennedy – »die heutige institutionelle Verkörperung des Generals Custer«. Während aber den als Indianerfresser berüchtigten General schon 1876 auf dem Schlachtfeld am Little Bighorn sein gerechtes Schicksal ereilte, kämpfen die Roten hundert Jahre später den ungleichen Kampf gegen das *Bureau of Reclamation* an Verhandlungstischen und in Gerichtssälen.

Das *Central Arizona Water Reclamation Project* (CAP) soll

die großen Städte des amerikanischen Südwestens wie Tucson und Phoenix mit Wasser versorgen. Gemeinsam mit dem *San Juan-Chama Project* gefährdet CAP die Wasserzufuhr der Apachen, Navajos, Mohaves, Utes, Yumas, Chemehuevis und anderer Stämme. Schon 1962 hatten die Navajos einer Ableitung von Wasser aus dem San Juan River unter der Bedingung einer gleichzeitigen Bewässerung von 440 Quadratkilometern Navajo-Trockenland zugestimmt. Das Ableitungsprojekt aber machte wesentlich raschere Fortschritte als das Bewässerungsprojekt. Dies ist insofern entscheidend, als sich mittlerweile herausgestellt hat, daß die für die Bewässerung insgesamt vorgesehenen Wassermengen die Kapazität der Flüsse übersteigen. Es gilt als wahrscheinlich, daß zum Ausgleich Wasser aus dem Columbia River abgeleitet werden wird, der für die Stämme der nordwestlichen USA ein Lebensnerv ist.

Einer der im Rahmen der CAP geplanten Stauseen wird nach Fertigstellung des Damms die Fort McDowell-Reservation überfluten. Während die hier ansässigen Apachen und Mohaves zu Opfern der weißen Wassersucht werden, kann man am Rand der Reservation, in der neuen weißen Gemeinde Fountain Hills, die nicht überflutet wird, ein Spektakel bestaunen: den größten Springbrunnen der Welt, dessen Strahlen sich 170 Meter in die Lüfte erheben. Seine Fontänen fallen in einen künstlichen See von zwölf Hektar Größe, an den sich eine Straße in der Länge einer Meile anschließt, die von hundert weiteren Springbrunnen, Wasserfällen und Teichen gesäumt ist. Während man den Indianern den Wasserhahn zudreht oder ihr Land in Seen verwandelt, spielen in der unmittelbaren Umgebung die Weißen mit dem geraubten Naß.

Einen der erbittertsten Kämpfe in der Frage der Wasserrechte lieferten Weiße und Indianer einander um den Pyramid Lake, einen See auf der Reservation der Pyramid Lake-Paiuten im trockenen Nevada. Der Pyramid Lake wird vom Truckee River gespeist. Und aus diesem Fluß begann man knapp nach der Jahrhundertwende Wasser abzuzapfen, um Trockenland, das sich im Besitz von Weißen befand, zu Farmland zu machen. Das Unternehmen mißlang: Das Land blieb für eine wirtschaftliche Nutzung praktisch wertlos, zwei Drittel des abgeleiteten Wassers gingen verloren, weil die Kanäle undicht waren. Der Seewasserspiegel sank jedes Jahr um einen halben Meter, und die Forellen starben aus, weil der Flußwasserstand infolge der Ableitung zu niedrig war, um es den Fischen zu ermöglichen, zu Zwecken der Fortpflanzung den Oberlauf zu erreichen. Seit vierzig Jahren muß der Fischbestand im See künstlich aufgestockt werden. In den sechziger Jahren drohte die totale Austrocknung durch ein weiteres Ableitungsprojekt. Hydrologen sagten voraus, daß der See bei gleichbleibender Verringerung seiner Zuflüsse in hundert Jahren verschwunden sein würde. Das Innenministerium, dem sowohl das *Bureau of Reclamation* als auch das *Bureau of Indian Affairs* unterstehen, verfiel der Schizophrenie. Man machte den Dammkonstrukteuren wie den Indianern große Versprechungen, die natürlich niemals gehalten werden konnten. Schließlich kam man zu einem »Kompromiß«, bei dem die Indianer wie gewöhnlich die alleinigen Verlierer waren: Der Wasserstand sollte um 50 Prozent gesenkt werden.

Obwohl klar war, daß Rechte der Pyramid Lake-Paiuten verletzt worden waren, bemühte sich das Justizministerium nicht um Rechtsschutz für die Indianer, »da das Innenministerium als Treuhänder des Stammes die alleinige Verantwortung für deren Wohlfahrt« trage. Aus demselben Grund verhinderte man auch jahrelang eine Privatklage des Stammes, indem man die hiezu erforderliche Genehmigung versagte. Mit der Hilfe des *Native American Rights Fund,* einer von weißen Philanthropen finanzierten und von Indianern geführten Rechtsschutzorganisation für die Eingeborenen, gelang es 1972, diesen Engpaß zu überwinden. Die Pyramid Lake-Paiuten klagten den Innenminister.

Die Entscheidung des Gerichts war unzweideutig. Der Erlaß des Innenministers zur Regulierung des Truckee River sei »willkürlich, selbstherrlich, ein Mißbrauch der Entscheidungsgewalt und nicht in Einklang mit dem Gesetz«. Der Innenminister habe durch seinen Erlaß die Treuhandpflicht gegenüber den Indianern gröblich verletzt, da er nicht alles in seiner Macht Stehende getan habe, um die für die Paiutes unbedingt nötige Wassermenge dem Pyramid Lake zufließen zu lassen. Er habe innerhalb von acht Wochen einen neuen Plan vorzulegen, der einen durchschnittlichen jährlichen Wasserzufluß von mindestens 470 Millionen Kubikmeter gewährleiste, jene Menge, die zur Erhaltung des gegenwärtigen Wasserstandes notwendig sei.

Das Urteil, das am vorletzten Tag der Besetzung des *Bureau of Indian Affairs* in Washington im November 1972 erging, mag dem Innenminister Anlaß gegeben haben, die

Gründe des lautstarken Aufbegehrens der roten Minderheit im Lande zu überdenken.

Schon die im siebzehnten Jahrhundert zwischen Indianern und Kolonisten in Virginia und Maryland geschlossenen Verträge enthielten Klauseln, die den in Reservate abgedrängten Uramerikanern das Recht zusicherten, an ihren gewohnten Plätzen auch außerhalb der Reservation zu jagen, zu fischen und wildwachsende Pflanzen zu sammeln. Die weißen Behörden wußten sehr wohl, daß die kleinen Flecken Land, die man den Roten zuwies, nicht ausreichten, um den nichtagrarischen Bedarf ihrer Bewohner zu decken. Die Beengung im Reservat sollte den Eingeborenen durch diese Maßnahme versüßt werden.

Die zahlenmäßig unbedeutenden Reservationsindianer Virginias haben sich dieses Recht bis heute erhalten. Sie benötigen auf der Jagd keinen Jagdschein, sondern lediglich eine Bestätigung, die sie als Mitglied ihres Stammes ausweist. Anderswo, vor allem an der Pazifikküste der Vereinigten Staaten, versucht man seit dem Zweiten Weltkrieg den Roten entsprechende vertragliche Konzessionen streitig zu machen. Die Muckleshoots, Puyallups, Nisquallys, Umatillas, Quileutes und andere Stämme sind seit jeher Fischervölker. In den um die Mitte des neunzehnten Jahrhunderts geschlossenen Verträgen findet sich regelmäßig die Bestätigung ihrer Fischereirechte, ohne die es den Stämmen kaum möglich gewesen wäre, zu überleben. Die gleichzeitig errichteten Reservate liegen auf felsigem Land, das zu schlecht ist, um Ackerbau zu erlauben, und zu weit entfernt von den bedeutenderen Fischgewässern, als daß die Bewohner der Reservation dort ihren Fischbedarf decken könnten.

Mitte der fünfziger Jahre versuchte der Staat Washington die Indianer zur Lösung von Fischereilizenzen zu veranlassen und ihre Wirtschaftstätigkeit an den gewohnten Plätzen zu kontrollieren. Obwohl ein Gerichtsurteil diesen Versuch vereitelte, gab der Staat nicht auf. Unter Berufung auf den Naturschutz verbot man den indianischen Fischern, bestimmte Fische mit bestimmten Geräten an bestimmten Orten zu fangen. Dahinter verbarg sich der Versuch, weiße Fischereiunternehmungen gegen die indianische Konkurrenz zu schützen und zugleich Platz für die politisch einflußreichen Sportfischer zu schaffen. Da die Indianer sich diesen Restriktionen unter Hinweis auf ihre Vertragsrechte nicht beugen wollten, kam es zu Massenverhaftungen, Demonstrationen der Eingeborenen und zahllosen Prozessen. Die staatlichen Organe gingen mit brutaler Gewalt vor, die Indianer fanden Unterstützung bei verschiedenen Bürgerrechtsorganisationen, und die Gerichte entschieden zwar meist für die Roten, legten dabei aber die betreffenden Vertragsartikel immer enger aus.

1968 entschied der Oberste Bundesgerichtshof im Fall *Puyallup versus Department of Game of Washington et al.*, daß der Vertrag keine Einschränkungen in bezug auf die Art und Weise oder den Zweck der indianischen Fischerei außerhalb der Reservationen enthalte. Folglich stehe den Stämmen das Recht auch auf kommerzielle Fischerei zu. Die Phrase »gemeinsam mit allen Bürgern des Territoriums« lasse hingegen den Schluß zu, der Staat könne die Fischerei der Indianer bezüglich der verwendeten Geräte und der Fangmenge regulieren, solange dabei die Eingeborenen nicht diskriminiert würden. 1973 entschied dasselbe Gericht in einem verwandten Fall großzügiger: Einstimmig stellte es fest, der Staat Washington könne den mit Vertragsrechten ausgestatteten Indianern nicht verbieten, die relativ seltene Stahlkopfforelle im Puyallup River zu kommerziellen Zwecken mit Netzen fangen; eine Schutzverordnung des Staates, derzufolge alle Stahlkopfforellen für angelnde Sportfischer reserviert bleiben sollten, habe keine einschränkende Wirkung für die Indianer.

Das bis 1971 größte ungelöste Problem im Zusammenhang mit den Landrechten der Eingeborenen Nordamerikas war die Frage der Besitzansprüche der Indianer, Eskimos und Aleuten in Alaska. Seine für die Uramerikaner relativ günstige Lösung ist ein Verdienst, das Präsident Nixon auf sein – im übrigen großzügig überzogenes – Konto »Indianerpolitik« buchen kann. Das zaristische Rußland hatte seine transsibirische Expansion im achtzehnten Jahrhundert jenseits der Beringstraße mit der Besetzung Alaskas abgeschlossen. 1867 entschloß sich der Zar, seine außerasiatischen Ansprüche in Bargeld zu verwandeln, und fand in den Vereinigten Staaten einen Interessenten, der bereit war, für das nicht mit seinem Staatsgebiet zusammenhängende Stück subarktischen Landes 7,2 Millionen Dollar zu zahlen – eine Summe, deretwegen realistisch denkende Amerikaner am Geisteszustand Präsident Andrew Johnsons zu zweifeln begannen. Der spätere Goldrausch ließ den Handel nachträglich in einem besseren Licht erscheinen, die noch spätere Entdeckung von Ölfeldern im hohen Norden überzeugte die letzten Zweifler.

Die Russen verkauften Alaska, so wie die Franzosen

vierundsechzig Jahre zuvor Louisiana verkauft hatten: mit dem Rechtstitel des »Entdeckers« und ohne Rücksicht auf die eingeborene Bevölkerung. Die Russen selbst hatten ihre amerikanische Besitzung nie als Kolonisationsgebiet empfunden; ihr Interesse galt dem Pelzhandel, und sie hinderten daher die Einheimischen kaum an der Nutzung des Landes. Der Kaufvertrag mit den USA sah vor, daß die neuen Eigentümer bei gegebenem Anlaß geeignete gesetzliche Maßnahmen bezüglich der Eingeborenen treffen sollten. Ein solcher Anlaß bot sich 1884 mit einem Gesetz über die organische Angliederung Alaskas an die Vereinigten Staaten. In diesem Zusammenhang versprach man den Indianern (und implizite auch den Eskimos und den Aleuten) die Wahrung ihrer Besitzrechte und verfügte, daß eine Regelung über die Möglichkeiten, Eingeborenenland ins Eigentum von Weißen zu überführen, der künftigen Gesetzgebung des Kongresses vorbehalten sein sollte.

In den folgenden zweiundachtzig Jahren geschah wenig: In den dreißiger Jahren versuchte man, auch in Alaska das Reservationssystem einzuführen, was aber (mit einigen Ausnahmen) am Widerstand der Urbevölkerung scheiterte, die die Lehre, die man ihren Verwandten im Süden erteilt hatte, begriffen hatten. Alaska ist mittlerweile zum 49. Teilstaat der USA geworden, doch seine Bevölkerung wuchs auf nur spärliche 250.000 Weiße (gegenüber 50.000 Eingeborenen) an, da die Landfrage weiterhin ungeklärt war. Für die wirtschaftliche Expansion Alaskas war eine rasche und eindeutige Klärung ebenso wichtig wie für die Urbevölkerung, von der nur 4 Prozent irgendeine Art sicheren Rechtstitels auf ihr Land besaßen.

Die Verhandlungen über eine Einigung begannen 1966, wobei die Schwierigkeit darin bestand, daß die drei Parteien (Eingeborene, Staat Alaska, Bundesregierung) zu einem gemeinsamen Entschluß kommen mußten. Die Indianer, die Eskimos und die Aleuten hatten sich unter dem Druck der Ereignisse zu einer gemeinsamen Verhandlungsführung entschlossen. Bis 1968 hatten sich Alt- und Neu-Alaskaner auf einen Gesetzesvorschlag geeinigt, mit dem man an den Kongreß, der nach der Gesetzeslage allein zu einer Entscheidung befugt war, herantreten konnte. Manchen Abgeordneten schien der erzielte Kompromiß zu großzügig, und das Innenministerium schloß sich dieser Meinung an. Hätte nicht Präsident Lyndon Johnson und nach ihm Nixon mehrfach persönlich in die Entstehung des neuen Gesetzes eingegriffen, wären die Eingeborenen Alaskas kaum besser gefahren als die Indianer der anderen achtundvierzig Teilstaaten.

So aber erhielten die Urbewohner Alaskas eine faire Lösung: Rechtstitel auf sechzehn Millionen Hektar Land nach eigener Wahl (jedoch mit gewissen Einschränkungen), die Umwandlung der Dörfer in Gesellschaften nach dem Korporationsrecht, die Schaffung von zwölf Regionalgesellschaften der Eingeborenen zur Entwicklungsplanung und eine finanzielle Abgeltung aller übrigen Ansprüche in Höhe von fast einer Milliarde Dollar, die Hälfte davon zahlbar in zehn Jahresraten, die andere Hälfte in Form einer zweiprozentigen Gewinnbeteiligung an der Erschließung der Bodenschätze. Wäre die Erdölkrise zwei Jahre früher ausgebrochen, so wäre die 1971 zum Gesetz erhobene Vereinbarung »im Interesse der Nation« wahrscheinlich weniger großzügig ausgefallen.

Der einzig gute Indianer ...

... ist ein echter Indianer und nicht ein weißer Mann mit roter Haut. »Apfel« oder »Radieschen« sagen die »echten« Roten unserer Tage auch zu jenen ihrer Brüder, die außen zwar rot, innen aber weiß sind. Entgegen der neuen indianischen Definition sehen noch heute viele Weiße (wie einst General Sheridan, dem man jene Äußerung zuschreibt) als den einzigen guten Indianer den toten Indianer an.

Als das *American Indian Movement* (AIM) gemeinsam mit einer Gruppe von Oglala Sioux und deren Sympathisanten im Frühjahr 1973 den kleinen, historisch bedeutsamen Ort Wounded Knee besetzt hielt, kam in der benachbarten Stadt Rapid City ein weißer Geschäftsmann zum katholischen Priester. Er würde der Kirche kein Geld mehr spenden, sagte er, solange es den »Wilden« da draußen zugute komme. »Das einzige, was man tun kann«, fuhr er fort, »ist, sie alle auszuradieren; hinausgehen und sie alle ausradieren!«

Als sterbendes Volk sind die Indianer auch ihren europäischen Freunden, die – bedingt durch die Quellen ihrer Information – noch tief in der Vergangenheit des roten Mannes leben, lieb geworden. Der amerikanische Eingeborene wurde in der Alten Welt zu sehr zum verselbständigten Phantasiewesen, als daß ihn die lebendige Gegenwart noch betreffen könnte: Der Indianer ist tot, es lebe der Indianer! Nur für die Uramerikaner selbst war es nie eine Frage, ob sie lieber rot als tot sein wollten.

In der Geschichte Nordamerikas ist es gewiß immer nur kurzfristig die offizielle Politik der weißen Regierung gewesen, die Ureinwohner systematisch auszurotten. Daß aber auch die »inoffiziellen« Gemetzel nicht selten wohlwollend oder wenigstens achselzuckend geduldet wurden und die Verantwortlichen nur zu gerne wegschauten, wenn man die Roten massakrierte, ist sicher. Anderseits standen den amerikanischen Kolonien und ihren Nachfolgestaaten in Form von »Zivilisierungsprogrammen« subtilere Mittel zur Verfügung, um dasselbe Ziel zu erreichen. Zwischen der Regierungspolitik und dem »Gesetz der Grenze« bestand somit nur ein gradueller Unterschied: Die Politiker wollten die Verdrängung der Roten allmählich in Ruhe und Ordnung herbeiführen, die Siedler sofort und mit Gewalt. Wenn der amerikanische Historiker Bernard Sheehan meint, die philanthropische Indianerpolitik der Frühzeit der amerikanischen Republik hätte den roten Mann »buchstäblich mit Freundlichkeit getötet«, dann fragt man sich, wozu die Uramerikaner überhaupt Feinde unter den Weißen nötig hatten. Unblutiges Töten erwies sich wieder einmal als Zeichen zivilisatorischer Finesse.

Für die spanischen Konquistadoren war der Krieg weniger ein Mittel zur Ausrottung der Indianer als zu deren Unterwerfung unter die spanische Krone. Das *Requerimiento* öffnete den Weg zum »gerechten Krieg« und damit zur Gewinnung indianischen Arbeitspotentials für die Edelmetallminen. Dort konnten die Eingeborenen dann einen wirtschaftlich sinnvolleren Tod sterben als auf dem Schlachtfeld.

Die Franzosen in Kanada wollten keinen Krieg mit den Roten. Der Handel war wichtiger, und überdies gab es in der dünnbesiedelten Kolonie zuwenig Soldaten. In Louisiana freilich waren die Franzosen häufiger in Kämpfe mit den Eingeborenen verwickelt, da dort politisch mächtigere Stämme ihrer Souveränität im Wege standen als im Norden, wo erst der Übergang der Irokesen ins englische Lager den Franzosen einen gefährlichen Gegner schuf.

Privatleute brauchten weniger Skrupel zu haben als die Kolonialverwaltungen, wenn es um die Rechtfertigung von Gewalttaten gegen die Indianer ging. Verweigerung des freien Handels (ein später auch ins Völkerrecht aufgenommener Kriegsgrund) war für Henry Hudson im Jahr 1609 Anlaß genug, um an der Küste von Maine gewalttätig zu werden: »Wir bemannten unser Boot, schickten zwölf Mann mit Musketen und zwei Mörsern an Land, trieben die Wilden aus ihren Häusern und nahmen Beute von ihnen.« Dasselbe Motiv spielte auch in den ersten Jahren der Kolonie Virginia eine bedeutende Rolle: Neben der Vergeltung für vermeintliches oder (seltener) wirkliches Unrecht bewies die Rache für Verweigerung des Handels mit den aus eigener Schuld hungernden Kolonisten immer wieder die Unglaubwürdigkeit der Legende von den friedlichen christlichen Sendboten, die für ein Stück Land ihren Glauben mit den Roten teilen wollten.

Charakteristisch ist die Unangemessenheit der Mittel: Um zum Handel mit den Eingeborenen zu kommen (den die Franzosen vernünftigerweise auf friedliche Beziehungen gründen wollten), wurden in Virginia ganze Dörfer dem Erdboden gleichgemacht und ihre Bewohner getötet. Die Kolonisten waren sich sehr wohl bewußt, daß sie den ausdrücklichen Anordnungen, die ihnen aus London mitgegeben worden waren, zuwiderhandelten. »Entgegen unserem Auftrag ließen wir die Musketen sprechen«, berichtet der Kolonistenführer Smith nicht ohne Genugtuung, »da fiel ihr Gott herunter« (den die Einheimischen bei Kämpfen immer ins Feld führten) »und viele von ihnen lagen sich windend am Boden.« Der Widerspruch zwischen der offiziellen Politik und dem Verhalten der Siedler war somit von Anfang an gegeben und sollte lange bestehen bleiben. Und die Leute, die den Kolonisten ihre Anweisungen geben, sind heute so gut wie vergessen; John Smith aber, der sich an diese Anweisungen nicht hielt, wurde zum amerikanischen Nationalhelden.

Aus dem Unterschied zwischen Worten und Taten folgte ein Nutzeffekt für die Politik: Werden den Indianern gegebene Versprechen durch Übergriffe einzelner Siedler so lange gebrochen, bis die Eingeborenen die Weißen attackieren, dann erscheinen massive Vergeltungsschläge auch offiziell als gerechtfertigt. »Wir selber«, schrieb ein selbstkritischer virginischer Kolonist nach dem sogenannten »Massaker« von 1622, bei dem die Indianer ein Drittel der Siedler töteten, »wir selber haben sie durch unser Doppelspiel den Betrug gelehrt.« Seine Einsicht setzte sich jedoch nicht durch. In Pamphleten frohlockten die Engländer, daß die wilden Bestien endlich die Maske fallen gelassen hätten, daß endlich der Teufel in Gestalt der indianischen Gottheiten sich als Freund der Roten und Feind der Weißen geoffenbart habe, daß es endlich möglich geworden sei, ohne fromme Rücksichtnahme die Indianer zu vernichten. Der Auftrag konnte jetzt lauten: »Verfolgt und jagt sie, überrascht sie in ihren Siedlungen, fangt sie auf ihren Jagdzügen ab, verbrennt ihre Städte, reißt ihre Tempel nieder, vernichtet ihre Boote, reißt ihre Fischzäune heraus, schleppt ihren Mais fort!« Genau das taten die Kolonisten. Da die Eingeborenen wegen »ihrer Geschwindigkeit zu Fuß und wegen der Wälder, in die sie sich bei unseren Angriffen zurückziehen«, nicht zu einer offenen Feldschlacht gestellt werden konnten, verlegte man sich hauptsächlich darauf, sie durch Störung ihres Wirtschaftslebens auszuhungern und »mit allen erdenklichen Mitteln ohne Unterlaß ihre Ausrottung zu betreiben«.

Die Charta von 1665, unter der die seit 1635 und 1638 bestehenden Siedlungen westlich von Massachusetts in die Kolonie Connecticut zusammengefaßt wurden, gab den Siedlern das Recht, »bei gerechten Ursachen in die Gebiete der Eingeborenen einzumarschieren und diese zu vernichten«. Fast zweihundert Jahre später studierte ein amerikanischer Richter das alte Dokument und schloß aus der Tatsache, daß nicht von »Krieg«, sondern von »Einmarschieren« und »Vernichten« gesprochen wird, auf die Intention der Weißen, die Roten nicht als gleichwertig anzusehen. Krieg führen kann man nur mit seinesgleichen, nicht mit Tieren, Halbmenschen oder Indianern. Hugh H. Brackenridge, ein Schriftsteller zur Zeit der amerikanischen Revolution, sprach demgemäß von »den Tieren, die man gewöhnlich Indianer nennt«, und rechtfertigte deren Ausrottung mit der Grausamkeit, mit der sie ihre Kriegsgefangenen behandelten. Denn wie »Baron Montesquieu und jeder andere, der über diese Frage nachdenkt«, bestätige, sei es »ungerechtfertigt, einem Gegner, der sich ergibt, das Leben zu nehmen«.

Dieser Beweisführung zufolge hätten allerdings auch die Kolonisten ausgerottet werden müssen. Unzählige Kriegsgefangene wurden von ihren weißen Bewachern kaltblütig zu »guten« Indianern gemacht. Ein solches Vorgehen untergrub die Argumentation von der »Gerechtigkeit« des Krieges gegen die Roten und hatte einen großen Einfluß auf das spätere Verhalten der Eingeborenen. Im Gegensatz zur vorgefaßten Meinung vieler Siedler besaßen nämlich auch die Indianer einen ausgeprägten Code des Wohlverhaltens im Kriegsfall. Den virginischen Indianern wäre es nicht eingefallen, gefangene Frauen, Kinder oder Häuptlinge zu martern oder zu töten. Für sie muß das Vorgehen der Kolonisten, auch diese immunen Personen hinzuschlachten, ebenso schockierend gewesen sein wie für die Leser Montesquieus die Behandlung männlicher Gefangener seitens der Indianer.

Massenmorde an unschuldigen Indianern waren keine Seltenheit. 1676 beispielsweise hatte ein junger englischer Siedler, Nathaniel Bacon, unzufrieden mit der auf friedlichen Ausgleich bedachten Indianerpolitik des Gouverneurs von Virginia, eine große Schar von Gleichgesinnten zur Rebellion aufgewiegelt. Gemeinsam zogen die Indianerfeinde gegen eine Gruppe von Susquehannocks, die aus dem Norden der Kolonie nach dem Süden geflohen waren, nachdem eine englische Miliztruppe fünf ihrer Häuptlinge, die als Friedensunterhändler zu den Briten gekommen waren, ermordet hatten. Die Anführer der Miliz, zu denen der Großvater George Washingtons gehörte, hatten ebensowenig die Werke des 1689 geborenen Montesquieu gelesen wie die Eingeborenen. Jedenfalls entschied man nach fruchtlosen Verhandlungen: »Warum sollen wir uns mit ihnen lang aufhalten? Schlagen wir ihnen die Köpfe ein.« Auf der Flucht entlang den Grenzsiedlungen von Virginia rächten sich die Susquehannocks: Ihren Prinzipien zufolge forderte der Tod jedes Häuptlings den Tod von zehn Siedlern. Bacon und seine Mitstreiter suchten nun die Feinde bei den Occaneechis, einem freundlichen Stamm, dessen Häuptling den englischen Händlern immer behilflich gewesen war. Bei den Occaneechis fanden sich nur sechs Susquehannocks, die der Häuptling auszuliefern bereit war. Bacon forderte aber auch die Auslieferung von fünf anderen Indianern, die mit der ganzen Angelegenheit nichts zu tun hatten, was der Häuptling ablehnte. Grund genug für die Indianerfresser, plötzlich über die Occaneechis herzufallen, den Häuptling und viele andere umzubringen und sich mit einer reichen Beute an Biberfellen davonzumachen. Anschließend verwüstete Bacon noch mehrere Siedlungen tributpflichtiger Eingeborener, die seit längerem nur noch als Hilfstruppen der Engländer in den Krieg gezogen waren. William Berkeley, der Gouverneur von Virginia, gegen dessen Indianerpolitik sich Bacons Rebellion richtete, ist heute weitgehend vergessen; Nathaniel Bacon aber wurde zum amerikanischen Nationalhelden und gilt als ein Vorläufer der amerikanischen Revolution.

In gewisser Weise ganz zu Recht: Kurz vor dem Ende der amerikanischen Revolution, zu Beginn des Jahres 1782, kam es im Gebiet von Ohio zu mehreren Zusammenstößen mit Indianern. Während des Konflikts zwischen den Briten und ihren abgefallenen Kolonien hatten viele Rote die Sache des »Großen Vaters jenseits des Ozeans« jener der landhungrigen Kolonisten vorgezogen. Andere Gruppen hielten es mit den Revolutionären oder blieben neutral. Die Bewohner der von den Mährischen Brüdern missionierten Dörfer der Delawaren zählten zu den friedlichsten Eingeborenen. In der weiteren Umgebung der Missionsstation Gnadenhütten aber waren innerhalb kurzer Zeit vier Weiße getötet und fünf weitere von feindlichen Roten entführt worden. Die Wut der Siedler entlud sich auf die indianischen Christen; schließlich waren auch sie »rote Bestien«, Spatzen in der Hand, da man der Tauben auf dem Dach nicht habhaft werden konnte. Die Miliz von Washington County in Pennsylvania unter Oberst Williamson wurde mobilisiert, rückte aus, zernierte das Dorf und bestimmte zwei Hütten, in die alle Indianer sich zu begeben hatten: eine für die Männer, die andere für die Frauen. Dort wurden sie von der Miliz skalpiert, ermordet und bis zur Unkenntlichkeit verstümmelt, wobei die Roten »ungewöhnliche Geduld« bewiesen und »freudige Resignation« an den Tag legten. Einem Augenzeugenbericht zufolge floß das Blut in Strömen. 96 unschuldige Menschen, davon 34 Kinder, wurden in wenigen Minuten ohne Gegenwehr niedergemetzelt.

Etwas mehr als hundert Jahre danach, im Jahr 1890, erschossen Soldaten des berüchtigten 7. Kavallerieregiments rund 300 Männer, Frauen und Kinder zweier Teton-Dakota-Gruppen, nachdem man sie zuvor entwaffnet hatte. Wounded Knee hieß der Bach, an dem das Lager stand, wo dies geschah. Als Ort des letzten militärischen Massakers, das die Vereinigten Staaten den Eingeborenen zufügten, ist dieser Name zum Stichwort geworden, unter dem man heute alle Akte des Völkermords an den nordamerikanischen Indianern zusammenfaßt. Wenn 1973 biedere Geschäftsleute in der Gegend von Wounded Knee immer noch die Eingeborenen ausradieren wollten, so muß die Wurzel dieses Wunsches tief sitzen. Roy Harvey Pearce, Autor mehrerer Studien über die amerikanische Literatur zur Indianerfrage, meint, daß die Weißen scharf zwischen den Welten der Wildheit und der Zivilisation unterschieden: bequemten die Wilden sich nicht zur Zivilisation, mußte man in die Tiefen der Wildheit hinabsteigen, um sie mit ihren eigenen Mitteln auszulöschen.

Grundsätzlich aber waren die Welten der Wildheit und der Zivilisation nicht so weit getrennt, wie die Weißen in ihrer Borniertheit annahmen. Schon das Beispiel Gnadenhütten (wilde Zivilisierte ermorden zivilisierte Wilde) zeigt, daß das simple Schema eine Idee war, die mit der Wirklichkeit nicht unbedingt zu tun haben mußte. Die Idee und ihre Wurzeln sind, wie bereits berichtet, alt: Fremdenfurcht, die Vorstellung von den Randvölkern als Einfüßlern, Ethnozentrismus und atavistische Ängste vereinigen sich in ihr, um die zur Erreichung egoistischer Motive notwendige Durchbrechung allgemeiner ethischer Normen zu rationalisieren.

Der Grenzsiedler Joseph Dodderidge dachte vor hundertfünfzig Jahren ähnlich wie Pearce: »Die Geschichte liefert kaum ein Beispiel einer Nation, die gegen Barbaren Krieg führt, ohne die barbarischen Methoden der Kriegführung zu übernehmen.« Die Geschichte der Kriegführung zwischen Rot und Weiß in Amerika erweist diese scheinbare Wahrheit als ein Mißverständnis, das auf der Verwechslung von Form und Inhalt beruht.

Krieg war für die amerikanischen Eingeborenen etwas anderes als für die Europäer. Die Urbewohner Nordamerikas kannten den Krieg kaum als Mittel zur territorialen Expansion; wenn sie in den Kampf zogen, dann um Beute zu machen (zum Beispiel Frauen) oder aus Rache, jedenfalls aber um Ansehen zu gewinnen. Dieses Ansehen hatte zwar einen deutlich sozialen Aspekt, da es Einfluß innerhalb der Gesellschaft bedeutete; untrennbar damit verbunden war aber ein spiritueller Aspekt: Erfolg im Krieg und Erwerb von Prestige wurde als Vermehrung übernatürlicher Kräfte betrachtet.

Die Kriegsbräuche der Indianer fußten direkt auf dieser Auffassung vom Krieg. Man nahm vom Gegner Kopftrophäen (und – in weiterer Abstraktion dieses Brauches – Skalps), um sich seiner Kräfte zu versichern, gelegentlich kam Kannibalismus in stark ritualisierter Form vor (vor allem Herzen tapferer Feinde wurden zeremoniell gegessen) und diente demselben Zweck. Die Martern, denen Kriegsgefangene bei einigen Gruppen ausgesetzt waren, sollten ihnen die Möglichkeit geben, ein letztes Mal ihren Mut und die damit verbundenen spirituellen Kräfte zu zeigen und damit den Ruhm des Siegers weiter zu steigern. Diese Torturen finden ihre Entsprechung in den Selbstmarterungen der Plains-Indianer beim Sonnentanz und bei den Feuerproben, die verschiedentlich bei Jünglingsweihen durchgeführt wurden. Alle hatten den Zweck, die spirituelle Kraft zu vermehren. Der Stoizismus der Delawaren von Gnadenhütten fußt auf demselben Prinzip; er ist dem christlichen Märtyrertum nahe verwandt.

Auch in der europäischen Kriegsideologie nehmen religiöse Motivationen einen breiten Raum ein. Die Europäer aber waren nicht imstande, zu erfassen, daß die Motivationen der Indianer in der Kriegführung ebenfalls religiös war. Daß jemand aufgrund einer (vom christlichen Standpunkt aus gesehen) falschen religiösen Vorstellung Gefangene quälte, konnten die Europäer ebensowenig begreifen, wie die Indianer einzusehen vermochten, daß jemand aufgrund einer (von ihrem Standpunkt aus gesehen) falschen religiösen Vorstellung die Mutter Erde kaufen und ihren Bauch mit spitzen Eisenstücken aufreißen wollte. Die Europäer verstanden oder akzeptierten nicht die Grundlagen der indianischen Kultur, sie sahen nur die Form, die sie im Umgang mit den Uramerikanern in alttestamentarischer Manier nachahmten. Sie begannen zu skalpieren, um zu töten, ihre indianischen Gefangenen zu foltern, um ihnen Schmerzen zu bereiten. Spirituelle Aspekte waren bei diesen Handlungen nicht vorhanden; es waren Akte rationaler Barbarei.

Das Skalpieren erreichte durch europäischen Einfluß eine enorme Verbreitung unter den Stämmen Nordamerikas. Ursprünglich auf wenige Gruppen beschränkt, schufen die Kolonialmächte durch die Aussetzung von Skalpprämien einen Markt, der ein entsprechendes Angebot nach sich zog. Dem niederländischen Gouverneur von Neu-Amsterdam, Willem Kieft, wird im allgemeinen die Erfindung der Skalpprämie zugeschrieben. Im achtzehnten und auch noch im neunzehnten Jahrhundert wurde die Praxis aber von allen europäischen Mächten in Nordamerika gehandhabt. 1756 zahlte zum Beispiel die Kolonie Pennsylvania 130 Dollar für den Skalp eines männlichen Indianers über zwölf Jahren und 50 Dollar für einen Frauenskalp. Daß bei solchen Preisen auch Stämme mitmachten, die früher ohne Skalpieren ausgekommen waren, erscheint verständlich. Diese Indianer aber dann als Wilde zu bezeichnen, ist pure Heuchelei.

Auch die Eingeborenen sahen in der europäischen Kriegführung nur die Form und übernahmen sie, ohne den Inhalt voll zu begreifen. Rein technologische Neuerungen, wie Feuerwaffen, konnten ohne Probleme verkraftet werden und bereicherten schon nach kurzem Kontakt die Kriegsausrüstung der Indianer. Im taktischen Bereich machten die Indianer geringeren Gebrauch von europäischen Vorbildern. Wohl gibt es aus dem östlichen Nordamerika Beispiele vom Bau von Befestigungsanlagen nach europäischem Vorbild, darüber hinaus aber war die indianische Kriegführung meist zu individualistisch, um in europäische Vorstellungen einer Schlacht mit Frontlinien zu passen. Manche rote Krieger legten ihren ganzen Stolz darein, unbewaffnet durch die Reihen des Gegners zu reiten und die feindlichen Soldaten mit einem kurzen Holzstab zu berühren. Diese individualistische Auffassung vom Kampf, ganz auf persönlichen Ehrgewinn abgestellt, führte auch häufig zu Niederlagen selbst zahlenmäßig überlegener roter Armeen gegen weiße Soldaten.

Ein einziges Mal bediente sich ein Indianerheer weißer Taktik: als die Sioux und Cheyennes unter Sitting Bull, Crazy Horse und Gall das 7. US-Kavallerieregiment unter General George Armstrong Custer am 25. Juni 1876 in der Schlacht am Little Bighorn River total aufrieben. Der Sieg leitete zwar die endgültige Unterwerfung der Plains-Indianer ein, lieferte zugleich aber den Beweis dafür, daß der weiße Mann nicht unbesiegbar war. Die moderne Indianerbewegung sieht in der Schlacht am Little Bighorn ein Symbol indianischer Erfolgsmöglichkeiten und in der Gestalt des blondmähnigen Generals Custer ein Symbol für bestrafte weiße Schuld.

Die unterschiedliche Motivation für den Krieg muß den Uramerikanern jedoch entgangen oder wenigstens irrelevant erschienen sein. Jedenfalls ließen sie sich lange Zeit zu willigen Werkzeugen europäischer Kolonialpolitik in der Neuen Welt machen. Die meisten Kriege, die nicht zwischen Indianern und Weißen ausgefochten wurden, fanden zwischen indianischen Stämmen als Repräsentanten ihrer kolonialen Beschützer statt. In jenen Fällen, in denen die Roten im Auftrag der Weißen kämpften, ging es mehr oder weniger direkt um europäische Territorial- und Souveränitätsansprüche, die gesichert werden sollten. In anderen Fällen war die Anwesenheit der Kolonisten nur indirekter Anlaß für Indianerkriege, so zum Beispiel bei Kämpfen der Indianer um Jagdgebiete oder Handelsprivilegien.

Es ist kaum denkbar, daß die Eingeborenen in der Mehrzahl der Fälle bewußt für die Ziele der Europäer und damit letztlich gegen ihre eigenen Interessen fochten. Die »Auftragskriege« waren für sie vielmehr willkommene Anlässe, um ihren alten materiellen und geistigen Kriegsidealen nachzustreben. So räumten die Roten einander gegenseitig aus dem Weg – auf der Suche nach Ansehen und spiritueller Kraft.

Wie die Berichterstattung über die heutige indianische Renaissance in den europäischen Zeitungen wieder einmal zeigte, fällt dem Durchschnittseuropäer zum Thema Indianer hauptsächlich »Kriegspfad«, »Kriegsbeil« und »Friedenspfeife« ein. Wenn europäische Kinder Indianer spielen, binden sie einander an den Marterpfahl, führen Kriegstänze auf und brechen in gellendes Kriegsgeheul aus. Der Indianer als irrationaler Militarist, dessen Handlungsweise am besten von Kindern imitiert werden kann, die zwar Ideale, aber keinen Verstand haben, beherrscht die weiße Vorstellungswelt in bezug auf die nordamerikanischen Ureinwohner. Dieses Bild widerspricht den Tatsachen nicht nur deswegen, weil es auf einem Mißverständnis der indianischen Kriegsideologie beruht, sondern vor allem deshalb, weil bei weitem nicht alle nordamerikanischen Stämme kriegerisch gesinnt waren.

Die Eskimos haben nicht einmal ein Wort für Krieg, weil

bei der dünnen Besiedlung der Arktis Zwistigkeiten über den Rahmen von Familienfehden hinaus kaum denkbar waren. Ähnliches gilt für die Shoshonen und Paiuten in den Trockengebieten des amerikanischen Westens. Wohl gab es hier einzelne Personen, die ihre spirituellen Kräfte im Krieg bestätigen und mehren wollten. Anderseits war es nicht untypisch, daß Indianer, die gute Jäger und auch sonst zur Kriegführung qualifiziert waren, es vorzogen, Konflikten aus dem Weg zu gehen. Ein Owens Valley-Paiute berichtet in seiner Lebensgeschichte, wie in seiner Jugend seine Seele im Traum zu ihm gesagt habe: »Ich werde nie jemanden töten; wenn ich mich aber selbst verteidigen muß, werde ich die Sache bis zum Ende durchfechten.« Seine Seele habe ihm auch gesagt, daß er sich in einer Schlacht immer am Ende der Kämpferreihe aufhalten solle, um notfalls davonlaufen zu können. Als die Indianer von den Weißen ins Round Valley abgedrängt wurden, »machte ich das immer so. Ich versuchte auch im Zickzack zu laufen. Puitem, ein Indianer aus dem Norden, hatte uns das beigebracht.«

Wie verdächtig militaristisches Verhalten in diesen Gesellschaften war, zeigt eine andere Episode aus derselben Autobiographie. Ein außergewöhnlich tapferer Paiute-Krieger war einmal bei einem Tanzfest. Ein guter Tänzer und Magier führte dort einen Tanz auf, wobei er plötzlich ein Stück Obsidian in die Hand des Kriegers zauberte. »Das ist deine Seele«, sagte der Tänzer. »Sie ist jener Teil von dir, der dir die Kraft gibt, ein Tänzer und ein großer Krieger zu sein. Sie sollte nicht so viel töten.« Diese Worte raubten dem Helden seinen Mut, und als die weißen Soldaten kamen, war er einer der ersten, die davonliefen.

Anläßlich des Vietnam-Konflikts fielen den Amerikanern die Indianerkriege ein: In beiden Fällen handelte es sich um Waldkriege gegen zähe »rote« Kämpfer, die sich im heimatlichen Gelände besser zurechtfanden als der technologisch überlegene Gegner. Auch in Vietnam befleißigten sich die USA einer barbarischen Kriegführung – mit den Argumenten des Joseph Dodderidge. My Lai geriet zum vietnamesischen Wounded Knee. Der Graphiker Bruce Carter, der während der Besetzung von Wounded Knee 1973 einen Graphiken-zyklus zu Wounded Knee 1890 ausstellte, war niemals in South Dakota gewesen und hatte auch keines der Photos von dem historischen Massaker gesehen. »Ich dachte dabei eigentlich an My Lai«, erklärte er diese Unterlassungen. Umgekehrt dachte General Maxwell Taylor an die Indianer, als er von Vietnam sprach. Die Zurückdrängung des Vietkong verglich er mit der Vertreibung der Roten aus der Umgebung der Forts im alten Westen. Ein Ausbildungshandbuch der berüchtigten »Ledernacken«, der U.S. Marineinfanterie, zeigt ein Bild eines toten Vietkong mit der Unterschrift: »Das ist ein kleiner Indianer, der nicht mehr sprechen wird.« Angesichts des Symbolwerts seiner toten Roten vergißt Amerika zu oft die Gefühle der Überlebenden.

Die Zeit der Indianerkriege ist vorbei. Mediengerechte Darstellungen sind da kein Ersatz. Es gibt nur noch den kalten Krieg gegen die Bürokratie und gegen die öffentliche Meinung, die den Eingeborenen ihren mangelnden Integrationswillen übelnimmt. Der Geist General Sheridans hingegen lebt weiter in der Justiz, welche weiße Mörder von Indianern wesentlich sanfter anfaßt als rote Mörder von Weißen. So wie bis vor kurzem weiße Geschworenengerichte in den Südstaaten weiße und schwarze Kriminalität gegen die jeweils andere Rasse unterschiedlich beurteilten, kann ein Weißer im Westen immer noch auf dankbare Milde hoffen, wenn er einen Indianer umgebracht hat.

Am 21. Januar 1973 gegen zwei Uhr morgens lag der zwanzigjährige Wesley Bad Heart Bull mit einem Messer in der Brust auf der Straße von Buffalo Gap, South Dakota. Er starb auf dem Transport ins Krankenhaus. Der um zehn Jahre ältere Luftwaffenveteran und Tankstellenbesitzer Darald Schmitz wurde als Täter verhaftet. Die Zeugenaussagen über den Hergang der Tat wichen beträchtlich voneinander ab: Weiße Gäste der Bar, in der Schmitz und Bad Heart Bull zusammengetroffen waren, gaben an, der Indianer hätte die anderen Besucher belästigt, bevor der Veteran ihn »in Notwehr« verletzte. Die indianischen Gäste wieder behaupteten, der tödliche Stich sei gezielt und ohne Provokation erfolgt. Schmitz wurde vom Gericht in Custer wegen Notwehrüberschreitung unter Anklage gestellt und gegen eine Kaution von 2500 Dollar auf freien Fuß gesetzt.

Zur gleichen Zeit wurde im benachbarten Rapid City der dreiundzwanzigjährige Indianer Harold Withhorn verhaftet. Man erhob gegen ihn die Anklage wegen Mordes an einer weißen Frau. Kaution wurde nicht gewährt. Die Indianer der Umgebung, verstärkt durch Aktivisten des *American Indian Movement* (AIM), protestierten gegen die ungleiche Behandlung und die Freilassung von Schmitz. Bei einem Zusammenstoß mit der Polizei vor dem Gerichtsgebäude von Custer brach ein Brand aus, der mäßigen Schaden anrichtete. Auch die Handelskammer des Ortes ging bei dieser Gelegenheit in Flammen auf. Vierunddreißig Indianer wurden unter Anklage gestellt, darunter Sarah Bad Heart Bull, Wesleys Mutter. Die ihr zur Last gelegten Delikte – Brandstiftung und Aufruhr – sind mit einer Höchststrafe von dreißig Jahren bedroht; die Schmitz vorgeworfene Notwehrüberschreitung, die zum Tod ihres Sohnes geführt hatte, nur mit zehn Jahren. Wie vorauszusehen war, wurde Darald Schmitz von einem weißen Geschworenengericht freigesprochen. Sarah Bad Heart Bull erhielt eine Rahmenstrafe von ein bis fünf Jahren.

Die Ereignisse in South Dakota stehen nicht isoliert da. 1972 erschoß der Autobahnpolizist Robert Hahn während einer routinemäßigen Verkehrskontrolle den Indianer William Smith, einen Vater von fünf Kindern. Dann fuhr er weiter, ohne seiner Dienststelle über den Vorfall Meldung zu erstatten. Als Hahn zufällig vier Tage später ausgeforscht wurde, konnte er keinen Grund für seinen Schuß angeben, außer daß Smith »vielleicht etwas auf ihn werfen wollte«. Der Staatsanwalt klagte Hahn wegen fahrlässiger Tötung an und ließ ihn ohne Kaution frei. Derselbe Staatsanwalt hatte sich vier Monate zuvor geweigert, einen weißen Barkeeper, der einen Indianer erschossen hatte, überhaupt unter Anklage zu stellen.

Im September 1972 wurde Richard Oakes, ein Mohawk, der 1969 einer der Führer bei der Besetzung der Gefängnisinsel Alcatraz gewesen war, von einem weißen YMCA-Lagerleiter, der ihn zuvor mehrmals mit der Waffe bedroht hatte, erschossen. Oakes war unbewaffnet und infolge einer zwei Jahre zuvor bei einem anderen Mordanschlag auf ihn erlittenen schweren Verletzung invalid. Der YMCA-Leiter Morgan hatte schon vor dem Schuß einem Bekannten gegenüber geäußert, nun sei Jagdsaison »für Waschbären, Füchse und Indianer«. Oakes' Witwe berichtete auch von einem Sheriff, der nach einer früheren Auseinandersetzung zwischen Morgan und Oakes dem ersteren gute Lehren erteilt hatte: »Warum hast du nur über seinen Kopf geschossen? Warum hast du ihn nicht erschossen? Ich habe in meinem Wagen eine M 16, die Indianer frißt.« Morgan wurde wegen fahrlässiger Tötung angeklagt und von den zwölf weißen Geschworenen freigesprochen.

Neben der moralischen Schuld an den Massakern, die den

eingeborenen Stämmen von den Vereinigten Staaten seit deren Bestehen zugefügt wurden, sollte nicht die rechtliche Frage der Entschädigungen vergessen werden. Wenn die Regierungspolitik wirklich so indianerfreundlich war, wie behauptet wird, wenn also alle sinnlosen Abschlachtungen von Eingeborenen Willkürakte einzelner Personen waren, wieso sind dann weder die Schuldigen bestraft noch die Opfer entschädigt worden?

Oberst Chivington beispielsweise führte am 28. Dezember 1864 seine Truppen gegen ein Lager der friedlichen Cheyennes, die unter Häuptling Black Kettle am Sand Creek kampierten. Als Black Kettle die amerikanischen Soldaten anmarschieren sah, hißte er auf seinem Zelt die amerikanische Fahne, die ihm zuvor vom zuständigen Indianerkommissar übergeben worden war, um sich fremden Truppen gegenüber stets als Freund der USA ausweisen zu können. Chivington aber achtete nicht auf das Sternenbanner, er achtete auch nicht auf den Regierungsdolmetsch, der bei Black Kettle war und den Oberst über die friedliche Gesinnung der Roten aufklären wollte. Mehr als einhundert der etwa fünfhundert Indianer wurden von den Blauröcken hingemetzelt, der Großteil der Getöteten waren Frauen und Kinder. Ein Bericht des amerikanischen Repräsentantenhauses warf den Soldaten »barbarische Handlungen der abstoßendsten Art und Weise« vor, »Akte, wie sie wohl nie zuvor von angeblich zivilisierten Menschen begangen wurden«. Die Schuldfrage war eindeutig geklärt: Das Massaker am Sand Creek war keine Schlacht, sondern eine blutrünstige Ausschreitung von Offizieren und Mannschaften gewesen. Im Vertrag von Medicine Lodge (1867) versprachen die USA den Cheyennes sogar Entschädigungszahlungen. Der Senat strich bei der Ratifikation des Vertragswerks in väterlicher Sparsamkeit diesen Passus ersatzlos.

So blieb die Schuld ungesühnt, der Schaden unvergütet. Das gleiche gilt für Wounded Knee, für das Baker-Massaker, bei dem 1870 176 unschuldige Blackfoot-Indianer (90 Frauen, 55 Kinder, 32 teils alte, teils sehr junge Männer) von einer Armeeabteilung ermordet wurden, und für viele andere ähnliche Fälle. Anderseits wurde schon 1891 vom amerikanischen Kongreß der *Indian Depredations Act* verabschiedet, ein Gesetz, das Weißen, die durch Ausschreitungen von Indianern geschädigt worden waren, die Möglichkeit bot, eine Entschädigung direkt bei den Stämmen einzuklagen – dies zu einer

Zeit, da es den Eingeborenen selbst verwehrt war, zu Gericht zu gehen und ihre eigenen Schadenersatzansprüche auf dem Klageweg geltend zu machen.

Obwohl die Vereinigten Staaten den Indianern keine Entschädigungen zahlten, kamen die Indianerkriege die USA teuer genug zu stehen. Für jeden getöteten Indianer rechnet man etwa eine Million Dollar sowie schwere eigene Verluste an Toten und Verwundeten. Für die Uramerikaner aber waren diese Kriege einer der Gründe des stetigen Abnehmens ihrer Bevölkerungszahl von der Zeit der »Entdeckung« an bis in die ersten Jahre des zwanzigsten Jahrhunderts. Eingeschleppte Seuchen waren der zweite und wahrscheinlich noch schwererwiegende Grund für die Entvölkerung des Indianerlands.

Die Auswirkung der Epidemien auf die indianische Bevölkerung wurde von den frühen Beobachtern oft nicht oder nur unzureichend erkannt. Die englischen Kolonisten des späten sechzehnten Jahrhunderts im Küstenland von North Carolina wunderten sich nur, daß in den indianischen Dörfern, in denen sie gewesen und (wie fast überall) auf einen gewissen Widerstand der Einheimischen gestoßen waren, plötzlich mehr als die Hälfte der Indianer starben. Man nahm dies als Warnung Gottes an die Eingeborenen, den Kolonisten in Hinkunft freundlicher zu begegnen. Bevor noch die puritanischen Pilgrim Fathers 1620 ihre erste Kolonie in Neu-England gründeten, hatten ansteckende Krankheiten, die von kurzfristigen Besuchern eingeschleppt worden waren, das Land verheert. Auch darin sahen die Siedler die göttliche Vorsehung am Werk.

Von den Bewohnern des fruchtbaren Tals zwischen den Blauen Hügeln und den Appalachen Virginias wissen wir heute kaum mehr, als daß sie zur Zeit der Ankunft der Weißen in Amerika sehr zahlreich waren. Archäologische Funde beweisen, daß hier bis nach 1600, als die englischen Siedler bereits in Jamestown Fuß gefaßt hatten, viele Dörfer bestanden. Dann, plötzlich, gibt es keinen Hinweis mehr auf ihren Verbleib. Seuchen eilten vor der Grenze der Kolonisation einher, übertragen durch Indianer, die vielleicht wegen der schreckenerregenden Todeszahlen ihre Dörfer in Panik verließen. Viele Tausende Jahre waren die Bewohner der Neuen Welt von den spezifischen Krankheitserregern der Alten Welt isoliert gewesen. Die plötzliche Begegnung streckte sie wie mit einem Faustschlag zu Boden.

Gelegentlich halfen die Weißen auch nach. Gegen Ende des Krieges der Engländer gegen die Franzosen und Indianer im Seengebiet erwog das britische Militär den Einsatz von Bakterien im Kampf gegen die roten Feinde. Offiziell wurde der Plan fallengelassen, weil angeblich die Pocken ohnedies bereits im vorgesehenen Einsatzgebiet wüteten. Wieweit dieser Ausbruch aber doch insgeheim absichtlich herbeigeführt worden war, läßt sich kaum noch klären. Die Ottawas bewahrten auf jeden Fall bis ins späte neunzehnte Jahrhundert eine Tradition, nach der die Engländer eines Tages einer indianischen Delegation eine Schachtel zum Geschenk gemacht, jedoch darauf bestanden hätten, daß die Besucher die Schachtel nicht vor der Rückkehr in ihr Dorf öffnen sollten. Im Dorf wunderten sich die Eingeborenen ganz ungemein über das merkwürdige Präsent: In der Schachtel befand sich eine kleinere Schachtel, in dieser wieder eine Schachtel und so weiter, bis am Ende eine ganz kleine Schachtel zum Vorschein kam; aber auch sie war leer. Nicht ganz, wie sich bald herausstellte, als ein großer Teil des Dorfes von den Pocken hinweggerafft wurde. Die Geschichte ist wörtlich zu nehmen – sie beruht auf einem Wortwitz, der nicht nur im Englischen, in dem diese Erzählung aufgezeichnet wurde, zutrifft, sondern auch in der Sprache der Ottawas. Kleine Schachtel *(small box)* und Pocken *(smallpox)* sind im Englischen praktisch Homophone, in der Ottawa-Sprache sogar dasselbe Wort *(makokons)*. In den Wortwitz verpackt ist jedoch die Mitteilung, daß die Engländer mit Vorbedacht die Pocken an die Indianer des Seengebiets »verschenkten«.

Schon im siebzehnten Jahrhundert hatte man einen an Pocken erkrankten Seemann (absichtlich, behaupteten die Eingeborenen) an der Atlantikküste Virginias ausgesetzt. 1738 erhielten die Cherokees verpestete Handelsgüter, die eine Epidemie auslösten, an der innerhalb eines Jahres die Hälfte der Stammesbevölkerung starb. 1837 war es angeblich wieder ein pockenkranker Mann, der von einem Boot aus im Dorf der Mandans am oberen Missouri ausgesetzt wurde. In diesem Gebiet hatten bereits 1802 die Pocken drei Viertel der eingeborenen Bevölkerung dahingerafft, fünfunddreißig Jahre später löschte dieselbe Krankheit die Mandans fast zur Gänze aus und griff anschließend auf andere Stämme über. Die Blackfoot-Indianer glaubten sich von einem Dämon angegriffen und opferten Tausende Pferde, um ihn zu beschwichtigen. Da dieses Opfer nicht den erhofften Erfolg brachte, warfen sich die Stammeskrieger in volle Kriegsausrüstung, um dem unsichtbaren Gegner auf dem Schlachtfeld entgegenzutreten: vergebens – der Dämon mordete weiter.

Zusätzlich zur Entvölkerung durch Kriege und Seuchen sank die Zahl der Indianer auch ganz allgemein infolge des schlechten Gesundheitszustands, in den sie nach der Ankunft der Weißen verfielen. Man möchte sagen, daß viele Indianer an gebrochenem Herzen starben. Der für die Pueblo-Indianer zuständige weiße Agent sah die Situation 1877 ganz ähnlich: »Sie sind ein rechtschaffenes, friedliebendes, fleißiges und verläßliches Volk, das viel vom besten Land des Territoriums besitzt; warum sie ebenso wie die nomadischen und kriegerischen Stämme langsam verschwinden, ist eine Frage, die sich nicht leicht beantworten läßt – außer mit der Vermutung, daß ihre Zeit um sei.«

Genau das vermutete 1855 auch der Duwamish-Häuptling Sealth (nach dem die seinem Stammesgebiet benachbarte Stadt Seattle im Staat Washington benannt ist): »Der Himmel dort oben, der ungezählte Jahrhunderte lang Tränen des Mitleids über mein Volk vergossen hat und der uns unveränderlich und ewig erscheint, kann sich ändern. Heute ist er strahlend, morgen kann er mit Wolken bedeckt sein . . . Euer Gott macht euer Volk mit jedem Tag stärker. Bald wird es das ganze Land erfüllen. Unser Volk schwindet dahin, wie eine rasch zurückweichende Flut, die nie wiederkehrt. Der Gott des weißen Mannes liebt wohl mein Volk nicht, sonst würde er es beschützen . . . Er hat euch Gesetze gegeben, aber er hatte kein Wort für seine roten Kinder, die einst in unermeßlicher Zahl diesen Kontinent füllten wie die Sterne das Firmament . . . Es spielt tatsächlich keine große Rolle, wo wir den Rest unserer Tage verbringen. Es werden unser nicht viele sein. Ein paar Monde noch. Ein paar Winter – und nicht ein einziger Nachkomme der mächtigen Scharen, die früher über dieses weite Land schweiften oder in glücklichen Heimen lebten, beschützt vom Großen Geist, wird zurückbleiben, um an den Gräbern eines Volkes zu klagen, das einst mächtiger und hoffnungsvoller war als ihr. Aber warum sollte ich über das Schicksal meines Volkes klagen? Stamm folgt auf Stamm und Volk auf Volk, wie die Wellen des Meeres. Das ist die Ordnung der Natur, Bedauern ist nutzlos. Die Zeit eures Niedergangs mag fern sein – aber sie wird sicherlich kommen, denn selbst der weiße Mann, dessen Gott mit ihm gewandelt ist und mit ihm gesprochen hat, kann nicht vom allgemeinen

Schicksal ausgenommen sein. Vielleicht werden wir am Ende Brüder sein. Wir werden sehen . . .

Und wenn der letzte rote Mann dahingegangen und die Erinnerung an meinen Stamm dem weißen Mann zum Mythos geworden sein wird, werden die unsichtbaren Toten meines Stammes sich an diesen Ufern tummeln, und wenn die Kinder eurer Kinder sich allein glauben – auf dem Feld, im Laden, in der Werkstatt, auf der Straße oder in der Stille der pfadlosen Wälder –, werden sie nicht allein sein. Wenn in der Nacht die Straßen eurer Städte und Dörfer still sind und ihr sie verlassen glaubt, werden sie mit den zurückgekehrten Scharen gefüllt sein, die sie einst bevölkerten und die dieses schöne Land immer noch lieben. Der weiße Mann wird niemals allein sein.

Er möge gerecht und freundlich mit meinem Volk verfahren, denn die Toten sind nicht machtlos. Tot – sage ich? Es gibt keinen Tod. Nur einen Wandel der Welten.«

Auch wenn die Prophezeiung des alten Sealth bis heute nicht völlig eingetroffen ist – im neunzehnten Jahrhundert hätte jeder Weiße gewettet, daß sie bald in Erfüllung gehen werde. Der Maler Catlin gab seinen Anwaltsberuf auf und ging hinaus in die Wildnis, um in letzter Minute noch alles Wissenswerte über die nordamerikanischen Eingeborenen aufzuschreiben und abzumalen – vor weit mehr als hundert Jahren. Und Karl May begann seinen Roman *Winnetou* mit der Bemerkung, der Indianer sei der sterbende Mann Amerikas (»Ja, die rote Rasse ist am Sterben«) – so wie der Türke der kranke Mann Europas sei.

Um die Wende zum zwanzigsten Jahrhundert hatte die indianische Bevölkerung Nordamerikas einen Tiefstand von knapp über 350.000 erreicht. Was aber war ihr Höchststand gewesen? Allein der Vergleich der beiden Zahlen könnte einen verläßlichen Eindruck von der biologischen Auswirkung des Eingreifens Europas in der Neuen Welt vermitteln. Die Frage nach der ursprünglichen Bevölkerungszahl Nordamerikas ist oft gestellt und recht verschieden beantwortet worden. Die Schwierigkeit liegt darin, daß fast alle modernen Schätzungen auf Angaben von Beobachtern der Entdeckungszeit aufbauen, deren Verläßlichkeit und Genauigkeit umstritten ist. Während manche Autoren ganz global behaupten, daß alle Zahlenschätzungen übers Ziel schießen, muß anderseits berücksichtigt werden, daß die meisten Berichterstatter aus der Zeit der ersten Kontakte nur einen Teil der Gruppen zu Gesicht bekamen.

Konservative Schätzungen, die von den Zahlenangaben der alten Autoren oft erhebliche Abstriche vornahmen, kamen für Nordamerika zu Ergebnissen von rund einer Million Ureinwohner zu Beginn des sechzehnten Jahrhunderts. Das ergäbe eine Bevölkerungsdichte von etwa einer Person je zwanzig Quadratkilometer. Diese lange Zeit für bare Münze genommenen Vermutungen sind in den letzten Jahren ins Kreuzfeuer der Kritik geraten. Der amerikanische Ethnologe Henry Dobyns schloß nach dem Studium von (wie ihm schien) gut dokumentierten Fällen auf ein Verhältnis von 20 : 1 zwischen dem höchsten und dem niedrigsten Bevölkerungsstand. Auf dieser Grundlage und unter Annahme einer Minimalbevölkerung von 490.000 für Nordamerika schätzte er die ursprüngliche indianische Population auf beinahe zehn Millionen. Dobyns ist im Detail von seinen Kollegen sehr weitgehend kritisiert worden, grundsätzlich besteht aber ein Konsens darüber, daß die alten Zahlen sicherlich zu niedrig und die neuen wahrscheinlich zu hoch sind.

Eine Schlußfolgerung muß gezogen werden: Die Annahme, daß Nordamerika zur Zeit seiner Eroberung durch Europäer »leer« war, ist nicht länger haltbar. Man kann sogar annehmen, daß viele frühe Berichterstatter, besonders wenn sie im Dienste der Kolonisationspropaganda schrieben, eher dazu neigten, geringere Bevölkerungszahlen für die Eingeborenen anzugeben, um die potentielle Gefahr eines Widerstands der Indianer zu verharmlosen. Zugleich wollte man ja den Eindruck erwecken, daß Amerika nur dünn besiedelt war und von seinen Bewohnern unzureichend genutzt wurde.

Innerhalb Nordamerikas freilich schwankte die Bevölkerungsdichte von Gebiet zu Gebiet erheblich: Bei manchen Pueblostämmen dürfte sie an die dreihundertmal so hoch gewesen sein wie in den subarktischen Wäldern Kanadas. Zwischen den beiden Extremen fanden sich alle Abstufungen vor. Ebenso unterschiedlich wie die Bevölkerungsdichte und die absolute Größe der einzelnen Stämme waren zweifellos die historischen Bevölkerungsprofile der verschiedenen Gruppen.

Die Küstenstämme des östlichen Nordamerikas kamen relativ abrupt mit den Sendboten Europas in Kontakt und Konflikt. Ihre Population fiel daher in ziemlich kurzer Zeit relativ steil ab. Die ursprüngliche Bevölkerungszahl Virginias bleibt vorläufig ein Rätsel, denn vor den ersten Berichten der englischen Kolonisten nach 1607 war dieser Teil der Neuen

Welt bereits mehrere Jahrzehnte lang von Entdeckungsfahrern, Sklavenfängern, Missionaren und anderen Vertretern der weißen Gefahr heimgesucht worden. Man weiß von Kämpfen zwischen Roten und Weißen und kann als sicher annehmen, daß Krankheiten eingeschleppt wurden. Um 1610 bewohnten zwischen 15.000 und 22.000 Eingeborene das Küstenland, neunzig Jahre später war ihre Zahl auf höchstens 1000 gesunken, von denen etwas mehr als die Hälfte noch in ihren traditionellen Stammesgemeinschaften lebten. Bis 1800 düfte ihre Anzahl eine weitere Reduktion erfahren haben: 500 ist ein geschätzter Höchstwert, der mangels statistischer Angaben aus dieser Zeit nicht überprüfbar ist; die Stammesbevölkerung machte davon bestenfalls 20 Prozent aus, während der Rest der Roten als Diener oder Plantagenarbeiter unter Weißen und mit Weißen und Schwarzen lebte. 1900 war die Population wieder auf etwa 1000 angestiegen, die Stämme begannen sich neu zu formieren. Von den rund 2000 Nachkommen der Bevölkerung von 1610 lebten aber im Jahr 1970 weniger als die Hälfte in enger Verbindung mit ihrem Stamm, ebenso viele waren in die Städte gezogen, ohne ihre tribalen Bande völlig abzustreifen, ein knappes Viertel mag seine Identität mehr oder minder aufgegeben haben. Jedenfalls sind viele der heutigen 2000 bereits Mischlinge (meist mit Weißen). Eine genetische Anteilsrechnung erscheint aber sinnlos, da in ihr der unbestreitbare Blutsanteil der Eingeborenen an der weißen und der schwarzen Bevölkerung der USA unberücksichtigt bliebe.

Die Stämme im Landesinneren hatten es besser: Der erste Kontakt mit der Zivilisation war durch die Küstenstämme abgepolstert. Krankheiten forderten wohl ihren Zoll, der physische Druck der weißen Landnahme und die damit verbundene Verdrängung der Eingeborenen traf die Indianer im Landesinneren jedoch nicht sogleich mit voller Wucht. Ganz im Gegenteil, die Handelskontakte ohne begleitende Landkonflikte führten zu einem Aufblühen der Binnenlandstämme. Wirtschaftlich gestärkt, militärisch durch die für die Jagd notwendige Ausrüstung mit Feuerwaffen besser gewappnet und erfahrungsmäßig mit den bleichgesichtigen Gästen bereits vertraut, konnten die Fünf Nationen der Irokesen im Norden und die Fünf Zivilisierten Stämme im Süden den Weißen stärkeren Widerstand entgegensetzen als ihre östlichen Nachbarn. Ihre Bevölkerungszahl stieg daher nach einem anfänglichen Absinken rasch wieder an. Ein zweiter Bevölkerungsrückgang kam hier wesentlich später: bei den Irokesen etwa zur Zeit der amerikanischen Revolution, in der sie die falsche Seite wählten und blutig dafür bezahlten, bei den südlichen Stämmen zur Zeit der Zwangsumsiedlung. Auch die Stämme des Binnenlandes waren bereits wieder im Zunehmen begriffen, als man die Indianer schon allgemein totsagte.

Es waren die Stämme der Prärien und Plains, die Gruppen des Westens, die die Vorstellungen vom »amerikanischen Türken« wesentlich beeinflußten. Man darf nicht vergessen, daß es mehr als hundert Jahre gedauert hatte, bis die ersten Siedler Virginias das Land jenseits der blauen Hügelkette erschlossen, die nur wenige hundert Kilometer westlich des Ozeans lag. Unvergleichlich kürzere Zeit nahm die Eroberung der Weiten des Westens zwischen Mississippi und Pazifik in Anspruch: unvergleichlich mehr Stämme kamen hier innerhalb weniger Jahrzehnte in intensiveren Kontakt mit den Weißen und bekamen die verheerenden Wirkungen am eigenen Leib zu spüren. Gemessen an der Zeispanne der Erschließung, war die Entvölkerung dort deutlicher sichtbar als im Osten des Kontinents, wo sie jedoch gründlicher war.

Gründlich genug war sie in Kalifornien, das seine ersten Einbußen durch die frühe spanische Kolonisation erlitten hatte. Von den rund 100.000 Eingeborenen, die um die Mitte des neunzehnten Jahrhunderts dort noch übrig waren, wurden innerhalb von fünfzig Jahren mindestens 80 Prozent ausgerottet. Es begann mit dem Goldrausch, der in den späten vierziger Jahren des neunzehnten Jahrhunderts Massen von undisziplinierten Weißen ins Land zog, die mit dem eigenen Leben ebenso verschwenderisch umgingen wie mit dem der Roten. Die friedfertigen Urkalifornier waren ein leicht erlegbares Wild; deshalb gingen noch gegen Ende des neunzehnten Jahrhunderts die weißen Nachbarn auf Indianerjagd, wenn andere Tiere gerade Schonzeit hatten. Stammesnamen wurden in kürzester Frist von der Landkarte gelöscht. Während entgegen anderslautenden Behauptungen in der Literatur der letzte Mohikaner noch lange nicht von uns gegangen ist, gab es in Kalifornien schon so manchen Letzten seines Stammes. Der berühmteste von ihnen ist Ishi, der letzte Yahi, der 1906 halbverhungert aufgefunden wurde, nachdem er der Ausrottung seines Stammes mit knapper Not entgangen war und zwanzig Jahre lang allein in der Wildnis gelebt hatte.

Einen besonderen Fall stellen die Navajos dar. Die indianische Bevölkerung des nordamerikanischen Südwestens hatte in der frühen Kolonialzeit beträchtlich unter dem Kontakt mit den spanischen Eroberern zu leiden und verminderte sich in dieser Periode relativ stark. Mangels anderer Angaben ist anzunehmen, daß dies auch für die Navajos zutraf. Während aber die seßhaften Pueblo-Stämme in der ersten Zeit ihres Kontakts mit den Angloamerikanern stagnierten oder weiter abnahmen, begannen die Navajos sich nach zwanzigjähriger militärischer Verfolgung durch die USA rapid zu vermehren. Von etwa 10.000 um 1870 erhöhte sich ihre Zahl auf 30.000 um 1910, auf 80.000 um 1950 und auf rund 140.000 um 1970. Mit dieser Bevölkerungszahl sind sie heute bei weitem der größte Indianerstamm Nordamerikas.

Diese Beispiele zeigen, daß die historischen Bevölkerungsprofile enorme Unterschiede aufweisen. Etwas ist ihnen aber allen gemeinsam: der starke Anstieg seit der letzten Jahrhundertwende. Die Geburtenraten der Uramerikaner sind höher als die jeder anderen Bevölkerungsgruppe in den Vereinigten Staaten. In den späten fünfziger Jahren kamen auf je 1000 Indianer 40 Geburten, gegen 23 je 1000 im gesamtamerikanischen Durchschnitt. Die Papagos vermehrten sich zwischen 1950 und 1960 von 8000 auf 10.500, ein Zuwachs von fast 30 Prozent. Seither ist die Geburtenrate der Indianer etwas gesunken (1968: 32,7 gegen 17,5), zugleich jedoch auch die Säuglingssterblichkeit, die in den fünfziger Jahren bei den Indianern noch 57,7 Promille betrug, bei einem gesamtamerikanischen Durchschnitt von 26,3 Promille, 1968 aber nur noch 30,9 gegenüber 21,8 Promille. Vierzig Jahre zuvor waren allerdings noch drei Fünftel aller Indianerbabys gestorben. Da die durchschnittliche Lebenserwartung eines nordamerikanischen Indianers heute immer noch nur 44 Jahre beträgt (gegenüber 64 für den Durchschnittsamerikaner), liegt infolge der hohen Geburtenzahl das Durchschnittsalter der roten Bevölkerung heute bei nur achtzehn Jahren, etliche Jahre weniger als das ohnedies extrem niedrige amerikanische Mittel. Der sterbende Indianer hat also endgültig ausgedient, der junge Indianer tritt in den Vordergrund.

In früheren Jahrhunderten war man auf Schätzungen angewiesen, wenn man sich über die Zahl der Eingeborenen informieren wollte. Im zwanzigsten Jahrhundert ist das kaum anders. Der Zensus der Vereinigten Staaten, der alle zehn Jahre neu erstellt wird, enthält zwar Angaben über die Zahl der Indianer, sie sind jedoch weder verläßlich noch strikt vergleichbar. Ethnische Zugehörigkeit wurde 1960 und 1970 auf der Grundlage der Selbstidentifikation festgestellt: Wer sich als Indianer deklarierte, wurde als solcher in der Volkszählung vermerkt. 1950 waren ein bestimmtes Blutsquantum, die Zugehörigkeit zu einem anerkannten Stamm (Aufscheinen auf der Stammesrolle) oder die Zuordnung durch die nachbarliche Gemeinschaft die Bestimmungsmerkmale. Beide Erfassungssysteme bieten keine Gewähr für Vollständigkeit. In den Südstaaten wurden und werden viele Indianer von ihren weißen Nachbarn als Schwarze identifiziert, und der Vergleich der Ergebnisse von 1960 und 1970 zeigt die Mängel des Selbstbestimmungssystems. Laut Zensus war die Zahl der Indianer in den USA 1970 um 50 Prozent höher als 1960. Selbst beim raschen Wachstum der indianischen Familien ist eine solche Zunahme kaum vorstellbar. Die höhere Zahl von 1970 ergibt sich wohl auch aus der Tatsache, daß es heute schick ist, Indianer zu sein. Viele, die 1960 noch Angst hatten, diskriminiert zu werden, wenn sie sich als Indianer bekannten, oder die damals ihren Anteil von einem Sechzehntel Indianerblut nicht ernst nahmen, sind heute stolz darauf, einem unterdrückten Volk anzugehören.

So problematisch die Zensusangaben sind, zeigen sie deutlich den Trend, verraten aber zugleich, daß der Prozentanteil der Roten an der Gesamtbevölkerung sich kaum geändert hat: 1900 standen 237.000 Eingeborene fast 76 Millionen nichtindianischen Amerikanern gegenüber (0,31 Prozent), 1930 war die Zahl auf 343.000 gestiegen, der Prozentsatz aber auf 0,28 gesunken. Die Terminationspolitik ist dafür verantwortlich, daß 1950 nur 357.000 Rote gezählt wurden und ihr Anteil auf 0,23 Prozent sank; die richtigen Zahlen lagen vermutlich um 50 Prozent höher. 1960 bekannten sich immerhin 524.000 Amerikaner zu ihrem präkolumbischen Erbe, 1970 waren es 793.000 von 203 Millionen (0,39 Prozent).

Wer aber das Indianerbüro des Innenministeriums nach der Zahl der Indianer fragt, bekommt eine ganz andere Antwort. Dort werden nur jene Uramerikaner berücksichtigt, die von der Bundesregierung als solche anerkannt werden und in oder nahe ihrer Reservation leben. Stadtindianer sind für das BIA in diesem Sinn keine Roten mehr, ebensowenig die vom Bund nicht anerkannten Penobscots, Passamaquoddys und Malecites in Maine, die Ottawas in Michigan, deren Stamm 1855 durch einen Vertrag aufgelöst wurde, und die Menominees und Klamaths, die Hauptopfer der Terminationspolitik. Seit 1972 werden allerdings die 38.000 eingeborenen Kalifornier wieder mitgezählt, und seit 1975 stehen auch die in ihre indianischen Rechte wiedereingesetzten Menominees auf der Liste. Vergleiche sind also auch hier nicht möglich.

Anderseits übt das *Bureau of Indian Affairs* einen derart weitgehenden Einfluß auf seine Schützlinge aus, daß seine Zahlen zuverlässiger sind als die der Volkszähler. Eine Gegenüberstellung der Angaben des Zensus von 1970 und der BIA-Statistik vom März 1972 beweist es. Die Volkszählung identifiziert 96.734 Personen als Navajos, davon 56.949 mit Wohnsitz in der Navajo-Reservation. Das BIA gibt allein als Einwohnerzahl des Navajo-Reservats zwei Jahre nach dem Zensus 131.379 an, ein Unterschied, der nicht durch Zuwachs oder wechselnde Identifikation zu erklären ist. Das Indianerbüro bezeichnet diese Zahl als Schätzung, da die Navajos über ein so großes, schlecht erschlossenes und unwegsames Territorium verstreut sind, daß eine genaue Kontrolle unmöglich ist. Es ist so unwegsam, daß mehr als 30 Prozent der Navajos den Volkszählern entgangen zu sein scheinen.

Die Zahl der vom Bund nicht anerkannten Lumbees gibt der Zensus mit 27.520 an, wovon 26.059 in North Carolina leben sollen. Allein die Stadt Baltimore in Maryland hat jedoch eine geschätzte Lumbee-Bevölkerung von etwa 4000. Einige tausend siedeln in den an North Carolina angrenzenden Teilen South Carolinas. Insgesamt erscheint eine Zahl von 35.000 bis 40.000 realistischer. Wie bei den Navajos dürfte die Fehlerquote mehr als 30 Prozent betragen.

Unter Berücksichtigung dieser Abweichungen der Volkszählung von der Wirklichkeit ist die Annahme einer indianischen Bevölkerung der USA von einer runden Million eine handfeste Möglichkeit. Laut BIA lebt davon die Hälfte (533.750) ständig in oder nahe den Bundesreservaten. Liegt somit der Bevölkerungsanteil insgesamt immer noch bei nur einem halben Prozent, so erreichen die Eingeborenen in manchen Einzelstaaten der Union höhere Prozentanteile. Der indianerreichste Staat ist laut BIA-Statistik Arizona mit fast 118.000 Roten (Zensus: 96.000), was einem Bevölkerungsanteil von 6,74 Prozent (Zensus: 5,47 Prozent) entspricht. Der Zensus nennt Oklahoma mit 98.500 Eingeborenen als indianerreichsten Staat, der Bund anerkennt allerdings laut BIA nur 84.000 davon. Den höchsten Prozentanteil nach Alaska (rund 15 Prozent) erreicht jedenfalls New Mexico, wo 8,18 Prozent (Zensus: 7,29 Prozent) aller Einwohner Indianer sind.

Rechnet man für Kanada eine reichliche Viertelmillion Indianer, so kommt man auf eine Gesamtsumme, die etwa das Drei- bis Vierfache des Tiefststandes der roten Bevölkerung ausmacht, auch wenn unter ihnen viele Mischlinge sind. Bei gleichbleibendem Wachstum würden damit die nordamerikanischen Eingeborenen in absehbarer Zeit ihre ursprüngliche Zahl wieder erreichen. Daß bei gleichbleibender Politik damit auch die Zahl der indianischen Arbeitslosen auf neue Höchstwerte steigen würde, steht auf einem anderen Blatt.

Der Große Weiße Vater

Die Stämme des östlichen Waldlandes, mit denen der europäische Kolonialismus in Nordamerika zuerst in Berührung kam,
verwendeten im Verkehr untereinander neben Lokal- und
Stammesbezeichnungen auch Verwandtschaftsnamen zur
Benennung der anderen Gruppen. Diese metaphorische Verwendung von »Bruder«, »Vater«, oder »Großvater«, die
vorwiegend bei sprachverwandten, befreundeten oder verbündeten Gruppen üblich war, deutete die gegenseitige Nähe der
Beziehungen, Respekts- und Autoritätsverhältnisse an. Die
Delawaren waren für die anderen Küsten-Algonquins der
»Großvater«, die Shawnees bezeichneten die Ottawas als
»jüngeren Bruder«, die Mohawks waren der »älteste Bruder«
des Irokesenbunds. Das System war nicht völlig konsequent,
es stellte kein geschlossenes Familienbild dar, sondern spie-
gelte weitgehend bilateral reziproke Verhaltensmuster wider.
In gleicher Weise wurden auch zwischen Personen, die miteinander weder blutsverwandt noch verschwägert waren, Ver-
wandtschaftbezeichnungen angewandt.

Die ersten Kolonisten mußten es sich trotz ihres Gefühls
moralischer und kultureller Überlegenheit gefallen lassen, von
den Eingeborenen zu allererst als »Kinder« angesprochen zu
werden. Tatsächlich waren sie nicht nur Neugeborene in der
für die Indianer Alten Welt Amerika, ihre Zahl war gering,
ihre Autorität bescheiden. Ohne indianische Hilfe hätten sie
in vielen Fällen nicht überleben können. All diese Eigenschaften verwiesen sie in die Kategorie der unerfahrenen und
schutzbedürftigen Kinder. Der virginische Häuptling Powhatan sprach von Captain John Smith, dem Führer der englischen Kolonie, als »Sohn«. Daß der junge Hauptmann in
durchaus ödipaler Manier gerne seinen »Vater« beseitigt
hätte, um sich und seine Siedler mit Mutter Erde zu vermäh-
len, ist zwar passend, aber wahrscheinlich nur Zufall. Im
achtzehnten Jahrhundert erinnerten sich die Delawaren in
ähnlicher Weise an die ersten Tage der Kolonie New York.
Über den Gouverneur dieser Kolonie als Repräsentanten aller
Siedler sagten sie: »Als er zu uns kam, war er noch sehr klein
und ein Kind. Wir säugten ihn an unserer Brust, wir hegten ihn
und sorgten für ihn, bis er zum Mann herangewachsen war.«

Doch damit hatte sich auch das Verwandtschaftsverhältnis geändert. Der fertige Mann war der Kinderstube endgültig entwachsen. »Er ist unser Bruder und vom selben Blut wie wir. Er und wir haben nur ein Ohr, um zu hören, ein Auge, um zu sehen, und einen Mund, um zu sprechen.«

In Kanada war der französische König und mit ihm sein Volk mittlerweile schon zum »Vater« avanciert. Als der Vater aber alt geworden war und den jungen Briten nicht mehr im Zaum halten konnte, und als Kanada 1760 effektiv britisch wurde, zögerten anfangs manche der treuen Indianer, sich von ihrem »Großen Vater« in Paris loszusagen und sich dafür dem »Bruder« Großbritannien anzuschließen. Sobald sie es jedoch getan hatten, war England auch seiner Bruderrolle entwachsen. Der »Große Vater« residierte nun in London. In gleicher Weise biederten sich die revoltierenden amerikanischen Kolonien den Indianern zuerst als Brüder an, um dann, durch den Sieg über die Briten gestärkt, in die Vaterrolle einzutreten.

Die wechselnden Metaphern zeigen mithin Abhängigkeitsverhältnisse an: militärische, politische und ökonomische. Die weißen Herren Väter aber nahmen die poetischen Redewendungen der Urwalddiplomatie wörtlich. Gepaart mit stereotypen Vorurteilen über die Uramerikaner (»Sie leben nur für das Heute und denken nicht an morgen«), führte sie die Metapher zu dem Schluß, die Indianer seien Kinder und müßten wie Kinder behandelt werden – wie europäische Kinder natürlich. Denn die indianische Erziehung achtet bereits das kleinste Baby als Individuum, lehrt den Heranwachsenden in frühem Alter die Praxis der Nichteinmischung, ohne ihm dabei die elterliche Zuneigung zu entziehen, und führt die junge Generation so zu früher Selbständigkeit (wie es vor Entdeckung der »Kindlichkeit« des Kindes in der Renaissance auch in Europa üblich war). Europäische Erziehung hingegen lehrt frühzeitig den Gebrauch von Aggression, die notwendig ist, um sich in einer Welt, in der aggressive Männlichkeit einen Wert darstellt, behaupten zu können. Paternalismus ist zum Synonym der weißen Indianerpolitik geworden: Weitab von jeder konsequent ausgeführten Politik, zögerte der weiße Mann im Bewußtsein seines Besserwissens niemals, in die inneren Angelegenheiten der Indianer einzugreifen und bei Nichtbefolgung seiner oft widersinnigen Befehle den Rohrstock zu schwingen, nicht ohne zwischendurch milde Gaben auszuteilen. Die Inkonsequenzen der Indianerpolitik entstammen denselben Ursachen wie die

Inkonsequenzen der Kindererziehung. Die kurzfristigen Widersprüchlichkeiten rührten daher, daß die Erziehungsziele mit anderen, für wichtiger gehaltenen Zielen in Konflikt gerieten. Wenn man die Indianer zu Ackerbauern machen wollte und ihnen zugleich das Land wegnahm, so war dies, als wollte man ein Kind zur Sparsamkeit erziehen, schlachtete aber gleichzeitig das Sparschwein des Sprößlings, um sich Zigaretten zu kaufen.

Die langfristigen Inkonsequenzen sind durch den Generationenwechsel bedingt. Viele Söhne sind mit den Methoden der Väter nicht einverstanden und wollen ihre eigenen Kinder auf »bessere« Weise erziehen. Solange das Inventar an Erziehungsmaßnahmen unverändert bleibt, kann sich jedoch grundsätzlich nichts ändern. Mißerfolge in der Indianerpolitik haben immer Gegenströmungen verursacht, deren Ziele verschieden, deren Methoden aber gleich waren: Einmischung, Zuckerbrot und Peitsche.

In der Konfrontation mit aggressiv erzogenen Europäern reagieren Indianer, denen Aggression und Einmischung als bedauerliches Fehlverhalten erscheint, mit Rückzug. In einer Studie über die erziehungsbedingten Probleme des Kontakts zwischen Roten und Weißen fassen Rosalie Wax und Robert Thomas, eine weiße Pädagogin und ein roter Sozialanthropologe, das entsprechende indianische Verhaltensmuster folgendermaßen zusammen: »Der erste Impuls eines Indianers, der sich der Einmischung eines Freundes gegenübersieht, ist, seine Aufmerksamkeit abzuwenden. Wenn die fehlhandelnde Person diesen Hinweis nicht versteht, wird der Indianer ruhig weggehen. Wenn dies unmöglich ist, wird er sein Bestes tun, um sich so unauffällig wie möglich zu machen. Indem er verschwindet, vermeidet er es, das gestört agierende Individuum zu neuen Ausbrüchen zu provozieren, und zugleich, ihn als Zeuge seines Fehlverhaltens zu beschämen. Gleichzeitig weist er ihn dadurch in einer sozial sanktionierten Form zurecht. In der Vergangenheit konnten sich ganze Gemeinschaften von einem unverbesserlichen Querulanten zurückziehen und ihn allein lassen.« Ein Gutteil des Mißerfolgs europäischer »Erziehungsmaßnahmen« bei der amerikanischen Urbevölkerung erklärt sich aus dieser simplen kulturellen Differenz.

Auf lange Sicht verfolgte jede Indianerpoltik einer europäischen Macht (einschließlich der Vereinigten Staaten und Kanadas) einen einzigen Zweck: die Sicherung und nachträgliche Legitimierung des Besitzstandes in der Neuen Welt. Eben deshalb entstand auch frühzeitig ein Widerspruch zwischen den positiv verstandenen Programmen für die indianischen Gesellschaften Amerikas und den negativen Auswirkungen der tatsächlichen Eingriffe in deren Unversehrtheit.

Die englische Kolonisation in Nordamerika wurde gerechtfertigt mit dem Vorhaben, die Indianer zu christianisieren. Die Instruktionen der Krone für die ersten Siedler in Virginia machten es den Kolonisten zur Auflage, »die Wilden in jenen Weltteilen gut zu behandeln und alles daranzusetzen, die wilden und heidnischen Völker der genannten Orte sowie der benachbarten Länder und Territorien zum wahren Glauben und zur Erkenntnis Gottes zu führen, und alle gerechten, gütigen und liebevollen Wege einzuschlagen mit jenen, die sich zu gutem und gemeinschaftlichem Handel und Wandel mit unseren Untertanen sowie mit denen unserer Erben und Nachfolger, die an diesen Orten siedeln, bereitfinden, wodurch sie um so früher der wahren Erkenntnis Gottes zugeführt werden können«.

Diese wirklichkeitsfremde Instruktion wurde nie in die Tat umgesetzt, weil die Indianer kein Bedürfnis nach Christentum hatten, die Engländer kein aktives Interesse an der Bekehrung der Roten aufbrachten und diese schnell erkannten, daß es den Weißen nur um das Land ging. Die nachfolgenden englischen Angriffe gegen die Eingeborenen konnten leicht mit deren Ablehnung eines »guten und gemeinschaftlichen Handels und Wandels« gerechtfertigt werden. In dem massiven Gegenschlag der Urbesitzer Virginias, der 1622 erfolgte, sahen die Kolonisten dann eine Gelegenheit, die Schuld am Scheitern der Christianisierungsversuche in den Umtrieben des Satans unter den Roten zu suchen.

Die neue Politik bestand in der planmäßigen Ausrottung der Ureinwohner und der Sicherung der bereits gewonnenen Gebiete durch deren strikte Isolierung vom Indianerland. Der zweite Indianeraufstand in Virginia, 1644, der wie der erste niedergeschlagen werden konnte (wobei weiter weg siedelnde Indianer als Hilfstruppen gegen die roten Nachbarn eingesetzt wurden), endete mit einem Friedensschluß, der den Einheimischen ein Lebensrecht zusicherte, die Isolierung von den Briten aber aufrechthielt. Da die Siedler nach neuem Land verlangten, wandelte sich die Politik bald darauf insofern, als man nunmehr nicht die Siedler, sondern die Indianer in Reservaten isolierte. Kurz danach begann man wieder mit

Zivilisierungsprogrammen, um die Roten für den Landverlust zu entschädigen und ihnen ein Leben auf dem ihnen zugewiesenen engen Raum zu ermöglichen. Man »verbündete« sich sogar mit ihnen und setzte lokale Indianer als Hilfstruppen gegen entfernter siedelnde Stämme ein. Die Gegenbewegung dazu, die 1675/1676 ihren Höhepunkt erreichte, sah selbst in den verbliebenen harmlosen Stammesresten eine drohende Gefahr und führte zu einer Wiederaufnahme der Ausrottungspolitik. Schon 1677 erneuerte man jedoch einerseits die Verträge und sicherte den Indianern innere Selbstbestimmung zu, während man sie anderseits wenig später auf legalem Weg entrechtete und in die neu entstandene farbige Unterschicht der Gesellschaft eingliederte.

Der Zyklus Zivilisierungsprogramm – Ausrottung – Isolierung (räumlich oder sozial) in der noch rudimentären Theorie und Praxis der Indianerpolitik der Kolonie Virginia im siebzehnten Jahrhundert enthält im Prinzip das komplette Inventar der späteren amerikanischen Indianerpolitik. Das programmatisch formulierte Verhalten der Vereinigten Staaten gegenüber den Uramerikanern seit 1789 läßt sich als sechsmaliger Pendelschlag zwischen zwei Extrempositionen darstellen, wobei anfangs auch noch der dritte in Virginia beschrittene Weg – die physische Ausrottung – als Bindeglied zwischen den Extremen fungierte.

Nach der siegreichen Revolution gegen die Briten und deren indianische Verbündete und nach der Befriedung der Stämme im Ohiogebiet in den folgenden Jahren formulierten die Vereinigten Staaten in der »Verordnung für die Regierung des Territoriums der Vereinigten Staaten nordwestlich des Ohio« (*Northwest Ordinance*, 1789) eine Politik, die später mit der indianerfreundlichen philanthropischen Politik Präsident Jeffersons identifiziert wurde: »Äußerste Redlichkeit ist den Indianern gegenüber jederzeit zu beobachten, ihr Land und ihr Besitz sollen ihnen niemals ohne ihre Zustimmung genommen werden; und ihr Besitz, ihre Rechte und ihre Freiheit sollen niemals angetastet oder gestört werden.« Das Ziel sollte die Integration der alten und der neuen Besitzer Amerikas sein; den Delawaren hatte man sogar noch während der Revolution zugesagt, sie später – falls sie es wünschten – als eine den abtrünnigen Kolonien rechtlich gleichwertige Nation in die Vereinigten Staaten aufzunehmen. Benjamin Franklin hatte den Kolonien das Beispiel der *Sechs Nationen* der Irokesen als Beweis für die Möglichkeit einer politischen

Konföderation (selbst unter »Wilden«) vorgehalten, und auch Thomas Jefferson war bemüht, eingeborene Vorbilder für den amerikanischen Staatenbund zu finden.

Bevor aber an eine Integration zu denken war, mußten die »Wilden« erst »zivilisiert« werden. Obwohl natürlich bereits dieses Programm, dessen Durchführung den christlichen Missionsgesellschaften übertragen wurde, in die angeblich unverletzlichen Rechte und Freiheiten der Eingeborenen eingriff, war dieser nicht beachtete Widerspruch noch kein Grund zu einer Änderung der Politik. Wesentlich kritischer war der Druck der Siedler auf »Land und Besitz« der Roten. Freie Kaufleute wollten am Handel mit den Indianern, der ursprünglich – zu deren Schutz – ein Staatsmonopol war, mitnaschen. Unter Hinweis auf ihre Rechte und Freiheiten als amerikanische Bürger setzten sie die Öffnung des Handels durch, obwohl allen klar war, daß dies nicht zur ungestörten Sicherheit der Indianer beitragen konnte. Das eigentliche Scheitern der Zivilisierungspolitik erwuchs aber aus dem Streit um das Land. Sobald die Indianer wegen versprechungswidrig erzwungener Landabtretungen an die Regierung rebellierten, schufen die Weißen mit Waffengewalt wieder klare Verhältnisse. Es ist kaum ein Zufall, daß es dieselben Militärs waren, die zuerst den Indianern (wie General Jackson 1813/1814 den Creeks) blutig mitspielten und schließlich eine Änderung der Indianerpolitik herbeiführten.

Selbst indianerfreundlichere Amerikaner wie Präsident John Quincy Adams gelangten zur Überzeugung, daß »dort, wo die englische Bevölkerung einreißt, die indianische nach und nach verschwinden muß«. Unter seiner Präsidentschaft und unter der seines Nachfolgers, des Creek-Schlächters Jackson, trat die neue Umsiedlungspolitik voll in Kraft. Den Indianerfeinden ging es darum, die lästigen Roten mit ihren Territorialansprüchen in das Land jenseits des Mississippi zu verfrachten, wo die Anhänger des Gedankens der Indianerzivilisierung versuchten, die Eingeborenen, isoliert von den schädlichen Einflüssen der weißen Gesellschaft, zu deren Mitgliedern zu machen.

Durch den *Indian Removal Act* (1830) wurde schließlich der Präsident der USA ermächtigt, nicht nur die geplanten Landtransaktionen durchzuführen, sondern auch den Indianern ihren neuen Besitzstand für sich und ihre Erben zu garantieren und sie an ihren neuen Wohnsitzen vor Eindringlingen zu schützen. Der anhaltende Zustrom weißer Siedler, die weiter und weiter nach Westen vordrangen, konnte durch die 1830 abgegebenen Garantien nicht aufgehalten werden. Wie immer, wenn die Interessen und Aktivitäten der weißen Bürger im Gegensatz zur erklärten Indianerpolitik standen, entschied sich die Regierung für die weißen Wähler. In den Indianerkriegen, die dem Bürgerkrieg folgten, wurden die Roten dezimiert und in Reservationen isoliert, die durch Landabtretungen und schlichten Landraub immer mehr verkleinert wurden.

Der nächste Pendelschlag wurde wieder durch einen General im Weißen Haus zu Washington eingeleitet. General Grant stellte abermals Zivilisierungsprogramme in den Vordergrund, indem er die einzelnen Verwaltungseinheiten des Indianerlandes verschiedenen christlichen Konfessionen zur Betreuung übergab. Zugleich wurde 1871 der alten Praxis, mit den Indianern Verträge abzuschließen, ein Ende gesetzt und damit den Stämmen ein wesentlicher Bestandteil ihrer Souveränität abgesprochen. Der entscheidende Schritt zur neuen Integrationspolitik war jedoch der Entschluß der Regierung, durch Aufteilung des verbliebenen Stammeslandes auf die einzelnen Stammesmitglieder die tribalen Verbände endgültig aufzulösen und alle in den älteren Verträgen noch enthaltenen Sonderrechte in bezug auf gemeinschaftlichen Landbesitz zu tilgen. Die Aufteilung von Stammesland war schon früher, besonders aber seit 1854, mit einzelnen Stämmen auf der Grundlage bilateraler Verträge vereinbart worden. Die dabei gemachten Erfahrungen zeigten eines deutlich: Die Indianer, die mit dem individuellen Landbesitz auch zu Staatsbürgern wurden, waren wegen des Scheiterns der meisten Zivilisierungsprogramme der Konkurrenz ihrer weißen Nachbarn nicht gewachsen. Viele verkauften ihren Landanteil und gerieten in größere Armut, als dies in einer Reservation je der Fall sein konnte. Im Widerspruch zu diesen Erfahrungen wurde 1887 der *General Allotment Act* (auch *Dawes Act* genannt) unter dem Beifall von Freunden und Feinden der Indianer beschlossen. Das letzte Lebenszeichen der verhängnisvollen Aufteilungs- und Integrationspolitik war das Gesetz von 1924, das auch jenen Roten, deren Land noch in Gemeinschaftsbesitz war, die amerikanische Staatsbürgerschaft verlieh.

1934 folgte die totale Umkehr: Durch den *Indian Reorganization Act* (IRA) wurde nicht allein die Landaufteilung gestoppt, sondern man gab den Stämmen die Möglichkeit, sich wieder zu konstituieren, vermehrte durch Ankauf das tribale Land und gab den Stammesgruppen beschränkte Selbstbestimmung. Die Stämme Oklahomas, die vom *Indian Reorganization Act* ausdrücklich ausgenommen waren, konnten sich zwei Jahre später unter dem *Oklahoma Indian Welfare Act* in ähnlicher Weise neuerlich sammeln. Der neue Isolationismus wurde von den meisten Indianern begrüßt, auch wenn manche aufgrund vergangener Erfahrungen mit »indianerfreundlicher« Gesetzgebung im neuen Gesetz abermals einen Trick der Weißen vermuteten. Noch ehe die Roten so recht ermessen konnten, welche Vorteile der IRA ihnen bot, schlug das Pendel bereits wieder in Richtung auf Integration zurück.

1944, vor dem Hintergrund der Judenvernichtung in Hitlerdeutschland, kündigte man den Indianern wieder einmal mit großem Taktgefühl die »Endlösung der Indianerfrage« an: *Termination*. Ein für allemal sollte nun das spezielle Verhältnis zwischen den einstigen und den nunmehrigen Besitzern Amerikas beendet werden. Alle vertraglichen Verpflichtungen, welche die USA den Indianern gegenüber eingegangen waren, sollten aus den Büchern getilgt, alle speziellen Hilfeleistungen eingestellt, alle Reservationen aufgelöst und alle Roten zu Weißen gemacht werden. 1953 verabschiedete der Kongreß die *Resolution 108* des Repräsentantenhauses, die es zur offiziellen Politik der gesetzgebenden Versammlung machte, die Indianer so rasch wie möglich »denselben Gesetzen zu unterwerfen und an denselben Privilegien und Verantwortungen teilhaben zu lassen, die für die anderen Bürger der Vereinigten Staaten gelten«. Die minderjährige rote Minderheit sollte für volljährig erklärt werden und in der Mehrheit aufgehen.

Im schnellebigen zwanzigsten Jahrhundert ist es nicht verwunderlich, daß die Abkehr von der Terminationspolitik – von vielen Indianern als Exterminationspolitik empfunden – nicht lange auf sich warten ließ. Vom Terminationsdenken beeinflußt waren die Bürgerrechtsgesetze (der sogenannte *Indian Civil Rights Act*) von 1968, durch welche die Indianer den Weißen auch dort gleichgestellt wurden, wo sie es gar nicht wollten. Aber schon im selben Jahr verkündete der aus dem Amt scheidende Präsident Johnson ein neues Ziel: »Ein Ziel, das die alte Debatte über die Termination der Programme für die Indianer beendet und ihre Selbstbestimmung betont, ein Ziel, das die alten paternalistischen Verhaltensweisen ausmerzt und Partnerschaft und Selbsthilfe fördert.«

Präsidentschaftskandidat Richard Nixon, der im November 1968 zum »Großen Weißen Vater« gewählt wurde, hatte im Wahlkampf den Indianern Versprechungen gemacht, die denen des amtierenden Präsidenten voll entsprachen. Achtzehn Monate nach seiner Amtseinführung legte Nixon dem Kongreß sein Konzept der künftigen Indianerpolitik vor, ein Konzept, dessen Schlagwort »Selbstbestimmung« war: »Die Zeit ist gekommen, um entscheidend mit der Vergangenheit zu brechen und die Bedingungen für eine neue Ära zu schaffen, in der die indianische Zukunft durch indianische Taten und indianische Entscheideungen bestimmt sein wird.«

Die historische Abfolge von Zivilisationsprogramm – Umsiedlung – Landaufteilung – Reorganisation – Termination – Selbstbestimmung läßt keine übertriebenen Hoffnungen bezüglich der Chancen der neuen Politik zu: Der Große Weiße Vater ist seinen roten Kindern gegenüber selten lange im Wort geblieben.

Daß das Bild vom »Großen Weißen Vater« und die Praxis des Paternalismus nicht nur ein witziger Einfall von Rothäuten vergangener Jahrhunderte war, sondern bis in die Gegenwart ernstgenommen werden muß, geht schon daraus hervor, daß die Indianerstämme der Vereinigten Staaten weiterhin Mündel der Bundesregierung sind. Zu Beginn der Kolonialperiode hatten die Engländer nicht daran gezweifelt, daß sie in der Neuen Welt selbständigen politischen Entitäten gegenüberstanden, die in einem fest umrissenen und von anderen solchen Einheiten anerkannten Gebiet eine verhältnismäßig wirksame Exekutivgewalt ausübten. Frühe Berichterstatter beschreiben auch ein funktionierendes Rechtswesen und eine Organisation des Militärwesens. Wenn die genannten Einrichtungen sich im einzelnen auch deutlich von ihren europäischen Parallelinstitutionen unterschieden, fanden die Kolonisten nichts dabei, sie mit den in Europa üblichen Namen zu belegen. Daher wurden Stammeshäuptlinge als »Könige« und Oberhäuptlinge gar als »Kaiser« bezeichnet.

Die fünf (später sechs) »Nationen« der Irokesen hatten zum Beispiel schon in der Zeit vor dem direkten Kontakt mit den Europäern eine politische Konföderation gebildet, deren Glieder Abgeordnete in die Ratsversammlung des Bundes entsandten. Die Abgeordneten waren Häuptlinge, deren Amt innerhalb der Familie vererbt wurde. Genauer gesagt, wählte nach dem Tod eines Häuptlings die Matrone (die älteste Frau der Familie) den fähigsten männlichen Verwandten für das Amt aus. Es war möglich, daß ein Häuptling wegen offensichtlicher Unfähigkeit abgelehnt und der Matrone eine neuerliche Beschlußfassung auferlegt wurde, während anderseits die Matrone selbst den von ihr Eingesetzten auch wieder absetzen konnte. Neben ihrer Funktion im Rat des Bundes kümmerten sich die Erbhäuptlinge um die lokale Verwaltung und konnten ihrerseits untergeordnete Funktionäre und Kriegshäuptlinge aus anderen Familien einsetzen. Der Zusammenhalt der Irokesenliga, wie die Konföderation auch genannt wird, war durch die Allianz der Klans gegeben, deren Grenzen quer durch die Stammesgrenzen verliefen. Die Beschlußfassung in der Ratsversammlung erfolgte einstimmig, nachdem eine Abstimmung der Interessen zuerst auf der Ebene der Klans innerhalb des Stammes, dann auf Stammesebene und letztlich zwischen den Stämmen stattgefunden hatte.

Nicht alle Stämme des östlichen Nordamerikas hatten ein ähnlich komplexes politisches System, grundsätzlich aber war die Position des Häuptlings mehr oder weniger direkt erblich und seine Machtfülle in unterschiedlichem Maß durch den Einfluß einer Ratsversammlung begrenzt. Wie bei den Irokesen fanden sich auch bei anderen Gruppen Standespersonen, deren Stellung nicht erblich war und meist durch individuelle Führerqualitäten in kriegerischen Auseinandersetzungen bestimmt wurde. Die politische Organisation der nicht bodenbautreibenden Stämme war wegen ihrer größeren Mobilität und Zerspitterung weniger streng und stärkeren Schwankungen unterworfen. Da die entscheidenden Kontakte zwischen Uramerikanern und Weißen jedoch im Bereich der indianischen Bodenbauern stattfanden, sind die Verhältnisse bei den jagdtreibenden Gruppen hier von geringerer Bedeutung.

Obwohl die englischen Kolonisten das Vorhandensein organisierter Territorialeinheiten erkannten, standen sie doch im Banne der Vorstellung ihrer eigenen »natürlichen« Überlegenheit, einer Vorstellung, die sie teils aus ihrem Christentum, teils aus ihren größeren technologischen Kenntnissen ableiteten. Um ihren Anspruch auf den rechtmäßigen Besitz der Neuen Welt mit dem Vorhandensein einer dort bereits existierenden Autorität in Einklang bringen zu können, strebten sie danach, die indianischen Führer in eine Art Lehensverhältnis zur britischen Krone zu bringen. Sie taten das oft in einer Art und Weise, die vermuten läßt, daß die Indianer – ähnlich wie beim *Requerimiento* – Sinn und Zweck der symbolischen Handlungen, durch die sie in ein Untertanen-verhältnis gerieten, nicht verstehen konnten. In Virginia setzte man dem Oberhäuptling Powhatan eine vom englischen König gesandte Krone auf den Kopf, hatte allerdings Schwierigkeiten, ihn dazu zu bringen, dabei – wie formal vorgeschrieben – niederzuknien, »weil er weder die Würde noch die Bedeutung der Krone verstand«. Schließlich drückten einige Kolonisten auf die Schultern des alten Häuptlings, bis dieser sich bückte, worauf man ihm die Krone aufs Haupt drückte.

Nicht immer ging es so formalistisch zu. Im Fall der Irokesen führten die Engländer drei aufeinanderfolgende Handlungen ihrer indianischen Partner an, die den Beweis für ein entstandenes Untertanenverhältnis liefern sollten: 1684 baten die Irokesen die Briten um Unterstützung gegen die ihr Land bedrohenden Franzosen, wofür sie Jakob II. Treue zu schwören hatten; 1701 stellten die Irokesen ihre Gebiete abermals unter britischen Schutz und bestätigten diese Schutz-machtfunktion schließlich noch einmal im Jahr 1744.

Tributzahlungen waren ein charakteristisches Merkmal der Unterwerfung der Eingeborenen unter weiße Souveränität – wenigstens in europäischen Augen. Virginia kassierte bereits 1613 von den Chickahominys, Maryland wenige Dezennien später von seinen Indianern. Um die Mitte des achtzehnten Jahrhunderts zogen die Russen aus dem gleichen Grund von den Aleuten und den Stämmen Alaskas einen Tribut in Form von Fellen ein.

Trotz solcher Formalakte blieb der Widerspruch zwischen eingeborener und weißer Autorität genauso bestehen wie jener zwischen eingeborenen Landrechten und solchen, die aus europäischer Entdeckung oder Eroberung abgeleitet waren. Die Tatsache, daß man selbst mit angeblich lehens-pflichtigen Stämmen weiterhin Verträge wie mit unabhängi-gen Staaten abschloß, unterstreicht diese Diskrepanz und beweist letztlich, daß die Stämme lange Zeit de facto politisch völlig selbständig blieben. Die Vereinigten Staaten setzten die koloniale Praxis der Vertragsschlüsse fort, wobei die Verträge mit Indianern vom Senat ratifiziert werden mußten und somit wie internationale Verträge den Charakter von Verfassungs-gesetzen erhielten.

Doch konnten es sich die Vereinigten Staaten auf lange Sicht nicht erlauben, die Annahme, es handle sich bei den Indianerstämmen um unabhängige Nationen, zu unterstützen. Hätten sie dies auch weiterhin getan, wäre der Rechtstitel auf einen großen Teil des Territorialbesitzes der USA wie ein Kartenhaus zusammengefallen. Und da so etwas in einem Rechtsstaat nicht passieren darf, durften eben die Indianer keine unabhängigen Nationen sein. Wie aber war zu erklären, daß die Nation der Creeks, die sich 1790 vertraglich dem Schutz der USA unterstellt hatte, im selben Vertrag bestätigt erhielt, kein Weißer dürfe ohne Paß in ihr Gebiet einreisen, und jeder illegale weiße Siedler könne dort uneingeschränkt von der Justiz der Creeks bestraft werden?

In der berühmten Entscheidung des Falles *Cherokee Nation versus Georgia* (1828) gelangte schließlich der Oberste Bundesrichter John Marshall zu einer salomonischen Lösung. Nach Würdigung der Tatsache, daß das Rechtsverhältnis zwischen Indianern und Weißen ein besonderes sei (und schon deswegen nicht einfach das zwischen fremden Nationen sein könne), meinte Marshall, die Indianerstämme »wären richtiger vielleicht als einheimische abhängige Nationen zu bezeichnen«, da sie doch »ein Territorium besitzen, auf das wir unabhängig von ihrem Willen einen Anspruch erheben, der bezüglich der Besitznahme dann wirksam wird, wenn ihr Besitzrecht aufhört; mittlerweile befinden sie sich in einem Stadium der Bevormundung. Ihre Beziehung zu den Vereinigten Staaten ähnelt jener zwischen einem Mündel und seinem Vormund.« Und so ist es bis heute geblieben. Die Indianer mögen glauben, sie hätten einen Anspruch auf ihr Land, die Regierung aber weiß, daß dem nicht so ist, und verwaltet das von den »unmündigen« Roten besiedelte Land treuhändig für sie.

John Marshalls Urteil, das im Zusammenhang mit der Frage der Umsiedlung der Cherokees erging, illustriert zugleich die Tendenz der weißen Behörden, Stellung und Problematik der amerikanischen Ureinwohner stets so zu beschreiben, als ob bei allen Eingeborenen vergleichbare Verhältnisse geherrscht hätten. Sowohl im Falle der Irokesen, deren politische Ordnung wenigstens in ihren Wurzeln präkolumbischen Ursprungs ist, als auch im Falle der Cherokees, die in der Kolonialzeit unter dem auf sie ausgeübten Druck zu einer politischen Einheit wurden, deren Organisation durch den Einfluß der Mischlinge im Stamm zu Beginn des neunzehnten Jahrhunderts weitgehend jener der USA entsprach, handelte es sich um bodenbautreibende Stämme, die lange Zeit hindurch auch eine bedeutende militärische Stärke gehabt hatten. Dem Richter fiel es leicht, sie als Nationen zu bezeichnen. Kann diese Bezeichnung aber in gleicher Weise auch für die einfachen Jäger- und Sammlerstämme gelten, wie die Weißen sie während des neunzehnten Jahrhunderts in den Halbwüsten des amerikanischen Westens antrafen? Bei diesen Stämmen ging die »politische Organisation« oft nicht sehr weit über den Bereich der erweiterten Familie hinaus. Militärisch waren solche Gruppen niemals ein ernstzunehmender Faktor.

Die agrarischen Cherokees und Irokesen konnten sich (in Grenzen) gegen Übergriffe der Weißen wehren, sie waren Partner, die den europäischen Mächten als Nationen gegenübertreten konnten. Die Mündelstellung war für sie eine Beschneidung ihrer Souveränität, die sachlich nur schwer zu rechtfertigen war. Die nichtagrarischen Paiuten zum Beispiel hatten wohl eine Organisation, die ihre eigenen Bedürfnisse voll befriedigte, aber nicht imstande war, der Expansion der Weißen in geordneter Weise entgegenzutreten. Sie hätten, wenn schon keinen Vormund, so doch einen hilfreichen Beistand brauchen können. Daß der selbsteingesetzte Vormund aber zugleich in vielen wichtigen Fragen ihr Gegner war, hätte ihn eigentlich von der Beschützerrolle ausschließen müssen.

Übrigens blieb es in der Praxis dem Zufall überlassen, welche Stämme »Nationen« wurden und welche nicht. Aus der Tatsache, daß die Yumas niemals einen Vertrag mit den USA unterzeichnet hatten, schloß ein Richter im Jahr 1894, daß diese »Rasse ruhiger, unaufdringlicher, sich selbst erhaltender und fleißiger Menschen« nicht einmal tribalen Charakter besäße. Mithin wurden einerseits Gruppen mit unvergleichbaren Organisationsformen einander rechtlich gleichgestellt, andererseits gleichgeartete Gruppen wegen des Fehlens bestimmter formaler Kriterien verschieden behandelt.

Die rechtliche Stellung der Indianerstämme als Mündel der weißen Staatsmacht hatte primär Folgen für das souveräne Handeln der Stämme nach außen hin. Als »einheimische abhängige Nationen« waren sie nicht in der Lage, mit einem anderen Staat als ihrer Schutzmacht Verträge abzuschließen. Dazu gibt es schon aus der Kolonialzeit Präzendenzfälle. Den Stämmen Virginias wurde 1699 aus gegebenem Anlaß ausdrücklich untersagt, auf eigene Faust mit den Fünf Nationen der Irokesen in Vertragsverhandlungen einzutreten. Sollten lösungsbedürftige Probleme zwischen den Roten aus Virginia und jenen aus New York vorhanden sein, so sei es Sache der

Kolonie Virginia, diese zu bereinigen. Das politische Erstarken gerade der Fünf Nationen oder der Fünf Zivilisierten Stämme im Südosten Nordamerikas war aber eine Folge des Umstands gewesen, daß sie geschickt zwischen den Interessengegensätzen der Kolonialmächte laviert hatten. Das Verbot direkter Verhandlungen mit Drittnationen zielte somit auf die politische Schwächung der Eingeborenen ab.

Ebenfalls in der Kolonialzeit begann auch die europäische Einmischung in die inneren Angelegenheiten der Uramerikaner. Je nach Stärke des jeweiligen indianischen Partners usurpierten die Kolonien früher oder später verschiedene Rechte, die entweder zuvor alleinige Angelegenheit der Stammesverwaltungen gewesen oder überhaupt erst durch den Kontakt zwischen Rot und Weiß entstanden waren. In die letztere Gruppe fällt das Problem der Rechtszuständigkeit bei Konflikten zwischen weißen und indianischen Parteien. Ermordete ein weißer Siedler einen anderen, war die englische Gerichtsbarkeit zuständig, Mordfälle zwischen Indianern wurden die längste Zeit von den Stämmen intern entschieden. Wer aber sollte über weiße Mörder von Roten und rote Mörder von Weißen urteilen?

1633 hatten einige Wicomiss in Maryland drei englische Handelsgehilfen getötet, weil diese sich über die Indianer lustig gemacht hatten. Kurze Zeit darauf erschien eine Abordnung des Stammes beim Gouverneur der Kolonie, bat um Vergebung für den Vorfall und bot nach indianischer Sitte dem weißen Häuptling für jeden Toten hundert Ellen Muschelgeld als Kompensation an. Der Gouverneur verlangte jedoch die bedingungslose Auslieferung der Täter an die englische Justiz. Dreiunddreißig Jahre danach zwang die gesetzgebende Versammlung derselben Kolonie den Indianern einen Vertragsartikel auf, demzufolge zwei Weiße, die einen Indianer umgebracht hatten, dem Stamm hundertzwanzig Ellen Muschelgeld zu zahlen hatten. In der Folge zog die weiße Justiz grundsätzlich alle Fälle zwischen Indianern und Weißen an sich, wenngleich die Urteile über weiße Delinquenten oft »indianisch« mild ausfielen.

Um die Stämme der näheren Umgebung besser in den Griff zu bekommen, versuchten die Kolonialbehörden Einfluß auf die Bestellung der politischen Führung der Eingeborenen zu gewinnen. Viele Stammesgruppen mußten in ihre Verträge mit den Siedlern und deren Repräsentanten eine Klausel aufnehmen, wonach jeder Wechsel in der Stammesleitung nicht nur dem jeweiligen Gouverneur anzuzeigen war, sondern auch von ihm genehmigt werden mußte. In der frühen Periode der Beziehungen zwischen den unabhängigen USA und »ihren« Indianern gab es keine solchen Bestimmungen. Doch wurde die Praxis informell fortgesetzt. Da Verträge zwar vom Senat ratifiziert werden mußten, um Gültigkeit zu erlangen, die Vereinigten Staaten aber die Ratifizierung durch den Stamm nicht zur Bedingung machten, konnten Vereinbarungen mit jedem Indianer getroffen werden, der von seinen weißen Verhandlungspartnern akzeptiert wurde. Die wahren Führer eines Stammes mochten weiterhin auf traditionelle Weise bestimmt werden, als Signatare von Verträgen waren sie nicht unbedingt gefragt. William McIntosh, ein Creek-Halbblut und untergeordneter Dorfhäuptling, war bis zu seiner Ermordung durch aufgebrachte Vollblutindianer im Jahr 1825 ein in Washington gerngesehener Gast. Für kleinere Bestechungsversuche revanchierte er sich bei den Autogrammjägern der Regierung durch seine Unterschrift unter Verträge, mit denen er einen Großteil des Stammesterritoriums an die Amerikaner abtrat.

Während man den starken indianischen Nationen nur auf solchen Umwegen ihr bestehendes Selbstbestimmungsrecht beschnitt, ließ man schwächeren »Mündeln« gegenüber nicht erst Zweifel aufkommen, wer über ihre Angelegenheiten zu bestimmen hatte. Der Indianeragent der Yakima-Reservation im Staat Washington berichtete seinen Vorgesetzten im Jahr 1885: »Bald nach Übernahme der Agentur hob ich das alte, barbarische System des ungesitteten Regierens durch Häuptlinge auf, teilte die Reservation in fünf Distrikte und ließ die Indianer in jedem Distrikt einen Friedensrichter wählen.« Gewählt wurden auch drei indianische Reservationskommissare – Marionetten, die nach Anweisungen des Agenten die innere Verwaltung besorgten. Dem Agenten scheint seine Maßnahme, die er aus eigener Initiative ergriffen hatte, wie die Befreiung eines unterdrückten Volks von seinen Despoten vorgekommen zu sein. Ob den Indianern der erzwungene Übergang zum *American way of government* recht war, hat er freilich nicht erkundet.

In gleicher Weise setzte der Agent bei den Otos und Missouris 1886 den gesamten Häuptlingsrat ab, weil ihm die traditionellen Würdenträger zuwenig auf den Fortschritt der Zivilisation bedacht schienen und zu oft widersprachen. Vom Erfolg seiner väterlichen Ambitionen beflügelt, kam er zu folgender Schlußfolgerung: »Ich glaube, daß es notwendig wäre, die Häuptlinge grundsätzlich abzusetzen und ihre autokratische Position offenzulassen, sah mich aber nicht bevollmächtigt, diese Doktrin in vorliegendem Fall zu befolgen.« Die Doktrin kam aber schon im folgenden Jahr unter etwas anderen Umständen ganz allgemein zur Geltung: Jene Stämme, deren Land durch den *General Allotment Act* auf die Mitglieder aufgeteilt wurde, hörten gleichzeitig als politische Einheiten zu bestehen auf. Die vielfach inoffiziell weiterbestehende traditionelle Regierungsform wurde offiziell nicht mehr anerkannt und war wegen der Zerstückelung des Landes und der erzwungenen Integration auch kaum funktionsfähig.

Im Fall der Fünf Zivilisierten Stämme, die vom *Dawes Act* ausgenommen waren, denen aber nur elf Jahre später diesem inhaltlich analoge Abkommen aufgezwungen wurden, löste man zwar auch die bisherigen Stammesorganisationen auf, mußte aber Vorsorge für die geregelte Auflösung der beträchtlichen Erbmasse treffen. Hier handelte es jedoch nicht um von traditionellen Häuptlingen regierte Gruppen, sondern um staatenähnliche Gebilde, die seit fünfzig und mehr Jahren ihre Volksvertreter in teils aus einer, teils aus zwei Kammern bestehende Legislativversammlungen gewählt hatten, welche nach amerikanischem Vorbild organisiert waren. Diese Entwicklung war hauptsächlich durch die größere politische Aktivität der Mischlinge bedingt worden, die im Laufe der Zeit den erblichen Vollbluthäuptlingen den Rang abgelaufen hatten.

Anstatt nun den zu amerikanischen Bürgern gewordenen Cherokees, Choctaws, Chickasaws, Seminolen und Creeks ihre längst schon bewiesene Reife zuzutrauen, ihre eigenen Verantwortlichen für die Auflösung des Stammesvermögens zu bestimmen, ließ man vom Präsidenten der USA neue Häuptlinge ernennen. So drängte man nichtgewählte Stammesführer aus dem Amt, um demokratische Methoden einzuführen, verzichtete aber auf Demokratie, wenn es um die Auflösung von Stammesgesellschaften ging. Der langjährige Häuptling der Oklahoma-Cherokees, W. W. Keeler, ist zu einem Sechzehntel Cherokee und Vorstandsvorsitzender einer Mineralölgesellschaft, in welcher Funktion er wegen einer illegalen Wahlspende von 100.000 Dollar an Präsident Nixon auch der breiteren Öffentlichkeit bekannt wurde.

Durch ein Gesetz gestand man 1970 den Fünf Zivilisierten Stämmen die Möglichkeit zu, ihre bisher vom Präsidenten eingesetzten Häuptlinge wieder selbst zu wählen. Bei den Creeks hatte noch der letzten nichtgewählte Häuptling, W. E. McIntosh, »ein zweifelhafter Achtel-Creek«, das Wahlrecht ausgearbeitet, unter dem die ersten Wahlen stattfanden. Dem Wunsch vieler Creeks, das passive Wahlrecht auf Personen zu beschränken, die mindestens Viertel-Creeks sind, versagte McIntosh – persönlich verständlich – die Zustimmung. So wurde abermals ein dünnblütiger Häuptling mit einer knappen Mehrheit bei geringer Wahlbeteiligung und unter den üblichen Rufen »Schiebung! Wahlschwindel!« gewählt. Die vollblütigen Creeks waren wohl überwiegend der Wahl ferngeblieben. Wählen ist nicht der »indianische Weg«. Ähnliches gilt für die Bestätigung Keelers als Cherokee-Häuptling durch Wahlen.

Es gibt allerdings Ausnahmen von dieser Regel. Das Ansehen, das die erblichen Häuptlinge der Senecas in New York bei ihren Stammesmitgliedern hatten, war durch ihr ungeschicktes Verhalten gegenüber einer Gruppe von Landspekulanten um 1840 auf einen Tiefpunkt gesunken. Als die Häuptlinge sich in der Frage der Annuitätenauszahlung dem Wunsch eines großen Teils der Bevölkerung nach Verteilung der Gelder durch die Regierung widersetzten und auf dem traditionellen Modus bestanden, nach dem sie die Annuitäten erhielten und selbst verteilten, kam es zur offenen Auflehnung gegen die bisherigen Führer. Im Revolutionsjahr 1848 wurden die erblichen Häuptlinge in den Reservationen Allegany und Cattaraugus gestürzt und die Republik der Senecas ausgerufen. Der »Große Weiße Vater« ließ ungewöhnliche Vorsicht walten, bevor er sich zur Anerkennung der neuen Nation entschloß, die sich nach Absetzung der Traditionalisten aus der Irokesenliga gelöst und die Trennung von Kirche und Staat durchgeführt hatte. Die Entscheidung fiel, nachdem eine Mehrheit der Senecas in beiden Reservaten die direkte Annuitätenauszahlung durch den Indianeragenten akzeptiert hatte. Von da an bestimmten die Mitglieder der Senaca-Republik ihren Stammesrat und ihren Präsidenten in Wahlen, die jährlich (später alle zwei Jahre) stattfanden.

Während anderswo in ähnlichen Situationen die Traditionalisten aufgaben und sich in der Denunzierung der Progressiven erschöpften, versuchten sie hier auf demokratischem Weg die Demokratie abzuschaffen. Bei den Wahlen von 1851 erhielten die erblichen Häuptlinge, die als Kandidaten aufgestellt worden waren, die Mehrheit. Im Bewußtsein ihrer

Stärke lösten sie den gewählten Stammesrat auf, was aber wenig Erfolg brachte, da die Regierung der USA mittlerweile nur noch den demokratischen Apparat anerkannte. So gewannen Konservative und Republikaner abwechselnd die Wahlen, wobei die Wahlbeteiligung stets unter 30 Prozent der wahlberechtigten erwachsenen Männer lag. Eine konstitutionelle Versammlung zur Abänderung der republikanischen Verfassung stimmte 1854 für die Wiedereinsetzung der erblichen Häuptlinge, ohne jedoch die notwendige Zweidrittelmehrheit zu erreichen. Zehn Jahre später erlangten die Konservativen in einer ähnlichen Versammlung die ersehnte Zweidrittelmehrheit; allerdings waren bei der Abstimmung nur 45 der insgesamt etwa 2000 Senecas aus den beiden Reservaten anwesend. Der Mißerfolg der erblichen Seneca-Häuptlinge bei dem Versuch, durch Wahlen das neue System abzuschaffen, ist beispielhaft für ähnliche spätere Versuche bei anderen Gruppen.

Der indianerfreundliche *Indian Reorganization Act* (IRA) von 1934 sah nicht nur vor, daß jeder in einer Reservation lebende Stamm auf Antrag von wenigstens einem Drittel der Stammesmitglieder beim Innenministerium die Verleihung von Korporationsrechten beantragen konnte, die ihn in die Lage versetzten, Stammeseigentum zu erwerben und zu verwalten; Artikel 16 gab den entrechteten Gruppen auch die Möglichkeit, sich »zu ihrer gemeinsamen Wohlfahrt« wieder zusammenzuschließen und »geeignete Verfassungen und Satzungen« anzunehmen, die von einer Mehrheit der erwachsenen Stammesmitglieder zu ratifizieren waren, überdies aber der Genehmigung durch den Innenminister bedurften. Es ist klar, daß unter diesen Umständen eine traditionelle, nichtdemokratische Regierungsform keine Chance hatte, akzeptiert zu werden. Diese Situation, in der aufgrund eines weißen Gesetzes gewählte Stammesvertreter, die von der Regierung anerkannt werden, den traditionellen Führern gegenüberstehen, die ihre Autorität aus der voreuropäischen, daher älteren und regierungsunabhängigen Praxis ableiten, hat vielfach zu Spannungen geführt, die nicht selten entlang der Grenze Vollblutindianer–Mischlinge verlaufen. Der Anlaß für die Besetzung von Wounded Knee im Jahr 1973 war die Unzufriedenheit der Traditionalisten mit der Amtsführung des Mischlings Richard Wilson und der Wunsch nach Wiedereinsetzung der traditionellen, nichtgewählten Führer.

In Kanada waren die gleichen Probleme bereits 1874 durch

den *Indian Act* entstanden. Dieses Gesetz gab der kanadischen Regierung die Möglichkeit, die in der Zivilisation bereits weiter fortgeschrittenen Gruppen ihre Häuptlinge wählen zu lassen, um sie auf die spätere Übernahme der Verantwortung in der lokalen Verwaltung vorzubereiten. Die Mohawks der Reservation St. Regis machten mit der importierten Demokratie allerdings so schlechte Erfahrungen, daß sie 1887 mit großer Mehrheit beschlossen, wieder zum System der Erbhäuptlinge zurückzukehren. Die Regierung war nicht geneigt, dem Wunsch der Indianer stattzugeben. Als 1898 die Matronen der Mohawks dennoch in althergebrachter Weise ihre Häuptlinge einsetzten, schlug das kanadische Indianerbüro auf den Tisch. Man informierte die Indianer, »daß sich selbst bei einer Rückkehr zu dem, was sie als ihr altes Regierungssystem ansehen, worauf man ihnen aber keinerlei Hoffnungen machen könne, das Verhältnis der Indianer zum geltenden Recht nicht im mindesten ändern würde«. Nachdem zweimal ein Neuwahltermin festgesetzt worden war, beide Male jedoch die Mohawks eine Durchführung verhinderten, ließ man 1899 die traditionellen Häuptlinge einfach verhaften und mehr als ein Jahr lang ohne Verfahren einsperren. Die Wahl wurde an einen Ort außerhalb der Reservation verlegt. »Nur wenige nahmen daran teil«, berichtete der Indianeragent seinen Vorgesetzten, »aber zwölf Häuptlinge wurden gewählt.«

So ist es bis heute nicht nur in St. Regis, sondern auch in den meisten anderen Reservationen, die von einem gewählten Stammesrat geleitet werden, geblieben. Die Wahlbeteiligung, die in den USA an sich schon sehr gering ist, liegt in den Reservaten fast immer erheblich unter 50 Prozent. Trotzdem werden Repräsentanten gewählt und von der Regierung anerkannt, ohne Rücksicht darauf, ob sie auch von der aus prinzipiellen Gründen nicht wählenden Mehrheit als repräsentativ angesehen werden.

Daß die Rückkehr zur traditionellen Regierungsform keine Utopie ist, wurde spätestens 1973 klar, als der Oberste Gerichtshof von Kanada die erblichen Irokesenhäuptlinge der Grand River-Reservation als einzig wahre Häupter ihres Stammes anerkannte und die aufgezwungenen Wahlhäuptlinge absetzte. In den USA scheint eine solche Entwicklung bei unter dem *Indian Reorganization Act* organisierten Gruppen nur durch gesetzgeberische Initiativen oder durch Verwaltungsmaßnahmen des Innenministeriums möglich zu sein.

Judikativ ist – anders als in Kanada – keine Änderung zu erwarten.

Auch im Bereich der Rechtspflege nahm der »Große Weiße Vater« seinen Mündeln immer mehr Befugnisse weg. Während Streitfragen zwischen Weißen und Indianern frühzeitig weißen Gerichten zur Entscheidung übertragen wurden, blieb den Stämmen lange Zeit hindurch die Rechtsprechung in allen Fällen, in denen nur Indianer betroffen waren, erhalten. Bei den Fünf Zivilisierten Stämmen, die nicht nur eine Verfassung nach weißem Muster hatten, kümmerten sich die indianischen Gerichte um alle internen Straf- und Zivilfälle. Bei den anderen Gruppen herrschte eine weniger formalisierte, häufig auf Kompensation anstelle von Strafe basierende traditionelle Justiz, die den Stammesmitgliedern durchaus ausreichend schien. Nicht so den Indianeragenten, die das Fehlen ordentlicher Gerichte als Mangel empfanden, weil ihnen eine Rechtspflege ohne Richter und Kerker unbegreiflich war. Sie schufen indianische Polizeieinheiten, die in den Reservationen vom Agenten erfundene Gesetze durchzusetzen hatten. Diese Einheiten und die indianischen Stammesgerichte wurden durch Erlaß des Innenministeriums im Jahr 1883 nachträglich sanktioniert, und es wurde ihre Errichtung in allen Indianeragenturen gefordert.

Der bereits erwähnte Agent der Yakima-Reservation führte eine Bestimmung gegen Gattenmißhandlung ein und sah dazu, daß alle, die gegen diese Verordnung verstießen, an den Pranger gestellt und öffentlich ausgepeitscht wurden. Der Agent der Warm Springs-Reservation in Oregon empfand die herrschende Vielweiberei und die hohe Scheidungsquote bei seinen Schützlingen als untragbar. Er verordnete daher, daß Scheidungen nur noch von Gerichten ausgesprochen werden durften, die auf Vermögensteilung der Ehepartner bestanden. Die Zahl der Scheidungen sank merklich, unmerklich ging dabei auch die Autorität der innerindianischen Justiz verloren.

Am 5. August 1881 erschoß der Brulé-Sioux Crow Dog seinen Häuptling Spotted Tail in der Reservation. Die Angelegenheit wurde von den Brulé-Sioux intern geregelt. Die Weißen aber waren empört darüber, daß ein Mörder nicht sofort hinter Gitter kam. Bundespolizei verhaftete Crow Dog, der in der Folge von einem Bundesgericht verurteilt wurde. Der Beschuldigte brachte den Fall bis zum Obersten Bundesgerichtshof, der in der Entscheidung *Ex Parte Crow Dog* 1883 die Auffassung bestätigte, daß die weiße Justiz in diesem und allen anderen Fällen von Kriminalität zwischen Indianern auf Indianerland keine Anwendung finden könne. Crow Dog wurde enthaftet. Dem amerikanischen Kongreß kam aber zu Bewußtsein, daß man in diesem Punkt den Eingeborenen zuviel Souveränität gelassen hatte.

1885 beschloß der Kongreß den *Seven Major Crimes Act:* Mord, Totschlag, Vergewaltigung, Angriff mit Tötungsabsicht, Brandstiftung, Einbruch und Diebstahl waren fortan Verbrechen, für die auch indianische Täter mit indianischen Opfern auf indianischem Land vor weiße Bundesgerichte gestellt wurden. (Seither wurden der Liste noch vier weitere Tatbestände hinzugefügt.) Kleinere Vergehen wurden und werden weiterhin vor indianischen Stammesgerichten, die durch den *Indian Reorganization Act* neuerlich eingerichtet wurden, verhandelt, wobei allerdings nur Straftaten verfolgt werden können, die eine Höchststrafe von nicht mehr als sechs Monaten nach sich ziehen.

1896, wenige Jahre vor der Auflösung der Gerichte der Fünf Zivilisierten Stämme, entschied der Oberste Bundesgerichtshof der USA im Fall *Talton versus Mayes,* daß für die Cherokees, aber auch für alle anderen indianischen Völker Nordamerikas die in der *Bill of Rights* und der amerikanischen Konstitution verankerten Grundrechte keine Gültigkeit hätten, weil die innere Souveränität der eingeborenen Stämme älter sei als die Konstitution und ihnen als unabhängige politische Gemeinschaften ihre ursprünglichen, natürlichen Rechte erhalten geblieben seien. Noch 1954 entschied ein Bundesgericht in New Mexico, daß das Prinzip der Religionsfreiheit in den theokratisch regierten Pueblos nicht zu erzwingen sei, weil die historische Sonderstellung der Uramerikaner sie von den Bestimmungen der Konstitution ausnehme. Selbst der Anwalt des Innenministeriums sprach sich 1965 vor einem Kongreßausschuß dagegen aus, den Indianern die Religionsfreiheit aufzuzwingen, da bei ihnen vielfach Religion und politische Struktur zu eng verflochten seien, um die freie Ausübung einer anderen als der Stammesreligion zu gestatten, ohne dabei die Zerstörung der Regierungsform zu verursachen.

Das Problem ist hauptsächlich für die indianischen Pueblos akut. Viele der anderen Stämme haben gemäß dem *Indian Reorganization Act* Bestimmungen, die der *Bill of Rights* und der amerikanischen Konstitution entsprechen, in ihre Satzungen aufgenommen. Anderseits hat ein Bundesgericht 1965 im Fall *Colliflower verus Garland* entschieden, daß sich seit *Talton versus Mayes* die Unabhängigkeit der Indianer vermindert und ihre Abhängigkeit von den USA wesentlich vergrößert habe, weshalb heute auch für sie dieselben Grundrechte wie für alle anderen amerikanischen Bürger gültig seien. Eine der bemerkenswertesten Schlußfolgerungen des Gerichts war, daß die Stammesgerichte nur zum Teil einen Ausfluß der Stammessouveränität darstellten, zum anderen Teil jedoch als »Arme der Bundesregierung« anzusehen seien. Tatsächlich unterscheidet die Einsetzung durch den *IRA* die neuen indianischen Gerichte wesentlich von den Gerichten der Cherokees, die im Fall *Talton versus Mayes* angesprochen worden waren.

Der *Indian Civil Rights Act* von 1968 scheint die Tendenz der Bundesgerichtsentscheidungen zu bestätigen. Durch dieses Gesetz wurden allen Reservationsindianern ausdrücklich die Religions-, Rede- und Pressefreiheit, das Versammlungs- und Petitionsrecht und die anderen Grundrechte innerhalb ihrer Stammesgesellschaften zugesichert. Von weißen Liberalen als großer Erfolg gefeiert, hat das Gesetz den (nicht sehr lauten) Protest mancher Indianer heraufbeschworen. Pueblo-Indianer haben sinngemäß wiederholt, was bereits 1946 sechs Hopi-Häuptlinge in einem Brief an Präsident Truman kritisiert hatten: »Alle Gesetze unter der Verfassung der Vereinigten Staaten wurden ohne unsere Zustimmung, ohne unser Wissen und unsere Bestätigung gemacht. Dennoch werden wir gezwungen, Dinge zu tun, von denen wir wissen, daß sie gegen unsere religiösen Prinzipien und die Prinzipien der Verfassung der Vereinigten Staaten verstoßen.« Vine Deloria, einer der führenden indianischen Publizisten der Gegenwart, hat darauf hingewiesen, daß der *Indian Civil Rights Act* weniger alte Probleme gelöst als vielmehr ein neues konstitutionelles Rechtsproblem geschaffen hat: ob nämlich der Kongreß überhaupt berechtigt sei, in die Verfassungsrechte der halbautonomen Indianerstämme einzugreifen.

Dasselbe Gesetz gab auch den Teilstaaten der Union das Recht auf Jurisdiktion über Straf- und Zivilfälle auf Indianerland, soferne die betroffenen Indianer zustimmten. Die Zustimmungsklausel war wesentlich, denn das im Jahr 1953 verabschiedete *Public Law 280* hatte die Rechtsprechung über Indianerland in Kalifornien, Nebraska, die meisten Reservationen in Minnesota, Oregon und Wisconsin sowie in allen anderen Staaten, die durch affirmative Legislation denselben Zustand anstrebten, den betreffenden Staaten übertragen, ohne daß eine Befragung der Indianer für notwendig erachtet worden wäre. Die Maßnahme stieß auf heftigen Widerstand der Indianer, denn sie rührte an den Lebensnerv des indianischen Rechtsstatus in den Vereinigten Staaten: an die speziellen Beziehungen zwischen Bundesregierung und Eingeborenen.

Bevor die dreizehn amerikanischen Kolonien als Vereinigte Staaten von Amerika aus dem Unabhängigkeitskrieg hervorgingen, hatte jede von ihnen ihre Indianerpolitik relativ unabhängig betrieben. Wohl versuchte die britische Krone seit 1754 durch die Einsetzung von Superintendenten für indianische Angelegenheiten eine zentrale Kontrolle herzustellen, die an den Profiten aus dem Indianerhandel interessierten Kolonisten jedoch wehrten sich nach Kräften gegen die Bevormundung. Um aber während der Revolution den Indianern einen ebenso starken Verhandlungspartner zu bieten wie Großbritannien, mit dem die meisten Stämme verbündet waren, wurde in Artikel IX der Konföderation der Kolonien der Passus aufgenommen, daß »die im Kongreß versammelten Vereinigten Staaten auch das alleinige und ausschließliche Recht« erhielten, »den Handel mit den Indianern zu lenken und alle Angelegenheiten mit Indianern, die nicht Mitglieder eines der Staaten sind, zu betreiben«. In einer Verordnung aus dem Jahr 1786 über die Regelung der indianischen Angelegenheiten bestätigte sich der Kongreß abermals sein Monopol in Eingeborenenfragen. Trotzdem dauerte es noch einige Zeit, bevor die Staaten Georgia, New York und North Carolina aufhörten, eine eigene Indianerpolitik zu machen.

Die amerikanische Verfassung erwähnt die Indianer nur mit fünf Worten. Der Kongreß erhielt durch sie die Ermächtigung, »mit fremden Nationen, zwischen den einzelnen Staaten *und mit den indianischen Stämmen* Verträge abzuschließen und den Handel zu regeln«. Auf der Grundlage dieser fünf Worte und der Konstruktion des Mündel-Vormund-Verhältnisses beruht das, was man als das »spezielle Verhältnis« zwischen Bundesregierung und Indianern bezeichnet. Tatsächlich trat die Bundesregierung im Prinzip in die Souveränitätsrechte der britischen Krone in Nordamerika und in die damit verbundenen bodenrechtlichen Beziehungen zu den Indianern ein. Durch dieses Verhältnis erlangten die bedrängten Roten den ausgleichenden Schutz des Bundes gegen die sie bedrängenden Teilstaaten. Trotz der nicht eben herzlichen Beziehungen zwischen den Indianern und der Bundesregierung sind diese immer noch weit weniger gespannt als jene zwischen den Indianern und den Teilstaaten. Diese hatten außer Relikten aus kolonialen Verträgen keine Verpflichtungen den Eingeborenen gegenüber, hingegen ein zu starkes Interesse an dem innerhalb ihrer Grenzen gelegenen Land der Uramerikaner (und seinem Steuerertrag).

Wie berechtigt das Mißtrauen der Roten gegen die Teilstaaten war, zeigte sich am Verhalten der Südstaaten gegenüber den Fünf Zivilisierten Stämmen. Alabama und Mississippi usurpierten zum Beispiel in den zwanziger Jahren des neunzehnten Jahrhunderts die Gesetzgebung und Rechtssprechung über die Chickasaws. Als die Chickasaws nicht in den Westen übersiedeln wollten, wurden Gesetze beschlossen, die nicht nur die Stammesorganisation auflösten (als ob ein Teilstaat dazu legitimiert gewesen wäre), sondern auch jede nunmehr illegale Ausübung einer Stammesfunktion mit einer Geldstrafe von 1000 Dollar plus einer Kerkerstrafe belegten. Auch als John Marshall im Fall *Worcester versus Georgia* (1832) entschied, daß »die Cherokee-Nation eine eigene Kommunität ist, die ihr eigenes Territorium mit genau umschriebenen Grenzen bewohnt, innerhalb derer die Gesetze des Staats Georgia keine Geltung haben«, konnte er weitere Übergriffe ähnlicher Art damit nicht verhindern. Das bereits geschilderte Verhalten Oklahomas, nachdem dieses zu einem Staat geworden war, seinen Indianern gegenüber und andere Vorfälle gleicher Art haben die Furcht der Roten vor einer direkten Unterstellung unter die Teilstaaten nicht kleiner werden lassen.

Der Bund hingegen war durch seine Vormundschaftsstellung und die vielen Verträge in Verpflichtungen eingetreten, welche einzufordern die Indianer zumindest jederzeit versuchen konnten.

Die Bemühungen der Bundesregierung, die Eingeborenen zu integrieren, können daher als Versuch gesehen werden, dieses spezielle Verhältnis zu beenden, die Mündel in die Volljährigkeit zu entlassen und die Indianer an die Teilstaaten abzuschieben. Das gilt für den *General Allotment Act* ebenso wie für die Terminationspolitik, die ja ausdrücklich die Beendigung der Beziehungen zwischen Bund und Indianern einleiten sollte. Mittlerweile haben aber die Gerichte den Status der Indianerstämme weiter präzisiert.

Im Fall *Native American Church versus Navajo Tribal Council* (1959), in dem es darum ging, ob der Stammesrat der Navajos die Ausübung der Peyote-Religion verbieten könne, faßte ein Bundesgericht alle Argumente bezüglich des Rechtsstatus der Stämme zusammen. Das Gericht zitierte Felix Cohens *Handbook of Federal Indian Law*, das frühere oberstgerichtliche Entscheidungen folgendermaßen auslegt: 1. Ein Indianerstamm besitzt grundsätzlich alle Gewalten eines souveränen Staats. 2. Unterwerfung unterstellt den Stamm der gesetzgebenden Gewalt der USA und beendet die nach außen gerichteten Gewalten der Stammessouveränität, ohne dadurch schon die innere Souveränität zu berühren. 3. Diese Gewalten sind der Qualifikation durch Verträge und durch ausdrückliche Gesetzgebung des Kongresses unterworfen, doch verbleiben, wenn nicht ausdrücklich anders bestimmt, die vollen Gewalten der inneren Souveränität bei den Indianerstämmen und ihren ordnungegemäß bestellten Regierungsorganen. Aus diesen und anderen Prämissen schloß im vorliegenden Fall das Bundesgericht, daß die indianischen Stämme keine Staaten sind, sondern vielmehr einen höheren Rechtsstatus als die Teilstaaten der Union besitzen, da sie nicht der Verfassung und den Bundesgesetzen unterliegen, solange dies nicht durch ausdrückliche Gesetze bestimmt wird. All das gilt natürlich nur für jene Stammesgruppen, die durch Verträge oder andere explizite Handlungen des Kongresses in den Genuß des »besonderen Verhältnisses« gekommen sind. Stämme wie die Pamunkeys und Mattaponis in Virginia und viele kleinere Gruppen in den Neu-England-Staaten, die nur Verträge mit den Einzelkolonien hatten, in welche die Nachfolgestaaten nach der Revolution eingetreten waren, werden von der Bundesregierung überhaupt nicht als Indianer anerkannt, haben dafür aber entsprechende spezielle Beziehungen zu den betreffenden Teilstaaten, die sich aus den alten Verträgen oder aus Staatsgesetzen ableiten.

Einen Sonderfall stellen die Irokesen im Staat New York dar, die sowohl mit den USA als auch mit dem Staat New York Verträge haben. Aufgrund dieser Verträge, die nach Ansicht der Irokesen keine Rechtskraft besitzen, weil weder die indianischen Vertragssignatare vom Bund der Sechs Nationen dazu bevollmächtigt waren, noch der Staat New York gemäß den Artikeln der Konföderation zum Vertragsabschluß berechtigt war, nimmt der Staat New York für sich das Recht in Anspruch, in die inneren Angelegenheiten der

Irokesen einzugreifen. Vor etwa hundert Jahren einigten sich Bund und Staat unter Mißachtung der indianischen Rechte gütlich in dem Streit über die Zuständigkeit in Indianerfragen. Durch inhaltlich dem *Public Law 280* entsprechende Bundesgesetze aus den Jahren 1948 und 1950 wurde der Zustand nachträglich legalisiert und für die Indianer noch verschlimmert. Die Irokesen haben bisher vergeblich gegen diesen Zustand angekämpft.

Die fortwährenden Versuche, den Rechtsstatus der Uramerikaner zu unterhöhlen, ihnen auf kaltem Weg die Souveränität zu beschneiden und dann wie im Fall *Colliflower versus Garland* zu sagen, ihre Souveränität und Rechtsunabhängigkeit seien »im Lichte der Geschichte als pure Fiktion« anzusehen, finden einen bedeutenden Niederschlag im Steuerrecht. Und wieder sind es die Teilstaaten, die auf der Suche nach neuen Steuerquellen und gestützt auf das *Public Law 280* vor dem speziellen Verhältnis zwischen Bund und Indianern nicht haltmachen.

Grundsätzlich zahlen Indianer in einer Reservation keine Steuern. Obwohl diese Vorzugsstellung in keinem Vertrag zwischen Roten und Weißen ausdrücklich zugestanden wurde, handelt es sich dabei um kein Geschenk der Regierung an ihre Mündel. Es ist vielmehr ein weiteres deutliches Zeichen für die zur Zeit der Vertragsabschlüsse von weißer Seite außer Zweifel gestellte Souveränität der indianischen Stämme. Wie die Vereinigten Staaten keinen in Europa lebenden Europäer besteuern können, konnten die USA auch die Indianer auf Indianerland nicht der Steuerpflicht unterwerfen. Bemühungen in der Kolonialzeit, eine solche Besteuerung durchzuführen, stießen auf harten Widerstand bei den Eingeborenen. Dem Gouverneur von Neu-Amsterdam, Willem Kieft, antworteten die Uramerikaner auf dessen entsprechende Versuche, »daß der schon ein übler Kerl sein muß, der, ohne eingeladen zu sein, in ein Land kommt und nun die Einwohner zu zwingen versucht, ihm ihren Mais umsonst zu geben«.

Wohl wurden in manchen Kolonien die Indianer tributpflichtig gemacht, was als Besteuerung verstanden werden könnte. Aber es waren die Stämme und nicht deren Mitglieder, die dem Gouverneur jährlich eine bestimmte Anzahl von Hirschen oder Biberfellen zahlten, um sich dadurch unter den Schutz der Kolonialverwaltung zu stellen. In Virginia zahlen die Indianer der beiden Reservate bis heute diesen jährlichen Tribut, sind aber dafür auf ihrem Land von Steuern befreit.

Soweit Verträge mit Indianern Hinweise auf eine Steuerpflicht enthalten, beziehen sich solche immer nur auf Land, das aus Stammeseigentum in Privateigentum überführt worden ist oder werden soll. Doch galt zumeist auch solches Land für eine bestimmte Periode (meist fünfundzwanzig Jahre) als unverkäuflich und von Steuern befreit. Als der Kongreß 1908 den *Curtis Act* von 1898 dahingehend abänderte, daß das Land der Choctaws und Chickasaws von den Verkaufsbeschränkungen befreit wurde, und der Staat Oklahoma daraufhin Steuern einzuheben begann, entschied der Oberste Gerichtshof, daß der Kongreß wohl ein Gesetz ändern, nicht aber versprochene Rechte rückgängig machen könne. Die Steuerfreiheit blieb erhalten.

South Dakota wollte 1900 Indianerland, das durch den *General Allotment Act* in Privateigentum übergegangen war, der Grundsteuer unterwerfen. Die Gerichte entschieden aber auch hier, daß die Begünstigung der indianischen Privateigentümer für fünfundzwanzig Jahre ein Instrument der Bundespolitik in ihrer Bemühung um eine Zivilisierung der Indianer sei und somit nicht nur das Land, sondern auch alle auf ihm befindlichen beweglichen und unbeweglichen Sachen der Indianer nicht von einem Teilstaat besteuert werden könnten.

Bezüglich der Steuerpflicht von Reservationsindianern für ihr Einkommen in der Reservation sind verschiedene Bundesgerichte zu unterschiedlichen Auffassungen gelangt. Entscheidungen aus New Mexico und Arizona aus den Jahren 1969 und 1971 bejahen die Steuerpflicht der Indianer gegenüber dem jeweiligen Staat, da die Besteuerung keinen Eingriff in die Stammesselbstverwaltung darstelle. In Minnesota fand 1970 ein Richter, daß die Red Lake Band der Chippewas noch heute dieselbe Autonomie besäße, wie sie 140 Jahre zuvor von Bundesrichter John Marshall den Cherokees zugebilligt worden war, mithin eine Einkommensbesteuerung durch den Staat Minnesota nicht zulässig sei.

Bis 1930 bestand kaum ein Zweifel, daß die Indianer von der Bundeseinkommensteuer befreit seien, da sie in den Steuergesetzen nicht ausdrücklich als in den Rahmen der entsprechenden Bestimmungen fallend angeführt waren. Ein oberstgerichtliches Urteil aus jenem Jahr bestätigte diese Rechtsauffassung. Aber schon 1931 machte die Judikatur des Obersten Bundesgerichts kehrt: Da die amerikanische Indianerpolitik die graduelle Emanzipation des Mündels zum vollwertigen Staatsbürger anstrebe, sei es klar, daß damit auch die Übernahme von Verantwortung und Verpflichtungen verbunden sei. Eine spezielle Erwähnung dieser Tatsache in den Steuergesetzen sei daher nicht mehr erforderlich. Seither ist dieser Standpunkt zwar nicht grundsätzlich verworfen, jedoch dahingehend eingeschränkt worden, daß Einkommen aus Treuhandbesitz unter Umständen, die die Absicht der Bundesregierung nahelegen, die Indianer im Rahmen des Mündel-Vormund-Verhältnisses wirtschaftlich zu schützen und zu bevorzugen, nicht der Bundeseinkommensteuer unterliege.

Die Angst der Roten vor einer ungerechtfertigt weiten Auslegung des *Public Law 280* durch die Teilstaaten hat sich mittlerweile als begründet erwiesen. Der Staat Washington stellte einen Indianer, der in der Colville-Reservation Zigaretten verkauft hatte, ohne Warensteuer abzuliefern, unter Anklage und gewann das Verfahren vor dem Obersten Gerichtshof von Washington. Die Ableitung des Rechts des Staates, die Steuer von dem Indianer einzufordern, gründete sich auf eine Lesart des *Public Law 280,* das eine Reihe von sehr weitgehenden Einschränkungen der Rechtshoheit der Teilstaaten aufzählt. In dieser Aufzählung findet sich wohl »Besteuerung von Grundeigentum und privatem Eigentum« der Indianer, nicht aber die Besteuerung ihrer Handelswaren. Nur nach dem Prinzip *Expresssio unius est exclusio alterius,* das aber nach dem bisher Gesagten auf Indianer keine Anwendung finden dürfte, kann auf die Übertragung der Rechtshoheit in der Frage von Warensteuern auf die Teilstaaten geschlossen werden. Das Gerichtsurteil ist überdies auch deshalb seltsam, weil die Washingtoner Durchführungsgesetze den Ermächtigungsbestimmungen des *Public Law 280* widersprechen und somit zweifelhaften Rechtscharakter besitzen.

Überhaupt hat die Erweiterung der Steuerbasis durch indirekte Steuern dazu geführt, daß die steuerrechtliche Vorzugstellung der Eingeborenen, die in der Vergangenheit immer nur bezüglich der direkten Grundsteuer und Einkommensteuer definiert war, neu erkämpft werden muß. Die Teilstaaten lassen keine Gelegenheit ungenützt, um innerhalb ihrer Grenzen immer neue Steuern auf Reservationsland einzuheben. Nachdem 1965 ein Versuch, in Reservationen eine staatliche Kaufsteuer einzuheben, von den Gerichten verhindert wurde, verlangt der Staat Arizona seit 1973 von dem holzverarbeitenden Betrieb, der in der White Mountain Apache-Reservation für den Stamm tätig ist, Mineralöl- und

Transportsteuern, obwohl alle Lasttransporte in der Reservation und auf Straßen erfolgen, die vom Stamm oder vom *Bureau of Indian Affairs* erhalten werden. Auch hier werden die Gerichte Neuland zu beschreiten haben.

Daß Steuerfreiheit nicht nur ein historisch gewachsenes Recht, sondern für die Indianer auch eine absolute Notwendigkeit darstellt, zeigt die Geschichte des indianischen Landverlusts durch Steuerschulden im Gefolge des *General Allotment Act* und ähnlicher Maßnahmen einer Aufteilungspolitik. Da Grundsteuer vom Buchwert des Landes berechnet wird, das qualitativ schlechte Indianerland aber immer noch höher bewertet wurde, als durch den von den Indianern erzielten Ertrag gerechtfertigt war, kam es unvermeidlich zu einer Verschuldung und zu anschließenden Zwangsverkäufen.

Anderseits haben die Stämme dank ihrer Restsouveränität das unbestrittene Recht, in der Reservation von Indianern Steuern zu kassieren, sowie weitgehende Befugnisse bei der Besteuerung von Nichtindianern auf Indianerland. Jay Vincent White, der Autor einer Studie über Besteuerung von Indianern, weist darauf hin, daß es in Zukunft mehr als je zuvor notwendig sein wird, daß die Stämme dieses Attribut ihrer Souveränität auch ausnützen, um sich dem Streben der Teilstaaten nach Ausdehnung ihrer Steuerhoheit zu widersetzen.

Schon vor mehr als hundert Jahren haben die Oklahoma-Cherokees ihr damals vorbildliches Schulwesen aus eigenen Steuern finanziert. Aber erst in jüngerer Zeit haben die Stämme diese Idee wieder systematisch aufgegriffen und bereiten eigene Steuergesetze vor. Ein schweres Problem besteht darin, daß fast jede Steuer die arme Stammesbevölkerung, zu deren Nutzen sie eingehoben werden soll, hart trifft. Vermögenssteuern scheinen wegen des geringen Ausmaßes von Privateigentum in den Reservationen wenig ergiebig. Da Handelswaren in Reservationen üblicherweise teurer sind als außerhalb, würde eine Kaufsteuer wieder nur jene Armen treffen, die nicht in der Lage sind, sich außerhalb des Stammeslands mit Verbrauchsgütern einzudecken. Für eine Einkommensteuer sind in den meisten Reservaten zu wenig Erwerbstätige vorhanden. Die traditionellen Steuern eignen sich daher kaum für indianische Verhältnisse.

Die Navajos haben 1973 eine Kommission eingesetzt, die Vorschläge für ein Steuersystem des Stammes unterbreiten soll. Der Stammesvorsitzende Peter MacDonald hat aus diesem Anlaß grundsätzlich erklärt, er hoffe, die Kommission werde keine Steuern vorschlagen, die von Stammesmitgliedern aufgebracht werden müßten. Hingegen sei er entschieden für eine Besteuerung der großen weißen Firmen, die in der Reservation hohe Profite erzielten.

Einen interessanten Effekt hatten parallele Bestrebungen der Pimas und Maricopas in der Salt River-Reservation in Arizona. Im Rahmen ihrer Steuerpläne kamen die Roten dahinter, daß die weißen Stadtväter des benachbarten Scottsdale 1965 etwas mehr als zwei Quadratkilometer Reservationsland widerrechtlich eingemeindet hatten. Auf diesem Territorium leben heute mehr als 10.000 Menschen. Ferner befinden sich gerade in diesem Stadtteil eine Fabrik eines Elektronikkonzerns, die auf dreißig Millionen Dollar geschätzt wird, ein kommerzieller Friedhof, ein Einkaufszentrum und andere steuerlich einträgliche Unternehmen. Die Stadt Scottsdale weigert sich zwar, die Steuerhoheit über dieses Gebiet aufzugeben, rechtlich scheint jedoch alles für die Indianer zu sprechen. Ein praktisches Problem ergibt sich daraus, daß die Reservation in Zukunft auch alle kommunalen Leistungen wie Straßenreinigung, Müllabfuhr, Polizeidienst und so weiter für den auf der Reservation befindlichen Stadtteil erbringen müßte, da die Stadtverwaltung für den Fall eines indianischen Siegs bei Gericht die Einstellung dieser Dienstleistungen angekündigt hat.

Das Argument der Staaten, eine Ausdehnung ihrer Steuerhoheit auf das Indianerland sei notwendig, um die steigenden Kosten der Verwaltung und der Dienstleistungen auch Indianern gegenüber decken zu können, ist nicht überzeugend. Erstens leisten sie kaum Nennenswertes für ihre roten Bürger, und zweitens wäre das Steueraufkommen in den Reservationen wegen deren ökonomischer Rückständigkeit äußerst gering. Die Summe der Steuern, die auf der 6,4 Millionen Hektar großen Navajo-Reservation eingehoben werden könnten, wird bei weitem von dem übertroffen, was durch die Besteuerung eines einzigen Bankhauses im Zentrum von Phoenix, Arizona, eingebracht werden kann. Wenn schon Steuerbegünstigungen aufgehoben werden, fordert Steuerrechtsexperte White, dann zuerst solche, die durch einfache Gesetze geschaffen wurden, und nicht jene, die auf (rechtlich höherstehenden) Vertragsrechten beruhen.

Am 5. April 1880 erschien der Indianer John Elk vor dem Registrar des 5. Wahlsprengels der Stadt Omaha in Nebraska und wollte sich als Wähler für die bevorstehenden Wahlen zum Stadtrat eintragen lassen. Elk erfüllte alle Bestimmungen, die zur Eintragung ins Wahlregister nötig waren, und hatte schon vor langer Zeit die Beziehungen zu seinem Stamm abgebrochen. John Elk vertraute den Worten der Indianerpolitiker; er wollte ein echter, zivilisierter Amerikaner werden. Der Registrar lehnte Elks Eintragung ins Wählerverzeichnis ab, weil der Antragsteller ein Indianer war.

Der folgende Prozeß erreichte vier Jahre später den Obersten Bundesgerichtshof in Washington, der den Kläger mit einer bemerkenswerten Begründung abwies. Elk hatte den Standpunkt vertreten, ihm komme das Wahlrecht gemäß den Verfassungsartikeln 14 und 15, die nach dem Bürgerkrieg im Zusammenhang mit der Sklavenbefreiung geschaffen worden waren, zu. Artikel 14 besagt, daß »alle Personen, die in den Vereinigten Staaten geboren oder naturalisiert wurden und deren Gerichtsbarkeit unterliegen, Bürger der Vereinigten Staaten und desjenigen Teilstaats, in dem sie leben, sind«. Elk war unzweifelhaft auf dem Gebiet, auf das die Vereinigten Staaten Souveränitätsansprüche erhoben, geboren worden und unterstand – da er in keiner Reservation lebte – der Gerichtsbarkeit der USA. Wegen des Status der Indianerstämme als zwar abhängige, aber fremde Mächte seien – so das Gericht – in der Stammesgemeinschaft geborene Personen jedoch genausowenig »in den USA geboren und ihrer Gerichtsbarkeit unterworfen« wie die Kinder von Angehörigen einer fremden Nation, die in dieser Nation geboren wurden, oder wie die Kinder ausländischer Diplomaten, die in den Vereinigten Staaten zur Welt kamen. Wegen ihres Status als Unmündige könnten Indianer auch nicht aus freien Stücken ihrer Zugehörigkeit zu einem Stamm abschwören und Amerikaner werden. Dies sei nur durch Vertragsartikel oder entsprechende Gesetzgebung des Kongresses möglich. Jeder Indianer müsse erst als Amerikaner »naturalisiert« werden, um in die Rechte der Staatsbürgerschaft einzutreten. Artikel 15 der Verfassung, der das Wahlrecht allen amerikanischen Bürgern »ohne Ansehen von Rasse, Farbe oder früherem Sklavenstatus« garantiert, treffe auf John Elk nicht zu, weil dieser kein amerikanischer Bürger gemäß Artikel 14 sei.

Durch Verträge und Gesetze waren in der Tat schon vor John Elk Indianer zu amerikanischen Bürgern geworden, vor allem, wenn sie individuellen Grundbesitz akzeptiert hatten, ihre Stammesorganisation aufgelöst worden war und sie ihre

Fähigkeit unter Beweis gestellt hatten, als freie Bürger der Vereinigten Staaten zu leben. Obwohl dieser Umwandlungsvorgang durch den *General Allotment Act* beschleunigt wurde, war beim Eintritt der USA in den Ersten Weltkrieg nur eine knappe Mehrheit der Roten zu Staatsbürgern geworden.

Immer noch wurde die grundsätzliche »Eigenstaatlichkeit« der Stämme (gemindert durch das Abhängigkeitsverhältnis von den USA) anerkannt: Stammesmitgliedschaft und Staatsbürgerschaft blieben einander ausschließende Bestimmungsmerkmale. Die große Zahl von roten Kriegsfreiwilligen im Ersten Weltkrieg veranlaßte schließlich 1924 den Kongreß, alle indianischen Nichtbürger zu Bürgern zu machen. Der frühere Widerspruch wurde damit aufgehoben: Reservationsindianer waren zugleich Bürger und Mündel. Sie konnten bei Wahlen ihre Stimme abgeben, aber nur beschränkt über sich selbst verfügen. Der plötzliche Entschluß des Gesetzgebers stieß aber nicht überall auf Gegenliebe; manche Unionsstaaten verwehrten ihren roten Bürgern weiterhin das Wahlrecht. New Mexico und Arizona ließen sich bis 1948 Zeit, bevor sie mit der Bundesregierung gleichzogen.

Auch viele Eingeborene hatten Vorbehalte gegen das neue Gesetz. Insbesondere traditionalistische Gruppen, wie die Irokesen und die Pueblo-Indianer, lehnten (erfolglos) die amerikanische Staatsbürgerschaft ab, die ihnen ungefragt verliehen worden war. Sie wollten Irokesen oder Pueblo-Indianer bleiben. Manche »Vorteile« der Staatsbürgerschaft (wie das Wahlrecht) konnten die Neubürger durch einfache Enthaltsamkeit ungestraft zurückweisen. Bei den Bürgerpflichten war das schon schwieriger. Sicherlich hat die globale Verleihung der Staatsbürgerschaft zur Änderung der Haltung der Gerichte in der Frage der Bundeseinkommensteuer beigetragen. Im Bereich der allgemeinen Wehrpflicht und der Paßgesetze kam es aber immer wieder zu offenen Auseinandersetzungen. Im Vertrag von 1794 zwischen den USA und der britischen Krone war den Sechs Nationen der Irokesen ein besonderer Status zugestanden worden, der ihnen freien Grenzübertritt über die amerikanisch-kanadische Grenze sicherte. Dieses Recht sahen die Irokesen durch die ungefragte Verleihung der amerikanischen Staatsbürgerschaft gefährdet. Sie stellen an ihre Mitglieder weiterhin eigene irokesische Pässe aus, deren Gültigkeit beim Grenzübertritt allerdings umstritten ist. In ähnlicher Weise stellen manche der Pueblos (beziehungsweise die Führer der jeweiligen traditionalistischen Fraktionen) Pässe für ihre Angehörigen aus. Auch im Falle von Kriegsdienstverweigerung waren die Irokesen unter den ersten Indianern, die im Militärdienst einen Widerspruch zur behaupteten Selbständigkeit sahen. Während zahlreiche andere Irokesen und Indianer im Krieg Selbstbestätigung suchten und vielfach auch fanden, ließen sich die Nationalisten und Traditionalisten für Wehrdienstverweigerung einsperren.

Der Umatilla Michael McCloud verweigerte 1972 seinen Militärdienst mit der Begründung, er sei ein Umatilla und könne daher kein Bürger der USA sein: »Man kann nicht Bürger zweier Nationen sein und einen Vertrag mit sich selber haben.« Die Umatillas besäßen einen gültigen Friedensvertrag mit den Vereinigten Staaten und hätten keinem Land der Welt, insbesondere nicht Vietnam, den Krieg erklärt. Die Irokesen machten geltend, daß sie in mehreren Verträgen versprechen mußten, »das Kriegsbeil für immer ruhen zu lassen«. Durch die Abschaffung der allgemeinen Wehrpflicht hat das Problem in den USA mittlerweile an Bedeutung verloren.

Ganz allgemein läßt sich kein einheitliches Verhalten der Indianer Nordamerikas in der Frage des Verhältnisses von Stammesmitgliedschaft und Staatsbürgerschaft feststellen. Zwischen einzelnen Gruppen, aber auch zwischen einzelnen Personen bestehen oft gewaltige Unterschiede. Das Spektrum reicht von Superpatrioten, die ihr Indianertum nur als zusätzliche Bestätigung ihres Amerikanertums sehen, bis zu den Isolationisten, die in den Vereinigten Staaten nicht nur eine feindliche, sondern vor allem eine fremde Macht erblicken, die sich unrechtmäßig in die inneren Angelegenheiten ihrer Nation mischt.

Zum Vergleich ist ein kurzer Blick auf den rechtlichen Status der kanadischen Indianer nützlich. Auch Kanada schloß Verträge mit seinen Indianern, doch haben zum Unterschied von den USA die Gerichte die Vertragsbestimmungen kaum als jüngerer Gesetzgebung übergeordnet betrachtet. Schon 1839 urteilte ein kanadisches Höchstgericht, daß die Eingeborenen unbeschadet vertraglicher Abmachungen demselben Rechtssystem wie alle anderen Bürger unterworfen seien. Auch das Wahlrecht, das damals an Eigentumsklauseln gebunden war, stand ihnen bei gegebenen Voraussetzungen zu. Die weitere Gesetzgebung – besonders der *Act for the Protection of the Indians in Upper Canada*

(1850) – stellte die Eingeborenen ähnlich wie in den USA in ein Abhängigkeitsverhältnis von der Regierung, das als Schutz vor Übergriffen durch Weiße gedacht war. Steuerfreiheit auf der Reservation wurde ebenso zugesichert wie die Unveräußerlichkeit von Indianerland ohne Zustimmung der Krone.

Die Zivilisierungsbemühungen in Kanada fanden in einem Gesetz Ausdruck, das – ähnlich dem *General Allotment Act* beim südlichen Nachbarn – allen großjährigen und schuldenfreien Indianern, die englisch oder französisch sprechen, lesen und schreiben konnten, die rechtliche Gleichstellung mit weißen Bürgern bot. Der rote Mann mußte nur seiner Stammeszugehörigkeit entsagen und fähig sein, seine eigenen Geschäfte zu führen (was durch eine dreijährige Probezeit festgestellt wurde). Dafür erhielt er neben dem Wahlrecht auch zwanzig Hektar Stammesland in Privateigentum und den aliquoten Anteil an den vertraglich festgesetzten Annuitäten und anderen Einkommen des Stammes.

Der *Indian Act* von 1874, das erste von dem nunmehr unabhängigen Dominion Kanada beschlossene Indianergesetz, griff noch tiefer in die indianische Souveränität ein. Die weißen Bürokraten erlangten nicht nur Entscheidungsgewalt über die Bestellung der inneren politischen Führung der Stämme, auch deren bereits erfolgte Beschlüsse bedurften der Zustimmung der Regierung. Der *Indian Act* war fast achtzig Jahre in Kraft, bevor er 1951 durch eine Neufassung ersetzt wurde, die sich von der alten Version hauptsächlich durch die größere Klarheit, mit der sie die Indianer zu Bürgern zweiter Klasse macht, unterscheidet. Die Regierung kann Reservationen jederzeit und ohne Befragung der Indianer auflösen und die roten Bewohner zu Bürgern erklären. Solange sie sich in der Reservation befinden, haben die Indianer kaum etwas zu sagen und sind in ihren Rechten anderen Kanadiern gegenüber sehr beschränkt. Das Gesetz ist also Entrechtungs- und Terminationsgesetzgebung in einem. Die totale Integrationspolitik der Regierung Trudeau, die in einem 1970 veröffentlichten Weißbuch zum Ausdruck kam, hat unter den Indianern unerwartet heftigen Protest ausgelöst. Es wird bei den Gerichten liegen, zu entscheiden, wieweit die Regierung und das Parlament in Ottawa über gewachsene indianische Rechte hinweggehen können. Lange Zeit hindurch galt den Indianern in den USA und liberalen Beobachtern die kanadische Indianerpolitik als nachahmenswertes Vorbild. Heute ist sie das zweifellos nicht mehr, und viele kanadische Indianer lassen sich in ihrer Taktik und Strategie nunmehr vom Vorbild ihrer südlichen Brüder leiten.

Ein kanadisches Geschichtsbuch, das auch an Indianerschulen Verwendung findet, belehrt die Schüler, daß die Bezeichnung »Indianer« für die Uramerikaner auf einen Irrtum zurückgehe. Ihr wirklicher, wissenschaftlicher Name, heißt es in dem Schulbuch, sei »Amerinde«. Abgesehen davon, daß dieses Kunstwort, das vor langer Zeit vorgeschlagen wurde, um im Englischen zwischen den »Indians« aus Indien und solchen aus Amerika unterscheiden zu können (vor 150 Jahren war auch im Deutschen »Indier« für Inder und Indianer üblich), sich nie durchgesetzt hat, kann man sich vorstellen, wie glücklich Chippewa- oder Haida-Schüler sein werden, wenn sie erfahren, daß für sie ein wissenschaftlicher Name existiert, wie sonst nur für Tiere und Pflanzen. Und außerdem kann auch der didaktische Behelf nicht die Frage beantworten, wer nun eigentlich heute ein »Amerinde« ist. Die klaren Verhältnisse von 1492 – hie Einheimische, da Fremde – sind schon lange nicht mehr gegeben. Die teilweise Vermischung der Rassen auf amerikanischem Boden, die unterschiedlich stark fortgeschrittene Assimilierung, die Einwanderung von mexikanischen Indianern in die Vereinigten Staaten und eine Vielzahl einander widersprechender Gesetze, Verordnungen und Richtlinien der Bundesregierung und der Teilstaaten haben dafür gesorgt, daß jemand je nach Situation zugleich ein Indianer und kein Indianer sein kann. Eine Folge davon ist, wie bereits erwähnt, daß man keiner Statistik über die heutige Anzahl der Indianer Nordamerikas auch nur den geringsten Glauben schenken kann.

Von den vielleicht zwanzig Millionen Nordamerikanern, die einen oder mehrere Indianer in ihrer Ahnengalerie haben, werden nur wenige offiziell als Eingeborene anerkannt, und nur ein kleiner Teil von ihnen spürt wohl etwas vom roten genetischen Erbe. Offiziell Nichtindianer sind aber auch jene Personen, die einem Stamm angehören, der schon in der Kolonialzeit befriedet wurde und daher in keinem Vertragsverhältnis zu den USA steht (in diesen Fällen aber anerkennen manche Einzelstaaten bestimmte Stämme und ihre Mitglieder intern als Indianer); oder Personen, die einem terminierten Stamm angehören. Die Volkszählung von 1970 klassifiziert als Indianer alle Personen, die sich selbst so bezeichnen. Während also manche Bestimmungen vollblütige Indianer technisch als Nichtindianer einstufen, wurden lange Zeit

Weiße und befreite Negersklaven ohne jede rote Beimischung, die in Stammesverbände eingeheiratet hatten, als Indianer klassifiziert. Die amerikanischen Eingeborenen früherer Jahrhunderte waren in dieser Hinsicht ebenfalls keineswegs kleinlich: Sie nahmen häufig weiße Kriegsgefangene anstelle verstorbener Verwandter mit allen Rechten in den Stamm auf.

Für das *Bureau of Indian Affairs* gilt heute derjenige als Indianer, der in einer Reservation lebt und einen Mindestanteil von einem Viertel Indianerblut hat oder auf der Stammesrolle eines anerkannten Stammes zu finden ist, wobei die Aufnahme in die Stammesrolle entweder aufgrund weißer Gesetze erfolgt oder durch die Konstitutionen jener Stämme geregelt ist, die sich unter dem *Indian Reorganization Act* von 1934 wieder als politische Einheiten organisiert haben.

Grundsätzlich zeigen diese Beispiele, daß zwischen »Indianer« als persönlich erlebte oder sozial bescheinigte Identität und »Indianer« als Rechtstitel zu unterscheiden ist. Beide haben nicht notwendigerweise mit dem indianischen Blutsanteil zu tun. Das Bestreben der Vereinigten Staaten und Kanadas geht dahin, die Zahl der Rechtstitelträger mehr und mehr einzuschränken, während man das unverbindliche Ventil der Identität bereitwillig öffnet. Das Bestreben vieler indianischer Aktivisten hingegen zielt darauf ab, einen möglichst großen Teil der rechtlosen Identitätsträger mit gültigen Indianerrechten auszustatten. Viele der mexikanischen Immigranten im Südwesten der USA sind blutsmäßig gewiß mehr Indianer als viele Reservatsbewohner; sie bezeichnen sich nur deshalb nicht als Indianer, weil ein mexikanisches Stammesmitglied, das in die Stadt geht, beim Anziehen der Schuhe seine geringgeachtete indianische Identität ablegt und »Mexikaner« wird. Eine Solidarisierung mit den nördlichen Verwandten ist wegen der unterschiedlichen kolonialen Erfahrungen nicht leicht und würde auch das Hauptproblem nicht beseitigen: das der unterschiedlichen Rechtsstellung. Ein Mexikaner kann niemals einem Reservatsindianer gleichgestellt werden, weil weder er noch seine Vorfahren im Gebiet der heutigen Vereinigten Staaten gelebt haben, mit den USA in Verträge eingetreten sind oder von Bürgern der USA widerrechtlich ihres Landes beraubt wurden. Es fehlt ihm die einstige oder gegenwärtige Landbasis, die in Vergangenheit, Gegenwart und Zukunft als entscheidendes Moment für die Indianer angesehen werden muß.

Die beinahe vergessenen Uramerikaner des östlichen Nordamerikas und Kaliforniens können hingegen hoffen, eines Tages auch gesetzlich als Indianer anerkannt zu werden. Ihre mindere Rechtsstellung leitet sich nämlich aus historischen Zufälligkeiten ab. Im Osten Nordamerikas waren zur Zeit der amerikanischen Revolution und nachher die verbliebenen Indianergruppen (mit Ausnahme der Sechs Nationen und der Fünf Zivilisierten Stämme) bereits zu schwach, um von den Vereinigten Staaten noch als interessante Vertragspartner oder auch nur als unabhängige Völker betrachtet zu werden. Die Kalifornier fuhren nicht besser; teils versäumten sie die Periode der Vertragsabschlüsse mit den USA, teils wurden sie durch den Übergang von mexikanischer und spanischer in amerikanische Herrschaft um bereits anerkannte Rechte gebracht. Jedenfalls aber hatten die Roten im östlichen Nordamerika und in Kalifornien einst Land besessen (und besitzen es zum Teil noch heute) und erfüllen damit eine wesentliche Voraussetzung für kommende rechtliche Schritte, mit dem Ziel, ihre Gleichstellung mit anderen Uramerikanern zu erlangen.

Mit dem Kauf von Louisiana durch die USA im Jahr 1803 wurden viele kleinere Indianerstämme den neuen Herren unterstellt. Sie waren von den Franzosen (und deren spanischen Nachfolgern) soweit zivilisiert worden, daß weder Befriedung noch weitere Zivilisierungsbemühungen vonnöten schienen. Da sie auch nur wenig Land besaßen und in keinen Krieg mit den USA verwickelt waren, blieben sie für die Amerikaner ohne Interesse und als offizielle Indianer inexistent. Der Stamm der Chitimachas reorganisierte sich 1934 unter dem *IRA*, ohne vorher je einer staatlichen Kontrolle unterstellt gewesen zu sein. Daß ihre Nachbarn, die Tunicas, damals vergessen wurden und bis heute nicht als Indianer anerkannt sind, ist eine jener Ungerechtigkeiten, die durch Zufall verursacht wurden und längst beseitigt gehören.

Der Vertrag von Guadalupe Hidalgo (1848, nach dem mexikanisch-amerikanischen Krieg, abgeschlossen), durch den unter anderem New Mexico und Kalifornien zu den Vereinigten Staaten kamen, bestimmte, daß alle Bewohner der von Mexiko abgetretenen Gebiete, die nicht ausdrücklich für die mexikanische Staatsbürgerschaft optierten, amerikanische Bürger werden sollten. Die Pueblo-Indianer, die sich unter spanischer und mexikanischer Herrschaft ihre innere Souveränität erhalten hatten und von der mexikanischen

Regierung als Bürger angesehen worden waren, optierten nicht für Mexiko, wohl weil sie sich weiter als unabhängige Nationen fühlten. Daß sie dadurch zu amerikanischen Bürgern geworden waren, bestätigte ihnen der Oberste Gerichtshof von New Mexico bereits 1869. Sieben Jahre später erkannte auch der Oberste Bundesgerichtshof der USA, daß die Pueblo-Indianer einen anderen, höheren Status einnähmen als die übrigen Indianer und für »Indianer« geschaffene Gesetze daher auf sie nicht anwendbar seien. Im Laufe der Jahre wurde jedoch die Rechtsmeinung vom Sonderstatus der Pueblos ausgehöhlt. 1913 korrigierte der Oberste Gerichtshof seine frühere Entscheidung und stellte die beiden Gruppen von Roten gleich.

Die in den letzten Jahren erfolgte rapide Zunahme von Personen, die sich als Indianer bezeichnen, freut die panindianischen Taktiker, die aus politischen Gründen eine möglichst zahlreiche Wählerschaft brauchen, durch die Einfluß auf den amerikanischen Kongreß genommen werden kann. Dasselbe Faktum erschreckt aber manche der heute noch oder schon offiziell anerkannten Indianer, die im Falle einer Anerkennung der anderen Indianer mit Recht eine Verdünnung der Geldmittel befürchten. Catherine Redcorn, eine junge Osage-Indianerin, hat die Bezeichnung »Instant Indian« für alle jene geprägt, die – weil es wieder modern ist – über Nacht zu Indianern geworden sind. Wie so häufig auch in anderen Bewegungen haben gerade manche der größten Indianer-Aktivisten einen zweifelhaften Hintergrund oder eine lange Vorgeschichte verschiedener ethnischer Identifikationsversuche, von denen jener als Indianer der letzte ist.

Catherine Redcorn weiß, was es heißt, unversehens zum Indianer zu werden, und wie die echten Indianer dabei Schaden nehmen können. Einen besonders krassen Fall dafür liefert nämlich gerade die Geschichte der Stammesrollen ihres Stammes, der Osages. Durch den Erlös aus Landverkäufen in Kansas, der für den Stamm vom Staat treuhändig und gut verzinst verwaltet wurde, gelangten die Osages gegen Ende des vorigen Jahrhunderts in eine wirtschaftlich günstige Position. Ihr Vermögen auf dem Regierungskonto belief sich auf acht Millionen Dollar, brachte den Stammesmitgliedern aber außer einer jährlichen Pro-Kopf-Zahlung von 160 Dollar keinen sofortigen Gewinn. Darüber hinaus besaß der Stamm allerdings ansehnliche Ländereien in Oklahoma.

Der Reichtum, auch wenn er nicht unmittelbar nutzbar war,

stellte für Leute, die schnell und ohne Arbeit begütert werden wollten, eine unwiderstehliche Anziehung dar. Zahlreiche »gemischtblütige Osages« tauchten plötzlich in der Reservation auf, wurden von korrupten Beamten in die Stammesrolle eingetragen und trugen so innerhalb von siebzehn Jahren zur Vermehrung der »gemischten« Stammesmitglieder von 263 auf etwa 800 bei. Manche davon waren sicherlich echte Osagemischlinge, mindestens zweiundneunzig wurden jedoch von einer Regierungskommission 1897 als Schwindler entlarvt und von der Liste getilgt. Als sich die vollblütigen Osages aber einer Aufteilung ihrer Ländereien und Gelder widersetzten, war das *Bureau of Indian Affairs* bestrebt, noch mehr der eine solche Aufteilungspolitik wünschenden Antragsteller auf die Rolle zu setzen. Zwischen 1897 und 1906 stieg die Zahl der Osagemischlinge abermals, diesmal von 829 auf 1369; unter den Neuaufgenommenen befand sich mehr als die Hälfte derer, die bereits 1897 als Einschleicher erkannt worden waren.

1906 wurde die Stammesrolle geschlossen und das Stammesvermögen auf die auf ihr befindlichen 2229 Personen aufgeteilt. Jede von ihnen erhielt ein sogenanntes »Kopfrecht«, das erblich ist, den Inhaber zum Stammesmitglied der Osages macht und ihn zur Teilnahme an den Stammeseinkünften berechtigt. Es gibt also seit 1906 immer nur genau 2229 Osages, und viele, die als vollblütige Osages geboren wurden, sind rechtlich so lange keine Stammesmitglieder, bis sie ein Kopfrecht ererben.

Zumindestens 151 der 2229 Osages von 1906, wahrscheinlich aber erheblich mehr, waren erwiesenermaßen keine Indianer, sondern waschechte Weiße. Allein diese 151 und ihre Nachkommen haben aber seit 1916 mehr als 32 Millionen Dollar aus Tantiemen für das auf Osageland gefundene Erdöl bezogen und besitzen Stammesland, das heute einen Wert von mehr als zehn Millionen Dollar repräsentiert, während unzählige echte, vollblütige Osages infolge des Kopfrechtssystems leer ausgehen.

Das ganze Problem wurde virulent, als die *Indian Claims Commission* den Osages eine Summe von mehr als 13 Millionen Dollar zuerkannte. Zwei Gesetzentwürfe über die Vorgangsweise bei der Verteilung der Gelder wurden 1972 im amerikanischen Kongreß eingebracht; einer, der vom Stammesrat der Osages unterstützt wurde, sah eine Aufteilung gemäß der 2229 Kopfrechte vor, während die Alternative eine Vergabe der Ansprüche an alle Personen mit einem Viertel

oder mehr Osageblut vorsah. Von den 8244 offiziell anerkannten Osages sind aber etwa 70 Prozent weniger als zu
einem Viertel Osage, bei den Kopfrechtsbesitzern dürfte der
indianische Anteil noch geringer sein. Die Unterstützung der
ersten Variante durch den Stammesrat verwundert nicht,
bestand er doch in der Mehrheit aus De-facto-Weißen; daß
jedoch auch das BIA, vertreten durch den stellvertretenden
Commissioner John Crow, diesen Plan unterstützte, gereicht
dem Indianerbüro kaum zur Ehre. Eine akzeptable Erklärung
für dieses Phänomen liegt in der Beschreibung von Crow als
»ein Viertel Cherokee und drei Viertel Bürokrat«.

Tatsächlich deckte das Indianerbüro mit seiner Unterstützung des fragwürdigen Gesetzentwurfs seine eigenen widerrechtlichen Manipulationen bei der Erstellung der Stammesrolle von 1906. Der praktische Grund für die Unterstützung
der Kopfrecht-Variante ist in dem Umstand zu suchen, daß
eine Ermittlung aller Personen mit einem Viertel oder mehr
Osageblut das Büro wesentlich mehr Arbeit gekostet hätte als
die Erstellung einer Kopfrechtsbesitzerliste, die ja zur laufenden Abrechnung im BIA bereits aufliegt. Und das BIA sucht
oft den einfacheren Weg, mag er auch weniger gerecht sein.

Der zweite Gesetzentwurf hatte die Unterstützung der
Osage Nation Organization, einer Aktionsgruppe vollblütiger
Stammesmitglieder. Obwohl dem Kongreß das dokumenta-
rische Material über die Unsauberkeiten bei der Erstellung
der Osage-Stammesrollen bekannt war, entschied er sich für
die Variante, die den unrechtmäßigen Nutznießern eine runde
Million Dollar einbrachte, während viele echte Osages neuerlich übergangen wurden.

Es darf daher nicht wundernehmen, wenn heute die Osages
(und mit ihnen viele andere Eingeborene, denen ähnliche
Erfahrungen nicht erspart geblieben sind) kein übermäßiges
Vertrauen in ihren »Großen Weißen Vater« setzen.

Mit Pflug, Gewehr und Schraubenschlüssel

In voreuropäischer Zeit bestanden unter den Völkern des nordamerikanischen Subkontinents große Unterschiede in den Wirtschaftsformen. Fischer, Jäger, Sammler wildwachsender Nahrungspflanzen und Bodenbauer nutzten im Einklang mit Traditionen, Erfordernissen und technologischen Fähigkeiten die Gegebenheiten ihrer natürlichen Umwelt. Wohl hatte es im Laufe ihrer jahrtausendelangen Anwesenheit in der Neuen Welt wirtschaftliche Veränderungen gegeben. Die Lebensbedingungen hatten sich nach Ende der Eiszeit gewandelt und die früheren Großwildjäger zur Umstellung auf anderes Jagdwild gezwungen. Die Kenntnis des Feldbaus war von Mittelamerika her vermittelt worden und hatte sich über weite Teile Nordamerikas verbreitet. Kein Ereignis jedoch hatte jemals in so kurzer Zeit derart einschneidende Folgen für die Wirtschaft der Eingeborenen gehabt wie der Eingriff Europas in die Geschicke Amerikas.

Manche der Änderungen geschahen ohne jede Absicht seitens der Europäer. Niemals hätten die Spanier es sich träumen lassen, daß durch die von ihnen verursachte Einführung des Pferdes in die Neue Welt bodenbautreibende Stämme der Prärien zu berittenen Bisonjägern werden könnten, denen nach Abschlachtung der Bisonherden durch weiße Jäger wenige Jahrhunderte später die Amerikaner mühsam die Grundlagen des Ackerbaus beizubringen versuchten. Andere Neuerungen, wie die Einführung des Pfluges, suchten die Euro-Amerikaner gezielt zu fördern. Zumeist aber kamen die Impulse für den Wirtschaftswandel aus dem Bereich zwischen den beiden Extremen, aus der Fülle von widersprüchlichen Zielen, welche die Weißen in Amerika verfolgten. Man wollte die Eingeborenen zu Bauern machen, nahm ihnen aber das Land weg; man wollte sie seßhaft machen, schickte sie aber auf die Pelztierjagd; man ließ ihnen schließlich ein ärmliches Stück Grund und Boden, bestand aber gleichzeitig darauf, daß es durch Aufteilung auf die Erben in winzige Stückchen zersplittert und wirtschaftlich unbrauchbar gemacht wurde. Kurz, man gab den eigenen Wünschen unbedingten Vorrang vor den Plänen, die man den Uramerikanern ungefragt aufzwang.

Die ersten Siedler Virginias erlernten den Maisanbau von den Indianern. Zweihundert Jahre später vermeinten die Amerikaner, den Eingeborenen die Techniken des zivilisierten Ackerbaus beibringen zu müssen. Die weißen Philanthropen, die sich in den frühen Jahren der amerikanischen Unabhängigkeit mühten, die Indianer vor der Vernichtung durch das Vordringen der Zivilisation zu bewahren, setzten in ihr landwirtschaftliches Entwicklungsprogramm größte Hoffnungen. Von der unrichtigen Annahme ausgehend, die Roten seien alle Nomaden, die nur durch Bekehrung zum Ackerbau ein Lebensrecht neben den weißen Siedlern erwerben konnten, schuf man die Funktion des Regierungsfarmers. In Verträgen mit den ehemaligen Herren des Landes verpflichteten sich die Vereinigten Staaten zur Beistellung einer geeigneten Person, die den Indianern Nachhilfe bei der Feldbestellung geben sollte. Was man wirklich meinte, war: Die indianischen Männer sollten ihre Jagdneigung aufgeben und das Kriegsbeil zur Pflugschar umschmieden, und die roten Frauen sollten, statt Mais, Bohnen und Kürbisse anzubauen, sich lieber auf Küche, Kirche und Kinder konzentrieren.

Das war höchst problematisch, weil die Männer nicht recht einsehen wollten, warum sie ohne äußeren Druck eine Arbeit verrichten sollten, die seit jeher den Frauen oblegen war. Der Indianeragent bei den Cherokees, Silas Dinsmore, versuchte im frühen neunzehnten Jahrhundert die Indianer auf Umwegen dazu zu bewegen, mehr Aufmerksamkeit auf den Feldbau zu lenken. Er unterrichtete die Cherokee-Frauen in marktfähigen Handarbeiten. Ein Häuptling, der sich sechs Monate auf der Jagd befunden hatte, mußte nach seiner Rückkehr bemerken, daß seine Frau und seine Töchter während seiner Abwesenheit mit ihrem Spinnen und Weben mehr verdient hatten als er mit der Jagd. Angeblich ließ er sich daraufhin einen Pflug zuteilen und wurde Farmer. Gab es für Dinsmore zuwenig Farmer unter den Cherokees, so waren es für den Staat Georgia, der auf die Cherokee-Ländereien Anspruch erhob, bereits viel zuviele, denn die Politiker erkannten bald, daß den Indianern als Ackerbauern der so lange in Abrede gestellte Rechtstitel auf das Land schließlich doch noch zufallen würde. Sie behaupteten daraufhin, die Cherokees »hätten kein Recht, ihren früheren Zustand zu ändern und Bauern zu werden«.

Die Ablehnung des Pflugbaus durch die Indianer wurde vielfach von den Eingeborenen selbst damit erklärt, man könne doch nicht die Mutter Erde oder die Pflanzen, die von ihr hervorgebracht werden, mit dem schneidenden Metall der Pflugschar verletzen. Der Erfolg der landwirtschaftlichen Förderungsmaßnahmen blieb jedenfalls weit hinter den Erwartungen zurück; es waren überwiegend Mischlinge, die sich zu einer völligen Übernahme weißer Ackerbautechniken bereit fanden. Der *Dawes Act* mit seinen Aufteilungsbestimmungen war der letzte Versuch der weißen Experten, den Übergang der Indianer zum Bauerntum zu erzwingen; als auch diese Maßnahmen nichts fruchteten, begann der Indianerdienst, das Reservationsland an weiße Interessenten zu verpachten, um den Roten auf diese Weise wenigstens zu einem kleinen Profit zu verhelfen. So konsequent man zuvor die Agrarisierung gefördert hatte, so plötzlich machte man damit wieder Schluß. Ohne Rücksicht auf Verluste übertrug man die Bodennutzung des Indianerlands an Weiße.

Eine der bemerkenswertesten Verpachtungen von Ackerland erfolgte gegen Ende des Ersten Weltkriegs auf der Crow-Reservation in Montana. Die *Montana Farming Corporation,* eine private Investitionsgesellschaft mit Sitz in New York, ließ sich vertraglich vom Innenministerium das Recht bestätigen, Ackerland auf Indianerreservationen zur Pachtung auszusuchen. 162 Quadratkilometer des besten Bodens der Crows wurden unter dem Vorwand, die Erträge würden Amerika den Krieg gewinnen helfen, zu Bedingungen gepachtet, die jeder Beschreibung spotten: In den ersten fünf Jahren erhielten die Indianer einen gestaffelten Betrag von 1,25 bis 2,50 Dollar pro Hektar plus 7,5 Prozent des Ertrags, in den nächsten fünf Jahren 20 Prozent des Ertrags (was später unter Druck noch reduziert wurde). Weiße Landbesitzer erhielten für gleichwertiges Land 33,3 bis 50 Prozent Ertragsbeteiligung. Die Pachtverträge wurden von einem Angestellten des Indianerbüros ausgehandelt, der nach Beendigung der Verhandlungen Manager der weißen Korporation wurde.

Nach vier Jahren hatte die Gesellschaft trotz der extrem günstigen Pachtbedingungen einen Verlust von mehr als zwei Millionen Dollar erwirtschaftet und die Indianer dabei um ihre Ertragsanteile gebracht. Hätte ein Crow so schlecht gewirtschaftet, wäre das Defizit der Unfähigkeit der Roten zugeschrieben worden. Tatsächlich aber tat der Indianerdienst alles, um den gewinnbringend arbeitenden Crows das Land wegzunehmen und es weißen Pächtern zuzuschanzen. Einem Vollblutindianer, der auf seinen 32 Hektar 700 Dollar im Jahr erwirtschaftet hatte, nahm man das Land ohne seine Zustimmung weg und verpachtete es um 80 Dollar. Einem anderen weißen Farmbetrieb, der bis zu 12,50 Dollar pro Hektar zu zahlen bereit war, verweigerte man die Verlängerung des Pachtvertrags, um das Ackerland der mit dem Indianerbüro befreundeten Konkurrenz zu Schleuderpreisen zu überlassen.

Um den Indianer zum Bauern zu machen, mußte man ihm neben dem Pflug auch Vieh geben. Wenn man bedenkt, daß in voreuropäischer Zeit der Hund praktisch das einzige Haustier Nordamerikas und eine nahrungswirtschaftliche Tierhaltung oder gar Viehzucht so gut wie unbekannt war, kann man die Probleme ermessen, welche der Einführung der Viehzucht unter den nordamerikanischen Eingeborenen entgegenstanden. Während vor dem frühen neunzehnten Jahrhundert von offizieller Seite kaum etwas zur Förderung der Landwirtschaft unternommen wurde, zerbrachen sich die englischen Kolonisten in Virginia schon im siebzehnten Jahrhundert den Kopf darüber, wie man die Eingeborenen am besten zur Rinderhaltung bewegen könnte. Man verfiel auf die Idee, den Indianern für eine bestimmte Anzahl erlegter Wölfe, welche die Gegend unsicher machten, eine Kuh zu geben. Das Schicksal dieser Tiere ist nicht bekannt, doch kann man annehmen, daß sie umgehend aufgegessen wurden. Die Roten akzeptierten lediglich Schweine, weil diese wenig Pflege erforderten, sich in der Umgebung der indianischen Siedlungen selbst Nahrung suchten und bei Bedarf jagdmäßig erlegt werden konnten.

Die Plains-Indianer, die das Pferd durch die den Spaniern benachbarten Gruppen kennengelernt hatten und nun teilweise selbst Pferde züchteten, waren nicht ohne weiteres bereit, auch andere Tiere unter ihre Obhut zu nehmen. Ihrer Meinung nach machte sich der Viehzüchter zum Sklaven des Tieres, indem er stets für die Herde Sorge zu tragen hatte. Trotzdem setzte sich im zwanzigsten Jahrhundert die Rinderzucht bei vielen Stämmen der Plains durch, hauptsächlich weil der Kultivierung des Bodens noch größere Schwierigkeiten entgegenstanden und die Reservationen am ehesten als Weideland Verwendung finden konnten.

1969 wurden nur 10.000 Quadratkilometer Indianerland bebaut, 180.000 Quadratkilometer jedoch als Weiden genutzt. Während der Großteil des Ackerlands in indianischem Individualeigentum steht, sind drei Viertel aller Weiden

Stammeseigentum. Etwa ein Zehntel des Graslands ist allerdings an weiße Rancher verpachtet. Das Indianerbüro hat in den letzten Jahren entgegen früherer Praxis versucht, die Pachtbedingungen für die indianischen Eigentümer zu verbessern und die Nutzung des Landes durch die Eingeborenen selbst zu fördern. Die Größe der Rinderherden in den Reservationen liegt aber überwiegend unterhalb jener Grenze, die als Minimum für eine sinnvolle Bewirtschaftung angesehen wird. Die Erträge sind dementsprechend minimal.

Im Südwesten des Subkontinents führten die Spanier Schafe und Ziegen ein, die von einigen Gruppen, vor allem von den Navajos, zur Ergänzung des bereits betriebenen Feldbaus akzeptiert wurden. Als die Amerikaner nach der Mitte des neunzehnten Jahrhunderts das Navajoland gewaltsam unter ihre Kontrolle brachten, verloren die Eingeborenen praktisch ihren gesamten Viehbestand. Von den USA anschließend mit neuen Herden ausgerüstet, verlegten sie sich speziell auf die Schafzucht. Die Techniken dafür hatten die Navajos gleichfalls von den Spaniern übernommen, für die manche von ihnen als Hirten gearbeitet hatten, und später auch von Viehzuchtexperten, die das Indianerbüro dem Stamm zur Verfügung stellte. Das von den Experten bis 1932 geförderte ungezügelte Wachstum der Schafherden führte zur Erschöpfung der verfügbaren Weidekapazität und in der Folge zur Erosion des Bodens. In den dreißiger Jahren verordnete man daher den Indianern eine Verkleinerung ihrer Herden: Qualität sollte den Vorrang vor Quantität erhalten.

Obwohl 1940 fast die Hälfte des Einkommens der Navajos aus der Viehzucht stammte, blieben die Erträge unter denen weißer Züchter. Die Lämmersterblichkeit war um 13 Prozent höher als bei den nichtindianischen Nachbarn, der Wollertrag pro Schaf um 25 Prozent geringer. Auch bildete die Schafzucht nicht die Lebensgrundlage für die Mehrheit der Bevölkerung: 1940 besaß nur ein Prozent der Familien jeweils mehr als 500 der insgesamt 400.000 Schafe, 1952 erzielten knapp drei Prozent der Familien aus Viehzucht und Feldbau einen Ertrag von mehr als 1500 Dollar. Überdies vergrößerte die Tierhaltung die Mobilität der Stammesmitglieder, da die Herden wegen der schlechten Qualität des Weidelands sehr häufig verlegt werden mußten.

Als Alternative bot sich die Gründung von Viehzuchtgenossenschaften an, die durch ihre Betonung der Gemeinschaft indianischen Wertvorstellungen näherstehen als der freie

Konkurrenzkampf und zugleich eine bessere Nutzung der Kapazitäten erlauben. Ihre Förderung ist allerdings von der jeweils herrschenden Wirtschaftsphilosophie des Indianerbüros abhängig. Der Rinderzuchtverband des Isleta-Pueblos verdankte seine Entstehung der neuen Indianerpolitik unter Präsident Roosevelt, seinen Untergang den Terminationsbestrebungen der fünfziger Jahre. Seither sind die Kooperativen beim Indianerbüro wieder hoffähig geworden, wie die Unterstützung einer solchen Genossenschaft bei den Cheyenne River-Sioux in der jüngsten Vergangenheit zeigt. Solange aber die ökonomische Planung den Schwankungen und Inkonsequenzen der offiziellen Indianerpolitik folgen muß, werden die Erfolgschancen gering bleiben.

Der Zusammenhang der Zivilisierungs- und Agrarisierungsprogramme der Weißen für die Indianer mit dem Hunger der Siedler nach dem roten Land ist bereits aufgezeigt worden: Bauern brauchen weniger Land als Jäger. Eine starke Interessengruppe verfolgte jedoch seit den ersten Tagen der europäischen Kolonisation das entgegengesetzte Ziel, nämlich die Uramerikaner in ihrer jägerischen Lebensweise zu bestätigen und sogar bodenbautreibende Stämme zur Jagd zu animieren. Die Pelzhändler (und mit ihnen die Regierungen) erkannten, daß Tierfelle der einzige Naturschatz Nordamerikas waren, dessen systematische Ausbeutung in der vorindustriellen Zeit Profit zu bringen versprach. Die Russen in Alaska und die Franzosen in Kanada sahen in der Neuen Welt weniger ein Emigrationsgebiet als eine Goldgrube, in der Rauhwaren das Edelmetall ersetzten. Aber auch die englischen Kolonien, mit Ausnahme von Virginia und Maryland, die durch Tabakanbau zur Blüte gelangten, waren weitgehend vom Pelzhandel abhängig.

Das Zusammenwirken von Roten und Weißen in der Ausbeutung des natürlichen Reichtums ergab sich von selbst: Den Biber fingen viele Indianerstämme hauptsächlich des Fleisches wegen, das in Europa hochgeschätzte Fell des Nagers vernichteten sie. Für Hirschfelle hatten die Eingeborenen einen größeren Eigenbedarf, aber auch hier gab es eine ungenutzte Überschußproduktion an Fellen. Als die Pelzhändler den Indianern für ungenutzte Häute so begehrte Waren wie Glasperlen, Eisengeräte und Tuche zum Tausch anboten, griffen die Roten begeistert zu. Der Handel mit Pelzen wurde binnen kürzester Zeit zum einzigen Weg, um die Nachfrage nach den Gütern der Zivilisation zu befriedigen.

Handel zwischen den Stämmen hatte es schon seit jeher gegeben. Meeresmuscheln gelangten von den Küsten der Ozeane weit ins Landesinnere, Kupfer wurde aus dem Gebiet des Oberen Sees über weite Teile des östlichen Nordamerikas verkauft. Grizzlybärenklauen konnte man aus den Rocky Mountains beziehen, und auch landwirtschaftliche Produkte wie Mais wurden bei den Tauschtransaktionen ex- und importiert. Der Pelzhandel aber war etwas qualitativ anderes. Innerhalb kurzer Zeit veränderte er die Produktionsverhältnisse durch Einführung neuer Fangmethoden: Feuerwaffen und Eisenfallen ermöglichten es den Eingeborenen, ihre Jagdkapazität zu vergrößern und in der Hoffnung auf guten Profit andere Wirtschaftszweige zu vernachlässigen. Die Pelzhändler förderten die zunehmende Einseitigkeit, indem sie neben Gebrauchsgütern auch Proviant in den Tauschverkehr einbezogen und so die Jäger von der Nahrungssuche befreiten. Gerade dadurch aber gerieten die Indianer in wachsende Abhängigkeit von den Handelsleuten. Dazu trug das großzügig gehandhabte Kreditsystem bei, das den Eingeborenen die Möglichkeit bot, sich vor Beginn der Saison mit Nahrung und Gütern einzudecken, während die Bezahlung erst bei Ablieferung der Felle erfolgte. Durch skrupellose Manipulation der Preise konnten die Händler nicht nur ihre Gewinnspannen beträchtlich erhöhen, sondern auch die Roten durch Verschuldung noch willfähriger machen.

Solange mehrere europäische Mächte oder verschiedene Handelsgesellschaften und Einzelhändler miteinander um bestimmte Märkte konkurrierten, hatten die Indianer noch die Chance, selbst am Profit mitzunaschen. Manche Stämme übten die Funktion von Zwischenhändlern zwischen den Weißen im Osten und den Stämmen im Westen aus, und auch das brachte einigen indianischen Gruppen kurzfristigen wirtschaftlichen Nutzen. Sobald aber auf europäischer Seite Monopolverhältnisse entstanden, wurden die Uramerikaner zu hilflosen Opfern eines Käufermarkts. Monopolistische Handelsgesellschaften wie die britische *Hudson Bay Company* bestimmten nicht nur die Preise, sondern übernahmen in den Gebieten, die nicht bereits von europäischen Siedlern erschlossen waren, auch alle Funktionen von Territorialregierungen.

Die Praktiken der Pelzhändler in Nordamerika stellen kein rühmliches Kapitel in der Geschichte der Jünger Merkurs dar. Die Qualität der importierten Handelswaren war besonders schlecht und auf raschen Verschleiß berechnet, um die Nachfrage nie absacken zu lassen. Und in der Preisgestaltung erscheinen die multinationalen Ölgesellschaften unserer Tage den Pelzhändlern gegenüber als stümperhafte Anfänger. Die Regierungen förderten die monopolistischen Tendenzen, weil dadurch einerseits extrem skrupellose Außenseiter ausgeschaltet, anderseits die Exporte besser kontrolliert werden konnten. Versuche, den Pelzhandel zu verstaatlichen, waren jedoch nie von langer Dauer, obwohl sie den Roten sicherlich die gerechteste Behandlung verschafften. Die französische Krone mußte schon im siebzehnten Jahrhundert ihr Monopol auf Felle in Kanada aufgeben, weil freie Unternehmer auch ohne Bewilligung in das lukrative Geschäft einstiegen und durch eine Lizenzpflicht für die Händler mehr zu gewinnen war als durch ein nicht durchsetzbares Regierungsmonopol. Ähnliche Gründe veranlaßten auch die USA, von dem mehrere Jahrzehnte nach der amerikanischen Revolution praktizierten System staatlicher Handelsfaktoreien abzugehen.

In manchen Teilen Kanadas ist der Pelzhandel (unter den Auspizien der *Hudson Bay Company*) bis heute für die indianische Wirtschaft von Bedeutung geblieben. In den USA gibt es zwar praktisch keinen Handel mit Rauhwaren mehr, der weiße Händler selbst aber hat seine Monopolstellung im Indianerland weitgehend bewahrt. Von der Regierung mit einer umfassenden Lizenz ausgestattet, jedoch viel zu selten kontrolliert, nützt der heutige Inhaber eines *Trading Post* in einem Indianerreservat seine günstige Position oft ebenso schamlos aus, wie es seine Vorgänger aus drei Jahrhunderten getan haben.

Eine Untersuchung, die von der amerikanischen Bundeshandelskommission *(Federal Trade Commission)* über Ersuchen des Indianerbüros 1972/1973 in der Navajo-Reservation durchgeführt wurde, bestätigte offiziell, was der Öffentlichkeit aus Presseberichten über die Situation der Indianer längst bekannt war: Die Händler auf Reservaten verlangen überhöhte Preise für ihre Waren. Ein Pfund Kaffee kostet im amerikanischen Durchschnitt 1,10 Dollar, von den Navajos verlangt man bis zu 2,25 Dollar. Das Kreditsystem funktioniert wie in der guten alten Zeit: Die Händler weigern sich, Fürsorge- und Sozialversicherungsschecks von den Indianern in Bargeld einzulösen, und verlangen bei sonstiger Kündigung des Kredits die Überschreibung des Schecks an sich selbst; die roten Kunden werden daher gezwungen, ihr oft einziges

Einkommen an den Handelsposten abzuliefern, und sind in der Folge nicht mehr in der Lage, ihre Warenbezugsquelle frei zu wählen. In geradezu konspirativer Weise leiten manche Postämter die an bestimmte Navajos adressierten Schecks aus eigenen Stücken direkt an die Händler weiter. Die Indianer wissen daher oft gar nicht, wieviel Geld der Besitzer des Handelsposten für sie erhalten hat.

Bringen die Eingeborenen Wertsachen wie Silberschmuck oder Teppiche dem Händler als Pfand, so können sie nicht sicher sein, daß dieser die eingesetzten Gegenstände auch wirklich die gesetzlich vorgeschriebenen sechs Monate lang für sie aufbewahrt. Kann er das Pfand mittlerweile günstig losschlagen, streicht er ohne Bedenken die Differenz zwischen der verliehenen Summe und dem erzielten Kaufpreis als Profit ein. Verkauft er jedoch das Pfand nicht, dann verlangt er von seinem indianischen Schuldner bis zu 60 Prozent Zinsen pro Jahr.

So trägt das Indianerbüro durch grobe Verletzung seiner Aufsichtspflicht über die konzessionierten Händler dazu bei, daß seine roten Schutzbefohlenen im Stil des Kolonialismus in starker ökonomischer Abhängigkeit verbleiben. Vielleicht führt der Bericht der *Federal Trade Commission* dazu, daß der Plan, den Stämmen im Rahmen erweiterter Selbstbestimmung auch die Kontrolle über die Güterversorgung der Stammesbevölkerung zu geben, bald verwirklicht wird.

Während der Pelzhandel viele indianische Gruppen und Individuen in direkte wirtschaftliche Abhängigkeit von den Händlern brachte, beließ er die Eingeborenen immerhin noch als »freiberuflich« Erwerbstätige in einer sich zwar wandelnden, aber nicht grundsätzlich verneinten traditionellen Lebensweise. Versuche, die Urbewohner Amerikas zu Bauern zu machen, sprachen der bisher praktizierten Ökonomie ihre Daseinsberechtigung ab, strebten jedoch wenigstens in den Worten der Proponenten dieser Politik nach dem idealistischen Ziel, den Indianer innerhalb des Agrarsystems unabhängig lebensfähig zu erhalten. Die Auffassung, der Indianer sei von Natur aus zum lohnabhängigen Arbeiter oder Sklaven bestimmt, war darauf angelegt, ihm sowohl Tradition als auch Freiheit zu nehmen und ihn am unteren Ende der europäischen Sozialpyramide einzugliedern. Argumente für ein solches Vorgehen reichten von der Behauptung, die amerikanischen Eingeborenen seien Untermenschen, über die Forderung nach Bestrafung eines jeden, der sich nicht zum Christentum bekehren wollte, bis zu der Meinung, nur harte Arbeit würde den Wilden zum Kulturmenschen läutern.

Üblicherweise hat man die drei beschriebenen Alternativen der wirtschaftlichen Begegnung zwischen Rot und Weiß als typisch für das unterschiedliche Verhalten der drei hauptsächlichen Kolonialmächte Amerikas dargestellt: die Franzosen als mit Indianerinnen sich paarende Handelsleute, die Briten als landhungrige Bauern, die Spanier als sklaventreibende Herrenmenschen. Sosehr diese Vorstellungen landläufigen Stereotypen des jeweiligen Nationalcharakters entsprechen mögen, sowenig stimmen sie in dieser Ausschließlichkeit mit der Realität überein. Schließlich war es der Konflikt der Handelsinteressen, welcher Briten und Franzosen in Nordamerika gegeneinander aufs Schlachtfeld führte. Und was indianische Arbeitskräfte betrifft, so scheuten sich die englischen Kolonisten keinesfalls, sie zu verwenden und zu versklaven, wenn sich die Gelegenheit dazu ergab. Sie ergab sich oft genug.

Sobald die Engländer in Virginia den Schlüssel zu den Toren der Neuen Welt in Händen hielten, begannen sie, sich die Ortskenntnisse der bisherigen Inhaber nutzbar zu machen. Vor allem als Jäger wurden Indianer von den Siedlern angeheuert, die selbst von der Jagd – die in England ein Privileg der Reichen war – wenig verstanden; aber auch als Hausdiener oder Hausmädchen fand man bald für sie Verwendung. In dieser Funktion waren sie den zeitverpflichteten weißen Bediensteten, von denen später noch die Rede sein wird, technisch gleichgestellt. Wohl gab es Faktoren, welche gegen die Einstellung indianischen Personals sprachen: War es nicht gefährlich, denjenigen, denen man das Land streitig machen wollte, ein Gewehr in die Hand zu geben, wenn auch nur zur Jagd? Konnten sie nicht, als harmlose Diener getarnt, Spionagedienste für ihre Stammesbrüder leisten? Würden sie nicht bei nächster Gelegenheit in das ihnen bestens bekannte Landesinnere entlaufen, von wo kein Engländer sie jemals zurückholen konnte?

Was diesen Punkt betraf, so waren allerdings auch weiße Diener entlaufen und entliefen späterhin schwarze Angestellte, und nur wenn sie sich bei den Indianern unbeliebt machten, bestand die Chance, sie jemals wiederzusehen. Durch Gesetze, die mehr gebrochen als gehalten wurden, konnte man erwirken, daß entweder keine Gewehre in die Hände indianischer Jäger gelangten, die ja mit Pfeil und

Bogen ihr Auslangen finden konnten, oder daß die weißen Herren bei den Behörden eine Kaution hinterlegten, mit der sie sich für das Wohlverhalten ihrer roten Bediensteten verbürgten. Und endlich zeigte die Erfahrung, daß manche indianische Hausangestellten eine größere Treue zu ihren fremden Herren bezeugten, als die Stammesbindungen erwarten ließen. Als die Indianer Virginias sich 1622 entschlossen, den Vormarsch der Kolonisten durch gezielte Kriegshandlungen aufzuhalten, wäre ihnen der Erfolg gewiß gewesen, hätten nicht einige indianische Hausdiener die Engländer rechtzeitig gewarnt und in Verteidigungsbereitschaft versetzt.

Die Reaktion der Engländer war aber keineswegs von Dankbarkeit gegenüber den unverhofften Freunden gekennzeichnet. Vielmehr wurden Stimmen laut, die Zwangsarbeit für die Indianer forderten, eine Idee, die sich allerdings im Jahr 1622 wegen der zahlenmäßigen Unterlegenheit der Weißen nicht durchführen ließ. In dem Maße jedoch, wie die Zahl der Kolonisten wuchs und die der Indianer abnahm, gewann der Einsatz indianischer Arbeitskräfte rasch wieder an Attraktivität. Für die Briten war es vor allem die Gelegenheit, billig zu Personal zu kommen, was den Prozeß der Integration von Indianern in den Arbeitsmarkt beschleunigte. Zugleich war man auf die Nutzung jener Kenntnisse der Eingeborenen bedacht, die man selbst nicht besaß: So wurden männliche Indianer weiterhin überwiegend als Jäger eingesetzt oder fanden als Kundschafter auf den Expeditionen der Händler im Hinterland Verwendung.

Da die Kolonialgesetze Virginias vorschrieben, daß indianische Kinder unter zwölf Jahren nur freiwillig und mit Genehmigung ihrer Eltern zu weißen Dienstgebern ziehen durften (was nicht allzu häufig der Fall war), half man nach, indem man Indianerkinder raubte und dann sagte, sie wären einem zugelaufen. Um Mißbräuchen vorzubeugen, führte man eine Lizenzpflicht für indianische Diener ein und setzte die maximale Dienstzeit mit dreißig Jahren für Kinder unter zwölf Jahren und mit zwölf Jahren für Erwachsene fest. Was solche Dienstverhältnisse auch für die Eingeborenen interessant machte, waren im wesentlichen zwei Faktoren: Sie boten einen Weg, um an englische Importgüter wie Glasperlen, Stoffe und Metallgeräte heranzukommen, und da der Pelzhandel in den bereits dichter von Kolonisten besiedelten Gebieten an Bedeutung verloren hatte, waren Arbeitsverhältnisse oft die einzige Möglichkeit dafür; anderseits brachten sie die

Roten mit der stetig zur Vorherrschaft gelangenden weißen Gesellschaft in Kontakt, verschafften ihnen kostenlosen Sprachunterricht und die Beherrschung von Fähigkeiten, die erforderlich waren, um außerhalb des Stammesverbands existieren zu können. Die Erlernung europäischer Techniken war teilweise für den Stamm von Nutzen, wie zum Beispiel im Fall des Zimmermannhandwerks, konnte aber auch ohne Bedeutung sein, wenn es sich etwa um indianische Schuster handelte, die Stammesbevölkerung aber weiterhin die ihren Lebensverhältnissen besser angepaßten Mokkasins den unbequemen und schweren europäischen Schuhen vorzog. Im allgemeinen jedoch war die Verwendung indianischer Arbeitskräfte für den Stamm sozial disruptiv, da Eingeborene, die als Kinder in ein englisches Dienstverhältnis eingetreten waren und dreißig Jahre darin zugebracht hatten, nachher kaum noch Verständnis für die Kultur ihrer Eltern aufbrachten.

Die Versklavung von Indianern begann in Virginia 1676 und gewann fortschreitend an Bedeutung. Noch 1662 und 1670 hatte man einen klaren Trennungsstrich zwischen Negersklaven und indianischen Dienern gezogen, doch 1676 gestattete man bereits die Versklavung indianischer Kriegsgefangener. 1682 wurde diese Bestimmung auf solche Indianer ausgedehnt, die von anderen Indianern zum Kauf angeboten wurden, und 1702 setzte man schließlich Schwarze und außerhalb des Stammesverbandes lebende Rote weitgehend gleich. Während ähnliche Verhältnisse in den benachbarten Kolonien obwalteten, gewann die Versklavung von Indianern neben der von Negern nur in South Carolina erstrangige wirtschaftliche Bedeutung.

Als 1674 einige zahlenmäßig relativ unbedeutende Indianerstämme in der Nachbarschaft der englischen Siedlungen in South Carolina in Verdacht gerieten, drei Kolonisten überfallen und ermordet zu haben, beschloß man, sie im Sinne der Vorwärtsverteidigung selbst anzugreifen und die Gefangenen sicherheitshalber zu versklaven. Zur Erklärung dieses Verhaltens wurde angeführt, dies geschehe, um zu verhindern, daß die indianischen Verbündeten der Siedler die Kriegsgefangenen grausam zu Tode marterten. So kaufte man den indianischen Freunden die indianischen Feinde ab und verkaufte sie nach den westindischen Inseln oder an andere Kolonien, wo sie nicht so leicht zu ihren Stämmen entlaufen konnten. Da Sklaven bald höhere Preise brachten als Tierfelle, stellten sich manche Gruppen völlig auf den gewinnträchtigeren Menschenhandel um. Die Westos verkauften um 1700 gefangene Cherokees, Cusabos, Yamasees und Creeks in Charleston, um nur wenig später selbst von den Shawnees am gleichen Ort feilgeboten zu werden. Im Jahr 1708 wurden in South Carolina 1400 Indianer versklavt, überwiegend Frauen und Kinder. Die Praxis fand erst ein Ende, als die Kolonisten mit den größeren Stämmen des Landesinneren konfrontiert wurden, die stark genug waren, um sich gegen Versklavung zu wehren.

Weiter im Westen waren indianische Arbeitskräfte niemals so gefragt wie im Osten. Der Grund mag teilweise im Unterschied zwischen Plantagenwirtschaft und Farmwirtschaft zu suchen sein, teilweise auch in der nomadisierenden Lebensweise der Plains-Indianer, die sie zur Verwendung im Haushalt weniger geeignet machte als die seßhaften Indianer, denen die ersten Kolonisten begegneten. Bestenfalls in den zirkusartigen Wildwest-Shows à la Buffalo Bill fand man für sie Verwendung. Die Indianerpolitik des neunzehnten und des frühen zwanzigsten Jahrhunderts förderte in erster Linie die Agrarisierung der Stämme des Westens und nur sekundär, im Rahmen allgemein erzieherischer Maßnahmen, die Ausbildung in anderen Berufen, vor allem in Handarbeiten und einfachen mechanischen Tätigkeiten, durchwegs am unteren Ende der Lohnskala. Indem man den Indianern die Befähigung zur Erlangung höherer Bildung absprach und sie zugleich an der Ausübung ihrer traditionellen Wirtschaftsweise hinderte, versperrte man ihnen den Weg zu sinnvoller wirtschaftlicher Entfaltung und schuf ein Heer von finanzschwachen Arbeitslosen, Hilfs- und Gelegenheitsarbeitern ohne Möglichkeiten eines beruflichen und sozialen Aufstiegs.

Eine Untersuchung des Kongreßausschusses für innere Angelegenheiten aus dem Jahr 1962 wirft Licht auf die Folgen der Versäumnisse der Vergangenheit und auf die Probleme, mit denen der Indianer als Arbeitskraft in einer nichtindianischen Gesellschaft sich konfrontiert sieht. Die Verhältnisse von 1962 sind den heutigen so ähnlich, daß sie (abgesehen von der weitgehend inflationsbedingten Erhöhung aller Einkommen) immer noch als typisch angesehen werden können. Die hervorstechendsten Merkmale aller Untersuchungen über die wirtschaftliche Situation der Indianer als Bürger des Konsumgiganten USA sind Arbeitslosigkeit und – in direkter Folge davon – Familieneinkommen am oder unter dem Existenzminimum. Während eine Arbeitslosenquote von 5 Prozent in den USA als durchaus normal und gesund angesehen wird, herrschen bei den Indianern üblere Zustände denn in den schlimmsten Jahren der Depression, als bis zu 25 Prozent der männlichen Arbeitskräfte beschäftigungslos waren. In Reservationen sind Arbeitslosenraten von 50 Prozent und mehr nicht ungewöhnlich, ein Durchschnitt von 40 Prozent ist die langjährige Regel. Allerdings ist anzumerken, daß die Zahlen für die Indianer anders berechnet werden; demselben Schlüssel nach lägen die Zahlen für Arbeitslosigkeit in den USA insgesamt bei 10 Prozent.

Bei den Cherokees in North Carolina, die dank Fremdenverkehr und in der Reservation angesiedelten Betrieben wirtschaftlich besonders günstig dastehen, waren 1962 nur 35 Prozent der Bevölkerung voll beschäftigt, 37 Prozent ständig arbeitslos und der Rest gelegentlich erwerbstätig. Während das jährliche Familieneinkommen bei 2300 Dollar lag (im Staat North Carolina insgesamt 5220 Dollar und selbst in den besonders armen, der Reservation benachbarten Bezirken zwischen 3300 und 4150 Dollar), ist dieser Durchschnitt irreführend, da 42 Prozent der Cherokees weniger als 1000 Dollar jährlich verdienten. Bei den Crows in Montana und in der Fort Apache-Reservation in Arizona lag die Zahl der ständig Arbeitslosen bei 50 Prozent, 25 bis 35 Prozent waren voll beschäftigt, das durchschnittliche Familieneinkommen betrug rund 1000 Dollar, weniger als 20 Prozent des Durchschnittseinkommens im jeweiligen Staat. In besonders ungünstigen Fällen, wie bei den Potawatomis, Kickapoos, Iowas, Sauks und Fox in Kansas, erreichte der Prozentsatz der beschäftigungslosen Familienoberhäupter 84, mit einem Jahresdurchschnittseinkommen von 600 Dollar gegenüber 5300 Dollar für ganz Kansas.

1973 lag die Arbeitslosenrate der Indianer New Mexicos bei 40 Prozent, jener in Arizona zwischen 50 und 60 Prozent, bei einer allgemeinen Arbeitslosigkeit von 4,1 beziehungsweise 5,4 Prozent in diesen Staaten. Das Durchschnittseinkommen einer indianischen Familie war hier um 3000 beziehungsweise 4500 Dollar niedriger als der allgemeine Durchschnitt des entsprechenden Staates, wobei die Familien bei den Indianern durchwegs größer sind als bei den weißen Amerikanern. Nach dem Zensus von 1970 betrug das durchschnittliche Jahreseinkommen einer indianischen Familie in den USA (gleich ob in einer Reservation oder nicht) 5832 Dollar gegenüber 11.549 für eine weiße Familie. Ein rundes

Drittel der indianischen Einkommen lag unter dem Existenzminimum von 3743 Dollar.

Typische Fälle, die im Kongreßbericht von 1962 über
indianische Arbeitslosigkeit angeführt werden, illustrieren die
Auswirkungen der Gegebenheiten auf Individuen und Familien:

Nevada Indian Agency: Ein 37jähriger Familienvater mit
Frau und fünf Kindern hat kaum eine nennenswerte Ausbildung genossen und lebt auf der Reservation in einem einräumigen Haus mit Staubfußboden. Die einzige Art von Beschäftigung, die für ihn vorhanden ist, besteht in landwirtschaftlicher Saisonarbeit zum Mindestlohn. Die Tätigkeiten umfassen
Heuarbeit, Kartoffelklauben und Arbeit auf Zwiebelfeldern.
Auf Kartoffelfeldern verdient man etwa zwölf Dollar pro Tag,
auf Zwiebelfeldern fünf Dollar. Die Familie hatte im Berichts-
jahr 1961 nur fünf Monate lang Beschäftigung und erhielt
während der übrigen Zeit Fürsorgeunterstützung.

Sisseton Agency: Haushaltsvorstand 28 Jahre, verheiratet,
siebenköpfige Familie. Großteil des Arbeitslebens Gelegen-
heits- und Saisonarbeiten in der Nähe von Fargo, North
Dakota, in der Landwirtschaft mit einem Stundenlohn von
einem Dollar und weniger. In den letzten acht Monaten
Arbeiter bei verschiedenen Firmen, 1,25 Dollar bis 2,12
Dollar die Stunde. Jahreseinkommen: 200 Dollar Fürsorgeunterstützung vom Indianerbüro plus 500 Dollar Lohn für
Saison- und Gelegenheitsarbeiten (etwa drei Monate im Jahr).

Turtle Mountain Agency: 25jähriger Mann, unverheiratet,
elf Jahre Schulbildung, Erwachsenenberufsausbildung als
Autospengler. Arbeitsplätze 1957 bis 1960: Juni bis Juli
1957: ein Monat als Farmarbeiter (Steine aus einem Feld
klauben), 1,25 Dollar pro Stunde; Mai bis August 1958: drei
Monate Arbeit an Zementmischmaschine, 1,50 Dollar pro
Stunde; September bis November 1958: zwei Monate beim
Straßenbau, zehn bis elf Stunden pro Tag, 1,65 Dollar die
Stunde; September bis Oktober 1959: ein Monat Arbeit mit
einer Kartoffelerntemaschine, zehn bis elf Stunden pro Tag,
1,25 Dollar pro Stunde; Mai bis Juni 1959: ein Monat als
Farmarbeiter, Kartoffelschneiden, neun bis zehn Stunden pro
Tag, 1,25 Dollar die Stunde; Mai bis Juli 1960: zwei Monate
Arbeit mit Zementmischmaschine, 1,25 Dollar pro Stunde;
September bis Dezember 1960: zwei Monate als Apfelpflük-
ker und Apfelbaumbeschneider, 1,25 Dollar pro Stunde. Hat
niemals im erlernten Beruf gearbeitet; alle Dienstverhältnisse

waren auf die angegebene Zeitdauer abgeschlossen, der Dienstnehmer wurde nie gekündigt. Den Rest der Zeit war er arbeitslos.

Mescalero Indian Agency: Mescalero-Apache, 54 Jahre, 1928 Absolvent des Indianerinternats von Carlisle in Pennsylvania, arbeitslos bis 1932, dann als Arbeiter für das *Civil Conservation Corps* (eine Einrichtung des *New Deal,* die als Umweltschutzorganisation vielen Indianern nützliche Arbeitsplätze verschaffte, jedoch aufgelöst wurde, als sich die allgemeine Wirtschaftssituation Amerikas stabilisiert hatte); Anfang des Zweiten Weltkriegs Bauarbeiter an lokalen Verteidigungsanlagen, 1943–1946 Militärdienst im Marine Corps im Pazifik, arbeitslos bis 1948, geht an die Westküste, um in der Schiffbauindustrie zu arbeiten, 1950 Rückkehr in die Reservation, Zivilbediensteter einer lokalen Militärdienststelle, 1956 wegen Reduktion des Personalstands gekündigt; bis 1962 Saisonarbeit in der Holzindustrie, gekündigt wegen Schließung der Fabrik, anschließend vom Indianerbüro bei kurzfristigem lokalem Bauvorhaben als Bauarbeiter eingesetzt.

Was aber sind die Ursachen der herrschenden Arbeitslosigkeit, und wo liegen die Chancen für eine Besserung der Zustände?

Die primäre Ursache ist der Mangel an Arbeitsplätzen in den Reservationen und deren Umgebung. Als man im neunzehnten Jahrhundert die Eingeborenen in Reservationen pferchte, machte man sich wenig Gedanken über die Notwendigkeit von Arbeitsplätzen. Die bisherigen Jäger, Fischer und Eichelsammler sollten brave Bauern werden. Von Investitionen nahm man aus Gründen der Sparsamkeit Abstand, und die Reservate verkümmerten zu Notstandsgebieten. Überdies nahm die Zahl der allgemein verfügbaren Arbeitsplätze in der Landwirtschaft im Zuge der zunehmenden Mechanisierung ab; viele arbeitswillige Eingeborene hatten damals wegen der Unmöglichkeit, auf den ihnen bei der Landaufteilung zugewiesenen Fleckchen Land Ackerbau zu treiben, bestenfalls als wandernde Farmarbeiter eine – wenn auch unsichere – Berufschance.

Trotz dieses Mangels an Arbeitsplätzen auf oder nahe dem Reservat ziehen aber die Indianer trotzdem eine Arbeit in der unmittelbaren Umgebung ihrer Gemeinschaft vor, weil sie eine besonders enge Beziehung zu ihrem Land haben, keine langen Anwegzeiten in Kauf nehmen wollen und wegen ihrer zumeist beschränkten Erfahrung mit der weißen Umwelt eine begreifliche Angst vor dem Kopfsprung in eine völlig nichtindianische Umgebung empfinden. Die Umsiedlung von Indianern in die Städte, die das Ziel verfolgte, die Arbeitslosigkeit zu senken, war Teil der Terminationspolitik der vierziger und fünfziger Jahre unseres Jahrhunderts. Sie zielte auf die Trennung der Indianer von ihrem Land und die Auflösung des Stammesverbands ab und mußte so bei all jenen auf Widerstand stoßen, denen das erbärmlichste Stück Boden und die Bande der Gemeinschaft als letzte Bindeglieder zu einer besseren Vergangenheit mehr wert waren als unglaubwürdige Versprechungen einer besseren Zukunft.

Die Tatsache, daß der Chef des Indianerbüros, unter dem die Umsiedlungspolitik begonnen wurde, keine Ahnung von Indianern hatte, sondern diesen Posten seiner Erfahrung mit der Einweisung von Amerikanern japanischer Abstammung in Konzentrationslager während des Zweiten Weltkriegs verdankte, konnte auch nicht das Vertrauen der Eingeborenen erwecken. Die Umsiedlungsversuche hatten wegen mangelnder Vorbereitung eine enorme Mißerfolgsquote (bis zu 60 Prozent der Umgesiedelten, im Durchschnitt immerhin 40 Prozent, kehrten nach kurzer Zeit in die Reservationen zurück), und selbst im Falle des Gelingens brachten sie den Betroffenen neben einem eventuellen finanziellen Gewinn höhere Lebenshaltungskosten, Verluste von Rechten (wie Steuerfreiheit, Stimmrecht in Stammesangelegenheiten) und Verluste an sozialen Bindungen. Im übrigen bewirkte das Umsiedlungsprogramm die Abwanderung der „Fähigsten" (das heißt, der am besten an die weiße Gesellschaft Assimilierten) und trug so zur weiteren Verringerung des ökonomischen Potentials der Reservationen bei.

Die gelegentliche Schaffung kurzfristiger Arbeitsplätze verursacht zumeist mehr Schaden als Nutzen. Solche Jobs werden greifbar, wenn in der Nähe von Reservaten Staudämme errichtet oder ähnliche Bauvorhaben der öffentlichen Hand durchgeführt werden. Derartige Projekte schaffen für die Dauer von ein bis zwei Jahren Arbeitsmöglichkeiten für ungelernte Arbeiter, nach ihrer Vollendung aber nur eine geringe Zahl fester Stellen für speziell geschultes Personal. Dadurch sinkt nach Ende der Bautätigkeit das indianische Familieneinkommen wieder auf den alten Stand, und das Lohngefälle gegenüber den weißen Nachbarn, die allein für die neu entstehenden Posten in Frage kommen, wird sogar noch größer. Als nach dem Zweiten Weltkrieg im hohen Norden Kanadas das militärische Frühwarnsystem der USA mit seinen Radarstationen, Flugplätzen und Armeebasen errichtet wurde, kamen viele Eskimos in den Genuß kurzfristiger Beschäftigung und wurden dadurch weitgehend aus ihrem traditionellen Wirtschaftsleben herausgerissen. Nach Beendigung der Arbeiten verblieben sie in der Nähe der millionenverschlingenden Militäreinrichtungen, arbeitslos, in Bretterbuden aus Bauabfällen. Die Weisheit, daß Arbeit frei macht, hat sich in diesen und ähnlichen Fällen nicht bestätigt.

Wenn nun Arbeitsplätze in der Reservation geschaffen werden, so geschieht dies üblicherweise durch Ansiedlung weißer Industriebetriebe. Da aber die Reservationen nur in den seltensten Fällen genügend aufgeschlossen sind, um scharf rechnende Kapitalisten zur Investition zu verlocken, müssen Mittel verfügbar gemacht werden, um der erwünschten Industrie auf dem Förderungsweg einen Ausgleich für die mangelnde Infrastruktur zu geben. Hat das *Bureau of Indian Affairs* (oft unter mangelhafter Beiziehung der Eingeborenen) einen Betrieb durch Zuwendung von treuhändig verwalteten Stammesgeldern oder für die Uramerikaner reservierten Budgetmitteln in die Reservation gelockt, müssen die Indianer für die neuen Arbeitsplätze eingeschult werden. Obwohl eine solche gezielte Ausbildung natürlich besser ist als die vorher praktizierte planlose Berufsschulung ohne Rücksicht auf die Nachfrage, wird doch gewöhnlich vergessen, die weißen Betriebsmanager auf die möglichen Probleme mit den neuen Arbeitern vorzubereiten. So kommt es, daß viele Fabriken mit der Arbeitsauffassung ihrer indianischen Bediensteten nicht zufrieden sind, weil diese keine Ahnung von der kulturell bedingten Einstellung zur Arbeit haben und daher auch keine Rücksicht darauf nehmen können. Werden indianische Arbeitskräfte von dem in ihrer Reservation angesiedelten Betrieb entlassen, so gibt es für sie kaum Hilfe. Die weißen Beamten der Indianeragentur können natürlich versuchen, auf gütliche Weise Einfluß auf den Arbeitgeber zu nehmen, doch gibt es keine rechtlichen Mittel, die Anstellung von Indianern in Betrieben auf Indianerland zu gewährleisten, wenn sie nicht vertraglich festgelegt ist (was das Indianerbüro, um überhaupt Interessenten für eine Betriebsansiedlung zu finden, tunlichst vermeidet).

Auch aus anderen Gründen bringt die Ansiedlung weißer Industriebetriebe in Reservationen nicht die erhoffte Lösung des Arbeitslosenproblems. Waren die Bemühungen, indianische Arbeitskräfte umzusiedeln, von beständigem Mißerfolg gekennzeichnet, so gilt dasselbe für weiße Betriebe auf Indianerland. Trotz erheblicher Investitionskosten können viele Industrien in den ökonomischen Randbezirken, wie die Reservationen es sind, nicht florieren und schließen oft nach wenigen Jahren wieder ihre Tore. Die Rechnung bezahlt natürlich der Indianer. Auch ist der Zuwachs von Arbeitsplätzen durch Industrieansiedlung äußerst gering: in den sechziger Jahren betrug er 180 Stellen pro Jahr. Wie ein Kommentator bemerkte, würde es bei gleichbleibender Zuwachsrate und der unrealistischen Annahme einer gleichbleibenden indianischen Bevölkerung bis zum Jahr 2300 dauern, ehe das Problem der indianischen Arbeitslosigkeit auf diese Weise gelöst wäre.

Gerade die Bevölkerungsexplosion in den Reservationen erfordert aber die schnelle Schaffung vieler Arbeitsplätze, wenn die Eindämmung der Arbeitslosigkeit von langfristiger Wirkung sein soll. Die Errichtung von Betrieben in nichtindianischer Hand ist zweifellos eine von vielen möglichen Maßnahmen, wenn dabei Rücksicht auf die Indianer genommen wird und die Zahl der geschaffenen Stellen das Potential eines stammeseigenen Betriebs übersteigt.

Im Juli 1965 begann die *Fairchild Camera & Instrument Corporation* eine Produktionsstätte für Transistoren und elektronische Schaltkreise in der Navajo-Reservation einzurichten. Fünfzig Indianer wurden in dieser ersten Ausbaustufe beschäftigt, und alle Schwierigkeiten einer auf indianische Arbeitskräfte nicht vorbereiteten Industrie begannen sich einzustellen. Der Umsatz an Arbeitskräften war hoch, weil die Navajos sich in der neuen Tätigkeit nicht zurechtfanden, und sie konnten sich nicht zurechtfinden, weil sie vorher entlassen wurden. Als nach zwei Jahren ein verständnisvoller Manager die Organisation übernahm, trat der große Wandel ein. Aber nicht die Navajos änderten sich, sondern Fairchild. Kulturelle und linguistische Probleme wurden geschickt gelöst. Da viele technische Spezialausdrücke im Navajo-Idiom nicht vorhanden waren, wurden sie in Zusammenarbeit mit den Eingeborenen neu geschaffen, um eine Verständigungsgrundlage herzustellen. Das mangelnde Verständnis für weiße Zeitmessung wurde beseitigt, indem man die Ziffernblätter der Uhren im Werk in zehn Sektoren einteilte und abwechselnd rot und blau bemalte; jeder Arbeiter konnte danach seine Arbeitszeit ohne Schwierigkeit begreifen. Mitglieder des gleichen Klans wurden innerhalb der Betriebshierarchie getrennt, um zu vermeiden, daß ein jüngeres Klanmitglied einem zu respektierenden älteren Verwandten Anweisungen zu geben oder ihn zu kontrollieren hatte.

Anderseits fanden die Leute von Fairchild bald heraus, daß viele Züge der traditionellen Navajo-Kultur der Arbeitsleistung zugute kamen. Die Frauen hatten keine Schwierigkeiten, komplizierte Schemata integrierter Schaltkreise im Gedächtnis zu behalten, da sie von der Teppichweberei her gewohnt waren, Muster aus der Vorstellung in die Wirklichkeit zu übersetzen. Aus derselben Erfahrungsquelle bezogen sie die Fähigkeit, spontane und dabei korrekte Entscheidungen in Fragen der Materialqualität zu treffen und minderwertige Ersatzteile auszuscheiden. Sie sind geduldig und respektieren privates Eigentum, weshalb die Häufigkeit von Materialdiebstählen geringer ist als bei weißen Arbeitern.

Zeitungen und Zeitschriften wie *Wall Street Journal* und *Business Week* lobten das Unternehmen ohne Einschränkung. Zur Beruhigung der Aktionäre hob man hervor, daß das Werk in Shiprock zu den profitablesten Produktionsstätten des Konzerns zähle. Ein neues Kapitel in der indianischen Wirtschaftsgeschichte schien geschrieben zu werden. Man sprach von einem Ausbau bis zu einer Größe von 2000 Beschäftigten; selbst im höheren Management sollten nach und nach einheimische Fachkräfte die Weißen ablösen.

Weniger gerne sprach man von den klar zutagetretenden Problemen, die durch Fairchild in Shiprock verursacht wurden. Etwa von den Folgen der Tatsache, daß in der Firma überwiegend Frauen Beschäftigung fanden, während die Männer arbeitslos blieben. Das hatte nicht nur Konsequenzen für die familiären Verhältnisse, sondern war auch wirtschaftlich unsinnig, weil die meisten der bei Fairchild beschäftigten Navajo-Frauen nun keine Zeit mehr für Weberei hatten und somit letztlich nur von Heimarbeit zur etwas besser bezahlten Industriearbeit wechselten. Wären die Männer angestellt worden, hätten Männer und Frauen zum Familienbudget beitragen können. Auch über die Gründe, warum Fairchild in Shiprock so profitabel produzieren konnte, verlor man nicht viel Worte.

Das Traumziel von 2000 Beschäftigten erreichte man nicht, und auch das Management blieb rein weiß. Die der Energiekrise folgende schwere Rezession in den USA führte letztlich sogar dazu, daß Anfang 1975 140 der Navajo-Bediensteten von einem Tag auf den anderen entlassen wurden. Daraufhin besetzten rund zwanzig Mitglieder des militanten *American Indian Movement* (AIM), das in der Navajo-Reservation kaum großen Rückhalt hat, das Werk. Sie wiesen darauf hin, daß Fairchild selbst nichts investiert hatte: Die Fabrik war aus Stammesmitteln errichtet worden, ohne daß die weißen Industriellen sich für die Benützung der Anlagen zu irgendwelchen vertraglichen Gegenleistungen bereit erklärt hatten. Unter dem Druck der Firmenleitung war eine gewerkschaftliche Organisierung der Arbeitskräfte verhindert worden. Die Arbeitsbedingungen waren unvergleichlich schlechter als in anderen Werken von Fairchild. Die örtlichen Navajos gaben dem AIM grundsätzlich recht: anderseits fürchteten sie, daß die militante Aktion nun auch die restlichen Arbeitsplätze gefährden würde. Die Mehrheit der Fairchild-Bediensteten sprach sich gegen die Besetzung aus. Als die AIM-Leute nicht abzogen, machte das weiße Management Schluß: Das Werk wurde für immer geschlossen.

Ein »Betrieb« in jeder Reservation, der sich als selbstverständlicher Arbeitsplatz für Indianer anbietet, ist die lokale Agentur des *Bureau of Indian Affairs*. In den frühen Jahren der Indianerverwaltung waren es hauptsächlich indianische Dolmetscher, die von den Regierungsbehörden angeheuert wurden. Es waren überwiegend Halbblutindianer, die in beiden Kulturen und Sprachen genügend zu Hause waren, um einer solchen Funktion gerecht zu werden. Gleichzeitig waren sie meist zumindest einer der beiden Seiten so weit entfremdet, daß ein vertrauensvolles Verhältnis die Ausnahme blieb. In der eigentlichen Verwaltung der Reservation wurden selten Indianer eingesetzt. Von Indianern erwartete man, daß sie Farmer oder Handwerker würden, als Beamte der Agentur hingegen waren sie zu nahe am Schalthebel ihres eigenen Geschicks. Eine solche Verwendung wäre in direktem Widerspruch zur offiziellen »Vater-weiß-es-besser«-Politik gestanden. So blieben für die Indianer meist nur Taglöhnerdienste in der Agentur oder bestenfalls die Stellung eines Hilfsschmieds in den für den Stamm eingerichteten Regierungsschmieden.

Eine Änderung dieser Haltung begann sich unter dem indianischen *New Deal* abzuzeichnen. Die Einrichtung von halbautonomen Stammesverwaltungen brachte sinnvolle Arbeitsmöglichkeiten für Mitglieder der Gruppe mit sich, und die proklamierte Politik der größeren Mitbestimmung öffnete den Eingeborenen auch die Tore zur Bürokratie der Indianeragentur. Es ist klar, daß die Auswahl der indianischen Beamten nicht nur dem Tauglichkeitsprinzip folgte, sondern auch weitgehende Übereinstimmung mit den Zielen der Indianerpolitik Washingtons voraussetzte – und dadurch vorhandene Gegensätze innerhalb des Stammes förderte. Die anpassungswilligen Indianer bekamen die Posten, die Traditionalisten blieben arbeitslos.

Mit dem Ziel der Autonomie vor Augen, aber auch, weil die Anwesenheit von Indianern in der Bürokratie die Kommunikation zwischen Verwaltung und Stamm erleichterte, wurde die bevorzugte Einstellung indianischer Bewerber im Indianerdienst im *Indian Reorganization Act* von 1934 gesetzlich verankert. 1972 begann man sogar, Eingeborene bei Versetzungen und Beförderungen bevorzugt zu behandeln. Dieser vernünftigen Vorgangsweise wurde jedoch 1973 durch ein Gerichtsurteil vorläufig ein Ende bereitet, indem die bestehende Praxis als verfassungswidrige Rassendiskriminierung verurteilt wurde. So richtig das Urteil dem Buchstaben des Gesetzes nach auch sein mag, zeigt es doch, wie wenig diese als Minderheitenschutz gedachten Verfassungsbestimmungen gegen rassische Diskriminierung den speziellen Problemen der indianischen Minderheit gerecht werden. Der Logik des Richterspruchs folgend, dürften sich etwa auch die christlichen Kirchenverwaltungen nicht weigern, Hindus, Buddhisten, Anhänger von Baumkulten oder Atheisten anzustellen oder bei der Beförderung zum Bischofsamt zu benachteiligen, da eine solche Handlungsweise zweifellos eine religiöse Diskriminierung darstellt.

Die Rechtslage wurde durch ein fast gleichzeitiges Urteil eines anderen, gleichrangigen Gerichts, das zur gegenteiligen Rechtsauffassung gelangte, erheblich kompliziert. Während die Verfahren in höhere Instanzen gingen, konnte das Indianerbüro keine Neuanstellungen, Versetzungen und Beförderungen vornehmen. Dementsprechend rasch entschied der Oberste Bundesgerichtshof im Fall *Morton versus Mancari* (1974): Bevorzugte Anstellung von Indianern im Indianerdienst stellt keine rassische Diskriminierung dar. Wieder einmal erwiesen sich die weißen Richter als beste Wahrer indianischer Interessen.

Sicherlich ist die Bevorzugung von Indianern in der Indianerverwaltung kein Allheilmittel gegen die chronische Arbeitslosigkeit; denkt man aber an die Bedeutung des Verwaltungsdienstes für den weißen Arbeitsmarkt, so wäre die Erfüllung dieser Forderung, ganz abgesehen von ihrer Bedeutung im Sinne der Selbstverwaltung, für das wirtschaftliche Wohlergehen der Indianer eine leicht zu verwirklichende Notwendigkeit. 1970 waren etwa 50 Prozent der Bediensteten des *Bureau of Indian Affairs* und des *Indian Health Service* Indianer (11.500 in absoluten Zahlen), während nur 6000 Industriestellen für die Eingeborenen in oder nahe den Reservationen verfügbar waren. Wie wichtig eine bevorzugte Beförderung im Indianerdienst ist, ergibt sich aus der Tatsache, daß weniger als 25 Prozent der roten BIA-Bediensteten mehr als 8000 Dollar pro Jahr verdienten, während fast 80 Prozent der Nichtindianer am gleichen Arbeitsplatz auf diese Gehaltsgruppe entfielen.

Vielfach sind es kulturell bedingte Schwierigkeiten, die eine Verwendung von Indianern in einer amerikanischen Arbeitswelt nahezu unmöglich machen (siehe die Erfahrungen von Fairchild in den ersten Jahren). Selbstverständlich gibt es in dieser Beziehung große, vom Grad der kulturellen Anpassung an die weiße Gesellschaft abhängige Unterschiede zwischen Mitgliedern verschiedener Reservationsgruppen, aber auch zwischen Indianern ein und desselben Stammes. Weitgehend assimilierte Personen, oft mit einem weißen Elternteil, denen die Anpassung an die Arbeitsbedingungen in der Industrie keine Probleme bereitet, dienen den Beamten als Beweis dafür, daß eine solche Anpassung grundsätzlich möglich ist und die nichtanpassungsfähigen Indianer einfach faul und arbeitsscheu seien. Diese ungerechte Beurteilung entspringt jedoch einer weitverbreiteten Unkenntnis der Indianerverwaltung in bezug auf ihre »Schützlinge«.

Tatsächlich ist es nicht Mangel an Arbeitsmoral, sondern eine traditions- und ökonomisch bedingte andere Auffassung von der Arbeit, was zu Konflikten mit der modernen westlichen Arbeitswelt führt. Stämme, die bis vor hundert Jahren als Jäger und Sammler ihren Lebensunterhalt erwarben und seither weder Möglichkeit noch Veranlassung zu einer grundlegenden Umstellung hatten, kannten und kennen den Begriff der festen Arbeitszeit nicht. Sie waren nie Sklaven der Stechuhr und des Achtstundentags. Untersuchungen bei Jäger- und Sammlerstämmen in anderen Teilen der Welt haben gezeigt, daß Gruppen mit einer solchen Wirtschaftsform weitaus weniger arbeiten müssen als Bauern oder gar Industriearbeiter. Im Durchschnitt genügen solchen Völkern drei bis fünf Stunden täglicher Beschäftigung, um ein ihren

Bedürfnissen entsprechendes Leben zu führen, weshalb man sie auch als »ursprüngliche Wohlstandsgesellschaften« bezeichnet hat. Diese durchschnittliche Arbeitszeit wird aber nicht jeden Tag eingehalten, sondern schwankt zwischen völliger Muße und angestrengter Tätigkeit vom Morgengrauen bis in die späte Nacht. War eine intensive Jagd- oder Sammelaktion erfolgreich, bestand kein Grund, hart weiterzuarbeiten, solange Vorräte vorhanden waren.

Die Abneigung gegen reglementierte Arbeitszeit trifft man daher bei praktisch allen früher jagdtreibenden Gruppen an und oft auch bei ehemals bodenbautreibenden Indianern, da ja die Feldarbeit bei den meisten dieser Stämme Sache der Frauen war, während die Männer sich der Jagd widmeten. So heißt es in dem erwähnten Kongreßbericht von 1962, die Navajos zögen eine Arbeit vor, die es ihnen ermögliche, »an den zahlreichen Zeremonien des Stammes teilzunehmen«. Über die Indianer der Fort Apache-Reservation heißt es: »Sie widersetzen sich Stundenplänen, Verabredungen und Abmachungen.« Der Agent der Warm Springs-Reservation in Oregon klagte: »Stammeszeremonien, Feste und selbst Todesfälle sind Anlässe zu Versammlungen. Viele Indianer bleiben aus solchen Anlässen ein bis drei Tage vom Arbeitsplatz weg.« Kulturelle Bräuche, die einem anderen Verhältnis zur Arbeit entspringen, geraten so in Konflikt mit Erfordernissen der weißen Arbeitsdisziplin. Und da Verpflichtungen der Gemeinschaft gegenüber höher bewertet werden als solche dem weißen Dienstgeber gegenüber, kann keine positive Einstellung zur »weißen Arbeit« sich entwickeln. Entlassung ist die gewöhnliche Konsequenz eines unentschuldigten Fernbleibens vom Arbeitsplatz.

Von der Sisseton-Reservation wird berichtet, daß die dortigen Dakotas großes Interesse an Teilzeitarbeit zeigen, die ihrer traditionellen Arbeitsweise eher entspricht. Selbst jene, die eine Stellung mit ganztägiger Arbeit erhalten könnten, optieren vorzugsweise für Teilzeit. Aber auch andere kulturelle Ansichten über die Arbeit spielen eine Rolle: Die Oglala-Sioux von Pine Ridge finden, Fabrikarbeit sei Frauensache, wohl weil sie mehr der ausgeglichenen Beschäftigungsform der indianischen Hausfrauen ähnelt. Gruppen, die eine ihrer traditionellen Wirtschaftsform entsprechende Arbeit finden, stehen ebenfalls vor Problemen: Die Fischerstämme der Nordwestküste, die im kommerziellen Fischfang beschäftigt sind, arbeiten wie in alten Zeiten nur in den ertragsoptimalen Wintermonaten, doch sind die Löhne zu niedrig, um für das ganze Jahr auszureichen. Ähnliches gilt für Eingeborene, die als Holzfäller tätig sind.

Sprachprobleme sind fast fünfhundert Jahre nach der Entdeckung Amerikas und trotz der seither erfolgten »Ent-indianisierung« des Kontinents noch immer ein häufiges Hindernis bei der Stellensuche. Auch hier sind die mehr traditionsgebundenen Indianer schwerer betroffen als die bereits angepaßten. Die aus Sprachbarrieren resultierenden Gefühle der Unsicherheit und ein allgemeiner, kulturell bedingter Mangel an Konkurrenzstreben führen zu einer geringeren Aggressivität indianischer Arbeitssuchender auf dem ohnehin knappen Stellenmarkt. Es mangelt ihnen an Beharrlichkeit und dem Nachdruck, mit dem weiße Konkur-renten einen möglichen Arbeitsplatz anstreben und folgerich-tig daher auch vor dem Indianer erhalten. Derselbe Mangel an Ehrgeiz, der weißen Dienstgebern ein schlechtes und unrichti-ges Bild von der Leistungsfähigkeit der Indianer gibt, hat auch zur Folge, daß nur wenige Eingeborene in industrielle Füh-rungspositionen aufrücken. Selbst in Fällen, in denen ein gegen Diskriminierung am Arbeitsplatz gerichtetes Quotensy-stem in der Beförderung den Sprung nach oben ermöglichen würde, verzichten die roten Arbeitnehmer oft auf eine Vor-rückung, die ihrer kulturellen Tradition nicht entspricht. Das soll nicht heißen, daß Leistung in indianischen Gesellschaften nicht geachtet wurde: Ein guter Jäger hatte etwa grundsätzlich bessere Heiratschancen, ein erfolgreicher Krieger größeren Einfluß bei Beratungen. Doch wurde Leistung allgemein durch Prestigegewinn und selten durch Rangerhöhung belohnt. »Indianische« Spitzenmanager, wie der Aufsichts-ratsvorsitzende der *Philips Oil Company,* W. W. Keeler, sind blutsmäßig und kulturell in Wirklichkeit Weiße, die es verste-hen, ihr auf dem Papier stehendes Indianertum geschickt zu nutzen. Sie werden mit Vorliebe präsentiert, wenn es darum geht, zu zeigen, wie weit es die Indianer schon gebracht haben oder bringen können, wenn sie nur brav und fleißig sind.

In manchen Fällen lehnen Indianer es auch ab, sich dem Zwang einer geregelten Arbeitszeit zu unterwerfen, solange sie Einkommen aus Schürfrechten oder Landverpachtung beziehen, auch wenn die entsprechenden Summen weit unter dem offiziellen Existenzminimum liegen. In anderen Fällen hat die Auszahlung der Pachtgelder im Herbst zur Folge, daß die Eingeborenen zu diesem Zeitpunkt ihren Job aufgeben und erst wieder arbeiten gehen, wenn das Geld verbraucht ist. Dieses Verhalten steht ebenfalls ganz im Einklang mit der traditionellen Wirtschaftsweise, in der nach glücklicher Jagd oder guter Ernte eine Periode der Muße und Entspannung folgte. Daß eine solche Einstellung zur Arbeit die Indianer bei weißen Dienstgebern nicht beliebt macht, ist einzusehen.

»Ein besonders hinderlicher Faktor ist ihr Festhalten an dem Brauch, daß diejenigen, die über Mittel verfügen, mit den Habenichtsen teilen. Ablehnung von Hilfeleistung wird als ›weißes‹ Verhalten gebrandmarkt«, berichtet empört der Agent der Fort Apache-Reservation über das alte, auf dem Prinzip der Gegenseitigkeit beruhende Sozialversicherungssystem vieler Stämme. Einer Gesellschaftsordnung, in der das Wohl der Gemeinschaft vor dem individuellen Gewinnstreben rangiert, steht der Agent einigermaßen ratlos gegenüber. Sie hat seiner Meinung nach den Nachteil, daß die »Fleißigen« von den »Faulen« ausgenützt würden. Das führte – seiner Schilderung zufolge – so weit, daß manche Apachen ihre Arbeit aufgaben, weil sie so viele Verwandte und Freunde erhalten mußten.

Während man mit diesen traditionsbedingten Verhaltensweisen einige der Probleme erklären kann, die aus der Konfrontation der Indianer mit der industriellen Arbeitswelt entstehen, sind eben diese Verhaltensweisen auch Ursache eines weiteren Hindernisses: der rassischen Diskriminierung. Weiße Arbeitgeber, denen es an Einsicht in die Gründe der indianischen Einstellung zur Arbeit mangelt, legen einfach keinen Wert auf die positive Bedeutung des indianischen Verhaltens für die Stammesgemeinschaft. Ihrer Meinung nach sind indianische Arbeiter »faul und unzuverlässig«, und sie finden diese Ansicht oft durch »Erfahrung« bestätigt.

Die Pine Ridge-Reservation in South Dakota ist typisch für viele Reservate. Wegen der chronischen Unterbeschäftigung auf dem Stammesland und in der näheren Umgebung, wo bestenfalls schlechtbezahlte Gelegenheitsarbeit auf Farmen zu haben ist, gehen viele Indianer in die wenigen Städte der Gegend, in denen Industriebetriebe angesiedelt sind. Da aber auch hier zuwenig Arbeitsplätze vorhanden sind, geraten die Zuwanderer rasch in finanzielle und Wohnungsprobleme. Unterbeschäftigung, Alkoholismus, Ehestreitigkeiten und gelegentliche Kriminalität werden für die Städter zum Synonym für indianische Lebensweise; und alte Vorurteile finden damit ihre Bestätigung. Selbst der beste, zuverlässigste, »weißeste« Indianer hat in einem solchen Klima Schwierigkeiten, eine Stellung zu finden.

Eine Studie über Navajo-»Gastarbeiter« in Denver hat gezeigt, daß bei den in der Stadt arbeitenden Navajos zwei Gruppen zu unterscheiden sind, die sich voneinander im Grad der Assimilationsfähigkeit und der kulturellen Anpassung unterscheiden. Die weniger gut angepaßten Eingeborenen zeigten eine stärkere Bindung an traditionelle Werte und an die Reservationsgemeinschaft und hielten es im allgemeinen nicht lange in der Stadt aus. Im Durchschnitt waren sie auch weniger gut ausgebildet und weniger auf das Leben in einer weißen Gemeinschaft vorbereitet als ihre anpassungsfähigen Stammesbrüder, die in ihrer Ausbildung vergleichbaren weißen Arbeitern vielfach überlegen waren. Obzwar nun die Dienstgeber sehr wohl zwischen den beiden Gruppen von Indianern zu unterscheiden wußten, zahlten sie auch den bestangepaßten Navajos, die dem weißen Mittelstandsideal des Arbeiters entsprachen, durchwegs niedrigere Löhne als weißen Beschäftigten in gleicher Verwendung.

Aus der Analyse der Ursachen für die wirtschaftliche Misere der nordamerikanischen Indianer ergeben sich fast zwangsläufig die Forderungen, die zu stellen sind, um eine Änderung der untragbaren Verhältnisse einzuleiten. Die zu schaffenden Arbeitsplätze müssen für Indianer zugänglich sein, ohne einen Bruch mit der traditionellen Stammesgemeinschaft zu erfordern; sie müssen auf indianische Vorstellungen von der Arbeit abgestimmt sein und sollten Neigungen und Befähigungen zu bestimmten Tätigkeiten berücksichtigen. Im Idealfall, der zum Regelfall werden müßte, würden diese Forderungen von indianisch geleiteten Unternehmen in den Reservationen erfüllt. Wenn Selbstbestimmung und Selbstverwaltung nicht im Bereich der Wirtschaft gewährleistet sind, ist eine Politik, die behauptet, diese Ziele zu verfolgen, unglaubwürdig und zum Scheitern verurteilt.

Die jährlich im Budget der Vereinigten Staaten für Indianerangelegenheiten vorgesehenen Mittel ergeben bei Aufteilung auf die indianische Bevölkerung eine Kopfquote von 500 Dollar, was bei einer fünfköpfigen Familie einem Betrag von 2500 Dollar entspricht – oft mehr als das derzeitige Durchschnittseinkommen einer solchen Familie. Natürlich ist keine Rede davon, diese Mittel wirklich in Form einer Rente an die Eingeborenen auszuzahlen. Wesentlich wäre es jedoch, daß dieses Geld sinnvoll für die Indianer und von den

Indianern in den Reservationen investiert würde, anstatt vom *Bureau of Indian Affairs* zur Inganghaltung der eigenen Bürokratie ver(sch)wendet zu werden.

In manchen Fällen haben Indianer durch Zufall eine ihren Fähigkeiten entsprechende Arbeit gefunden, die sogar angemessen bezahlt wird. Das bekannteste Beispiel dafür ist das der irokesischen Stahlgerüstarbeiter. Als im Jahr 1886 eine stählerne Eisenbahnbrücke über den St.-Lorenz-Strom in unmittelbarer Nähe der von Mohawks bewohnten Caughnawaga-Reservation errichtet wurde, erklärte sich die Baufirma bereit, eine größere Anzahl von Roten zu beschäftigen. Gemäß den herrschenden Ansichten über den möglichen Arbeitseinsatz von Indianern dachte man daran, sie als Taglöhner beim Abladen der Baumaterialien zu verwenden. Bald zeigte sich jedoch, daß den Mohawks diese Tätigkeit wenig zusagte und sie lieber in schwindelerregender Höhe auf den Stahlgerüsten über dem reißenden Strom umherspazierten. Es fiel auf, daß sie bei diesen nicht ungefährlichen Exkursionen keinerlei Anzeichen von Angst oder Schwindelgefühl verrieten, sondern sich im Gegenteil auf den schmalen Stahlträgern wie auf festem Boden bewegten. Als sie immer dringender danach verlangten, als Stahlkonstruktionsarbeiter eingesetzt zu werden, gab man ihnen eine Chance und fand zur größten Verblüffung, daß sie zu dieser Tätigkeit, zu der sich nur wenige Weiße bereitfanden und eigneten, alle notwendigen Voraussetzungen mitbrachten. In der Folge spezialisierte sich der Großteil der männlichen Bevölkerung von Caughnawaga auf diese hochbezahlte Arbeit, und Mitglieder des Stammes waren fortan auf allen größeren Stahlgerüstbaustellen zu finden, gleich ob auf Wolkenkratzern in New York oder auf Brücken in Kanada. Ihre Gefragtheit und die gute Bezahlung ermöglichte es ihnen, den Arbeitsplatz nach Belieben zu wechseln oder die Arbeit zu unterbrechen, um in die Reservation zurückzukehren. Eine bedeutende Kolonie von Caughnawaga-Mohawks lebt in Brooklyn und geht bis heute dieser Tätigkeit nach, bei der sie ihre Eignung voll einsetzen, ihre traditionellen Werte und ihren Mut bestätigen und weitgehende Unabhängigkeit von Arbeitszwängen erhalten können.

Wie schon erwähnt, sind viele Stämme der Nordwestküste ihrer früheren Spezialisierung auf die Fischerei treu geblieben, ohne dabei besondere wirtschaftliche Erfolge erzielen zu können. Der kleine Stamm der Lummis im Staat Washington jedoch, der in den sechziger Jahren seine Fischereirechte verlor, begann daraufhin mit einem hochspezialisierten Projekt, das sich auf die intime Vertrautheit der Stammesbevölkerung mit dem Leben im Wasser gründete. Mit staatlichen Subventionen versehen, begannen die Lummis durch Aufschüttung von Dämmen im Meer einen 750 Morgen großen Teich anzulegen. Experten versicherten immer wieder die Unmöglichkeit eines solchen Unterfangens, mußten sich aber von den Tatsachen eines Besseren belehren lassen. Der Teich ist zur kommerziellen Zucht von Austern, Muscheln, Lachsen und Forellen bestimmt. Diese Aquakultur wird bereits heute überwiegend von Lummis selbst betreut, und indem die Indianer sich die ihnen noch fehlenden technischen Spezialkenntnisse aneignen, ersetzen sie nach und nach das derzeit noch beschäftigte weiße Personal. In wenigen Jahren wird der Betrieb den Lummis nicht nur eine große Zahl neuer Arbeitsplätze gebracht haben, sondern auch eine im Stammesbesitz befindliche Industrie, deren Umsatzkapazität auf drei Millionen Dollar berechnet wurde.

Ein ähnliches Projekt könnte die Wirtschaft einiger der kleineren Reservationen Südkaliforniens und Arizonas auf ein festeres Fundament stellen helfen. Die dort ansässigen Stämme haben früher einen wichtigen Teil ihres Nahrungsbedarfs durch das Sammeln wildwachsender Früchte und Samen gedeckt. 1972 wurden 500 von ihnen kurzfristig damit beschäftigt, vierzig Tonnen Samen der in den extremen Trockengebieten des amerikanischen Südwestens gedeihenden Jojoba-Pflanze zu sammeln. Untersuchungen hatten ergeben, daß die kaffeebohnengroßen Samen dieses buschartigen Gewächses mit einem Öl gefüllt sind, das ähnliche Eigenschaften wie der Tran des Pottwals besitzt. Pottwaltran wird zur Herstellung vieler Schmiermittel benützt und kostet fast 60 Cents pro Kilogramm. Dabei ist wegen der Dezimierung der Wale eine weitere Preissteigerung zu erwarten. Jojoba-Öl ist aber nicht nur ein idealer Ersatz für Pottwaltran, sondern könnte auch leicht in der kosmetischen Industrie Absatz finden, wo die bisher verwendeten Mandel- und Avocado-Öle mehr als drei Dollar pro Kilogramm kosten. Versuchshalber hat man auf vier Reservationen in der Umgebung mit der Anlegung von je zwei Hektar großen Jojoba-Pflanzungen begonnen. Da es fünf Jahre dauert, bis die Büsche Früchte tragen, bleibt abzuwarten, wie der Versuch sich auf die Wirtschaft auswirkt. Wenn er gelingt, dürfte den Reservationen eine langfristige Prosperität gesichert sein, da die Pflanzen eine Lebenserwartung von hundert Jahren haben und während dieser ganzen Zeit Samen produzieren. Und an Wartefristen sind die Indianer ja durchaus gewöhnt.

Daß Spezialisierung und Abkehr von weißen Unternehmern ein möglicher Weg zum Erfolg sind, haben auch die Yankton-Dakotas im Staat South Dakota erfahren. Sie errichteten aus eigenen Mitteln eine kleine Fabrik zur Herstellung elektronischer Bestandteile; dort gab es nach dem Prinzip der gleitenden Arbeitszeit keine festen Tagesleistungen für die Bediensteten. Es zeigte sich schnell, daß die Methode, den indianischen Arbeiter seinen eigenen Arbeitsrhythmus finden zu lassen, ein durchschlagender Erfolg war. Lieferfristen konnten klaglos eingehalten werden, und die Ausführung der Arbeit war zur vollsten Zufriedenheit der Auftraggeber. Als der Stamm dann beim Indianerbüro einen Kredit von 8000 Dollar zur Erweiterung der Anlage beantragte, machten die »kleinen Väter der Indianer« Schwierigkeiten und boten statt dessen 115.000 Dollar zur Finanzierung einer Arbeitszeitanalyse an. Daß die Yanktons dies ablehnten und Kapital von einer Kirche borgen konnten, zeugt von den Möglichkeiten, die einer guten Stammesverwaltung offenstehen, während das Indianerbüro wieder einmal bewies, daß es sich nicht als Hilfsdienst für die Eingeborenen, sondern als deren uneinsichtiger Vormund versteht.

Das Indianerbüro ist nämlich immer noch der Ansicht, daß die Arbeitslosigkeit am besten durch Import von Arbeitsplätzen oder Export von Arbeitskräften zu beheben sei, während stammeseigene Betriebe nur zögernd gefördert werden. Die Schwierigkeiten für die jungen Stammesindustrien wurden glücklicherweise gelindert, als durch die Programme der 1961 gegründeten *Area Redevelopment Administration* und der seit 1964 bestehenden *Economic Development Administration* Geldmittel für chronisch unterentwickelte Gebiete verfügbar wurden. Auch das von Präsident Johnson geschaffene und von Präsident Nixon gegen den Willen des Kongresses eingestellte *Office of Economic Opportunities,* das die wirtschaftliche Entwicklung von Minderheiten und Randgebieten förderte, sowie Gelder aus dem Steuerlastenausgleich, auf welche die Stammesregierungen seit den sechziger Jahren Anspruch haben, halfen beim Ausbau einer indianischen Wirtschaftsbasis. Das Versiegen vieler dieser Quellen unter der Regierung Nixon und der daraus resultierende größere Einfluß des

Indianerbüros schaffen Probleme vor allem für jene Stämme, die langfristige Investitionsprogramme laufen haben, deren Finanzierung nun unsicher geworden ist. Die meisten Gruppen konnten bisher noch nicht einmal beginnen, sich auf den Weg zur wirtschaftlichen Autonomie zu begeben.

Die Erschließung von Indianerland für den Fremdenverkehr wird immer wieder als ideales Mittel zur wirtschaftlichen Prosperität der Reservationen gepriesen. Die harten Fakten zeigen, daß dies nicht unbedingt zutrifft. In New Mexico geben die Touristen 500.000 Dollar pro Tag aus, während die Indianer dieses Staates im ganzen Jahr 1965 weniger als ein Drittel dieses Tagesvolumens auf ihr Konto buchen konnten, obwohl sie eine der Hauptattraktionen für die Besucher darstellen. Ein Hindernis, das der touristischen Erschließung mancher Reservate entgegensteht, ist die häufige und nicht unberechtigte Furcht der Indianer, ein zu starker Zustrom von Weißen könnte ihre traditionelle Lebensweise stören. In manchen Pueblos herrscht deshalb ein fast absolutes Photographierverbot, gepaart mit geringer Freundlichkeit Besuchern gegenüber. Der Durchschnittstourist wird dadurch kaum zum Bleiben bewogen, was ihm wegen des Fehlens von Gästezimmern auch sonst schwerfiele.

Selbst dort, wo Stämme sich entschlossen haben, Geld in den Tourismus zu investieren, verläuft die Entwicklung nicht reibungslos. Die White Mountain-Apachen von Fort Apache entschlossen sich in den fünfziger Jahren entgegen dem Willen einer starken Minderheit im Stamm, die Aufschließung für den Fremdenverkehr voranzutreiben. Einundzwanzig Fischteiche wurden künstlich angelegt und mit Forellen, Barschen, Katzenwelsen und anderen Fischen aus einer von der öffentlichen Hand erbauten Brutanstalt bestückt. Eintausend Campingstellen wurden geschaffen, um Jägern und Fischern guten Zugang zu den Revieren zu gewähren. Ein Motel bietet im Winter Schifahrern Unterkunft; im Zimmerpreis sind die Kosten für die Anfahrt zu den fünfzehn Pisten und für die Lifte enthalten. Das ganze Unternehmen ist zu hundert Prozent in Stammesbesitz. Was kann bei einem solchen Projekt schon schiefgehen? Ziemlich viel.

Die Investitionen von mehreren Millionen Dollar haben sich trotz scheinbar idealer Voraussetzungen nicht bezahlt gemacht. In fünfzehn Jahren wurden nur etwas mehr als hundert neue ständige Arbeitsplätze geschaffen, plus eine geringe Anzahl von Saisonposten, ein Zuwachs, der von der

Bevölkerungsexplosion in der Reservation geschluckt wurde. Die ersten Profite stellten sich nach langen Jahren roter Zahlen zwar ein, doch blieben sie weit hinter den Erwartungen zurück. Vor allem aber hat der Zustrom von Kampierern, Sportfischern und Sonntagsjägern einen unmittelbaren negativen Effekt auf die Rinderzucht, die neben der Holzindustrie den größten Teil des Stammeseinkommens bringt. Die Touristen stören nicht nur die Weidetätigkeit, sie stehlen häufig auch Rinder oder schießen sie, wenn sie bei Jagdwild kein Glück haben.

In anderen Fällen, wie bei den North Carolina-Cherokees, ist ein großer Teil der gewinnbringenden Fremdenverkehrseinrichtungen in nichtindianischer Hand. Die Eingeborenen erhalten als Verpächter einen meist bescheidenen Ertrag aus den beträchtlichen Einkünften. Einige Cherokees stehen – bekleidet mit prächtigem Federschmuck, wie er in den südlichen Plains, nicht aber bei den Cherokees üblich war – als Attraktion vor den Läden der Weißen und werden offenbar so schlecht bezahlt, daß die Besucher auf Tafeln aufgefordert werden müssen: »Bitte, geben Sie dem Häuptling ein Trinkgeld, wenn Sie ihn photographieren.«

Ein Hilton-Hotel mit hundert Zimmern, das auf Betreiben der Chippewas von Grand Portage am Oberen See errichtet werden soll, wird für die Eingeborenen trotz Abmachungen über bevorzugte Anstellung von Indianern wahrscheinlich wenig neue Arbeitsplätze schaffen und – da es nicht in Stammesbesitz ist – wenig Gewinn bringen. Während die Chippewas bisher darüber Klage führten, daß die Touristen nur aus Autos gafften, ohne Geld auszugeben, werden sie nach Fertigstellung des Fünf-Millionen-Dollar-Projekts erleben können, wie die Fremden im Winter auf röhrenden Schneemobilen die Gegend unsicher machen und ihre Barschaft an die Hilton-Kette abliefern.

Eng verbunden mit dem Fremdenverkehr ist der Verkauf von indianischem Kunsthandwerk. Hier gilt die Faustregel, daß der Wert eines von Indianern verfertigten Gegenstands mit der zeitlichen und räumlichen Distanz vom Hersteller rapid zunimmt. Objekte, die um 1900 oder gar vorher dem Hersteller um ein Spottgeld abgekauft wurden, erzielen heute – soweit sie überhaupt auf den Markt kommen – astronomische Preise. Aber auch bei heute hergestellten Handarbeiten erhält der indianische Künstler nicht immer einen angemessenen Anteil vom Endverkaufspreis. Von den 2500 bis

5000 Dollar, den die modebewußte Amerikanerin in den Nobeljuwelierläden New Yorks oder Chicagos für Navajo-Silberschmuck auf den Tisch legen muß, erreichen im allergünstigsten Fall 35 Prozent, meist aber wesentlich weniger, den Indianer. Für einen unbemalten Tontopf erhält eine Catawba-Töpferin maximal 10 bis 20 Dollar, während er in dem renommierten Geschäft für indianisches Kunsthandwerk im Washingtoner Innenministerium um 40 bis 100 Dollar an den Käufer gebracht wird. Die Differenz verschwindet in den Taschen der Zwischenhändler und Endverkäufer, die genug Profit machen, um ganzseitige Anzeigen für Navajo-Schmuck in der Sonntagsausgabe der *New York Times* veröffentlichen zu lassen.

Immerhin hat die Herstellung von Kunsthandwerk für die Indianer den Reiz, daß diese Tätigkeit der Tradition nahesteht und dennoch einem kleinen Prozentsatz der Bevölkerung einen mehr oder weniger sicheren Lebensunterhalt garantiert. Obwohl die Nachfrage nach indianischem Handwerk besonders in den späten sechziger und den siebziger Jahren rapid angestiegen ist, kann kein Stamm davon leben. 1940 produzierten die Navajos Wolldecken und Silberwaren im Wert von 80.000 Dollar, 1962 im Wert von etwa acht Millionen Dollar und heute sicher ein Mehrfaches der letzgenannten Summe. Bei einer Bevölkerung von etwa 150.000 Menschen und einem Gewinnanteil von durchschnittlich 25 Prozent fällt das Pro-Kopf-Einkommen aus dem Kunsthandwerk allerdings denkbar bescheiden aus.

Kooperativen zum genossenschaftlichen Verkauf dieser Waren sind zweifellos ein Weg, um die Gewinnbeteiligung der Produzenten zu erhöhen. Tatsächlich haben solche Unternehmungen dort, wo sie begonnen wurden, rasch an Beliebtheit gewonnen. In den ersten vierzehn Jahren des Bestehens einer Kunsthandwerks-Kooperative bei den Cherokees in North Carolina wuchs die Zahl der Mitglieder auf 200 an, was fünf Prozent der Gesamtbevölkerung entspricht. Der Spitzenverdienst lag 1967 knapp unter 4000 Dollar, weit unter dem weißen Durchschnittseinkommen in den USA. Auch die Stammesregierung der Navajos hat sich in das Geschäft mit *Arts and Crafts* eingeschaltet, mit dem Ergebnis, daß eine zweitägige Auktion von Navajo-Webereien 1973 in Washington einen fünfstelligen Dollarertrag einbrachte, von dem 90 Prozent an die Hersteller gingen und nur 10 Prozent an Spesen anfielen. Der Herstelleranteil garantierte der Navajo-

Weberin in diesem Fall einen höheren Stundenlohn als die 25 bis 45 Cents, die ihr überlicherweise von den Zwischenhändlern gezahlt werden.

Ein Problem, vor allem für kleinere Indianergruppen, besteht im Aussterben der letzten Kunsthandwerker. Die offizielle Politik war zu lange auf die Ausmerzung alles Indianischen gerichtet, um nicht ernste Folgen zu haben. Als unter dem indianischen *New Deal* Initiativen zur Wiederbelebung des Handwerks ergriffen wurden (wobei der dem Innenministerium unterstehende *Indian Arts and Crafts Board* tatsächlich bedeutende Arbeit leistete), dachte man in erster Linie an die in Bundesreservationen lebenden Stämme, während man die übrigen Kommunitäten vergaß. Selbst in größeren Reservationen stehen viele Zweige des Kunsthandwerks bereits an der Schwelle des Untergangs, und nicht selten findet man gerade noch die letzten Spezialisten für eine bestimmte Technik vor. Auch wenn heute Initiativen ergriffen werden, um die Erlernung traditioneller Handwerke in der Schule oder in Kursen zu fördern, sind viele davon allein durch ihre große Arbeitsintensität und geringe Ertragskapazität zum Aussterben verurteilt. Anderseits kann man heute verschiedentlich beobachten, wie Stämme bereits aufgegebene Kunsthandwerke wiederaufnehmen, ohne freilich dabei direkt an die alte Tradition anschließen zu können; das gilt zum Beispiel für die moderne Töpferei der Cherokees und der Irokesen.

Die bedeutendste Schwierigkeit für das indianische Kunsthandwerk als wirtschaftlicher Faktor liegt in der Konkurrenzierung durch nichtindianische Imitationen. Während etwa die Kooperative der North Carolina-Cherokees einen Laden abseits der Hauptstraße der Reservation betreibt, der gute Qualität bei relativ hohen Preisen bietet, gibt es daneben meist in günstigerer Position ungefähr fünfzig Läden, von denen vielleicht fünf auch qualitätvolle Arbeiten anbieten. Alle fünfzig aber verkaufen daneben oder ausschließlich mehr oder minder industriell gefertigte Produkte, die sich den Anschein des Indianischen geben, ohne diesem gerecht zu werden. Die Glasperlenarbeiten aus Hongkong, die mit »echt indianischen Motiven« bemalten Keramiken aus Japan, die italienischen Zuni-Fetische und all die anderen Fabrikate cleverer Geschäftsleute sind – da keine Handarbeit – unvergleichlich billiger als das echte Kunsthandwerk. Steht der Tourist vor der Wahl zwischen einem kleinen Körbchen um 15 Dollar und einem chinesischen Glasperlengürtel um

1,50 Dollar, so steht er eigentlich vor gar keiner Wahl. In New Mexico bedurfte es 1973 einer Resolution der staatlichen Indianerkommission, um auf ein Gesetz aus dem Jahr 1929 hinzuweisen, dessen Einhaltung niemals erzwungen wurde; ihm zufolge wären alle nichtindianischen Imitationsprodukte vom Händler mit einem Etikett »Indianische Imitation« zu versehen. In der vagen Hoffnung, neue Gesetze hätten eine bessere Wirkung als alte, verabschiedete kurz nach Veröffentlichung der Resolution das Abgeordnetenhaus des Staats New Mexico ein neues Gesetz, welches es Ladenbesitzern zur Auflage macht, durch Anschlag im Geschäft klarzustellen, ob es sich bei den feilgebotenen Waren um echte indianische Produkte handle oder nicht.

Schwierig wird die Frage dann, wenn plötzlich Indianerstämme aus rein kommerziellen Erwägungen Gegenstände halbindustriell zu fertigen beginnen, die sie selbst früher nie hergestellt haben. So finden sich in der Kategorie der Billigprodukte auch Modelle von Totempfählen (wie sie früher nur an der Nordwestküste des Subkontinents üblich waren), hergestellt von den Sioux der Prärien und den Ottawas des Seengebiets. Sie sind zweifellos echt indianische Produkte, häufig aber lieblos geschnitzt und bepinselt, ohne künstlerischen Wert und traditionellen Inhalt und somit fast gleichwertig mit Indianerschmuck aus Nationalchina. Aber wer kann es dem roten Mann schon verargen, wenn er vom weißen und vom gelben Mann etwas lernt?

Die Herstellung von Glasperlenarbeiten hat der gelbe Mann in Hongkong übrigens auf eine merkwürdige Art und Weise vom roten Mann gelernt. In der Zwischenkriegszeit begann ein nordamerikanischer Indianer, der sich über die Vermarktung von Kunsthandwerk Gedanken gemacht hatte, mit der halbindustriellen Fertigung von glasperlenbesetzen Ledergürteln. In einem kleinen Betrieb hatte er Indianer angestellt, die ihm die Gürtel aus kommerziell gegerbtem Leder zuschnitten und darauf die von indianischen Frauen in den Reservationen gewebten Glasperlenbänder aufnähten. Die Produkte waren zwar nicht mehr ganz traditionell, aber immerhin indianisch und überdies billig. Als es immer schwieriger wurde, die Indianerinnen gegen relativ geringe Bezahlung bei der Arbeit zu halten, beschloß der rote Unternehmer eine erste Rationalisierungsmaßnahme: Er ließ die Glasperlenbänder von Indianerinnen in Mexiko herstellen, die mit dem für mexikanische Verhältnisse relativ hohen Lohn zufrieden waren. Allerdings hatte er dabei nicht bedacht, daß er nun nicht nur den Einfuhrzoll für die tschechischen Glasperlen zu zahlen hatte, sondern sowohl den Zoll bei der Einfuhr dieser Perlen nach Mexiko als auch den Zoll bei der Rückbringung der Halbfertigprodukte in die USA, wodurch die Neben-kosten bald höher waren als die Herstellungskosten. Ein Freund gab ihm daraufhin den Rat, seine Operation ins Zollparadies Hongkong zu verlegen, was er auch tat. Als die Chinesen sahen, was für ein Geschäft sich mit so einfachen Mitteln machen ließ, erlebte die Welt die Geburtsstunde des »sino-indianischen« Kunsthandwerks. Die Produkte aus Hongkong haben heute einen festen Platz auf dem amerikani-schen Markt, und sogar manche Indianer kaufen die fernöstli-chen Waren. Weil sie eben wesentlich billiger sind.

Die Segnungen der Zivilisation

Zivilisation ist primär ein Bewußtsein, das dem, der es hat, das Gefühl unbedingter Überlegenheit über jenen, dem er es abspricht, verleiht. In den Augen des Zivilisierten ist der Unzivilisierte zum Aussterben verurteilt, wenn er die Segnungen der Zivilisation nicht akzeptiert. Genau das aber war schon immer das Problem mit den Indianern: Sie waren in der Übernahme von Zivilisationsgütern stets wählerisch und sind trotzdem nicht ausgestorben.

Der Kampf der rechthaberischen Weißen gegen die intransigenten Roten ist noch lange nicht entschieden, die heißumkämpften Schlachtfelder sind oft von tiefer symbolischer Bedeutung. Spätestens seit Anfang des neunzehnten Jahrhunderts begannen christliche Missionare den Religionsunterricht damit, daß sie ihren Schülern die Haare schnitten. Wie bei der Zähmung des biblischen Samson durch Haarschnitt sollten die Kinder der Wildnis auf diese Weise ihrer tribalen Vergangenheit entkleidet und an die Schwelle der Zivilisation geführt werden. Langhaar wurde durch die Aktionen der Christenpioniere gleichbedeutend mit Wildheit und Heidentum, für die Betroffenen aber zum Symbol für Traditionalismus und Widerstand gegen die kulturelle Vergewaltigung.

Indianeragenten und Offiziere der amerikanischen Armee, die zur Befriedung der Eingeborenen eingesetzt wurde, huldigten demselben Prinzip, ungeachtet der Tatsache, daß der große Indianerschlächter General George Armstrong Custer sein eigenes Blondhaar schulterlang wallend trug. Ein bei den Mescalero-Apachen eingesetzter Offizier befahl 1896 zuerst seinen indianischen Polizeitruppen, ihr Haupthaar zu kürzen, was diese nur unwillig befolgten. Sobald jedoch ihre eigene Haarpracht verschwunden war, machte es ihnen besondere Freude, auch ihre Stammesbrüder dem Friseur zuzuführen. Unter dem Druck des Indianerbüros wurde innerhalb von sechs Wochen allen Mescalero-Apachen ein militärischer Haarschnitt verpaßt, wobei man etwaigen Rückfälligen mit Zwangsarbeit drohte.

Das damals oft vorgebrachte Argument, der Kurzhaarschnitt diene größerer Hygiene, hat zwar seine Berechtigung, doch waren es anderseits die Weißen, die einen deutlichen

Rückgang an Sauberkeit bei den Uramerikanern bewirkten. In voreuropäischer Zeit gab es kaum einen Stamm, der nicht nahe an fließendem Wasser wohnte. Dieses Wasser diente nicht nur zum Kochen und Trinken, sondern auch zur Körperpflege. In dem Maß, wie die europäischen Siedler, die Siedlungsweise der Roten imitierend, das Land zuerst an den Flüssen besiedelten und dabei die Eingeborenen ins Hinterland abdrängten, verringerten sich die Bademöglichkeiten, und das einst tadellos gewaschene Indianerhaar verschmutzte und verlauste. Da war es natürlich einfacher, die Eingeborenen zwangsweise kahlzuscheren, als ihnen geeignete Waschmöglichkeiten zu bieten.

Im Zeitalter der Pilzköpfe, in dem selbst Regierungschefs, die nicht als Haarmuffel gelten wollten, ihren natürlichen Kopfschmuck über ihre Krägen wachsen lassen, ist der Kampf gegen die Schere für die Indianer noch lange nicht vorbei. 1973 forderte die Menschenrechtskommission von Oklahoma, einem Staat mit fast 4 Prozent indianischer Bevölkerung, die Schulen des Staates auf, ihr Verbot von langem Haar für eingeborene Studenten aufzuheben. Wohl gilt das Verbot für alle Studenten, doch sind nach Ansicht der Kommission die roten Schüler besonders davon betroffen, weil es »indianischen Individuen und Gruppen die Möglichkeit versagt, ihr rassisches Erbe und ihre Tradition auszudrücken; weil es das Recht auf Selbstverwirklichung, individuelle Würde und Stolz einschränkt, ein Recht, das in keiner Weise die Rechte anderer Individuen und Gruppen beschneidet; und weil es die Entwicklung der Achtung und des Verständnisses für den kulturellen Pluralismus in unserer Gesellschaft verhindert.«

Tatsächlich wurden 1973 mehr als 200 indianische Schüler in Oklahoma von den öffentlichen Bildungsstätten relegiert, weil sie gegen die Kleidungs- und Haarlängenvorschriften ihrer Schulen verstoßen hatten. Nachdem drei Pawnee-Schüler ihren Fall bis zum Obersten Bundesgerichtshof gebracht hatten, der ihre Beschwerde jedoch zur Freude und Erleichterung der Schuldirektoren verwarf, entschloß sich die gesetzgebende Versammlung von Oklahoma, der weiteren Pönalisierung indianischer Schüler wegen zu langer Haare einen gesetzlichen Riegel vorzuschieben. Ein Gesetz, welches den lokalen Schulbehörden untersagt, Schüler wegen des Tragens ethnischer Tracht zu suspendieren, wurde 1974 beschlossen.

Dabei waren die Indianer seit der Zeit der ersten Kolonisation von vielen europäischen Zivilisationsgütern restlos begeistert. Die ersten Siedler Virginias fanden die Eingeborenen besonders an Kupfer, weißen und blauen Glasperlen und Eisengeräten aller Art, wie Hacken, Hauen und Messern, interessiert. Eben diese Güter aber waren nur bessere oder leichter zu erwerbende Substitute für in der indianischen Kultur bereits vorhandene und notwendige Dinge. Kupfer, das zu Schmuck verarbeitet wurde und als Geld diente, mußten die Urvirginier aus dem weit entfernten Seengebiet importieren, die Glasperlen ersetzten die weißen und lila Wampumperlen, die mühsam aus Muschelschalen gewonnen werden mußten, die Eisengeräte waren leichter und beständiger als ihre steinernen oder knöchernen Vorgänger.

Die Potawatomis des Seengebiets waren von dem in der Neuen Welt praktisch unbekannten Eisen derart hingerissen, daß sie im späten siebzehnten Jahrhundert dem französischen Händler Perrot das folgende Kompliment machten: »Du bist einer der obersten Geister, weil du Eisen gebrauchst; dir ist es gegeben, alle Menschen zu beherrschen und zu beschützen.« Wie bei einer sakralen Handlung bliesen sie Tabakrauch über seine metallenen Handelswaren. Perrot wußte die eingeborene Hochachtung in seinen ökonomisch-politischen Missionen wohl zu nutzen. Den Menominees sagte er: »Der wahre Geist hat dem Franzosen Eisen gegeben, damit er es an die Völker verteile, die seinen Gebrauch nicht kennen, wenn sie dafür willens sind, wie Menschen und nicht wie die Tiere zu leben.«

Zu Beginn des achtzehnten Jahrhunderts, als es klargeworden war, daß die Bleichgesichter tatsächlich in vielfacher Hinsicht den Eingeborenen überlegen waren, suchten die Indianer nach einer vernünftigen Erklärung für diese Tatsache. Sie fanden sie in der Schöpfungsgeschichte, in der die Menschen jenseits des Atlantiks offenbar bevorzugt worden waren. Ein Priester der Cherokees erklärte diesen Standpunkt einem Händler in folgender Weise: »Gott hat die Engländer zu Herren über die englischen Tiere, wie Kühe und Schafe, gemacht, über das feinere Federvieh, über die feineren, schmackhaften Speisen, während wir mit unseren wilden Büffeln, Hirschen und Bären gerade das Gegenteil darstellen. Die Büffel sind unsere Kühe, die Hirsche unsere Schafe, aber ihre Haare sind nicht zur Herstellung von Stoffen zu gebrauchen. Die Bären sind unsere Schweine, doch sind sie so bösartig, daß man ihnen nicht nahe kommen kann. Nun überlasse ich es dir, zu urteilen, ob ihr Engländer bei der

Erschaffung der Welt nicht den besseren Teil bekommen habt als wir Indianer. Denn ihr seid bekleidet, und wir sind nackt.«

Die Händler der Kolonisten waren nur zu gerne bereit, die Nachfrage nach den materiellen Gütern der Zivilisation zu befriedigen, auch wenn sie aus Profitgründen nicht immer die besten Qualitäten an die Eingeborenen lieferten. In dem Maß, wie Importe die einheimischen Produkte verdrängten, wurden die Indianer von den weißen Gütern abhängig. Besonders der Übergang von den traditionellen Wirtschaftsformen zur Lohnarbeit schnitt die Roten endgültig von der Möglichkeit ab, das zum Leben nötige materielle Inventar selbst herzustellen. Die materielle Akkulturation der Indianer aber kann kein Indiz dafür sein, daß sie auch in anderen Bereichen bereit sind, die Segnungen der Zivilisation unkritisch zu übernehmen. Schließlich übernahmen auch die Europäer von den Uramerikanern den Tabak, den Mais und die Kartoffel, ohne dadurch veranlaßt zu werden, sich in geistiger Hinsicht zu indianisieren.

Zu viele Indianerreformer nahmen den äußeren Wandel im materiellen Bereich als ein Zeichen für die Bereitschaft zum inneren Wandel, und selbst unkritische Völkerkundler fallen bis heute diesem Trugschluß zum Opfer. Ein deutscher Ethnologe, der eine Bilddokumentation über die nordamerikanischen Indianer herstellen wollte, verlangte, daß auf den Aufnahmen keine Fernsehantennen und Drahtzäune zu sehen sein sollten, weil dies nicht »traditionell indianisch« sei. Traditionell indianisch aber ist es ganz sicher, daß alles Neue übernommen wird, von dessen Nutzen und Notwendigkeit man überzeugt ist, ohne deswegen auch innerlich zum Weißen zu werden.

Viele indianische Kulturen verdanken ihr Aufblühen in historischer Zeit dem stimulierenden Effekt des Handels auf die Wirtschaft. Bessere Waffen erhöhten die Jagdkapazität und damit die Einkünfte, die ihrerseits eine reichhaltigere Ausstattung mit europäischen Luxusgütern ermöglichten. Irokesen, Eingeborene der Plains, die Fünf Zivilisierten Stämme und die Gruppen an der Nordwestküste profitierten alle eine Zeitlang von der Zufuhr neuer Waren, ohne ihr Indianertum dabei aufzugeben. Wenn etwas einen Einfluß auf die Vitalität der indianischen Kulturen ausübte, dann war es die wirtschaftliche Kastration und die daraus resultierende Abhängigkeit, die von den kolonialen und postkolonialen Herren zum kulturellen Genozid genutzt wurde.

In drei entscheidenden Bereichen haben die Weißen in dieser Situation versucht, den Roten die Segnungen der Zivilisation aufzuzwingen: im Schulwesen, im Gesundheitswesen und im Wohnungswesen. In allen drei Bereichen hatten die Stämme Nordamerikas ihre eigenen, durchaus befriedigenden Lösungen gefunden. Durch den europäischen Einfluß wurde das bestehende Gleichgewicht gestört, das die ungestümen Zivilisierungsversuche auch in neuer Form nicht wiederherzustellen vermochten. Für die Lebendigkeit der Indianerkulturen spricht die Tatsache, daß es heute vielfach indianischer Ideen und indianischer Partizipation bedarf, um zu einem gangbaren Weg zurückzufinden.

Einmütig betonten die ersten Berichterstatter aus der Neuen Welt in ihren Nachrichten an die Daheimgebliebenen den guten Gesundheitszustand der Urbevölkerung. Ein niederländischer Beobachter in New York fand es zu Beginn des siebzehnten Jahrhunderts »geradezu seltsam, daß sich unter diesen äußerst barbarischen Völkern nur wenige oder gar keine Leute befinden, die schielend, blind, verkrüppelt, lahm, bucklig oder hinkend sind; sie sind ein gutgewachsenes Volk, von starkem und gesundem Körper, wohlgenährt, ohne Makel.« Noch seltsamer aber muß es den heutigen Beobachter anmuten, daß die Indianer 350 Jahre später diejenige Bevölkerungsgruppe Nordamerikas sind, deren Gesundheit am meisten zu wünschen übrigläßt.

Vor Ankunft der Bleichgesichter lag die medizinische Betreuung der Einheimischen hauptsächlich in den Händen sogenannter Medizinmänner. Wohl kannten die meisten Indianer wirksame Heilpflanzen für eine Reihe von wichtigen und häufigen Krankheiten, doch waren die herrschenden Ansichten über die Ursachen körperlicher Beschwerden weniger materialistisch als die der europäischen Medizin. Pharmazeutische Kenntnisse allein wurden deshalb nicht als ausreichend zur Krankheitsbekämpfung angesehen. Erkrankungen konnten nach Ansicht der Indianer durch Seelenverlust, Zauberei oder Magie verursacht sein, und nur ein Spezialist war imstande, den Krankheitserreger (häufig ein auf übernatürliche Weise in den Körper gelangtes materielles Objekt) zu entdecken und zu entfernen. Als in den Jahren 1656 und 1657 aus Europa eingeschleppte Epidemien die Bevölkerung der Huronen dezimierten, beschuldigten die Medizinmänner die jesuitischen Missionare, die gekommen waren, um die Seelen der Heiden für Christus zu gewinnen, sich mit den gewonnenen Seelen (in einer Schachtel verpackt) davongemacht und dadurch das Massensterben verursacht zu haben.

Weil sie die den Uneingeweihten verborgenen Krankheitsursachen erkennen konnten, standen die Medizinmänner auch im Ruf, verlorene, gestohlene und andere verborgene Gegenstände auffinden zu können. Aus demselben Grund schrieb man ihnen gelegentlich die Fähigkeit zu, die Zukunft vorherzusagen. Häufig bedienten sich die indianischen Ärzte bei ihren Heilungen der Hilfe von Geistern und anderer übernatürlicher Wesen, die ihnen beim Erkennen des Verborgenen halfen. Außerdem gab es eine andere Klasse von Heilpraktikern, die über spezielle Kenntnisse auf dem Gebiet pflanzlicher, tierischer und mineralischer Heilstoffe verfügten. Selbstverständlich gab es auch unheilbare Leiden, von denen die Befallenen nur durch die natürliche Auslese befreit wurden. Die Lebenserwartung lag bei der Geburt im Durchschnitt etwas über dreißig; wer darüber hinaus am Leben blieb, hatte gute Chancen, ein hohes Alter zu erreichen. In dieser Hinsicht gab es übrigens keine großen Unterschiede zu den europäischen Einwanderern.

Manche der von den einheimischen Ärzten gewonnen Erkenntnisse waren zu »progressiv«, um von den zeitgenössischen Europäern verstanden zu werden. Die Irokesen und andere Stämme Nordamerikas wußten, wie erst Jahrhunderte später Sigmund Freud, Bescheid über psychosomatische Krankheitsursachen. Sie erkannten, daß Krankheiten von unbewußten, unerfüllten Wünschen des Menschen, die nur in Träumen offen zutage treten, verursacht sein konnten, und übten eine Form der Traumdeutung, die, weitab von der Praxis ägyptisch-babylonischer Traumbücher, im wesentlichen die Funktion einer Psychoanalyse erfüllte.

Doch obgleich die ersten Siedler psychiatrischer Hilfe ablehnend gegenüberstanden, verdankten viele von ihnen indianischen Medizinmännern ihr Leben. Einerseits gab es nämlich in den Kolonien bei weitem zuwenig europäische Ärzte, um die verstreut lebende weiße Bevölkerung angemessen zu versorgen, anderseits waren viele der für die Siedler besonders gefährlichen Krankheiten in Europa unbekannt, den einheimischen Heilern aber bestens vertraut. Sumpffieber und Bisse von Klapperschlangen wußte zum Beispiel der Indianer besser zu kurieren als der Kolonist. Zudem war die europäische Medizin eben erst im Begriff, sich über ihre vorwissenschaftliche, mittelalterliche Tradition hinaus zu entwickeln, und war technisch gesehen – mit Ausnahme der Chirurgie – der Indianermedizin kaum überlegen. Wegen der ärztlichen Unterversorgung blieb der Medizinmann als Hausarzt der weißen Nachbarn entlang der Zivilisationsgrenze bis zum Ende des neunzehnten Jahrhunderts von Bedeutung, während Armeetruppen für dieselben weißen Siedler das Land indianerfrei machten.

Das Bild vom Indianer als Wunderheiler mag ungewohnt sein. Für viele Amerikaner stand es widerspruchslos neben dem Bild der Rothaut als blutrünstige Geißel der Grenze. Viele volksmedizinische Traktate des vorigen Jahrhunderts bezogen sich im Titel auf das indianische Erbe der Hausheilkunde. Neben dem *Indianischen Gesundheitsführer* (1836) fanden sich *Der nordamerikanische Indianerarzt oder die natürliche Methode zur Heilung und Verhinderung von Krankheiten nach den Indianern* (1838) und viele ähnliche Schriften auf dem Bücherbord des Grenzlandfarmers. Die Volksmedizin der armen weißen Bevölkerung in den Appalachen schuldet den aus diesem Gebiet vertriebenen Ureinwohnern mehr als der Lehre an den Hohen Schulen Europas. Echte und falsche Indianer traten in Kleinstädten und auf dem flachen Land in den vaudevilleartigen *Medicine Shows* auf, in denen Musik und Heilpraktiken auf fröhliche Weise miteinander gepaart waren.

Bis heute hat der indianische Medizinmann seine Anziehungskraft für weiße Patienten in Amerika nicht verloren. Unter der gemischten Bevölkerung im südlichen Maryland, vor den Toren der Bundeshauptstadt Washington, gibt es viele Personen, die sich als Indianer bezeichnen, während sie oft von ihrer Umgebung als Farbige diskriminiert werden. Einer von ihnen, Turkey Tayac, hatte von seinen Vorfahren die Kenntnis der Kräuterkunde ererbt und aus eigenem Interesse soweit vervollständigt, daß er sich selbst als Achtzigjähriger noch blühender Gesundheit erfreute. Als Medizinmann betreute er viele weiße Patienten, die mit der Schulmedizin nicht zufrieden waren. Seine Behauptung, er könne Arthritis heilen oder wenigstens die damit verbundenen Schmerzen lindern, wurde 1966 in großer Aufmachung von einer Washingtoner Zeitung kolportiert, was zur Folge hatte, daß sein Kundenkreis am Sitz der amerikanischen Regierung, insbesondere unter »besseren« Familien, sich enorm vergrößerte.

Da die europäische Expansion über den Atlantik hinaus in erster Linie aus wirtschaftlichen Beweggründen erfolgte, war für die Entdecker alles von Interesse, was materiellen Gewinn abzuwerfen versprach. Die Erwartungen, die man in die Neue Welt setzte, nachdem man erkannt hatte, daß der Weg nach Westen keine Abkürzung der Route zu den Gewürzländern des Orients darstellte, bezogen sich auf Bodenschätze wie Gold und Silber. Als Europa auch hierin in vielen Teilen Amerikas enttäuscht wurde, gab man sich schließlich mit anderen Produkten zufrieden: Tierfelle und Tabak standen zweifellos im Vordergrund. Heilpflanzen aber waren gleichfalls stark gefragt. Sassafras beispielsweise wurde zu einem wichtigen Exportgut Virginias. Viele der heute und früher gebräuchlichen stimulierenden Genußmittel wurden ursprünglich wegen ihres wirklichen oder vermeintlichen medizinischen Werts nach Europa gebracht.

Der erste englische Augenzeugenbericht über die Verwendung von Tabak durch die nordamerikanischen Indianer hebt die vermeintlichen medizinischen Qualitäten des blauen Dunstes hervor und liest sich wie eine frühe Werbung für Pfeifentabak: »Sie saugen den Rauch in ihren Magen und Kopf, wo er überflüssiges Phlegma und andere gefährliche Säfte tilgt und alle Poren und Durchlässe des Körpers öffnet. Durch den Gebrauch des Tabaks schützen sie ihren Körper nicht nur vor Schädigungen, sondern heilen solche auch, wenn sie noch nicht zu lange angedauert haben, weshalb ihre Körper sich in bemerkenswerter Gesundheit erhalten und sie viele der beschwerlichen Krankheiten, von denen wir in England so oft geplagt werden, nicht kennen.«

Cassena oder Yaupon, der »schwarze Trank« aus den Blättern einer Stechpalme, den die Indianer des südöstlichen Nordamerikas im Gegensatz zum Tabak tatsächlich zur alljährlichen inneren Reinigung des Körpers verwendeten, wetteiferte um 1700 in mehreren europäischen Metropolen mit Tee, Kaffee und Kakao um die Gunst des Publikums.

Da die Indianer natürlich die besten Informanten in bezug auf die mögliche pharmazeutische Verwendung einheimischer Pflanzen waren, ging man zu ihnen um Rat. Teilweise erfolgten diese Recherchen aus Privatinteresse, häufiger jedoch über Anweisung europäischer Geldgeber. Daß diese Bemühungen Erfolg hatten, beweist die Tatsache, daß sich heute mehr als zweihundert traditionelle Medizinen der Eingeborenen auf der offiziellen amerikanischen Arzneimittelliste finden. Ähnliche Ziele wie die geschäftstüchtigen Kolonisten früherer Jahrhunderte verfolgen übrigens heute die

Schweizer Pharma-Giganten, die völkerkundliche Feldforschungen in entlegenen Teilen der Welt mitfinanzieren, um als Gegenleistung Näheres über die Medizinalpflanzen der Eingeborenen zu erfahren.

Gesundheitsprobleme entstanden für die Indianer erstmals mit der Einschleppung von europäischen Krankheiten nach Nordamerika. Während aber die Roten den Siedlern gegen amerikanische Krankheiten helfend beistanden, fanden sie selbst keine Unterstüzung bei der Bekämpfung der ungewohnten europäischen Krankheitserreger. Angesichts der Ausrottung ganzer Dörfer durch Schnupfen, Masern und Pocken sprachen die Kolonisten nur von »Gottes Vorsehung«, die sie in dieser einfachen Lösung des »Indianerproblems« bestätigt fanden. Zugleich bekämpfte man entschieden die Medizinmänner, die als besondere Hüter der traditionellen Religionen automatisch zu Erzfeinden des Christentums und der Zivilisierungspolitik wurden.

Erst im neunzehnten Jahrhundert begann die Regierung der Vereinigten Staaten, die Seuchenbekämpfung bei den Indianern zu unterstützen. An Armeeposten und Missionsstationen gab man Impfstoffe aus, meist aber in zu geringen Mengen, um wesentliche Erfolge verbuchen zu können. Mit der Schaffung von Reservationen und der fortschreitenden Entmündigung der Uramerikaner unter staatlicher Vormundschaft wurde eine minimale medizinische Betreuung notwendig, wenn man verhindern wollte, daß ansteckende Krankheiten vom Indianerland auf das umliegende Land der Siedler übergriffen. Um 1900 waren dreiundachtzig Ärzte (viele davon teilzeitbeschäftigt) im Indianergesundheitsdienst tätig: ein Arzt für je dreitausend Indianer. Und selbst diese wenigen nahmen sich oft nicht die Zeit zu gründlicher Untersuchung oder hatten einfach Angst vor den Rothäuten. Auf der Pine Ridge-Reservation erfüllte 1890 ein weißer Arzt für zehntausend Sioux seinen hippokratischen Eid, indem er seine Untersuchungen durch ein Loch in der Wand seines Arbeitszimmers vornahm, um nicht mit den »Wilden« in Berührung kommen zu müssen. Solche Behandlungsmethoden konnten begreiflicherweise nicht verhindern, daß die Bevölkerung der Reservationen weiter abnahm und knapp nach der Jahrhundertwende ihren Tiefstpunkt erreichte.

Von da an wurden die Sanitätsteams in den Indianergebieten verstärkt, was nach und nach zu einer Senkung der Krankheitsziffern führte. Berichte von weißen Ärzten über die sanitäre und gesundheitliche Lage der Indianer aus jener Zeit lassen erkennen, wie wenig sich letztlich in der grundlegenden Einstellung dem roten Mann gegenüber seit dem sechzehnten und siebzehnten Jahrhundert geändert hatte. Die Jünger Äskulaps machten die »schmutzige Lebensweise« der Indianer für deren Krankheiten verantwortlich, klagten über den »schädlichen Einfluß« der Medizinmänner und rieten, traditionelle Festlichkeiten strikt zu unterbinden, weil sie wesentliche Gelegenheit zur gegenseitigen Infektion böten. Die alte Indianerkultur mußte also herhalten, um zu erklären, warum »zivilisierte« Krankheiten, wie Pocken oder Tuberkulose, so verheerende Folgen unter den Eingeborenen hatten. Zugleich liefern dieselben Berichte die Beweise dafür, daß nicht nur die meisten Krankheiten ihren Ursprung bei den Weißen selbst hatten, sondern daß auch ihre Übertragung durch zivilisatorische Einrichtungen gefördert wurde. Das Trachom, eine bakterielle Entzündung der Bindehaut, die zur Erblindung führen kann, befiel bei manchen Stämmen bis zu 80 Prozent der Bevölkerung. Eine besondere Häufung jedoch trat in den Internatschulen des Indianerdienstes auf, wo in der Wunschvorstellung der Bürokraten höhere sanitäre Standards herrschten als in den Tipis, Wigwams, Hogans und Pueblos. In den Schulen erfolgte Ansteckung oft durch die Handtücher der Zöglinge. Obwohl laut Vorschrift jeder Schüler sein eigenes Handtuch zugeteilt erhielt, war dieser kulturbringenden Maßnahme kein Erfolg beschieden. Man hatte es unterlassen, die Aufhängehaken für die Tücher in den Waschräumen so weit voneinander anzubringen, daß sie einander nicht berühren konnten. Auch wenn dies der Fall gewesen wäre, hätte man dadurch Selbstinfektion nicht verhindern können. In der traditionellen Kultur aber war Selbstinfektion auf solche Weise praktisch ausgeschlossen: Zum Abtrocknen fanden Blätter, Zweige oder Moos Verwendung, die nach einmaligem Gebrauch umweltfreundlich und vorbildlich hygienisch weggeworfen wurden . . .

Eine weitere Schwierigkeit, vor der die Ärzte standen, war die Sprachbarriere. Sie trennte den Arzt von den Patienten und ließ niemals jenes Vertrauensverhältnis aufkommen, das zur Heilung oft wichtiger ist als die Einnahme von Pillen. Das Vertrauen heutiger Navajos zum weißen Arzt muß untergraben werden, wenn der Übersetzer, der meist keine spezielle Ausbildung für seine Tätigkeit mitbringt, die Bemerkung des Mediziners: »Ich muß Ihnen leider mitteilen, daß Ihr Vater gestorben ist«, so übersetzt, daß sie als »Es tut mir leid, daß ich Ihren Vater getötet habe«, verstanden werden kann.

Abgesehen von solchen Fehlleistungen erschwerte die Verwendung von Übersetzern auch die Diagnose und verlängerte die Behandlung derart, daß bei der großen Zahl von Patienten je Arzt die Untersuchung wegen Zeitmangels zwangsläufig sehr oberflächlich war. Man verließ sich deshalb mehr auf präventive Reihenimpfungen und die Ausgabe von Heilmitteln mit breitem Wirkungsspektrum. Der Kontakt zwischen Arzt und Patienten wurde entpersönlicht und vergrößerte das Mißtrauen der Eingeborenen gegen die Medizin des weißen Mannes.

Die Einstellung von indianischem Personal durch den Indianergesundheitsdienst seit dem *New Deal* der dreißiger Jahre hat in dieser Hinsicht eine gewisse Besserung gebracht, obwohl jene Angestellten fast ausschließlich für die niedrigsten Dienste herangezogen werden. 1973 waren nur drei der 491 bei den Indianern tätigen Ärzte Indianer.

Seit 1955 untersteht der Indianergesundheitsdienst *(Indian Health Service,* kurz *IHS)* der Vereinigten Staaten dem Ministerium für Gesundheit, Erziehung und Fürsorge. Die neuen Herren fanden bald, daß das alte System zwar die großen Epidemien eingedämmt, viele Probleme aber ungelöst gelassen hatte. Durch Verdreifachung der Ärztezahl (die von 1900 bis 1955 trotz der indianischen Bevölkerungsexplosion nur von 83 auf 125 gestiegen war) und durch Neubauten von Spitälern und Gesundheitszentren konnte von 1955 bis 1968 die Zahl der Todesfälle durch Tbc um 75 Prozent gesenkt und die Kindersterblichkeit halbiert werden. Trotzdem ist die Kleinkindersterblichkeit (im Alter zwischen achtundzwanzig Tagen und elf Monaten) bei den Indianern immer noch dreimal so hoch wie im amerikanischen Durchschnitt. Zu den wichtigsten Todesursachen unter den roten Amerikanern zählen nach der erfolgreichen Bekämpfung der Epidemien immer noch Grippe und Lungenentzündung, vor allem aber akkulturationsspezifische Ursachen wie Unfälle (die eine mangelnde Vertrautheit mit einer fremden Arbeitswelt anzeigen oder durch Alkoholgenuß verursacht sind) und Leberzirrhose (die den Alkoholismus als fortdauerndes Problem bestätigt). Die Quote der tödlichen Unfälle ist bei den Indianern viermal so groß wie im gesamtamerikanischen Durchschnitt.

Die Übergabe der medizinischen Betreuung vom Indianerbüro an das Gesundheitsministerium muß als Teil der Terminationspolitik verstanden werden, die 1955 ihren Höhepunkt erreichte. Daß die geplante allmähliche Abhalfterung des BIA in diesem Fall positive Folgen hatte, war eine unbeabsichtigte Nebenwirkung. Im Rahmen der Terminationspolitik wurden aber auch Tausende Indianer in die Städte umgesiedelt, ohne daß man geeignete Maßnahmen traf, um sie dort ärztlich zu versorgen. Wer die Reservation verließ, gab ja seinen Anspruch auf Sonderrechte auf und wurde – wenigstens in der Vorstellung der Planer – zum gleichberechtigten amerikanischen Bürger. Während so der Umsiedler seine Ansprüche auf Leistungen des Indianergesundheitsdienstes verlor, lehnten die Teilstaaten der Union, die Bezirke und die Städte es ab, Fürsorgedienste für die Eingeborenen zu leisten, die sie in diesem Fall gerne als »Mündel der Bundesregierung« betrachteten. Erst nach und nach schuf der Bund Möglichkeiten, Indianer auch außerhalb der Reservationen medizinisch zu betreuen. Die einschlägigen Bestimmungen sind aber recht komplex und den meisten Indianern nur ungenügend bekannt. Außerdem sind die Hilfsprogramme chronisch unterfinanziert. Das Verhalten der Regierung Nixon, die einerseits den Indianern das Blaue vom Himmel versprach, anderseits aber in ihrem Bestreben, alle Fürsorgeeinrichtungen an lokale Verwaltungen abzutreten, die spezifischen Probleme der Indianer in den Städten mißachtete, ist ein weiterer Beleg für die Tatsache, daß in der Indianerpolitik der Vereinigten Staaten ein großer Unterschied zwischen Theorie und Praxis besteht.

In Kanada, wo das Verhältnis der Ärzte zur Gesamtbevölkerung mit 1 : 686 relativ günstig ist, steht es um die medizinische Versorgung der Indianer auch nicht besser als in den USA. Das Krankenversicherungsgesetz, das allen Bürgern ärztliche Hilfe garantiert, hat im Fall der Indianer Zuständigkeitsprobleme zwischen Bund und Provinzen geschaffen. Spezielle Programme für Indianergruppen, die Verträge mit der Regierung haben, wirken sich nur in den Reservationen aus, obwohl nicht alle »Vertragsindianer« Reservate besitzen. Sie beschränken sich im übrigen meist auf Präventivmedizin und Geburtshilfe. Das Personal im Indianergesundheitsdienst besteht wie in den USA zum Großteil aus Praktikanten und Helfern, die nur eine kurze Zeit »außerhalb der Zivilisation« zubringen wollen. Das Resultat: mangelndes Vertrauen der Patienten zu dem unerfahrenen und stets wechselnden Personal. Ebenso wie in den USA untersteht der Indianergesundheitsdienst Kanadas dem Gesundheitsministerium, anders als beim südlichen Nachbarn werden jedoch in Kanada neben Fragen des Wohnbaus auch solche des Umweltschutzes und der sanitären Anlagen vom Indianerdienst wahrgenommen, was bei der vorbeugenden Gesundheitspflege zu Zweigleisigkeiten führt.

Das Kardinalproblem bei der medizinischen Betreuung der Eingeborenen in den USA und in Kanada liegt weniger in der Qualität der gebotenen Leistungen als in der Mißachtung der besonderen Umstände der Patienten. Sprachprobleme können noch immer ein Hemmschuh für die Mediziner sein, die pro Tag fünfzig bis hundert Patienten zu versorgen haben. Während die Ärzte also froh sind, wenn sie an einem zehnstündigen Arbeitstag in den sechs Minuten, die für einen Patienten im Durchschnitt zur Verfügung stehen, auch verstehen, was der hilfesuchende Indianer will (und nicht die ganze Zeit dafür verwenden müssen, die Vene zu suchen), sind die Indianer glücklich, wenn sie nach einer Anreise von vielleicht hundert Kilometern wirklich untersucht werden und nicht, wie das oft geschieht, wegen der zu großen Zahl von bereits Wartenden abgewiesen werden. Im Notfall gibt es oft überhaupt keine Hilfe. Die abgelegenen Häuser in der Navajo-Reservation haben kein Telephon, mit dem man die Rettung rufen könnte, welche ihrerseits keine Möglichkeit fände, zum Anrufer zu gelangen, da die nächste Autostraße 50 bis 60 Kilometer von dessen Wohnung entfernt liegt. Der Fußmarsch zum Arzt oder in die Klinik ist daher oft ein Wettlauf mit dem Tod.

Ein Faktor, der das Ausmaß der weißen Hilfeleistung im Gesundheitsbereich weiter einzuschränken droht, ist die Abschaffung der allgemeinen Wehrpflicht in den Vereinigten Staaten. Ein beträchtlicher Teil der Indianerärzte waren nämlich wehrpflichtige Mediziner, die ihre zwei Jahre Militärdienst ersatzweise im öffentlichen Gesundheitsdienst ableisten konnten. Sie waren zwar die Hauptursache für den häufigen Personalwechsel, brachten aber für ihre Tätigkeit in den Reservationen meist mehr Enthusiasmus und neue Ideen mit als die eingesessenen Karrieristen des IHS, die als Beamte eher an ihre regelmäßige Gehaltserhöhung dachten als an die latenten ungelösten Organisationsfragen ihrer Aufgabe.

Um für je 750 vom BIA anerkannte Indianer einen Arzt zur Verfügung stellen zu können, würde der Indianergesundheitsdienst 713 Ärzte brauchen. Für die weiße Bevölkerung ist ein Arzt je 600 Einwohner vorhanden. Tatsächlich gibt es nur 523 Planstellen, von denen vor Abschaffung der Wehrpflicht kaum welche unbesetzt blieben. Im Gegenteil, es meldeten sich damals im Durchschnitt dreimal so viele Kandidaten, als benötigt wurden. Ende 1973 fehlten auf das Plansoll bereits 31 Ärzte, und das Gesundheitsministerium hatte alle Hände voll zu tun, um dieses Defizit nicht anwachsen zu lassen. In einigen Indianerspitälern mußten infolge des Ärztemangels fast alle Operationen eingestellt werden, nur Eingriffe, die zur Rettung eines Lebens oder eines Organs notwendig sind, können noch bewältigt werden.

Das Mißtrauen gegen die weiße Medizin ist nach wie vor groß. Die Vorstellung der Übertragung von Krankheiten durch Ansteckung liegt den traditionalistischen Indianern fern, in vielen Eingeborenensprachen fehlt ein Wort für Bazillus oder entsprechende Krankheitserreger. Die einheimischen Medizinmänner, die hier helfen könnten, werden von den weißen Medizinern weiterhin diskreditiert, so daß die Kranken sich meist zwischen roter und weißer Behandlungsform entscheiden müssen, anstatt beide in Anspruch nehmen zu können.

Im Verhältnis zwischen Schulmedizin und Medizinmännern mag sich eine Wende anbahnen. Vielleicht angeregt durch die Akkupunkturwelle in den Vereinigten Staaten und eine generelle Öffnung gegenüber bislang verpönten Behandlungsmethoden, ließ das *U.S. Public Health Service* auf seiner Jahrestagung 1973 einen Navajo-Medizinmann seine Meinung über weiße und rote Medizin kundtun. Wie nicht anders zu erwarten, war der Indianer viel toleranter gegenüber den Leistungen seiner akademisch gebildeten Kollegen als diese ihm gegenüber. Er gab unumwunden zu, daß die weißen Doktoren die besseren Internisten und Chirurgen seien, reklamierte aber für seine Profession bessere Erfolge bei der Behandlung von Depressionen und anderen krankheitsfördernden psychischen Schwierigkeiten, zumindest bei indianischen Patienten. Die von ihm geforderte Zusammenarbeit der beiden Disziplinen im Indianergesundheitsdienst scheint vernünftig, obwohl eine baldige Verwirklichung nicht zu erwarten ist.

Außerhalb der »technischen« Bereiche der Medizin, wie Chirurgie oder Zahnheilkunde, stehen die staatlichen Gesundheitsbeamten bei den Navajos nicht hoch im Kurs. Die traditionelle Navajo-Medizin kennt drei Arten von Behandlern: Herbalisten, Diagnostiker und Sänger (in aufsteigender Reihe ihrer Bedeutung). Die Diagnostiker sind erforderlich, um festzustellen, ob die Krankheit, die stets als eine Störung der natürlichen menschlichen Harmonie, gleich ob im physischen, psychischen, sozialen oder ökologischen Sinn, angesehen wird, durch Verletzung eines Tabus oder durch Hexerei entstanden ist. Die Heilung, das heißt die Wiederherstellung der Harmonie, nimmt der Sänger, ein hoher Kultfunktionär, vor, indem er oft tagelang Sandbilder anlegt und rituelle Lieder singt. Er wird für seine Leistungen hoch bezahlt, zumal seine Ausbildung zum Spezialisten jahrelang dauert. Der Herbalist schließlich kennt die Heilpflanzen (die der Sänger nicht verwendet) und verkauft sie an arme Leute, die sich keinen Sänger leisten können, oder an solche, die akute Schmerzen haben. Er behandelt aber nur die Symptome, nicht die Ursachen der Krankheit. Der staatliche Indianerarzt rangiert in der Wertskala der Navajos neben oder unter dem Herbalisten: Auch er kümmert sich nur um die Symptome; er nimmt als Staatsbediensteter keine Bezahlung (kann daher auch nicht »soviel wert sein« wie der Sänger) und versteht nicht einmal die Sprache der Navajos, was sogar der Herbalist kann.

Die Navajos betrachten den weißen Arzt somit vor allem als Symptombekämpfer: eine wichtige, aber nicht sehr hoch geschätzte Funktion. Sie erwarten sich daher bei jedem Arztbesuch eine Antibiotikaspritze, deren augenscheinlicher Erfolg ihnen imponiert, und sind enttäuscht, wenn sie ihnen verweigert wird. Sie akzeptieren den materiellen Teil der Zivilisation, ohne sich mit deren Ideologie zu identifizieren. Hier liegt auch der Grund für das Versagen des Indianergesundheitsdiensts in allem, das über die Symptombekämpfung hinausgeht. Wie das Indianerbüro ist auch der Indianergesundheitsdienst von dem Bewußtsein der hehren Sendung erfüllt, die Roten auf weiße Art glücklich zu machen. Alle Entscheidungen werden in der Zentrale in Washington getroffen, ohne auf die kulturellen Verschiedenheiten im Indianerland Rücksicht zu nehmen. Man ist froh, wenn man Zahlen vorweisen kann, und kümmert sich dabei wenig um die Qualität der gelieferten Leistungen. Mit anderen Worten, man gibt den Navajos recht: Der Doktor ist kein Sänger.

Bei soviel Mißerfolg und Undank fragt man sich, warum die USA den Indianergesundheitsdienst überhaupt noch aufrechterhalten. Warum überläßt man nicht die Krankenpflege wieder den Medizinmännern? Weder Rote noch Weiße wären mit diesem Vorschlag einverstanden, auch wenn manche der heutigen Indianer-Aktivisten diese Forderung erheben. Richard Oakes, ein kalifornischer Mohawk, ließ sich 1970 von dem Tuscarora-Medizinmann Mad Bear Anderson heilen, nachdem ihn die Schulmedizin bereits aufgegeben hatte. Die Verwundeten von Wounded Knee 1973 wurden ebenfalls von indianischen Heilern versorgt; bei schweren Verletzungen ließ man aber doch ein weißes Ärzteteam ins besetzte Dorf.

Die Weißen denken nicht daran, aufzugeben, weil sie damit ihr Scheitern offen eingestehen müßten. Für sie ist die medizinische Betreuung ihrer Mündel ein Teil des Zivilisierungsprogramms sowie ein Versuch, die durch die Kolonisation Amerikas entstandene triste Gesundheitssituation der Ureinwohner aus der Welt zu schaffen. Die Roten, denen man vielfach ihre Traditionen mit Gewalt austrieb, sehen wohl in den Weißen die Ursache der vorhandenen Gesundheitsprobleme, berufen sich aber zusätzlich auf Vertragsrechte. Nur wenige Verträge enthalten allerdings ausdrückliche Versprechungen der USA im Hinblick auf ärztliche Versorgung. Trotzdem ist möglicherweise auch in den anderen Fällen ein Rechtsanspruch gegeben, wenn man in die Verpflichtung der weißen Vertragspartner zum väterlichen Schutz der Roten auch die Zusage der gesundheitlichen Betreuung einschließt. Da nicht alle Verträge mit den Indianern einen diesbezüglichen ausdrücklichen Passus enthalten, stehen alle Interpretationsmöglichkeiten offen. Es wird bei den Gerichten liegen, diese Frage endgültig zu klären.

Viel wahrscheinlicher als die Rückkehr der Medizinmänner ist die Ermöglichung eines größeren Einflusses der Uramerikaner auf die Leistungen des IHS. Der Weiße, der mit seinem Arzt unzufrieden ist, nimmt sich einen anderen. Der Indianer, der beim Indianergesundheitsdienst nicht genügend Aufmerksamkeit für seine Leiden findet, muß faktisch trotzdem beim IHS bleiben. In vielen Fällen gibt es gar keine anderen Ärzte in erreichbarer Nähe, und wenn es welche gibt, kann sich der Durchschnittsrote eine Privatbehandlung nicht leisten. Verstärktes Konsumentenbewußtsein und der immer lautere Ruf nach Selbstbestimmung werden – wenigstens bei großen Stämmen, die auch den politischen Hebel ansetzen können – in absehbarer Zeit dazu führen, daß der Zentralismus des IHS auf den finanziellen Bereich beschränkt werden wird. Während Washington weiterhin zur Kassa gebeten würde, lägen

Planung und Verwaltung der örtlichen Einrichtungen in indianischer Hand.

Ein Unterausschuß des amerikanischen Senats betitelte seinen 1969 erschienenen Abschlußbericht über eine eingehende Durchleuchtung des Unterrichtswesens im Indianerland: »Indianische Erziehung: eine nationale Tragödie – eine nationale Herausforderung«. Die Senatoren hatten in ihrer Wortwahl nicht zu hoch gegriffen. Die Leichtsinnigkeit, mit der der Staat das Problem der Schulbildung seiner roten Bürger vernachlässigt, ist für die davon Betroffenen eine wahre Tragödie. Die Herausforderung, in diesem Bereich etwas zu erreichen, das für Rote und Weiße sinnvoll und befriedigend ist, besteht schon seit der frühen Kolonialzeit.

Schulen für die amerikanischen Eingeborenen forderten sowohl die weißen Ideologen der Kolonialisierung als auch die Indianer selbst. In der Vorstellung der englischen Siedler Virginias sollten diese Schulen den geplanten Tausch von Indianerland gegen Zivilisation und Christentum perfekt machen. Zehn Jahre nach Errichtung der Kolonie begann man in England, Geld zum Bau einer Bildungsstätte für die Söhne und Töchter der Wildnis zu sammeln, ja man reservierte sogar schon den Bauplatz dafür auf einem Stück Land, das man den Eingeborenen erst kürzlich im Vorgriff auf den Tauschhandel abgenommen hatte, und warb Lehrer für das neue Institut an. Doch noch bevor man den ersten Indianer in die Geschichte des englischen Königshauses, die Grundbegriffe der Theologie und die Schönheit des Hexameters einweihen konnte, griffen die roten Virginier zu den Waffen, um sich gegen ihre Verdrängung durch die englischen Siedler zur Wehr zu setzen. Nach diesem martialischen Intermezzo sprach achtzig Jahre lang niemand mehr von der Schule. Nur ein findiger Pflanzer verstand es, aus dem Geld, das ja bereits gesammelt worden war, etwas für sich abzuzweigen. Er verpflichtete sich, seinen indianischen Diener nicht nur nach europäischer Mode zu kleiden, sondern ihm auch gewisse Kenntnisse im Katechismus zu vermitteln. Dafür wurde ihm aus dem vorhandenen Fonds zur Erziehung der Indianer ein jährlicher Unkostenbeitrag gewährt.

Im puritanischen Neu-England war man von Anfang an mehr darum bemüht, die Eingeborenen je schneller desto besser zur Hölle zu schicken (wie die Siedler 1637 nach dem Krieg gegen die Pequots stolz verkündeten), als sie mühevoll aus Heiden zu Christen zu machen. Dank dem großen missionarischen Eifer des Geistlichen John Eliot kam es aber hier dennoch früher als in Virginia zu konkreten Erfolgen in der Indianererziehung. Man errichtete eigene Siedlungen christlicher Indianer, in denen diese von ihrem Missionar auch unterrichtet wurden. Wie wenig aber die Siedler auf Christentum und Zivilisation der Eingeborenen gaben, zeigte sich im Krieg der Kolonisten gegen die Wampanoags in den Jahren 1675 bis 1676, als die weiße Miliz nicht nur über die heidnischen sondern auch über die christlichen Indianer herfiel. Für die Puritaner blieben Indianer eben Indianer.

Ein Vierteljahrhundert später kam es in Virginia dann doch endlich zur Gründung einer Indianerschule. In seinem Testament hatte der englische Physiker Robert Boyle, der Erfinder der Luftpumpe, 1691 einen großen Geldbetrag hinterlassen, der zur Heranbildung zivilisierter Indianer dienen sollte. Es traf sich, daß um die Wende des achtzehnten Jahrhunderts in der Kolonie das *College of William and Mary* errichtet wurde, die erste höhere Schule in Virginia überhaupt. Mit dem Geld Boyles beglich man schon bald die Kosten für die Ausbildung von eingeborenen Kindern, 1723 wurde dann sogar ein eigenes Haus für ihre Unterbringung gebaut. Dies auch deswegen, weil die zuvor in der Stadt bei weißen Siedlern untergebrachten indianischen Zöglinge in großer Zahl von Infektionskrankheiten hinweggerafft wurden, unter der ungewohnten Nahrung litten oder auch an »reiner Vernachlässigung« starben. Das *College of William and Mary* ist bis heute eine der angesehensten Schulen Virginias. An die Indianer erinnert allerdings nur noch der Name des Basketballteams der Schule, das sich »Indians« nennt.

Eine reine Indianerschule wurde im achtzehnten Jahrhundert in Neu-England gegründet. In der *Indian Charity School* zu Lebanon, Connecticut, unterrichtete der Missionar Eleazar Wheelock seine roten Schützlinge mit so großem Erfolg, daß bald auch Weiße ihre Kinder zu ihm schickten. Nach und nach versiegte der Nachschub an indianischen Schülern, und aus der Indianerschule wurde *Dartmouth College*, ein Nobelinternat für Weiße. Immer, wenn eine Schule für die Eingeborenen erfolgreich arbeitete, war bald für die Uramerikaner kein Platz mehr in ihr vorhanden. (*Dartmouth College*, das sollte erwähnt werden, hat in den letzten Jahren an seine indianische Tradition angeknüpft, vergibt Stipendien an eingeborene Studenten und fördert indianische Studienprogramme.)

Die Indianer selbst waren grundsätzlich an der weißen

Bildung sehr interessiert. Sie erkannten früh, daß die zivilisatorische Überlegenheit der Kolonisten mit ihrer Schriftkundigkeit zusammenhing. Die Bereitwilligkeit der Indianer, ihre Kinder in weiße Schulen fern des Elternhauses zu schicken, gründete sich auf den Wunsch, die Bildungslücke zwischen ihnen und dem weißen Mann zu schließen. Anstatt jedoch diese Unterschiede auszugleichen, schufen die Indianerschulen im Gegenteil noch eine weitere Kluft zwischen den indianischen Schülern und deren Eltern. Die Schüler kehrten nach Absolvierung ihrer Ausbildung in ihre indianischen Gemeinschaften zurück, in denen ihnen weder die Kenntnis der antiken Philosophie noch die der englischen Dichtung förderlich sein konnte. Als Indianer fanden sie anderseits in der weißen Gesellschaft keinen Platz, außer als einfache Diener oder Hausangestellte, wobei ihnen aber die neugewonnene Bildung eher hinderlich war.

Weiße Beobachter konstatierten den Mißerfolg ihrer Erziehungsziele: »Viele Kinder von uns benachbarten Indianern«, schrieb ein angesehener Virginier im frühen achtzehnten Jahrhundert, »wurden im *College of William and Mary* erzogen. Sie lernten lesen und schreiben und wurden bis zur Erreichung des Mannesalters sorgfältig in den Grundsätzen der christlichen Religion unterrichtet. Nachdem sie jedoch nach Hause zurückgekehrt waren, fielen sie, anstatt die anderen zu zivilisieren und zu bekehren, in den alten Unglauben und die Barbarei zurück.«

Eine 1968 vom Indianerbüro vorgenommene Systemanalyse der Indianerschulen ergab, daß viele Indianer aus den Schulen »desillusioniert auf die Reservationen zurückkehren, wo sie den Rest ihres Lebens in wirtschaftlicher und geistiger Stagnation zubringen«. Nach 250 Jahren weißer Erziehung das gleiche Resultat, nur die Worte sind moderner geworden.

Die Indianer selbst sahen dasselbe Phänomen erwartungsgemäß mit anderen Augen. »Einige unserer jungen Leute sind in der Vergangenheit in den Schulen der nördlichen Provinzen erzogen worden«, erklärten die Irokesen 1744 zur Begründung ihrer Abneigung gegen weitere derartige Versuche. »Sie wurden in allen euren Wissenschaften unterrichtet; als sie aber zu uns zurückkehrten, waren sie schlechte Läufer, hatten keine Ahnung, wie man im Wald zu leben hat, und waren unfähig, Hunger oder Kälte zu ertragen. Sie wußten weder, wie man eine Hütte errichtet, noch wie man den Hirsch fängt oder den Feind tötet; sie sprachen unsere Sprache fehlerhaft und waren deshalb weder als Jäger noch als Krieger oder Ratsmitglieder geeignet; sie waren absolut für nichts zu gebrauchen. Wir fühlen uns jedoch trotzdem durch euer Angebot geehrt, obwohl wir seine Annahme ablehnen; und um unser dankbares Verständnis dafür zu zeigen, machen wir uns erbötig, wenn die Herren aus Virginia uns ein Dutzend ihrer Söhne schicken wollten, sie sorgsamst zu erziehen, sie in allem zu unterrichten, was wir wissen, und Männer aus ihnen zu machen.«

Somit war lange vor der amerikanischen Revolution klargestellt, worin das Hauptproblem der Indianererziehung lag: in der unterschiedlichen Erwartung, die Weiße und Rote an die Errichtung von weißen Schulen für die Eingeborenen knüpften. Die Indianer erhofften sich davon einen praktischen Nutzen für die Mitglieder ihrer Stammesgesellschaften und für diese Gesellschaften selbst. Die Siedler nahmen die Roten nur deswegen in ihre Schulen auf, um sie den Stammesverbänden zu entfremden und zu zivilisierten Christen, zu roten Engländern zu machen. Für die Europäer war Erziehung Vermittlung von Wissen wie auch von ethischen und kulturellen Normen. Eine Trennung erschien undenkbar.

In den eingeborenen Stammesgemeinschaften bedeutete Erziehung gleichfalls Wissensvermittlung und Sozialisierung. Wohl gab es keine »Schulen« im Sinne der Weißen; die Kinder erfuhren alles, was sie zum Leben und Zusammenleben wissen mußten, auf mehr oder weniger informelle Weise von älteren Mitgliedern der Gemeinschaft, wobei verwandtschaftliche Bande eine wichtige Rolle spielten. Aber es gab auch Spezialausbildungen, wie die zum Medizinmann, bei denen es zu Lehrer-Schüler-Beziehungen kam, die denen des weißen Erziehungswesens vergleichbar waren. Die Indianer waren bereit, zusätzliches Wissen anzunehmen, wollten dabei aber nicht auf ihre traditionellen Werte verzichten, die sie durch die neuen Kenntnisse keineswegs in Frage gestellt sahen.

Wann immer man den Indianern weißes Wissen zusammen mit eingeborenen Normen vermittelte, stellte sich ein echter Erfolg ein. Die Cherokees, einer der Fünf Zivilisierten Stämme des nordamerikanischen Südostens, erbrachten dafür den besten Beweis. Der geniale Sequoyah, der weder Englisch verstand noch schreiben konnte, erfand zu Beginn des neunzehnten Jahrhunderts eine Silbenschrift für seine Sprache, die innerhalb kürzester Zeit von der überwiegenden Mehrheit der

Stammesbevölkerung erlernt wurde. Bücher und Zeitungen wurden gedruckt, die Kinder konnten in der Cherokee-Sprache unterrichtet werden. Trotz des hemmenden Effekts, den die Zwangsumsiedlung der Cherokees nach Oklahoma verursachte, konnten nicht nur neunzig Prozent der Cherokee-Bevölkerung, die mit eigenen Schulen versorgt war, ihre Schrift lesen und schreiben, sie erhielten sogar eine zweisprachige Ausbildung, die im späten neunzehnten Jahrhundert dazu führte, daß es unter den Oklahoma-Cherokees weniger Analphabeten gab als unter den weißen Siedlern von Texas und Arkansas. 1903 übernahmen die USA das vorbildliche Schulsystem der Cherokees in ihre Verwaltung; heute sind 40 Prozent der erwachsenen Cherokees faktisch Analphabeten, 75 Prozent der Schüler verlassen die Schule vor Ende ihrer Ausbildung. Im Durchschnitt erhalten sie eine um mehr als zwei Jahre kürzere Schulbildung als die unterprivilegierten Schwarzen in Oklahoma.

Dabei ist Erziehung heute nicht mehr das Almosen, das sie während der Kolonialzeit war. Auf sie besteht ein Rechtsanspruch, den die indianischen Bürger der Vereinigten Staaten geltend machen können. 1802 hatte der amerikanische Kongreß erstmals eine Summe von jährlich höchstens 15.000 Dollar bereitgestellt, um »die Zivilisation unter den Eingeborenen zu fördern«. Aus dieser Praxis, die mit der Zivilisierungspolitik Thomas Jeffersons und seiner Gesinnungsfreunde im Zusammenhang stand, erwuchs 1819 ein Gesetz, das einen Fonds für die Bekehrung der indianischen Jäger zum Ackerbau vorsah. Dieses Gesetz und die einschlägigen Bestimmungen, die in die meisten der mit den Indianer geschlossenen Verträge – oft auf eigenen Wunsch der Indianer – aufgenommen wurden, bilden die legistische Grundlage der Sonderstellung der Roten auch im Bildungswesen.

Abgesehen von Einzelfällen wie dem der Cherokees, bei denen die staatliche Finanzierung mit einer Verwaltung durch den Stamm selbst gekoppelt war, blieb die Diskrepanz zwischen weißen Erziehungszielen und roten Erwartungen bestehen: Das Schulwesen wurde zu einer Fortsetzung der Indianerkriege mit anderen Mitteln, der blutige Völkermord setzte sich in kulturellem Genozid fort. Der Indianerkommissar Lea erachtete es 1850 als eine Voraussetzung für die Erziehung der Ureinwohner, sie an bestimmten Orten zu konzentrieren, wo man sie unter Zwang vor die Alternative: Ackerbau oder Hungertod stellen konnte. Reines Buchwissen, argumentierte

Lea, führe bestenfalls zu einer verfeinerten Arglist der Wilden und zu einer größeren Fähigkeit, Unfug und Gewaltakte zu planen. Bildung ohne Zivilisierung kam nicht in Frage.

Die Konzentration auf die Erziehung zu Ackerbau und Christentum widersprach völlig den indianischen Zielen. Die von Missionaren geleiteten Schulen fanden nur deshalb überhaupt Zuspruch seitens der Roten, weil man in ihnen – gewissermaßen als Nebenprodukt – auch lesen und schreiben lernen konnte. Der einzige Nutzen, den die Indianer aus dieser Politik zogen, bestand darin, daß die Schulen auf Indianerland errichtet wurden, da man die Roten ja an Ort und Stelle zu Bauern machen wollte und die Missionare einen Vorteil darin erblickten, die Eingeborenen fernab von den verderblichen Einflüssen der Zivilisation in die Geheimnisse eben dieser Zivilisation einzuweihen. Nur auf Indianerland selbst konnte man auch die Gesellschaft als Ganzes transformieren und damit der Enttäuschung begegnen, die man angesichts der Absolventen weißer Schulen verspürte, welche nach Rückkehr in die Heimat wieder die alten Sitten annahmen.

Die neue Politik war kaum erfolgreicher als die alte. Überdies enthielten die Verträge Versprechungen, die man vielfach nicht einhalten wollte oder konnte. So trennte man bei Landabtretungen häufig bestimmte Teile des alten Stammeslandes ab, um sie zu verkaufen und aus dem Erlös höhere Schulen für die Stammesangehörigen zu errichten. Die Schulen wurden errichtet, für Indianer aber war darin selten Platz. Den Sioux und den Navajos versprach man, für je dreißig ihrer Kinder, die zum Schulbesuch überredet werden konnten, ein Schulhaus zu errichten und einen Lehrer beizustellen. Solange die Indianer aber keinen Einfluß auf die Erziehungsziele nehmen konnten, ließen sie sich selbst durch solche rosigen Versprechungen nicht dazu bewegen, freiwillig in die Akkulturationsfalle zu tappen.

Mit dem Ende der Vertragsperiode und dem Einsetzen der integrationistischen Aufteilungspolitik schaltete man in Washington von weicher Welle auf harten Kurs. An die Stelle freundlicher Überredung trat brutale Gewalt. 1893 wurde der Schulbesuch für Indianer obligat. Wovon Kommissar Lea 1850 noch geträumt hatte (»Zivilisation oder Hungertod«), wurde nun Gesetzestext: »Der Innenminister kann nach freiem Ermessen Essensrationen, Kleidung und andere Zuwendungen indianischen Eltern oder Vormündern vorenthalten, die es ablehnen oder nicht dafür sorgen, daß ihre Kinder einen angemessenen Teil des Jahres in der Schule verbringen.« Das waren keine leeren Drohungen. Als man 1919 feststellte, daß weniger als ein Viertel aller Navajo-Kinder die Schule besuchten, belegte man die Eltern mit Geld- und Freiheitsstrafen. Anderseits setzte man Navajo-Polizei ein, um die Kinder ihrer Erzfeinde, der Hopis, die sich noch heftiger gegen die zwangsweise weiße Erziehung ihrer Sprößlinge wehrten, in ihren Häusern und anderen Verstecken aufzuspüren und mit Gewalt zu entführen.

An die Stelle von Schulen auf Indianerland traten Internate in alten Armeekasernen, in denen man Kinder verschiedenster Stammeszugehörigkeit unter militärisch strenger Kontrolle zwangsweise zivilisieren wollte. Die Internate von Haskell in Kansas (1878 gegründet und bis heute bestehend), Carlisle in Pennsylvania (1879) und Chilocco in Oklahoma (1884) sind die bekanntesten Schulen dieser Art. Die Kinder wurden hier jahrelang von ihren Eltern getrennt gehalten, der Gebrauch der eigenen Sprache war ihnen verboten, jede eigene kulturelle Regung galt als schweres Vergehen und wurde (wie Rückfälle in die Muttersprache) mit Prügeln bestraft. Konsequenter als in den Schulen der Kolonialzeit konnte man hier die Entfremdung der Kinder von ihren Eltern betreiben, ohne Rücksicht auf die Konflikte, die aus den Widersprüchen zwischen elterlicher und schulischer Erziehung entstanden. Trotzdem kehrte die überwiegende Mehrzahl der Absolventen in die Reservationen zurück.

Der *Meriam Survey* von 1928, ein in staatlichem Auftrag verfaßter Bericht über die Lage der Indianer, las den Erziehern der Roten die Leviten. Die Taktik, Kinder und Eltern zu trennen, wurde verurteilt als »unvereinbar mit modernen Ansichten über Erziehung und Sozialarbeit, die Elternhaus und Familie als essentielle Institutionen betrachten, aus denen man die Kinder grundsätzlich nicht entwurzeln soll«. (Weißen Kindern durfte man derartiges nie ungestraft zumuten: Als es im Zuge der Rassenintegration in den Schulen durch Gerichtsurteile notwendig wurde, weiße Schüler per Bus von einem Stadtteil in den anderen zu schaffen, um alle Schulen einer Stadt in gleichem Mischungsverhältnis zu integrieren, liefen die weißen Eltern entrüstet Sturm gegen die Auflösung der Nachbarschaftsschulen.) Wie die anderen Empfehlungen des *Meriam Survey* wurden auch die Anregungen bezüglich des Schulwesens von John Collier, dem indianerfreundlichen

Indianerkommissar Roosevelts, aufgegriffen und zu einem wichtigen Bestandteil des *New Deal* für die Indianer gemacht. Collier ließ sechzehn Internate schließen und an ihre Stelle 84 Tagesschulen in Reservationen eröffnen. Hatten 1933 noch drei Viertel der eingeborenen Schüler Internate besucht, so war es zehn Jahre später nur noch ein Drittel.

Schon Mitte der vierziger Jahre schlug das Pendel wieder in die Gegenrichtung aus. »Das Ziel der Indianererziehung sollte es sein«, philosophierte ein Ausschuß des amerikanischen Repräsentantenhauses, »aus dem indianischen Kind einen besseren Amerikaner und nicht bloß einen besseren Indianer zu machen.« Die Tagesschulen in den Reservationen wurden wegen ihrer Rücksichtnahme auf indianische Verhältnisse kritisiert und eine stärkere Ausnutzung der Internate gefordert. So kam es, daß manche der alten Armeekasernen (wie Fort Wingate), die schon im Meriam-Bericht als für Schulzwecke besonders ungeeignet bezeichnet worden waren, bis heute in Verwendung stehen und daß viele der unmenschlichen Methoden in der Behandlung von Indianerkindern fröhliche Urständ feierten. Kinder werden in den Internaten immer noch mit dem Entzug der Besuchserlaubnis für die Eltern bestraft, wenn sie sich nicht an das straffe Reglement, das den weißen Erziehern in Schulen mit tausend und mehr Zöglingen notwendig erscheint, anpassen wollen. Viele Kinder sind verhungert oder erfroren, wenn sie dem Druck, der in der Schule auf sie ausgeübt wurde, nicht mehr standhalten konnten und zu Fuß zu ihren Eltern zurückzukehren versuchten. Für eine große Anzahl von Indianerkindern war ein solcher Versuch von vornherein unrealistisch: Viele Zöglinge in Internaten in Oklahoma stammten aus Alaska; das ist, als wollte man norwegische Kinder unbedingt in Tunesien zur Schule schicken.

Eine andere Folge der Terminationsbestrebungen war die verstärkte Anwendung der sogenannten Transfer-Politik. Bereits 1934, in den ersten Monaten der Regierung Roosevelt, hatte der Kongreß den *Johnson-O'Malley Act* beschlossen, der den Innenminister ermächtigte, die Durchführung von Erziehungsaufgaben, medizinischer Betreuung und Fürsorge auf Vertragsbasis den einzelnen Teilstaaten zu übertragen. Der Bund trug weiterhin die Finanzierung, brauchte sich aber nicht mehr im Detail um indianische Familien zu kümmern, die infolge der Aufteilungspolitik mehr oder weniger stark (wenigstens räumlich) mit der weißen Bevölkerung integriert waren. Die indianischen Kinder dieser Familien sollten nun nicht mehr Indianerschulen besuchen, sondern öffentliche Schulen. Entstehende Mehrkosten der öffentlichen Schulen sollten aus Geldern gedeckt werden, die aus dem Titel des *Johnson-O'Malley Act* vom Kongreß bereitgestellt wurden.

Das Indianerbüro, über das die Mittel flossen, legte freilich die Gesetzesbestimmungen ganz anders aus. Die Gelder wurden nur für Kinder gewährt, die ihren ordentlichen Wohnsitz in oder nahe von Reservationen hatten und unter der Aufsicht des BIA standen. Damit erreichte man eine Förderung der Überstellung von Schülern aus eigenen Indianerschulen in öffentliche Schulen. Indianerkinder, die mit ihren Eltern in die Stadt umgesiedelt worden waren und dort besondere Anpassungs- und Schulprobleme hatten, gingen leer aus. Der Transfer bewirkte zugleich, daß die Bundesregierung (obwohl Vormund der Indianer) jede Kontrolle über die Erziehung ihrer Mündel in den Erziehungsanstalten der Teilstaaten verlor. Die Abrechnung der Johnson-O'Malley-Gelder erfolgte nur global und bot keinerlei Kontrolle über mißbräuchliche Verwendung. Tatsächlich verwendeten viele Schulbezirke diese Subventionen für allgemeine Schulkosten und nicht speziell für indianische Schüler. Eine Untersuchung der schwarzen Bürgerrechtsorganisation NAACP deckte 1971 auf, daß ein beträchtlicher Teil der Johnson-O'Malley-Gelder sogar ausschließlich für die Bedürfnisse der weißen Schüler abgezweigt wurde.

Die Entscheidung, wann der Transfer erfolgen konnte, oblag allein dem Indianerbüro. Man entschloß sich grundsätzlich dann zur Auflösung der Indianerschulen, wenn sowohl die Indianer als auch der weiße Schulbezirk, der sie aufnehmen sollte, dazu »bereit« waren. Die Bereitschaft der Indianer wurde nach alter BIA-Art nicht objektiv festgestellt, sondern »erfühlt«; es gab dafür keinerlei Kriterien. Die Indianer selbst wurden meist vor vollendete Tatsachen gestellt. Da die Ausbildung in den vom Indianerbüro betriebenen Schulen durchwegs unterdurchschnittlich war, wurden die indianischen Kinder mit einem Bildungsdefizit in die weißen Schulen integriert, die ihrerseits noch weniger Rücksicht auf das kulturelle Erbe der neuen Schüler nahmen als die Erziehungsanstalten der Regierung. Diskriminierung, Mißerfolge und Frustration waren die Folgen.

In Zahlen nimmt der Bildungsrückstand der Uramerikaner

deutlich Gestalt an. Trotz allgemeiner Schulpflicht besuchen nur weniger als 90 Prozent der Indianerkinder auch wirklich die Bildungsstätten des weißen Mannes. Drückt der nichtindianische Amerikaner im Durchschnitt mehr als zehn Jahre lang die Schulbank, sind es beim Indianer nur acht. Wiederholen weniger als 20 Prozent der amerikanischen Schulkinder Klassen, sind es unter den Indianern 42 Prozent. Drei Viertel aller Fünfjährigen in den USA besuchen vor der Schule einen Kindergarten, bei den Eingeborenen sind es weniger als 10 Prozent. Vergleicht man die Ergebnisse von Leistungstests, so zeigt sich, daß die roten Kinder und Jugendlichen um durchschnittlich zwei Jahre hinter dem gesamtamerikanischen Durchschnitt nachhinken. Wenn sie die Schulbank verlassen, haben sie daher ein Bildungsdefizit von mehr als vier Jahren gegenüber weißen Schulabsolventen.

Diese Fakten wurden der Öffentlichkeit in den späten sechziger Jahren bekannt, als ein Sonderkomitee des amerikanischen Senats unter Führung von Robert F. Kennedy die Situation der Indianererziehung durchleuchtete. Nach Roberts Ermordung führte sein Bruder Edward die Untersuchungen zu einem Abschluß, der 1969 erste Denkanstöße für eine Neuorientierung der Erziehungspolitik lieferte. Zugleich versprach der neugewählte Präsident Nixon den Roten baldige Selbstbestimmung. Unter diesen günstigen Vorzeichen begann der lange Marsch zu einer neuen gesetzlichen Grundlage für das indianische Schulwesen. Eine der Empfehlungen der Senatoren in ihrer Suche nach den Ursachen des roten Bildungsdebakels und dessen möglicher Behebung lautete dahin, die Finanzierung der indianischen Schulprogramme zu erhöhen.

Schulen werden in den USA zu einem beträchtlichen Teil aus Grundsteuern finanziert. Da aber Indianerland wie auch anderes in Bundesbesitz befindliches Land keine Grundsteuer abwirft, entsteht ein großes Finanzierungsproblem. Seit 1958 wandte man das *Public Law 874,* das diese Lücke überall, wo ausgedehnte Bundesländereien wie Nationalparks oder Militärstützpunkte bestehen, stopfen sollte, auch auf die in der Nähe von Reservationen liegenden Schulen an. Die Folge dieser Maßnahme war vielfach, daß bei Zahlung von Geldern unter dem *Public Law 874* das Indianerbüro keine Johnson-O'Malley-Gelder mehr zuschießen wollte, obwohl die gesetzlichen Aufgaben der beiden Subventionen verschiedener Art sind; jedenfalls wurde der besonderen Lage der Indianer abermals keine Rechnung getragen. Der Kongreß und die indianischen Lobbyisten suchten daher nach einem Gesetz, das auf einer ähnlichen Grundlage wie das *Public Law 874* arbeiten, dabei aber die Spezialprobleme der Eingeborenen berücksichtigen sollte.

Teil A des 1972 verabschiedeten *Indian Education Act* erfüllte diese Wünsche wenigstens zum Teil. Die aus diesem Titel fließenden Gelder sollten zur Planung, Durchführung und Auswertung von grundsätzlich neuen Schulprogrammen sowie für die dazu notwendige Ausstattung und Verbesserung von Schulräumen verwendet werden. Teil B war zur Finanzierung spezieller Lehr- und Lernbehelfe indianischer Schüler bestimmt, Teil C betraf die Erwachsenenbildung, Teil D schließlich schuf ein eigenes Amt für Indianererziehung, dem ein aus fünfzehn Indianern bestehender Nationaler Beirat für Indianererziehung beigegeben wurde. Das Gesetzeswerk sah wohl Rahmenausgaben für die einzelnen Titel vor, die effektive Finanzierung mußte aber über das jährliche Budget erfolgen.

Genau hier begannen die Probleme. Die Regierung Nixon war trotz aller Lippenbekenntnisse zur Unterstützung der Indianer offenbar nicht bereit, das vom demokratischen Kongreß geschaffene Indianererziehungsgesetz zu finanzieren. Im Budget für das Fiskaljahr 1972/1973, das vom Weißen Haus dem Kongreß zugeleitet wurde, war jedenfalls kein Posten für den *Indian Education Act* vorgesehen. Dem persönlichen Einsatz mehrerer Senatoren und Abgeordneter ist es zu verdanken, daß die Durchführung des Gesetzes wenigstens für das erste Jahr durch das vom Kongreß beschlossene Zusatzbudget gesichert wurde, auch wenn von den ursprünglich vom Senat geforderten 36 Millionen Dollar nach den Beratungen über den Staatshaushalt nur die Hälfte übrigblieb.

Präsident Nixon hatte jedoch nicht die Absicht, die vom Kongreß bewilligte Summe auch tatsächlich auszugeben. Er hielt die Ausgabe von 18 Millionen Dollar für inflationistisch und ersuchte die Abgeordneten, den Posten wieder zu streichen. Die Frage, wieweit die Ermessengewalt des Präsidenten in der Ausgabenpolitik reicht, ist umstritten. Sie ist eines der heißen Eisen, die das Verhältnis zwischen Legislative und Exekutive in den USA in der Ära Nixon besonders ungemütlich gemacht haben. Während das Vetorecht des Präsidenten nie in Frage gestellt wurde, haben Präsidenten seit Roosevelt in wachsendem Maß Gebrauch von einem Verfahrenstrick gemacht, den man »Taschenveto« nennt: Der Präsident nutzt eine Sitzungspause des Kongresses, um ein zur Unterschrift vorgelegtes Gesetz einfach nicht innerhalb der vorgeschriebenen Frist zu unterschreiben. Da es sich um kein offizielles Veto handelt, kann es vom Kongreß auch nicht mit Zweidrittelmehrheit aufgehoben werden; vielmehr muß das Gesetz neu eingebracht und beschlossen werden. Während eine solche Vorgangsweise beim Staatshaushalt nicht möglich ist, hat insbesondere Präsident Nixon das »Sperren« von Geldern, die vom Kongreß bewilligt wurden, zur Perfektion entwickelt: Er weist die Administration einfach an, bestimmte Budgetposten nicht in Anspruch zu nehmen. Sowohl das »Taschenveto« als auch das Sperren von Geldern sind verfassungsrechtlich umstrittene Praktiken, weil sie die verfassungsmäßige Ausgabenhoheit des Kongresses beeinträchtigen. Darüber werden letztlich die Gerichte zu entscheiden haben.

Im Fall des *Indian Education Act* entschloß sich der Präsident jedenfalls zur »Sperrung«. Typisch für die Zerrissenheit der indianischen Interessenvertretung ist die Tatsache, daß gleich zwei Gruppen Prozesse gegen die Regierung anstrengten, um die Finanzmittel wieder freizubekommen. Die Duplizität der Anstrengungen war in diesem Fall nicht ganz umsonst: Die zweite Gruppe konnte aus den Fehlern der ersten lernen und erreichte schließlich im Mai 1973, weniger als zwei Monate vor Ende des Fiskaljahres, eine einstweilige Verfügung, durch welche die Sperrung aufgehoben wurde. Während Richter Green die Argumente der Indianer in diesem Fall hörte, beeilte sich Präsident Nixon, wenigstens den kostenlosen Teil D des Gesetzes, die Einsetzung des indianischen Beirats, zu erfüllen. Die Art und Weise, in der er sich dieser Verpflichtung entledigte, ließ allerdings abermals Zweifel an der Aufrichtigkeit seiner Selbstbestimmungsparolen aufkommen.

Das neugeschaffene Amt für Indianererziehung hatte diese Parolen offenbar wörtlich genommen. Im August 1972 wurden von dieser Stelle aus vierhundert Briefe an die Stämme und andere indianische Organisationen ausgeschickt, in denen um Nominierungsvorschläge für den Beirat ersucht wurde. Aus den 150 Vorschlägen wurden – unter Konsultierung sowohl staatlicher als auch privater Stellen, die in Indianerangelegenheiten ein anerkanntes Mitspracherecht haben – dreißig Kandidaten ausgewählt, die zehn Kriterien in bezug auf

Ausbildung, regionale Gesichtspunkte und Geschlecht erfüllten. Diese Liste wurde dem Weißen Haus vorgelegt. Der Präsident zog jedoch sein eigenes Selbstbestimmungsrecht dem der Eingeborenen vor und ernannte fünfzehn Beiratsmitglieder, von denen sich nur fünf auf der Vorschlagsliste befanden. Unter jenen, die vom Weißen Haus stillschweigend übergangen wurden, befinden sich einige der profiliertesten Sprecher für die Sache der Uramerikaner, was offenbar Grund genug war, sie zu übergehen.

Daß anderseits gerade das indianische Mitspracherecht in Schulangelegenheiten von entscheidender Bedeutung für Erfolg oder Mißerfolg aller Reformen ist, hat schon der zuvor erwähnte Bericht des Senatsausschusses aus dem Jahr 1969 erkannt. Er machte erstaunliche Fälle aus der jüngeren Vergangenheit publik. So haben die Mesquakies in Iowa, die den überwiegenden Teil ihrer Kinder (gegen ihren Willen) in öffentliche Schulen schicken müssen, keine Stimme bei der Wahl des Schulbeirats. Als die indianischen Eltern in Ponca, Omaha, einen Indianer in den Schulbeirat wählen wollten, drohte man ihnen mit der Delogierung aus ihren Mietwohnungen, während man anderen weismachte, sie würden durch Teilnahme an der Wahl ihren steuerfreien Status verlieren.

Dementsprechend gering ist der indianische Einfluß auf die Lehrplangestaltung. Dem Wunsch nach Einbeziehung indianischer Stammesgeschichte in den Unterricht begegnete ein Schulmann mit dem Argument, dies sei schon deshalb wertlos, weil »ihre Kultur ohnedies verlorengehen würde und sie langfristig gesehen um so besser daran wären, je weniger sie von ihrer Geschichte wüßten«. Ein anderer weißer Lehrer befand, es sei »unamerikanisch«, einer bestimmten Gruppe zu helfen, ihre Eigenarten zu pflegen (wobei unter »Gruppe« natürlich nur die Minderheiten angesprochen waren). Selbst wenn lokale Schulbehörden sich plötzlich dazu aufraffen, auf indianisches Erbe Rücksicht zu nehmen, kommt es ohne Mitspracherecht der Uramerikaner zu grotesken Fehlleistungen. Um die über ihre unfreiwillige Eingliederung ins Bezirksschulsystem verbitterten Mesquakies zu versöhnen, beschloß die Behörde, indianische Geschichte in den Lehrplan aufzunehmen. Man engagierte den nächstbesten Indianer, der sich anbot, für diese Aufgabe; seither werden die Mesquakie-Kinder von einem Sioux-Lehrer über die Geschichte der Sioux, der Erbfeinde der Mesquakies, unterrichtet.

Grundsätzlich jedoch müssen Indianerkinder in Indianerschulen oder in öffentlichen Erziehungsanstalten damit rechnen, seitens der Lehrer jeder denkbaren Verhaltensweise von verletzendem Paternalismus bis zu offener Indianerfeindlichkeit zu begegnen. Nicht unwesentlich tragen dazu die Lehrbücher bei, die im Unterricht Verwendung finden. Was soll ein indianischer Schüler davon halten, wenn er im Geschichtsbuch liest, daß Amerika von Christoph Kolumbus entdeckt wurde? Dabei nimmt sich diese ahistorische Gedankenlosigkeit noch harmlos aus neben dem fratzenhaft verzerrten Geschichtsbild, das die Lesebücher den kleinen roten Lesern darbieten: An der Grenze, heißt es, »gab es Gefahren durch wilde Tiere und Indianer«; die weißen Siedler »nahmen Land, von dem die Indianer glaubten, daß es ihnen gehöre«; die Rothäute »verbrachten einen Großteil ihrer Zeit damit, gegen andere Stämme zu kämpfen«; ihr Leben (man beachte die Schilderung im Präsens) »ist barbarisch; sie essen nicht zu bestimmten Stunden; sie essen, so oft sie wollen, und zu jeder Stunde; sie essen vom Boden ohne ein Tischtuch.« Wie gut, daß man diesen unzivilisierten Freßsäcken die Essensrationen gestrichen hat! Neben solchen Entstellungen finden sich die üblichen Rechtfertigungen für die Indianerkriege und ein billiges Bedauern über das »unausweichliche« Schicksal der roten Rasse.

Das übrige Unterrichtsmaterial ist für die kleinen Uramerikaner kaum besser geeignet: »John und Jane hatten eine Kuh«, buchstabieren die ABC-Schützen der Eingeborenenschulen in Alaska, wo sie in ihrem Leben kaum ein solches Tier sehen werden. Die Navajo-Schüler werden im »amerikanischen Traum« unterrichtet; wenn sie ihn mit der Wirklichkeit ihrer Reservation vergleichen, wissen sie, daß sie nichts zu träumen haben: »Die dominante Kultur ist pluralistisch« (außer man besucht eine Indianerschule); »jeder Mensch ist frei und kann so hoch emporsteigen, wie er fähig und willens ist« (außer er ist Indianer); »Arbeit ist notwendig, um zu existieren und Erfolg zu haben« (und das gilt auch in einer Reservation mit 80 Prozent Arbeitslosigkeit).

Das wesentlichste Hemmnis für einen besseren Schulerfolg der Indianerkinder ist die Sprachbarriere. Eine Versuchsgruppe indianischer Schüler absolvierte eine Serie nichtverbaler Intelligenztests mit einem Ergebnis, das leicht über dem des weißen amerikanischen Durchschnitts liegt. Dieselbe Gruppe versagte bei einem (auf englisch durchgeführten) verbalen Intelligenztest völlig. 30 Prozent aller Navajo-Kinder, die in die Schule eintreten, können kein Wort Englisch, weitere 39 Prozent nur so wenig, daß sie dem Unterricht der ersten Schulstufe nicht folgen können, nur 10 Prozent sprechen überwiegend englisch, die restlichen 21 Prozent sind zweisprachig. Trotzdem war es bis vor wenigen Jahren so, daß alle Kinder vom ersten Schultag an in englischer Sprache unterrichtet wurden. Bei anderen Stämmen, wo die Verhältnisse gleich oder ähnlich sind, ist ausschließlich englischer Unterricht bis heute die einzige Möglichkeit.

Bis weit ins neunzehnte Jahrhundert war monolingualer Unterricht in der jeweiligen Indianersprache die Norm. Zu wenige Eingeborene konnten ausreichend Englisch, Französisch oder Spanisch, und zu gering war der Einfluß der Weißen auf die Stammesgesellschaften, um einen zwangsweisen Sprachunterricht im Idiom der Kolonisten zu ermöglichen. John Eliot unterrichtete ebenso in der Sprache der Eingeborenen wie die französischen Jesuitenmissionare in Kanada. Die Praxis gab in der Folge jenen Recht, die auch dort, wo die Stämme unter starkem weißem Einfluß standen, die Kinder in der Sprache der Eltern unterrichteten. Dazu kam, daß überall, wo in der eingeborenen Sprache gelehrt wurde, schon sehr früh Indianer als Hilfslehrer Verwendung finden konnten. Das Erziehungswesen war zwar von außen gesteuert, funktionierte aber letztlich als Leistung der Gemeinschaft für sich selbst. Die Motivation für die Lernenden war besser, und zusätzlich entstanden Arbeitsplätze für Indianer in der eigenen Siedlung.

Auf den Manitoulin-Inseln im Huron-See gab es im neunzehnten Jahrhundert katholische und protestantische Siedlungen von Ottawa- und Chippewa-Indianern. Die Katholiken wurden von französischen Priestern und ihren indianischen Helfern in der Stammessprache unterrichtet, die Protestanten von Engländern – nach einer gewissen Übergangszeit – auf englisch. Obwohl die Schulerfolge der katholischen Zöglinge weit besser waren als die ihrer protestantischen Kollegen, kritisierte der zuständige Indianersuperintendent das Vorgehen der Franzosen als »zivilisationsfeindlich«.

Es gibt auch »fortschrittliche« Argumente gegen eine bilinguale Erziehung: zum Beispiel, daß Unterricht in der Stammessprache eine neokolonialistische Praxis sei, die darauf abziele, die Eingeborenen vom Zugang zum Fortschritt abzuhalten. Abgesehen davon, daß viele Indianer in ihrer Bereitwilligkeit, den »Fortschritt« zu akzeptieren, nach mehreren aufgezwungenen Zivilisierungsprogrammen ziemlich selektiv sind, zeigt das Beispiel der Navajos, daß Fortschritt und Flucht aus der Armut in keinem Widerspruch zu Zweisprachigkeit stehen.

Ein Problem bei der Verwendung von Eingeborenensprachen im Unterricht und darüber hinaus im Alltag ist das der Schrift. Nicht alle Stämme brachten ihren Sequoyah hervor, der eine praktikable Silbenschrift für eine bislang schriftlose Sprache entwickelte. Wissenschaftlich linguistische Transkriptionen sind in ihrer Symbolwahl teilweise zu kompliziert, um als Gebrauchsschrift verwendbar zu sein. Die Missionare des neunzehnten Jahrhunderts (und auch frühere) entwickelten daher für ihren Unterrichtsgebrauch eigene Schriften, die aber in ihrem Aufbau so verschieden waren, daß Bücher in der gleichen Sprache, die von verschiedenen Missionsgesellschaften herausgegeben wurden, nicht vom gleichen Leser gelesen werden konnten. Die katholischen Micmacs schrieben eine komplizierte, aber ingeniöse Hieroglyphenschrift (für welche nur die k. und k. Staatsdruckerei in Wien die erforderlichen Matern besaß), ihre protestantischen Stammesbrüder lasen ihre Erbauungsschriften in einer Buchstabenschrift; protestantische Crees hingegen benutzten eine für sie geschaffene Silbenschrift, die katholischen Crees eine Buchstabenschrift. Natürlich hatte das den Vorteil, daß ein einmal bekehrter Indianer schwerer zur Konkurrenz wechseln konnte, größtenteils aber lag dem entstehenden Wirrwarr pure Planlosigkeit zugrunde.

Das Fehlen einer standardisierten Schriftsprache macht sich bei den Navajos besonders deutlich bemerkbar. Obwohl das Navajo-Idiom als Mittel der mündlichen Kommunikation im Stammesbereich fast konkurrenzlos ist, fungiert Englisch als primäre Schriftsprache. Die Radiostationen der Reservation senden überwiegend in Navajo-Sprache, und in dieser Sprache werden auch die Sitzungen des Stammesrats und der Stammesgerichte abgehalten; die Protokolle dieser Sitzungen und die Gerichtsdokumente sind aber alle englisch abgefaßt. Auch die Stammeszeitung ist fast ausschließlich in der Fremdsprache gedruckt, die von der Mehrheit der Stammesmitglieder nicht beherrscht wird.

Als größte indianische Stammesgruppe waren es auch die Navajos, die zuerst auf der Basis eines großangelegten Schulversuchs, in der Folge auch ganz allgemein sowohl die Idee der Selbstbestimmung im Schulbereich als auch das Prinzip der bilingualen Erziehung verwirklichten. *Dine biolta* (die Schule des Volkes), auch als *Rough Rock Demonstration School* bekannt, wurde 1965 von den Navajos als Kontrastexperiment zu den *Washingdoon bioltaka* (den Schulen Washingtons, den Schulen des Indianerbüros) und den öffentlichen *Beligaana bioltaka* (den kleinen Schulen des weißen Mannes) gegründet. Sie wird von einem gewählten, aus sieben Navajos bestehenden Schulbeirat geleitet, dessen Mitglieder selbst nur zum Teil in weiße Schulen gegangen sind. Die Finanzierung erfolgt teils aus öffentlichen Geldern, teils durch private Stiftungen. Die Kinder beginnen ihre Ausbildung in der eigenen Sprache. Erst später tritt Englisch als Zweitsprache hinzu. Die Lehrbehelfe mußten glücklicherweise neu erstellt werden, so daß von allem Anfang an auf Wissen und Interessen der Navajos Rücksicht genommen werden konnte.

Zu Rough Rock gesellte sich 1970 die *Ramah High School,* die 155 Kindern eine Ausbildung über die Grundschule hinaus ermöglicht. Auch hier wird zweisprachig unterrichtet. Die geringe Größe schafft allerdings erhebliche Probleme, da wegen der teuren technischen Einrichtungen (Sprachlabors und dergleichen) die Kosten je Schüler unverhältnismäßig hoch sind. Werden im amerikanischen Durchschnitt pro Schüler und Schuljahr 1100 Dollar ausgegeben, so sind es in Ramah 7000 Dollar. Nicht inbegriffen in dieser Summe sind die Kosten für eine Radiostation, die einen wichtigen Beitrag zur Erziehung leistet. Nicht nur der Umstand, daß das Programm von Lehrern und Schülern gemeinsam erstellt wird, dient der Fortbildung; als im Herbst 1972 plötzlich die Besuchsfrequenz der Schule übermäßig stark absank, wurden über die Ätherwellen jeden Tag die Namen der fehlenden Schüler verlautbart. Nach wenigen Tagen war der Schulbesuch wieder auf 95 Prozent angestiegen. Das Indianerbüro zögert allerdings, die Zahlungen für die Ramah High School zu erhöhen beziehungsweise einen Ausbau für eine größere Schülerzahl zu ermöglichen, was zur Folge hat, daß die Schule – wie auch die Rough Rock Demonstration School – heute am Rande des finanziellen Zusammenbruchs steht.

Auch das größte College im Indianerland befindet sich in der Navajo-Reservation und wird von den Indianern selbst geleitet: *Navajo Community College,* das einmal 2000 eingeborene Studenten beherbergen soll, ist auch deswegen interessant, weil es in seiner Architektur an Traditionen der Navajos anschließt. Auch wenn die alten Bauformen auf dem Collegegelände in modernem Material und teilweise anderen Dimensionen erscheinen, fällt es den Navajos doch leichter, eine Institution wie diese für die ihre zu erachten, als eine, die sich schon äußerlich kaum von einem durchschnittlichen Provinzcollege unterscheidet.

Mittlerweile haben auch die anderen Navajoschulen wenigstens im Bereich der Zweisprachigkeit nachgezogen. Die erste Folge davon war, daß es Ende 1972 einen Fehlbestand von mehr als eintausend zu zweisprachigem Unterricht befähigten Lehrern gab. Der durchschnittliche Lehrer einer Indianerschule ist nämlich ein Weißer, der für weiße Schulen zuwenig qualifiziert ist. Von Kenntnis der Eingeborenensprache ist keine Rede. Ein großer Teil der Lehrer würde lieber an einer nichtindianischen Schule unterrichten. Wenn im Laufe der Zeit alle Lehrerstellen in Navajo-Schulen mit Navajos besetzt sein werden, steht diesem Wunsch nichts mehr entgegen. Vorbildlich in dieser Hinsicht ist der *Bilingual Education Act*, der 1972 in Alaska für die eingeborene Bevölkerung unter aktiver Mitarbeit von Sprachwissenschaftlern entwickelt und beschlossen wurde. Hand in Hand mit einer Umstellung der Schulen auf zweisprachigen Betrieb sieht das Gesetz eine intensive Förderung der Erforschung der Eingeborenensprachen und eine planmäßige Ausbildung von bilingualen Lehrern vor.

Auch außerhalb der Navajo-Reservation wird der Ruf nach indianischen Schulen für die Indianer immer lauter. Die spektakulärste Entstehungsgeschichte hat sicherlich die erste Universität für Indianer und Chicanos (Amerikaner mexikanischer Abstammung), die *Deganawidah-Quetzalcoatl University*. Im November 1970 besetzte eine Gruppe eingeborener Aktivisten einen aufgelassenen Armeestützpunkt in der Nähe von Davis in Kalifornien. Die Polizei griff ein und erstattete gegen fünf Anführer der Aktion Anzeige wegen Besitzstörung. Die roten Okkupanten hatten jedoch nicht nur eine etwas fragwürdige Vertragsbestimmung aus dem neunzehnten Jahrhundert ausfindig gemacht, welche Indianern die Nutzung brachliegender Bundesländereien gestattete; sie hatten auch ein Konzept, was mit der alten Militärbasis geschehen sollte. Letzteres dürfte der Grund gewesen sein, warum die Regierung überraschend schnell nachgab und – statt die Strafverfolgung der Eingeborenen voranzutreiben – schon im Januar 1971 den Indianern den Stützpunkt zur Errichtung der Eingeborenen-Hochschule überließ. Ihrer Bestimmung gemäß erhielt die neue Institution ihren Namen vom Kulturheros der Irokesen, Deganawidah, und von seinem altmexikanischen Gegenstück Quetzalcoatl. (Während die Mexikaner dagegen nichts einzuwenden hatten, beschwerten sich die Onondaga-Irokesen über die unrechtmäßige Verwendung des Namens des Gründers des Irokesenbundes.)

Die D-Q-Universität (wie sie von den Roten ganz unindianisch abgekürzt wurde) hat andere und wahrscheinlich weniger realistische Ziele als die Stammesschulen der Navajos. Da sie keinem Einzelstamm verpflichtet ist, sondern allen Eingeborenen Nord- und Mittelamerikas dienen soll, fällt die bilinguale Erziehung aus: In welcher der mehr als 300 immer noch gesprochenen nordamerikanischen Indianersprachen sollte der Unterricht gehalten werden? Kein spezifisches Kulturerbe könnte an ihr gepflegt werden. Die Zielvorstellung ihrer Gründer erweist sie als Produkt eines stammesfremden Panindianismus, dessen Anhänger ihre eigene kulturelle Identität bis auf den Entschluß, keine Weißen sein zu wollen, verloren haben. Auch die Tatsache, daß es die Initiatoren der D-Q-Universität bis heute bestens verstanden haben, alle Möglichkeiten weißer Finanzierung auszunützen, zeugt eher davon, daß die Träger der Indianerrevolution von Davis kulturell Weiße waren. Jack Forbes, das Oberhaupt der D-Q-Universität, ist ein Geschichtsprofessor an der benachbarten weißen University of California in Davis, der vor mehr als einem Jahrzehnt zuerst seine mexikanische Identität »entdeckte« und später auch nordamerikanische Indianer als seine Vorfahren adoptierte.

Zwischen den Extremen reiner Stammesschulen und panindianischer Bildungsstätten bewegt sich der wachsende Strom roten Bildungshungers unter den Auspizien des Selbstbestimmungsrechts. Die Umstände, unter denen die Eingeborenen des südöstlichen Nordamerikas gerade in einer Zeit, als die Entwicklungen einen deutlichen Trend zu reinen Indianerschulen erkennen ließen, ihre eigenen Schulen, die vielfach mit indianischen Lehrern und Elternvereinen versehen waren, verloren, wird in einem späteren Kapitel beschrieben.

So wie der Gesundheits- und Bildungsnotstand im Indianerland weitgehend durch störende Eingriffe der weißen Administratoren und Besserwisser verursacht wurde, gehen auch die Wohnprobleme der heutigen Eingeborenen Nordamerikas auf Einflüsse zurück, die ihren Ursprung im Zusammentreffen der Stammesgesellschaften mit der europäischen Zivilisation haben. Hatten die Irokesen den Söhnen der englischen Oberschicht eine Ausbildung in der »Schule des Stammes« versprochen und waren die Kolonisten lange Zeit in ihrer ärztlichen Versorgung auf indianische Medizinmänner angewiesen gewesen, so hatten die weißen Siedler ursprünglich auch mit ihren Wohnproblemen bei den Eingeborenen Hilfe gesucht. Außerstande, in kurzer Zeit ausreichende Quartiere in europäischer Bauweise zu errichten, bedienten sich die Vorboten der weißen Zivilisation in Virginia vorerst indianischer Architekturformen. Bis zur Lieferung der notwendigen Werkzeuge und Baustoffe aus dem guten alten England wohnten die Neo-Amerikaner in Hütten, deren Gerüste aus gebogenen Holzstangen mit Baumrinde oder indianischen Matten gedeckt waren. Die Jesuitenmissionare in Maryland hielten ihre Gottesdienste in einem aufgelassenen Indianerwigwam ab. Und überall an der stets westwärts wandernden Grenze zwischen Indianderland und Kolonien lebten die weißen »Pioniere« auf die den Umweltverhältnissen gut angepaßte Weise der Eingeborenen.

Aber schon 1621, vierzehn Jahre nach der Gründung der Kolonie Virginia, bauten die Engländer im Sinne ihrer Zivilisationsbestrebungen einem der Häuptlinge ein Haus im europäischen Stil. Es ist nicht sicher, ob der rote Hausbesitzer dieses Domizil auch bewohnte, die Kolonisten sahen ihn jedoch häufig an der Türe stehen und voll technischer Neugierde das Türschloß auf- und zusperren. Anstatt als Vorbild für die Stammesbevölkerung zu dienen, wurden Häuser im europäischen Stil zusehends zu einem Statussymbol für die indianische Oberschicht. Der Durchschnittsindianer sah keine Veranlassung, die neue Mode mitzumachen, die auch ziemlich kostspielig war, solange man noch nicht gelernt hatte, solche Häuser selbst zu errichten. Im Bereich der Fünf Zivilisierten Stämme des nordamerikanischen Südostens, bei denen schon vor Ankunft der Europäer Hausformen mit lehmverputzten Geflechtswänden bekannt waren, ging man unter europäischem Einfluß zum Bau lehmverputzter Blockhäuser über, wie sie bis heute in manchen weißen und schwarzen Armutsregionen der Südstaaten zu finden sind.

Die Nordwestküstenindianer hatten schon lange Zeit Häuser aus Holzplanken gebaut, die konstruktionsmäßig den Holzhäusern, wie sie im ländlichen Amerika üblich sind, in nichts nachstanden. Der Hauptunterschied lag im Fehlen einer Unterteilung in Einzelräume: eine Widerspiegelung anderer gesellschaftlicher Verhältnisse, in denen größere Verwandtschaftsgruppen die soziale Einheit bildeten und Kooperation mehr galt als Absonderung und Konkurrenz. Die Lehmziegelburgen der Pueblo-Indianer – Apartmenthäuser Jahrhunderte vor dem sozialen Wohnbau – waren den eingeborenen Lebensverhältnissen gleichfalls ideal angemessen und überdies technisch anspruchsvoll. So wie diese Bauten der seßhaften Lebensweise ihrer Bewohner angepaßt waren, entsprachen die Lederzelte der Plains-Indianer den Bedürfnissen der nomadisierenden Büffeljäger. In Zelten zu leben schien den Weißen aber höchst unzivilisiert; ein Heim, das nicht aus Holzbrettern oder Ziegeln war, wurde zum Merkmal der Barbarei. Das galt für die Tipis der Dakotas, für die Hogans der Navajos, für die Wigwams der Chippewas.

Die katholischen Missionare unter den Ottawas in Michigan wußten, was sie taten, als sie einen Großteil der männlichen Jung-Indianer zu Zimmerleuten in die Lehre schickten. Die jungen Männer erlernten so nicht nur einen in weißen Augen respektablen Beruf, sie konnten auch etwas für die eigene Gemeinschaft damit anfangen. So wie Kleider Leute machen, so schaffen Häuser Respektabilität: Die in Holzhäusern lebenden Ottawas wurden nie in so großem Maß diskriminiert wie die unbehausten Stämme. Die amerikanische Regierung war in bezug auf die Plains-Indianer der Ansicht, sie könnte das Problem indirekt lösen: Erziehung in christlicher Gesittung und forcierte Seßhaftmachung der Roten sollten in ihnen ganz von selbst den Wunsch nach besseren, stabileren Wohnverhältnissen keimen lassen. Überdies unternahm das Indianerbüro alles, um die Eingeborenen am Wohnen in Zelten zu hindern. Das Resultat: Die Wohnverhältnisse wurden unvorstellbar schlecht. Ein moderner Beobachter hat sie treffenderweise als »Freiluftslums« bezeichnet.

Gerechterweise muß man sagen, daß die Wohnverhältnisse der Lebensweise und der wirtschaftlichen Situation der Reservatsbewohner angepaßt sind. Kann man bei der herrschenden Arbeitslosigkeit und Armut anderes erwarten als das, was man im Indianerland tatsächlich sieht: baufällige Blockhütten, kleine, mit Dachpappe gedeckte Wohnschuppen, ausrangierte Armeezelte? Der Fußboden besteht meist aus blanker Erde, Kälteisolation schafft man, indem man Papier oder Karton an die Wände klebt, zerbrochene Fenster werden auf ähnliche Weise repariert. Verrostete Autokarosserien dienen gelegentlich als Vorratskammern oder zusätzliche Schlafplätze. Fließendes Wasser und Elektrizität sind weitgehend unbekannt.

In den späten sechziger Jahren unseres Jahrhunderts schätzte man, daß bis zu 95 Prozent der Reservatsbewohner in Wohnverhältnissen leben, die unter dem amerikanischen Minimalstandard liegen.

In den kleinen, einräumigen Wohnungen der Dakotas sind die traditionellen Wohnformen im wesentlichen erhalten geblieben. Was sich geändert hat, sind die wirtschaftlichen und ökologischen Verhältnisse. Früher war eine minimale Sauberkeit schon durch die jahreszeitliche Verlegung der Zeltlager und deren Placierung an fließenden Gewässern gegeben, heute sind die Bretterbuden Brutstätten für Ungeziefer und Krankheiten. In der Rosebud-Reservation in South Dakota war die Tbc-Rate der Indianer vor Beginn eines umfangreichen Neubauprogramms achtzehnmal so hoch wie der amerikanische Durchschnitt. Früher ermöglichte ein funktionierendes Wirtschaftssystem eine Instandhaltung des Wohnungsinventars, heute sind die Roten wirtschaftlich oft nicht in der Lage, ihre Häuser zu sanieren. Und selbst wenn sie zu kleinen Verbesserungen fähig wären, erscheint ihnen eine Investition in ihre baufälligen Hütten wenig sinnvoll. Früher gab es in der Nähe der Zeltlager immer frisches, sauberes Wasser, heute muß die Mehrzahl der Indianer mehr als einen Kilometer weit gehen, um Trinkwasser zu holen. In der Pine Ridge-Reservation mußten vor zehn Jahren 100 Prozent der Bewohner ihr Wasser selbst ins Haus tragen, und 100 Prozent dieses Wassers galten als möglicherweise verseucht – eine latente Infektionsgefahr.

Das Neubauprogramm in der Rosebud-Reservation, das zum überwiegenden Teil aus Bundesmitteln finanziert wurde, schuf zwischen 1966 und 1968 für etwa ein Viertel aller Familien auf dem Reservat 335 Modellhäuser mit einer Wohnfläche von je 56 Quadratmetern. Von den Baukosten, die je Einheit 4300 Dollar betrugen, hatten die neuen Besitzer weniger als 10 Prozent zu zahlen, wobei der Betrag in Monatsraten über fünf Jahre hinweg beglichen werden konnte. Einschließlich der zusätzlichen Gebühren für Strom und Wasser entstand für die Bewohner dadurch eine geringere Belastung, als wenn sie eine vom Indianerbüro errichtete Mietwohnung bezogen hätten, für die von ihnen zwischen 30 und 113 Dollar monatlich gefordert wurden. Trotzdem geriet innerhalb kürzester Zeit ein Drittel der Besitzer der neuen Häuser in Zahlungsrückstand. Denn einerseits stimulierten die neuen Wohnungen – wie schon unter den katholischen

Ottawas hundert Jahre zuvor – das Bedürfnis nach mehr »Zivilisation«, anderseits mußten die Indianer nun auch die Kosten ihrer Zivilisierung tragen. Die neuen Häuser ermöglichten größere Sauberkeit: ein wöchentliches Bad, häufigeres Waschen der Wäsche, leichtere Reinhaltung des Haushalts. 78 Prozent der Familien kauften zum erstenmal in ihrem Leben Handtücher und Bettwäsche. Die neuen Häuser förderten den Schulerfolg der Kinder: Die sauberen Schüler wurden von den Lehrern nicht schon a priori als hoffnungslos eingestuft; das Vorhandensein mehrerer Räume im Haus ermöglichte die ordnungsgemäße Durchführung von Hausarbeiten; einige Familien kauften sogar Schreibtische und Schreibtischlampen; rund 50 Prozent erwarben Radio- und Fernsehgeräte, die wenigstens die sprachliche Akkulturation erleichtern halfen. Dank den relativ niedrigen Grundwohnkosten waren mehr Familien zu diesen Investitionen imstande als im Fall der meisten anderen Neubauprogramme.

Ein positives Element des in der Rosebud-Reservation verwirklichten Projekts war die Einbeziehung der Gemeinschaft in die Standortwahl der Häuser und in deren tatsächliche Errichtung. Besonders die Wahl der Lage hatte bei anderen Hilfsprogrammen zu katastrophalen Mißerfolgen geführt. In der Wind River-Reservation in Wyoming wurde mit einem Kostenaufwand von einer Viertelmillion Dollar ein Apartmenthaus errichtet, das zwanzig Familien billige Mietwohnungen bieten sollte. Bis zum Ende der Antragsfrist auf Zuweisung einer solchen Wohnung hatte nur eine einzige Familie ihr Interesse angemeldet. Nicht, weil die anderen bereits schöne Heimstätten ihr eigen nannten, sondern weil die Shoshonen und die Arapahos nicht einsehen wollten, warum sie alle an einem Fleck leben sollten, wo sie doch gewohnt waren, weit verstreut auf ihrem Reservat zu leben. Ähnliche Ergebnisse konnte man auch an anderen Stellen im Indianerland beobachten.

Die Kosten je Wohneinheit waren in der Wind River-Reservation mit 11.000 Dollar mehr als doppelt so hoch wie für die Einzelhäuser auf Rosebud, obwohl natürlich in South Dakota Kanalisation, Wasser und Strom zu jedem der Bauobjekte einzeln zugeführt werden mußten. Der Preisunterschied ergibt sich im wesentlichen aus der teuren Bauweise in den USA. Je stärker die Stämme selbst die Bauvorhaben in die Hand nehmen, desto größer sind die Kostenersparnisse. In dem Maße, wie Selbstbestimmung von der Phrase zur Wirklichkeit wird, besteht auch die Hoffnung, daß die für die Indianer bestimmten Mittel auch zweckgünstig angelegt werden. Lange Zeit herrschte aber die Besserwissermentalität im Indianerbüro so sehr vor, daß man indianische Bauprojekte von vornherein als unrealistisch ablehnte.

Auf diese Weise verloren die Passamaquoddys in Maine, die nicht von der Bundesregierung, wohl aber von ihrem Staat als Indianer anerkannt werden, runde 125.000 Dollar. Unter Gouverneur Muskie, dem späteren erfolglosen Anwärter auf die demokratische Präsidentschaftskandidatur, wurde dieser Betrag – Teil des vom Staat treuhändig verwalteten Stammesvermögens – für ein Wohnbauprojekt ausgegeben, das etwas mehr als ein Dutzend Wohneinheiten produzierte. Die private Baufirma, die als Bestbieter mit der Durchführung beauftragt worden war, ging nach Abschluß der Arbeiten noch rechtzeitig in Konkurs, bevor die ersten der von ihr gebauten Häuser wieder einstürzten. Mittlerweise haben die Passamaquoddys in Eigenregie 65 Einheiten gebaut; zwar zum mehrfachen Preis, doch flossen in diesem Fall die Gelder in Form von Bauarbeiterlöhnen wieder in die Gemeinschaft des Stammes zurück.

Für viele kostensteigernde Segnungen der Zivilisation haben die Uramerikaner bis heute keine rechte Verwendung. Als mit der Errichtung des Kinzua-Damms die alten Wohngebiete der Senecas in New York überflutet wurden und die Roten durch Zwangsumsiedlung zu modernen Häusern kamen, hätten die meisten die vertraute Umgebung der Technisierung des Wohnens vorgezogen. »Seit wir hier eingezogen sind«, sagte ein Seneca über die Klimaanlage in seinem neuen Haus, »sind wir andauernd erkältet. Im alten Haus hatten wir eine viel natürlichere Art der Durchlüftung«: große Sprünge in den Wänden, durch die der Wind wehte.

Die gespaltene Zunge

Der Pelzhändler James Adair, der die Abstammung der roten Amerikaner von den zehn verlorenen Stämmen Israels zu beweisen suchte, lernte im achtzehnten Jahrhundert bei den Choctaws und Chickasaws die metaphorische Verwendung des Begriffs »Schlange« für eine betrügerische Person kennen: »Oft sagen sie, sie hätten keine *Seente Soolish,* keine Schlangenzunge; die Bedeutung dieses Ausdrucks entspricht jenem, den die Hebräer zur Beschreibung einer betrügerischen Person verwenden, und rührt wahrscheinlich von dem traditionellen Wissen her, daß Eva von dem Verführer in dieser Gestalt hintergangen wurde.«

Viele eingeborene Stämme Nordamerikas bezeichneten ihre Erzfeinde als »Schlangen«: die Cheyennes die Comanchen (»Shoshone«), die Chippewas die Dakotas (»Nadowesiw«, später von den Weißen zu »Sioux« abgekürzt). Die Animositäten zwischen den Stämmen haben unterdessen viel von ihrer Bedeutung verloren. Die Uramerikaner haben erkannt, daß die gefährlichste Schlange nicht rothäutig ist.

Die Cherokees erzählen heute die Geschichte des Jägers, der eines Tages eine wunderschöne bunte Schlange am Wegrand liegen sah. Sie war klein, sah freundlich aus und hatte offenbar großen Hunger. Der Jäger gab ihr einen Vogel zu fressen. Das nächstemal, als er das Reptil traf, war es schon größer, aber immer noch bezaubernd bunt und immer noch hungrig. Der indianische Jäger fütterte es mit einem Hasen. Bei der folgenden Begegnung war die Schlange bereits sehr groß geworden: ein Truthahn konnte ihren Hunger kaum stillen. Beim vierten Treff verschlang sie einen ganzen Hirsch. Nicht genug damit: Sie kam zum Lager der Eingeborenen und bildete mit ihrem enormen Körper einen festen Ring um das Dorf. Die Leute bekamen es mit der Angst zu tun und schossen auf das Ungeheuer; von den Pfeilen getroffen, geriet die Schlange in äußerste Raserei und schlug wild mit dem Schwanz um sich. Viele Indianer wurden getötet. »Man sagt, daß diese Schlange wie der weiße Mann war.« (Wie Walt Disneys Donald Duck in bezug auf falsche Freunde erkennen auch die nordamerikanischen Eingeborenen zu spät: »Ich habe eine Schlange an meinem Busen genährt.«)

Eine amerikanische Karikatur aus der Zeit der »neuen Indianerkriege« (1973) zeigt einen nervösen Angestellten des Indianerdienstes, wie er während eines Telephonats zu einem Kollegen sagt: »Dieser indianische Konflikt wird immer ernster – wer leitet eigentlich jetzt unsere Abteilung für die gespaltene Zunge?« Der Zeichner des Schmunzelbilds verriet damit seine mangelhaften Kenntnisse über die Organisation des *Bureau of Indian Affairs:* Im BIA gibt es keine eigene Abteilung für Doppelzüngigkeit – diese ist offenbar Existenzgrundlage und Arbeitsprinzip der gesamten weißen Indianerpolitik und ihrer Durchführung. So muß es jedenfalls den Eingeborenen erscheinen, die sich dank der Gewaltentrennung durch die amerikanische Verfassung nicht nur einer kafkaesken Verwaltung (in der niemand die Verantwortung zu tragen scheint) gegenüber sehen, sondern zugleich auch einer Legislative, die, von Nichtindianern gewählt, weitgehend in nichtindianischem Interesse handelt, sowie einer Gerichtsbarkeit, die auf der Basis weißer Gesetze oft erstaunlich proindianische Entscheidungen fällt, welche aber wirkungslos bleiben, solange sie von der Verwaltung nicht mit Leben erfüllt werden.

Historisch gesehen, hat stets die Exekutive der weißen Staatsgewalt die Indianerpolitik bestimmt. Die Gouverneure der englischen Kolonien waren als vom König eingesetzte Vertreter der Krone die einzigen akzeptablen Gesprächspartner für die Eingeborenenvölker. Die Krone war an einem Gedeihen der Kolonien interessiert, und dieses Gedeihen beruhte nicht zuletzt auf einem geregelten Verhältnis mit der Urbevölkerung. Der Wunsch der Siedler nach einer Vergrößerung ihrer Landbasis war der Krone nicht wichtiger als die Entwicklung des Indianerhandels und die Sicherung des weißen Besitzstandes durch Bündnisse mit den benachbarten Indianern. Verträge wurden daher zwischen den Stämmen und dem König (vertreten durch den jeweiligen Gouverneur) abgeschlossen. In jenen Fällen, in denen Verträge aus der Kolonialzeit bis in die Gegenwart aufrecht geblieben sind, ist der Gouverneur weiterhin der direkte Gesprächspartner der Roten.

Mit der Zahl der englischen Kolonien in Nordamerika wuchs die Zahl der Gouverneure und damit die Schwierigkeit der Urbevölkerung, mit dem eigentlichen Vertreter des Großen Weißen Vaters in Verbindung zu treten. Die Gouverneure – wiewohl weiterhin vom König eingesetzt – nahmen begreiflicherweise immer häufiger primär die Interessen ihrer Kolonie und der darin lebenden Weißen wahr und vernachlässigten darüber eine einheitliche Behandlung der roten Nachbarn. 1755, ein Jahr nach dem Ausbruch des Kriegs zwischen England und Frankreich in der Neuen Welt, bestellte die Krone zwei Superintendenten für Indianerangelegenheiten: William Johnson für das Gebiet nördlich des Ohios, Edmond Atkin für die südlichen Indianer. Diese beiden ersten überregionalen Indianerbeamten sollten alle politischen Beziehungen zwischen England und den Eingeborenenvölkern regeln (wobei jene Stämme, die damals bereits in Abhängigkeit einzelner Kolonien geraten waren, ihrer Verantwortung entzogen wurden), Geschenke an die roten Kinder verteilen, Bündnisse herbeiführen oder festigen, Verträge aushandeln, die Handelsbeziehungen kontrollieren und vor allem darauf achten, daß kein Stamm zu den Franzosen überlief.

Auch die revoltierenden Kolonisten wußten schon während des amerikanischen Unabhängigkeitskriegs, daß nur eine zentrale Behörde Chancen hatte, von den Stämmen als gleichwertiger Partner akzeptiert zu werden. Sie übernahmen deshalb das britische System und setzten – in diesem Fall drei – Superintendenten für Indianerangelegenheiten ein. Zugleich sicherte sich die Legislative, der Kongreß, die Entscheidungsgewalt über alle die Eingeborenen betreffenden Fragen. Für die Indianer blieb jedoch der Präsident (als Nachfolger des Königs) der Große Weiße Vater. Politische Kommentatoren weisen heute aus gegebenem Anlaß auf die Schwierigkeiten der Sowjetunion und der Volksrepublik China hin, das amerikanische politische System zu begreifen: zu verstehen, daß eine Zusage der amerikanischen Regierung in vielen Fällen der Genehmigung durch den Kongreß bedarf, der die Erfüllung von Versprechungen des Präsidenten (zum Beispiel Gewährung der Meistbegünstigungsklausel in Handelsverträgen) durch neue Bedingungen (beispielsweise Liberalisierung der Auswanderungsbestimmungen) verzögern oder gar verhindern kann. Entsprechende Verständnisschwierigkeiten müssen bei den amerikanischen Roten vorausgesetzt werden.

Hatte die Einsetzung von Superintendenten das Ziel verfolgt, eine einheitliche Politik den Indianern gegenüber zu erleichtern, so war damit jedoch das komplementäre Problem – die Vertretung der Vereinigten Staaten bei den einzelnen unabhängigen Stämmen – keineswegs gelöst. 1793 ermächtigte das Repräsentantenhaus den Präsidenten (ab 1818 war auch die Zustimmung des Senats erforderlich), Agenten zu ernennen, die bei den Stämmen residieren und deren Zivilisierung fördern sollten. Zugleich sollten die Agenten die Interessen der Indianer gegenüber den weißen Grenzern durch Erteilung oder Ablehnung von Handelslizenzen schützen und die Kontrolle des Alkoholhandels übernehmen. Von der Konzeption ihres Aufgabenbereichs her waren die Indianeragenten damit zur Doppelzüngigkeit programmiert: als Träger der Zivilisierungsprogramme erfüllten sie eine Dienstleistungsfunktion für die Eingeborenen, die sie aber nicht ohne manipulierende Eingriffe in die Stammesautonomie erfüllen zu können glaubten; als Vermittler im Informationsfluß zwischen Stamm und Bundesregierung hatten sie weiße Wünsche gegenüber den Roten und umgekehrt zu vertreten, in der Praxis vermittelten sie beiden Seiten ihre eigenen Zielvorstellungen.

Die Agenten waren dem Kriegsministerium unterstellt, obwohl sie keine militärischen Aufgaben im engeren Sinn erfüllten. Erst 1824 wurde innerhalb dieses Ministeriums eine Zentralstelle geschaffen, der die Agenten unterstellt waren und welche die Planung und Koordination aller Indianerangelegenheiten vornehmen sollte: das *Bureau of Indian Affairs* (BIA). Acht Jahre lang funktionierte das Büro ohne gesetzliche Grundlage. 1832 wurde das BIA vom Kongreß offiziell sanktioniert, wobei die Bestellung seines Leiters, des *Commissioner of Indian Affairs,* durch den Präsidenten erfolgte und vom Senat bestätigt werden mußte.

Das BIA ist damit eine der ältesten Bürokratien in den Vereinigten Staaten, ein ganzes Vierteljahrhundert älter als das Innenministerium, dem es seit dessen Errichtung (1849) untersteht. Sowohl das Indianerbüro als auch Innenministerium waren vorerst kleine Dienststellen, da die Regelung der meisten inneren Angelegenheiten den einzelnen Bundesstaaten vorbehalten und die weitgehende Autonomie der Indianerstämme noch nicht gebrochen war. Das Indianerbüro wuchs mit der territorialen Expansion der USA, welche immer mehr Stämme in ein Abhängigkeitsverhältnis zur Bundesregierung brachte, und mit der politischen Entrechtung der Stämme, die den Agenten vom Vermittler zum De-facto-Vormund der Eingeborenen machte. Die Machtfülle der Agenten wuchs mit der Errichtung von Reservationen nach Beendigung der Vertragsperiode; als fast unumschränkte Herrscher über ihre eingeborenen Schutzbefohlenen hatten sie für die rasche Entindianisierung der Indianer zu sorgen. Die Errichtung von Tagesschulen und Internaten für die indianische Jugend – ursprünglich als vorübergehende Maßnahme bis zur Integration gedacht – vergrößerte den Wirkungskreis des Indianerdienstes. Obwohl es das erklärte Ziel der offiziellen Politik war, das BIA so schnell wie möglich überflüssig zu machen, hatten alle in diese Richtung zielenden Maßnahmen den entgegengesetzten Effekt.

Der *Dawes Act* von 1887 sollte durch Aufteilung des Indianerlands den Treuhandstatus der Reservationen beenden. Statt dessen schuf er das Problem des geteilten Erblands, dessen Verwaltung einen enormen Verwaltungsaufwand erforderte. Als die Agrarisierungsbestrebungen scheiterten, komplizierte sich das Treuhandverhältnis durch die Vergabe und Verrechnung der Pachten indianischer Ländereien. 1924 wurde dem BIA der Indianergesundheitsdienst (IHS) übertragen und damit der Wirkungskreis des Büros abermals erweitert. (Als man IHS und BIA 1955 wieder trennte, kam es im IHS allerdings zu einer neuen, sprunghaften Vergrößerung des Personalstandes.) Für eine Dienststelle, die angeblich an ihrer Selbstauflösung arbeitete, war das personelle Wachstum des Indianerbüros erstaunlich. Zugleich stagnierte das BIA in seiner Zielsetzung: Mit zunehmender Erfolglosigkeit setzte es die Assimilationspolitik fort, durch den Mißerfolg lustlos geworden, erstarrte es in der Routine der Unterdrückung. Immerhin befand sich die Bürokratie nicht im Gegensatz zur offiziellen Indianerpolitik.

Ein weiterer Grund für die Stagnation des BIA war der enorme Verschleiß an *Commissioners of Indian Affairs:* Zwischen 1857 und 1897 standen insgesamt zwanzig verschiedene Personen an der Spitze des Indianerdiensts, allein die Präsidenten Buchanan und Andrew Johnson hatten in ihren vierjährigen Amtsperioden je vier Indianerkommissare verbraucht. Zugleich ging die Initiative in der Indianerpolitik zusehends vom Weißen Haus auf das Kapitol, den Sitz der Legislative, über.

Im Laufe des Bestehens des BIA hat es viele Untersuchungen über die Wurzeln des »Indianerproblems« und dessen mögliche Lösung gegeben. Hand in Hand damit gingen kleine Änderungen in der Politik und in den Details der Verwaltung. 1926 jedoch begann das *Institute of Government Research* (die spätere *Brookings Institution*) eine Untersuchung, deren Ergebnis 1928 in Buchform veröffentlicht wurde: der sogenannte *Meriam Survey* enthielt eine grundsätzliche Kritik an der bisherigen Indianerpolitik, der Aufteilung des Indianerlands, der zwangsweisen Angleichung und der wirtschaftlichen Erstickung der eingeborenen Gemeinschaften. Er sparte nicht mit Tadel für die Unfähigkeit der Verwaltung und die Versäumnisse der Politiker. Der *Meriam Survey* betonte als erste im Auftrag der Regierung durchgeführte Untersuchung das Selbstbestimmungsrecht der Roten: Als Bürger der USA sollten sie selbst entscheiden können, ob sie entsprechend ihrer traditionellen Kultur (soweit dies im zwanzigsten Jahrhundert noch möglich war) oder nach der Art der Weißen leben wollten. Jedenfalls hätten sie einen Anspruch auf ein Mindestmaß an Gesundheitsfürsorge, Erziehung und Lebensstandard – mehr als man ihnen bisher zugebilligt hatte.

Die erste Reaktion offizieller Stellen auf den *Meriam Survey* hätte lebhafter ausfallen können. Immerhin begann man in Washington, in den Büros der für den tristen Zustand Verantwortlichen, die Situation neu zu überdenken. Der Innenausschuß des Senats führte eine eigene umfassende Untersuchung durch, die den Weg für neue Gesetze ebnen sollte. Es ist allerdings fraglich, ob der Kongreß in der Tat die entscheidenden Konsequenzen aus dem *Meriam Survey* gezogen hätte, wäre nicht 1932 mit Franklin D. Roosevelt ein initiativer Präsident gewählt worden, dessen *New Deal*-Politik auch eine Besserstellung der Indianer vorsah. Mit John Collier wurde ein engagierter Völkerkundler zum *Commissioner of Indian Affairs* ernannt, ein Mann, der der Indianerpolitik entscheidende Impulse in Richtung Selbstbestimmung geben konnte.

John Collier war ein starker Indianerkommissar, der wie kaum einer seiner Kollegen im zwanzigsten Jahrhundert die Unterstützung des Präsidenten und des Innenministers genoß. In den zwölf Jahren seiner Amtsführung, der längsten Funktionsperiode eines *Commissioner* in der Geschichte, war Collier nicht nur imstande, eine konsequente indianerfreundliche Politik zu formulieren, sondern auch einen entscheidenden Teil davon zu verwirklichen. Für die Indianer bestätigte sich die Regel, daß ein starker *Commissioner* (beziehungsweise eine starke Regierung) größere Rücksicht auf die Eingeborenen zu nehmen bereit ist als ein starker Kongreß. Tatsächlich war es dann auch die Legislative, die Mitte der vierziger Jahre begann, Colliers indianischen *New Deal* zu demontieren. William Brophy war als Nachfolger Colliers –

ebenso wie Roosevelts Nachfolger Truman – zu schwach, um den Terminationsbestrebungen der gewählten Volksvertreter entscheidenden Widerstand entgegensetzen zu können. Zugleich darf nicht vergessen werden, daß das BIA trotz Colliers langer Tätigkeit grundsätzlich eine konservative Bürokratie geblieben war. Eine dynamische Führerpersönlichkeit konnte die Bremswirkung des Apparats überwinden, für jeden *Commissioner* aber gibt es eine lange Anlaufzeit, in der er Gefahr läuft, von den eingesessenen Beamten überfahren zu werden.

Integrationistische Programme ließen sich daher mit dem BIA immer leichter verwirklichen als solche, die den Stämmen größere Rechte einräumen sollten. Unter dem Indianerkommissar Dillon Myer baute das Indianerbüro sein Umsiedlungsprogramm aus, durch das Zehntausende Indianer von den Reservationen in eine unsichere Zukunft in der Großstadt verfrachtet wurden. Eisenhowers Chef des Indianerdienstes, Glenn Emmons, war kaum mehr als ein Erfüllungsgehilfe der Terminationsbestrebungen, die vom Kongreß ihren Ausgang nahmen. Präsident Kennedy wollte es Roosevelt gleichtun, indem er mit Phileo Nash wieder einen Ethnologen zum Indianerkommissar machte. Nash besaß aber nicht die Durchschlagskraft Colliers und wurde schließlich ein Opfer der BIA-Bürokratie. Von Termination war nun zwar nicht mehr die Rede, von neuen Programmen jedoch ebensowenig. Mit Robert Bennett, einem Oneida, wurde unter Lyndon Johnson erstmals wieder ein Indianer zum »Kleinen Vater«, wie die Roten selbst gelegentlich den *Commissioner* nannten, seit fast hundert Jahre zuvor ein anderer Irokese, der Seneca Ely Parker, denselben Posten unter Präsident Grant glücklos bekleidet hatte. Auch Bennett konnte in den drei Jahren seiner Tätigkeit den Apparat des BIA nicht von Grund auf reformieren. Obwohl Bennett die Mitwirkung der Stämme an Projekten des Indianerdienstes förderte, blieb die Macht des Apparats erhalten. Mitwirkung der Stämme bedeutete nämlich nur, daß die unter dem *Indian Reorganization Act* gewählten Stammesräte (beziehungsweise bei Gruppen, die eine Neuformierung damals abgelehnt hatten, ihre funktionellen Entsprechungen) zu Rate gezogen wurden. Diese Stammesräte sind aber in vielen Fällen nicht nur nicht repräsentativ, sondern ausgesprochene Marionetten des BIA, bestehend aus anpassungswilligen Mischlingen, die von den Vollblutindianern und Traditionalisten im Indianerland der Korruption und des Nepotismus beschuldigt werden. Wenn es in den sechziger Jahren überhaupt Fortschritte im roten Amerika gab, so ist das Indianerbüro daran kaum beteiligt gewesen. Gewisse Verbesserungen brachte die Einschaltung der Ministerien für Wohnungswesen und Städteplanung sowie für Gesundheit, Erziehung und Fürsorge auf dem Sektor des Hausbaus und des Gesundheitsdiensts. Entscheidenden Anteil an der positiven Entwicklung hatte hingegen das von Johnson in seinem »Krieg gegen die Armut« gegründete *Office of Economic Opportunities* (OEO), dessen Programme auch den Eingeborenen (als mittlerweile klassischen Armen) die Möglichkeit bot, an Planung und Durchführung von Projekten zur Belebung der Wirtschaft selbst entscheidend mitzuwirken.

Der Aufbau des BIA hat sich seit dem neunzehnten Jahrhundert nicht wesentlich geändert: seine dreistufige Gliederung ist historisch gewachsen. In Washington regiert der *Commissioner* über zehn Abteilungen, die von *Assistant Commissioners* geleitet werden und jeweils einen Sachbereich (wie Erziehung oder Wirtschaftsplanung) betreuen. Dem *Commissioner* unterstellt sind (zuletzt elf) regionale *Area Directors*, die den früheren Superintendenten entsprechen und denen die Abwicklung der von der Zentrale bewilligten Projekte obliegt. Jedem *Area Director* stehen *Assistant Area Directors* für jeden der von einem *Assistant Commissioner* betreuten Sachbereiche zur Seite; sie erhalten ihre Anweisungen direkt aus Washington und geben sie an die entsprechenden *Branch Officers* in den Reservationen weiter, deren Tätigkeit von den lokalen Indianeragenten, die heute *Agency Superintendents* genannt werden, koordiniert wird.

Kenner bürokratischer Organisationsformen wird es nicht weiter wundern, daß die eigentliche Macht bei den regionalen Bereichsdirektoren liegt. Die in Washington formulierte politische Generallinie wird auf der mittleren Ebene der Realität angepaßt, das heißt, auch bei stärkeren Änderungen der Washingtoner Indianerpolitik gewährleisten die Bereichsdirektoren, die als Beamte ihr Amt im Durchschnitt um ein Vielfaches länger bekleiden als die *Commissioners,* eine ausgeprägte Kontinuität mit der bisherigen Praxis. Anderseits wird Kritik von unten, wenn sie nicht schon in der lokalen Agentur abgewürgt wurde, von den *Area Offices* aufgefangen und gelangt nie nach oben. Für die Eingeborenen gibt es daher bei Beschwerden praktisch nur die Möglichkeit, nach Washington zu gehen, wenn sie an politischer entscheidender Stelle gehört werden wollen. Es hängt dann von der Zugänglichkeit der Regierung ab, ob ihnen dort Erfolg beschieden ist.

Das Nebeneinander von dreifacher vertikaler Hierarchie und mehrfacher horizontaler Segmentierung nach Sachbereichen erschwert die Arbeit ungemein. Bei der Budgetanforderung erstellen die lokalen Superintendenten einen Jahresvoranschlag, der in den Bereichsdirektionen mit den Budgets der anderen Agenturen koordiniert wird. In Washington wird jedoch ein Wunschbudget nach langjährigen Erfahrungswerten erstellt, das dann von der Regierung oder vom Kongreß aufgrund politischer Erwägungen abgeändert werden kann. Der endlich bewilligte Budgetkuchen wird in der Zentrale auf die Sachbereiche verteilt, welche dann über den regionalen Einsatz der Mittel verfügen. Der Superintendent hat mithin praktisch keinen Einfluß auf die schwerpunktmäßige Verwendung der Gelder in seiner Reservation, die er zu überwachen hat. Er steht der tristen Realität zwar am nächsten, kann aber nur wenig tun, um sie zu verändern.

Die Angestellten des BIA sind als Staatsbedienstete nicht besonders gut bezahlt. Viele sind in den Indianerdienst, der mit seinen häufigen Versetzungen an das Ende der zivilisierten Welt besonders unattraktiv ist, mit dem Sendungsbewußtsein eingetreten, den armen Indianern helfen zu wollen. Die wenigsten unter ihnen sind bereit, von ihren fixen Ideen über die beste Art zu helfen jedesmal abzugehen, wenn ein neuer *Commissioner,* der als politischer Beamter selten aus der Hierarchie des Apparats stammt, eingesetzt wird. Es ist auch einleuchtend, daß die Bürokratie dem Prinzip der Selbstbestimmung, das ihre Existenz in Frage stellt, mit großer Zurückhaltung begegnet. Dazu kommt noch, daß das Personal des BIA nach allen Mißerfolgen seiner Bemühungen zu dem Schluß gekommen ist, die Schuld für sein Versagen liege bei den Stämmen. Selbst bei den indianischen Angestellten des Indianerdiensts sind solche Anschauungen nicht selten, vor allem, wenn es sich nicht um den eigenen Stamm handelt.

Ist das *Bureau of Indian Affairs* schon durch seinen Aufbau und sein Personal genügend gehandicapt, wird seine Machtlosigkeit an seiner Unterstellung unter das Innenministerium besonders augenscheinlich. Dieses ist in sechs Sektionen gegliedert, die jeweils einem Unterstaatssekretär unterstehen, welcher dem Innenminister direkt verantwortlich ist. Obwohl auf das Indianerbüro ein Viertel aller Bediensteten des Innenministeriums und ein entsprechend großer Budgetanteil entfallen, ist der *Commissioner of Indian Affairs* nur ein Untergebener des Unterstaatssekretärs für die Verwaltung des staatlichen Grundbesitzes. Eigene Unterstaatssekretäre gibt es aber für Angelegenheiten der Wasser- und Energieversorgung, der Bodenschätze, der Jagd, der Fischerei und der Nationalparks. Genau mit diesen Bereichen geraten die Indianer aber immer häufiger in Schwierigkeiten, wenn es um ihre Wasserrechte, um die Errichtung von Staudämmen zur Elektrizitätsversorgung, um die Gewinnung von Bodenschätzen auf Reservationen oder um Jagd- und Fischereirechte geht. Die Eingeborenen – vertreten durch ein machtloses BIA – ziehen bei derartigen Interessenkollisionen innerhalb des Ministeriums regelmäßig den kürzeren. Denn es ist billiger und kostet weniger Wählerstimmen, wenn man Stauseen so anlegt, daß Reservationen überflutet werden, wenn man Kohle im Tagbau auf Indianerland fördert und dabei die Umwelt zerstört, und es bringt sogar Wählerstimmen, wenn man Wasser von Reservaten in weiße Siedlungen ableitet oder eingeborene Fischereirechte im Interesse der Sport- und Hobbyfischer beschneidet. Es ist die billigste Art, Nationalparks zu vergrößern, indem man Teile einer Indianerreservation dazuschlägt.

Die Praxis der Machtverhältnisse, zugleich ein Musterbeispiel von Doppelzüngigkeit, wird in der Geschichte des Indianerbüros unter der Präsidentschaft Richard Nixons deutlich. Als Nixon bei der Bildung seiner Regierung Walter Hickel zum Innenminister machte, begannen Beobachter daran zu zweifeln, ob der Präsident seine im Wahlkampf versprochene Politik der Selbstbestimmung für die Indianer wirklich ernst gemeint hätte. Hickel hatte sich als Gouverneur von Alaska nicht gerade den Ruf eines großen Freundes der Eingeborenen erworben. Doch zeigte sich bald, daß Nixon offenbar den Rat seines demokratischen Beraters Moynihan zu befolgen gedachte, in der Minderheitpolitik die aufbegehrenden Schwarzen zu ignorieren und dafür die geduldigen Roten zu belohnen. Hickel warf sich mit großem Eifer auf die Aufgabe, das BIA von sturen Bürokraten zu säubern, die als Exponenten der Terminationspolitik galten. Schwieriger war das Problem, einen geeigneten *Commissioner* zu finden: Die meisten Republikaner waren Anhänger der alten Politik, und nur wenige Rote identifizierten sich mit der Republikanischen Partei. Nixon wollte aber einen republikanischen Indianer zum *Commissioner* machen und fand ihn nach langer Suche in Louis Bruce, einem Mohawk-Sioux ohne einschlägige Erfahrung in Indianerangelegenheiten.

Der Rotarier Bruce enttäuschte alle, die von ihm eine biedere Amtsführung erwartet hatten. Er besetzte die Spitzenstellen im BIA mit jungen roten Aktivisten, die sich mit revolutionärer Verve und neuen Ideen an die Reform der Indianerverwaltung machten. Sie kämpften erfolgreich für eine bessere Budgetierung, versuchten die in die Städte umgesiedelten Eingeborenen wieder in den Genuß von Leistungen des Indianerdienstes zu bringen und vergaben im Sinne der Selbstbestimmungsparolen Regierungsaufträge auf Indianerland wann immer möglich an Indianer und nicht an weiße Firmen. Das BIA-Establishment reagierte vorerst nur mit machtlosem Zorn, der sich in Gesprächen mit Dritten in Verbalinjurien Luft machte. Im Sommer 1971 kam es zum Gegenschlag der Bürokratie. Einerseits begannen die Bereichsdirektoren und Superintendenten mit geheimen Beratungen, um die Taktik des Widerstands zu erörtern, der erstmals offen zutage trat, als bekannt wurde, daß Bruce die regelmäßige Versetzung der Außenbeamten von einer Dienststelle zur anderen plante, um die ungeheure Macht der lokalen Potentaten zu brechen. Anderseits war Hickel aus Protest gegen die Vietnam-Politik seines Präsidenten zurückgetreten und durch Rogers Morton ersetzt worden. Während Hickel aus Alaska eine grundlegende Kenntnis der Eingeborenenprobleme mitgebracht hatte, kam Morton aus Maryland, einem Staat ohne anerkannte indianische Bevölkerung. Er suchte und fand einen persönlichen Berater in Indianerfragen in Wilma Victor, einer Choctaw-Indianerin, die Morton im Zweiten Weltkrieg kennengelernt hatte. Frau Victor war eine Karriere-Bürokratin, eine von jenen Roten aus Oklahoma, die – kulturell weiß und politisch konservativ – einen überproportionalen Einfluß auf die Indianerpolitik ausüben. Ihr Aufstieg war 1970 vorübergehend gestoppt worden, als die skandalöse Behandlung der indianischen Schüler der Intermountain School in Utah, deren Vorsteherin sie war, publik wurde.

Frau Victor sah dazu, daß sie nicht allein blieb. Über ihr Betreiben bestellte Morton am 23. Juli 1971 einen stellvertretenden Indianerkommissar, John Crow, ein Cherokee-Mischling, der von Hickels Vorgänger Udall wegen »Mangels an Ideen« aus dem BIA gefeuert worden war. Crow erhielt nun von Morton »alle und jede Autorität, die vom Innenminister dem *Commissioner of Indian Affairs* übertragen worden ist«; nur dem Titel nach Bruce unterstellt, erließ Crow mit Mortons Billigung Weisungen, mit denen Erlässe von Bruce aufgehoben und durch Crows eigene Anordnungen ersetzt wurden. Die von Bruce bestellten »Jungtürken« wurden weitgehend aus ihren Positionen entfernt und durch Leute nach Crows Wahl besetzt, der sich auch alle weiteren Personalentscheidungen vorbehielt. Nachdem man den Plan des *Commisioner* bezüglich einer routinemäßigen Rotation von Außendienstbeamten in den Papierkorb hatte wandern lassen, kehrte man zur traditionellen Personalpolitik der Strafversetzung von Progressiven zurück. In einem einzigen Fall mußten Crow und Frau Victor nach lautstarken Protesten aus dem roten Lager zurückstecken: William Veeder, ein Weißer und zugleich der bedeutendste Fachmann auf dem Gebiet indianischer Wasserrechte, sollte aus Washington nach Arizona versetzt werden, um am *Central Arizona Project* mitzuwirken, das er seit Jahren heftig bekämpft hatte, weil es das Land der Stämme am Colorado River auszutrocknen drohte.

Als Gerüchte über die Ränke im BIA an die Öffentlichkeit drangen, versicherte Nixon der Presse, er habe Morton den Auftrag erteilt, »einen Blick auf die ganze mit Indianerangelegenheiten beschäftigte Bürokratie zu tun und sie durchzuschütteln, gut durchzuschütteln«. Als Folge der allerhöchsten Ermahnung war festzustellen, daß zu der von Morton gedeckten Usurpation der Position von Bruce durch Crow (die rechtlich bedenklich war, weil der *Commissioner* vom Senat bestätigt werden muß und daher nicht nach Belieben austauschbar ist) noch die totale Ausschaltung des Indianerkommissars durch seinen Vorgesetzten, den Unterstaatssekretär für die Verwaltung des staatlichen Grundbesitzes, Harrison Loesch, trat. Loesch hatte bei seiner Amtseinführung mit entwaffnender Offenherzigkeit erklärt, er sei sein Leben lang auf keiner Indianerreservation gewesen; seine Politik, die weiße Interessen grundsätzlich über rote stellte, hätte es auch ohne ausdrückliche Erklärung vermuten lassen. Bruce war zum Strohmann degradiert worden.

Mehr als ein Jahr lang regierte die Troika Loesch–Crow–Victor den Indianerdienst, bis im Gefolge der Besetzung der Räumlichkeiten des BIA durch indianische Demonstranten im November 1972, von der noch ausführlich zu sprechen sein wird, Loesch, Crow und Bruce zum Rücktritt gezwungen wurden. Loesch und Crow schieden unter dem öffentlichen

Dank Nixons, Bruce brüskierte man durch einen unbedankten Abschied: Er hatte mit den Demonstranten auf indianische Weise verhandeln wollen, während anderseits erst die Gewaltandrohung durch Loesch beträchtliche Schäden in den Büroräumen zur Folge hatte, die man den Besetzern besonders anlastete. Loesch brauchte sich im übrigen nicht lange Sorgen um seine Zukunft zu machen: Einen Monat nach seinem Rücktritt hatte er eine neue Stellung als Berater des Senatsausschusses für innere Angelegenheiten, der auch für die Indianer zuständig ist, gefunden.

Solches Rochieren zwischen Administration und Kongreß ist nicht unüblich. Abgehalfterte politische Beamte wie Loesch übernehmen Beraterfunktionen in den Ausschüssen der Legislative, wo ihnen ihre Kenntnis der Bürokratie zugute kommt. Abgeordnete, denen vom Volk das Vertrauen entzogen wurde, erhalten ebenso oft eine Sinekure in der Verwaltung. Wie schon gesagt, hat der Kongreß in den letzten hundert Jahren einen größeren Einfluß auf die Formulierung der Indianerpolitik ausgeübt als der exekutive Arm der Staatsführung, obwohl die seit Franklin D. Roosevelt bestehende Tendenz, die Position des Präsidenten zu stärken, die Machtfülle des Kongresses mehr und mehr eingeschränkt hat.

Seit die Legislative ihr verfassungsmäßiges Recht, mit indianischen Völkern Verträge abzuschließen, freiwillig aufgegeben hat, ist ihr als wesentlichstes Instrument der Indianerpolitik die Budgethoheit geblieben. Die Beschlußfassung über Gesetze, die das Los der Eingeborenen verbessern sollen, muß wirkungslos bleiben, wenn nicht im Staatshaushalt für die notwendige Finanzierung der entsprechenden Programme gesorgt wird. Und da die Indianerkriege des neunzehnten Jahrhunderts den amerikanischen Steuerzahler Unsummen gekostet haben und auch die anderen Pläne zur Lösung der »Indianerfrage« keine spektakulären Erfolge brachten, zeigen die Volksvertreter eine gewisse Scheu vor einer finanziell aufwendigen Indianerpolitik. Der *Dawes Act,* die anderen Aufteilungsmaßnahmen und die Terminationsgesetze, die vom Kongreß ausgingen, schienen den Gesetzgebern billig zu sein; die langfristigen Kosten waren für die kurzsichtigen Politiker nicht vorhersehbar. Die relativ teure Politik John Colliers jedoch geriet aus eben diesem Grund im Kongreß in Schwierigkeiten. Und Nixons Selbstbestimmungsforderungen für die Indianer liefen nicht nur innerhalb der eigenen Administration auf Sand, sondern zwei Jahre lang auch in der

Volksvertretung. Die Chance für die Eingeborenen besteht heute darin, daß der Kongreß in allen Bereichen versuchen muß, das Heft, das die Administration an sich gerissen hat, wieder in die Hand zu bekommen. Die Abdankung Nixons mag dem Kongreß in dieser Hinsicht Auftrieb gegeben haben.

Sowohl im Senat als auch im Repräsentantenhaus werden alle wichtigen Entscheidungen über Indianerpolitik in den jeweiligen Ausschüssen für innere Angelegenheiten beziehungsweise in deren Unterausschüssen für Indianerangelegenheiten getroffen. Gemessen am Budgetausschuß, am Justizausschuß, am Verteidigungsausschuß oder am Ausschuß für auswärtige Angelegenheiten hat der Innenausschuß im Kongreß wenig Prestige. Es geht hier kaum um entscheidende Fragen für die Nation, legislative Leistungen auf diesem Gebiet lassen sich nicht leicht in Wählerstimmen ummünzen. Die Zusammensetzung der Ausschüsse spiegelt diese Situation deutlich wider: Zur Arbeit im Innenausschuß finden sich meist Abgeordnete aus den Staaten des amerikanischen Westens bereit, wo der Bund relativ große Besitzungen in Form von Nationalparks hat. Aus ländlich-konservativen Wahlkreisen stammend, können diese Volksvertreter mit einer relativ sicheren Wiederwahl rechnen, wenn sie die dringlichsten Wünsche ihrer Wähler halbwegs gut vertreten. In den Trockengebieten des Westens sind dies Fragen der Bewässerung, der Energieversorgung und der Bodennutzung – alles Fragen, die oft in direkten Konflikt mit den lebensnotwendigen Rechten der Urbevölkerung geraten und die im Innenausschuß behandelt werden. Mit schöner Regelmäßigkeit wiedergewählt, erreichen die Mitglieder der Innenausschüsse leicht jene Seniorität, die es ihnen nach amerikanischer parlamentarischer Übung gestattet, einen überproportionalen Einfluß auf die Arbeit ihrer Ausschüsse zu nehmen.

Innerhalb des Ausschusses für innere Angelegenheiten ist der Unterausschuß für Indianerfragen ebenso der prestigeärmste, wie das BIA innerhalb des Innenministeriums an letzter Stelle steht. Mit Indianerangelegenheiten sind noch weniger Stimmen zu gewinnen als mit anderen Agenden, die Unterausschußmitglieder sind daher überwiegend Abgeordnete mit geringer Seniorität. Wer nach höheren Zielen in der Politik strebt, wie George McGovern, gibt seinen Sitz im Indianerunterausschuß lieber auf. Die profiliertesten Fürsprecher der Roten im Kongreß waren oder sind meist nicht Mitglieder des Indianerausschusses: so der ehemalige Senator

Fred Harris aus Oklahoma, dessen Frau eine Comanche ist, ferner Senator Robert Kennedy und seit dessen Tod sein Bruder Edward Kennedy.

Die Unbeweglichkeit des Innenausschusses hat im Bereich der Indianergesetzgebung in den letzten Jahren dazu geführt, daß die entscheidenden Gesetzesinitiativen aus anderen Ausschüssen kamen: Der *Indian Education Act 1972* entsprang den Untersuchungen von Robert und Edward Kennedys Sonderunterausschuß für Indianererziehung des Ausschusses für Arbeit und öffentliche Fürsorge; der *Indian Civil Rights Act 1968* entstand in der Arbeit des Justizausschusses unter Senator Sam Ervin, dessen Staat North Carolina immerhin über eine beachtliche eingeborene Bevölkerung verfügt.

Die Kongreßwahlen von 1972 bewirkten eine weitgehende Neuformierung der Indianerunterausschüsse in beiden Häusern der Legislative. Im Senat gab McGovern den Ausschußvorsitz ab, der konservative Senator Anderson aus New Mexico, ein alter Kämpfer für die Termination, kandidierte aus Altersgründen nicht mehr, der führende Republikaner im Innenausschuß und Mitglied des Indianerunterausschusses, Senator Allott aus Colorado, wurde nicht wiedergewählt. Senator Jackson, der Vorsitzende des Innenausschusses, entdeckte urplötzlich sein Herz für die Indianer, die in seinem Heimatstaat Washington ihr Stimmenpotential erfolgreich als Druckmittel zu seiner Sinnesänderung eingesetzt hatten. Übrig blieben mehr oder minder fortschrittliche Mitglieder, die durch liberale Neuzugänge wie den neuen Unterausschußvorsitzenden James Abourezk aus South Dakota verstärkt wurden. Ähnliche Veränderungen ergaben sich im Repräsentantenhaus. Der eher indianerfeindliche Ausschußvorsitzende Wayne Aspinall aus Colorado wurde von den Wählern in den Ruhestand geschickt, der bisherige Unterausschußvorsitzende Haley rückte in den Vorsitz des Ausschusses auf. Ed Edmondson, ein konservativer Demokrat aus Oklahoma, der – aufgrund der Seniorität – Haley nachgefolgt wäre, wurde in den Senat gewählt und machte so Platz für Lloyd Meeds aus Washington, einen jüngeren Abgeordneten, der (wie Abourezk im Senat) als indianerfreundlich und zugleich initiativ gelten kann.

Abourezk stellte seine Kampffreudigkeit bald unter Beweis. Im Gefolge der Besetzung von Wounded Knee im Frühjahr 1973 hielt er mit seinem Unterausschuß eine breit angelegte Untersuchung über die Zustände in der Pine

Ridge-Reservation in South Dakota ab, wobei er mit Tadel für das bei Roten und Weißen gleichermaßen unbeliebte Indianerbüro und dessen Schergen nicht sparte. Einen entscheidenden Punkt erkämpfte er wenig später im Zusammenhang mit einem Hearing über die Neustrukturierung des BIA. Nach dem Abgang von Bruce war die Stelle des *Commissioner* zwei Monate lang verwaist; der Leiter der Budgetabteilung des Innenministeriums war vorläufig mit der Leitung des BIA betraut. Im Februar 1973 ernannte Innenminister Morton den früheren Iowa-Häuptling Marvin Franklin zu seinem Berater und übertrug ihm die vorläufige Leitung des Indianerbüros. Franklin konnte nicht sofort zum *Commissioner* ernannt werden, weil er als Protegé des Cherokeehäuptlings und Mustermischlings W. W. Keeler einen hohen Posten in der Erdölindustrie innehatte, von dem er sich aus finanziellen Erwägungen nur beurlauben lassen wollte. Im Juli 1973, sieben Monate nachdem man Bruce gefeuert hatte, war Franklin immer noch nur amtierender *Commissioner*. Es war klar, daß ihn die Administration als hauptamtlichen Indianerkommissar haben wollte, doch war seine Ernennung bis zur Klärung seiner Geschäftsangelegenheiten noch nicht im Senat beantragt worden. Als Franklin am 10. Juli 1973 als Zeuge vor dem Indianerunterausschuß des Senats erschien, ließ Abourezk ihn nicht zu Wort kommen. Der Senator verlas eine Stellungnahme der Rechtsabteilung der Kongreßbibliothek, derzufolge die Bestellung Franklins wegen mangelnder Bestätigung durch den Senat rechtswidrig sei. (Zu demselben Schluß war kurz zuvor ein Bundesgericht im Fall des Leiters des *Office of Economic Opportunities* gekommen, der im Auftrag Nixons und gegen den Willen des Kongresses das OEO auflösen sollte.) Abourezk schloß die Sitzung nach wenigen Minuten mit den Worten: »Ich vertage diese Untersuchung bis zu dem Zeitpunkt, an dem die Regierung sich bereitfindet, wieder gesetzmäßig zu handeln.«

Zwei Wochen später demissionierte Franklin. Er war nicht imstande gewesen, seinen Interessenkonflikt zwischen den Indianern und seiner Ölgesellschaft, die auch auf Indianerland Mineralöl fördert, zu bereinigen. Das Öl war ihm schließlich nähergestanden. Der Abgang Franklins geht sicher auf das Konto des Senators aus South Dakota. Die Eingeborenen brauchen aber nicht traurig zu sein. Während seiner gesetzwidrigen Tätigkeit im BIA hatte Franklin ausreichend Gelegenheit gehabt, sich zur Indianerpolitik und ihrer Durchführung zu äußern. In diesen Äußerungen zeigte sich eine gewisse Doppelzüngigkeit zwischen Versprechungen und Wirklichkeit. Richard Nixon hatte 1970 den roten Amerikanern mehr Selbstbestimmung versprochen; Marvin Franklin erläuterte das Prinzip der Selbstbestimmung drei Jahre später mit dankenswerter Klarheit: Das Innenministerium und das BIA würden weiterhin die Indianerpolitik machen, die Stämme würden zu gegebener Zeit diese Politik selbst verwalten und verwirklichen dürfen. Aus Selbstbestimmung war Selbstverwaltung, eventuell gar Selbstverstümmelung geworden.

Auch bezüglich einer Reorganisierung des BIA hatte Franklin keineswegs Vorstellungen, die den Bürokraten hätten Angst einjagen müssen. Seine Pläne sahen eine noch stärkere Verlagerung der Macht von Washington auf die mittlere Ebene vor. Die elf Regionalbereiche sollten auf sechs vermindert werden, die Bereichsdirektoren jedoch mit weitergehenden Vollmachten als bisher ausgestattet werden. Die Forderung nach einem eigenen Unterstaatssekretär für Indianerfragen blieb auf dem Papier, die Hierarchie der Behörde sollte jedoch weiter kompliziert werden.

Es war seit langem eine Forderung mancher Indianer gewesen, zur Vermeidung von Interessenkonflikten innerhalb des Innenministeriums das BIA entweder (und vorzugsweise direkt) dem Weißen Haus zu unterstellen oder es dem Ministerium für Gesundheit, Erziehung und Fürsorge (HEW) anzuschließen. Während das Innenministerium neben den Indianern nur für Natur und Rohstoffe zuständig war, hat das HEW nicht nur bereits den Indianergesundheitsdienst unter sich, sondern auch viele andere Bereiche, die das BIA bei den Eingeborenen betreut. Der einzige Konnex mit dem Innenministerium ist der Treuhandstatus der indianischen Ländereien. Nach der von Franklin akzeptierten Neuregelung sollte das BIA dem Innenministerium unterstellt bleiben; Franklin hätte jedoch Morton zu berichten gehabt, dieser wieder in allen Indianerbelangen dem Gesundheitsminister Weinberger, und Weinberger dem innenpolitischen Berater des Präsidenten. Bei derartigen Autoritätsverhältnissen in den oberen Regionen hätte die Macht der Bereichsdirektoren sich zwangsläufig noch vergrößert.

Nach Franklins Rücktritt ging die Regierung Nixon abermals auf die Suche nach einem *Commissioner,* der rot und republikanisch sein sollte. Erst fast ein Jahr nach dem Abtreten von Bruce fand man einen neuen Mann, den man dem Senat gefahrlos zur Ernennung vorschlagen konnte: Morris Thompson, einen Athapasken aus Alaska, bisher Bereichsdirektor des BIA für seinen Heimatstaat. Da auch Loeschs Nachfolger als Unterstaatssekretär, Horton, aus Alaska kommt, kann man nur hoffen, daß sein und Thompsons gemeinsames Wirken zum Wohl der Eingeborenen vom Geist der glücklichen Einigung über die Entschädigung der Indianer, Eskimos und Aleuten Alaskas für ihr Land geleitet sein wird. Freilich besteht die Gefahr, daß die beiden die doch recht anders gearteten Verhältnisse in den südlichen achtundvierzig Staaten der Union nicht gehörig zur Kenntnis nehmen.

Berichte über die schlechte und betrügerische Behandlung der indianischen Völker Nordamerikas greifen oft weit in die Vergangenheit zurück, um den Widerspruch von Versprechungen und Vertragsbrüchen zu illustrieren. »Solange das Gras wächst, solange die Gewässer fließen, solange der Himmel über der Erde steht«, waren die bildlichen Floskeln, mit denen man den Roten die Dauerhaftigkeit von Abmachungen garantierte. Seit aber gerichtsnotorisch geworden ist, daß der Kongreß jederzeit auch einseitig Vertragsartikel aus den Gesetzbüchern streichen kann, sollten man künftige Versprechen vielleicht mit anderen Qualifikationen versehen: »Solange der Kongreß seine Meinung nicht ändert« oder »Solange der Große Weiße Vater an dieser Regelung interessiert ist«. Unter diesem Aspekt ist es interessant, zu untersuchen, inwieweit auch Präsident Nixons Engelszunge, mit der er 1970 seinen indianischen Mündeln Selbstbestimmung versprochen hatte, gespalten war. Was hatte Nixon versprochen und was war bis zu seinem unfreiwilligen Abgang im August 1974 geschehen?

Nixon verkündete offiziell das Ende der Terminationspolitik; tatsächlich ist seither auch kein Stamm mehr aufgelöst worden. Der Präsident forderte den Kongreß überdies auf, die Resolution aus dem Jahr 1953, mit der die Termination zur offiziellen Politik geworden war, zu widerrufen. Diesem Wunsch, der bestenfalls Symbolcharakter, aber keinerlei praktische Bedeutung gehabt hätte, sind die Volksvertreter nicht nachgekommen. Allerdings haben sie etwas geschafft, das niemand so recht für möglich gehalten hatte: Sie widriefen auf gesetzlichem Weg die Termination der Menominees. Für andere terminierte Gruppen, wie die Klamaths, dürfte aber jede Hilfe zu spät kommen. Die Wiederherstellung der Menominees hat außerdem klargemacht, daß nur starker

Druck seitens der eingeborenen Gemeinschaften selbst die Abgeordneten in Bewegung setzen kann.

Eine andere Initiative, die unvergleichlich wichtiger war als der Widerruf des Terminationsbeschlusses, ging 1974 von Senator Abourezk aus. Er brachte im Senat einen Antrag ein, durch den das bei den Eingeborenen so verhaßte *Public Law 280* praktisch aufgehoben werden soll. Dem Entwurf der Novelle zufolge sollen alle indianischen Gruppen in den Staaten, auf die das *Public Law 280* Anwendung findet, durch Abstimmung entscheiden können, ob sie weiterhin den Teilstaaten unterstellt sein oder unter die Fittiche der Bundesregierung zurückkehren wollen. 1972 erfüllte der Kongreß einen der Programmpunkte Nixons: die Rückgabe des Blue Lake an das Taos-Pueblo.

Eine weitere Forderung des Präsidenten zielte auf die Überführung des Indianerschulwesens in die Kompetenz der lokalen Kommunitäten ab. Dies wäre eine interne Angelegenheit der Verwaltung gewesen. Sie wurde nicht verwirklicht. Nixon versprach für 1971 den Indianerschulen Johnson-O'Malley-Gelder in der Höhe von mehr als zwanzig Millionen Dollar; tatsächlich waren es dann weniger als achtzehn Millionen. Der Große Weiße Vater verkündete, er habe den Innenminister beauftragt, »alle Anstrengungen zu unternehmen, um zu gewährleisten, daß die Johnson-O'Malley-Gelder, die gegenwärtig an die öffentlichen Schulen gezahlt werden, auch tatsächlich zur Verbesserung der Erziehung der indianischen Schüler ausgegeben werden«. Eine Untersuchung des *Bureau of Social Science Research* über die Verwendung der Johnson-O'Malley-Zahlungen im Jahr 1971 ergab, daß die regionale Aufteilung dieser Mittel durch das BIA weiterhin irrationalen Grundsätzen folge und daß eine verbesserte Verrechnung, die eine Kontrolle über die Verwendung geben könnte, noch immer nicht vorhanden sei. Eine weitere Versprechung in diesem Zusammenhang betraf eine mögliche Novellierung des *Johnson-O'Malley Act* in einer Weise, die eine direkte Vergabe von Geldern aus diesem Titel an die Stämme ermöglichen sollte. Der Kongreß hat bisher keine entscheidenden Schritte in dieser Richtung unternommen, die Regierung hatte aber auch nur ein einziges Mal (1973) die Änderung des Gesetzes urgiert.

Zur Behebung der Kapitalknappheit für Arbeitsplätze schaffende Investitionen auf Reservaten schlug Nixon einen *Indian Financing Act* vor. Durch ihn sollte erstens der bestehende rotierende Darlehensfonds für Indianer von 25 auf 75 Millionen Dollar aufgestockt und zweitens eine staatliche Bürgschaft für Privatkredite an die Stämme in der Gesamthöhe von 200 Millionen Dollar übernommen werden. Auch in diesem Punkt sind den Versprechungen keine konkreten Ergebnisse gefolgt. Bei Anerkennung der Notwendigkeit einer restriktiven Kreditpolitik zur wirtschaftlichen Gesundung der USA trifft die Geldknappheit die durch den starken Nachholbedarf an Investitionen belasteten Eingeborenen härter als die etablierte weiße Industrie.

Voller Empörung beschrieb der Präsident in seinen programmatischen Forderungen von 1970 das Nachhinken der indianischen Gesundheitsentwicklung hinter dem nationalen Standard. Er versprach baldige Abhilfe durch großzügige Finanzierung. Mittlerweile haben sich die Probleme im Indianergesundheitsdienst infolge des Ärztemangels weiter verschärft. Alvin Josephy, ein weißer Historiker und indianerfreundlicher Publizist, der für viele der Anregungen in der Rede Nixons aus dem Jahr 1970 verantwortlich ist (und sich 1973 ziemlich ernüchtert von der Praxis der Nixonschen Indianerpolitik distanzierte), dürfte dem Präsidenten auch das Versprechen, mehr für die Stadtindianer tun zu wollen, auf die gespaltene Zunge gelegt haben. Diesbezügliche Bemühungen der »Jungtürken« im BIA endeten mit deren Abhalfterung. Nixon selbst beziehungsweise Josephy und andere wohlmeinende Berater wollten diese Aufgaben vom unbürokratischeren *Office of Economic Opportunities* gelöst sehen. Der Präsident sagte im Juli 1970: »Ich habe das OEO beauftragt, diese Bestrebungen zu leiten.« Anfang 1973 versuchte derselbe Präsident gegen den Willen des Kongresses das OEO zu liquidieren, ohne daß die Probleme der Stadtindianer von irgendeiner Seite auch nur annähernd gelöst gewesen wären.

Der rechtliche Interessenkonflikt innerhalb des Innenministeriums, aber auch innerhalb des Justizministeriums im Zusammenhang mit der treuhändigen Verwaltung des Indianerlands schien Nixon unhaltbar: Innen- und Justizminister könnten in Streitfällen nicht gleichzeitig die Interessen des Staates und als Treuhänder die der Indianer vertreten. Als Ausweg schlug der Präsident die Schaffung einer *Indian Trust Counsel Authority* (Indianer-Treuhandrechtsschutzbehörde) unter eingeborener Kontrolle vor. Nichts geschah bis 1973, als gänzlich unerwartet das Justizministerium die Errichtung eines Amtes für Indianerrechte bekanntgab. Das Amt ist die erste Abteilung des Justizministeriums, die sich mit den Rechtsproblemen einer spezifischen Minderheit befaßt und vorwiegend der Behandlung von Bürgerrechtsproblemen (Diskriminierung in den Bereichen Wohnung, Gesundheit, Schulwesen und Arbeit) dienen soll. Obwohl die neue Dienststelle nicht das mindeste mit Treuhandproblemen zu tun hat, wurden sogleich Befürchtung seitens der leidgewohnten Eingeborenen laut, daß damit alle Chancen auf ein baldiges Zustandekommen der *Indian Trust Counsel Authority* zunichte gemacht seien. Während diese Vermutungen nur die bis dahin mit Versprechungen gemachten Erfahrungen widerspiegeln, stehen die Aussichten auf eine Treuhandbehörde nicht schlecht. Der Senatsunterausschuß für Indianerangelegenheiten beriet zur selben Zeit über einen entsprechenden Gesetzentwurf. Ein schnelles Ergebnis wird unter anderem deshalb hinausgezögert, weil Abourezk (und sein indianischer Berater) die Treuhandbehörde personell besser ausstatten wollen, als es der Regierungsentwurf vorsieht.

Das Kernstück der Nixon-Vorschläge von 1970 ist das, was immer als »Selbstbestimmung« bezeichnet wird: Durch Gesetz sollten die Stämme befähigt werden, über eigenen Wunsch und auf der Grundlage von Kontrakten jene Aufgaben selbst zu übernehmen, die heute das BIA in seiner Funktion als Dienstleistungsbehörde der Indianer wahrnimmt oder wahrnehmen soll. Noch bevor der Präsident eine gesetzliche Grundlage für seine Indianerpolitik forderte, hatte man zwei Versuchsballons gestartet, um das Prinzip der Selbstbestimmung in der Praxis zu testen. Seit 1970 sind die Miccosuccee-Seminolen in Florida und die Zunis in New Mexico auf dem Weg zur Unabhängigkeit vom BIA. Die Zunis entwickelten einen Fünfjahresplan, der den Stamm mit einem Kostenaufwand von 50 Millionen Dollar zur administrativen Autonomie führen soll. Im selben Zeitraum sollen alle BIA-Posten in der Reservation an Zunis überführt werden. Die Stelle des Superintendenten soll mit jener des Gouverneurs, wie der indianische Anführer des Pueblos seit der spanischen Kolonialzeit heißt, verschmolzen werden.

Bis 1973 war mehr als die Hälfte des Personaltransfers abgeschlossen. Die Geldinjektionen zeigten Wirkung: Das Durchschnittseinkommen stieg auf das Doppelte (obwohl es immer noch weit unter dem nationalen Minimum blieb), die Arbeitslosigkeit ging von 54 Prozent auf 33 Prozent zurück. Aber auch die natürlich zu erwartenden Fehlschläge stellten sich ein: Mittel wurden falsch investiert oder ebenso schlecht verwaltet wie vom BIA. Immerhin waren es Fehler, aus denen die Zunis selbst für die Zukunft lernen konnten, Fehler, die der Indianerdienst schon seit Jahrzehnten begeht, ohne zu lernen. Heikler ist schon das Problem, das sich aus dem Widerstand mancher Zunis gegen die große Schnelligkeit der Umstellung ergibt. Der Gouverneur, ein dynamischer Mann, wird beschuldigt, den Stamm mit seinen Projekten einfach zu überrollen. Die Bevölkerung ist nicht auf den Systemwandel und die daraus entstehende größere Eigenverantwortung vorbereitet. An der Abstimmung über die gleichzeitig mit dem Beginn des Projekts beschlossene Änderung der Stammesverfassung beteiligten sich 412 von mehr als 5000 Zunis. Die Änderung bringt eine weitere Anpassung an das amerikanische System: sie führt die Gewaltentrennung in das Gemeinwesen der Zunis ein. Ob sie damit auch die Politik der gespaltenen Zunge einführt?

Senator Abourezk will daher, wenn auch wahrscheinlich erst nach Beschlußfassung über das Selbstbestimmungsgesetz (über das seit 1973 beraten wird) mit seinem Unterausschuß untersuchen, wie sich die Stämme selbst zum Problem der Stammesregierung und Stammesverwaltung stellen. Ein Selbstbestimmungsgesetz ohne eine Klärung dieser Frage kann nämlich katastrophale Folgen haben. Was geschieht, wenn die zum Teil erwiesenermaßen korrupten Stammesregierungen die Aufgaben des BIA übernehmen, Stammesräte, die in Wahlen bestimmt werden, an denen sich nur ein unbedeutender Teil der Wahlberechtigten beteiligt haben, weil die Mehrheit anstelle von Demokratie lieber ihre traditionellen Häuptlinge haben will? In Wounded Knee kam es 1973 zu Blutvergießen, weil die Traditionalisten die »Diktatur« ihres gewählten Häuptlings ablehnten – eines Häuptlings, der vergleichsweise machtlos ist, weil seine Verfügungsgewalt vor Einführung der »Selbstbestimmung« äußerst bescheiden ist.

So enthüllt sich Nixons Indianerpolitik letztlich als doppelzüngige Irreführung der Betroffenen. Von Selbstbestimmung zu sprechen, wenn nur Selbstverwaltung gemeint ist, heißt Hoffnungen wecken, die enttäuscht werden müssen. Als reine Verwalter einer weiterhin im Innenministerium gemachten Politik werden die Stammesräte alle jene Kritik zu tragen haben, die heute die Administratoren des BIA trifft. Selbstverwaltung ohne Selbstbestimmung heißt sozial schädliche Spannungen innerhalb der eingeborenen Gemeinschaften schüren. Es wird an den Indianern selbst liegen, für eine echte Selbstbestimmung zu kämpfen. Möge ihnen der Kongreß gnädig sein.

Ein Problem der Ungleicheit, das auf die Dauer nicht ungelöst bleiben kann, ergibt sich aus dem verschiedenartigen Rechtsstatus der Indianerstämme. Eingeborenengruppen, die seit der amerikanischen Revolution in Beziehungen zu den Vereinigten Staaten getreten sind, genießen zumeist das Privileg der Anerkennung durch die Bundesregierung, während Stämme, die seit der Kolonialzeit unproblematisch geblieben sind, nicht anerkannt werden. Aber auch innerhalb der beiden Kategorien gibt es beträchtliche Unterschiede. Die Stämme, die vor 1871 mit den USA in Berührung kamen, haben meist Verträge mit der Regierung und daher Vertragsrechte; ausgenommen sind jene Stammesgruppen Kaliforniens, die zwar seinerzeit Verträge abgeschlossen haben, welche aber vom Senat nicht ratifiziert worden sind: ihre Verträge haben keine Rechtskraft. Vertragsstämme und Nicht-Vertragsstämme ziehen aber gleichermaßen Nutzen aus ihrer Anerkennung, indem sie ihr Land im Treuhandbesitz des Bundes nutzen und mit Hilfe vom BIA und von anderen Bundesstellen rechnen können – sofern sie nicht seither terminiert worden sind. Manche der nichtanerkannten Stämme werden immerhin von den Teilstaaten akzeptiert, wissen ihr Land im Treuhandbesitz des Staats und sind in wechselndem Maß in der Lage, lokale Hilfsquellen in Anspruch zu nehmen. Andere nichtanerkannte Stämme gelten auch lokal dem Gesetz nach nicht als Indianer, wieder andere haben zwar teilstaatliche Anerkennung (in manchen Fällen nach dem Korporationsrecht) erreicht, besitzen aber kein Stammesland oder erhalten keine Unterstützung von der öffentlichen Hand.

Splittergruppen von Vertragsstämmen hatten jahre- oder jahrzehntelang ihre Rechte verloren. Die Cherokees in North Carolina und die Choctaws in Mississippi wurden vergessen, als ihre Stammesbrüder nach Oklahoma auswanderten. Heute ist ihr Land aber wieder durch ein Treuhandverhältnis geschützt, und sie erhalten Zuwendungen von der Bundesregierung. Die in Alabama zurückgebliebenen Familien der Creeks waren trotz Verträgen mehr als hundert Jahre lang von ihrem Vormund getrennt. Mehr durch Zufall als durch Absicht erfuhren sie von der Tätigkeit der *Indian Claims Commission,* machten ihre Ersatzansprüche geltend und erhielten schließlich einen Millionenbetrag zugesprochen. Sie sind zwar weiterhin nicht unter Bundesaufsicht und haben kein Stammesland, gelten aber seither wieder als anerkannte Gruppe.

Viele der nichtanerkannten Stämme würden gerne von der Bundesregierung anerkannt werden. Ihre wirtschaftlichen Probleme sind oft identisch mit denen anerkannter Stämme. Dazu kommt oft noch der Wunsch nach Stammesland im Treuhandbesitz als sichtbares Kennzeichen ihres besonderen Status. Diese Gruppen wären bereit, den Grund und Boden, den sie derzeit als Privateigentum besitzen, in geschütztes Stammeseigentum umzuwandeln: genau das Gegenteil von dem, was seit einem Jahrhundert Ziel der offiziellen Indianerpolitik ist. Nimmt man das Prinzip der Selbstbestimmung wirklich ernst, dann müßte man alles tun, um den Wünschen der vergessenen Uramerikaner nachzukommen und die Ungleichheit so rasch wie nur möglich zu beenden.

Unter Kommissar Bruce wurden die BIA-Reformer beim Innenminister vorstellig, um eine Anerkennung der nichtanerkannten Stämme zu erreichen. Ohne Erfolg. Ende 1972 kamen schließlich Vertreter von etwa sechzig solchen Gruppen aus dem östlichen Nordamerika nach Washington, um über eine gemeinsame Marschroute zu beraten. Sie gründeten eine *Coalition of Eastern Native Americans* (CENA), die gezielt die Anerkennung anstreben soll. Bei den Verhandlungen sind allerdings Schwierigkeiten zu erwarten. Einen Vorgeschmack davon bekamen die unterprivilegierten Roten 1973: Einen Tag, nachdem eine CENA-Delegation im Innenministerium vorgesprochen hatte, kam eine Abordnung westlicher Indianer nach Washington. Während man den CENA-Leuten freundliche Versprechungen machte, gab man tags darauf den bereits anerkannten Roten zu verstehen, daß im Falle einer Anerkennung der Ostindianer das Budget für Indianerfragen nicht erhöht, sondern einfach weiter aufgesplittert werden würde. Das Innenministerium hoffte – in diesem Fall vergeblich –, Zwietracht zwischen anerkannten und nichtanerkannten Stämme säen zu können.

Der geeignete Weg zur Anerkennung dürfte über die Gerichte führen. Insofern kann man es als glücklichen Umstand ansehen, daß die vergessenen Roten nicht vom Bund anerkannt sind: Sie brauchen den Kongreß wenigstens nicht um die Genehmigung zu ersuchen, ihr Recht einklagen zu dürfen. In bestimmten Bereichen steht es außer Zweifel, daß den nichtanerkannten Indianern Rechte vorenthalten werden. Der *Johnson-O'Malley Act* verspricht Unterstützung für Eingeborene, die öffentliche Schulen besuchen, ohne daß der Indianerstatus näher definiert wird. Daß die rechtlosen Gruppen Indianer sind, bezweifeln heute nur noch einige Rassisten; daß sie in öffentliche Schulen gehen, ist ebenso sicher. Trotzdem gehen sie bei der Aufteilung des Kuchens leer aus. In diesem Zusammenhang sind bereits Schritte eingeleitet worden: eine gerichtliche Feststellung der Rechtslage. Da die Johnson-O'Malley-Gelder über das BIA laufen, ergäbe sich dadurch automatisch eine gewisse Anerkennung durch den Bund. Natürlich können dadurch keine Vertragsrechte gesetzt werden, doch besteht dann immerhin die Möglichkeit, daß die Nichtanerkannten auch in den Bereichen Gesundheit, Wohnen und Arbeitsplatzförderung mit anderen Indianern gleichgestellt werden.

Obwohl die Gerichte in ihrer Judikatur in Indianerfragen keineswegs immer eine eindeutige Linie verfolgt haben, muß man ihnen doch bescheinigen, daß der rote Mann zu den weißen Männern in den schwarzen Roben mehr Vertrauen haben kann als zu den beiden anderen Zweigen der Staatsgewalt. Vor allem der Oberste Bundesgerichtshof als höchste Instanz in Verfassungsfragen (und damit für Vertragsrechte) hat sich seit dem frühen neunzehnten Jahrhundert den Ruf erworben, das Recht der Eingeborenen wo immer möglich gegen eine Beschneidung durch die weiße Mehrheit zu schützen. Rechtschöpferisch erläuterte der Oberste Bundesrichter John Marshall im dritten Jahrzehnt des neunzehnten Jahrhunderts das von der amerikanischen Verfassung nicht erschöpfend geklärte Verhältnis zwischen den Stämmen und der Bundesregierung im Sinn einer Mündel-Vormund-Beziehung und schuf damit die rechtliche Grundlage für hundertfünfzig Jahre Indianerpolitik. Aus dem Mündel-Vormund-Verhältnis zog das Höchstgericht in der Folge auch den bedeutsamen Schluß, daß bei Unklarheiten in Gesetzes- und Vertragstexten grundsätzlich jene Leseart zu bevorzugen sei, die dem schwächeren Teil, also den Indianern, größere Rechte zugestehe – eine Auffassung, die in direktem Gegensatz zur Praxis des Innenministeriums bei der Lösung von Interessenkollisionen zwischen roten und weißen Rechten steht.

John Marshall entschied auch, daß der Staat Georgia kein Recht habe, die Cherokees aus dem von Georgia beanspruchten Territorium, das sie bewohnten, zu vertreiben. Präsident

Jackson, der für die Umsiedlung war, bemerkte damals sarkastisch: »Richter Marshall hat sein Urteil gesprochen, nun soll er es auch vollstrecken«, eine für das oberste Exekutivorgan des Staats bemerkenswerte Auffassung von der verfassungsmäßigen Gewaltentrennung. Der Zynismus Jacksons erinnert leider nur zu sehr an das gestörte Verhältnis zur Legalität (besonders in Indianerfragen), an dem auch andere Präsidenten und ihre Administrationen bis in die Gegenwart leiden.

Die Mitglieder des Obersten Bundesgerichtshofs werden vom Präsidenten ernannt und müssen vom Senat bestätigt werden. Ihre Bestellung erfolgt auf Lebenszeit. Entsprechend der Zahl der Ernennungen, die ein Präsident während seiner Amtsperiode vornehmen kann, besteht für die Administration eine wenigstens theoretische Möglichkeit der Einflußnahme auf die Generallinie des Höchstgerichts. Die Unabhängigkeit der Richter aber hat noch keinen Präsidenten vor Enttäuschungen bewahrt. Präsident Nixon hatte das Glück, nicht weniger als vier der neun Richterstellen des Obersten Gerichtshofs neu besetzen zu können. Dies war um so bedeutungsvoller, als dem konservativen Republikaner die Entscheidungen des liberalen Höchstgerichts – vor allem in Bürgerrechtsfällen – steter Anlaß zum Ärger waren. Gemäß seinen Wahlversprechungen nominierte Nixon durchwegs konservative »Konstruktionisten«, Richter, die schon bisher ihre Neigung zur wortgetreuen Exegese der Verfassung unter Beweis gestellt hatten, für die freiwerdenden Stellen, um einer großzügig-liberalen Auslegung der Konstitution vorzubeugen.

Die Absichten des Präsidenten waren primär bürgerrechtsfeindlich; das Ergebnis ist hingegen unbeabsichtigt indianerfreundlich. Gerade eine wörtliche Befolgung der Verfassung (und der Verträge mit Indianern) kann den Eingeborenen und ihren Rechten nur von Nutzen sein: »Solange das Gras wächst . . ..« Und es wächst heute schneller als je zuvor.

Bitteres Wasser

Nach Angaben des FBI wurde 1968 im Durchschnitt jeder dritte Indianer in den USA von der Polizei festgenommen. Pro Kopf der Bevölkerung war damit die Arreststrafe bei der eingeborenen Bevölkerung mehr als zehnmal so hoch wie bei den weißen Bürgern. War aber bei den weißen Festgenommenen nur in einem Drittel aller Fälle ein ursächlicher Zusammenhang zwischen Tat und Alkoholisierung des Täters festzustellen, so betrug der Anteil bei ihren roten Zellengenossen annähernd drei Viertel (bei den schwarzen Häftlingen war gar nur ein Viertel der Delikte auf Alkoholisierung zurückzuführen).

Die Uintahs und Ourays in Utah gaben 1965 etwa 5 Prozent des gesamten Stammeseinkommens für Alkoholika aus, mindestens weitere 5 Prozent gingen durch Geldstrafen und Verdienstentgang während der Haftzeit von straffälligen Trinkern verloren. Zusätzlich mußten mehr als 100.000 Dollar aufgebracht werden, um die Verköstigung der Gefangenen, die medizinische Betreuung von Trinkern und die Fürsorgeleistungen für Kinder von Alkoholikern zu bestreiten; das sind etwa 12 Prozent des Stammeseinkommens, zusammen also fast ein Viertel der den Uintahs und Ourays zur Verfügung stehenden Geldmittel.

Diese Zahlen deuten die Größenordnung des Alkoholismusproblems bei der indianischen Bevölkerung unserer Tage an, eines Problems, das die Roten in erster Linie ihrer Begegnung mit den Weißen verdanken. In vorkolumbischer Zeit war in Nordamerika der Genuß gegorener oder gebrannter Getränke unbekannt. Der edle Wilde schlürfte Wasser aus dem sprudelnden Quell, wenn ihn dürstete. Auch Milch (außer der Muttermilch) war den Roten, die ja keine Viehzucht betrieben, als Getränk unbekannt. Und ähnlich wie heute ein großer Teil der eingeborenen Bevölkerung an Milchunverträglichkeit leidet, so leiden die meisten Uramerikaner auch an einer offensichtlichen Alkoholintoleranz.

Denn selbst die starken Uintah- und Ouray-Trinker nehmen mengenmäßig nicht mehr Bier, Wein und Spirituosen zu sich als ihre weißen Nachbarn. Es kostet sie nur, weil sie ärmer sind, relativ mehr Geld; sie reagieren auf die gleichen Mengen, aus was für Gründen auch immer, stärker als weiße Trinker; und ihre im alkoholisierten Zustand verübten Delikte werden häufiger aktenkundig und strenger bestraft als jene der bleichgesichtigen Zecher.

Die erste Bekanntschaft der Uramerikaner mit dem neuartigen Getränk setzte die Eingeborenen in helles Erstaunen. Als die englischen Kolonisten in Virginia erstmals einem Häuptling Schnaps kredenzten, fand dieser sofort großen Geschmack daran und trank mehr von dem Destillat, als er vertragen konnte. Als er am folgenden Tag melden ließ, er sei unpäßlich, beruhigten ihn die Briten mit der Voraussage, seine Leiden würden binnen eines Tages vergehen. Tatsächlich überwand der Häuptling seinen Kater rasch wieder und kehrte zu seinen weißen Freunden zurück, um sich neuerlich von ihnen laben zu lassen. Mit ihm kam eine ganze Schar von Magenleidenden, die von den Briten zu erfahren wünschten, wann ihre Schmerzen ein Ende finden würden. Das neue Getränk mußte auch einen indianischen Namen erhalten. Die roten Virginier nannten es *wisakon,* eine Bezeichnung, die etymologisch »es ist bitter« bedeutet; bisher war dieses Wort in der Sprache der Virginier für Medizin im allgemeinen verwendet worden. Sowohl die Identifikation des Alkohols als »bitter« als auch die Gleichsetzung von »bitter« mit Medizin ist in nordamerikanischen Indianersprachen weit verbreitet. Den Cherokees bedeutete *nawohti* gleichermaßen Schnaps und Medizin, in der Choctaw-Sprache hieß der Whiskey *oka homi,* »bitteres Wasser«. Im Gebiet der großen Seen, bei den Chippewas und Crees, geriet man hingegen auf den Ausdruck *eškotewapo:* »Feuerwasser«.

In der eingeborenen Metaphorik hat sich für Alkohol noch ein anderes Bild eingebürgert, das in zweifacher Hinsicht bezeichnend ist: »Milch« oder »Muttermilch« nannte man im Seengebiet den Rum, den die Händler aus Neu-England ins Land brachten. Einerseits mag hier eine Assoziation der beiden neuen Getränke, die von den Weißen eingeführt worden waren, vorliegen; anderseits spricht die Metapher für die zunehmende Alkoholsüchtigkeit der Eingeborenen. Wenn die Ottawas im achtzehnten Jahrhundert beteuerten, sie wollten nun »aus beiden Brüsten Englands trinken«, so meinten sie damit sowohl ihre unstillbare Sucht nach Spirituosen als auch den Wunsch nach einer festen politisch-militärisch-ökonomischen Bindung an Mutter Albion.

In der Vorstellungswelt der Weißen wurde gleichzeitig das

Bild vom »betrunkenen Indianer« als typischem Repräsentanten der roten Rasse vorherrschend. Eine Karikatur aus der Mitte des neunzehnten Jahrhunderts zeigt nebeneinander zwei Indianer: Der eine schöpft aus einer Quelle Wasser, der andere liegt betrunken vor einer Gasthaustür. Unter dem Wassertrinker steht: »Unnaturalized«, unter dem Alkoholiker: »Naturalized«. Der sprichwörtliche Stoizismus der Indianer wird in den Augen der indianerfeindlichen Grenzer als Heuchelei bezeichnet oder in die irreale Welt des »edlen Wilden« verwiesen, während der Schnaps den barbarisch-bestialischen Kern der Uramerikaner zutage treten lasse.

Solange die Stammesverbände noch funktionierten und der Alkohol hauptsächlich auf Indianerland konsumiert wurde, gelang es den Stämmen selbst, mehr oder minder wirksame Vorkehrungen gegen die schädlichsten Begleiterscheinungen der Trunksucht zu ergreifen. In Virginia war es im siebzehnten Jahrhundert üblich, daß die roten Trinker einen oder zwei nüchterne Genossen als Begleitung hatten, die verhindern sollten, daß die Betrunkenen gewalttätig wurden. Ein ähnliches System befolgten die Irokesen um 1800, die Creeks noch 1825, während die Chippewas im neunzehnten Jahrhundert eine ganze Kriegergruppe als Ordnerdienst bei Gelagen einsetzten. Diese Aufsichtsorgane sammelten schon vor Beginn des Festes alle Waffen ein und separierten besonders unmanierliche Säufer von den übrigen. Die nüchternen Krieger durften sich zum Ausgleich dafür nach Ende der Veranstaltung ihrerseits betrinken.

Wesentlich zur Kontrollmöglichkeit trug die Tatsache bei, daß der Alkoholnachschub nicht kontinuierlich war, sondern nur sporadisch mit den Lieferungen der Händler eintraf. War einmal Schnaps vorhanden, wurde er sofort und auf einmal vertilgt. Nach der Ausnüchterung konnte man ohne weitere Ablenkung den gewohnten Lebensrhythmus bis zur nächsten Anlieferung fortführen.

Trotz aller Kontrollen bewirkte der Alkohol viel Blutvergießen unter den Uramerikanern. Dennoch wurde der Genuß von geistigen Getränken von den eingeborenen Gesellschaften lange Zeit nicht verpönt – und bis heute gilt Trunkenheit bei vielen Roten als nichts Verwerfliches. Man ging so weit, zu behaupten, nicht der Trinker, sondern der Alkohol selbst sei Schuld an kriminellen Handlungen; deshalb seien auch nicht die benebelten Indianer, sondern die weißen Spirituosenhändler für die Folgen verantwortlich zu machen.

In der Tat versuchte man seit dem siebzehnten Jahrhundert von offizieller weißer Seite her, den Alkoholhandel mit den Indianern einzuschränken oder zu verbieten. Das Problem war nur, daß sich immer jemand fand, der trotzdem die begehrte Flüssigkeit lieferte. Die Russen verboten in ihrer Kolonie Alaska strikt jeden Branntweinhandel; Schmuggler aus Neu-England sprangen in die Bresche. Wollten die Franzosen im Seengebiet die Lieferungen einstellen, waren die Briten mit ihren Rumfässern da; wollten die Briten aufhören, mußten sie damit rechnen, daß sich die Franzosen durch Alkoholgeschenke entscheidende Vorteile im Pelzhandel verschafften. Nach der amerikanischen Revolution konkurrierten im selben Gebiet die Amerikaner mit den englischen Kanadiern um die Kontrolle des Pelzgeschäfts. Die Wichtigkeit des Alkohols im Indianerhandel geht aus der Tatsache hervor, daß 1770 vier Fünftel aller bei den Chickasaws erworbenen Felle mit Rum bezahlt worden waren. (Allerdings muß man daran erinnern, daß der europäische Bedarf nach dem amerikanischen Genußmittel Tabak so stark war, daß während der Kolonialzeit ganze Kolonien auf der Grundlage der Tabak-Monokultur existierten; vielleicht sollten die Weißen sich nicht so sehr über die seltsamen »Süchte« der Indianer wundern).

Ein gesetzliches Verbot des Dämons Alkohol für Indianer bestand in den USA zwar schon seit 1832, konnte aber erst strenger gehandhabt werden, als der Indianerhandel seine wirtschaftliche Bedeutung verloren hatte – kontrolliert werden konnte die Einhaltung des Verbots freilich auch dann kaum. 1953 wurde im Zuge der Terminationsbestrebungen auch diese Bestimmung wieder aufgehoben. Nur in manchen Reservationen herrscht ein von den jeweiligen Stammesräten beschlossenes Alkoholverbot, das aber auch mehr den illegalen Handel fördert als die Trunksucht unterbindet.

Zu einem Zeitpunkt, als die Politiker noch wirtschaftlichen Erwägungen vor humanitären Taten den Vorzug gaben, fanden die Alkoholgegner ihre Hauptverbündeten vor allem in den Missionaren. Trunksucht behinderte nach Ansicht der Männer Gottes durch Förderung von Faulheit und Unmoral die Eingeborenen auf dem Weg zur christlichen Zivilisation. Tatsächlich hatte der Alkohol bereits Eingang in den kultischen Bereich der Stämme gefunden. Nicht nur wurden Spirituosen als Trankopfer verwendet, sondern Medizinmänner halfen sich auch gelegentlich mit Hochprozentigem, um in tranceartige Zustände zu gelangen. Bemerkenswert ist, daß die importierten Getränke damit bald einen ähnlichen Stellenwert einnahmen wie in jenen Teilen Amerikas, wo gegorene Getränke schon in voreuropäischer Zeit bekannt gewesen waren. Wenn aber zum Beispiel im alten Mexiko der Alkoholgenuß praktisch ausschließlich auf den kultischen Bereich beschränkt blieb, gelangte er in Nordamerika nur nebenher zu religiöser Bedeutung. Diese Tendenz mag mit der engen Assoziation von Alkohol und Medizin bei den roten Amerikanern zu tun haben, vielleicht auch mit der Tatsache, daß der Rauschzustand an religiös interpretierte Visionen gemahnte. Jedenfalls konnte der französische Offizier Bougainville 1758 (und andere Beobachter in fast denselben Worten) die indianische Meinung wiedergeben: »Ein betrunkener Mann ist eine heilige Person.« Die Missionare kämpften daher nicht allein gegen die zivilisationshemmenden Wirkungen alkoholischer Getränke, sondern zugleich gegen einen direkten Verbündeten des Heidentums.

Unter Mitwirkung protestantischer Geistlicher wurde 1829 in der Seneca-Reservation Cattaraugus die erste und im Jahr darauf mit der *Allegheny Indian Temperance Society* die älteste bis heute bestehende eingeborene Antialkoholikergesellschaft gegründet. Die Katholiken standen hinter ihren Konkurrenten nicht zurück und gründeten vergleichbare »Temperanztafeln« unter ihren roten Schützlingen. Unter priesterlicher Anfeuerung kaperten beispielsweise die Ottawas das Boot eines Alkoholhändlers, der ihrem Dorf zu nahe gekommen war, und zertrümmerten seine Rumfässer. In den meisten Fällen waren diese Erfolge aber nur von kurzer Dauer, die Rückfälligen überwogen allzu oft die Standhaften. Und weil in vielen protestantischen Missionen Trunksucht ein Ausschließungsgrund war, verloren die Kongregationen nicht selten mehr alte Mitglieder, als sie neue dazugewannen. Lediglich bei den strengen Baptisten, die auch ihren nichtindianischen Mitgliedern keinen Tropfen Alkohol vergönnten, gab es dauerhafte Erfolge.

Die Frage nach der Ursache der erschreckenden Dimensionen des Alkoholismus unter den Indianern ist in Wirklichkeit ein ganzes Bündel von Fragen. Die bisherige Forschung hat immerhin gezeigt, daß nicht jeder betrunkene Rote aus dem gleichen Grund betrunken ist. Man kann nun versuchen, die wesentlichsten Komponenten der beobachtbaren Phänomene zu trennen und im einzelnen zu beleuchten. Da ist zuerst die

Frage, warum die Indianer so großen Gefallen am Alkohol gefunden haben; ferner, warum sie so wenig vertragen; und schließlich, warum für sie das Trinken ein unvergleichlich größeres Problem darstellt als für die Weißen.

Eine simple Antwort auf die erste Frage ist, daß ihnen der Alkohol offenbar geschmeckt hat. Der Missionar Heckewelder vertrat diese Meinung unter Hinweis auf die Beobachtung, die Nahrung der Uramerikaner sei praktisch ungewürzt und fordere geradezu eine stärkere Reizung des Gaumens, wie eben der Alkohol sie erzeugt. Tiefenpsychologisch mag von Belang sein, daß die Indianerkinder mangels geeigneter Ersatznahrung meist lange gestillt wurden; im Branntwein könnte man dann eine orale Entschädigung für die vom Trauma des Abgestilltwerdens Betroffenen sehen.

Aber solche einfachen Erklärungen konnten die Wissenschaftler bisher kaum befriedigen. Könnte der exzessive Alkoholismus nicht ein Versuch sein, Ersatz für mit dem Reservationsleben verlorengegangene wichtige Funktionen der alten Kultur zu schaffen? Forscher haben Anhaltspunkte dafür bei den Sioux gefunden: Nachdem die kriegerischen Auseinandersetzungen in den Prärien der Vergangenheit angehörten, fand sich die heranwachsende Generation in einer mißlichen Situation. Wenn die Alten von ihren Kriegstaten erzählten, mußten sie still dabeisitzen und konnten keine Beweise für ihre Männlichkeit vorweisen. Deshalb begannen sie zu trinken, um zu sehen, wer sich im Kampf mit dem Feind Alkohol die größten Wunden holte. Die Erklärung hat einiges für sich: Sie gibt einen Hinweis, warum bei den Sioux die Männer es nicht gerne sehen, daß die Frauen trinken, und diese es vergleichsweise auch weniger tun (außer um sich eine Ausrede für einen Seitensprung zu verschaffen). Aber sie erklärt nur die Lage bei den Sioux und nur die Gegebenheiten in der Reservationsphase.

Ein allgemeingültiger Erklärungsversuch besagt, die zum Stoizismus erzogenen Eingeborenen hätten in der Berauschung ein sozial zulässiges Mittel gefunden, um ihre Aggressionen abzubauen. Dafür mag sprechen, daß die Berauschung und der damit verbundene Verlust der Selbstkontrolle von den Trinkern häufig angekündigt wird. »Ich werde jetzt meinen Kopf verlieren«, berichten Jesuitenmissionare des achtzehnten Jahrhunderts die Worte eines Indianers, »ich werde das Wasser trinken, das einem den Verstand raubt«. Solange die stammeseigenen Kontrollinstanzen zur Eindämmung gefährlicher Gewalttätigkeiten funktionierten, war die planvoll betriebene Alkoholisierung auch kaum sozial schädlich. Erst mit dem Wegfall dieser Kontrollen wurde sie zum Problem.

Die Missionare sahen im Alkoholismus eine Ursache für den Zerfall der Stammesgesellschaften. Eine genauere Betrachtung der Fakten läßt eher den entgegengesetzten Schluß zu: Erst die Auflösung der alten Bande machte die Trunksucht zu einer gänzlich negativen Erscheinung. Damit im Zusammenhang zu sehen ist das Forschungsresultat, das sich aus einer kulturvergleichenden Analyse der Gründe des übermäßigen Alkoholismus ergeben hat. Die Untersuchung fand einen Zusammenhang von absichtlicher Berauschung und einem Vorherrschen von Angstzuständen. Bei Jägervölkern, deren wirtschaftliche Grundlage nicht sehr stabil ist, sind solche Ängste latent vorhanden. In der menschenfeindlichen arktischen Umwelt greifen Indianer, Eskimos und Weiße gleichermaßen zur Flasche – nicht um sich zu erwärmen, sondern um ihre Existenzangst zu vertreiben. Daß derartige Ängste bei einer Störung der sozialen Ordnung besonders virulent werden, läßt sich leicht denken. Nicht zufällig wurden aus den Siedlungen der Irokesen nach deren unglücklichem Abschneiden in der amerikanischen Revolution mit einemmal »Slums in der Wildnis«, in denen die Betrunkenen den Ton angaben. Nicht zufällig ist der Alkoholismus für die aus dem Zweiten Weltkrieg heimgekehrten Zuni-Veteranen, die bei ihrer Wiedereingliederung in die traditionelle Pueblogesellschaft unter besonders starkem Streß standen, zu einem erheblichen Problem geworden.

Ein weiteres Beispiel ist das der Crows: ein Stamm, der bis über die Mitte des neunzehnten Jahrhunderts hinaus praktisch völlig abstinent war (durchaus nicht der einzige Fall dieser Art, der beweist, daß bei weitem nicht alle Indianer sich betranken, wann immer sie eine Möglichkeit dazu fanden). Die Crows begannen erst in nennenswertem Ausmaß zu trinken, als der Pelzhandelsboom vorbei war und durch die Dezimierung der Bisonherden ihre Subsistenzwirtschaft aus den Fugen geriet.

Noch ein weiteres Moment wurde zur Erklärung des indianischen Alkoholismus vorgebracht: Trinken als Imitation des weißen Mannes, beziehungsweise als Handlung, die an die weiße Umwelt adressiert ist. Grundsätzlich ist nicht auszuschließen, daß die Roten von den Bleichgesichtern nicht nur den Gebrauch von Eisenwerkzeugen, des Gewehrs und des Pferdes bis ins Detail erlernten und den Besitz weißer Produkte, einschließlich europäischer Kleidung, als Statussymbol betrachteten, sondern auch in der Nachahmung weißer Trinksitten selektive Anpassung übten.

Daß dies tatsächlich der Fall war, zeigen Berichte wie jener über die virginischen Eingeborenen des späten siebzehnten Jahrhunderts, als diese Gruppen bereits den Druck der Diskriminierung als Menschen zweiter Klasse zu spüren bekamen: In einer Gruppe betrunkener Indianer, die sich auf der Durchreise in einer englischen Siedlung aufhielten, rief ein Uramerikaner dem anderen zu: »Fluch doch, wenn du ein Engländer sein willst! Fluch!« Als der Angesprochene einen wüsten Fluch ausstieß, gröhlte der andere befriedigt: »Ja! Jetzt bist auch du ein Engländer.« Obwohl aber der Indianer alle ihm gebotenen Segnungen der Zivilisation übernahm, wollten die Briten ihn nicht als Bruder betrachten.

Es ist wenig wahrscheinlich, daß das Imitationsmoment tatsächlich einen Grund dafür darstellt, warum die Eingeborenen Gefallen am Alkohol gefunden haben. Anderseits besteht wenig Zweifel, daß assimilatives Trinken beziehungsweise Berauschung als »Protestkundgebung«, die das Interesse der Weißen an der schlechten Lage der Roten herausfordern sollte, in bestimmten historischen Situationen eine Rolle gespielt hat. Auch die meisten anderen angeführten Ursachen für den Griff zur Flasche sind wohl mehr als kulturelle Folgen denn als Beweggründe anzusehen. Die Annahme, man könne eine monokausale Erklärung finden, die für das Alkoholismusproblem bei allen Indianern gleichermaßen zutrifft, ist letztlich unsinnig und entspringt dem Klischee von der Einheitlichkeit der amerikanischen Urbevölkerung. Daß auch Ethnologen sich immer wieder um derart simplifizierende Aussagen bemühen, macht der Wissenschaft wenig Ehre.

Bestehen bleibt die Tatsache (auch wenn sie empirisch keineswegs genügend abgesichert ist), daß die Uramerikaner unterschiedslos eine geringe Alkoholverträglichkeit aufweisen. Manche Beobachter wollen gar den Grad weißer Blutsbeimischung daran erkennen, ob ein Indianer mehr oder weniger Alkohol zu sich nehmen kann, ohne volltrunken zu werden. Es ist zumindest nicht auszuschließen, daß es sich bei der Intoleranz gegenüber Spirituosen um ein genetisches Phänomen handelt, das durch die lange Isolierung der eingeborenen Amerikaner vom Rest der Welt erklärbar ist.

Immerhin wäre ein solches Manko nicht einzig dastehend. Im Fall der bereits zitierten Milchintoleranz, welche die Indianer mit anderen Völkern der Erde teilen, läßt sich ein Evolutionsprozeß vermuten, der mit der unterschiedlichen Entwicklung der Nahrungswirtschaft im Zusammenhang steht. Um Milchzucker (Laktose) aufzuspalten und für den Menschen verdaulich zu machen, bedarf es des Enzyms Laktase, das im Säuglingsalter Kindern aller Rassen zur Verfügung steht, jedoch mit dem Abstillen verlorengeht und nur bei manchen Völkern, besonders Europäern und Niloten, durch eine andere Form von Laktase ersetzt wird. Die Geschichte dieses Enzyms ist offenbar eng mit der Geschichte der Milchviehwirtschaft verbunden. Bei den Uramerikanern, denen diese Wirtschaftsform fremd war, ist daher die genetische Mutation, durch die Milch auch für Erwachsene genießbar wurde, nicht eingetreten.

Es könnte also durchaus der Fall sein, daß die Milch, welche die Ottawas aus den Brüsten Englands trinken wollten, für sie aus einem ähnlichen Grund unbekömmlich war wie jene, die ihnen Alkoholgegner als Ersatzgetränk verordneten.

Was den Alkoholismus der roten Amerikaner zu einem so schwierigen Problem macht, ist ihr spezifisches Trinkverhalten, das sie besonders häufig in Konflikt mit der dominanten Gesellschaft bringt. Wie schon in der Vergangenheit, so ist auch in der Gegenwart Alkoholgenuß für die Indianer weitgehend ein geselliges Vergnügen. Allein trinkt es sich schlechter als in Gesellschaft. Deshalb wird in erster Linie in der Öffentlichkeit getrunken und nicht in den eigenen vier Wänden. Dadurch wird aber auch das indianische Trinkziel allgemein sichtbar: nicht eine gewisse »Beschwingtheit« wird angestrebt, sondern totale Betäubung. »Sie schwammen in Schnaps, tranken ihn faßweise und ließen das Faß nicht aus der Hand, bis sie stockbesoffen zu Boden fielen«, berichtet Bougainville aus dem achtzehnten Jahrhundert. »In ihren Augen gibt es keinen schöneren Tod als den Tod durch Berauschung. Trinken ist ihr Paradies.« Wegen des weiterhin bestehendes Alkoholverbots in vielen Reservationen finden diese öffentlichen Selbstbetäubungen meist in weißen Städten statt.

Die weißen Amerikaner haben sich bis heute nicht mit der indianischen Auffassung anfreunden können, daß nicht der Trinker, sondern der Alkohol für Fehlverhalten im Zustand der Trunkenheit verantwortlich ist. Und so werden Indianer, die betrunken am Straßenrand liegen, in Polizeigewahrsam genommen und – wenn sie (wie zumeist) ohne Ausweispapiere und Wohnsitz in der Stadt sind – wegen Vagabondage eingesperrt. Weiße können sich zu Hause vollaufen lassen, ohne daß die Ordnungshüter einschreiten.

Als Verstärkereffekt wirken diskriminierende Verhaltensweisen der Polizei, die vielerorts von vornherein jedem Indianer Trunkenheit unterstellt. Nicht überall ist man so großzügig wie in Toronto, wo es inoffizielle Richtlinie der Wachebeamten ist, nur dann gegen alkoholisierte Rote einzuschreiten, wenn sie eine erhebliche Störung der öffentlichen Ordnung verursachen. »Sonst könnten wir an jedem beliebigen Tag der Woche den Arrestantenwagen mit Indianern anfüllen; aber das würde nur Kosten für die Allgemeinheit, eine Behinderung des Dienstbetriebs und noch mehr Papierkrieg bewirken.«

Indianer landen freilich nicht nur wegen Trunkenheit und daraus folgenden Delikten im Polizeigewahrsam oder Gefängnis. Fast ebenso viele rote wie schwarze Amerikaner saßen wegen Tatbeständen ein, die nichts mit dem Alkohol zu tun hatten: viereinhalbmal so viele wie Weiße. Während diese Zahlen, grob gesprochen, nur die schlechtere soziale Stellung der farbigen Minderheiten widerspiegeln, gibt es bemerkenswerte Unterschiede in der Verbrechenshäufigkeit je nach Rasse. So gibt es prozentuell weit mehr Diebe und Einbrecher unter den Weißen als unter den Indianern, die ihrerseits die Schwarzen klar hinter sich lassen. Allein als Autodiebe halten die Roten einen einsamen Rekord. Bei den Gewaltdelikten wie Mord, Vergewaltigung, Körperverletzung und Raub erzielen die amerikanischen Neger die höchsten Prozentzahlen, gefolgt von Indianern und Weißen.

Der hohe Anteil von schwarzen Gewaltverbrechern entspricht zwar dem gängigen Klischee, weniger aber die Tatsache, daß auch bei Vergewaltigungen relativ mehr Rote als Weiße aktiv wurden. Natürlich müssen gerade hier die Zahlen mit Vorsicht betrachtet werden – die alte Vorstellung vom Indianer als passiv und asexuell kann allerdings in keinem Fall aufrechterhalten werden (dies nur für jene, denen die heutigen hohen Geburtenraten als Beweis nicht genügen). Indianischer Stoizismus und indianische Selbstbeherrschung sind eben nur kulturelle Kontrollfunktionen, nicht biologische Veranlagung.

Unter den Gründen für die Überrepräsentation der Uramerikaner in den Gefängnissen nimmt das Alkoholproblem mit Abstand die erste Stelle ein. Für die verbleibende Differenz gegenüber den Weißen sind vor allem kulturelle Auffassungsunterschiede über Recht und Unrecht, geringere normative Kontrollen, bedingt durch die Akkulturationssituation, wirtschaftliche Schlechterstellung und Diskriminierung durch Exekutive und Geschworenengerichte verantwortlich zu machen.

In den Arreststatistiken drückt sich nur ein Teil des Alkoholproblems der Uramerikaner aus. Die Gesundheitsstatistiken sprechen ebenfalls davon. Selbst dort, wo (wie bei den Uintahs und Ourays) die konsumierten Alkoholmengen nicht größer sind als jene der weißen Nachbarn, wirkt sich die Trunkenheit auf die Sterblichkeit aus. War es früher die Tuberkulose, die in Kreisen der roten Trinker besonders heftig grassierte, so sind es heute Auto- und Arbeitsunfälle, die im Zusammenhang mit Alkoholisierung die Lebenserwartung der Eingeborenen vermindern.

Und nicht alle Stämme trinken so durchschnittlich wie die Uintahs und Ourays oder die Stadtindianer von Toronto. Bei den Navajos (Lieblingsgetränk: Tokayer) wird die Zahl der exzessiven Trinker auf bis zu 30 Prozent der Gesamtbevölkerung geschätzt. Diese Tatsache schlägt sich in den Unterlagen der Krankenhäuser nieder. Im Phoenix Indian Medical Center in Arizona waren 1971 mehr als 50 Prozent aller Todesfälle der Altersklassen von fünf bis siebzig Jahren durch Leberzirrhose oder chronischen Alkoholismus verursacht. Die Alkoholsterblichkeit der Indianer in Arizona ist insgesamt fünfmal so groß wie jene ihrer weißen Mitbürger, die ihrerseits fast doppelt so häufig an der Trunksucht zugrunde gehen wie die Weißen in den USA insgesamt. Daran trägt nicht das durstfördernde Wüstenklima des Südwestens die Schuld, sondern der hohe Bevölkerungsanteil von (mexikanischen) Hispano-Amerikanern in Arizona. Eine Spezialstudie über eine tri-ethnische Gemeinde im Südwesten ergab, daß die Indianer dreimal soviel Alkohol trinken wie die Spanier und siebenmal soviel wie die Anglo-Amerikaner.

Eine interessante Frage ist die nach der Wechselwirkung zwischen Alkohol und Arbeit. Schon die Pelzhändler des neunzehnten Jahrhunderts haben den Zusammenhang gesehen: Der Indianer arbeitet für die Weißen hauptsächlich wegen des Alkohols, den er aus keiner anderen Quelle beziehen kann. Solange die Händler Spirituosen in Aussicht stellen konnten, waren die Indianer mit hingebungsvollem Fleiß bei der Pelztierjagd. Zugleich erinnert man sich aber an das Argument der Missionare, der Alkohol verführe den roten Mann zum Müßiggang und zur Vernachlässigung seiner wirtschaftlichen Tätigkeit. Die Aussagen widersprechen einander, aber beide waren nicht nur im neunzehnten Jahrhundert zutreffend, sondern sind es bis heute geblieben.

Auch in unseren Tagen ist der amerikanische Eingeborene zur Deckung seines Alkoholbedarfs auf die Weißen angewiesen (Schwarzbrennen ist nicht seine Sache; das tun nur Schotten und Iren in den Appalachen, die das noch aus ihrer alten Heimat so gewohnt sind). Soziologische Untersuchungen bestätigen, daß die Erlangung von Bargeld zum Ankauf von Alkohol für manche Rote eine wichtige Motivation für die Annahme von bezahlter Arbeit ist. Gleichzeitig ist Trunkenheit (beziehungsweise dadurch bewirktes Fernbleiben vom Arbeitsplatz) einer der häufigsten Entlassungsgründe bei indianischen Arbeitern.

In einem ähnlichen Teufelskreis befinden sich jene Stadtindianer, die unter starken Anpassungsschwierigkeiten leiden. Sie tendieren stärker zur Flasche, um das schmerzliche Erlebnis des Versagens zu ertränken, verstärken aber gerade dadurch ihre Probleme, indem sie straffällig werden, ihren Job verlieren und – indem sie immer weiter vom weißen Idealbild des Bürgers wegdriften – immer geringere Chancen auf eine erfolgreiche Anpassung an das städtische Milieu haben.

In den Jahrhunderten der Bekanntschaft der Indianer mit dem bitteren Wasser haben freilich, bedingt durch den Wandel der sozialen Umwelt, auch die Trinksitten sich merklich geändert. Die Verfügbarkeit geistiger Getränke ist größer geworden, die Kontrollen seitens der eigenen Gruppe haben sich verringert. Die Pönalisierung von außen her zeigt geringe Wirkung, wenn die Autorität der weißen Normen nicht anerkannt wird. Eine Besserung der Situation ist letztlich nur zu erwarten, wenn die Initiative zur Abstinenz von den Eingeborenen selbst kommt.

Ein Musterbeispiel für solche Selbsthilfe ist die gesellschaftliche Reformbewegung, die unter den Irokesen des frühen achtzehnten Jahrhunderts von dem Propheten Handsome Lake ihren Ausgang nahm: Durch eine überirdisch sanktionierte Stigmatisierung des sozialschädlichen Verhaltens im Zustand der Berauschung erreichte der rote Visionär einen drastischen Rückgang des Alkoholkonsums unter seinen

Gläubigen. Ähnliche Chancen muß man manchen der heutigen Versuche zubilligen, die von eingeborener Seite selbst durchgeführt werden. Etwa die Errichtung von indianisch kontrollierten »Halfway Houses« als Resozialisierungsstationen für klinisch »abgestillte« Trinker. (Solche Institutionen gibt es auch auf weißer Seite für die Roten: In Arizona werden seit 1974 Alkoholiker in *Alcohol Reception Centers* eingewiesen, die allerdings über viel zuwenig Plätze verfügen.)

In der panindianischen Bewegung der Gegenwart, die im Prinzip unter Rückgriff auf einzelne alte Stammestraditionen ein neues Normengerüst für die Opfer mißlungener Anpassung an die weiße Welt zu errichten versucht, kann man die Hoffnung erblicken, daß durch die von ihr in geänderter Form aufgefrischten und von den marginalisierten Roten bejahten Sozialbeziehungen ein neuer Fixpunkt im Kampf gegen den Alkoholkonsum geschaffen wird. Die panindianische Peyote-Religion, die zusätzlich noch die überirdische Sanktionierung der neuen Normen gewährt, hat in der Eindämmung der Trunksuchtepidemie tatsächlich weitgehende Erfolge erzielt.

Die weltlichen Panindianer haben kürzlich zu einem Boykott von Bier der Marke *Coors,* das zu den Leibgetränken der Roten im Südwesten der USA zählt, aufgerufen. Grund dafür ist allerdings nicht der Abstinenzgedanke, sondern die Tatsache, daß die Firma *Coors* in ihren Fabriken angeblich indianische Arbeitnehmer diskriminiert. Vielleicht war den weißen Bierbrauern der Zusammenhang von indianischer Lohnarbeit und Alkoholkonsum zu gefährlich. Es ist aber fraglich, ob die Solidarisierung schon weit genug geht, um der Aktion der Roten einen Erfolg zu bescheren.

Alkoholismus und Selbstmord sind zwei Problemkreise, die in keiner direkten Beziehung zueinander stehen, jedoch wenigstens teilweise auf dieselben Ursachen zurückgehen. Das Wasser des Flusses Lethe tranken die Uramerikaner schon lange, bevor sie das bittere Wasser kennenlernten. Freilich nicht alle Stämme im gleichen Maße und auch aus den unterschiedlichsten Beweggründen. Liebeskummer und andere Enttäuschungen waren häufig wiederkehrende Motive, bei nomadisierenden Gruppen kam es oft zur Selbstaufgabe alter Menschen, die für die Gruppe nutzlos geworden waren und den Wanderungen nicht mehr aus eigener Kraft folgen konnten.

Was den Selbstmord jedoch mit dem Alkohol verbindet, ist die Tatsache, daß in Situationen, die dem destruktiven Alkoholismus förderlich waren, auch die Selbstmordraten stiegen. Während bei den Irokesen am Tiefpunkt ihrer Geschichte zwischen 1790 und 1800 die Selbstzerstörung eine nüchterne Alternative zur besinnungslosen Selbstberauschung gewesen zu sein scheint, verübt fast die Hälfte aller Navajo-Selbstmörder (deren Rate von praktisch Null in den fünfziger Jahren auf 8,3 per 100.000 stieg) im Zustand der Trunkenheit Selbstmord. Auch hier muß man mit Verallgemeinerungen vorsichtig sein.

Die modernen Erhebungen über Indianersuizid lassen trotzdem gewisse Aussagen von übertribaler Gültigkeit zu. Die Opfer sind zum Unterschied von der Situation in euroamerikanischen Gesellschaften überwiegend sehr jung, der Prozentsatz der männlichen Selbstmörder liegt meist noch über dem amerikanischen Durchschnitt. Die jungen Männer sind es aber auch, die am meisten vom wirtschaftlichen und sozialen Wandel der Gegenwart betroffen und, häufig zwischen dem traditionellen und dem weißen Normensystem stehend, in ihrer existenziellen Grundlage verunsichert sind. Im übrigen sind sich alle Beobachter darin einig, daß der endemische indianische Selbstmord der Gegenwart als nach innen gerichtete Aggression zu bewerten ist.

Der Stoizismus diente in den eingeborenen amerikanischen Stammesgesellschaften als Schutz für die Gemeinschaft vor ungehemmter Äußerung individueller Ängste und Aggressionen. Krisen entstanden, wenn die bisherigen kulturellen Mechanismen nicht mehr in der Lage waren, für einen Abbau der Ängste (zum Beispiel durch religiöse Praktiken) und eine kanalisierte Ableitung der Aggressionen nach außen (zum Beispiel durch Krieg, Sport oder auch anstrengende wirtschaftliche Tätigkeit) zu sorgen. Der Alkohol bot nun nicht nur ein Mittel zur Linderung der existenziellen Ängste, sondern auch zur Reduzierung der Aggressionen unter Ausschaltung der hinderlichen Selbstbeherrschung. Ohne Berauschung, oder wenn die Ängste die Wirkungen des Alkohols noch überstiegen, richtete sich der Zerstörungstrieb gegen den verunsicherten Eingeborenen selbst.

Was im Himmel geschieht

Nach seinem Tod erfuhr ein zum Christentum bekehrter Indianer eine bittere Enttäuschung. An der Himmelspforte fertigte Petrus ihn kurz ab: »Dieser Ort ist nur für die Weißen geschaffen«, sagte er. »Für die Roten gibt es bekanntlich die Ewigen Jagdgründe.« So machte der Eingeborene kehrt und begab sich zum Jenseits der Uramerikaner. Aber auch hier fand er keinen Einlaß: »Für Christen ist hier kein Platz«, bedeutete man ihm, »für sie gibt es doch den Himmel.« Allerorten abgewiesen, kehrte der rote Christ auf die Erde zurück und entsagte der Religion des weißen Mannes, um bei seinem nächsten Tod nicht abermals unangenehme Überraschungen erleben zu müssen.

Mit dieser Erzählung agitierten im neunzehnten Jahrhundert traditionalistische Chippewas und Ottawas gegen die intensive Missionstätigkeit verschiedener christlicher Konfessionen im nordamerikanischen Seengebiet. Die Parabel knüpft an die bei den eingeborenen Stammesgesellschaften üblichen Religionsbegriffe an, die auch jenen Roten verständlich blieben, die durch einen mehr oder weniger formalen Taufakt in die Gemeinde Christi aufgenommen worden waren.

Anders als dem missionierenden Christentum, das einen universellen Verbindlichkeitsanspruch erhob, ihn historisch begründete und auch durch seine Entelechie in der Zeit verankerte, war den Stammesreligionen Proselytenmacherei fremd. Der Zeitfaktor hatte in ihnen kaum Bedeutung, denn das Jenseits griff zeitlos in den Raum des Diesseits über. Die übernatürlichen Kräfte und Mächte, die für die Eingeborenen von existenzieller Bedeutung waren, wurden überwiegend nicht als überirdisch verstanden. Sie waren auf dem vom Stamm benutzten Land zugegen, in seinen Felsen, seinen Gewässern, seiner Vegetation und seinem Tierreich. Sie begleiteten den Menschen als individuelle Schutzgeister, konzentrierten sich aber auch an heiligen Stätten in Gestalt von Seen, Tälern oder Hainen. Jedes Lebewesen befand sich beständig im Kontakt mit dem Übernatürlichen – mit Manitu, Wakan, Orenda – und zollte dessen Gegenwart in bestimmter Weise Tribut. Die Natur war speziell für die in ihr lebenden

Menschen eingerichtet, die danach streben mußten, mit ihr in Harmonie zu stehen.

Missionierung, die Bekehrung zu einem anderen Glauben, mußte den Eingeborenen daher absurd erscheinen. Sie kannten die Mächte, die auf ihr Dasein Einfluß hatten, und sie liebten, fürchteten oder verehrten sie. Die weißen Fremdlinge mochten ihre eigenen Schutzgeister haben; das war gut für sie. Anstatt den Uramerikanern von den Lokalgeistern Europas zu erzählen, hätten die Europäer, den roten Anschauungen folgend, sich lieber mit den amerikanischen Jenseitswesen befreunden sollen. Taten sie das nicht, war es ihr Problem. Der Himmel der Christen war jedenfalls der Himmel des weißen Mannes. Wäre es der Wille des Schöpfers gewesen, Rot und Weiß im selben Jenseits unterzubringen, hätte er den Indianern kaum ein Leben nach dem Tode versprochen, das sich – wenn man den Angaben der Weißen glauben konnte – so wesentlich von dem der Christen unterschied.

Es gibt noch andere Unterschiede zwischen dem Christentum und den nordamerikanischen Stammesreligionen. Für diese war der Mensch nicht von Natur aus sündig und daher auf Erlösung angewiesen. Den Indianern galt die Schöpfung als gelungenes Werk, dessen glückliche Harmonie lediglich von bösartigen Wesen, die für Zauberei, Krankheit und Unglück verantwortlich waren, gestört wurde. Den Menschen war durch Riten, die von freundlichen Jenseitswesen eingerichtet worden waren, die Möglichkeit gegeben, die gestörte Ordnung wieder herzustellen. Hier bot sich freilich ein Aspekt, der ein Interesse der roten Amerikaner am Christentum begründen konnte: Wenn der weiße Gott und seine Heiligen den wohlwollenden Geistern zuzurechnen waren, mochten christliche Riten eine sinnvolle Ergänzung des angestammten Kults darstellen.

So schickten in den ersten Jahren der virginischen Kolonie die Eingeborenen eines Tages nach einem Geistlichen: Die heimischen Manitus hatten dem Regenzauber der roten Priester kein Gehör geschenkt – vielleicht könnte der Christengott aushelfen? Andere Indianer vermuteten gar, der Große Geist der Weißen könnte den lokalen Manitus genauso überlegen sein wie die weißen Gewehre den roten Bogen und Pfeilen: eine Verquickung von Religion und materieller Zivilisation, die von den Kolonisten im Prinzip akzeptiert wurde.

Als weitgehend neuartig und ungewohnt mußte die Uramerikaner auch der betont normative und moralisierende Charakter der christlichen Lehre berühren. Die eingeborenen Religionen hatten zwar große Bedeutung für den Zusammenhalt der Stammesgemeinschaften, eine Bewertung des menschlichen Lebenswandels durch die übernatürlichen Wesen spielte in ihnen jedoch eine vergleichsweise geringe Rolle. Kein Gott machte sich nach dem Tod des Indianers zum Richter über seine moralischen Qualitäten und bestrafte ihn mit Fegefeuer und Hölle oder belohnte ihn mit der ewigen Seligkeit des Himmels. Die Werte der Gesellschaft schützten die Stämme weit wirksamer durch ein funktionierendes System der sozialen Kontrolle, das den Missetäter mit Ausschluß aus der Gemeinschaft – das heißt mit Elend und Tod – bedrohte oder ihn zur Wiederherstellung der von ihm gestörten Ordnung mittels kompensatorischer Leistungen verpflichtete, als durch Drohung mit höllischem Feuer.

Augenfällig und den Bekehrungsversuchen meist abträglich waren die rein äußerlichen Unterschiede in der Kultpraxis der beiden Gruppen: Der Tanz war ein fast unabdingbarer Bestandteil der eingeborenen Zeremonien – die christlichen Bekenntnisse (mit Ausnahme einiger Sekten des neunzehnten und zwanzigsten Jahrhunderts, die prompt größere Erfolge bei Indianern hatten) fanden ihn als Teil gottesdienstlicher Handlungen unstatthaft. In diesem Zusammenhang ist es auch wichtig, anzumerken, daß Kirchenmusik, besonders geistliche Lieder, eine bald von den Missionaren erkannte Anziehungskraft auf das rote Publikum hatte. Als Teil der beständigen Bemühungen, zu einem Visionserlebnis zu gelangen, in dem sich ein Schutzgeist dem Visionär offenbarte, war den Indianern Selbstkasteiung ein durchaus positiver Wert; das unbequeme Knien in der Kirche brachte hingegen keine vergleichbare Gratifikation mit sich und verursachte daher geringe Begeisterung. Grundsätzlich imponierte den Roten katholischer Pomp mehr als evangelische Sachlichkeit – Vergleich und Wahlmöglichkeit waren allerdings nicht überall gegeben.

Was den Eingeborenen am Christentum zutiefst mißfallen mußte, war dessen Intoleranz. Eine prinzipielle Duldung fremder Kultformen liegt im Charakter der im Ort verwurzelten Stammesreligionen. Was der englische Gefangene William Henry um die Mitte des achtzehnten Jahrhunderts bei den Irokesen erlebte, illustriert die Situation trefflich. Nachdem Henry seinen roten Adoptivverwandten von der Erschaffung der Welt in sechs Tagen erzählt hatte, ergriff ein junger Krieger das Wort und sagte: »Dein Buch (die Bibel) sagt dir nicht alles. Ich bemerke, daß wir einige Dinge wissen, die du nicht weißt. Wenn dein Großer Geist die Dinge in deinem Land in sechs Tagen erschaffen hat, so war es wenigstens nicht so in diesem Indianerland, denn manche Dinge wurden erst viele Generationen später erschaffen.« Und dann rezitierte ein alter Häuptling die irokesische Schöpfungsgeschichte. Am Schluß der Erzählung setzte Henry zur Kritik des Mythos an: Die Bibel sei glaubwürdiger, weil schriftlich niedergelegt, als die mündlich überlieferte indianische Version – und überhaupt. Da wurde der alte Häuptling traurig: »Du bist noch fast so ungehobelt, wie du warst, als du zu uns kamst«, sagte er. »Offenbar bist du in deiner Jugend schlecht erzogen worden; du hast nicht den rechten Anstand erlernt. Wir verziehen dir damals; es war ein Fehler deiner Lehrer. Aber warum hast du dich nicht gebessert, obwohl du jetzt schon so lange bei uns beobachten konntest, wie man sich richtig beträgt? Du weißt, ich habe immer deinen Geschichten geglaubt (das heißt, widerspruchslos zugehört), warum glaubst du nun meinen Erzählungen nicht?«

Der Kult als integrierender Bestandteil der Stammesorganisation war etwas Unveräußerliches, solange die Stämme als solche bestehen bleiben wollten. Die Missionierung erwies sich in ihrer Wirkung stets als Frontalangriff gegen die Lebensfähigkeit der eingeborenen Gruppen. Mit der Unfähigkeit des weißen Mannes, seinen roten Bruder von den Vorzügen der europäischen Gesellschaftsform zu überzeugen, hängt der vergleichsweise magere Erfolg der christlichen Sendboten im Indianerland eng zusammen.

Die Parabel vom christlichen Indianer auf der Suche nach dem ihm zustehenden Jenseits hat in diesem Kontext eine über den historischen Anlaß hinausreichende Gültigkeit. Sie skizziert den Konflikt zweier grundlegend verschiedener kultureller Wertsysteme, von denen das eine globale Geltung beansprucht (und damit den Imperialismus ideologisch untermauert), während sich das andere mit lokaler Verbindlichkeit begnügt. Die praktischen Erfahrungen der Uramerikaner mit der weißen Welt bestätigen vollauf die Lehren der Parabel.

Der Indianer, der den Versprechungen der Weißen Glauben schenkte und sein Land in Privateigentum übernahm oder in die Stadt zog, um Arbeit zu finden, leistete in den Augen sowohl der Weißen als auch seiner Stammesgenossen Verzicht auf die Zugehörigkeit zu seinem Stamm. Er gab etwas auf, weil man ihm zugesichert hatte, er würde als Gleichberechtigter in die Gemeinschaft der Weißen aufgenommen werden. Auf die Erfüllung dieses Versprechens wartet der Rote bis heute vergeblich. Der Stadtindianer wird vom Indianerbüro und meist auch von seinem Stamm nicht mehr als Stammesmitglied betrachtet und hat somit die bescheidenen Privilegien, die er als offiziell anerkannter Eingeborener hatte, verloren. Zugleich wird er in der Stadt als Indianer diskriminiert und erfährt mit großer Deutlichkeit, daß ein Formalakt, gleich ob Taufe oder Übersiedlung in die Stadt, ihn nicht zum Weißen macht. Das Tor zur weißen Welt öffnet sich gerade weit genug, um das Tor zur Stammeswelt hinter dem Uramerikaner ins Schloß fallen zu lassen.

Die Schlüsselstellung der Religion in der Auseinandersetzung zwischen roten und weißen Wertsystemen haben beide Seiten von Anfang an richtig erfaßt. Seit der Zeit des ersten Kontakts zwischen der Alten und der Neuen Welt haben indianische Priester und Medizinmänner ihre Stammesgenossen vor den Folgen der weißen Zivilisation für die Stämme gewarnt. Anderseits entwickelte sich aus dem englischen Argument für die Landnahme in Amerika (»Zivilisation für ihre Körper, Christentum für ihre Seelen«) organisch die evangelische Missionstheorie von der Untrennbarkeit der beiden Prozesse »Missionierung« und »Zivilisierung«.

Eine Annäherung der indianischen Lebensweise an die der weißen Christen war zum Teil eine missionarische Notwendigkeit: Nomadisierende Jägerstämme waren weit schwieriger zu betreuen als seßhafte Gruppen. Aber das Schneiden der Haare, das Bestehen auf »zivilisierter« Kleidung, die Förderung des Pflugbaus, der Viehwirtschaft, ja sogar der Negersklaverei durch die Missionare lassen sich nicht mehr auf derart simple Weise erklären. Neben dem abgrenzenden Symbolcharakter kultureller Äußerlichkeiten, durch die ein deutlicher Trennungsstrich zwischen Christen und Heiden unter den Indianern gezogen werden sollte, zielten die Bemühungen der Missionare im Sinne eines gelenkten Kulturwandels auf eine als »Hebung« verstandene Transformation der indianischen Lebensweise in die der Kolonisten ab. Erst durch eine solche Angleichung der äußeren Lebensformen schuf man die Voraussetzung für die Annahme der christlichen Lehre durch die Eingeborenen.

Ein Musterbeispiel für diese Missionstechnik ist die Arbeit des englischen Pastors John Eliot unter den Indianern von Massachusetts im siebzehnten Jahrhundert. Stämme, die ihre politische Autonomie durch mangelndes Kriegsglück oder ungünstige Verträge mit den Briten eingebüßt hatten, wurden von Eliot in utopistische Christengemeinden umgruppiert. Nach biblischer Anleitung (Exodus 18) schuf man eine hierarchische Administration, bestehend aus Anführern von Zehner-, Fünfziger- und Hundertschaften mit (durch englische Kontrolle begrenzter) Selbstverwaltung. Eliot arbeitete neue Stammesgesetze aus, welche die Stoßrichtung der ganzen Aktion deutlich machen: Die eingeborene Kultur sollte so gründlich wie möglich der britischen Zivilisation Platz machen.

Nach den neuen Gesetzen waren unter anderem verboten: kurze Haare für Frauen, lange Haare für Männer; das Zerbeißen von Läusen zwischen den Zähnen; die Verwendung von Bärenfett zur Körperpflege; das Spielen traditioneller Spiele. Dieses Verbot brachte übrigens ernste Probleme für den Missionar: Indianer mit hohen Spielschulden konvertierten, um unter Berufung auf die Verworfenheit des Glücksspiels ihren Zahlungsverpflichtungen zu entrinnen. Es ist einleuchtend, daß den ungläubigen Gläubigern das Christentum suspekt war.

Ihre Erfolge auf dem mühevollen Pfad der Zivilisation des weißen Mannes brachten den »roten Puritanern« keinen langfristigen Gewinn. Als 1675 die nichtchristianisierten Stämme der Gegend sich gegen die Kolonialherren empörten, machten die Weißen auch mit den friedlichen Bet-Indianern kurzen Prozeß: Man internierte sie unter unchristlichen Bedingungen auf einer Insel, nahm ihnen nach Niederwerfung des Aufstands jeglichen Rest von Selbständigkeit und verkaufte einen Teil von ihnen in die Sklaverei.

Ungeachtet solcher praktischer Widerlegungen der Missionstheorie änderte sich bis zum zwanzigsten Jahrhundert nichts an der Ausgangsposition der protestantischen Bekehrungsversuche. Meinungsverschiedenheiten gab es lediglich in der Frage der Priorität von Ei oder Henne: Die Mährischen Brüder sahen in der Konversion zum Christentum die Voraussetzung zur Zivilisierung ihrer Schäfchen, die Quäker, Kongregationalisten und Presbyterianer wollten die Roten noch vor der eigentlichen Bekehrung kulturell zu Weißen machen. Einig waren sie aber darin, daß die katholischen Missionare dem Zivilisationsgedanken bei der Bekehrung zu geringe Bedeutung beimaßen. Als Resultat befürchteten sie die Entstehung eines »getauften Heidentums«, das schon wegen der größeren Gefahr des Abfalls für eine Verbreitung der christlichen Lehre an sich schädlich war.

Tatsächlich waren die Unterschiede zwischen Katholiken und Protestanten nur gradueller Art. Wohl ließen die französischen Jesuiten ihren Schutzbefohlenen in Kanada etwas größeren Spielraum bei der Erhaltung kultureller Eigenheiten; doch waren dafür die französische Indianerpolitik und der indianische Pelzhandel für Kanada wahrscheinlich von größerer Bedeutung als das unterschiedliche Missionskonzept. Dort, wo es ihnen möglich war, betrieben auch die Katholiken die Zivilisierung als Teil der Christianisierung.

Die Indianer beantworteten die Frage nach dem Verhältnis von Kultur und Religion aus ihrer eigenen Situation heraus durchaus konsequent. Die Weißen, argumentierte 1839 ein Sioux-Häuptling, wären dazu geschaffen, in Kleidern zu arbeiten; die Indianer hingegen, um nackt zu tanzen, zu jagen und Krieg zu führen: »Wenn wir nun die Bräuche unserer Ahnen aufgeben, wird der Große Geist böse auf uns, und wir müssen sterben.« Hätte Gott die Bibel für die Indianer bestimmt, meinten andere, wäre sie sicherlich in ihrer Sprache abgefaßt worden. Der Zusammenhang von Religion und Kultur wird akzeptiert, aber zugleich durch eine dualistische Sicht relativiert: Im übrigen seien es die Weißen gewesen, die ihren Gott getötet hätten; die Roten hätten nichts damit zu tun gehabt und seien folglich auch nicht damit zu behelligen.

Derartige Analysen bereiteten den Sendboten des Christentums gewisse Schwierigkeiten bei ihrem apostolischen Auftrag. Aber auch die zur Konversion bereiten Roten hatten knifflige Fragen für die Missionare, die in ihrem Inhalt die Hindernisse andeuten, die beide Seiten im Streben nach gegenseitigem Verständnis zu überwinden hatten. John Eliot hat einen ganzen Fragenkatalog seiner roten Puritaner notiert. »Warum müssen wir wie Salz sein?« fragten sie. »Wenn Gott Moses versprach, mit ihm zu gehen, wie kann er dann mit uns gehen?« Und: »Wie kannst du wissen, was im Himmel geschieht?«

Immer wieder machten die aufmerksamen Indianer den Priestern die kulturelle Bedingtheit des Christentums deutlich. Die Bibel enthalte lauter Bilder, die nur einem bäuerlichen Volk verständlich seien – für Jäger sei das alles zu lebensfremd, monierten die Wyandots im frühen neunzehnten Jahrhundert. Das Gleichnis vom Weinberg blieb ihnen, auch nachdem sie den Alkohol kennengelernt hatten, ebenso ein

Rätsel wie das vom guten Hirten. Die Metapher vom »Lamm Gottes« muß den Delawares derartige Schwierigkeiten gemacht haben, daß sogar die ansonsten ingeniösen Missionare der Mährischen Brüder kapitulierten: Sie übernahmen die ganze Phrase aus dem Deutschen als Fremdwort in die Delaware-Sprache. So sangen dann die frommen Stammesmitglieder zur Melodie von »Die Seele Christi heilge« den Text: »Lamm Gottes guquinuwammel n'tehenk gattosomowoalöll.«

Immerhin waren diese Missionare in der Sprache ihrer Missionskinder soweit bewandert, daß ihnen dieses Problem überhaupt auffallen konnte. Andere Geistliche lebten oft Jahre unter den Roten, ohne deren Sprache zu erlernen. Aber selbst sprachgewandte Priester, wie der aus Laibach stammende Friederich Baraga, machten bei der Übersetzung heikler theologischer Fragen Fehler, die sie an den Rand der Häresie brachten: so zum Beispiel bei der Erklärung der Verwandlung von Christi Fleisch und Blut in Brot und Wein.

Predigten und Religionsunterricht mußten vielfach von bilingualen Indianern übersetzt werden, wobei keine Gewähr bestand, daß die roten Laien den Sinn des priesterlichen Worts, ohne in Ketzerei zu verfallen, übertragen konnten. Wenn die Zuhörer an einer unpassenden Stelle lauthals lachten, konnte der Priester gar auf eine eigenmächtige Kommentierung seiner Rede durch den Mittelsmann schließen. Als ebenso unzuverlässig erwies sich der englische Dolmetsch der Jesuitenmissionare in Maryland: er war Protestant. Besonders gravierend waren mangelnde Sprachkenntnisse beim Abnehmen der Beichte. In diesem Fall behinderte der Dolmetsch ernstlich die Entstehung eines intimen Vertrauensverhältnisses zwischen Beichtvater und Beichtkind.

Bei der Bekehrung waren die Missionare darauf angewiesen, mit der Aussaat der christlichen Lehre bei jenen Stammesmitgliedern zu beginnen, die – aus welchen Gründen auch immer – zur traditionellen Lebensweise ein gebrochenes Verhältnis hatten. Diese neuen Christen hatten dann aber nur geringen Einfluß in ihrem Stamm und konnten dem Fortschreiten des Missionswerks mehr schaden als nützen. Bei den Sioux beispielsweise fanden es die Werber in Sachen Christentum leichter, Frauen zu bekehren als Männer: Erstere spielten vor allem im eingeborenen Kult eine geringere Rolle und verstrickten sich daher nicht so leicht in einen Konflikt zwischen den beiden Wertordnungen. Zugleich unterschied sich das Rollenbild der christlichen Hausfrau von dem der indianischen weit weniger deutlich als das des Christenmannes von dem des roten Kriegers. In einer Sioux-Mission wurden dementsprechend in sechs Jahren zwar achtundreißig Frauen, aber nur zwei Männer getauft.

Bei Stämmen mit einem großen Anteil weißer Mischlingsbevölkerung (wie zum Beispiel bei den Fünf Zivilisierten Stämmen im Südosten Nordamerikas) fanden die Missionare rasch Verbündete unter den Mestizen, die auch in ihrer äußeren Lebensführung dem Ideal der Weißen nahekamen. Die Vollblutindianer waren weitaus weniger geneigt, in die Kirche zu gehen. Nicht immer waren es so klar definierte Gruppen, die sich einer Bekehrung geneigt erwiesen. Zu den indianischen Argumenten für das Christentum gehörte etwa eine Heilung von schwerer Krankheit durch den Priester, nachdem die Medizinmänner gescheitert waren.

Wie auch immer den Missionaren die Bekehrung gelang, sie verursachten dadurch eine schmerzliche Spaltung der Stammesgemeinschaften. Der Mangel an starken zentralen Autoritäten machte die roten Stämme besonders anfällig für Parteienbildung. In der kulturellen und politischen Krise, in welche die Uramerikaner durch die wachsende Vorherrschaft der Weißen geraten waren, bewirkte die religiös motivierte Auflösung der Einheit eine weitere Schwächung.

Trotz des beständigen Kampfes gegen die eingeborenen Traditionen waren die Missionare prädestiniert, zu den beredtesten Fürsprechern der Indianer zu werden. Bis zum Auftreten der Ethnologen gab es keine andere Gruppe von Weißen, die in so intensivem Kontakt mit den Roten lebte und ein so positives Interesse an ihnen nahm; denn in erster Linie waren die Indianer für die Missionare eben doch Menschen (was sie für andere weiße Gruppen kaum waren), potentielle Christen und erst zuletzt Wilde. Die Vertrautheit mit den Problemen der Indianer ließ die Missionare immer wieder öffentlich für die Rechte der Eingeborenen Stellung beziehen. Die katholischen Missionare bei den Ottawas protestierten nach 1836 energisch gegen die geplante Aussiedlung des Stammes aus Michigan – wegen der damit verbundenen Härten für die Uramerikaner, aber auch, weil sie fürchten mußten, daß ihre bisherigen Bekehrungserfolge durch eine Entwurzelung der roten Gemeinde zunichte gemacht würden.

Christliche Opferbereitschaft hat oft genug zum Image der Missionare als Indianerfreunde beigetragen. Bilder wie jenes von dem Geistlichen, der in tiefer Winternacht auf seinen Schneeschuhen meilenweit zum Bett des kranken Roten eilt, gehören zum Fundus der erbaulichen Missionsliteratur. Ebenso einprägsam für die Indianer waren jedoch die Autodafés, bei denen die christlichen Sendboten große Mengen von Medizinbündeln, Fetischen und anderen Gegenständen, in denen sie Blendwerk des Satans vermuteten, den Flammen überantworteten.

Das christliche Bekehrungswerk in Nordamerika ist im wesentlichen gescheitert, unter anderem wohl auch deshalb, weil die Kirchen sich häufig zu Apologeten des Kolonialismus machten. Wenn möglich ließen sie sich bei der Unterdrückung der alten indianischen Kultur von der weltlichen Autorität Schützenhilfe geben. Sie betrieben das Zivilisierungsprogramm des frühen neunzehnten Jahrhunderts im Auftrag der Regierung und konnten auf vielfältige Weise von den Indianern mit der Staatsgewalt gleichgesetzt werden. Zugleich scheiterten die Kirchen regelmäßig, wenn es darum ging, die Eingeborenen – gleich ob bekehrt oder nicht – vor den periodischen Schwankungen der offiziellen Indianerpolitik zu schützen.

Nicht unwesentlich zu den Schwierigkeiten der Vertreter des Christentums im Umgang mit den Uramerikanern trug das Vorhandensein verschiedener Konfessionen bei, die im Rahmen der Glaubensverbreitung einander Konkurrenz machten. Während nun die Missionare erhöhten Wert darauf legten, daß »ihre« Indianer nicht von häretischem Gedankengut angesteckt wurden, maßen die Roten die konfessionellen Unterschiede nur selten an den Unterschieden in der Exegese. In der freien Marktwirtschaft in Sachen Christentum war jedenfalls das Angebot größer als die Nachfrage der eingeborenen Konsumenten. Nur ein einziges Mal, im letzten Viertel des neunzehnten Jahrhunderts, versuchte die Regierung der USA den ungezügelten Wettbewerb auszuschalten und durch eine Konzentration der Mittel die Erfolgsaussichten der Bekehrungsversuche zu erhöhen. Man teilte jeder Konfession einen aliquoten Anteil der Reservationen zu, auf denen dann die jeweilige Kirche ein Missionsmonopol erhielt. Man kam allerdings bald wieder von dieser Vorgangsweise ab, weil man – indem man bereits Bekehrten den Zugang zu der von ihnen gewählten Konfession verweigerte – dadurch mehr Schaden als Nutzen stiftete.

Ein brauchbarer Maßstab für das Versagen des Christentums im Indianerland ist die heute noch verschwindend geringe Zahl eingeborener Geistlicher. Der Prozentanteil des roten Klerus liegt wohl noch unter jenem der indianischen Ärzte. Damit im Zusammenhang ist die Tatsache zu sehen, daß nur selten aus Indianermissionen christliche Gemeinden geworden sind; zumeist sind sie bis in die Gegenwart Missionen geblieben, wie sie es schon vor vierhundert Jahren waren.

In der gegenwärtigen Situation eines politischen und kulturellen Aktivismus der roten Amerikaner werden die Probleme der christlichen Kirchen im Indianerland nicht geringer. Ähnlich den Ethnologen arbeiten die Missionare sichtbar in der indianischen Gemeinschaft, sind deshalb persönlich besonders verwundbar und können sich wegen ihrer geringen Macht auch kaum wirkungsvoll verteidigen. Den Kirchen wird vorgeworfen, daß sie ihren Reichtum nicht zur Linderung der Not in den Reservationen einsetzen, daß sie (naturgemäß) gegen die indianischen Traditionen sind und ihr erfolgloses Missionswerk glorifizieren. Es muß die Uramerikaner erbittern, wenn bei den Bemühungen zumeist slowenisch-amerikanischer Neubürger um die Heiligsprechung des schon erwähnten Bischofs und Indianermissionars Baraga beträchtliche Geldsummen aufgewendet werden, während für die in der Legende des Heiligzusprechenden zahlreich vorkommenden Roten nichts abfällt, abgesehen von der Errichtung monumentaler Gedenkstätten an den Missionsorten des »Schäfers in der Wildnis«.

Eine Tendenzwende vollzog sich während der sechziger Jahre in manchen evangelischen Kirchen. Progressive Pastoren und Laien begannen reformatorische und revolutionäre Minderheitsgruppen aktiv zu unterstützen, ohne sich um deren Bekehrungswillen und religiöse Einstellung zu kümmern. Der Nationale Kirchenrat der USA half bei der Gründung des radikalen *American Indian Movement* (AIM) und subventionierte diese Gruppe zwischen 1968 und 1973 mit mehr als 200.000 Dollar (wozu noch Schenkungen einzelner Kirchen, zum Beispiel der Lutheraner und der Presbyterianer, kamen). Auf derselben Linie lag die Unterstützung des Weltkirchenrats für nationale Befreiungsbewegungen im südlichen Afrika und sein Eintreten für den Schutz der eingeborenen Bevölkerungen Südamerikas. Je militanter jedoch Organisationen wie AIM wurden (AIM-Führer Clyde Bellecourt sagte 1974: »Die christliche Kirche ist der schlimmste Feind der Indianer«) und je schlechter daher die weißen Medien über sie berichteten, um so weniger war das gläubige Fußvolk gewillt, seine Opfergroschen in die Taschen »notorischer Unruhestifter« wandern zu sehen.

Damit ähnelt die heutige Situation letztlich jener des neunzehnten Jahrhunderts, als die Kirchen ihre Zivilisierungsprogramme als Mittel zur Bekehrung betrieben. Damals wie heute akzeptierten die Eingeborenen jene Bemühungen der Missionare, die ihnen nützlich erschienen, ohne jedoch das zugleich angebotene Christentum völlig zu übernehmen. Und damals wie heute weigerte sich das Kirchenvolk, die von den Oberen proklamierte kulturelle und soziale Gleichheit der Indianer anzuerkennen. Solange die Kirchen die Grundstimmung in ihren eigenen Reihen den Uramerikanern gegenüber nicht verbessern können, werden auch gutgemeinte Aktionen aktivistischer Gläubiger ohne Erfolg bleiben.

Die (rassistische) Grundstimmung wird jedoch immer noch von Predigern vom Typ Billy Grahams geprägt, der 1975 den Uramerikanern das Christentum verordnete, um »sie zu ganzen Menschen zu machen« und sie aus ihren vom Satan beherrschten alten Glaubensvorstellungen, »gemischt mit Armut, Drogen, Alkohol, Animismus und Dämonismus«, zu befreien.

Wie schon erwähnt, reagierten die Christen im Zuge ihrer Missionstätigkeit den Ärger über mangelnden Bekehrungserfolg gelegentlich durch Gewalttätigkeiten gegen indianisches Kultgerät ab. Bei den spanischen (und deshalb auch besonders verhaßten) Missionaren in New Mexico zählten gar Prügelstrafe und Gefängnis zum Standardinventar der Bekehrungstechnik. Aber auch die christlich denkende Regierung der Vereinigten Staaten ließ es nicht an Verboten fehlen, die den Eingeborenen wenn schon nicht das Christentum einbläuen, so doch ihre Stammesreligion austreiben sollten. Größere religiöse Feiern wurden aus Gründen der präventiven Hygiene ebenso verboten wie die Riten des Sonnentanzes, in denen Selbstmarterung eine Rolle spielte, aus Gründen der Volksgesundheit.

Eine durchaus unbeabsichtigte Attacke auf die Funktionsfähigkeit der roten Religionen leisteten sich die Bundesbehörden im Frühjahr 1974. Zuerst in Oklahoma, später auch anderwärts klopften Gesetzeshüter an indianische Türen, präsentierten Haussuchungsbefehle und machten sich an die Arbeit. Es waren nicht illegale Waffen, die sie suchten, und es war auch nicht Rauschgift; allein innerhalb der ersten Aprilwoche 1974 konfiszierte die Behörde bei den roten Bürgern insgesamt 40.000 Federn, darunter 2000 Adlerfedern. Die Begründung: Verstöße gegen Vogelschutzvorschriften, insbesondere das Zugvogelgesetz *(Migratory Bird Treaty Act)*. Die Eingeborenen sahen sich in der Freiheit ihrer Religionsausübung eingeschränkt: »Unsere Federn sind für uns, was euch eure Bibel ist«, verteidigte sich ein Cheyenne, der wegen des Verkaufs von vier Elsterfedern und einer Feder des scherenschwänzigen Fliegenschnäppers gerichtlich verurteilt wurde. Und ein Medizinmann der Delawares meinte, ohne seine gefiederten Kultgeräte sei er wie ein Pastor, der ohne Bibel zur Bibellesung gehen müsse.

Man kann unterstellen, daß die biederen Wildhüter tatsächlich nicht wußten, daß Federn im indianischen Kult eine wichtige Rolle spielen. Anderseits nennt der amerikanische Volksmund die Uramerikaner ausdrücklich »unsere gefiederte Freunde«. Wenigstens den Indianern fiel es daher schwer, anzunehmen, die Aktion sei nicht doch gegen ihre traditionelle Kultur gerichtet gewesen. Die Jagd nach Federn hat die Roten überdies in ihrer Meinung über die Doppelzüngigkeit des Innenministeriums bestätigt: Ebenso wie das Indianerbüro untersteht auch das Büro für Fischerei und Wildschutz dem Innenministerium. Nun bedrohte das Ministerium einerseits alle Eingeborenen, die Vogelfedern (außer solchen von Spatzen, Staren, Hühnern oder Tauben) besaßen, mit Verfolgung und Beschlagnahme, während der Beirat für indianisches Kunsthandwerk sich darum mühte, die Indianer in BIA-Schulen in der alten Technik der Federarbeit zu unterweisen.

Zur Klärung der Situation erließ das Innenministerium Richtlinien, die es den Indianern in der Praxis endgültig unmöglich machen, selbst Federn nichtgeschützter Vogelarten zu verwenden. Den Eingeborenen wird auferlegt, den Wildhütern über Verlangen ein ornithologisches Gutachten vorzulegen, wonach die von ihnen verwendeten Federn nicht unter die Schutzvorschriften fallen. Ansonsten können die Regierungsbeamten gefiederte Gegenstände als vermutlich illegal beschlagnahmen und Anzeige gegen die Besitzer oder Verkäufer erstatten. Diese Bestimmung hatte zur Folge, daß eine der größten der mit indianischen Kunstgewerbegegenständen handelnden Gruppen sich 1975 weigerte, zum Beispiel die von den Hopis produzierten Katschina-Puppen (geschnitzte Abbilder von Maskentänzern, welche die mehr als dreihundert verschiedenen Jenseitswesen dieses Stammes darstellen) zu verkaufen, soweit sie – wie es die Tradition verlangt – mit Federn verziert sind. Hier wird nun nicht mehr die Religionsfreiheit bedroht, sondern die von der Regierung bislang lautstark geförderte wirtschaftliche Basis der eingeborenen Kunsthandwerker.

»Haben Sie einen Gott?« fragten die Tesuque vor sechzig Jahren in Anzeigen, in denen sie von ihnen gefertigte kleine tönerne Regengötter zum Verkauf anboten. Die Hopis, die sich ohnehin dazu entschlossen haben, ihre Götter nicht gegen den Christengott einzutauschen, werden in Zukunft wohl auch ihre Katschina-Puppen für sich behalten müssen.

Nimmt man die Bekehrungserfolge als Maßstab, so erweisen sich die christlichen Missionsbemühungen unter den nordamerikanischen Eingeborenen im wesentlichen als Fehlschlag. Man sollte indessen nicht bedeutendere Einzelerfolge übersehen, die den Konfessionen in jeweils besonderen Situationen beschert waren.

Als mit dem Zusammenbruch der traditionellen Wirtschafts- und Gesellschaftsform für die Indianer des virginischen Küstenlands auch die alte Religion ihre Funktionsfähigkeit einbüßte, gelang es den Baptisten im späten achtzehnten Jahrhundert, das entstehende Vakuum zu füllen. Äußerer Anlaß war die Einheirat eines weißen Baptisten in einen der Stämme. Mit ihm konnten sich die verarmten und verfolgten Roten besser identifizieren als mit den Vertretern der englischen Amtskirche, deren Interessen enger mit dem Wohl des politisch bedeutsamen Landadels als mit den Sorgen der armen Landbevölkerung verbunden waren. Doch nicht nur die Stellung der Baptisten als (damals noch) diskriminierte Sekte brachte ihre Lehre den Eingeborenen näher; auch ihre fast hierarchielose Organisation, die der einzelnen Gemeinde große Selbständigkeit und geringe Abhängigkeit von oben garantierte, war ein Anziehungspunkt. Dadurch wurde die Gruppenkohäsion gestärkt, und die Folge ist, daß fast 100 Prozent der roten Virginier bis heute treue Baptisten geblieben sind – obgleich ihre weißen Nachbarn, von denen sie immer noch benachteiligt werden, nunmehr ebenfalls der Baptistenkirche angehören.

In einer anderen Situation befanden sich die Apachen in Arizona, deren Verhältnis zur traditionellen Kultur vor etwa vierzig Jahren zwar nicht gebrochen, aber immerhin so sehr getrübt war, daß viele von ihnen begannen, christliche Meßfeiern zu besuchen. Was auch immer die Gründe für den Kirchgang waren – Neugierde, Hoffnung auf Beschenkung, Unzufriedenheit mit den eingeborenen Medizinmännern –, Vollchristen wurden nur wenige, denn zum Unterschied von der alten Religion beschäftigte sich der Kult des weißen Mannes in keiner Weise mit dem für viele rote Riten essentiellen Bereich der Krankenheilung. Die einzige christliche Sekte, die daher einen größeren Erfolg verbuchen konnte, war die fundamentalistische Kirche der Christian Science, deren Lehre Jesus Christus als Quelle ewiger Gesundheit anpries. Die Prediger dieser Sekte fanden seit Beginn ihrer Missionstätigkeit um etwa 1960 großen Anklang, weil sie Jesus in die indianische Kategorie jener Mächte einreihten, deren kultische Verehrung Heilung versprach.

Das häufige Nebeneinander von Christentum und Stammesreligion hat natürlich mit dem durch die weiße Kolonisation verursachten Wandel der Lebensbedingungen und -umstände zu tun. Mit dem Verfall der früheren Lebensweise verloren manche Aspekte der alten Religion an Bedeutung, während das Christentum häufig die einzige Stütze im Kampf gegen die schädlichen Neuerungen der Zivilisation – vor allem den Alkohol – war. Selten geriet die Doppelgleisigkeit zur echten Synthese, gelegentlich kam es im Gegenteil zu einer strengen Trennung der beiden Weltbilder. Besonders kraß ist der Fall bei den Pueblos am Rio Grande in New Mexico, die in der Kolonialzeit von den Spaniern mit brutaler Gewalt katholisiert wurden. Anstatt aber das mit drakonischen Strafen drohende Verbot der traditionellen Religion zu befolgen, halten diese Indianer bis heute ihre früher öffentlichen Riten im Geheimen ab und schützen durch fast lückenloses Schweigen über ihren Stammeskult diesen vor Verwässerung oder Auflösung. Die Kirche spielt eine sichtbare Rolle in ihrem Leben; aber es sind die Zeremonien in den Kivas, den Kulträumen, welche die Pueblos jahrhundertelang als funktionierende Einheiten zusammengehalten haben und immer noch zusammenhalten.

Da die Stammesreligionen ein integrierender Bestandteil der Stammesorganisation waren, war zu erwarten, daß die durch den Kolonialismus bewirkte Existenzkrise der eingeborenen Gruppen die Entstehung religiöser Bewegungen zur Lösung der neuen Probleme fördern würde. In der Tat ist die Geschichte des Kulturkontakts zwischen Roten und Weißen reich an solchen Neuerungsbewegungen, die teils anpassende, teils abgrenzende Strategien verfolgten. Suchten die einen durch Verinnerlichung und/oder selektive Übernahme weißer Ideen einen Ausgleich, durch den möglichst viel aus der Vergangenheit in die Zukunft gerettet werden sollte, meinten andere, durch bewußte Ablehnung aller Segnungen der Zivilisation das Rad der Geschichte zurückdrehen zu können. Bei allen Unterschieden in Taktik und Zielrichtung knüpfen beide Strategien an die Tradition an (zum Beispiel in der Betonung visionärer Phänomene), enthalten aber zugleich neue Elemente (so das Element der Missionierung, häufig sogar über Stammesgrenzen hinweg).

Träger der meisten Reformbewegungen waren Indianer, die durch mehr oder minder starken eigenen Kontakt mit der weißen Welt in persönliche Lebenskrisen geraten waren und ihre Lehre damit legitimierten, daß sie behaupteten, die Anweisungen für ein neues Leben in einer Vision vom »Großen Geist« oder einer anderen wenig indianischen Zentralinstanz im Jenseits erhalten zu haben.

Den Propheten nativistischer Ideologien schien die Rückkehr in ein rotes Eden nur durch eine Vernichtung der Weißen oder deren Vertreibung aus Amerika möglich. Ihre Doktrin zog daher regelmäßig konzentrierte militärisch-politische Aktionen gegen die neuamerikanischen Siedler nach sich, deren Mißerfolg letztlich immer auch das Ende ihres Missionserfolges bedeutete. Der nicht namentlich bekannte *Delaware Prophet* predigte 1762, der Große Geist werde die Waffen der Roten stärken, sobald sie sich wieder an ihn erinnerten und die Nachäffung des weißen Mannes aufgäben. Diese Lehre veranlaßte 1763 den Ottawa-Häuptling Pontiac zu dem Versuch, die Stämme des Seengebiets mit den Franzosen gegen die Briten zu verbünden – ein Versuch, der nur vorübergehend erfolgreich war. Bei einer ähnlichen Unternehmung mit den Briten gegen die USA stützte sich fünfzig Jahre später der Shawnee Tecumseh auf die Lehre seines Bruders Tenskwatawa, der unter anderem den traditionswilligen Roten Unverwundbarkeit gegen die Kugeln der Weißen zugesichert hatte. Ähnlich Ideen verkündeten nach der Mitte des neunzehnten Jahrhunderts verschiedene Propheten im fernen Westen: Sie weissagten eine Erneuerung der Welt ohne Weiße und propagierten zur Erreichung dieses Ziels bestimmte Tanzzeremonien. Die letzte Formulierung dieser Doktrin im Jahr 1886 durch den Paiuten Wovoka (oder Jack Wilson) fiel bei den kürzlich in Reservationen abgedrängten und von Existenzangst gepeinigten Plains-Stämmen auf fruchtbaren Boden: Der »Geistertanz« war ihre letzte Hoffnung auf ein glückliches Erwachen aus dem Alptraum ihrer Demütigung. Ihr getanztes Gebet um die Rückkehr der toten Ahnen, um die Rückkehr der Bisonherden, um die Rückkehr einer heilen Welt erfüllte die Weißen mit Angst vor einem möglichen Aufflackern des kriegerischen Widerstands der Roten. Die Niedermetzelung von mehr als 300 unschuldigen Dakotas durch weiße Truppen im Jahr 1890 am Wounded Knee war die sattsam bekannte Folge – und es bedeutete zugleich das Ende aller Versuche, Amerika auf dem Weg der Religion zu reindianisieren.

Die neuindianischen Religionen, die den roten Stämmen eine glückliche Zukunft durch totale Abkehr von der weißen Gegenwart versprachen, brachten den Eingeborenen nur einige unglückliche Freiheitshelden, aber sonst keine dauerhaften Werte. Die Praxis gab vielmehr den Propheten einer adaptiven Strategie Recht: Jene Ideologien, die durch vorsichtige Übernahme weißer Ideen die Kluft zwischen traditioneller und akkulturierter Lebensweise zu überbrücken suchten, gaben und geben ihren Anhängern Anpassungshilfe in der Situation eines unausweichlichen Umbruchs. Während keine der nativistischen Lehren die Zeit überdauerte, erfreuen sich die konfliktmildernden Religionen bleibender, teilweise sogar wachsender Beliebtheit.

Manche dieser Reformreligionen sind Stammesreligionen, wie etwa die »Langhaus«-Religion der Irokesen. Die Stämme der Irokesenliga waren auf dem Höhepunkt ihrer Bedeutung um die Mitte des achtzehnten Jahrhunderts eine amerikanische Großmacht, um deren Gunst die europäische Kolonialmächte buhlten. Ihr Niedergang kam plötzlich: Im amerikanischen Unabhängigkeitskrieg stellten sie sich nach einer Phase, in der sie versucht hatten, neutral zu bleiben, auf die Seite der Briten. So verloren sie nicht allein zugleich mit den Briten den Krieg, sondern mußten auch die Zerstörung vieler ihrer Siedlungen durch die Amerikaner erleben. Nach der amerikanischen Revolution siedelte sich ein Teil der Irokesen im britischen Kanada an, der andere Teil verblieb in den USA. Ihre einheitliche politische Organisation zerbrach, die Beschränkung auf Reservationen lähmte ihre traditionelle Lebensweise. Viele gaben sich dem Trunk hin, um das Gefühl der Erniedrigung zu betäuben. Zu ihnen zählte der Seneca Ganeodiyo, auch Handsome Lake genannt.

Ihm offenbarte sich der Große Geist und wies ihm und seinem Volk einen Weg aus der trostlosen Situation. Sein Rezept für die Irokesen war: Rückkehr zur Religion der Väter, allerdings unter Verzicht auf alles Beiwerk, das nur dem persönlichen Vorteil und nicht dem Gemeinwohl diente – vor allem Abkehr von der Schadenzauberei. Zugleich predigte Handsome Lake jedoch auch die friedliche Koexistenz mit den Weißen und riet sogar zur Übernahme ihrer überlegenen Technologie. Sein Reformplan ging auf. Die Irokesen erholten sich von ihrem Trauma und gewannen ihr altes Selbstvertrauen zurück. Christliche Missionare konnten der wiedererstarkten Stammesreligion kaum Seelen abspenstig machen. Im Gegenteil – viele christliche Indianer fanden die neue Lehre ihrer Lage besser angemessen als ein rotes Christentum. Die »Langhaus«-Religion braucht bis heute unter den Irokesen beiderseits der kanadischen Grenze keinen Konkurrenten zu fürchten. Sie wird von den Reservationsindianern ebenso praktiziert wie von den Gruppen, die sich als Stahlgerüstbauer in die Städte begeben.

Als John Slocum, ein Squaxon-Indianer von Puget Sound im Staat Washington, 1881 starb, wiesen ihn die Engel am Eingang des Himmels zurück: Er habe ein schlechtes Leben gelebt und möge entweder zur Hölle gehen oder zur Erde zurückkehren, um seine Volksgenossen auf den rechten Weg zu leiten. Slocum erwachte vom Tode und begann tatsächlich mit einem Missionswerk: Er wollte die Indianer zu Christen machen. Seine Variante des Christentums war allerdings nicht ganz orthodox. Die Kongregation versammelte sich in Kirchen, die mit Kreuzen und Holzglocken ausgerüstet waren, zu Predigten und spontanem Gebet, in dem viel von Jesus die Rede war. Aber die roten Prediger sprachen im Tonfall der Medizinmänner bei einer Heilungszeremonie, und in der Tat konzentrierte sich die neue Religion auf die Bekämpfung von Krankheiten. Die Ritenteilnehmer sangen alte Lieder mit neuen Texten und gerieten in Schüttelbewegungen, wenn sie von spiritueller Kraft ergriffen wurden. Die indianischen »Shaker« von Puget Sound (nicht zu verwechseln mit der weißen, für ihr Kunstgewerbe bekannten »Shaker«-Sekte) betrachteten ihre Religion als spezifisch rote Variante der Christenlehre. Die Presbyterianer waren sich nicht einig, ob sie die Schüler Slocums zu den Ihren zählen sollten; die weißen Zivilbehörden hingegen verboten den in ihren Augen abstrusen Kult als zivilisationsfeindlich. Aber wenngleich der

Indianeragent die Anführer verhaften und die Anhänger der Sekte bestrafen ließ, konnte er den Erfolg der roten »Shaker« nicht aufhalten. Unter Annäherung an weiße Vorstellungen und Formen konnten die Indianer von Puget Sound einen großen Teil ihrer alten Vorstellungswelt in die Gegenwart retten und damit einen kulturellen Bruch vermeiden, an dem viele von ihnen persönlich zerbrochen wären.

Den unbestreitbar größten Erfolg als moderne panindianische Religion aber hatte und hat immer noch der Peyote-Kult. Die Zahl der organisierten Mitglieder (in der überwiegenden Mehrzahl Indianer) betrug um 1970 mehr als eine Viertelmillion. Daß in den hundert Jahren seit der Entstehung des Kults in seiner heutigen Form etwa ein Viertel aller roten US-Amerikaner sich zu ihm bekehrt hat, zeigt die Durchschlagskraft der neuen Bewegung.

Peyote ist der kleine, knopfartige, oberirdische Teil eines ansonsten unter der Erde wachsenden Kaktus *(Lophophora williamsii),* dessen Heimat im mexikanisch-amerikanischen Grenzgebiet und in Mexiko selbst liegt. Die unscheinbare Droge enthält insgesamt neun Alkaloide, die teils stimulierend, teils sedativ wirken. Aus diesem toxischen Gehalt ergeben sich bei Genuß unterschiedliche physische und psychische Effekte: Hebung der Grundstimmung, Mobilisierung von Kräften, Betäubung von Hunger und Durst, Vermehrung des Speichelflusses und depressive oder euphorische Halluzinationen visueller und auditiver Natur. In nichtritueller Form fand Peyote in seinem ursprünglichen Verbreitungsgebiet im Zusammenhang mit Krankenheilung und Weissagung Verwendung. Die durch den psychotropen Kaktus stimulierten Visionen ersetzten in manchen Fällen jene, die man in anderen Teilen Nordamerikas durch Fasten und Selbstkasteiung herbeizuführen suchte. Ein regelrechtes Gruppenritual um die halluzinogene Pflanze entstand zuerst in Mexiko (wo es die Inquisition schon im siebzehnten Jahrhundert zu verbieten trachtete) und fand gegen Ende des achtzehnten Jahrhunderts in den südlichen USA Eingang, ohne allerdings besondere Bedeutung zu erlangen. Erst im letzten Viertel des neunzehnten Jahrhunderts, als der Peyote-Kult bei den von physischem und kulturellem Genozid bedrohten Plains-Stämmen eine spezifisch nordamerikanische Neuformulierung erfuhr, wurde eine Religion geschaffen, die aus einer Vielzahl von Gründen geeignet war, bei den unterschiedlichsten Indianergruppen Anklang zu finden. Bis 1936 hatte sich der Kult bis zu den kanadischen Crees im Norden, bis ins Seengebiet im Osten und bis nach Nevada im Westen verbreitet.

Der Peyote-Kult war zu einer monotheistischen Religion mit weitgehend festem Ritual und eher loser Theologie geworden, die Christliches mit Indianischem mischt und in jedem Stamm, ja sogar bei jedem Stammesmitglied eine besondere Tönung annehmen kann. Das Ritual besteht aus gruppenweisen Zusammenkünften unter Leitung eines »road man« oder Peyote-Priesters; aus der Errichtung eines mond-sichelförmigen Altars, auf den ein Stück Peyote gelegt wird, zu dem die »peyote road« führt; aus Gebet und Gesang, rituellem Peyote-Genuß, rituellem Rauchen und einem abschlie-ßenden Zeremonialfrühstück. Peyote ist das Mittel, um zu Gott (von vielen Peyotisten mit der englischen Bezeichnung »God« belegt) zu gelangen. Jesus, die Mutter Gottes, Engel und andere Geister beleben das Peyote-Pantheon; doch verbinden sich diese Namen nicht immer mit den uns geläufi-gen Inhalten. Von den Faktoren, die zum Erfolg der Peyote-Religion beigetragen haben, ist zuallererst der Zusammen-bruch der alten Ordnung, ausgehend von wirtschaftlichen Krisensituationen, zu nennen. Es ist bezeichnend, daß der Peyote-Kult in den nordamerikanischen Plains zu dem Zeit-punkt Fuß faßte, als die Bisonherden abgeschlachtet wurden. Bei den Navajos kam der Durchbruch erst in den dreißiger Jahren, als die Regierung eine drastische Verkleinerung der Schafherden erzwang. In den Plains mag das Visionserlebnis zur raschen Verbreitung beigetragen haben, bei den Navajos war es Angst vor Hexerei, deren früher nützliche Funktion durch die Aushöhlung der traditionellen Werte verlorenging.

Wo die frühere Harmonie der Natur nicht mehr durch spirituellen Ausgleich mit ihren Kräften wiederhergestellt werden konnte, bot ein transzendenter Gott Schutz. Der gestörte Dialog mit den immanenten Naturkräften wird durch ein Gebet zu Gott als Kraftquelle ersetzt. Ein weiterer – und wichtiger – Grund für den Erfolg des Peyote-Kults ist sicherlich seine strikte Ablehnung des Alkohols, den mit weniger Erfolg auch andere neuindianischen Religionen bekämpften. Der Peyotismus konnte im Kampf gegen den Alkohol Wirkung erzielen, weil er sich der Lösung derselben Probleme widmete, die der Alkoholismus nur unter sozial schädlichen Begleiterscheinungen und nur scheinbar aus der Welt schaffen konnte.

Der Peyotismus ist eine missionarische Religion. Eine

rudimentäre Organisation der Mitglieder ist schon deshalb notwendig, weil die Droge im größten Teil des Einzugsgebiets des Kultes nicht wächst und durch Fernhandel beschafft werden muß. Die Glaubensverbreitung über Stammesgrenzen hinweg ist nicht das einzige panindianische Element des Kults: Indem die Solidarität mit anderen Peyotisten höher gestellt wird als jene gegenüber der Verwandtschaft und dem Stamm, werden intertribale Bindungen gestärkt. Zugleich wird dem einzelnen Indianer ein neues soziales und emotionales Fang-netz geboten, welches ihm den ohnehin fortschreitenden Verlust der bisher dominierenden Verwandtschaftsbande ersetzt.

Der Peyote-Kult ist eine Religion, die auch Weißen offen-steht und somit ihnen gegenüber entkrampfend wirkt. Von den meisten roten Mitgliedern wird der Kult aber dennoch als typisch indianische Religion betrachtet: als indianischer Weg zu dem Gott, den auch die Christen in ihren Gotteshäusern verehren. »Wir sind bescheiden und sitzen auf der Erde«, beschrieb ein Navajo-Peyotist den Unterschied, »während der weiße Mann schöne Kirchen mit Gold und Silber hat.«

Der weiße Mann hat zur Entstehung und Festigung des Peyote-Kults nicht nur durch den Import christlicher Ele-mente und die Zerstörung der indianischen Welt beigetragen. Auch seine Verbote und Verfolgungsmaßnahmen gegen die Anhänger der neuen Religion haben dabei eine Rolle gespielt.

Schon 1888 schritt ein Indianeragent im Alleingang und ohne gesetzliche Grundlage gegen Kultmitglieder in der von ihm verwalteten Reservation ein. Zwanzig Jahre später wurde der Kampf gegen die Droge zur offiziellen Politik des India-nerbüros, die erst 1934 unter John Collier rückgängig gemacht wurde. Zwar gab es niemals ein Bundesgesetz gegen Besitz, Gebrauch oder Vertrieb von Peyote, doch erließen ab 1899 einzelne Teilstaaten der USA solche Gesetze (von denen manche allerdings inzwischen wieder aufgehoben wurden). Als direkte Reaktion gegen die gezielte Verfolgung des Peyote-Gebrauchs kam es zur Gründung einer kirchlichen Organisation, die es ermöglichte, auf der Grundlage der Freiheit der Religionsausübung für Peyote zu kämpfen. Aus den vorerst lockeren Gruppierungen ging schließlich die *Native American Church of North America* hervor, die als Dachorganisation die regionalen Verbände in einer zwanglo-sen Föderation vereinigt. Der undogmatische Charakter der Bewegung (»Wir alle verehren denselben Gott und essen

Peyote«) ermöglichte ein panindianisches Forum, bot den Einzelgruppen aber zugleich größtmögliche Freiheit bei der Anpassung an die jeweils gegebenen Verhältnisse.

Nicht allein weiße Gesetzgeber und Bürokraten versuchten den Peyote-Kult zu unterbinden; auch die Stämme selbst sahen richtigerweise in der neuen Religion eine Gefahr für ihre eigene Existenz. Das bis heute theokratisch regierte Pueblo von Taos verbot die neue Religion auf seinem Territorium (bei den anderen Pueblos war ein Verbot überflüssig, da es dort praktisch keine Peyote-Mitglieder gab), ebenso mehrere Sioux-Gruppen, wenn auch aus anderen Gründen. Wie komplex die Gründe oder zumindest die Argumente sein können, veranschaulicht das Verbot des Peyotismus durch den Navajo-Stammesrat im Jahr 1940. Die offizielle Begründung für die Unterdrückung war lediglich, der Gebrauch des berauschenden Kaktus stehe in Widerspruch zur traditionellen Navajo-Religion und sei der überkommenen Lebensform abträglich. Wieviel von der Begründung zu halten ist, geht aus der Tatsache hervor, daß die meisten Mitglieder des Stammesrats der christlichen Minderheit im Stamm angehörten und daß die fragliche Resolution vom Vorsitzenden, einem christlichen Missionar, verfaßt worden war.

Die weiße Rechtsprechung über Besitz, Gebrauch und Vertrieb von Peyote zeigt abermals die Vielschichtigkeit der indianischen Rechtssituation. Bezüglich der stammesinternen Verbote ist das Urteil im Fall *Native American Church versus Navajo Tribal Council* (1959) typisch: Die Autorität des Stammesrats wird vom weißen Gericht voll anerkannt – in der Navajo-Reservation bleibt der Peyotismus offiziell verboten (auch wenn das Verbot seit langem nicht mehr gehandhabt wird und etwa ein Drittel der Navajos dem Kult angehört). Anderseits entschied 1964 der Oberste Gerichtshof von Kalifornien unter Vorsitz von Richter Trobriner, der Peyote-Kult stehe unter dem Schutz der allgemeinen Religionsfreiheit; Nutznießer waren einige Navajos, die ihre Religion außerhalb der Reservation ausgeübt hatten. In Oklahoma verurteilte hingegen Richter Lamberton noch 1975 einen Ponca wegen Gebrauchs und Transports von Peyote, obwohl der Ponca ebenso wie die Navajos in Kalifornien Mitglied der *Native American Church* war. Richter Lamberton hatte – wie viele weiße und rote Peyote-Gegner – Angst vor der Drogennatur des Kaktus. In seiner Urteilsbegründung machte er deutlich, daß er niemandem seinen Glauben verwehren wolle

– aber wo es um Rauschgift gehe, höre der Spaß auf: Religion dürfe kein Deckmantel für kriminelle Handlungen werden, insbesondere nicht für Drogenmißbrauch.

Mit dieser Argumentation bewies der Richter allerdings seine Ignoranz in Sachfragen. Denn Peyote kann unbeschadet seiner toxischen Zusammensetzung, die es zum »Rauschgift« macht, nicht als »Suchtgift« bezeichnet werden. Sowohl Tierversuche als auch Beobachtungen an Menschen haben im Fall von Peyote keinen Hinweis auf eine durch den Gebrauch entstehende physiologische Abhängigkeit von der Droge erbracht. Typisch ist, daß es beim Absetzen zu keinen Entzugssymptomen kommt. Selbst die Entwicklung eines zwanghaften Verlangens, wie es Kaffeetrinker und Zigarettenraucher kennen, kommt bei Peyote-Essern nicht vor. Bei regelmäßigem Gebrauch stellt sich lediglich eine gewisse Toleranz der Droge gegenüber ein: Die Reaktionen werden bei gleicher Dosis schwächer. Anstatt aber dadurch zur Steigerung des Konsums veranlaßt zu werden, empfinden die Peyotisten dieses Phänomen als Zeichen für ihre innere Reinigung und den Erfolg des Rituals.

Auch die Angst, die roten Peyote-Freunde könnten ihren weißen Mitbürgern ein schlechtes Beispiel geben, ist unbegründet. Wohl haben viele Weiße auf der Suche nach einer pharmakogenen Bewußtseinserweiterung auch zu Peyote gegriffen (unter ihnen Aldous Huxley, der seine Erfahrungen in *The Doors of Perception* beschreibt). Manche bleichgesichtige Mitglieder der Gegenkulturbewegung fanden den Peyote-Kult inhaltlich kongenial und schlossen sich der organisierten Kirche an. Als Vorstufe zum Genuß von harten Drogen ist Peyote jedoch kaum anzusehen.

Richter Trobriner hat im Gegensatz zu seinem Kollegen aus Oklahoma nicht Ängste, sondern Fakten zur Grundlage seiner Entscheidung gemacht. Er wies daher auch die Meinung der Anklage: »Peyote als Symbol für die Indianer ist ihrer Aufklärung hinderlich und fesselt den Indianer an seine primitiven Lebensumstände«, zurück und betonte die sozial nützlichen Folgen des Kults, seine Förderung der Moral und den Abbau von Feindseligkeiten. Der einzige soziale Nachteil, der den Eingeborenen durch den Peyotismus erwuchs, geht in der Tat nicht auf das Konto der neuen Religion: die weitere Aufspaltung der indianischen Stämme. Dadurch, daß sowohl Traditionalisten als auch Christen dem Peyote-Kult mit heftiger Ablehnung begegneten, kam es innerhalb der Stämme zu einer dreifachen Spaltung in Anhänger der Stammesreligion, solche des christlichen Glaubens und solche der Peyote-Doktrin. Dem Schaden für die einzelnen Stämme, ohne deren Lebensfähigkeit eine Erhaltung der Eigenständigkeit der Uramerikaner gefährdet erscheint, steht allerdings der Nutzen für den Panindianismus gegenüber, ohne den politische Erfolge für die roten Amerikaner nicht denkbar wären.

Inwieweit der Peyote-Kult letztlich nur ein Mechanismus ist, der den Schock des endgültigen Übergangs zu weißen Formen und Normen mildern hilft, muß die Zukunft zeigen. Wohl gibt es Hinweise – besonders in Oklahoma – für eine Abwanderung stärker akkulturierter Peyotisten zu weißen Christengemeinden. Doch war dieser Trend besonders in den fünfziger Jahren deutlich, als viele Rote der Diskriminierung auszuweichen suchten, indem sie den weißen Weg wählten. Mittlerweile hat sich die Situation eher ins Gegenteil verkehrt. Taufscheinchristen oder religiös indifferente Personen, vor allem erstaunlich viele Jugendliche, begeistern sich wieder für die Stammesreligionen. Man kann diese Tendenz durchaus als Begleiterscheinung der heutigen militanten Indianerbewegung sehen, die bei aller Anpassung an die modernen Gegebenheiten Züge der abgrenzenden Strategie des alten Nativismus trägt. Da es jedoch kein absolutes Zurück geben kann, solange die Bisonherden nicht wieder auferstehen und die Weißen auf ihren Schiffen nach Europa zurückkehren, hat der neue Nativismus bestenfalls vorübergehende politische Bedeutung. Langfristig ist ein Ausgleich zwischen roter und weißer Welt erforderlich, wie ihn die Ideologie des Peyote-Kults ermöglicht.

Während die eigentlichen nativistischen Bewegungen unter den nordamerikanischen Stämmen stets einen engen Bezug zur Politik der nationalen Befreiung hatten, war der Peyotismus von Anfang an introspektiv, friedfertig und auf Versöhnung bedacht. Zwar ist er keineswegs unpolitisch, versucht aber die Wiederherstellung der verlorenen Harmonie hauptsächlich durch Gebet und spirituelle Kraft zu erreichen. Quanah Parker, ein Comanchen-Häuptling des späten neunzehnten Jahrhunderts, verhinderte als Anhänger der Peyote-Religion das Übergreifen des Geistertanzes und der damit verbundenen militanten Stimmung auf seinen Stamm, nachdem er selbst vor seiner Bekehrung zum Peyotismus zu den militanten Eingeborenenführern gezählt hatte.

Die folgende Erzählung illustriert wenn schon nicht *die*, so doch wenigstens *eine* typische Einstellung der Peyote-Anhänger zu den Problemen der politischen Realität. Um die Mitte der fünfziger Jahre unseres Jahrhunderts war für die Washos im östlichen Kalifornien die Behandlung ihrer Entschädigungsansprüche durch die *Indian Claims Commission* ein Ereignis von kardinaler Bedeutung. Wie viele andere kalifornische Stämme hatten die Washos keine gültigen Verträge mit der amerikanischen Regierung, was natürlich ein großer Nachteil war. Das Fehlen eines Vertrags, an dessen Existenz aber viele Washos glaubten, bedeutete unter anderem, daß ihre Jagd- und Fischereirechte auf keiner soliden Basis ruhten. Einige Stammesmitglieder, unter ihnen viele Peyotisten, waren deshalb mit den lokalen Ordnungshütern wegen Verletzung staatlicher Jagdbestimmungen in Konflikt geraten. Als einmal im Anschluß an eine Peyote-Zeremonie darüber diskutiert wurde, inwieweit es sinnvoll sei, auf der Wahrung der nicht beweisbaren Rechte zu bestehen, damit die weniger traditionsverbundenen Stammesmitglieder zu befremden und die Chancen auf einen Kompromiß mit der *Indian Claims Commission* zu vermindern, erzählte ein junger Washo eine Geschichte, die er von einem Peyote-Anhänger aus Idaho gehört hatte:

Es gab einmal einen Indianerstamm im östlichen Nordamerika, der im Laufe der Zeit immer mehr von seinem Land verlor, während die Regierung untätig zusah. Die Eingeborenen wußten, daß irgendein Vertrag ihnen alle Rechte zusicherte, die man ihnen nun nach und nach entzog, aber sie wußten nicht, wo der Vertrag verwahrt wurde. Daraufhin nahmen die Indianer ihre Medizinbündel und begannen zu fasten und zu beten – vier Tage lang. Am frühen Morgen des vierten Tages hatte der Leiter der Zeremonie eine Vision. Die Betenden verstärkten ihre Bemühungen, und bald sahen auch vier andere Teilnehmer, was ihnen die Medizin enthüllte. Sie sahen ihren Vertrag in einem weißen Gebäude in Washington, in einem Zimmer, dessen Tür die Nummer 444 trug. Die fünf Visionäre machten sich sofort auf den Weg in die Hauptstadt, und obwohl keiner je zuvor am Sitz der Regierung gewesen war, hatten sie keine Schwierigkeiten, das weiße Haus zu finden, das ihnen die Medizin gezeigt hatte.

Als sie das Gebäude betraten, sahen sie viele Männer mit Pistolen. Man fragte sie nach ihrem Begehr. »Wir kommen, um unseren Vertrag zu holen«, sagten sie. Aber die Wachmannschaften sagten, es gebe keinen Vertrag, alle Papiere seien vor langer Zeit verbrannt. »Wir wissen aber, daß der Vertrag hier ist«, widersprachen die Indianer, »und ihr habt einen Eid abgelegt, immer die Wahrheit zu sagen. Seid ihr bereit, jetzt auch zu schwören, daß unser Vertrag nicht hier ist?« Die Wächter waren bereit: alle schworen falsche Eide, bis auf den letzten, der, als die Reihe an ihn kam, zu zittern begann. »Wo sind die Papiere?« fragten die Roten. »Folgt mir!« sagte der Beamte.

Sie gingen in die geheimen Zimmer des Hauses: voran der ehrliche Beamte, hinter ihm die fünf Delegierten, dann die anderen Wachmannschaften. Sie kamen an eine eiserne Tür, und selbst als sie aufgesperrt war, mußten sich alle dagegen stemmen, um sie zu öffnen. Dahinter lag ein Raum, in dem viele Kisten aufgetürmt waren, aber der Beamte ging weiter, durch eine zweite Eisentür in einen zweiten Raum, einen dritten, einen vierten, einen fünften. Im sechsten Raum war das ganze Geld der Regierung aufbewahrt, Berge von Gold, Silber und Dollarnoten. Die Indianer sahen überhaupt nicht hin; sie wollten durch die siebente Tür, auf der die Nummer 444 zu lesen war. Der Beamte öffnete, und im siebenten Raum waren alle Verträge deponiert. Stöße von Papier türmten sich bis zur Decke. Die Wachmannschaften lachten und sagten: »Unter all dem Papier werdet ihr euren Vertrag nicht finden!« Die Indianer aber gingen geradewegs auf einen Stapel mit Dokumenten zu und nahmen aus ihm mit einem Griff den Vertrag, den sie seit Verlassen der Reservation durch die Kraft der Medizin stets vor Augen gehabt hatten. Als sie jedoch freudig singend mit dem Schriftstück den Raum verlassen wollten, zogen die Wächter ihre Pistolen und sagten: »Nie werdet ihr mit dem Vertrag zu eurem Stamm zurückkehren.« Sie fesselten die Indianer in dem Zimmer mit all den Verträgen und verschlossen das Tor.

Diese Indianer sind immer noch in dem Zimmer gefangen. Mit Hilfe der Medizin kann man sie sehen. Sie warten darauf, daß jemand zu ihnen kommt. Und eines Tages werden andere Indianer kommen und sie befreien. Sie werden alle Verträge finden, von denen die Rechtsanwälte behaupten, es gäbe sie nicht. Wenn dieser Tag kommt, wird die Medizin auch den Washos die nächsten Schritte zeigen.

1974 hat die *Indian Claims Commission* den Washos einen Betrag von mehreren Millionen Dollar zugesprochen. Der Vertrag freilich ist bis heute unauffindbar geblieben.

Farbig und Rot

Als der Große Geist an die Erschaffung des Menschen ging, berichten die Seminolen in Florida, beschloß er, ihn aus knetbarer Masse zu formen und dann im Feuer zu härten. Da er in dieser Beschäftigung noch ungeübt war, nahm er sein Werk zu früh aus den Flammen: es war noch ganz weiß. Er bedauerte, daß ihm die Schöpfung nicht so recht gelungen war, und machte einen zweiten Versuch. Indem er seinen ursprünglichen Fehler vermied, passierte ihm das entgegengesetzte Mißgeschick: der neue Prototyp war vom Feuer gänzlich geschwärzt. Beim dritten Anlauf endlich ließ er sein Produkt nicht zu kurz und nicht zu lange in der Hitze: der rote Mann entstand, und dieses Werk befriedigte den Großen Geist. Um nun die irdischen Angelegenheiten der drei durch Zufall entstandenen Rassen zu ordnen, legte der Große Geist seinen drei Schöpfungen drei Kisten zur Auswahl vor. Der Weiße wählte die Kiste, in der sich Bücher, Karten, Federn und Papier befanden, der Indianer entschied sich für Pfeil und Bogen, Messer und Tomahawk, so daß für den Schwarzen nur noch die Kiste mit Schaufeln, Äxten, Hämmern und Spaten übrigblieb. So wurde der Neger zum arbeitenden Diener der beiden anderen bestimmt, der Weiße zum Bücherwurm und Beamten, während das Los des Indianers die Jagd wurde.

In dieser Geschichte widerspiegelt sich die Rationalisierung von Erfahrungen, welche die Indianer seit der Ankunft der Europäer (und der Neger in ihrem Gefolge) sammeln konnten. Es findet sich in ihr die Überzeugung, daß der Indianer die Kröne der Schöpfung sei, eingeschränkt freilich durch das Eingeständnis der europäischen Überlegenheit auf allen Gebieten, die mit der Kenntnis der Schrift verbunden sind. Zugleich findet sich eine durchaus europäisch anmutende Begründung für die Versklavung der Schwarzen.

Das Verhältnis von Indianern, Schwarzen und Weißen, besonders in den Südstaaten der USA – in neuerer Zeit aber auch in den Städten –, ist äußerst vielschichtig und zeigt deutlich, wie sehr der Weiße dem Großen Geist für die Überlassung der Schrift und damit auch der Buchstaben des Gesetzes zu Dank verpflichtet ist.

Als die Spanier die Neue Welt in Besitz zu nehmen

begannen, war ihnen zumindest bewußt, daß sie sich bei der Aufteilung der Pflichten nach der Erschaffung des Menschen nicht die Kiste mit den Werkzeugen ausgesucht hatten. Sie versklavten die Indianer. Die katastrophalen Folgen, besonders der Tod von Millionen Roten durch Zwangsarbeit, veranlaßten den Dominikanermönch Las Casas zu der humanen Forderung, anstelle der unschuldigen Eingeborenen Neger als Sklaven nach Amerika zu importieren. Über das Recht, die dem Einfluß des Islam verfallenen Afrikaner zu versklaven, gab es keinerlei Zweifel, und außerdem hatte man mit ihnen bereits in Spanien gute Erfahrungen im Bereich der Dienstleistungen gemacht. So begann sich der interkontinentale Sklavenhandel zu entwickeln, an dem alle seefahrenden Nationen Westeuropas herzhaft profitierten. Die Spanier waren es auch, die die ersten Schwarzen in ihre Besitzungen in Nordamerika brachten, doch war der Einfluß dieser Neger auf die indianische Bevölkerung Floridas vorerst gering.

Im englischen Nordamerika begann das rassische Dreiecksverhältnis bereits zwölf Jahre, nachdem die ersten Kolonisten in Virginia festen Fuß gefaßt hatten. 1619 legte in Jamestown, dem Zentrum der jungen Kolonie, ein holländisches Schiff an, von dessen Deck einige Neger von Siedlern gegen Proviant für die Schiffer eingetauscht wurden. Sie und die ihnen folgenden Afrikaner waren keine Sklaven, sondern wurden in die Klasse der auf Zeit verpflichteten Diener eingereiht. Das System der Zeitverpflichtung, das seine Wurzeln in der Schuldknechtschaft hat, war eine der wichtigsten Triebkräfte für die englische Kolonisation Amerikas. Unbemittelte, aber arbeitswillige Leute verpflichteten sich auf eine festgelegte Zeit als Arbeitskräfte an reiche Kolonisten, die für jeden nach Amerika importierten Menschen ein Stück Land erhielten, das man den Indianern abgenommen hatte. Der Unternehmer zahlte den Transport und kam für den Unterhalt seiner Diener auf, die ihrerseits nach Ablauf der Dienstzeit frei wurden und selbst ein Stück Land erwerben konnten. Die ersten Neger wurden genauso behandelt, erwarben Land und konnten ihrerseits weiße oder schwarze Diener kaufen, um ihren Besitzstand zu vermehren. Einige Schwarze nützten die gebotene Chance und bildeten nach Einführung der Sklaverei noch im siebzehnten Jahrhundert den Kern der recht kleinen Klasse »freier Neger«, die sich im Lauf der Zeit nur langsam durch Freilassung von Sklaven vergrößerte.

Nicht alle Schwarzen akzeptierten das System, in das sie

unfreiwillig geraten waren. Und auch nicht alle weißen Diener waren freiwillig in die Neue Welt gekommen; manche waren regelrecht entführt und in Amerika an den Meistbietenden verkauft worden. So empfahlen sich gelegentlich Schwarze und Weiße grußlos von ihren Herren und gingen – wohin hätten sie auch schon gehen können? – zu den Indianern. Aus der kurzen Periode, während welcher die Indianer Virginias und der anderen Kolonien an der Atlantikküste noch nicht der englischen Kolonialverwaltung unterworfen waren, wissen wir relativ wenig über die Reaktionen der Indianer auf diese Zuwanderer. Es ist anzunehmen, daß sie die Einsicht der weißen Diener in innerenglische Verhältnisse gerne ausnützten und daß ihnen die Verstärkung auch durch Schwarze angesichts der sich ständig vermehrenden englischen Bevölkerung durchaus recht war.

Zahlenmäßig war die Bedeutung der Neger sowohl in der Kolonie insgesamt als auch jener, die zu den Roten entlaufen waren, sicherlich nicht besonders groß.

Die Einführung der Negersklaverei in Virginia und die Unterwerfung der dort lebenden Indianer unter englische Oberhoheit erfolgte fast gleichzeitig. Kurzfristig versuchte man auch Indianer zu versklaven, doch erlangte die Indianersklaverei in Virginia niemals große Bedeutung, zumal die einstigen Herren des Landes innerhalb weniger Jahrzehnte von der stärksten zur schwächsten der drei Rassen dezimiert worden waren. Unterwerfung unter englische Verwaltung bedeutete unter anderem, daß die Indianer dazu verhalten wurden, etwaige entlaufene Negersklaven ihren Herren zurückzustellen; anderseits brachte es dieser Vorgang mit sich, daß die Indianer zunehmend auf kleinen Reservaten innerhalb des weißen Siedlungsgebiets isoliert wurden, getrennt voneinander und von der sie umgebenden weißen und schwarzen Bevölkerung. Ausgenommen von der Isolierung waren jene Roten, die – mit Genehmigung der Kolonialverwaltung – in weiße Dienste traten. Das bedeutete aber für die Betroffenen zugleich den Verlust ihrer besonderen Rechtsstellung, die sie als Reservationsbewohner genossen hatten. Das einzige nämlich, was die Indianer Virginias zu Beginn des achtzehnten Jahrhunderts den freien Negern noch voraus hatten, waren die ihnen vertraglich zugesicherten Vorrechte, wie innere Autonomie des Stammes gegen Tributzahlung und weitgehende Jagd-, Fischerei- und Sammelrechte, die den dezimierten Ureinwohnern eingeräumt worden waren, als man sie auf die

Reservationen beschränkte. Ansonsten waren Indianer und Neger gesetzlich gleichgestellt.

Äußerlich begann die Kultur der Indianer zu verschwinden: Anstelle der alten Lederkleidung traten importierte Stoffe, die Rindenhütten wurden durch Holzhäuser ersetzt, und die englischen Namen Sampson, Langston und Cook verdrängten die angestammten Namen Drammaco, Coscohunk und Powhite. Manche der Gruppen zogen von den kleinen Reservaten fort und siedelten sich – durch Verlust ihrer Reservation auch ihrer Sonderstellung als Indianer beraubt – unter Weißen und freien Schwarzen an. Viele arbeiteten nun auf weißen Plantagen neben englischen und afrikanischen Arbeitskräften, und nach und nach begannen die Weißen, die Identität der Indianer anzuzweifeln. Obwohl es nun hauptsächlich Weiße waren, die sich bei den Indianern niederließen und Indianerinnen heirateten, gab es doch – vor allem bei den außerhalb der Reservationen lebenden Indianern – genug Eheschließungen mit Negern, um die Indianer zu negrisieren. In South Kingston in der Kolonie Rhode Island waren 1730 neben 333 Negersklaven auch 223 Indianersklaven (überwiegend aus South Carolina importierte) beschäftigt, die, bedingt durch die räumliche Nähe und die Unmöglichkeit, aus dem Knechtschaftsverhältnis herauszuheiraten, untereinander Ehen schlossen. Viele Indianer behaupteten später, Verbindungen zwischen Rot und Schwarz seien häufig von den weißen Herren forciert worden, die dann die Kinder aus solchen Ehen als Sklaven beanspruchen und verkaufen konnten. Die schwarz-roten Mischlinge fanden nur selten Aufnahme in den indianischen Stammesgemeinschaften, die teils eine weitere Angleichung des schwarzen und roten Rechtsstatus fürchteten, teils die Rassevorurteile der rot-weißen Mischlingsbevölkerung auf dem Indianerland übernommen hatten.

Anhaltspunkte für das Ausmaß des schwarzen Einflusses auf die Indianerstämme finden sich nur in geringer Zahl. Eine »Indianertrommel«, die Anfang des achtzehnten Jahrhunderts in die Sammlung des Londoner Arztes Sir Hans Sloane (aus der in der Folge das British Museum hervorging) gelangte, stellt sich bei näherer Betrachtung als typisch westafrikanische Trommel heraus. Da dieselbe Trommelform später auch bei den ebenfalls in enger Berührung mit Schwarzen lebenden Choctaws auftauchte, kann angenommen werden, daß das virginische Exemplar das Resultat einer frühen Vermischung von Schwarz und Rot in Virginia ist.

Eine deutlichere Sprache spricht eine Liste von Wörtern, die ein Missionar der Mährischen Brüder, Pyrläus, um die Mitte des achtzehnten Jahrhunderts von einem Nanticoke-Indianer hörte und aufzeichnete. Als später Sprachforscher die Wörter mit solchen anderer amerikanischer Eingeborenensprachen verglichen, konnten sie keine Ähnlichkeit finden. In der Tat stammen alle Wörter aus der afrikanischen Mandingo-Sprache.

Ihrer äußerlich kulturellen Identifikation als Indianer beraubt, blutsmäßig mit Weiß und Schwarz vermischt, des angestammten Landes verlustig, galten die Indianer in den Südstaaten als »Farbige« (das heißt Schwarze), bewahrten aber das Bewußtsein, keine Neger zu sein. Aus ihnen gingen unter anderem jene Gruppen hervor, die heute als »dreirassige Isolate« bezeichnet werden.

Obwohl die Indianerreservationen Virginias im achtzehnten und neunzehnten Jahrhundert klein waren und durch »freiwilligen« Verkauf von Grundstücken weiter schmolzen, gab es doch viele weiße Farmer, die dieses Land gerne für sich gehabt hätten. Sie richteten an die zuständigen Behörden Eingaben, in denen sie behaupteten, die Reservatsbewohner seien ohnedies nur Schwarze oder Mulatten, weshalb von indianischen Ansprüchen auf das Land und die damit verbundenen Vorrechte keine Rede sein könne. Es nimmt eigentlich wunder, daß diese Petitionen nur wenig Erfolg hatten; den Indianern aber kündigten sie an, was ihnen noch bevorstand.

Der Druck auf die Indianer machte sich auch in anderen Teilen der amerikanischen Südstaaten bemerkbar. Die nach der Umsiedlung des Großteils ihres Stammes nach Westen im Staat Mississippi verbliebenen Choctaws wurden 1859 gleichfalls »beschuldigt«, sich mit Negern vermischt zu haben. Auch hier war das Argument nur ein billiger Vorwand, um an das Land der Indianer heranzukommen; auch hier war der Versuch nicht erfolgreich.

Es kam der Bürgerkrieg, aus dem sich die virginischen Indianer, zahlenmäßig ohnedies ohne militärische Bedeutung, so weit als möglich heraushielten, danach die Rekonstruktionsperiode mit einer kurzen Blüte rassischer Gleichberechtigung, und dann die totale Segregation mit ihren Jim-Crow-Gesetzen unter dem Titel »gleich, aber getrennt«. Die geringe Zahl der Indianer führte dazu, daß sie keinen Platz in den Gesetzen fanden, die nur zwischen Weiß und Farbig unterschieden. Die Definition von »Farbig« war, in dem Bestreben, auch wirklich keinem Schwarzen eine Chance zu geben, so weit gefaßt, daß sie nicht nur Teile der armen fast-weißen Mischlingsbevölkerung, sondern auch die meisten Indianer einschloß. Bis in die sechziger Jahre unseres Jahrhunderts konnte kein Roter in den Südstaaten ein für Weiße bestimmtes Lokal betreten.

Die Indianer reagierten darauf schon im neunzehnten Jahrhundert, indem sie Mischehen zwischen Stammesmitgliedern und Negern oder Mulatten bei Strafe der Verstoßung aus dem Stamm verboten und auch sonst in vieler Hinsicht weiße Muster rassischer Vorurteile übernahmen. Das geht so weit, daß selbst heute noch die in den Reservationen lebenden Stämme Virginias geringschätzig auf die außerhalb lebenden Indianer herabblicken – nicht nur, weil diese keine Vertragsrechte besitzen, sondern auch wegen ihrer zum Teil bemerkbaren schwarzen Beimischungen, die rassistische Weiße allerdings auch bei den Reservationsgruppen zu entdecken glauben. (»Man muß nur auf ihren Haaransatz im Nacken schauen«, versicherte 1973 ein weißer Virginier, »dann sieht man bei all diesen ›Indianern‹ das Kraushaar, das deutlich beweist, daß sie Neger sind.«)

Rein äußerlich grenzten sich die Indianer von den anderen »Farbigen« dadurch ab, daß sie ihr Haar lang wachsen ließen, um so auf ihr glattes Haar zum Unterschied vom Kraushaar der Neger aufmerksam zu machen. Sie gaben ihren Kindern indianische Namen nach historisch bedeutenden Eingeborenen (Powhatan Major, Opechancanough Adkins, Pocahontas und Tecumseh Cook) und begannen wieder »indianische« Tänze aufzuführen, bei denen sie sich nach dem Vorbild westlicher Indianer zu kleiden trachteten. Manche dieser Tänze hatten eine Tendenz, die auf Annäherung an die herrschende Rasse abgestimmt war. So etwa wurde alljährlich im Rahmen eines Tanzfestes die Rettung des Captain John Smith, des Gründers der Kolonie Virginia, durch die Häuptlingstochter Pocahontas dargestellt, eine Geschichte, die tief im weißen Mythos der Kolonisierung Amerikas verwurzelt ist; ungeachtet der Tatsache, daß das Verhalten des Kolonistenhelden zu den Indianern nur sehr euphemistisch als »hart, aber gerecht« bezeichnet werden konnte.

All dies nützte den Indianern Virginias herzlich wenig. Nur eine einzige Gruppe, eine sehr stark durch Heirat mit Weißen mestizierte Gruppe von Nansemond, wurde von der Herrenrasse akzeptiert, verlor dabei aber weitgehend ihre indianische

Identität. Auch die Tatsache, daß in der Zwischenzeit mehrere Ethnologen die Stammesreste, die drei Jahrhunderte lang alle Versuche der Ausrottung und Diskriminierung überlebt und dabei ihre Identität als Indianer bewahrt hatten, studiert und ihnen ihren indianischen Status bestätigt hatten, hinderte nicht die Fortsetzung, ja sogar Intensivierung ihrer Entrechtung. 1924 beschloß Virginia ein rassistisches *Racial Integrity Law* (Gesetz zur Bewahrung der Rassenreinheit), welches zwar zwischen Weiß, Rot und Schwarz unterschied, in der Praxis aber – wohl wegen der größeren Einfachheit der zweifachen gegenüber der dreifachen Segregation – die Indianer mit den Schwarzen gleichsetzte.

Dr. Plecker wachte als Registrar des *Bureau of Vital Statistics* nicht nur mit Argusaugen darüber, daß kein Farbiger in ein für Weiße bestimmtes Spital eingeliefert wurde, sondern sammelte auch eifrig Material, um zu beweisen, daß eigentlich alle Indianer Neger seien. Einer indianischen Hebamme beispielsweise drohte er mit Berufsverbot und Strafverfolgung, sollte sie sich in Hinkunft noch einmal die Frechheit herausnehmen, auf dem Geburtsschein eines Kindes die Rubrik »Rasse« mit »Indianer« auszufüllen. So wenig beweiskräftig seine genealogischen Forschungen waren, so sehr stimmte sein Standpunkt mit den Vorurteilen seiner weißen Mitbürger überein. Als der Zweite Weltkrieg kam und Weiße und Schwarze »gleich, aber getrennt« zu den Waffen gerufen wurden, berief man die Indianer zusammen mit den Schwarzen ein. Aus dem folgenden heftigen Proteststurm gingen die Indianer, teilweise von Ethnologen unterstützt, als Sieger hervor: man zog sie als Indianer ein.

Beim Stamm der Rappahannocks hat die Frage der Stellungspflicht zu bitteren inneren Zerwürfnissen geführt, weil einige Stammesmitglieder charakterlich nicht fest genug waren und sich gemeinsam mit Negern der Musterung stellten. Die Behörden versprachen ihnen, sie würden nicht an die Front geschickt, falls sie sich den Bestimmungen beugten. Die standfesten Rappahannocks aber ächteten die nachgiebigen Abweichler und behandeln sie bis heute mit größter Zurückhaltung. Interessanterweise befinden sich gerade unter diesen »Verrätern des Blutes« heute die militantesten Aktivisten der modernen Indianerbewegung.

Zwei Institutionen hatten sich die virginischen Stammesgruppen lange Zeit erhalten können: eigene Kirchen und eigene Schulen. Diese beiden Zentren ländlichen Gemeinschaftslebens wurden zu sichtbaren Zeichen und Sammelpunkten indianischer Identität besonders in den harten Zeiten, in denen die Identität von der Umwelt in Frage gestellt wurde. Auch wenn die Schulen mangels ausreichender Finanzierung klein und schlecht waren, gaben sie doch die Möglichkeit, indianische Kinder von indianischen Lehrern unterrichten zu lassen, die den Heranwachsenden die Weltsicht der Minorität vermitteln konnten. Außerdem dienten die Schulzimmer nicht nur zur Abhaltung von Versammlungen der indianischen Elternvereine, sondern auch als Lokale für die Zusammenkünfte des Stammesrates und anderer Aktivitäten der ethnischen Gruppe.

Die zwangsweise Desegregation des Schulwesens, herbeigeführt durch die unter Präsident Johnson beschlossenen Bürgerrechtsgesetze und die Urteile der Gerichte, brachte die Indianer Virginias um ihre Schulen. Desegregation der Schulen heißt, daß sich in jedem Schulbezirk die prozentuellen Anteile von weißen, schwarzen und roten Schülern in der Zusammensetzung jeder einzelnen Schule wiederspiegeln müsse. Um dies zu erreichen, haben die Gerichte den Transport von Schülern mit Autobussen in entfernte Schulen angeordnet. Die weißen Eltern protestierten gegen das erzwungene »Busing« und die daraus resultierende Auflösung der Nachbarschaft von Schule und Elternhaus; in Wirklichkeit fürchteten die Mittelständler um ihre Bildungsprivilegien. Das Resultat war ein weitgehender Exodus der wohlhabenden Weißen aus den integrierten öffentlichen Schulen in weiße Privatschulen, die – soweit sie ohne staatliche Subventionen arbeiten – nicht zur Integration gezwungen werden können.

Für die Indianer freilich hatte die Desegregation weitergehende Konsequenzen. Der Einsatz von Schulbussen an sich war für sie nichts Neues; schon bisher waren die meisten indianischen Schüler Virginias mit Bussen aus den verstreut gelegenen Farmhäusern zur Schule oder von einer Reservation in eine andere befördert worden. Schockartig wirkte, wie man nach dem bisher Geschilderten leicht einsehen wird, die Tatsache, daß nach dem Ausweichen der Weißen in Privatschulen die Integration lediglich dazu führte, daß die vorher indianischen Schulen nun überwiegend von Negerkindern besucht wurden. Und wenn den virginischen Indianern etwas unheimlich war, dann war es die enge Verbindung mit Negern, die in der Vergangenheit ein Hauptargument der Weißen gegen die Indianer gewesen war. Und nicht nur dies: Zugleich zerfielen die indianischen Elternvereine, da ja die Kinder auf verschiedene Schulen aufgeteilt worden waren; indianische Kinder wurden nicht mehr von indianischen Lehrern unterrichtet, und die Schulräumlichkeiten konnten nicht mehr für Gemeinschaftsbelange herangezogen werden. Die Stämme zogen sich in die Kirchen zurück.

Für die größte Indianergruppe Virginias, die Western Chickahominys in Charles City County, brachten die Bürgerrechtsgesetze und ihre strikte Befolgung noch eine weitere Folge mit sich: die Konfrontation mit »Black Power«, wie es die Lokalzeitungen nannten. Die Bevölkerung von Charles City County besteht zu 79 Prozent aus Schwarzen, zu 12 Prozent aus Indianern und zu 9 Prozent aus Weißen. Diese, in der Mehrzahl reiche Plantagenbesitzer, hatten bis 1971 durch das diskriminierende Wahlrecht, das die farbige Bevölkerung praktisch von der Stimmabgabe ausschloß, den nicht ganz 6000 Einwohner zählenden Landbezirk östlich der Vororte der Hauptstadt Richmond allein regiert. 1971 nützte die schwarze Bevölkerung erstmals ihre zahlenmäßige Mehrheit und wählte schwarze Kandidaten an die Spitze der Bezirksbehörden. Da bekamen es nicht nur die Weißen, sondern auch die Roten mit der Angst zu tun. Was würde nun geschehen? Um sich gegen rassistische weiße Gesetze zu schützen und sich als Indianer zu behaupten, hatten sich die Chickahominys deutlich von ihren schwarzen Nachbarn abgegrenzt und es schmerzlich empfunden, als ihre Schule in schwarze Hände kam. Würden nun die neuen Herren des Bezirks die Indianer als Weiße diskriminieren, nachdem die Roten von den Weißen als Schwarze behandelt worden waren?

Die neuen Herren aber hatten Besseres zu tun, als die Greuelpropaganda ihrer Gegner Wirklichkeit werden zu lassen. Anstatt für vergangene Herabsetzungen Rache zu nehmen, nahmen sie Rücksicht auf die Probleme der Weißen und besonders auf die der Indianer. Sie ernannten einen Indianer zum Bezirksverwalter, dem höchsten administrativen Posten in der County, nominierten einen weiteren Chickahominy für den dreiköpfigen Bezirksschulbeirat und gaben Weißen und Indianern eine ihrer Bevölkerungszahl entsprechende Vertretung in der Bezirksplanungskommission. Niemals zuvor waren die Chickahominys besser gefahren. Die Periode der schwarzen Kontrolle über die Angelegenheiten von Charles City County ist noch zu kurz, um weitgehende Schlußfolgerungen ziehen oder wesentliche Veränderungen in der Einstellung der

Indianer zu ihren Nachbarn erkennen zu können. Als der Schulbeirat mit zwei Stimmen gegen eine, das heißt mit der Stimme des indianischen Mitglieds, den weißen Bezirksschulinspektor seines Amtes enthob, gab es viele Chickahominys, die über das Verhalten ihres Vertreters empört waren. Sollte die gegenwärtige Tendenz aber andauern, ist damit zu rechnen, daß sich das Verhältnis zwischen Negern und Indianern weiter entspannen wird.

Das Verhalten der Eingeborenen Virginias den Schwarzen gegenüber ist zwar typisch für viele Gruppen in den Südstaaten, insgesamt aber war die Reaktion der Uramerikaner auf die importierten Afrikaner sehr uneinheitlich. An der mittleren Atlantikküste und wohl überall dort, wo Neger nur in geringer Zahl auftraten, war die erste Begegnung von Erstaunen begleitet: Erst die Bleichgesichter und nun diese Dunkelhäutigen! Wie vieles andere, das der weiße Mann ins Land brachte, hielten die Algonquianstämme im Osten Nordamerikas die Schwarzen vorerst für *Manitu*, für etwas, das mit der bekannten Realität wenig gemein hatte, jedoch im Verdacht stand, übernatürliche Eigenschaften zu besitzen. Andere Gruppen gelangten jedoch schnell zu einer tiefergehenden Einsicht: Der schwarze Mann ist nichts anderes als ein schwarzer weißer Mann.

Der Neger Esteban, der 1527 als einziger Teilnehmer eine spanische Transkontinentalexpedition überlebt hatte und 1529 als Dolmetsch und Führer eine andere spanische Gruppe auf ihren Eroberungszügen durch den amerikanischen Südwesten geleitete: er sprach die Sprache der Weißen, kleidete sich wie sie, kämpfte mit ihnen gegen die Indianer. Worin unterschied er sich von den Weißen, außer durch seine Hautfarbe? Der Neger Jean-Baptist Point Du Sable, der sich als Händler und erster nichtindianischer Siedler 1779 dort niederließ, wo heute Chicago steht: er sprach die Sprache der Weißen, kleidete sich wie sie, bot den Indianern die Güter der Weißen zum Tausch gegen Felle an, heiratete wie die meisten weißen Händler eine Indianerin, betrog seine Kunden wie ein Weißer, und die Geschichtsbücher nennen ihn heute den ersten Siedler von Chicago, als ob dort niemals Indianer gelebt hätten. Nur seine Hautfarbe unterschied ihn von den Weißen. Die Negersklaven der Chickasaws zu Beginn des neunzehnten Jahrhunderts: sie hatten die gleiche Religion wie die weißen Missionare und dienten diesen sogar als Übersetzer bei ihren Versuchen, die Stammesbevölkerung zu bekehren; sie waren dunkelhäutige und – vielleicht deswegen – minderwertige Weiße.

Insgesamt können die Weißen stolz auf die Erfolge ihrer roten und schwarzen Rekruten auf dem Exerzierfeld rassischer Vorurteile und Diskriminierung sein. Es gibt reichlich Belege für das aktive Bestreben der Kolonialherren, zwischen freien Indianern und Negern Zwietracht zu säen, um nur ja kein für das Fortbestehen der weißen Hegemonie gefährliches Bündnis zwischen den beiden unterdrücken Gruppen aufkommen zu lassen.

In South Carolina geschah dies, indem man den Indianern hohe Prämien für die Rückbringung von Negersklaven zahlte, die in der Hoffnung auf ein besseres Leben zu den Indianern entlaufen waren. Der wirtschaftliche Anreiz war stark genug, um den gewünschten Erfolg zu erzielen und damit einer längerfristigen Verbindung der beiden Gruppen vorzubeugen. Den Negern wieder erzählte man von der Grausamkeit der indianischen Kriegführung und setzte sie mit Vorliebe als Soldaten gegen feindliche Rote ein. Ab der Mitte des achtzehnten Jahrhunderts wurden dann die Indianer im Handel mit Negersklaven tätig, während der bisher übliche Verkauf von feindlichen Eingeborenen als Sklaven an die Kolonisten praktisch aufhörte. Negersklaven wurden in einer Kolonie gestohlen, hinter der weißen Grenze in entfernte Kolonien transportiert und dort an Sklavenhalter verkauft, die nie genug Arbeitskräfte bekommen konnten. Während die Verbindungen mit Negern eher flüchtig waren, gingen viele Indianer Verbindungen mit Weißen ein, was besonders bei den Fünf Zivilisierten Stämmen zum Aufkommen einer starken rot-weißen Mischlingsbevölkerung führte. Diese Mischlingsbevölkerung war es auch, die, in ihren ethischen und politischen Normen den Weißen nahestehend und ihnen durch Blutsbande verbunden, bald damit begann, selbst Sklaven zu halten. So besaß der Creek-Häuptling William McIntosh, ein Cousin des Gouverneurs von Georgia, um 1825 etwa 120 Negersklaven, während zur gleichen Zeit der ihm rangmäßig übergeordnete Tustunugge Hopoi, ein reinblütiger Indianer, nur sechs Schwarze auf seinen Feldern beschäftigte. Bei manchen nordamerikanischen Indianerstämmen, etwa bei den Shawnees, propagierten Missionare die Haltung von Negersklaven durch Indianer. Dies erschien ihnen als akzeptables Rezept, den dem Ackerbau abholden Uramerikanern auf diese Weise jene materielle Zivilisation zu verschaffen, die den christlichen Emissären als Grundlage einer erfolgreichen Bekehrung notwendig schien.

Sklaverei war für viele Stammesgruppen in Nordamerika nichts Neues. Wo es geschichtete Gesellschaften mit entwikkeltem Besitzerwerb gab, wie an der Nordwestküste oder im Südosten, fanden sich auch Menschen im Eigentum von Menschen. Viele der Sklaven waren Kriegsgefangene (die anderswo zu Tode gemartert oder adoptiert wurden), andere hatten bei Glücksspielen ihre eigene Person eingesetzt und verloren. Obwohl sie rechtlos waren und zumeist niedere Arbeit verrichten mußten, wurden sie von ihren Herren als wertvolles Besitztum gut behandelt. Ihre Hauptfunktion war, Reichtum und Ansehen ihres Eigentümers zu verkörpern, und besonders an der Nordwestküste töteten viele Sklavenhalter ihre Sklaven in scheinbar sinnloser Weise bei bestimmten Anlässen, um durch Vernichtung von Werten ihren Wohlstand unter Beweis zu stellen. Für die Verwandten eines versklavten Eingeborenen war dessen Unfreiheit eine arge Schande, weshalb sie danach trachteten, den Unglücklichen freizukaufen. Die meisten roten Sklaven der Indianer waren also nur Unfreie auf Zeit, die den Besitzstand ihrer Herren durch ihr bloßes Vorhandensein, nicht durch ihre Arbeitsleistung vermehrten.

Hand in Hand mit der Versklavung von Negern durch die Indianer und Indianermischlinge des Südostens ging auch die Übernahme der von den Weißen gepflegten rassistischen Ideologie der natürlichen Minderwertigkeit der Schwarzen. Der Cherokee-Häuptling Little Turkey ging 1793 sogar so weit, zu behaupten, die Spanier seien keine echten Weißen, da viele von ihnen wie Mulatten aussähen, weshalb er nichts mit ihnen zu tun haben wolle.

Daß es sich bei dieser Äußerung um keinen Einzelfall gehandelt hat, zeigt eine Variante der Legende über den Ursprung der Rassen, die bei den Biloxis in Louisiana aufgezeichnet wurde. Sie erklärt die verschiedenen Hautfarben folgendermaßen: Die einzelnen Völker kamen zu einem Fluß, um darin zu baden. Der Amerikaner kam zuerst, als das Wasser noch ganz klar war; dann kam der Franzose, nach ihm der Indianer; da das Wasser zunehmend schmutziger wurde, war ihre Hautfarbe nach dem Bad dunkler als die des Amerikaners. Als der Spanier erschien, war der Fluß schon sehr trübe, und den zuletzt erschaffenen Neger färbte das Wasser schon gänzlich schwarz.

Unter den Stämmen des südöstlichen Nordamerikas waren es eigentlich nur die in langandauernde heftige Kämpfe mit den Weißen verstrickten Seminolen, die neben Negersklaven auch freie Neger bei sich aufnahmen. Deren Zahl und Bedeutung innerhalb der Stammesbevölkerung ist aber oft überschätzt worden, hauptsächlich weil die damaligen weißen Berichterstatter glaubten, es mit der lange gefürchteten Vereinigung von Roten und Schwarzen zu tun zu haben, und in ihrem Schrecken stark übertrieben. Moderne physisch-anthropologische Untersuchungen bei den Seminolen in Florida haben ergeben, daß die genetische Struktur der Bevölkerung überwiegend indianisch ist, mit geringen Beimengungen weißer und schwarzer Gene. Die Cherokees hatten 1835 in ihrer Bevölkerung etwa 10 Prozent Negersklaven und ein Prozent Weiße; der moderne genetische Befund zeigt aber, daß die nichtindianischen Beimischungen der heutigen Eastern Cherokees fast ausschließlich von den Weißen herrühren. Tatsächlich waren von den 89 Prozent Cherokees im Jahr 1835 ein beträchtlicher Teil weiße Mischlinge.

Im Prinzip zeigen diese Beispiele, daß die Indianer des Südostens mit den weißen Gepflogenheiten der Rassentrennung und der Diskriminierung weitgehend konform gingen. Die Spanier waren ziemlich tolerant gegenüber Mischehen; allerdings erdachten sie ein kompliziertes asymmetrisches Klassifikationsschema für die Produkte der Rassenmischung. Während bei Verbindungen zwischen Indianern und Spaniern das indianische Element nach drei Generationen nicht mehr berücksichtigt wurde und die Enkel Weißen gleichgestellt waren, wurden negroide Beimischungen mindestens bis in die dreizehnte Generation verfolgt. Ein Schwarzer kann eben niemals ein Weißer werden, ein Indianer hingegen schon. Das lernten auch die Catawbas in South Carolina von ihren Mormonen-Missionaren, deren Rassenideologie 1968 eine Präsidentschaftskandidatur des mormonischen Exgouverneurs von Michigan, George Romney, verhinderte: Indianer seien zwar nicht so edel wie Weiße, sagten die Missionare, aber im Lauf der Zeit könnten auch sie »weiß und wohlgefällig« werden.

Als der Bürgerkrieg ausbrach, standen manche der südlichen Indianerstämme auf der Seite der rebellierenden Konföderation der weißen Sklavenhalterstaaten. Jene Gruppen, die sich relativ rein erhalten hatten und in ihrer Isolation in Gefahr gerieten, selbst für Neger oder Mulatten angesehen zu werden, hielten sich nach Möglichkeit aus dem Konflikt heraus; einzelne Indianer emigrierten gar aus den Südstaaten nach Kanada. Stark mit Weißen vermischte Gruppen, wie die Catawbas, die zwar als negerfeindlich bekannt waren, jedoch selbst keine Sklaven hielten, traten vorwiegend aus patriotischen Erwägungen in die konföderierte Armee ein. Die Fünf Zivilisierten Stämme jedoch, die samt ihren Sklaven durch den Ansturm der weißen Siedler aus ihrer Heimat in den Südstaaten vertrieben worden waren, wie auch andere sklavenhaltende Gruppen des Indianerterritoriums westlich des Mississippis wurden von den Konföderierten dazu bewogen, sich dem Kampf gegen die Unionsstaaten des Nordens anzuschließen, um die Sklaverei zu erhalten. Wieder waren es vornehmlich die weißen Mischlinge unter den Indianern, die den Ausschlag gaben, nachdem kurz vor Ausbruch des Krieges zwischen den Staaten die Vollblutindianer sich zu einer Organisation für die Abschaffung der Sklaverei zusammengeschlossen hatten. So kämpften Teile dieser Stämme unter ihren eigenen Offizieren (wie General Standie Watie) auf der Seite derer, die nun ihre frühere Heimat bewohnten, gegen die Truppen der Regierung, die ihnen diese Heimat formal weggenommen hatte. Sie gewannen keine größere Schlacht und konnten den Sieg des Nordens nicht verhindern helfen.

Das Ende des Bürgerkriegs brachte auch für die sklavenhaltenden Indianer das Ende der Negersklaverei. (Die Cherokees hatten diese Institution schon 1863, gleichzeitig mit der Auflösung ihres Bündnisses mit den Südstaaten, freiwillig abgeschafft.) Wie in den Südstaaten erhob sich auch bei den Indianern die Frage, welche Stellung die Schwarzen nach ihrer Befreiung einnehmen sollten. Und auch von ihnen forderte man, sie sollten den befreiten Negern gleiche Rechte gewähren. Diese Forderung stieß bei den Besiegten vielfach auf heftigen Widerstand, bei den Indianern unter anderem auch deshalb, weil sie sich in ihrer Organisation nicht nur als politischer, sondern auch als ethnischer Verband verstanden. Allerdings ist zu berücksichtigen, daß dieses Argument manchen rassistischen Mischlingen nur als Vorwand gedient haben mag.

Das Argument der Seminolen gegen diese Forderung entbehrt nicht einer gewissen Folgerichtigkeit: »Der Vorschlag, die befreiten Neger auf einer Basis der Gleichberechtigung mit den ursprünglichen Stammesmitgliedern in unseren

Verband aufzunehmen, wird so unvermittelt präsentiert, daß er uns, angesichts der Lehre von der Minderwertigkeit des Negers, die wir durch lange Jahre vom weißen Mann gelernt haben, schockiert.« Die Creeks bemerkten, sie seien zwar zur Emanzipation ihrer Neger bereit, »nicht aber, sie als gleichberechtigte Bürger anzuerkennen – und wir können nicht glauben, daß die Regierung von uns mehr verlangt, als sie selbst bisher zu tun für richtig befunden hat«.

Die Forderungen der siegreichen Union an die Indianer gingen aber noch weiter. Während man ihnen vertraglich zusicherte, daß kein Weißer sich ohne ihre Zustimmung im Indianerterritorium niederlassen dürfe, wollte man keine derartigen Garantien für die befreiten Neger abgeben. Die Indianer erblickten darin durchaus richtigerweise einen Versuch, die unliebsamen Exsklaven auf indianisches Gebiet abzuschieben. In Kreisen weißer Politiker wurde sogar erwogen, einen eigenen Negerstaat im Indianerterritorium zu errichten. Hätten die Indianer damals gewußt, daß ihnen dieses Territorium ohnedies innerhalb von vierzig Jahren von den Weißen weggenommen werden würde, dann hätten sie vielleicht sogar diesem Vorschlag zugestimmt.

Eine weitere Forderung bestand darin, bei der Auszahlung von Annuitäten keinen Unterschied zwischen ehemaligen Negersklaven und ehemaligen indianischen Sklavenhaltern zu machen. Dies ist zwar die logische Konsequenz aus der Forderung, die Schwarzen in den Stamm zu integrieren, läßt aber außer acht, was die Annuitätenzahlungen eigentlich bedeuteten: Kompensation – wenn auch ungenügende – für abgetretenes Indianerland. Die Idee, Neger für entzogenes Indianerland zu entschädigen, stellt gewiß alles in den Schatten, was man von den rebellierenden Südstaaten nach ihrer Niederlage verlangte. Allerdings waren Negermischlinge schon früher von den Creeks und den Seminolen bei der Aufteilung der Annuitäten berücksichtigt worden, nicht aber von den Vereinigten Staaten.

Grundsätzlich jedoch ging es während der Rekonstruktionsperiode im Indianerland nicht anders zu als in den Südstaaten. Nach der Freilassung der Sklaven kam es vielfach zu Gewalttätigkeiten gegen die Neger seitens der ehemaligen Sklavenhalter. Man gab den Schwarzen die Schuld am Bürgerkrieg, an dessen Ausgang und überhaupt an allem Übel in der Welt. Die Unionstruppen, die den Süden gewaltsam befriedeten, machten bei den Indianern keine Ausnahme von ihrem strengen Vorgehen. Gerade diese Strenge, die teilweise in Ungerechtigkeit ausartete, konnte bei den Eingeborenen schwerlich Sympathien für die Schwarzen wecken, zu deren Befreiung dies alles geschah. Wenn man bedenkt, daß die Rekonstruktionsperiode nach einigen Jahren auf kaltem Wege beendet wurde, so waren die dabei erzeugten Ressentiments, gemessen an dem geringen Gewinn, zweifellos ein zu hoher Preis.

Die Befreiung der Sklaven durch Lincoln hatte übrigens auch zur Folge, daß nach der Erwerbung Alaskas von den Russen im Jahre 1867 eine der ersten Aktionen der neuen Machthaber die Aufforderung an die Indianer des neuen Territoriums war, ihre indianischen Sklaven freizulassen, was diese – freilich ohne tieferes Verständnis für die Ursachen der Forderung – auch taten.

Als mit Ende der Rekonstruktionsperiode die gesetzliche Segregation der Schwarzen spürbar diskriminierende Folgen auch für andere Farbige hatte, versuchten die nicht offiziell anerkannten Indianer, die Mestizen und die dreirassigen Isolate mit allen Mitteln der drohenden Eingliederung in die unterste Gesellschaftsschicht zu entgehen. Die Mestizen, zwar hellhäutig, aber dennoch sichtlich farbig, wären meist gern als Weiße akzeptiert worden, mußten aber eine Erklärung für ihre dunklere Hautfarbe suchen und fanden sie in ihrer tatsächlichen oder auch nur behaupteten teilweisen Abstammung von Indianern. Da die außerhalb von Reservationen lebenden Indianer im Osten Nordamerikas vielfach nicht nur keine gültigen Verträge mit den Vereinigten Staaten oder auch nur mit einem der Teilstaaten hatten, die ihnen ihren Status garantiert hätten, sondern zudem auch meist zu stark dekulturiert waren, um ohne weiteres als Uramerikaner erkannt zu werden, mußten sie nach anderen Möglichkeiten suchen, ihre Identität zu manifestieren. Das Mindesterfordernis dafür war ein Gruppenname.

Eine bedeutende Anzahl von Stämmen aber war seit den Tagen der ersten europäischen Kolonisierung so grundlegend von ihrer Tradition getrennt worden, daß sie nicht nur ihre alte Sprache vergessen hatten, sondern auch den Namen ihres Stammes. Ihren Nachbarn waren sie unter den merkwürdigsten Bezeichnungen bekannt: »Adamstown People« (nach dem häufigsten Familiennamen Adams), »Issues«, »Brass Ancles«, »Red Bones«, »Moors« und »Bushwakers«, überwiegend abwertende Termini. Die Mischlingsgruppen im südlichen Maryland kamen zu ihrem Namen »Wesorts«, weil sie angeblich ihren schwarzen Nachbarn gegenüber betonten: »We sort of people are not like you sort of people.« Obwohl diese Bezeichnung seit etwa 1880 üblich ist, haben sich ihre Träger noch nicht damit abgefunden, keinen »richtigen« Namen zu haben. Eine Gruppe von Medizinern, die vor wenigen Jahren eine Untersuchung über die durch Inzucht innerhalb der Gruppe entstandene, genetisch bedingte Verkürzung der Zähne bei einem Teil der Wesorts anstellte, verwendete bei der Veröffentlichung zur Wahrung der Anonymität der Untersuchten die Deckbezeichnung »Brandywine People«, nach einem Fluß in der Nähe ihrer Wohngebiete. Da den Wesorts dieser Name schöner und ehrenhafter erschien als der alte, steht er seither bei ihnen in Verwendung. Andere Mitglieder derselben Mischlingsgruppe identifizieren sich ausdrücklich mit bestimmten Indianerstämmen, die im siebzehnten Jahrhundert in diesem Gebiet gelebt haben, werden aber von ihrer Umwelt dabei nicht ernst genommen. Eine Gruppe etablierte sich 1974 nach dem Korporationsrecht von Maryland wieder als Piscataway-Stamm, von dem man zuletzt im achtzehnten Jahrhundert gehört hatte. Rechtlich hat der Schritt keinerlei Konsequenzen bezüglich der noch aus der Kolonialzeit stammenden Verträge zwischen dem Staat Maryland und den Piscataways; er ist lediglich Ausdruck der Bemühung um eine respektable Identität. Genetische Untersuchungen lassen auf einen hohen Anteil schwarzer Ahnen bei etwa gleichstarker Beimischung von Weißen und Roten schließen, wobei allerdings die Gruppe genetisch durchaus inhomogen zu sein scheint.

Manchmal verhalfen Völkerkundler den Namenlosen zu »guten« Namen. Die bereits erwähnten Rappahannocks erhielten diesen Titel von dem amerikanischen Ethnologen Frank Speck, der auch die Adamstown People in Upper Mattaponi umbenannte, obwohl sich diese Bezeichnung – die historisch wahrscheinlich falsch ist – nur in Ethnologenkreisen durchsetzte, während die Nachbarn weiterhin den alten Namen verwenden. Die Haliwas in North Carolina haben ihren Namen aus jenen der beiden Bezirke Halifax und Warren gebildet, in denen sie leben. Sie haben sich erst 1957 aus einer größeren Mischlingsgruppe gelöst, deren Rest heute als Hollister Negroes bezeichnet wird. Der serologische Befund (wie immer mit Vorsicht zu genießen) schreibt den Haliwas zwar eine wesentlich stärkere indianische, aber auch eine stärkere negroide Komponente zu als den Hollister Negroes.

Die Lumbees, ebenfalls in North Carolina ansässig, bilden mit etwa 40.000 Mitgliedern nicht nur die zweitgrößte indianische Kommunität der USA, sondern auch die Geschichte ihrer Namensgebung ist außergewöhnlich. Als Gruppe mit Zusammengehörigkeitsbewußtsein während des Bürgerkriegs entstanden, waren sie lediglich als »Indianer von Robeson County« bekannt. Ein romantischer Weißer verfiel schließlich auf die Idee, bei den Roten aus Robeson County könnte es sich um die Nachkommen der berühmten »verlorenen Kolonie« handeln, die 1586 von den englischen Kolonisten an der Küste North Carolinas zurückgelassen wurde, im Jahr darauf aber verschwunden war. Die Nachschubschiffe fanden lediglich die Buchstaben »CRO« in einen Baumstamm eingeritzt und vermuteten, die Siedler hätten sich schutzsuchend zu dem benachbarten Stamm der Croatoans begeben. Das war das letzte, was man von ihnen erfuhr. Nun sollten also die Indianer von Robeson County, räumlich weit entfernt, die Erben der vermißten Kolonisten und der Croatoan-Indianer sein. Die Legende gab den Indianern neuen Stolz, vermochte sie aber auf die Dauer nicht zu befriedigen. Sie versuchten, als Cherokees anerkannt zu werden, was den entrüsteten Protest der in den Bergen North Carolinas lebenden Eastern Cherokees heraufbeschwor. Wieder traten Ethnologen auf den Plan und entschieden, daß die indianischen Ahnen der Gruppe wahrscheinlich Mitglieder der kleinen Sioux-Stämme dieser Gegend gewesen seien. Die vorgeschlagene Bezeichnung »Siouan Indians of Lumber River« aber war abermals kein Name, mit dem man sich identifizieren konnte. In Analogie mit alten Stammesnamen wie Santee, Pedee, Sewee und anderen, die sich von Flußbezeichnungen ableiteten, kam man schließlich auf »Lumbee«. Unter diesem Titel wurden die Indianer von Robeson County 1956 als eigene Gruppe anerkannt, wenn auch der Bund im gleichen Atemzug jegliche Fürsorgepflicht für sie ablehnte. Anfang der siebziger Jahre war ein Teil der Lumbees bereits auch mit diesem Namen unzufrieden. In keinem Geschichtsbuch war ein Stamm der Lumbees verzeichnet, also war er suspekt. (In den fünfziger Jahren hatte ein Indianer aus Robeson County die Stammesbezeichnung »Barbarous« für seine Gruppe vorgeschlagen; in einem Buch über die Geschichte von North Carolina hatte er die Bemerkung gefunden, vor Ankunft der Weißen sei das

Land von »barbarous Indians«, barbarischen Indianern, bewohnt gewesen.) Nachdem alle anderen Möglichkeiten ausgeschöpft waren, entschloß sich eine etwa 5 Prozent starke Minderheit dazu, sich als Tuscaroras zu identifizieren, eine Gruppe, die bis zu ihrer Abwanderung nach New York im achtzehnten Jahrhundert in der weiteren Umgebung gelebt hatte. Die Nachkommen der Tuscaroras im Staat New York haben bislang noch nichts von sich hören lassen, es ist aber wahrscheinlich, daß sie wenig Verständnis für die neuen Verwandten aufbringen werden. Aufgrund serologischer Untersuchungen wurde das Verhältnis der genetischen Anteile von Weiß, Schwarz und Rot bei den Lumbees mit 42 : 48 : 10 ermittelt. Als diese Ergebnisse veröffentlicht wurden, brach ein Proteststurm unter den Lumbees los, in dessen Folge der Wissenschaftler, der diese Resultate publik gemacht hatte, öffentlich eingestehen mußte, daß jenes Zahlenverhältnis keineswegs über jeden Zweifel erhaben sei. Die Lumbees fühlen sich als hundertprozentige Indianer und werden von der Umwelt und von den staatlichen Institutionen als solche anerkannt.

Die Suche nach weißen Ahnen, wie sie im Fall der Lumbees als vermutete Nachkommen der »verlorenen Kolonie« erwähnt wurde, ist charakteristisch für das Verhalten der gemischten und diskriminierten Gruppen. Nur weiße Verwandtschaft von möglichst hohem Status konnte den Namenlosen zu Ansehen verhelfen. Da sie zu dunkelhäutig waren, um als Weiße passieren zu können, und daher indianisches Erbe in Anspruch nahmen, blieb echte oder fiktive Verwandtschaft mit Weißen die einzige Möglichkeit, sich der Herrenrasse anzubiedern. Die Potomacs, bei denen Newton der häufigste Name ist, beanspruchten den kinderlosen Sir Isaac Newton als Ahnonkel, wenn schon nicht als Ahnvater, die Rappahannocks wissen eine rührende Geschichte über ihre Abkunft von dem Gouverneur Thomas Cary Nelson zu erzählen: wie dieser – in ihrer Tradition – Indianerfresser erst alle Roten vernichtet hätte, bis er dann eines Tages, als er mit seinen Söhnen ausritt, auf einer Waldlichtung die drei letzten Rappahannock-Mädchen gefunden habe. Sehen, Lieben und Heiraten waren eins, und so wurde der Schlächter der Rappahannocks vom Schicksal dazu ausersehen, sie auch wieder zeugend zu vermehren. Die Byrds unter den Rappahannocks haben kürzlich die Existenz eines William Byrd entdeckt, der sich zu Beginn des achtzehnten Jahrhunderts mit den Kolonialbehörden überwarf und an der Grenze der Wildnis siedelte; sie beanspruchen ihn gerne als Ahnen.

Die Bradbys bei den Pamunkeys und Chickahominys berichten von einem weißen Baptisten gleichen Namens, der sich zur Zeit der amerikanischen Revolution enttäuscht von der weißen Gesellschaft zu den Indianern zurückzog und ihnen seine Religion und Blutslinie gab. Unter den Wesorts kursieren Geschichten über die Abstammung von einer Schwester George Washingtons und vom fünfundzwanzigsten Unterzeichner der Unabhängigkeitserklärung der Vereinigten Staaten. Die Bass bei den Nansemonds können ihre Verwandtschaft mit Nathaniel Bass, einem der ersten Siedler Virginias, sogar glaubhaft belegen.

Andere Motive hat freilich die Suche nach indianischer Verwandtschaft unter der weißen Bevölkerung Amerikas. Fast jeder Amerikaner, der etwas auf sich hält, hat eine indianische Großmutter, mangels näherer Kenntnisse meist als »Cherokee« bezeichnet, zwecks Hebung der eigenen Bedeutung häufig als »indianische Prinzessin« qualifiziert. Dutzende der besten Familien in Virginia verweisen voll Stolz auf ihre belegbare Abkunft von der Häuptlingstochter Pocahontas, während sie die weniger belegbaren, aber echteren indianischen Erben dieser Dame als Neger ansehen.

Die soziale Gleichsetzung von Indianern und Negern in den Südstaaten und die Fortsetzung sklavereiähnlicher Zustände »mit anderen Mitteln« illustriert der Fall eines vollblütigen Mississippi-Choctaws, der 1927 als Sohn von *Sharecroppers* geboren wurde. Sharecroppers sind (im Süden meist schwarze) Farmarbeiter, die für einen Farmer gegen Ertragsbeteiligung arbeiten. In der Praxis heißt dies, daß ihr Herr ihnen Unterkunft, Essen, Bekleidung und andere Auslagen gegen ihre kleine Beteiligung aufrechnet und sie zumeist in einer Art Schuldknechtschaft hält.

Der Vater unseres Choctaws starb, als der Sohn acht Jahre alt war, und hinterließ 750 Dollar Schulden an den Farmer für Arztrechnungen und Begräbniskosten. Der Sohn wurde vom Farmer zwecks Schuldentilgung zur Arbeit angehalten und durfte keine Schule besuchen. Als er dreizehn Jahre alt war, übersiedelte seine Mutter mit ihm zu einem anderen Farmer, der ihre Schulden beim ersten Farmer beglichen hatte, und beide arbeiteten, um nun ihm die Schulden zurückzuzahlen. Mit vierundzwanzig Jahren hatte er seine Schulden getilgt und kam zum erstenmal in seinem Leben in den Besitz von

Bargeld: 35 Dollar. Er verließ den zweiten Farmer, um für einen dritten zu arbeiten, war jedoch nach drei Jahren wieder in den roten Zahlen, so daß ein vierter Farmer ihn loskaufte, um ihn als Arbeitskraft zu bekommen. Nach zwei Jahren hieß es, seine Schulden seien getilgt, als er aber weggehen wollte, wurde ihm plötzlich mitgeteilt, er schulde noch 30 Dollar. Dieser Betrag erhöhte sich, anstatt zu schrumpfen, im Lauf der Zeit auf 140 Dollar, so daß der nunmehr Dreißigjährige eines Tages davonlief. Er ging in die Stadt und arbeitete drei Jahre lang als Bauarbeiter für 44 Dollar in der Woche. 1960 wurde er wegen einer Rezession im Baugewerbe mit vielen anderen Arbeitern gekündigt und war arbeitslos. Er kehrte in seine engere Heimat zurück, war bald darauf in einen Autounfall verwickelt und wurde vom Gericht zu einer Geldstrafe von 140 Dollar verurteilt, die er natürlich nicht besaß. Während er im Gefängnis saß, besuchte ihn ein fünfter Farmer und versprach, ihn aus dem Gefängnis loszukaufen, wenn er für ihn arbeiten wolle. Er ging auf das Angebot ein, um zwei Jahre später festzustellen, daß sich seine Schulden um genau 15 Dollar auf 125 Dollar verringert hatten.

Der Choctaw fand letztlich zu seiner Familie und zu seinem Stamm zurück, wo seine indianische Identität außer Zweifel stand. Die Aufhebung der Segregation, die in Mississippi besonders spät kam, und das wirtschaftliche Erstarken der Mississippi-Choctaws haben die Situation für die Stammesmitglieder weitgehend verbessert. Trotzdem ist für die weiße Bevölkerung im tiefen Süden heute noch jeder Indianer ein Farbiger, wenn er nicht sehr stark mit Weißen vermischt ist.

Die These von der grundsätzlichen, naturgegebenen Überlegenheit des weißen Mannes – das Rückgrat der Rassenideologie des Südens – hat nicht nur die Gleichsetzung von Roten und Schwarzen als »Farbige« zur Folge gehabt, sondern hat auch zur Grausamkeit der Indianerkriege im Westen Amerikas beigetragen; denn die Unionstruppen, die nach dem Ende des Bürgerkriegs gegen die Roten eingesetzt wurden, standen überwiegend unter dem Kommando von Offizieren der ehemaligen Konföderierten Staaten. Für sie war die Untermenschlichkeit der indianischen Farbigen keine Frage.

Dennoch bestand ein bemerkenswerter Unterschied in den Stereotypen von Schwarz und von Rot. Ein in der Apologie des Rassenhasses wichtiges Bild ist das des schwarzen Sexualverbrechers, der eine weiße Frau vergewaltigt. Dies kann als symbolische Darstellung des Angriffs auf die Unversehrtheit der weißen Überlegenheit und Vorherrschaft angesehen werden, als gewaltsamer Versuch der Neger, aus den Banden der Unfreiheit und Entrechtung auszubrechen. Einen roten Sexualverbrecher kennt die Rassenideologie Amerikas nicht. Ein Grund dafür liegt in der lange gehegten Meinung von der asexuellen Veranlagung des indianischen Mannes, der deswegen nicht so zu fürchten wäre wie der gefährlich potente Schwarze; ein anderer Grund aber findet sich in der unterschiedlichen Rechtsstellung des Indianers. Er war einst der rechtmäßige Besitzer Amerikas, kein rechtloser Sklave; er strebte nach der Bewahrung von Rechten, nicht nach deren Erwerb; ihm wollte der Weiße Rechte nehmen, nicht vorenthalten. Man sprach ihm die Potenz ab und heiratete die indianische Prinzessin, um auf genitalem Weg in die Rechte des Indianers einzutreten. So gesehen, war der Weiße der Neger des Indianers.

Dementsprechend selten wurde öffentlich die Vermischung von Schwarz und Weiß gefordert, während jene von Rot und Weiß überall Billigung fand, wo die Uramerikaner noch ihre angestammten Rechte besaßen. Zu Beginn des achtzehnten Jahrhunderts schienen solche Verbindungen den Engländern ein geeignetes Mittel, um der französischen Expansion in Nordamerika, die sich schon lange dieser Taktik bedient hatte, entgegenzuwirken. In Theorie und Praxis wurden freilich nur Heiraten weißer Männer mit roten Frauen akzeptiert. Es waren ja auch überwiegend Männer, die als Händler, Soldaten oder Verwalter ins Indianerland vorstießen und bei den Eingeborenen einheirateten. Weiße Frauen, die von den Indianern in ihre Dörfer entführt, adoptiert und durch Ehebande integriert wurden, konnten anderseits mit dem Mitleid der anderen Siedler rechnen, denen eine Zivilisierte im Bett eines Barbaren nicht nur widernatürlich, sondern auch den eigenen Interessen wenig förderlich schien. Die Franzosen begründeten ihre Erfolge bei der indianischen Weiblichkeit damit, daß sie »verschwenderischer mit ihrer Manneskraft umgingen als die Indianer und die Wünsche der Frauen mehr beachteten«, was implizite auch die Ablehnung des reziproken Verhaltens erklärt.

Die feinen Unterschiede zwischen Rot und Schwarz wurden aber in jüngster Zeit von liberalen Weißen immer häufiger übersehen. So wie für den Südstaatler waren für den aufgeklärten Mann aus dem Norden Neger und Indianer letztlich identisch, wiewohl in einem positiv gemeinten Sinn. Beide waren arm, beiden ging es schlecht, beide brauchten Hilfe. Die zahlenmäßige Größe der Negerbevölkerung ließ deren Probleme als die der amerikanischen Minderheiten schlechthin erscheinen. Was für sie gut war, sollte auch für die anderen gut sein. Der Enthusiasmus der liberalen Bürgerrechtsaktivisten, die Gelder der vom schlechten Gewissen geplagten Kirchen und der Reformeifer fortschrittlicher Gesetzgeber machten alle keinen Unterschied zwischen den ehemaligen »Lasttieren« und den früheren »wilden Tieren«: Alle »Tiere« sollten nun gleich werden. Als die Roten nicht willens waren, 1968 am Marsch der Armen auf Washington teilzunehmen oder die Verwechslung von Gleichberechtigung und Gleichschaltung zu akzeptieren, warf man ihnen vor, die gemeinsame Sache der Reform zu verraten. Wehrten sie sich gegen die Integration ihrer Schulen, schimpfte man sie Rassisten. Wollten sie Indianer und nicht Farbige sein, beschuldigte man sie (so die schwarzen Nachbarn der Rappahannocks in Virginia), stolz und eingebildet zu sein. Doch selbst wenn sie als »Farbige« Vorteile gehabt hätten, verzichteten die Roten darauf, um Rote bleiben zu können.

Neben sachlichen Divergenzen gab es auch kulturelle. Es war einfach nicht »indianisch«, auf die Straße zu gehen und zu demonstrieren, sagten die Führer in den Reservationen, und sie konnten dabei einer Unterstützung durch die Mehrheit sicher sein. Ganz ähnlich erklärte ein Haliwa-Indianer, wie man am einfachsten Indianer von »anderen« (nämlich Schwarzen) unterscheiden könne: Sie hätten sanfte Stimmen (während die Schwarzen lautstark lärmten). Russell Means, dem AIM-Führer, wird deshalb in den Reservationen auch insgeheim vorgeworfen, er verhalte sich wie ein Neger, auch wenn er sachlich Recht hätte. Gerade das leise Auftreten der Indianer in eigener Sache hat zu einem Mangel an Kommunikation mit der dominanten weißen Gesellschaft geführt, der die Weißen in der Zuordnung der Indianer zu den Farbigen bestätigte.

Problemmäßig den Schwarzen am nächsten stehen zweifellos die Indianer in den Städten. Sie zeigen jedoch ein grundsätzlich anderes Siedlungsverhalten im urbanen Milieu als die Neger. Trotz Diskriminierung auf dem Wohnungsmarkt findet man sie relativ gleichmäßig über die nichtindianische Einwohnerschaft verteilt, während die Schwarzen in Gettos konzentriert sind. Und diese schwarzen Wohnbezirke sind zugleich die einzigen, in denen sich fast niemals Indianer finden. Eine Ausnahme bilden hier die Lumbees von Baltimore, die sowohl weitgehend geschlossen als auch in der Nähe von Schwarzen siedeln. Aber auch die Stadtindianer waren nicht für eine Aktionseinheit mit den Schwarzen zu gewinnen, selbst wenn oder weil sie schwarze politische Taktik aus der Nähe verfolgen konnten. Sie mieden engeren Kontakt mit den Negern, um nicht wie in den Südstaaten von den Weißen ans unterste Ende der sozialen Skala verbannt zu werden.

Während die auf Anpassung zielende Politik der schwarzen Bürgerrechtskämpfer wegen deren gegensätzlicher Interessen bei den Indianern auf wenig Enthusiasmus stieß, verstanden sie ohne Schwierigkeit Stokely Carmichaels Ruf nach »Black Power«. Hier wurde zu Nationalismus und Tribalismus aufgefordert, hier trat an die Stelle des unwürdigen Nachäffens weißer Mittelstandsideale die Besinnung auf die eigene Tradition und ihre Werte. Eine Aktionseinheit ist damit weitgehend ausgeschlossen, aber gegenseitige Achtung und Respekt vor den Eigenheiten der anderen Gruppe können dadurch nur gefördert werden.

Der Weiße symbolisch als Neger der Indianer. Der Schwarze als schwarzer Weißer. Der Rote als Schwarzer der Weißen und Weißer der Schwarzen. Das kann nicht der Wille des Großen Geists gewesen sein.

Red Power und Onkel Tomahawk

Ein junger Navajo, Anfang der Zwanzig, kommt in die Stadt. Er hat soeben einen fünfjährigen Kurs an der *Intermountain School* in Utah absolviert, in dem er zum Tapezierer ausgebildet worden ist: seine einzige formale Schulbildung. In der Reservation gibt es für ihn keine Arbeit; die Navajos haben in ihren Hogans wenig Polstermöbel und noch weniger Geld, sie reparieren zu lassen. Deswegen möchte er nach Denver, in die Hauptstadt von Colorado, wo viele Navajos – darunter auch Verwandte von ihm – arbeiten. Das Indianerbüro zahlt ihm eine einfache Fahrkarte an seinen Bestimmungsort; in Denver selbst führt die vom BIA betriebene Stellenvermittlung mehrere Gespräche mit ihm, schneidet ihm die Haare und gibt ihm 30 Dollar Überbrückungshilfe für die erste Woche.

21 Dollar kostet das Zimmer mit Verpflegung, das ihm vom BIA empfohlen worden ist. Bleiben neun Dollar, um die Verwandten in der Stadt zu suchen und andere Kontakte mit Navajos, hauptsächlich in Bars und öffentlichen Parkanlagen, aufzunehmen. Die Stellenbewerbung kommt nicht vom Fleck; mehrere Vorsprachen bei möglichen Dienstgebern verlaufen ergebnislos. Das BIA zahlt eine zweite Wochenüberbrückung aus. Auch am zweiten Wochenende trifft er Bekannte im *Pink Elephant*, einer der typischen Indianerkneipen Denvers; hauptsächlich Leidensgenossen, die ebenfalls keine oder wenigstens keine feste Arbeit finden können. In der dritten Woche vermittelt ihn das BIA an eine Sattlerei; er kommt zwei Stunden zu spät zur Arbeit, findet sich in der neuen Umgebung nicht gleich zurecht und wird noch am selben Tag wieder entlassen. Im staatlichen Arbeitsamt sind die Schlangen der Wartenden so lang, daß man nicht einmal an die Formulare zur Anmeldung seiner Wünsche herankommt.

Gerade als er enttäuscht die Stadt verlassen will, vermittelt ihm das BIA doch noch eine Stelle als Lederzuschneiderlehrling ab der nächsten Woche. Am Samstag verdient er sich durch Rasenmähen noch drei Dollar und hat mithin jetzt zwölf Dollar, um sie Samstag abends zu verjubeln. Er trifft zwei ihm nicht persönlich bekannte Navajos, man beginnt zu trinken, und irgendwann an diesem Abend verläßt ihn seine Erinnerung. Er weiß nur, daß er betrunken dasitzt, an einem Arm verwundet, als die Polizei kommt und ihn festnimmt.

Als bisher Unbescholtener wird er Sonntag früh auf freien Fuß gesetzt, muß jedoch Mittwoch zur Verhandlung vor Gericht erscheinen. Das bereitet ihm keine Schwierigkeiten, denn Dienstag wird er von seinem Arbeitsplatz, an dem er Montag angetreten ist, wieder entlassen. Das Gericht verurteilt ihn zu einer bedingten Geldstrafe von zehn Dollar. Am nächsten Tag läßt sich der junge Navajo vom BIA eine weitere Wochenüberbrückung auszahlen und fährt nach Hause zurück. Er hat vorläufig genug von der Stadt. Vielleicht kommt er eines Tages wieder nach Denver. Seine Chancen, im städtischen Milieu festen Fuß zu fassen, stehen aber nicht günstig.

Die Regierung möchte gerne einen Mann auf den Mond schießen, erzählten die Oklahoma-Cherokees einige Jahre, bevor sich die USA Neill Armstrongs »kleinen Schritt« tatsächlich Milliarden kosten ließen. Man weiß auch schon, wie man ihn dorthin schafft, aber die Rückholung ist noch ein ungelöstes Problem. Letztlich sollte auch das keine Schwierigkeiten machen, meinten die Cherokees. Man braucht nur einen Indianer in die Rakete zu setzen und ihm zu sagen, er würde im Rahmen eines Umsiedlungsprogramms auf den Mond geschafft. Einmal auf dem Mond angelangt, würde der Eingeborene schon einen Weg zurück nach Hause finden, wie immer, wenn er umgesiedelt wird.

Um den umgesiedelten Eingeborenen bei der Anpassung an die städtischen Verhältnisse zu helfen, entstanden in den meisten Großstädten sogenannte »Indianerzentren«, meist von idealistischen Weißen geführte Klubs, die neben ihrer Beratungsfunktion den Zuwanderern auch soziale Kontakte außerhalb der Kneipen bieten sollten. Der Konstruktionsfehler dieser Organisation war, daß sie primär für anpassungswillige Rote gedacht waren. Die zur Anpassung Willigen und Fähigen benötigen jedoch weniger Hilfe als jene, die ungenügend vorbereitet und in der vagen Hoffnung auf wirtschaftliche Besserstellung in die städtischen Zementprärien gekommen waren. Die Anpassungswilligen suchten keinen Kontakt mit anderen Roten, denn sie lernten bald aus leidvoller Erfahrung, daß ein solcher Kontakt bei der Integration nur hinderlich sein konnte.

Viele gut in der Stadt eingelebte Indianer erzählten dieselbe

Geschichte. Solange sie Kontakte mit ihren Leuten zu Hause in der Reservation aufrechterhielten, kamen die Neuzuwanderer immer zu ihnen. Die Umsiedler erwarteten sich von den bereits Eingelebten eine Fortsetzung der gegenseitigen Hilfeleistung, wie sie in der Reservation funktionierte. Sie erwarteten, daß man ihnen Wohnraum geben, sie finanziell unterstützen, ihnen Posten verschaffen und sie bei der Polizei auslösen würde, wenn sie in Schwierigkeiten geraten sollten. Würden die Angepaßten allen Zuwanderern diese Hilfestellung gewähren, wären sie bald selbst wirtschaftlich am Ende. Die Folge davon ist, daß sie ihre Beziehungen zur Vergangenheit abbrechen und für die Reservationsindianer zu Weißen oder wenigstens zu »Äpfeln« werden. Die Verweigerung von Hilfe kommt einem Austritt aus der Stammesgemeinschaft gleich.

Die Enttribalisierung spiegelt sich auch im Wohnverhalten wieder. Wie schon erwähnt, findet man in den Städten selten geschlossene Indianerviertel, die den Gettos der schwarzen Bevölkerung vergleichbar wären. Selbst dort, wo wie in Rapid City früher indianische Vororte von der wachsenden Stadt geschluckt wurden, hat dieser Vorgang die Segregation nicht gefördert, sondern vielmehr zur Auflösung der Indianerviertel geführt.

Bevölkerungsmäßig halten die Hauptzentren der Stadtindianer leicht mit den großen Reservationen (abgesehen von der Navajo-Reservation) mit. In den Vereinigten Staaten lebten in Los Angeles 1970 etwa 24.000 Indianer, in Tulsa, Oklahoma, 15.000, in Oklahoma City 13.000, in San Francisco 12.000 und in Phoenix, Arizona, 10.000. Weitere elf Städte hatten eine indianische Bevölkerung zwischen 5000 und 10.000: New York City, die Doppelstädte Minneapolis-St. Paul in Minnesota, Seattle-Everett in Washington, San Berardino-Riverside in Kalifornien, Tucson in Arizona, Chicago in Illinois, San Diego in Kalifornien, Albuquerque in New Mexico, Buffalo in New York, Dallas in Texas und Detroit in Michigan. Demgegenüber hatte neben der Navajo-Reservation 1972 nur Pine Ridge in South Dakota mehr als 10.000 Bewohner, acht Reservationen zählten zwischen 5000 und 10.000 indianische Einwohner: Gila River, Papago, Hopi und Fort Apache in Arizona, Zuni in New Mexico, Blackfoot und Fort Peck in Montana und Rosebud in South Dakota. Mit wenigen Ausnahmen finden sich also die urbanen Zentren mit starker roter Bevölkerung nicht in unmittelbarer Nähe der Reservationen. Kontakte zwischen Stadt- und Reservationsindianern werden durch die große räumliche Distanz von vornherein erschwert.

Die Städte sind grundsätzlich stammesfeindlich. Der Stamm existiert nur in der Einheit mit dem Land, der Reservation. Etwa 15 Prozent der Cherokees leben in Kalifornien ohne tribale Organisation. In North Carolina, wo derselbe Stamm sein letztes kommunales Land besitzt, sind nur 10 Prozent aller Cherokees verblieben. Absolut gibt es in Kalifornien mehr Cherokees als Angehörige irgendeines der in diesem Staat eingeborenen Stämme. Auch die enttribalisierten Choctaws und Apachen sind hier stärker vertreten als die eigentlichen kalifornischen Gruppen. Was ihre Bedeutung für ihre noch in der Reservation lebenden Brüder betrifft, könnten sie genausogut auf dem Mars leben.

Die Reservationen sind zwar als Landbasis und Bindeglied zur Vergangenheit von eminenter Bedeutung für die Erhaltung der Identität der Stämme geworden, die Lebensbedingungen auf ihnen entsprechen aber genausowenig wie jene in den Städten den ursprünglich gegebenen Verhältnissen. Die Kommunitäten sind wirtschaftlich ausgehungert, politisch machtlos und kulturell wenigstens teilweise verarmt. Jahrzehntelange Bevormundung durch das Indianerbüro hat in allen Bereichen zu Stagnation und Substanzverlust geführt. Die besser ausgebildeten Eingeborenen, die in der weißen Arbeitswelt konkurrenzfähig sind, wandern ab; mit ihnen verlieren die Stämme ein beträchtliches Potential zum produktiven Aufbau eigener Betriebe. Bodenschätze werden von weißen Konzernen auf den Reservationen gefördert und außerhalb des Stammeslands verarbeitet und verbraucht. Die Stämme erhalten relativ kleine Ertragsbeteiligungen, die großen Profite gehen an die weißen Firmen, die zusätzlich auch die staatliche Erschöpfungsabgeltung erhalten, obwohl es das Indianerland ist, auf dem die Bodenschätze bald erschöpft sein werden. Die Gelder, die von außen in die Reservation einfließen, verlassen sie wieder auf dem kürzesten Weg über den weißen Händler. Wirtschaftlich sind die Reservationen Kolonien vergleichbar. Wirtschaftliche Zwänge, die systematische Unterdrückung eigener Kulturtätigkeit bis in die zwanziger Jahre, die planmäßige Unterdrückung der eigenen Sprache in den staatlichen Schulen teilweise bis in die Gegenwart und die Verhinderung freier politischer Entfaltung im traditionellen Stil haben eine ungestörte Fortsetzung der alten Lebensweise verhindert.

Reservationen und staatliche Schulen boten anderseits (ähnlich wie später die Städte) Gelegenheit zu häufigen Kontakten zwischen Mitgliedern verschiedener Stämme und förderten dadurch einen zuerst kulturellen, in der Folge auch politischen Panindianismus. Sehr zum Ärger der Agenten auf den Reservaten zogen bald nach Errichtung der staatlich überwachten Indianergebiete die Eingeborenen bei jedem festlichen Anlaß in benachbarte Reservationen, um ihre Arbeitslosigkeit durch Gesang und Tanz zu versüßen.

Konföderationen und andere begrenzte Zusammenschlüsse meist nahe verwandter Stämme hatte es schon in voreuropäischer Zeit gegeben, aber erst die Ankunft der Weißen in Nordamerika schuf eine Situation, in der die Eingeborenen sich über Stammesdifferenzen hinweg als eine den Kolonisten gegenüber relativ einheitliche Gruppe verstehen konnten. Die Adoption nichtirokesischer Gruppen, wie der algonquinsprechenden Nanticokes oder der siouxsprechenden Tutelos, in den Irokesenbund während des achtzehnten Jahrhundert stellt wohl noch ein vor-panindianisches Modell dar, bei dem militärische Dominanz zu politischer Integration führte: Das Prinzip der Adoption von Kriegsgefangenen wurde auf Stammesebene übertragen.

Die bekanntesten frühen panindianischen Tendenzen neuer Prägung waren mit nativistischen Ideen verbunden, sie waren zugleich kulturell-religiöser und politischer Natur: 1763 versuchte der Ottawa-Häuptling Pontiac die Stämme des Seengebiets politisch gegen die Briten zu einen und berief sich dabei auf die Visionen des Delaware-Propheten. Der Shawnee Tecumseh scheiterte fünfzig Jahre nach Pontiac im selben Gebiet bei dem Versuch, eine rote Einheitsfront gegen die Amerikaner zu bilden, wobei sein Bruder Tenskwatawa mit seinen Visionen von einer indianischen, europäerfreien Zukunft die ideologische Basis lieferte. Der Geistertanz, der sich im letzten Jahrzehnt des neunzehnten Jahrhunderts von Westen her über die Plains verbreitete und das letzte Aufflackern militärischen Widerstands gegen die weiße Expansion verursachte, war ebenfalls im Kontrast zu weißen Institutionen und Sitten motiviert. Es ist symptomatisch, daß der Peyote-Kult seine rasche Verbreitung im späten neunzehnten Jahrhundert den BIA-Internaten verdankt, in denen Schüler aus den verschiedensten Stämmen zusammenkamen.

Daneben gab es in beschränktem Ausmaß frühe Manifestationen eines rein politischen Panindianismus, wie Ende des achtzehnten Jahrhunderts die fruchtlose Einigung der Fünf Zivilisierten Stämme gegen weitere Landabtretungen. Die Entstehung eines rein kulturellen Panindianismus datiert aus einer viel späteren Zeit. Im östlichen Nordamerika, vor allem im Südosten, mußten die weitgehend dekulturierten Eingeborenen nach dem Bürgerkrieg Symbole ihres Indianertums vorweisen, um als Nachkommen der Uramerikaner anerkannt zu werden. Die Indianer Virginias ließen sich zuerst von den weniger akkulturierten Gruppen des nördlichen Neu-England inspirieren und verfertigten Kleidung und Schmuck nach nördlichem Vorbild, nicht ohne Reste überkommener Tradition in ihr Indianertum einzubeziehen. Ebenso wirkten später die westlichen Indianer der kulturellen Verarmung in den Reservationen durch Übernahme fremder Elemente entgegen. Das Bild vom Plains-Indianer, das mittlerweile zum weißen Inbegriff des Uramerikaners geworden war, wurde auch von vielen Eingeborenen als Muster akzeptiert, weil sich diese Demonstration indianischer Gemeinsamkeit und Identität primär an ein weißes Publikum richtete, das bestimmte Stereotypen erwartete. Der Peyote-Kult, wie die frühen panindianischen Visionen stark mit christlichem Gedankengut durchsetzt, etablierte sich als »Indianerreligion« bei vielen nordamerikanischen Stammesgruppen, ohne deshalb jedoch letztlich die Stammesreligionen zur Gänze verdrängen zu können.

Die Städte mit ihrer heterogenen indianischen Bevölkerung stellen heute ein fruchtbares Feld für kulturellen wie für politischen Panindianismus dar. Vom Lebensnerv der eigenen Stammesgemeinschaft abgeschnitten, treffen sich die Mitglieder der unterschiedlichsten Gruppen auf dem einen gemeinsamen Nenner des Indianertums. Wie einst im Indianerterritorium, wo eingesessene Gruppen mit den Zuwanderern aus dem Osten auf engstem Raum nebeneinanderlebten, und in den Reservationen der späteren Zeit, so tauschen auch in den Städten die Indianer bei ihren *Pow-wows* Elemente der materiellen Kultur, wie Schmuck und Tracht, aber auch Ideen über ihre Stellung in einer von Weißen dominierten Gesellschaft aus. Die Suche nach dem Verbindenden ist für sie kaum weniger schwer als für die Befürworter eines schwarzen Nationalismus in den USA, bei denen zwischen den afrikanischen Wurzeln und der modernen Realität Jahrhunderte der Sklaverei und Enttribalisierung stehen. Der schwarze Afro-Look ist in seiner Selektivität gegenüber der heterogenen

Tradition dem kulturellen Panindianismus unserer Tage durchaus vergleichbar.

Für ein Mitglied einer funktionierenden Stammesgesellschaft gab es eigentlich keine Identitätsprobleme: Jeder hatte seinen Namen, gehörte zu einer Familie, einem Klan oder einer anderen größeren Verwandtschaftsgruppe und war schließlich Angehöriger eines Stammes, ein Mensch, ein lebendes Wesen. Nur eines war der Uramerikaner nicht: Indianer.

Bis zum heutigen Tag sind die meisten Eingeborenen – und das unterscheidet sie letztlich von den amerikanischen Schwarzen – ihrem Stamm stärker verbunden als dem von außen definierten »Indianertum«. Ein Oglala ist in erster Linie ein Oglala, in zweiter Linie ein Dakota. Ein Indianer ist er nur unter spezifischen Voraussetzungen, zum Beispiel in der Stadt. In den Sprachen der Eingeborenen Nordamerikas gibt es kein Wort für »Indianer«; meist muß die englische Bezeichnung herhalten. Bei den Choctaws in Mississippi, die kulturell recht konservativ sind, weiß jedes Kind, daß es ein Choctaw ist. Auf die Frage einer Lehrerin, ob sie auch wüßten, wo Indianer lebten, sagten sie: »Ja, am Pearl River.« Pearl River ist eine Choctaw-Gemeinde, der die Stammeshauptquartiere angeschlossen sind und in der es verhältnismäßig panindianisch zugeht. Sich selbst würde ein Choctaw kaum als Indianer bezeichnen.

Ein weiteres Identitätsproblem erwuchs aus Eheschließungen zwischen Mitgliedern verschiedener Stämme. Auch früher waren solche Heiraten nicht unüblich, die Stammeszugehörigkeit der Kinder bestimmte sich eindeutig nach ihrer Zuordnung entweder zur väterlichen oder zur mütterlichen Gemeinschaft. Mit abnehmender Stammesbindung nimmt der Stolz auf die Genealogie zu: Man bekennt sich gerne zur Abstammung aus verschiedenen Stammesgemeinschaften und bezeichnet sich dementsprechend als Chippewa-Assiniboine, Mohawk-Sioux oder Cherokee-Pomo. Europäer wissen, wie schwierig es sein kann, Tschechoslowake zu sein oder Jugoslawe. Tschechen und Slowaken sind benachbarte, nahe verwandte Völker, sie verfügen über ein geeintes Staatsgebiet: trotzdem gibt es Verschiedenheiten in der Sprache, in der Geschichte und in den regionalen Interessen, die das Miteinander problematisch gestalten können. Mohawks und Sioux sprechen grundverschiedene Sprachen, bewohnen weit voneinander entfernte Territorien und verfügen über keine

Gemeinsamkeit, außer jener, zur entrechteten Urbevölkerung Nordamerikas zu gehören. Die Simplifikation der weißen Kolonisatoren, die bis heute in der Suche nach einer einheitlichen Lösung des »Indianer«-Problems weiterlebt, ist das (schwache) einigende Band zwischen den Stämmen.

In vielen Fällen sind Stammesmitglieder sogar noch eher amerikanische Bürger als »Indianer«. Bei den Navajos etwa verbindet sich ein ausgeprägter Stammeschauvinismus mit einem für liberale Indianerfreunde geradezu peinlichen amerikanischen Nationalismus. Kaum irgendwo im Lande werden am 4. Juli, dem Nationalfeiertag, so viele Sternenbanner geschwenkt wie bei den Navajos, selten findet man sonst noch in den USA die bei ihnen so konsequente Verfolgung des Grundsatzes »Right or wrong, my country«. Im Zweiten Weltkrieg dienten mehr als dreieinhalbtausend Navajos in den amerikanischen Streitkräften, weitere 15.000 arbeiteten damals in der Kriegsindustrie. Obwohl nach Kriegsende der kurzfristige Beschäftigungsboom endete, sind die Navajos weiterhin nicht nur auf ihre eigenen Leistungen stolz, sondern auch auf die der Armee. Während andere Eingeborene den Vietnamkrieg als eine Fortsetzung der Indianerkriege in einem anderen Land sahen, durfte man einem Navajo nicht mit Kritik an den amerikanischen Kriegsabsichten in Südostasien kommen. Bezüglich nationaler Emotionen brauchen sich die Navajos auch vor den konservativsten weißen Bürgern des Mittleren Westens nicht zu verstecken.

Anderseits sind die Navajos in den großen panindianischen Organisationen nicht oder kaum vertreten, der Stammesrat hat in der Reservation sogar den panindianischen Peyotismus verboten. Ihr Verhalten im Territorialkonflikt mit den benachbarten Hopis läßt kein Mitgefühl für die Probleme anderer Roter entdecken. Zum Teil erklärt sich das Verhalten der Navajos aus ihrer Bevölkerungsstärke. Als bei weitem volkreichster Stamm sind sie nicht so sehr auf Unterstützung durch andere Rote angewiesen wie kleinere Gruppen, deren Stimme ohne solidarische Verstärkung ungehört verhallen würde.

Bei der Inaugurationsparade anläßlich der Vereidigung des Generals Zachary Taylor als Präsident der Vereinigten Staaten durften im Januar 1849 die einst von Taylor besiegten Chippewa-Indianer einen Siegestanz aufführen. Dieser Tanz repräsentierte damals den äußersten Vorstoß der Eingeborenen in den Bereich der weißen Politik. Die noch unabhängigen indianischen Völker hatten ihre eigenen, oft bedeutenden politischen Führer, die mit der amerikanischen Regierung verhandelten, aber es waren indianische Politiker, die keinen direkten Einfluß auf die Entscheidungen in den weißen Machtzentren nehmen konnten. Die unterworfenen Stämme hingegen waren weitgehend rechtlos. Integrierte Rote hatten unter Diskriminierung zu leiden und konnten nicht daran denken, ein politisches Amt in der weißen Welt anzustreben.

Als 1872 die Konvention der amerikanischen Anarchisten über einen Vizepräsidentschaftskandidaten für ihre Präsidentschaftskandidatin Victoria Woodhull beriet, wurden Stimmen laut, man möge den Brulé-Häuptling Spotted Tail, der kurz zuvor auf einer Besuchstour durch die Städte des Ostens eine gute Figur gemacht hatte, für diesen Posten nominieren. Tatsächlich entschieden sich dann die Umstürzler für den ehemaligen Negersklaven und nunmehrigen Führer der Schwarzen, Frederick Douglass. Selbst den Anarchisten galten also die Indianer als eine Minderheit, deren Problematik jener der Schwarzen verwandt war, und man optierte für die stimmenstärkere Gruppe. Der Kaw-Häuptling Curtis, der unter Präsident Harding 1919 tatsächlich Vizepräsident wurde, kann kaum als echter Eingeborener angesehen werden: ein akkulturierter Mischling mit schwacher roter Komponente, der in der weißen Welt zu Hause war.

Die primäre Verantwortlichkeit ihrem eigenen Stamm gegenüber hat bis heute vor allem bis zur Unkenntlichkeit Angepaßte oder protestierende Spaßvögel nach weißen Würden streben lassen. Zur letzteren Kategorie gehört Philip Cassadore, ein Apache, der sich im Südwesten als Sänger und Kommentator einer indianischen Radiostation einen Namen gemacht hatte. 1972 kündigte er seine Kandidatur für das Amt des amerikanischen Präsidenten an, zog seine Bewerbung aber nach wenigen Monaten zurück, weil er der Ansicht war, seinem Volk durch Arbeit im Stamm mehr helfen zu können als durch eine Präsidentschaftskandidatur. Symbolischer Protest war auch die Präsidentschaftskandidatur der schwarzen New Yorker Abgeordneten Shirley Chisholm im gleichen Jahr: Ihre Wahlplattform enthielt das Versprechen, bei gewonnener Wahl einen Indianer zum Innenminister zu machen. Der Einstieg in die weiße Politik gelingt natürlich am ehesten noch auf lokaler Ebene in indianerreichen Gebieten. In den gesetzgebenden Versammlungen von Alaska, New Mexico und Oklahoma findet man immer wieder Indianer oder solche, die ihren Vierundsechzigstel-Cherokee-Anteil mit Erfolg in die Wahlkampagne eingebracht haben.

Durch die Verleihung der amerikanischen Staatsbürgerschaft kamen die Uramerikaner auch in den Genuß des Wahlrechts. Obwohl die Traditionalisten davon keinen Gebrauch machen, weil Wählen unindianisch und ein Zeichen der Aufgabe der Stammessouveränität sei, haben die Roten den Gang zur Urne im Laufe der Jahre zu einer scharfen Waffe geschliffen. Anfangs neigten viele der wählenden Indianer zur den Republikanern, die nach dem Bürgerkrieg für lange Zeit die Präsidentschaft monopolisiert hatten und durch die von ihnen eingesetzten republikanischen Indianeragenten die anpassungswilligen Eingeborenen in ihrem Sinn indoktrinieren ließen. Der indianische *New Deal* Roosevelts brachte die Indianer dann fast vollzählig in die ethnische Koalition der Demokraten, der sie bis zur Wahl Präsident Nixons treu anhingen. Nixons Versprechen, den Eingeborenen Selbstbestimmung zu geben, stärkte die Stellung der Republikaner unter den Roten, die Nichteinlösung dieses Versprechens verhindert aber zweifellos eine völlige Umpolung der indianischen Wählerschaft. Außerdem haben die Uramerikaner genug Erfahrungen mit dem amerikanischen System sammeln können, um zu erkennen, daß eine Minorität durch Gefolgschaftstreue weniger gewinnen kann als durch kluges Taktieren zwischen den beiden Großparteien. Sie wählen heute ungeachtet der Parteizugehörigkeit jenen Kandidaten, der beweisen kann, daß er besser in der Lage ist, den Eingeborenen zu helfen.

George McGovern wurde 1962 dank den indianischen Wählern zum Senator von South Dakota gewählt, und in der Folge wurde er in seiner Eigenschaft als Vorsitzender des Senatsunterausschusses für Indianerangelegenheiten zu einer Schlüsselfigur für die Roten. Sein Eintreten für die Indianer schadete ihm bei den weißen Wählern in seiner Heimat. Den Roten war er wieder nicht konsequent genug. Bei den Präsidentschaftswahlen 1972 verlor er seinen eigenen Staat an Nixon. McGoverns öffentliche Kritik an den militanten Eingeborenen hat ihn rote Stimmen gekostet, ohne ihm weiße zu bringen.

Es bleibt abzuwarten, welches Schicksal McGoverns Kollege James Abourezk widerfahren wird, der 1972 ebenfalls mit den indianischen Stimmen in South Dakota in den Senat gewählt wurde. Abourezk ist libanesischer Abstammung, sein

Vater war Händler in einer der Sioux-Reservationen. Er ist daher mit den indianischen Problemen seit seiner Jugendzeit bestens vertraut. Er wurde, was bei einem jungen Senator ungewöhnlich ist, bereits 1973 Nachfolger McGoverns als Vorsitzender des Indianerausschusses. In dieser Funktion hat es Abourezk an Deutlichkeit bezüglich seiner absoluten Indianerfreundlichkeit nicht fehlen lassen, und bald wurde er auch im gesamtstaatlichen Maßstab von den Roten als ehrlicher Politiker und Streiter für ihre Rechte akzeptiert.

Der differenzierende Einsatz des Stimmpotentials wenigstens durch einen Teil der eingeborenen Wählerschaft ist eines der Merkmale einer zunehmenden Politisierung der Indianer über die Grenzen der Stammespolitik hinaus. Mit der Beendigung der politischen Unabhängigkeit der Stämme, mit der Unterdrückung ihrer ethnischen und kulturellen Artikulation machte man den Uramerikanern jede politische Aktivität, die nicht im Einklang mit der offiziellen Indianerpolitik stand, unmöglich. Das durch die Auflösung der tribalen Verbände nach dem *Dawes Act* entstandene Vakuum im Bereich der Stammespolitik wurde durch den *Indian Reorganization Act* nur teilweise gefüllt. Die Progressiven durften mit Billigung des Innenministeriums Demokratie spielen, wobei das Indianerbüro darauf achtete, daß sie nicht zu weit gingen; die Traditionalisten übersiedelten von der erzwungenen in die selbstgewählte innere Emigration. Bei allen Gegensätzen, die innerhalb des Stammes bestanden, war nach außen hin nur eine glatte Fassade zu sehen. Weder Progressive noch Traditionalisten kritisierten öffentlich die Indianerpolitik der Regierung. Die einen waren machtlos, weil sie sich ins System integrieren ließen, die anderen, weil sie das System ablehnten. Die ländliche Isolation des Reservationslebens verhinderte wirkungsvoll eine Ausbreitung neuer Ideen und Denkanstöße.

Die Abgeschiedenheit vom Rest Amerikas endete für viele Eingeborene erst mit dem Zweiten Weltkrieg. Der Dienst in den Streitkräften und die Tätigkeit in der Rüstungsindustrie führten zu engeren Kontakten zwischen den Uramerikanern und ihren Mitbürgern. Viele Indianer übersiedelten in die Städte, um dort Arbeit zu suchen. Wie den Schwarzen bot die Armee auch den Roten sonst kaum vorhandene Aufstiegs- und Ausbildungschancen. Besser als Jahrzehnte von Erziehung durch das Indianerbüro vermittelten so die Kriegsjahre den Eingeborenen grundlegende Erfahrungen und Einsichten in die Mechanismen der herrschenden Gesellschaft. Und gerade diese Erfahrungen kamen den Indianern zugute, die in die Reservationen zurückkehrten. Jene, die in der Stadt festen Fuß faßten, wollten vorläufig nicht an ihre indianische Vergangenheit erinnert werden; ihre Kenntnisse gingen den Stämmen bis auf weiteres verloren. Insofern trug das Umsiedlungsprogramm nur im Zusammenhang mit der unerwartet großen Rückwanderungsquote zur allmählichen Politisierung der Reservationsbewohner bei.

Diese Politisierung kam keinen Augenblick zu früh. Ohne sie wären die Eingeborenen von der Terminationspolitik überfahren worden, so wie sie einst von der Aufteilungspolitik widerstandslos überrollt worden waren. Nun aber formierten sie sich zum Widerstand und erzwangen von den erstaunten weißen Politikern eine relativ rasche Einstellung der Bestrebungen, die Sonderrechte der Eingeborenen aufzuheben. Dieser erste, wenn auch nicht vollständige Erfolg gab den Indianern Mut zu weiteren Aktionen.

Wesentlichen Anteil an der erfolgreichen Bekämpfung der Terminationsgesetze hatte der 1944 gegründete *National Congress of American Indians* (NCAI), dem hauptsächlich die unter dem *Indian Reorganization Act* wiederbelebten Stammesorganisationen angeschlossen waren. Als Vertretung der Stämme war und ist der NCAI mit seinen Büros in Washington eine wirkungsvolle Lobby-Organisation. Mit seiner Gründung ging die politische Initiative im Landesmaßstab von den alten, humanitären Organisationen, die unter starkem weißen Einfluß standen, auf die Stämme über. Die Diskussion über die Termination, die ja grundsätzlich die Stammesorganisationen betraf, förderten diesen Trend.

Die Gründung des NCAI markierte in der Tat einen Wendepunkt in der Geschichte des politischen Panindianismus: Erstmals schufen sich die Eingeborenen ein Sprachrohr, das einerseits repräsentativ für eine große Zahl organisierter Gruppen Positionen definieren und Ziele abstecken konnte und anderseits fest genug im amerikanischen System verankert war, um von offizieller Seite als Gesprächspartner akzeptiert zu werden. In der Vergangenheit hatte es wohl Indianer-Lobbies gegeben, ihre Mitglieder waren jedoch überwiegend Weiße gewesen, und selbst ihre indianischen Mitglieder waren meist am Rande ihrer eigenen Gemeinschaften gestanden. Das gilt für die *Indian Rights Association,* die zur Zeit der Diskussion um den *Dawes Act* gegründet wurde und bis heute existiert, für die 1911 gegründete *Society of American Indians,* der viele eingeborene Völkerkundler angehörten, sowie für die *American Indian Defense Association* und die *Eastern Association of Indian Affairs,* die in den zwanziger Jahren in Konkurrenz zueinander entstanden waren, um spezifische, den indianischen Rechten abträgliche Gesetze zu bekämpfen. Die beiden letztgenannten Organisationen, die 1937 in der *Association of American Indian Affairs* aufgingen, standen unter der Führung von John Collier und Oliver La Farge, einem anderen Völkerkundler und Schriftsteller, der vor Collier als Berater des BIA fungierte. Auch wenn diese beiden Gruppen durch den Einfluß ihrer weißen Exponenten maßgebliche Bedeutung für die Indianerpolitik der späten zwanziger und der dreißiger Jahre erlangten, können sie kaum als echte Sammelpunkte indianischer Wünsche angesehen werden.

Die im NCAI vertretenen Stammesführungen, die vielfach von konservativen Mischlingen und Angepaßten dominiert wurden, kämpften natürlich in erster Linie für eine Erhaltung des Status quo, der ihnen ihren wenn auch bescheidenen Einfluß auf die Aktivitäten der Reservationsgemeinschaften sicherte. Sie vertraten weder die Wünsche der Traditionalisten in den Reservationen noch die der anpassungswilligen Stadtindianer.

Zwei Ereignisse führten zu Beginn der sechziger Jahre zu einer Abschwächung des politischen Monopols der Stammesführungen: die *American Indian Chicago Conference* (AICC) im Jahre 1961 und die daraus resultierende Sammlung der eingeborenen Jugend im *National Indian Youth Council* (NIYC).

Die AICC entsprang einer nichtindianischen Initiative. Sol Tax, ein organisationsfreudiger Völkerkundeprofessor der Universität Chicago, war nach Beobachtung des Trends des abgelaufenen Jahrzehnts zu der Überzeugung gelangt, die wichtigste Voraussetzung einer zielführenden Indianerpolitik bestehe in der Ermöglichung eines Erfahrungsaustausch zwischen den Stämmen. Die Stimme der Eingeborenen sollte geeint und weithin vernehmlich erschallen. Der NCAI befaßte sich wohlwollend mit dem Projekt, wollte aber mit der Durchführung selbst nichts zu tun haben. Während Tax die technischen Voraussetzungen für eine einwöchige Konferenz an seiner Universität schuf, veranstaltete ein indianisches Organisationskommitee eine Reihe von regionalen Tagungen, auf denen die Agenden für die AICC im Juli 1961 vorbereitet wurden. Das Treffen in Chicago wurde insofern zu einem bahnbrechenden Ereignis, als erstmals mehrere hundert Vertreter indianischer Gemeinschaften aus allen Teilen Nordamerikas unabhängig von ihren Stammesräten zusammentrafen und sich auf eine gemeinsame Plattform einigten, die sowohl eine Standortbestimmung als auch einen Forderungskatalog enthielt.

Die Forderungen waren, gemessen am heutigen Standard, äußerst gemäßigt, obwohl sie anderseits als erster Ausdruck eines modernen indianischen Nationalismus angesehen werden müssen. Ihnen vorangestellt war ein »Versprechen der Indianer«, dessen konservatives Pathos völlig ernst gemeint war:

»1. Wie alle anderen wahren Amerikaner sind wir standhaft in unserem absoluten Glauben an die Weisheit und Gerechtigkeit der amerikanischen Staatsform.

2. Gleich allen anderen loyalen Bürgern unseres geliebten Landes sind wir bereit, für die Verteidigung dieses Landes und seiner Institutionen unser Leben, unseren Besitz und unsere heilige Ehre zu opfern.

3. Mit Nachdruck verurteilen wir die Versuche von Befürwortern einer fremden Regierungsform, an unseren Küsten oder in unseren Institutionen eine Ideologie oder Lebensauffassung zu propagieren, die Sklaverei oder Gerichtsverfahren und Urteil ohne die Billigung von Geschworenen zuläßt, die freie Rede verweigert, die freie Wahl der Religionsaubübung ablehnt oder durch Gewalt und Terror den Frieden und die Sicherheit der Menschheit gefährdet.

4. In dieser kritischen Stunde der Menschheitsgeschichte erhebt sich der amerikanische Indianer zu dem Versprechen an den Präsidenten der Vereinigten Staaten und an unsere Mitbürger, daß wir und unsere Kinder für immer auf diesen Grundsätzen beharren werden.«

Die zeitliche Nähe zur mißglückten Kuba-Invasion durch die USA mag den superpatriotischen Ton der Erklärung begreifen helfen, die heute kaum noch die Zustimmung der Mehrheit der politisch aktiven Indianer fände. Absatz 3 liest sich bei nüchterner Betrachtung weniger wie eine Verurteilung kommunistischer Subversion, sondern eher wie eine Rekapitulation des Schicksals, das den amerikanischen Eingeborenen durch die Hand der weißen Siedler zuteil geworden ist. Im nachhinein wird deutlich, daß man nie etwas auch im Namen der Kinder versprechen soll.

Dieser Meinung waren wohl auch die indianischen College-Studenten, die seit 1956 in einem informellen jährlichen *Workshop* ihre Probleme diskutierten. Bei ihrem Treffen kurz nach der Indianerkonferenz von Chicago (an der manche von ihnen teilgenommen hatten) beschlossen sie die Gründung des *National Indian Youth Council,* das als Forum der hoffnungsvollen Eingeborenenjugend durch permanente Diskussion die Heranbildung fähiger Indianerführer fördern sollte. Die Jugend ging in ihrer Reflexion weiter als die Teilnehmer der Konferenz. Ihr erschien es fragwürdig, die koloniale Situation, in der sich die Uramerikaner 460 Jahre nach Kolumbus befanden, ohne Widerspruch zu akzeptieren. Hatten die Älteren in Chicago nur die »Bewahrung unseres kostbaren Erbes«, der eingeborenen Tradition, gefordert, verlangten die der alten Kultur noch stärker entfremdeten Jungen Rückbesinnung und eine Wiederbelebung der beinahe vergessenen Werte. Die Suche nach Führungspotential war erfolgreich: Aus den Reihen des NIYC gingen viele einflußreiche Sprecher für die indianische Minderheit hervor, darunter der frühverstorbene Ponca Clyde Warrior, der Navajo Herbert Blatchford und der Paiute Mel Thom. Das Beispiel machte Schule: Die sechziger Jahre sahen den Aufstieg der jungen Generation in einflußreiche Positionen.

Diese Positionen lagen überwiegend außerhalb der Stämme, in denen die studentische Jugend eine geringe Basis hatte. Immerhin kam es im NCAI zu einem deutlichen Kurswechsel in eine progressive Richtung, die sich bereits kurz nach der Konferenz von Chicago abzuzeichnen begann und 1964 mit der Wahl des Standing Rock-Sioux Vine Deloria jr. zum Exekutivdirektor des NCAI im wesentlichen vollzogen war. Daneben kam es zur Gründung immer neuer indianischer Aktionsgruppen, die den vordrängenden Jungen ein weites Betätigungsfeld boten. Die konservativen Stammesführer, ihres alten Sprachrohrs verlustig gegangen, formierten sich in der Folge in der *National Tribal Chairmen Association* (NTCA), die auch in einer gewissen Abhängigkeit von dem 1968 durch Präsident Johnson installierten *National Council of Indian Opportunity* (NCIO) steht, in dem der jeweilige Vizepräsident der Vereinigten Staaten ex officio den Vorsitz über eine streng ausgewählte Gruppe indianischer Repräsentanten führt.

Auch in der politischen Taktik begannen sich markante Änderungen abzuzeichnen. Die Mitglieder des NIYC hatten genug von den schwarzen Bürgerrechtskämpfern gelernt, um die Praxis der gewaltlosen Demonstration in das Inventar der Kampfmaßnahmen gegen die schleichende Erosion indianischer Rechte zu übernehmen. Als 1964 wieder einmal die Fischereirechte der Stämme im Staat Washington durch einseitige Maßnahmen dieses Staates bedroht waren, kam es zur Bildung einer Aktionsgemeinschaft des Jugendrates (NIYC), der betroffenen Stämme und weißer Sympathisanten (unter ihnen so populäre Gestalten wie Marlon Brando). Die folgenden Demonstrationen fanden ein weitreichendes Echo in der Presse, brachten den betroffenen Stämmen die Unterstützung von Bürgerrechtsorganisationen und anderen tribalen Verbänden und halfen damit, die panindianische Politisierung zu verstärken. Wie repräsentativ diese Solidaritätskundgebungen für die eingeborene Bevölkerung insgesamt waren, ist schwer abzuschätzen. Viele Traditionalisten blieben passiv oder lehnten die Aktionen als »unindianisch« ab, die Stammeshäuptlinge und ihr Fußvolk sahen (wie übrigens auch manche ängstliche Weiße) die Gefahr einer kommunistischen Unterwanderung des Kampfs um indianische Rechte heraufziehen.

Stämme im Osten wie die Irokesen und Seminolen, die eine lange Erfahrung im erfolgreichen Widerstand gegen die benachbarten Weißen besitzen, hatten auf lokaler Ebene bereits vor dem Jugendrat für ihre Rechte demonstriert und waren gleichfalls »unamerikanischer Umtriebe« verdächtigt worden. Zu Vermutungen dieser Art gab die Tatsache Anlaß, daß Fidel Castro in einem Augenblick revolutionärer Unbeschwertheit die Seminolen als unabhängige Nation diplomatisch anerkannte und den Tuscarora-Führer Mad Bear Anderson zu einem Staatsbesuch in Havana empfing. Dies waren zweifellos rein symbolische Gesten, denen niemand ernsthaft realpolitische Bedeutung zuschreiben konnte, und der marxistische Einfluß auf die indianische Politisierung ist bis heute erwartungsgemäß gering geblieben. Für die amerikanischen Roten ist der Marxismus nur eine weitere weiße Ideologie, die mit indianischen Zielvorstellungen wenig gemein hat.

Eine zweite Taktik, die in den sechziger Jahren von den Indianern übernommen wurde, zielte auf eine judikative Klärung von Problemen ab. In einem Rechtssystem wie dem angloamerikanischen, das zu einem entscheidenden Teil auf einer lebendigen Auslegung von Rechtsnormen unter Heranziehung von Präzedenzfällen beruht, kann es wichtig sein, solche Präzedenzfälle den Gerichten vor der Entscheidung in Erinnerung zu rufen. Die schwarzen Bürgerrechtsorganisationen hatten mit dieser Taktik in den dreißiger Jahren erste größere Erfolge erzielt und waren in den fünfziger und sechziger Jahren durch das konsequente Verhalten der Bundesgerichte in diesem Vorgehen bestätigt worden.

In früheren Kapiteln dieses Buches ist andeutungsweise dargestellt worden, wie kompliziert die rechtliche Situation der indianischen Stämme und Individuen ist. Vor den sechziger Jahren gab es kaum Spezialisten auf dem Gebiet indianischer Rechte. Felix Cohen, Autor des Pionierwerks *Federal Indian Law* (1942) und Streiter für die Rechte der Indianer, hatte in seinem Werk zwar den Grundstein zu einer konstruktiven Erforschung der Geschichte der Rechtssprechung in Eingeborenenfragen gelegt, seine Arbeit trug jedoch vorerst wenig Früchte. Die wenigen anderen Spezialisten waren im Dienst der Regierung tätig, wo sie im Interessenkonflikt zwischen möglichen Vorteilen für den Staat und dem Treuhandverhältnis den Stämmen gegenüber die letzteren gerne vernachlässigten. Die nach Cohens Tod überarbeitete Auflage von *Federal Indian Law* (1958), die im Auftrag des Innenministeriums vorbereitet wurde, enthält wesentliche textliche Änderungen, die alle zum Nachteil der Indianer sind.

Einer der ersten Musterprozesse wurde 1964 von einem Kiowa in die Wege geleitet, der auf der Grundlage des *Dawes Act* von 1887 die Zuteilung von Land begehrte. Während durch das Aufteilungsgesetz seinerzeit etwa zwei Drittel des Indianerlands in weiße Hände geraten waren, versuchte der Antragsteller herauszufinden, ob es heute nicht möglich sei, durch dasselbe Gesetz öffentliches Land in indianischen Besitz zu bringen. In ähnlicher Absicht hat Vine Deloria die Frage aufgeworfen, ob nicht der Grundgedanke des *Indian Removal Act* von 1830, der den Präsidenten ermächtigte, mit den Stämmen über den Austausch ihrer Wohngebiete gegen neue Siedlungsgebiete zu verhandeln, auch heute noch Gültigkeit habe: Wäre es nicht möglich, ein Stück Reservation gegen ein Apartmenthaus in der Stadt zu tauschen, ein Stück Wald gegen eine Fabrik oder ein Stück Wüste gegen ein Grundstück am Flußufer? Schließlich hatten die seinerzeit unter dem *Indian Removal Act* durchgeführten Grundstücktransaktionen auch keine Rücksicht auf die Wertverhältnisse der Tauschobjekte genommen.

Abgesehen von diesen zweifellos extremen Möglichkeiten

gibt es genug Gesetzesmaterie, um viele Juristen ihr Leben lang zum Wohle der Eingeborenen zu beschäftigen. Private Institutionen wie der *Native American Rights Fund* (NARF) haben Forschungen auf diesem Gebiet finanziert und indianische Studenten der Rechtswissenschaft durch Stipendien gefördert. Deloria, der nach seiner Amtszeit beim NCAI selbst Jurist wurde, hatte seither maßgeblichen Anteil an der Gründung weiterer einschlägiger Organisationen, wie des *Indian Legal Information Development Service* und des *Institute for the Development of Indian Law.*

Eine nicht zu unterschätzende Propagandaleistung der jungen Aktivisten der sechziger Jahre war die Erfindung von Slogans, die, den indianischen Sinn für Wortwitz nutzend, intellektuell amüsant und zugleich für die »neuen Indianer« symbolträchtig waren. *Red Power,* in Anlehnung an die kurz zuvor propagierte *Black Power*-Parole geboren, entlarvte sich durch den Slogan »We shall overrun« (in Abwandlung der Titelzeile des schwarzen Bürgerrechtskampflieds »We shall overcome«) als feine Ironie. Unter Hinweis auf die Schlacht am Little Bighorn, jenes stolze Ereignis indianischer Geschichte, in dem der Volksheld Sitting Bull den Volksfeind General Custer und dessen Kavallerietruppe vernichtete, hieß es »Custer died for your sins« (über die genaue Bedeutung dieses Satzes gibt es viele einander widersprechende indianische Interpretationen) oder nicht so anspruchsvoll »Custer had it coming«. Den ungeliebten Missionaren konnte man nun sagen, Gott sei zwar nicht tot, aber rot: »God is red.« Ein echter Volltreffer unter den roten Wortspielen bezieht seinen Reiz gleichfalls aus dem Bezug auf die schwarze Bürgerrechtsbewegung oder *Black Power*-Bewegung, von denen all jene Schwarzen, die sich voll Vertrauen auf Gott und die Gerechtigkeit der weißen Herren mit ihrem kargen Los abfanden, nach dem Helden des Versöhnung predigenden Buches *Onkel Toms Hütte* als »Onkel Toms« bezeichnet wurden. Die indianische Entsprechung bot sich von selbst an: »Onkel Tomahawk«. Die Zeitschrift des Indianerjugendrates definierte dieses Schmähwort als »Indianische Führer, die mit dem Status quo zufrieden sind«.

Die Aufbauarbeit der sechziger Jahre vollzog sich – mit Ausnahme der Fischereirechtsdemonstrationen an der Nordwestküste – praktisch unter Ausschluß der nichtindianischen Öffentlichkeit. Selbst ein beträchtlicher Teil der eingeborenen Bevölkerung dürfte vorerst von den Entwicklungen, die sich außerhalb der Reservationen abspielten, wenig betroffen gewesen sein. Dementsprechendes Aufsehen bei Weiß und Rot erweckte ein Buch, das 1968 zum Bestseller wurde: *The New Indians* von Stan Steiner, einem weißen Autor mit beträchtlicher Intimkenntnis der indianischen Szene. Der Bericht über Wirken und Wollen der jungen Indianergeneration brachte die sich wandelnde Situation erstmals einem breiteren Leserkreis zur Kenntnis. Zugleich war Steiners Buch Auftakt zu einer immer noch wachsenden Flut von Literatur über die amerikanischen Eingeborenen und ihre vergangenen und gegenwärtigen Probleme. Wichtiger noch als *The New Indians* aber wurde Vine Delorias *Custer Died For Your Sins* (1969), das erste erfolgreiche Buch eines Indianers, das nicht autobiographischer Natur war. Mit dem Autor dieses »indianischen Manifests« erhielten alle Roten, die sich nicht zu den »Onkel Tomahawks« zählen wollten, über Nacht einen artikulierten Sprecher. Die neue Popularität der Uramerikaner und ihr politischer Aktivismus wirkten sichtlich befruchtend aufeinander.

Dazu kam, daß der »Schmelztiegel Amerika« Sprünge bekam. Angeführt von den schwarzen Separatisten, gefolgt von den spanisch-amerikanischen Mexikanern und Puertorikanern, entdeckten plötzlich auch die anderen ethnischen Gruppen in der amerikanischen Bevölkerung ihre fremdstämmige Herkunft und ihre nationalen Besonderheiten. Bis dahin war der Mythos von der glücklichen Integration aller Einwanderer durch die Chancengleichheit im Land der unbegrenzten Möglichkeiten lediglich durch das Vorhandensein bissiger Witze auf Kosten der ethnischen Minderheiten getrübt gewesen. Mit der Krise in den Städten befiel mit einemmal alle Beteiligten das Gefühl der »Diskriminierung«, und sie erkannten, wie schön es war, eine unterdrückte Minderheit zu sein. Sogar die Frauenrechtsbewegung nahm quasi-ethnische Züge an, wie übrigens schon im neunzehnten Jahrhundert, als die Suffragetten die Unterstützung anderer Unterprivilegierter – der ethnischen Minoritäten – gesucht hatten. Heute sprechen Satiriker von den ihre Rechte fordernden Frauen – in Analogie zu Bezeichnungen wie »Italo-Amerikaner« – durchaus treffend von »Vagino-Amerikanern«. Allein und verlassen blieben die bösen »Anglos«, die weißen angelsächsischen Protestanten (männlichen Geschlechts), als die Schuldigen an der Ungerechtigkeit des amerikanischen Systems übrig.

Die Indianer in den Städten blieben von dem neuen

Ethnismus nicht unberührt. Teils hatte das Indianerbüro sie in die Städte umgesiedelt, um das »Indianerproblem« durch Integration zu lösen, teils hatten sie freiwillig ihre Reservationen verlassen, um der wirtschaftlichen Not zu entrinnen. Aus welchem Grund sie auch immer in die Städte kamen, wurde selbst den Anpassungswilligsten unter ihnen bald deutlich vor Augen geführt, daß eine soziale Integration von der selbst zur Abkapselung in der Einzelfamilie tendierenden weißen Mehrheit nicht ernsthaft gewünscht wurde. Isoliert von ihren Stämmen, schlossen sich die städtischen Uramerikaner an panindianische Gruppierungen an, deren Aufblühen eine Akkulturation der ehemaligen Stammesmitglieder zu »Indianern« und nicht zu »Amerikanern« bewirkte. Die Tendenz zum indianischen Nationalismus wurde auch dadurch gefördert, daß viele Eingeborene, die mit einem in BIA-Schulen angelernten Patriotismus in die Stadt gezogen waren, an Ort und Stelle die Diskrepanz zwischen der Theorie der Chancengleichheit und der Praxis der Diskriminierung am eigenen Leib erlebt.

Mit dem neuen Ethnismus wurde der bisher mehr gesellschaftliche und mitunter kulturelle Panindianismus der roten Städter zusehends politisch. Neue Organisationen entstanden, die mit ganz anderen Zielen als die alten indianischen Klubs eine institutionelle Besserung der Lage der städtischen Eingeborenen zu erreichen versuchten. In Minneapolis gründete 1970 der Chippewa Clyde Bellecourt, der vierzehn Jahre seines Lebens hinter Gittern verbracht hatte, nach dem Muster der schwarzen Bürgerpolizei in den Gettos das *American Indian Movement* (AIM). Eine Truppe wurde aufgestellt, mit roten Pullovern uniformiert und mit Sprechfunkgeräten ausgerüstet und nachts auf Patrouille in die Umgebung der von Indianern frequentierten Bars geschickt. Kam es zu Zwischenfällen zwischen der weißen Polizei und betrunkenen oder sonstwie der Staatsgewalt verdächtigen Eingeborenen, waren gleich auch die AIM-Ordner zur Stelle und konnten durch ihre Anwesenheit diskriminierende und brutale Interventionen der weißen Ordnungshüter rasch mildern. Seit der Gründung des AIM ging in Minneapolis die Zahl der arretierten Indianer drastisch zurück. Der Erfolg regte zur Nachahmung an: In kurzer Zeit entstanden AIM-Ortsgruppen in den meisten Städten mit starkem rotem Bevölkerungsanteil.

Zugleich wuchs das AIM von einer Selbstschutztruppe zu einer militanten politischen Organisation heran, die den im

Prinzip gewaltlosen Aktionismus der sechziger Jahre zu einer Konfrontation ausbaute, welche den Gebrauch von Gewalt nicht mehr ausschloß. Den städtischen Roten schien eine Eskalation ihrer Aktivitäten aus mehreren Gründen geboten: Trotz eines Jahrzehnts verstärkter Politisierung wurde die wirtschaftliche Kluft zwischen Weiß und Rot eher größer als kleiner; die Forderung der kleinen indianischen Minderheit wurden weniger ernst genommen als die der Schwarzen, ihre Erfüllung hatte geringere Priorität; und schließlich hatten die Stadtindianer durch ihren Abgang aus den Reservationen Rechte eingebüßt, ohne dabei die versprochenen Vorteile erlangt zu haben.

Die Tendenz des Aktionismus während der sechziger Jahre wird an der Berichterstattung der *New York Times* (Motto: »All the news that's fit to print«) deutlich. 1961 berichtete die liberale Nachrichtenfundgrube über vier Kollektivaktionen der Uramerikaner, die alle »positive« Vorgangsweisen unterstützten: Beschwerden, Petitionen, Resolutionen oder Gerichtsverfahren bildeten das taktische Arsenal. 1964 waren von zwölf Aktionen erstmals zwei obstruktiver Natur, darunter der erfolgreiche Versuch einiger Mohawks, freien Eintritt zur New Yorker Weltausstellung zu erhalten – ein Begehren, das sie unter Hinweis auf die Landabtretung von 1684 vorbrachten, mit der das Areal, auf dem die Weltausstellung stattfand, an die Weißen abgegeben worden war, mit dem Versprechen, daß die Indianer »für immer« freien Zugang haben sollten, um Binsen sammeln zu können.

1968 war die Zahl der berichteten Zwischenfälle auf vierundzwanzig angestiegen, wovon neun (oder 38 Prozent) obstruktiver Natur waren. Zu dieser Kategorie zählte die Teilnahme von etwa dreihundert Indianern am *Poor People's March* der schwarzen Bürgerrechtsorganisationen nach Washington, wo der Tuscarora Mad Bear Anderson mit seinen Anhängern das Indianerbüro umstellte; als ein kalifornischer Indianer dabei einen Herzschlag erlitt, lud ihn Anderson auf einen gemieteten, offenen Anhänger und fuhr mit der Leiche und der Aufschrift »Administrativer Mord« kreuz und quer durch die Hauptstadt. Als das BIA auf die Gesetzwidrigkeit dieses Vorgehens verwies und sich (um den schlechten Eindruck auszugleichen) erbötig machte, den toten Kalifornier per Flugzeug in seine Heimat zu überführen, ließ Anderson den Verstorbenen einbalsamieren und machte sich mit einer Autokolonne und der Leiche auf den Weg quer durch die

USA, eine Reise, die den Indianern starken Polizeischutz (obwohl eine solche Überführung illegal ist) und ausführliche Presseberichterstattung einbrachte.

Eine andere Aktion des Jahres 1968 wurde von dem kleinen Stamm der Passamaquoddys in Maine durchgeführt. Die Gruppe, die nicht von der Bundesregierung, jedoch vom Staat Maine anerkannt wird, bewohnt eine Staatsreservation, die seit der Kolonialzeit auf wunderbare Weise immer mehr schrumpfte und heute aus drei getrennten Flecken Land besteht. 1968 gingen die Passamaquoddys zu Gericht, um ihre Schadensansprüche wegen der widerrechtlichen Entziehung ihres Landes einzuklagen: Sie forderten einen Teil der alten Reservation in natura zurück und verlangten neben einer Entschädigung für vorenthaltene Nutzungsrechte für die Zukunft ein gesichertes Nutzungsrecht für ein großes Waldgebiet, das sie einst besessen hatten. Nicht nur wurde daraufhin ihr Anwalt von der Polizei wegen angeblichen Besitzes von Marijuana gesetzwidrig festgehalten (weshalb in der Folge die Gerichte das auf diese Weise vom FBI gesammelte Beweismaterial nicht mehr zuließen) und mit dem Entzug seiner Anwaltszulassung bedroht; die *Georgia Pacific Lumber Company*, die den rückgeforderten Wald damals ausbeutete, begann unter Zuhilfenahme von Bulldozern mit einer totalen Schlägerung des Baumbestands, die eine weitere ertragsfähige Nutzung auf Jahrzehnte ausgeschlossen hätte. Die Passamaquoddys veranstalteten deshalb auf der Rodung ein Picknick, zu dem sie bewaffnet erschienen. Sie legten sich nach der altbewährten Methode der passiven Resistenz vor die Raupenfahrzeuge und erwirkten tatsächlich eine Einstellung der Abholzung. In der Folge fand sich die *Georgia Pacific Lumber Company* sogar bereit, bis zu einer Klärung der Besitzverhältnisse den Indianern Arbeitsplätze zur Verfügung zu stellen.

1970 hatte sich nach den Berichten der *New York Times* die Zahl der Zwischenfälle gegenüber 1968 abermals mehr als verdoppelt, wobei die Taktik in 42 Prozent aller Fälle obstruktiv war. Das Prinzip all dieser Aktionen war dennoch Gewaltlosigkeit gegenüber Personen und Sachen. Das trifft auch auf die 1969 erfolgte Besetzung der ehemaligen Gefängnisinsel Alcatraz zu, über die noch zu berichten sein wird. Die Okkupation des BIA-Gebäudes im November 1972 und die Besetzung der Ortschaft Wounded Knee in South Dakota im Frühjahr 1973 brachen jedoch mit diesem Prinzip, wobei man die Schuld nach Wunsch bei der Taktik der AIM-Führer oder bei der unangemessen heftigen Reaktion der weißen Behörden suchen kann. Eine andere Folge der letzten Aktionen war der Ausbruch eines offenen Konflikts zwischen konservativen Stammespolitikern und den militanten Elementen – ein Konflikt, der manchmal simplifiziert als Gegensatz zwischen Reservationsindianern und Stadtindianern erklärt wird. Tatsächlich verläuft die Bruchlinie quer durch Städte und Reservationen und ebenso quer durch Stämme und Generationen. Der Konflikt ist der heutige Ausdruck jenes Faktionalismus, der ein geschlossenes Vorgehen der nordamerikanischen Eingeborenen gegen die Bedrohung von außen seit jeher behindert hat.

Die enorme Zersplitterung der Urbevölkerung in Stämme, gepaart mit einer im Verhältnis zur Bevölkerungszahl auf der Welt einzig dastehenden Sprachenvielfalt, muß natürlich als Hindernis für eine panindianische Einigung angesehen werden. Trotz radikaler Dezimierung seit der frühen Kolonialzeit gibt es immer noch Hunderte indianischer Stammesgruppen in Nordamerika. Trotz gewissen grundsätzlichen Ähnlichkeiten sind die Bedürfnisse der einzelnen Stämme in bezug auf wirtschaftliche Entwicklung, Erziehung, medizinische Betreuung und Selbstverwaltung ungeheuer verschieden. Bereits in früher Zeit, wahrscheinlich schon vor Ankunft der Europäer, gab es innerhalb der Stammesgemeinschaften bedeutende Gegensätze, die zur Parteienbildung führten. Da den Stämmen bis auf wenige Ausnahmen zentrale Autoritäten fehlten, die Entscheidungen mit Gewalt hätten durchsetzen können, gewannen die intertribalen Parteien an Bedeutung. Der relativ lose Zusammenhalt erweiterter Familiengruppen in jägerischen, aber auch in verstreut siedelnden bodenbautreibenden Gesellschaften verstärkte die Tendenz; Größe und Einfluß wirtschaftlicher und politischer Gruppierungen innerhalb der größeren Gemeinschaft waren beständigen Schwankungen unterworfen. Konnte der notwendige Konsens nicht erreicht werden, kam es zur Absplitterung von Stammesteilen, die bei Bedrohung von außen wieder enger zusammenrücken konnten.

Der europäische Einfluß in Nordamerika öffnete neue Bruchlinien der Segmentierung, neue Möglichkeiten, für faktionalistische Ziele die Unterstützung Dritter zu finden, die nur zu gerne bereit waren, das Prinzip des Teilens und Herrschens zu praktizieren. Damit wurde den gleichzeitigen Einigungstendenzen, die durch die gemeinsame Konfrontation mit den bleichgesichtigen Fremden gegeben waren, wieder zunichte gemacht. Es entstanden die Gruppen der Christen verschiedener Bekenntnisse und der Traditionalisten, der Mischlinge und der Vollblutindianer, der Verbündeten dieser und jener Kolonialmacht, derer, die vom Handel mit den Weißen profitieren wollten, und jener, die sie lieber vertrieben hätten, der Anpassungswilligen und der Wahrer der eigenen Überlieferung. Wieder andere standen irgendwo zwischen den Extremen und unterstützten je nach der Situation und den vorhandenen Führerpersönlichkeiten die eine oder die andere Seite.

Es gab Indianer, zugegebenermaßen wenige, die in der Umsiedlung aus dem Osten in den Westen eine Chance sahen, die Integrität der Stammesgesellschaften zu bewahren; es gab auch Befürworter der Aufteilungspolitik unter den Eingeborenen. Die Abstimmungen (und die Stimmenthaltungen) in der Frage der Wiederbelebung der Stämme durch den *Indian Reorganization Act* zeigten, daß es beträchtliche Minderheiten gab, die sich für die weiße Form der Demokratie aussprachen, meist kleinere Minderheiten, die dagegen votierten, und sehr viele, die durch ihr Schweigen die alte Form der Häuptlingsbestellung unterstützten und den dabei gewählten Stammesräten in den Sattel halfen. Es gab die Traditionalisten, die sich weigerten, ihre Kinder in die Schulen des weißen Mannes zu schicken, und es gab die Indianerpolizei, die diese Kinder in ihren Verstecken aufstöberte, um den Willen der Regierung gegen den Willen der Eltern durchzusetzen. Indianische Scouts kämpften mit weißen Truppen gegen andere Rote, Eingeborene verkauften andere Eingeborene in die Sklaverei, hielten selbst Sklaven oder wurden versklavt.

Wen kann es wundern, daß indianische Stammespolitiker und Volkstribune panindianischer Prägung gelegentlich verschiedener Meinung über die Ziele und die Methoden zur Erreichung dieser Ziele sind? Daß es daher zu Doppelgleisigkeiten in der Organisation kommt? Daß die Gegensätze zwischen indianischen Gruppen ebenso tief klaffen können wie die zwischen Weißen und Roten?

Die Fähigkeit eines traditionellen Indianerführers, Gefolgschaft um sich zu sammeln und seine Position aufrechtzuerhalten, beruhte fast immer auf dem Respekt, den er sich durch Leistungen verschaffen konnte. So ist es bis heute geblieben. Stammesräte, die nicht wirksam arbeiten, werden in ihrer Gemeinschaft rasch an Ansehen verlieren; aber auch wenn sie positive Leistungen erbringen, bewirken die Interessengegensätze innerhalb des Stammes, daß sie kaum jemals die Wünsche der Mehrheit zufriedenstellen können. Dasselbe gilt für alle Selbsthilfeorganisationen, mit dem Unterschied, daß hier jeder Gegner der Führung seine eigene Splittergruppe gründen kann, während bei den Stämmen überwiegend nur zwei Garnituren von Führern vorhanden sind, die gewählten und die traditionellen.

Das Resultat ist eine beinahe unübersehbare Anzahl von indianischen Organisationen auf lokaler, regionaler und nationaler Ebene mit spezifischen und allgemeinen Zielen. Der Konsensus, der zwischen diesen Gruppierungen besteht, ist sehr vage, obwohl es bei anstehenden Problemen sehr wohl zu gemeinsamen Aktionen kommen kann. Teilweise beruht die Vielzahl von Organisationen auch auf dem bestehenden Finanzierungssystem. Nach der Gründung des *Office of Economic Opportunities* schoß eine Vielzahl neuer Organisationen aus dem Boden, da OEO-Gelder auch für Projekte unabhängiger Gruppen zur Verfügung gestellt wurden. Viele Kirchen unterstützten lieber eigene Gruppen als solche, die womöglich auch von anderen Kirchen subventioniert werden, selbst wenn die Programme, die dadurch gefördert werden, durchaus nicht religiöser oder kirchlicher Natur sind. Zuwendungen humanitärer Stiftungen können oft nicht kumulativ in Anspruch genommen werden, also hilft man sich mit der Gründung von Parallelorganisationen, die selbstverständlich bis zu einem gewissen Ausmaß auch ein Eigenleben entwickeln können.

Von zunehmender Bedeutung für die politische Information und Meinungsbildung der Eingeborenen ist die indianische Presse. Eigene Stammeszeitungen hat es gelegentlich schon seit dem frühen neunzehnten Jahrhundert gegeben, als der *Cherokee Phoenix* und sein Nachfolger, der *Cherokee Advocate,* das Lesebedürfnis der in kürzester Zeit schriftkundig gewordenen Cherokees befriedigten. Viele der anderen Zeitschriften der letzten hundert Jahre waren indianisch nur in dem Sinn, daß sie sich an ein eingeborenes Publikum wandten, während ihr Inhalt von Weißen (meist Missionaren, Pädagogen, Regierungsbeamten oder anderen selbsternannten Indianerfreunden) bestimmt wurde. Die *Indian Truth* der *Indian Rights Association* ist wohl die älteste heute noch erscheinende Zeitschrift (gegründet 1882) dieser Art; der *Indian Leader* hat die anderen alten Schulzeitungen überlebt und wird seit 1897 von den indianischen Schülern des Haskell Institute in Kansas betreut.

Von den modernen Stammeszeitungen hat *The Navajo Times* erklärlicherweise die größte Auflage; sie ist offizielles Stammesorgan, auf die Kommunität bezogen und (da es sich um die Navajos handelt) konservativ. *The Tundra Times*, die von einem Verlag herausgegeben wird, der sich im Besitz von Eingeborenen Alaskas befindet, hat nicht die Sorgen aller jener Stammeszeitungen, die sich offiziös und gemäßigt geben müssen. Die erste Stimme der »neuen Indianer« der sechziger Jahre war *Indian Voices*, die trotz unregelmäßigen Erscheinens einen enormen Einfluß auf die Politisierung der indianischen Intelligenz (und ihrer weißen Freunde) hatte. Als Herausgeber fungierte Robert Thomas, ein Cherokee und zugleich Völkerkundler an der Universität Chicago. Seit Thomas Chicago verlassen hat und die indianische Presse aufgeblüht ist, hat die Zeitschrift ihr Erscheinen eingestellt. *ABC (Americans Before Columbus)* hatte in den sechziger Jahren als Sprachrohr des Indianerjugendrates ebenfalls erhebliche Bedeutung.

Neben einer Unzahl von lokalen und regionalen Publikationen haben zwei Zeitschriften die überregionale Nachrichtenversorgung der Eingeborenen übernommen. Seit 1969 erscheinen die *Akwesasne Notes* als offizielles Organ jener Mohawks von Akwesasne (St. Regis), die an ihren traditionellen Häuptlingen festhalten; weit entfernt davon, nur eine Stammes- oder Lokalzeitung zu sein, entwickelten sich die *Notes* binnen kürzester Zeit unter der Redaktion des von den Mohawks adoptierten Weißen Rarihokwats und der Mitarbeit ungezählter Freiwilliger zum profiliertesten und auch graphisch vorzüglichsten Produkt auf dem eingeborenen Pressesektor. In der Tradition der von der amerikanischen Gegenkulturbewegung geschaffenen Untergrundpresse entstanden, hat die sechsmal jährlich erscheinende Zeitschrift, deren Auflage von 10.000 im Jahr 1970 auf 73.000 im Jahr 1975 gestiegen ist, Pionierleistungen auf dem Gebiet der panindianischen Kommunikation vollbracht.

Auf diese Leistung konnte *Wassaja* (Motto: »Let My People Know«) aufbauen, eine seit Anfang 1973 monatlich von der *Indian Historian Press* in San Francisco herausgegebene Zeitschrift, die über eine solidere finanzielle Basis verfügt als die *Akwesasne Notes*, dafür aber wesentlich einfallsloser gestaltet ist. Nach einer Startauflage von 50.000

stieg die Produktion noch innerhalb des ersten Jahres auf 80.000. Gründer der *Indian Historian Press* sind Rupert Costo, ein Cahuilla, und seine Frau Jeanette Henry, eine Achtel-Cherokee. Seit 1964 werden neben einschlägigen Büchern der vierteljährliche *Indian Historian,* die einzige indianische wissenschaftliche Zeitschrift, und *Weewish Tree,* ein indianisches Jugendmagazin, herausgegeben.

Die indianische Presse, die, abgesehen von den Giganten (die untereinander in stille Fehden verwickelt sind), fast ebenso zersplittert ist wie die Organisationen der Eingeborenen, ist in der *American Indian Press Association,* die auch Agenturfunktionen wahrnimmt, zusammengeschlossen. Daneben gibt es von Roten für Rote gestaltete Rundfunkprogramme, vor allem im Südwesten der USA. Die *Indian Historian Press* ist im Begriff, sich auf dem Sektor des Bildungsfernsehens zu engagieren.

Wenigstens auf dem Pressesektor hat damit die indianische Minderheit der USA einen gewissen Vorsprung vor anderen Minderheiten erreicht. Das mag an der spezifischen Stellung der indianischen Bevölkerung unter den amerikanischen Minderheiten liegen, einem Umstand, der nicht oft genug betont werden kann. Der grundsätzliche Unterschied zwischen Schwarz und Rot ist bereits behandelt worden: dort Kampf um vorenthaltene Gleichberechtigung, hier Kampf um die Bewahrung des besonderen Status der Urbevölkerung. Die weißen ethnischen Minderheiten können weder Prioritätsrechte geltend machen, noch sind sie unfreiwillig in die Neue Welt gekommen. Sie kamen nach Amerika als dem Land der Freiheit und der Chance eines Neubeginns, in ein Land, dessen Gesellschaftsordnung sie grundsätzlich bejahten. Wenige Indianer dürften die USA heute als Land der unbegrenzten Möglichkeiten ansehen. Und das einzige Problem, das manche von ihnen mit den nichtangelsächsischen Einwanderern teilen, ist das Sprachproblem.

Wie begrenzt die Möglichkeiten der Eingeborenen vor allem in den Städten sind, zeigen die verfügbaren Daten über die Diskriminierung von Indianern auf dem Wohnungssektor, im Gesundheitswesen, auf dem Arbeitsplatz und seitens der Polizei. In Seattle, einer Stadt mit besonders hohem indianischem Bevölkerungsanteil, meinen annähernd zwei Drittel der Uramerikaner, daß sie von den Hausherren ungerecht und ungleich behandelt werden – und die Hälfte der weißen Bevölkerung gibt das auch unumwunden zu. Es ist nicht

ungewöhnlich, daß Vermieter, vor deren Haus das Schild
»Zimmer frei« steht, beim Anblick indianischer Wohnungssu-
chender sagen: »Tut mir leid, wir sind bereits voll besetzt. Ich
habe nur vergessen, das Schild wegzuräumen.« Seltener
bekennen sich die Hausherren offen zur ungesetzlichen Verweigerung einer Vermietung wegen der Rasse des Mieters.
Typisch ist hingegen die Reaktion eines Vermieters auf die
Frage eines Roten, ob er gegen indianische Mieter sei: »Ich
nicht«, meinte der Weiße, »aber die anderen Mieter«; weshalb es wohl möglich, »aber nicht klug« wäre, an Eingeborene
zu vermieten. Das Wohnungsproblem wird durch das Fehlen
indianischer Gettos in den Städten erschwert. Für Schwarze ist
es nicht so schwierig, in schwarzen Wohnbezirken Unterkunft
zu finden, wie für einen Indianer, der sich immer in fremder
Umgebung einmieten muß. Obwohl jeder Rote wissen sollte,
daß das Leben in einem Getto nicht unbedingt erstrebenswert
ist, würden doch zwei Drittel der Indianer in Seattle lieber in
einem eigenen indianischen Wohnbezirk leben als in weißen
Vierteln, in denen sie von ihren Nachbarn geschnitten werden.

Die Arbeitslosigkeit trifft in Seattle mit 10 bis 14 Prozent
einen größeren Teil der Gesamtbevölkerung als in den meisten anderen amerikanischen Städten. Während aber nur
13 Prozent der weißen Männer keinen Job finden können,
beträgt der Anteil der Arbeitslosen an der männlichen India-
nerbevölkerung von Seattle 38 Prozent. Vier Fünftel der
städtischen Uramerikaner führen das auf Diskriminierung
zurück – zwei Drittel der Weißen stimmen dieser Interpreta-
tion zu. Das Klischee vom faulen, stets betrunkenen Indianer
verleitet viele Personalchefs dazu, eingeborene Arbeitsu-
chende bei der Stellenbewerbung in ungesetzlicher Weise gar
nicht erst in Betracht zu ziehen. Sogar ein chinesisches
Restaurant weigerte sich, eine Indianerin als Serviererin
anzustellen, »weil unsere Kunden weiße Mädchen vorziehen«.

Wer nun glaubt, das staatliche Fürsorgewesen versuche
diese Ungleichbehandlung durch besonders aufmerksame
Betreuung der Stadtindianer auszugleichen, befindet sich im
Irrtum. Die meisten Fürsorgeprogramme wurden unter dem
Druck der schwarzen Minderheit geschaffen und sind auf
deren spezielle Probleme zugeschnitten. Überdies trägt das
weniger energische und ruhigere Auftreten der Indianer den
Behörden gegenüber dazu bei, daß diese die roten Armen
eher vernachlässigen als die schwarzen oder weißen Bedürf-
tigen.

Von den Jüngern Äskulaps fühlen sich die Indianer in der Stadt gleichfalls benachteiligt: Neben den zu hohen Arztkosten wird immer wieder vermerkt, daß weiße Ärzte indianische Patienten »wegen Arbeitsüberlastung« ablehnen. Außerdem glauben viele Eingeborene bemerkt zu haben, daß Zahnärzte roten Patienten lieber einen Zahn ziehen als ihn konservierend behandeln. Eine gewisse Besserung der Situation bewirkte die Gründung einer eigenen Indianerklinik in Seattle: Was im Falle von Schwarzen als Segregation und Diskriminierung gebrandmarkt wird, ist für die Eingeborenen immer noch die beste Lösung.

Die Polizei steht nicht ganz grundlos im Verdacht, Indianer ohne ersichtlichen Anlaß – vorsorglich, könnte man sagen – festzunehmen. Die Polizei selbst glaubt dabei noch allzuoft Gnade vor Recht ergehen zu lassen. Ein Beamter in Toronto, der Stadt mit der größten roten Bevölkerung in Kanada, meinte in diesem Zusammenhang, die weißen Ordnungshüter könnten jeden Tag den Arrestantenwagen nach Belieben mit Indianern anfüllen. Man verzichte aber darauf, weil es wichtigere Dinge zu tun gebe. In Seattle ist dieses Prinzip offenbar unbekannt. Jedenfalls gaben 18 Prozent der befragten Indianer dieser Stadt an, sie seien von der Polizei lediglich wegen ihres indianischen Aussehens festgenommen worden: nicht 18 Prozent der arretierten Roten, sondern 18 Prozent aller Stadtindianer! Begründet wurden solche Anhaltungen meist mit dem Verdacht der Vagabondage. Tatsächlich kommt es immer wieder vor, daß neu in die Stadt zugezogene Indianer einfach nicht wissen, daß es strafbar sein kann, sich ohne Geld und ohne festen Wohnsitz in der Öffentlichkeit aufzuhalten. Diesbzügliche Erfahrungen überträgt die Polizei in der Folge auf die indianische Bevölkerung als Ganzes. Wie schon ausgeführt, beruht die hohe Rate von Indianerfestnahmen im Zusammenhang mit Alkoholisierung auf einem ähnlich diskriminierenden Vorgehen der weißen Ordnungshüter.

Diskriminierung trifft in den Vereinigten Staaten auch andere Bevölkerungsgruppen. Trotzdem führt der gemeinsame Druck von außen nicht zu einer Solidarisierung der Indianer mit anderen ethnischen Minderheiten. Denn einerseits schließen sich die meisten Minoritäten bei der Diskriminierung anderer Gruppen der Vorgangsweise der Mehrheit an (viele amerikanische Juden sind zum Beispiel in ihren gegen die Schwarzen gerichteten Emotionen gar nicht zimperlich), anderseits entdecken die eingeborenen Amerikaner mehr

Trennendes als Gemeinsames zwischen sich und anderen unterprivilegierten Gruppen. Ihr Status als Urbevölkerung des Landes verleiht ihnen nicht nur andere, besondere Rechte, sondern auch eine Position, von der aus alle anderen Amerikaner, gleich ob sie der Mehrheit oder einer Minderheit angehören, als ungebetene Gäste betrachtet werden können.

Während letztere Auffassung eine traditionalistische Grundhaltung widerspiegelt, führt die zunehmende Abhängigkeit vieler Indianer von der gesellschaftlichen Realität des modernen Amerikas zu einer Differenzierung dieser Grundhaltung, einer Differenzierung, die durch äußerliche wirtschaftliche Faktoren motiviert ist. Das AIM, die bedeutendste Stadtindianergruppe der Gegenwart, hat sich offen für Cesar Chavez, den Gründer der Landarbeitergewerkschaft *(United Farm Workers Union)* und zugleich Führer der gewöhnlich als *Chicanos* bezeichneten Amerikaner mexikanischen Ursprungs, ausgesprochen, weil viele nordamerikanische Indianer Seite an Seite mit Mexikanern, Schwarzen und armen Weißen auf den Feldern der weißen Gemüsefarmer arbeiten und gemeinsam mit ihnen ausgebeutet werden. Das Land, auf dem die großen landwirtschaftlichen Korporationen ihre Produkte anbauen, ist aber vielfach Reservationsland, das vom Stamm an die weißen Gemüseproduzenten verpachtet wurde. Der Stamm, vertreten durch den gewählten Stammesrat, hat daher ein Interesse daran, die Farmkorporationen bei guter Laune zu erhalten und mit ihnen gegen gewerkschaftliche Forderungen aufzutreten, durch die eine Verringerung der Gesellschaftsprofite und damit der Neigung zu weiteren Investitionen auf Indianerland bewirkt werden könnte. Auf der Colorado River-Reservation in Arizona wird der Großteil der 40.000 Hektar Nutzfläche von weißen Großproduzenten bestellt. Adrian Fisher, der Vorsitzende des Stammesrats der Reservation, wandte sich daher vehement gegen Chavez und dessen Streiktaktik, durch die er die Stammeseinkünfte, die aus der teilweise vom Ertrag abhängigen Pacht der Gesellschaften bestehen, gefährdet sah. Während also die Uramerikaner von ihrer weißen Umwelt über den Minderheitsleisten geschoren werden, ohne diese Rolle konsequent zu akzeptieren, haben die Gebildeten unter den jungen Roten einen anderen Rahmen gefunden, der ihnen zur Standortbestimmung der eigenen Gruppe angemessener erscheint: den Rahmen der Dritten Welt.

Viele Indianer sehen in ihren Stämmen immer noch Nationen, die ihren Souveränitätsanspruch nie endgültig aufgegeben haben. Die ökonomischen Bedingungen in den Reservationen haben fatale Ähnlichkeit mit denen in Kolonien. Das Indianerbüro geht in seiner Struktur und seinem Aufgabenbereich letztlich auf das britische Kolonialamt zurück. Die wirtschaftliche Aushungerung hat das Indianerland extrem entwicklungsbedürftig gemacht; wie in den Entwicklungsländern der Dritten Welt dienen aber die meisten der als Entwicklungshilfe getarnten Investitionen primär den Interessen der Investoren und nur am Rand der eingeborenen Bevölkerung. Aus dieser Umklammerung versuchen die Uramerikaner wie andere ehemalige Kolonialvölker auszubrechen, indem sie vorkoloniale kulturelle und politische Formen wiederzubeleben trachten, nicht ohne sie mit den Erfordernissen der modernen Wirtschaft in Einklang zu bringen.

Anders als in den Ländern Asiens und Afrikas erlangten aber in Amerika mit dem Ende des klassischen Kolonialismus nicht die eingeborenen Völker die Unabhängigkeit, sondern die Nachkommen der weißen Kolonisatoren, die in der Neuen Welt zur Mehrheitsbevölkerung geworden sind. Selbst in Staaten wie Mexiko oder Peru, die eine starke indianische Bevölkerung haben, ist der Indigenismus mehr eine politische als eine kulturelle Realität. Weiße Normen tragen die politische Ordnung, die von der indianischen Bevölkerung selten verstanden oder akzeptiert wird. Wenn die Entwicklungsländer Amerikas der Dritten Welt zugerechnet werden, so stellen die eingeborenen Gesellschaften der Neuen Welt eine Vierte Welt dar. Die größten Parallelen zur Situation der nordamerikanischen Indianer finden sich daher in jener Vierten Welt, die die Stammesgesellschaften Südamerikas (in einem geringern Ausmaß auch die Nachkommen der altamerikanischen Hochkulturvölker) sowie die Eingeborenen Australiens umfaßt. Die Unterschiede zwischen Nordamerika, Südamerika und Australien bestehen in einem Zeitgefälle des Einwirkens der zugewanderten Mehrheitsbevölkerung auf die eingeborene Minderheit. In diesem Sinn kann man vor allem den Indianern Brasiliens voraussagen, daß ihnen der schlimmste Teil ihres Schicksals noch bevorsteht.

Zu einer Solidarisierung der Völker der Vierten Welt kommt es hauptsächlich in der heutigen panindianischen Presse Nordamerikas, wobei die australischen Eingeborenen in zunehmendem Maße Interesse an einem Dialog bekunden.

Der Gedankenaustausch ist freilich überwiegend von psychologischer Bedeutung, da die Koalition der Verlierer auch bei einer kaum zu erwartenden totalen Abstimmung ihrer Taktik nicht mit nennenswerten Erfolgen auf internationaler Ebene rechnen kann. Auch Rückwirkungen auf den Panindianismus (im Sinne einer Ausweitung der Bewegung) sind nicht zu erwarten, da ohnedies nur bereits panindianisch motivierte Uramerikaner an einer Allianz der Vierten Welt interessiert sein können.

Welche anderen Alternativen bieten sich nun den nordamerikanischen Indianern für ihren Weg in die Zukunft? Ebenso wie auf die Frage nach der besten Lösung des »Indianerproblems« kann es hier keine einfache Antwort geben. Trotz aller Tendenzen in Richtung auf ein gemeinsames indianisches Bewußtsein bilden die Urbewohner Nordamerikas bis heute keine auch nur annähernd homogene Gruppe. Die Variablen in einer Extrapolation gegenwärtiger Trends bestehen nicht nur in einer weitgehenden Bewahrung tribaler Eigenheiten, sondern auch innerhalb Nordamerikas in einer Verschiedenartigkeit der historischen Erfahrungen von Region zu Region. Es ist nicht zu erwarten, daß die Stämme des Südwestens, bei denen der *Dawes Act* kaum jemals zum Tragen kam und der Übergang von der traditionellen Kultur zur Industrialisierung vergleichsweise ungebrochen verlief, einen Weg einschlagen werden, der jenem der Plains-Stämme ähnlich ist, deren Reservationen durch das Problem des geteilten Erblandes schwer belastet sind und die seit der unfreiwilligen Aufgabe ihrer alten Wirtschaftsweise die Frustration eines unerfüllten Reservationslebens und mißglückter Agrarisierungsversuche erlebt haben. Sollten die vergessenen Stämme des östlichen Nordamerikas einmal vom Bund anerkannt werden, wird ihre weitere Entwicklung deswegen noch lange nicht jener der anderen Bundesindianer gleichen. Es wäre grotesk, anzunehmen, daß die Upper Mattaponis in Virginia, eine stark gemischte Gruppe ohne Reservation, ohne gültige Verträge, mit einer Population von weniger als hundert Personen, das Schicksal der Navajos mit ihrem Riesenreservat, mit gültigen Verträgen, einer Bevölkerung von rund 150.000 und einer wirtschaftlich potenten Stammesorganisation teilen werden.

Die Idee eines gesamtindianischen Teilstaats, wie sie zuletzt in den Köpfen einiger der von Bruce ins BIA geholten Aktivisten spukte, ist aus diesen Gründen eine unrealistische Vision. Das Fehlen einer Landbasis mit gemeinsamen Grenzen, wie sie nach Zusammenlegung der einzelnen Reservate zu einem solchen Teilstaat entstehen würde, stellt dabei noch das geringste Problem dar. Das Resultat einer derartigen Fusion wäre eine Dominierung der neuen Einheit durch die mit Abstand stärkste Gruppe, die Navajos, die dann – wie zur Zeit die weiße Bürokratie – über das Schicksal einiger hundert Minderheiten, der anderen Stämme, zu wachen hätte. Bei den herrschenden Konflikten zwischen den beiden Stämmen wäre ein von Navajos geleitetes *Bureau of Hopi Affairs* der fleischgewordene Alptraum jedes Hopi.

Das Prinzip der Selbstbestimmung, sollte es jemals zur sozialen Realität werden, wird in seiner Anwendung höchst unterschiedliche Folgen haben, die vorauszusagen im einzelnen kaum möglich ist. Lediglich im Fall der Navajos scheint bereits heute alles auf eine Umwandlung der Reservation in einen 51. Teilstaat der USA hinzudeuten. Der Zeitpunkt dafür wird im wesentlichen von dem zu erwartenden Widerstand der Staaten Arizona, New Mexico und Utah, auf deren Territorium das Navajoland liegt, abhängen. Während diese Staaten gewiß nicht tatenlos zusehen werden, wie durch den Separatismus der Navajos ihre territoriale Unversehrtheit in Frage gesellt wird, ist gleichzeitig eine militärisch-gewaltsame Verhinderung des Wunsches nach Eigenstaatlichkeit so gut wie ausgeschlossen.

Vom Little Bighorn nach
Wounded Knee II

Der Gedanke an eine eigenstaatliche Souveränität einer nordamerikanischen Eingeborenengruppe wäre vor zwei Jahrzehnten inmitten des Terminationsrummels als weltfremde Phantasterei abgetan worden. Das durch die panindianische Politisierung und die Red Power-Bewegung enorm gewachsene Selbstbewußtsein hat dazu beigetragen, ihn plausibel zu machen. Die gestiegene Einschätzung der eigenen Möglichkeiten ist ihrerseits ein Resultat der Loslösung der Indianer von ihrem alten Image, das sie als passiv und duldsam erscheinen ließ. Hierin – und weniger in den oft nur bescheidenen realpolitischen Erfolgen – liegt die Bedeutung des indianischen Aktionismus der jüngeren Vergangenheit.

Als historisches Leitbild für ein geeintes und aktives Vorgehen gegen die repressive weiße Gesellschaft mag – siehe die Beliebtheit der Custer-Slogans unter den Roten unserer Tage – die Schlacht am Little Bighorn gelten. Daß die Nachricht vom indianischen Sieg die weißen Zeitungsleser genau am hundertsten Jahrestag der Unabhängigkeitserklärung erreichte, mag den Patrioten von damals die Freude am Nationalfeiertag vergällt haben; den Eingeborenen bietet er im Jahr 1976, wenn die USA die Vollendung ihres ersten Doppeljahrhunderts kostenreich begehen, die Möglichkeit, das hundertste Jubiläum von Custers Fall zu feiern. Schon bisher galt der 25. Juni, »Custer Day«, als inoffizieller indianischer Nationalfeiertag.

Wounded Knee, durch Dee Browns Bestseller und die nachfolgende Besetzung durch eingeborene Aktivisten auch für Weiße zum zweiten Schlüsselbegriff für gestriges und heutiges Indianertum geworden, ist im Gegensatz zu Little Bighorn ein negatives Symbol. Statt an die Möglichkeit, die Weißen mit ihren eigenen Mitteln zu überwinden, um sich dadurch die Unabhängigkeit zu bewahren, erinnert es an Niederlage, Unrecht und Zerstörung als Vorspiel zum kulturellen Völkermord. Wounded Knee spricht bestenfalls die Schuldgefühle der liberalen Weißen an, die bei der Lektüre von Dee Browns nostalgischem Kriegsbericht ihre Vorbehalte gegen die amerikanische Militärmaschine und deren Verflechtung mit nichtmilitärischen Privatinteressen bestätigt finden. Das Massaker von 1890 gibt den Indianern Anlaß zu unproduktivem Selbstmitleid und setzt einen politisch gefährlichen Standard: Will man dem Vorbild gerecht werden, kann man nur verlieren; im Schatten der Vergangenheit müssen alle Imitationsversuche kläglich erscheinen.

Bis zur Besetzung von Wounded Knee im Jahr 1973 suchten daher die Uramerikaner nach Jahrzehnten eines Schattendaseins ihr neues Selbstbewußtsein im Sieg über echte und vermeintliche Feinde zu bestätigen. Daß sich diese Bemühungen gerade gegen die Völkerkundler richteten, ist zwar eine Ironie des Schicksals, aber eine erklärbare. Die Völkerkundler waren jahrzehntelang die einzige Gruppe der amerikanischen Bevölkerung gewesen, die sich intensiv und zumeist wohlwollend mit Kultur, Wertsystemen und Problemen der Eingeborenen auseinandergesetzt hatte. Zum Unterschied von den Beamten und Missionaren wollten sie die Eingeborenen nicht ändern. Getreu den Forderungen ihrer Wissenschaft, versuchten die Indianerforscher durch teilnehmende Beobachtung von innen her einen Einblick in das Funktionieren der eingeborenen Gesellschaften zu erlangen. Soweit diese Versuche ehrlich und erfolgreich waren, bewirkten sie eine weitgehende Identifizierung des Forschers mit »seinem Stamm« und verschafften diesem damit einen berufenen Fürsprecher in der weißen Welt. Die wenigsten Völkerkundler konnten dabei aber jemals verleugnen, daß sie Weiße geblieben waren. Das intensive Studium einer anderen Lebensweise relativierte zwar den absoluten Wahrheitsanspruch der eigenen Kultur, ersetzte aber niemals völlig das Wertsystem, in dem der Forscher aufgewachsen war. Der allmähliche Verfall der traditionellen Kultur, der bei den meisten Stämmen zu beobachten war, veranlaßte die Völkerkundler auch, sich mehr für die glorreiche Vergangenheit der Eingeborenen als für deren gegenwärtige Armut zu interessieren.

Die Rolle des Ethnologen als Vermittler zwischen Stammesgruppen und weißer Welt war und ist jedenfalls undankbar; abgesehen davon, daß er beständig Gefahr läuft, in stammesinterne Parteienkämpfe verwickelt zu werden, muß der Forscher damit rechnen, daß die Indianer, die Weißen oder beide Seiten seine Vermittlung ablehnen. Alice Fletcher, eine Ethnologin des späten neunzehnten Jahrhunderts, setzte sich entschieden und – wie sie meinte – im Sinne der Eingeborenen für den *Dawes Act* ein, dessen katastrophale Folgen für die Stammesgesellschaften sie nicht vorhersah. Frank Speck hingegen kämpfte ohne allzu großen Erfolg gegen die Diskriminierung der virginischen Indianer als Farbige, erreichte jedoch immerhin auf indianischer Seite eine Wiederbelebung der Stammesorganisation bei einigen nicht in Reservationen lebenden Gruppen. Seit Beginn der Tätigkeit der *Indian Claims Commission* arbeiten Ethnologen auf seiten der Stämme, um sie mit Material zur Unterstützung ihrer Forderungen zu versorgen; aber auch auf Regierungsseite sind Völkerkundler tätig, um die Nichtigkeit jener Ansprüche zu untermauern.

Der Einfluß der Indianerforscher auf das Schicksal der von ihnen erforschten Kommunitäten ist letztlich gering: so gering wie der Anteil der Ethnologen an der Macht im Staat. Der indianische Völkerkundler Alfonso Ortiz hat richtig bemerkt, daß die Stämme keinen Vorteil daraus hätten, würde man heute alle Völkerkundler an die Wand stellen und erschießen. Der eigentliche Grund der Angriffe gegen die Ethnologen ist deren große Verletzbarkeit und deutliche Sichtbarkeit in der indianischen Gemeinschaft. Dem einzelnen Forscher, der allen bekannt ist und kaum nennenswerte Unterstützung von inner- oder außerhalb des Stammes genießt, kann man eben leichter die Hölle heiß machen als den Beamten des Indianerbüros, die nicht nur Macht besitzen, sondern sich auch in der Anonymität der bürokratischen Hierarchie verstecken können.

Der Völkerkundler wurde zum besonderen Buhmann der Roten, seit Vine Deloria, zu dessen Freunden auch viele Ethnologen zählen, in einem Artikel im *Playboy* die Indianerforscher hart attackierte; einem Artikel, den er später in sein Buch *Custer Died For Your Sins* aufnahm. Die Hauptargumente für eine notwendige Änderung des Verhältnisses zwischen Forschern und Erforschten waren nach Deloria erstens die häufige (teils irrtümliche, teils absichtliche) Verfälschung der Daten in einer Weise, die geeignet war, die eingeborenen Kommunitäten und ihre Werte herabzusetzen, sowie zweitens das kolonialistische Prinzip der Forschung, bei der der einheimische Informant mit einem Butterbrot abgespeist wird, während der Ethnologe mit den gewonnenen Rohdaten und ihrer Verarbeitung die Prestigeleiter im akademischen Bereich emporklimmt und dabei durch Gehaltserhöhungen und Einkünfte aus Büchern auch finanzielle Vorteile erringt. Die Forderungen ergaben sich von selbst: Die Kommunitäten sollten eine Kontrolle sowohl über die endgültige Verwertung der Information, die sie dem Forscher gegeben hatten, erhalten als auch durch Informationsverweigerung die Forschungsrichtung des Ethnologen in eine ihnen genehme Richtung lenken können. Viele Eingeborene können zum Beispiel nicht einsehen, warum ein Außenstehender an den geheimen Aspekten ihres Glaubens interessiert sein sollte. Die Verbreitung solcher Information ist für den Stamm nicht nur nutzlos, sondern kann sogar durch Publikation esoterischer Vorstellungen (die Zeit, zu der die »Wilden« keine Bücher lasen, ist endgültig vorbei) den für die Integration des Stammesverbands notwendigen Kultus zerstören helfen. Anderseits gibt es viele Probleme, bei deren Lösung die Indianer gerne fremde Hilfe annehmen würden, denen aber die Völkerkundler keine Beachtung schenken.

Die Kommunitäten sollten ebenfalls von der Arbeit der Ethnologen profitieren, ideell und materiell. Tatsächlich werden die wirklichkeitsfremdesten Forschungsvorhaben von privaten und öffentlichen Stiftungen, von Universitäten und Museen reichlich dotiert, während die untersuchten Stämme weiterhin in größter Armut leben. Deloria forderte deshalb auch, die Ethnologen sollten ihr Forschungsbudget so einrichten, daß die Gelder zur Hälfte dem Stamm und zur Hälfte dem Forscher zukämen. Das hieße in der Praxis meist eine Verdopplung der Gelder, was nur dann wirklich möglich wäre, wenn weniger, aber dafür besser dotierte Untersuchungen durchgeführt würden. Eine Verringerung der Zahl der auf Indianerland tätigen Ethnologen brächte auch den Vorteil einer besseren Qualitätskontrolle mit sich. Viele Universitäten schicken heute ihre Studenten in das »lebende Laboratorium« der Reservate, ohne stets an die notwendige Vorbereitung der Jungethnologen auf die menschlichen Probleme des Kontakts mit den Eingeborenen zu denken.

Delorias Kritik, die grundsätzlich nur auf eine Verbesserung der Beziehungen zwischen Forschern und Erforschten abzielte, wurde von den roten Lesern begrüßt. Stadtindianer, die mit Völkerkundlern relativ wenig zu tun haben, predigen seither das Evangelium vom bösen Ethnologen, und auch in den Reservaten zeigte man sich den Wissenschaftlern gegenüber zunehmend reserviert. Während es in den Pueblos im Südwesten der USA fast zur Tradition gehört, weiße Völkerforscher an der Arbeit zu hindern, begannen nun auch andere Stammesgruppen, ihre Reservate für Ethnologen zu sperren, beziehungsweise wenigstens in Einzelfällen Völkerkundler auszuweisen oder gar nicht erst hereinzulassen. Bei den Zunis wurden 1941 sogar die Feldnotizen eines Forschers konfisziert und nach Überprüfung durch den Stammesrat teilweise verbrannt. 1972 haben selbst die friedlichen und normalerweise den Weißen geneigten Pamunkeys in Virginia eine Ethnologin hinausgeworfen, weil sie glaubten, ihre Arbeit sei geeignet, den diskriminierenden Verdacht schwarzer Beimengungen in diesem Stamm zu fördern.

Die Fachgelehrten reagierten vielfach mit schuldbewußter Aggression. Was wären die Eingeborenen ohne uns? fragten sie und bemerkten richtig, daß manche Indianer heute in der völkerkundlichen Literatur nachlesen, wenn sie sich über ihre eigene Tradition informieren wollen. Zwei Aspekte läßt dieses Argument allerdings außer acht: Erstens wurden viele der Daten, die heute in der Literatur vorhanden sind, ursprünglich den Eingeborenen mit der Begründung abverlangt, der Forscher wolle ein Buch schreiben, damit späterhin die Nachkommen des Informanten von ansonsten verlorengehendem Wissen Kenntnis erhielten; und zweitens ist es oft traurig, ansehen zu müssen, wie heutige Eingeborene bei ihrem Versuch, die eigene Tradition zu begreifen, durch die fehlerhafte Arbeit der früheren Ethnologen behindert werden, die damals ihre verarbeiteten Daten dem Stamm nicht nochmals zur Kontrolle vorlegten, wie es die Indianer der Gegenwart fordern.

Ein weiterer Stein des Anstoßes ist die Tendenz der Gelehrten, sich mehr mit der Vergangenheit als mit der Gegenwart zu befassen. Die Beschäftigung mit längst außer Brauch gekommenen Kulturformen, die nur noch im Gedächtnis einiger alter Leute fortleben, ist sicherlich sowohl kulturhistorisch als auch für die Roten selbst interessant. Nachteilig wirkt sich jedoch neben der gleichzeitigen Vernachlässigung der gegenwärtigen Situation (die ja wesentlich vollständiger zu beschreiben wäre, als dies gemeinhin geschieht) auch die Verwendung des sogenannten »ethnographischen Präsens« aus: In der wissenschaftlichen Literatur werden vergangene Bräuche gerne in der Gegenwartsform beschrieben, so daß jeder Leser, der sich dieser Tatsache nicht bewußt ist, zu falschen Vorstellungen über die heutigen Verhältnisse kommen muß.

Obwohl also die Ethnologen als Vermittler zwischen den

Kulturen eine wichtige Rolle spielen könnten, haben sie heute selbst Vermittler zwischen ihrer Profession und den Eingeborenen nötig. Diese Vermittler sind die indianischen Ethnologen. Völkerkunde ist für einen Eingeborenen kein uninteressantes Forschungsgebiet: Er kann sich mit seiner eigenen Gruppe beschäftigen und wird dafür noch bezahlt. Die ethnologische Erkenntnis, daß ein Außenstehender einen distanzierten und daher weniger emotionsbelasteten Eindruck von der fremden Kultur wiedergeben kann, gilt für sie nur dann, wenn sie sich dem Studium anderer Gruppen statt ihrer eigenen zuwenden. Dafür bringen sie Voraussetzungen mit wie Sprachkenntnisse und lebensnähere Erfahrungen in der Kommunität, die für den weißen Völkerkundler in diesem Ausmaß nie erreichbar sind. Tatsächlich gibt es eine im Verhältnis zur geringen Größe der indianischen Bevölkerung sehr bedeutende Zahl von indianischen Ethnologen: der Osage Francis La Flesche, der Tuscarora J.N.B. Hewitt, der Tsimshian James Teit, der Seneca Arthur C. Parker in der Vergangenheit; die Dakota Beatrice Medicine, der Flathead D'Arcy McNickle und der Tewa Alfonso Ortiz in der Gegenwart, um nur einige Namen zu nennen. Im Interesse der Sache wäre es wünschenswert, wenn mehr indianische Ethnologen Untersuchungen über weiße Gesellschaften und Kulturen machten, sowohl um selbst die Probleme einer wissenschaftlichen Beschäftigung mit fremden Lebensweisen kennenzulernen (wie der Tewa Edward Dozier, der ausführlich über die Kalinga auf den Philippinen gearbeitet hat), als auch um den Weißen vor Augen zu führen, wie schmerzlich es sein kann, wenn man von einem Außenstehenden in (auch unabsichtlich) verletzender Weise beschrieben wird.

Zündstoff für Konflikte zwischen Indianern und Ethnologen liefern häufig auch indianische Exponate in Museen. Einerseits geht es dabei um die Frage, ob solche Stücke in der Vergangenheit auch rechtlich einwandfrei erworben wurden, und Forderungen nach Rückstellung sind die Folge. Anderseits beschweren sich die Roten über die Zurschaustellung indianischer Kultgegenstände in den Museen der Weißen. Proteste kommen von Pueblo-Indianern, denen ihre Katschina-Masken nicht nur als Abbilder, sondern als Verkörperung jenseitiger Wesen gelten, von den Irokesen, für deren Falschgesichtsmasken Ähnliches zutrifft, wenn sie bereits mit Medizin versehen sind, und von anderen Stämmen, denen die Profanierung von Medizinbündeln als gefährliches Sakrileg erscheint. In all diesen Fällen besteht seitens der Eingeborenen der grundsätzliche Verdacht eines unrechtmäßigen Besitzerwechsels, da wenigstens in traditioneller Sicht Jenseitswesen nicht verkäuflich sind. Tatsächlich wurde die größte und wertvollste Kollektion von Objekten aus dem Zuni-Pueblo 1879 von Mathilda Stevenson unter Umständen erworben, die vermuten lassen, daß die Angst der Eingeborenen vor Sanktionen seitens der Regierung oder des Indianerdienstes im Falle eines Nichtverkaufs eine entscheidende Rolle beim Zustandekommen der Sammlung gespielt hat. Bei Betrachtung heiliger Gegenstände in einem Museum muß ein Eingeborener ähnlich empfinden wie ein gläubiger Katholik beim Anblick einer geheiligten Hostie in einem Schaukasten.

Manche Museen, so das New York State Museum und das National Museum of Man in Ottawa, haben immerhin indianische Ritualisten eingeladen, um die in ihren Lagerräumen befindlichen Sakralobjekte in der den Traditionalisten angemessen erscheinenden Weise zu beopfern. In Ottawa waren so viele Falschgesichtsmasken rituell zu behandeln, daß der irokesische Medizinmann sich dazu entschloß, den Tabakrauch, der gewöhnlich auf die Maske geblasen wird, mit Hilfe eines elektrischen Ventilators über die auf Tischen ausgebreiteten Schnitzereien zu verteilen.

Ein Präzedenzfall in Hinblick auf die Rückstellung von Gegenständen wurde durch die Forderungen der Irokesen im Staat New York nach Rückgabe der im New York State Museum aufbewahrten Wampumgürtel geschaffen. Unter Wampum versteht man weiße und lilafarbene, zylindrisch, geschliffene Perlen aus den Lippen einer Meeresmuschel, die von verschiedenen Gruppen im Osten Nordamerikas zu unterschiedlichen Zwecken verwendet wurden. Neben ihrer Bedeutung als Zahlungsmittel und Geldersatz (manche Kolonien akzeptierten im siebzehnten Jahrhundert Wampum als konvertible Währung) verarbeitete man die Perlen zu Schmuck, aber auch zu Schnüren und Gürteln, die eine mnemotechnische Funktion erfüllten. Vor allem die Irokesen fertigten für Verhandlungen über Vertragsabschlüsse derartige Behelfe für jeden einzelnen vorgeschlagenen Artikel an. Der Sprecher der Delegation überreichte dann nach jedem Absatz seiner Rede einen Wampumgürtel mit bestimmten Mustern oder Darstellungen, die für alle Zukunft an das Gesagte erinnern sollten. Ähnliche Gürtel existierten zur Durchführung der notwendigen Zeremonien im Zusammenhang mit der Verfassung des Irokesenbundes. Die Gürtel der Irokesen, die profanen wie die sakralen, wurden in den Stammesarchiven von Onondaga wie Dokumente verwahrt.

Die europäischen Kolonialmächte betrachteten das Wampumprotokoll als Teil der »Urwalddiplomatie« und präsentierten bei Verhandlungen ihre eigenen Gürtel. Außerdem stiegen sie in die Produktion des begehrten Muschelgelds ein und produzierten mit Eisenwerkzeugen und Maschinen bis ins neunzehnte Jahrhundert hinein Wampum für den eigenen und den indianischen Bedarf. (Die Bedeutung der Metallwerkzeuge für die Produktion von Wampum erhellt aus der Tatsache, daß die ältesten archäologischen Belege für seine Existenz bei den Irokesen aus dem frühen siebzehnten Jahrhundert stammen, als Eisengeräte bei den Indianern des Nordostens bereits bekannt waren; wenn seine Produktion älter sein sollte, muß sie sich ursprünglich wegen der technologischen Probleme der Herstellung in engen Grenzen gehalten haben.)

In Verbindung mit der neuen Religion Handsome Lakes wurde der Gebrauch von Wampum in den Ritus aufgenommen und der offenbar bereits vorhandene Glaube an die mystische Kraft der Muschelperlen formalisiert. Mit der im Anschluß an die amerikanische Revolution erfolgten Auswanderung eines beträchtlichen Teils der irokesischen Bevölkerung ins britische Kanada büßte das traditionelle Stammesarchiv in Onondaga nach und nach seine Bedeutung ein, so daß gegen Ende des neunzehnten Jahrhunderts keiner der rechtmäßigen Wampum-Hüter mehr die zugehörigen Texte zu den einzelnen Gürteln rezitieren konnte. Über verschiedene Kanäle gelangten die Wampumgürtel in den Besitz des New York State Museum, der größte Teil durch Ankauf und Geschenk von den Häuptlingen in Onondaga selbst, die damals die Staatsuniversität von New York zum offiziellen Hüter des Irokesenwampums wählten. In einem Gesetz aus dem Jahr 1909 schuf die gesetzgebende Versammlung von New York für die neue Funktion der Hochschule eine für die weiße Seite verbindliche legale Grundlage, die der Universität nicht nur die Bewahrung der bereits vorhandenen Gürtel als Dokumente zur Pflicht machte, sondern sie auch dazu ermächtigte, alle anderen irokesischen Wampumgürtel (einschließlich jener, die in Zukunft hergestellt würden) »durch Ankauf, Gerichtsverfahren oder auf andere Weise« an sich zu bringen. Diese Bestimmung schoß gewiß über jedes gerechtfertigte Ziel hinaus, indem sie keinen Unterschied zwischen den Wampumdokumenten von Onondaga und anderen Gürteln, etwa den zeremoniellen Kultgeräten der Handsome Lake-Religion in Tonawanda, machte.

Als Ende der sechziger Jahre eine Gruppe von Irokesen die Rückgabe der Gürtel verlangte, wäre der Staat New York zu diesem Vorgehen ohne große Umstände bereit gewesen. Ein von fünf prominenten amerikanischen Ethnologen unterzeichnetes Memorandum an Gouverneur Nelson Rockefeller, in welchem die Völkerkundler gegen die Rückstellung aus teils rechtlichen (Zweifel an der Legitimation der die Rückgabe fordernden Gruppe), teils »grundsätzlichen« Bedenken (Schaffung eines Präzedenzfalles für die Rückgabe von Ibo-Plastiken nach Nigeria, Asmat-Kunst nach Neuguinea, florentinischer Malerei nach Italien) protestierten, brachte die geplante Transaktion ins Stocken. Der Staat New York beschloß, die Wampumgürtel nicht zu retournieren.

Die Aktion der Völkerkundler schürte den Zorn der Eingeborenen gegen die Profession. Die indianische Presse, voran der *Indian Historian,* griff das Thema auf und schoß sich auf das Memorandum der fünf, das einige Faktenfehler beziehungsweise fehlerhafte Interpretationen enthielt, ein. Die Argumente der Roten waren zwar kaum weniger löchrig und zweifelhaft, doch hatten es die Indianerforscher mittlerweile mit der Angst vor einer weiteren Zuspitzung des Streits um die Wampumgürtel zu tun bekommen, einer Zuspitzung, die sich bereits in Forschungsverboten für die Ethnologen auf irokesischen Reservaten äußerte. Nachdem der Widerstand zusammengebrochen war, stand einer Rückgabe der Wampumgürtel durch den Staat New York nichts mehr im Wege: fünf Stück sollten zurückgegeben werden. Einzige Bedingung der Vereinbarung zwischen Weißen und Indianern war die Errichtung einer geeigneten Aufbewahrungsstätte, in der die Gürtel auch für weiße Besucher zugänglich gemacht werden sollten. (Nicht bei allen Indianersammlungen in amerikanischen Museen ist dies der Fall; viele liegen in überfüllten Depots, ohne je ausgestellt zu werden.) Die vom Staat für diesen Zweck angebotene Finanzhilfe schlugen die Irokesen aus. Sie wollten die notwendigen Mittel für diesen Zweck lieber selbst aufbringen, um jedwede künftige Verpflichtung der öffentlichen Hand gegenüber zu vermeiden. 1975 strichen dann die New Yorker Gesetzgeber auch die Museumsklausel und retournierten die Gürtel bedingungslos.

Am 22. April 1973 besetzte eine Gruppe bewaffneter Indianer in der Nähe von Sacramento ein Stück Land, auf dem der neue offizielle Wohnsitz des Gouverneurs von Kalifornien errichtet werden sollte. Als die Polizei auf dem Grundstück erschien, gaben die militanten Besatzer einen Warnschuß ab, wurden jedoch bald von der Staatsgewalt überwältigt. Sechs Personen wurden wegen Gewalttätigkeit gegen die Sicherheitsorgane, boshafter Sachbeschädigung und Besitzstörung angezeigt. Die Aktion der Eingeborenen, die dem AIM angehörten, richtete sich nicht so sehr gegen den Gouverneur persönlich wie gegen die im Zuge der geplanten Bauarbeiten unumgängliche Zerstörung eines archäologischen Fundplatzes, an dem vor dreitausend Jahren ein Indianerdorf gestanden war. Während in solchen Fällen zumeist die Bagger der Baufirmen die wissenschaftlich interessanten Funde zerstören, bevor ein Archäologe davon Wind bekommt, hatte Gouverneur Reagan hier die Finanzierung der professionellen Erforschung vor Baubeginn zugesichert. Die Indianer aber wollten weder von Hausbau noch von Wissenschaft etwas hören.

Der Zorn der Urbewohner Amerikas gegen die Vernichtung alter indianischer Siedlungsplätze und gegen die Verwüstung indianischer Gräber durch Bauern, Straßenarbeiter und Dammkonstrukteure ist nicht neu. 1847 etwa meldete ein Ottawa-Häuptling in Michigan seine Bedenken gegen den Fortschritt der weißen Zivilisation an: »Ihr pflügt unsere alten Maisfelder und unsere Friedhöfe um. Ihr habt weder Respekt noch Pietät für unsere Toten.« Und obwohl die Archäologen weiterhin unvergleichlich weniger Schaden anrichten als die Ingenieure und selbst mit allen Mitteln gegen die drohende Zerstörung von Fundplätzen durch die Technik kämpfen, haben die Indianer im Zuge ihres wachsenden Mißtrauens gegen die Indianerforscher gerade die Prähistoriker zum Ziel ihres Aktionismus gemacht. Vorfälle wie der in Sacramento bereichern in steigendem Maß den Erfahrungsschatz amerikanischer Archäologen.

Noch zu Beginn des zwanzigsten Jahrhunderts wurden in Amerika gelegentlich Archäologen wegen Grabschändung vor Gericht gestellt, weil sie Indianergräber erforscht hatten, und bis heute weigert sich mancher fromme weiße Farmer, eine Ausgrabung von indianischen Begräbnisstätten auf seinem Grund zuzulassen, weil er Respekt vor den Toten gleich welcher Rasse besitzt. Um die Prähistoriker vor einer möglichen Bekanntschaft mit schwedischen Gardinen zu schützen, wurden Gesetze erlassen, die eine Unterscheidung zwischen Grabschändung und Wissenschaft ermöglichen sollten. Grundsätzlich akzeptierte man die Exhumierung von Leichen und deren Verbringung in Museen und Laboratorien als Wissenschaft, wenn sich keine Nachkommen der Toten eruieren ließen oder die Nachkommen ihre Zustimmung zur Exhumierung erteilten. Schon diese Abgrenzung bedeutete eine Diskriminierung der Uramerikaner, die wohl sehr oft wußten, wo ihre Vorfahren begraben lagen, aber mangels an Grabsteinen und Dokumenten nicht den Beweis führen konnten.

In der Praxis gab es ohnedies wenige Archäologen, die sich für weiße Friedhöfe interessierten. Da Begräbnisstätten von Nichtindianern in Amerika ja nur aus den letzten Jahrhunderten stammen konnten und diese Zeitperiode durch schriftliches Material weitestgehend dokumentiert werden kann, ließen die Wissenschaftler die toten Weißen ruhen oder begruben sie sorgfältig wieder, wenn sie durch Zufall auf welche stießen. Sie fanden aber nichts dabei, Gräber der Cherokees in Tennessee zu erforschen, in denen die Anwesenheit von Brillen und Bibeln verriet, daß sie nicht lange vor der Zwangsumsiedlung des Stammes nach dem Westen angelegt worden waren. Für die Archäologen ist ein indianischer Friedhof eben kein Friedhof, sondern ein Fundplatz. Aus rein sachlichen Gründen ist auch für sie der tote Indianer ein guter Indianer.

Zur Erklärung ihres inkonsequenten Verhaltens führen die Ausgräber an, ihre Arbeit geschehe ja nur zum Besten der armen Roten, die keine eigene Geschichte besäßen. Viele Indianer teilen diese Aufassung nicht. Sie sind mit ihrer traditionellen Geschichte, die nicht in Einklang mit den Ergebnissen weißer Forschung zu stehen braucht, durchaus zufrieden und haben ein prinzipiell anderes Verhältnis zur Vergangenheit. Während die Prähistorie zum Beispiel postuliert, daß die Navajos nicht lange vor Ankunft der ersten Europäer aus dem Nordwesten Kanadas in ihre heutigen Wohngebiete einwanderten, erzählen die Navajos, sie seien immer schon im Südwesten ansässig gewesen, seitdem sie in mythischer Urzeit einem Loch in der Erde entstiegen seien. Dieser Mythos hat eine feste Funktion im Rahmen der Navajo-Religion, während die wohlfundierte archäologische Theorie für sie nicht nur bedeutungslos, sondern geradezu häretisch ist. Im Gegensatz dazu ist die abendländische Kultur

– wie jede Hochkultur – eine Kultur der Buchhalter, die auch über die Geschichte derer Buch führt, die eine solche Fixierung für widernatürlich halten.

Solange Archäologen auf Privatland oder Staatsland graben, brauchen sie außer den Aktivisten, die aber das geltende Recht gegen sich haben, nichts zu fürchten. Wenn es hingegen um Ausgrabungen auf Indianerland geht, ist selbstverständlich die Genehmigung der Hausherren einzuholen. Während etwa die Irokesen solche Ansinnen heute generell ablehnen, haben an anderen Orten Traditionalisten und Wissenschaftler zu Übereinkommen gefunden. Ein Stamm an der kanadischen Nordwestküste hat sich mit den Prähistorikern des Provinzmuseums von British Columbia auf einen Kompromiß geeinigt, der sowohl die Neugier der Forscher als auch die Wünsche der Eingeborenen befriedigt. Die Ausgrabungen werden mit Zustimmung des Stammesrats und teilweiser Hilfe der Stammesbevölkerung durchgeführt, Skelettmaterialien werden nach Untersuchung im Labor wieder beigesetzt, alle ausgegrabenen Objekte verbleiben in Stammesbesitz, wenn sie nicht von Museen angekauft werden.

Nicht alle Indianer sind grundsätzlich gegen die Archäologie und deren Vertreter eingestellt. Insbesondere die stärker assimilierten Gruppen sehen in den Prähistorikern mögliche Freunde, die ihr Interesse an den besseren Zeiten der Vorväter teilen. Ähnlich wie beim Verhältnis zu den Völkerkundlern spielt häufig die Tatsache eine Rolle, daß es nur wenige indianische Archäologen gibt. Im Bestreben, diesen Mangel zu beheben, fördert man seit kurzem die Ausbildung indianischer Ausgräber und setzt sie mit Vorliebe auf kolonialzeitlichen Fundstellen ein, um ihnen die Befriedigung zu geben, in der Vergangenheit des Weißen Mannes wühlen zu können und auch dessen Begräbnisstätten zu Unfriedhöfen zu machen.

Der indianische Protest gegen Völkerkundler und Archäologen steht hier stellvertretend für den lokalen Aktionismus, der das Gesicht der Indianerszene der sechziger Jahre prägte. Ihm zur Seite stehen Demonstrationen gegen Diskriminierung, gegen die Verzerrung indianischer Geschichte in der Traditionspflege der herrschenden Gesellschaft und gegen den schleichenden Schwund der Eingeborenenrechte. Betroffen waren immer nur berufsspezifische oder lokale Gruppen von Weißen. Die überregionale Wirkung war bescheiden, wenn auch die Eingeborenen selbst von den meisten derartigen

Ereignissen über den »Mokassin-Telegraphen«, den Mundfunk der Roten, im nachhinein erfuhren.

Schauplatz der ersten Red-Power-Aktion von nationaler Tragweite war zwischen November 1969 und Juni 1971 Alcatraz, die von den spanischen Eroberern so benannte »Insel der Pelikane« am Eingang der San Francisco Bay, unweit der Golden-Gate-Brücke. Die im Stammesgebiet der Ohlonen gelegene, unwirtliche, felsige Insel war von den Spaniern mit Befestigungsanlagen zur Verteidigung des Eingangs der Buch versehen und nach der Einverleibung Kaliforniens in die USA zu einem Bundesgefängnis für besonders gefährliche Verbrecher ausgebaut worden. Indianer bewohnten die Insel fortan höchstens als Gefangene. 1962 entschloß sich Washington, die ziemlich kostspielige Strafvollzugsanstalt aufzulassen. Was weiter mit der Insel geschehen sollte, war vorerst unklar. Allein die Kosten für die Demolierung der Betonbauten und die Beseitigung des Mülls wurden 1963 auf drei Millionen Dollar geschätzt. Die amerikanische Bundesimmobilienverwaltung (GSA) ließ sich daher mit einer Entscheidung über die künftige Verwendung Zeit.

Im März 1964 deklarierten die USA Alcatraz als »Überschußeigentum«. Kurz darauf ließ sich ein Sioux namens Richard McKenzie auf der Insel nieder und forderte unter Berufung auf den Vertrag seiner Nation mit den Vereinigten Staaten von Fort Laramie aus dem Jahr 1868 die Überlassung der acht Hektar großen Felseninsel. In Fort Laramie hatte die Regierung versprochen, jedem männlichen Sioux von mehr als achtzehn Jahren, der sich künftig außerhalb der Reservation auf Land, das keine Bodenschätze enthalte und auch sonst von den USA nicht für besondere Zwecke reserviert sei, niederlassen und dortselbst Investitionen im Wert von mehr als 200 Dollar tätigen würde, 64 Hektar Boden als Privateigentum zu überlassen. Die Regierung bestritt nun, fast hundert Jahre nach dem angesprochenen Vertrag, die Anspruchsberechtigung McKenzies aus jenem Titel. Der darauf folgende Rechtsstreit zog sich in die Länge, bis er 1968 wegen Versäumnis des Klägers eingestellt wurde. Aber die Strategie des Sioux und seiner Freunde, mittels des Vertrags von Fort Laramie Überschußeigentum des Bundes zur Gründung einer Indianeruniversität an sich zu bringen, führte 1970 anläßlich der Errichtung der D-Q-Universität in der Nähe von Davis zum Erfolg.

Anfang November 1969 wurde Alcatraz neuerlich besetzt.

Die schon lange frustrierte Energie der Stadtindianer von San Francisco kam zum Ausbruch, als im Oktober das Indianerzentrum der Stadt eines Nachts niederbrannte. Unter starker Beteiligung eingeborener Studenten aus Berkeley und San Francisco beschloß man, die verlassene Gefängnisinsel als neuen Standort für ein kulturelles und soziales Zentrum der Indianer zu beanspruchen. Ein erster Versuch am 9. November mißlang, aber schon elf Tage später konnten sich etwa dreißig rote Aktivisten als Herren von Alcatraz bezeichnen.

Sie nannten sich *Indians of All Tribes* (obwohl die kalifornischen Stämme kaum, die Ohlonen überhaupt nicht repräsentiert waren) und veröffentlichten ein Programm, das im besten Jungindianer-Stil der sechziger Jahre abgefaßt war. Die Besatzer beriefen sich auf ihr »Entdeckerrecht«, erklärten sich aber immerhin bereit, den weißen Bewohnern des Landes einen Kaufpreis von 24 Dollar in Glasperlen und Tuchstoff (das ist der Preis, den die holländischen Siedler einst für Manhattan gezahlt hatten) zu gewähren: drei Dollar pro Hektar, fast das Dreifache jenes Hektarpreises, den die *Indian Claims Commission* den Urkaliforniern als Entschädigung für das ihnen entzogene Land angeboten hatte. Sie machten sich erbötig, für die Weißen eine Reservation einzurichten, sie durch ein *Bureau of White Affairs* zu beschützen und durch Unterweisung in indianischer Lebensart und Religion aus ihrer barbarischen und unglücklichen Situation zu befreien.

Nach weißen Vorstellungen, meinten die *Indians of All Tribes,* müßte Alcatraz als Idealfall einer Reservation angesehen werden: isoliert von moderner, technischer Zivilisation, ohne Infrastruktur, ohne Fließwasser, mit mangelhafter Kanalisation, bar jeglicher Bodenschätze, ohne Industrie und folglich mit großer Arbeitslosigkeit, ohne Einrichtungen der Krankenfürsorge, der Boden so armselig, daß er nicht einmal Jagdwild ernährt, geschweige denn Ackerbau ermöglicht, keine Schulen. Im übrigen sei die Bevölkerung der Insel auch bisher gefangen und in einem Abhängigkeitsverhältnis von anderen gehalten worden.

Für die künftige Gestaltung der Insel hatten die Aktivisten ein Fünfpunkteprogramm entworfen, in dem die Errichtung folgender Institutionen auf Alcatraz gefordert wurde: erstens ein Zentrum für Indianerstudien mit angeschlossener Wanderuniversität, welche auf den Reservationen lehren und vor allem lernen sollte; zweitens ein spirituelles Zentrum für Eingeborene aller Stämme zur Erlernung und Tradierung religiöser Vorstellungen und Bräuche; drittens ein indianisches Zentrum für Umweltschutz, zur Renaturalisierung des ehemaligen Indianerlands und zur Entschmutzung der katastrophal verunreinigten San Francisco Bay; viertens eine indianische Schule, in der die Eingeborenen rote Lebensführung von der Kochkunst bis zum Kunstgewerbe üben und weiße Besucher die Schönheit eben dieser Lebensführung bewundern sollten; und fünftens ein Indianermuseum, das alles Gute, das die Roten den Weißen, und alles Schlechte, das die Weißen den Roten gegeben hatten, zeigen sollte. All diese Einrichtungen sollten selbstverständlich unter indianischer Leitung stehen.

Die Reaktion der Öffentlichkeit auf die Besetzung von Alcatraz war erstaunlich positiv. Die Presse berichtete mit dankbarem Enthusiasmus über ein zugkräftiges Thema. Im Dezember 1969 brachte der Abgeordnete Brown aus Kalifornien (gemeinsam mit zehn weißen und schwarzen Abgeordneten, zum Großteil aus dem Osten) im Repräsentantenhaus eine Resolution ein, in der die formelle Übereignung der Insel an die Eingeborenen gefordert wurde. (Sie kam nie zur Abstimmung, sondern verendete im zuständigen Kongreßausschuß. Ebenso erging es einem Gesetzentwurf des kalifornischen Abgeordneten Burton, der den indianischen 24-Dollar-Vorschlag zur Grundlage hatte.)

Weniger begeistert reagierten vorerst die organisierten Stämme. Vor allem die kalifornischen Gruppen waren vom Verhalten der roten Studenten und ihrer Freunde befremdet. Erstens wußten sie aus jahrhundertealter Erfahrung, daß Alcatraz schlechthin unbewohnbar war, ja es gab sogar eine Überlieferung, die besagte, die Felseninsel sei verflucht. Zweitens empfanden sie es als unverantwortlich von den Studenten, die eigens für sie geschaffenen indianischen Studienprogramme an den Universitäten durch ihre Teilnahme an der Demonstration zu gefährden; schließlich sei den Studierenden ihre Fortbildungsmöglichkeit nur unter meist großen Entbehrungen ihrer Eltern ermöglicht worden. Die Besatzer förderten anfangs die Konfrontation mit den älteren Eingeborenen, indem sie bis zur Festigung ihrer Position auf der Insel nicht einmal anderen Indianern Zutritt gewährten. Als dann endlich die Insel für Besucher geöffnet wurde, reisten Rote aus allen Teilen des Landes nach Kalifornien, um sich selbst ein Bild von den Zuständen auf dem neuen Stück Indianerland zu machen, und kehrten meist befriedigt zurück.

Auch die Zahl der Inselbewohner stieg bis auf ein Maximum von fünfhundert (einschließlich kurzfristiger Besucher), ging dann allerdings nach und nach wieder zurück. Dabei vollzog sich allmählich eine Umschichtung: Die Studenten kehrten in der Mehrzahl zu ihren Büchern zurück und wurden teils durch andere mittelfristige Besucher, teils durch arbeitslose Stadtindianer ersetzt.

Zwar gab es auf der Insel eine Ratsversammlung zur Leitung der Geschäfte der Gemeinschaft, doch mangelte es an einer straffen Führung (die von den Besatzern wohl als unindianisch empfunden worden wäre), so daß die erzielten Propagandaerfolge nicht produktiv genutzt wurden. Anderseits war die Erfolglosigkeit der Aktion auch auf die starre Haltung der Bundesregierung zurückzuführen. Anfang Januar 1970 erschien Robert Robertson, der Exekutivdirektor des *National Council of Indian Opportunity,* auf Alcatraz und entschied nach persönlicher Inspektion, daß vor einer Wiederherstellung sicherer und sanitärer Verhältnisse durch Absiedlung der Frauen und Kinder weitere Verhandlungen zwecklos seien. Sein Vorschlag, eine symbolische Besetzung der Insel durch fünf oder zehn von der Regierung bestellte Indianer aufrechtzuerhalten, fand lediglich die Unterstützung des lokalen Chefs der Bundesimmobilienverwaltung (GSA), der aus Gründen der Sicherheit und Legalität für eine Räumung der Insel plädierte; die Roten lehnten dankend ab.

Die Eingeborenen des Gebiets von San Francisco stellten sich daraufhin in seltener Einigkeit hinter die Besatzer und gründeten ein *Bay Area Native American Council,* dem zwanzig Eingeborenen-Organisationen mit insgesamt 40.000 Mitgliedern angehörten. Diese Überwindung des bisherigen Faktionalismus war wichtig, um Washington klarzumachen, daß die *Indian of All Tribes* keine Einzelgänger ohne Rückhalt in den roten Kommunitäten waren. Die Unterstützung durch die Stadtindianer konnte allerdings das von den Reservatsführern dominierte NCIO nicht von seiner harten Linie abbringen. Im März 1970 teilte Robertson den Leuten von Alcatraz den »maximalen« Gegenvorschlag der Regierung mit: Von den fünf Programmpunkten der Besatzer fand sich im offiziellen Schriftsatz nur ein einziger wieder: das Museum – immer schon die Idealvorstellung der Regierung von einer Lösung des Indianerproblems. Hingegen schlug Robertson vor, die Eingeborenen sollten sich einen neuen indianischen Namen für die Insel ausdenken, die man in einen

Park umwandeln wollte. In diesem Park, meinte das NCIO, könnten ja auch Statuen bedeutender Indianer der Vergangenheit (etwa Pocahontas bei Errettung des Captain John Smith) auf- und lebende Eingeborene als Parkwächter angestellt werden. Die *Indians of All Tribes* fühlten sich verhöhnt und entgegneten mit einer Wiederholung ihrer ursprünglichen Forderungen. Als Termin für eine Antwort setzten die Besatzer den 31. Mai fest.

Die einzige Antwort kam am 28. Mai 1970 seitens der GSA: Alcatraz würde nunmehr offiziell dem Innenministerium zwecks Errichtung eines Parks übergeben; das Weiße Haus habe die GSA aufgefordert, die Lieferung von Elektrizität an die Besatzer einzustellen. Zugleich drehte die Bundesimmobilienverwaltung den Indianern den Wasserhahn ab: Das Boot, das bisher Süßwasser vom Festland zum Felsen gebracht hatte, wurde aus dem Verkehr gezogen. Zu dieser amtlich verordneten Schikane trat in der Nacht vom 1. zum 2. Juni ein Brand, der drei Gebäude vernichtete; die Indianer wurden verdächtigt, das Feuer selbst gelegt zu haben. Als Symbol für die »wiederaufgeflammten Hoffnungen auf Gerechtigkeit für die Indianer« setzten die Besatzer am 8. Juni das seit der Stromsperre tote Leuchtfeuer der Insel mittels eines Notstromaggregats wieder in Betrieb.

Was dann folgte, war ein Jahr verzweifelter Versuche der roten Bewohner von Alcatraz, nach Abflauen des öffentlichen Interesses dem Druck der Regierung standzuhalten. Wenn Journalisten überhaupt noch die Insel besuchten, berichteten sie kaum über den Heroismus für eine gerechte Sache, sondern über Verschmutzung und Verwüstung der Anlagen und über Uneinigkeit innerhalb der schrumpfenden Besatzungsmacht. Die GSA verbreitete – von den Indianern freilich stets dementierte und nie erhärtete – Gerüchte über angebliche Waffenlager auf Alcatraz. Die einzige jemals von den Besatzern verwendete Waffe war ein Pfeil, den sie auf ein Boot der Küstenwache abschossen, das der Insel zu nahe gekommen war. Seit nämlich die GSA ein »Ausreiseverbot« vom Festland nach der Insel verfügt hatte, von dem unter anderem Touristengruppen betroffen waren, die mit einer Gebühr für die Besichtigung der Insel den Okkupanten Mittel für ihre Projekte liefern sollten, sperrten die Besatzer Alcatraz ihrerseits für Beamte.

Der Vermittlungsversuch einer schwarzen Bürgerrechtsorganisation wurde von den Indianern abgelehnt, denen es nur noch ums kompromißlose Durchhalten ging. Realistische Ziele wurden keine mehr verfolgt. Nachdem die GSA alle Berichte über eine geplante Rückeroberung der Insel unter Gewaltanwendung dementiert hatte (»Wir könnten die Insel in dreißig Minuten wiederhaben, aber es wäre kein Scherz«), veröffentlichte eine Zeitung im September 1970 einen Geheimplan der »Operation Parks«, nach welchem in der Tat die Absicht bestand, hundert bis zweihundert Mann Bundespolizei zur Delogierung der Roten einzusetzen.

Die Veröffentlichung mag eine sofortige Durchführung des Einsatzplans vereitelt haben. Zehn Monate später waren freilich nur noch zwanzig Mann Bundespolizei nötig, um die fünfzehn auf der Insel verbliebenen Eingeborenen, die keinerlei Widerstand leisteten, ans Festland zu schaffen. Drei Männer wurden unter Anklage gestellt, weil sie Kupferdraht von der Felseninsel entfernt und am Festland verkauft hatten, um sich mit Nahrung zu versorgen; die anderen wurden auf freien Fuß gesetzt. Alcatraz soll nun ein Naturpark werden; also auch keine marmornen Eingeborenen und keine roten Parkwächter.

Man kann Alcatraz als totalen Fehlschlag ansehen. Ein materieller Erfolg wurde durch die Aktion nicht erreicht. Weder hat sich das indianische Landeigentum in den USA um acht Hektar vermehrt, noch sind Arbeitsplätze geschaffen, Bildungsstätten und Wohnungen für Indianer errichtet worden. Die Endabrechnung des Propagandawerts sieht ebenfalls mager aus: Nach anfänglichen Gewinnen später schleichende Verluste; einziger möglicher Gewinn: erhöhte Sympathien der Gegenkulturbewegung, die sich auf studentischer Ebene mit den Roten solidarisiert hatte.

Langfristig hat Alcatraz den eingeborenen Aktivisten jedenfalls einige Lehren erteilt: Selbst ohne Planung ist es möglich, ein Stück Amerika gegen den Willen der Regierung neunzehn Monate lang gewaltlos besetzt zu halten; die Solidarität einer schuldbewußten weißen Mehrheit, vor allem in den aktionsreicheren Anfangsphasen eines solchen Unternehmens, ist beträchtlich; auch unter der roten Bevölkerung, selbst jener der Reservationen, läßt sich ein ähnlicher Effekt bewirken, der dem faktionalistischen Generaltrend entgegenläuft und ihn vielleicht sogar umkehren kann. Nach Alcatraz war die moderne Indianerbewegung um einen Markstein reicher, um eine Hoffnung ärmer, aber dieser Markstein war wenigstens nicht ihr Grabstein. Die roten Proteste verlagerten sich wieder auf lokale Ebene und rückten erst Ende 1972 neuerlich in den Brennpunkt des nationalen Interesses.

In der dritten Augustwoche 1972 fand auf der Rosebud-Reservation in South Dakota das jährliche *Pow-wow* der Rosebud-Sioux statt. Wie bei allen solchen Anlässen gab es neben den Tänzen und Gesängen auch ausführliche Diskussionen über die Lage der Eingeborenen und über neue Möglichkeiten, Regierung und Kongreß zum Handeln zu bewegen. 1972 war ein großes Wahljahr: Am ersten Dienstag im November sollte das amerikanische Volk den Präsidenten, die Abgeordneten zum Repräsentantenhaus und ein Drittel der Senatoren wählen. Ganz von selbst bot sich der Gedanke an, die Zeit unmittelbar vor den Wahlen zu einem indianischen Marsch auf Washington zu nutzen. Der *Poor People's March* der schwarzen Bürgerrechtsorganisationen vor den letzten Präsidentschaftswahlen hatte zwar geringen Erfolg, immerhin aber eine ausgedehnte Presseberichterstattung gebracht. Die speziellen Probleme der roten Minderheit waren 1968 neben jenen der Schwarzen kaum beachtet worden. Vielleicht war die Zeit reif, um durch eine Großaktion das Gewissen der amerikanischen Wähler anzusprechen und sie über die Sorgen der Eingeborenen zu unterrichten.

Anfang Oktober kamen die Initiatoren abermals zusammen, um den Marsch im Detail zu planen. Die Zeit drängte: kaum fünf Wochen blieben noch bis zum Wahltag. Um den langen Marsch zu finanzieren, wandte man sich an den *National Indian Lutheran Board* (NILB), die Indianerhilfsorganisation der lutherischen Kirche, die in den letzten Jahren vor allem das AIM freizügig unterstützt hatte, mit dem Ersuchen um 100.000 Dollar. Die Lutheraner versprachen eine Prüfung des Ansuchens, stellten aber klar, daß das Geld nicht unmittelbar verfügbar war. Obwohl keine Zusage bezüglich der Unkostendeckung vorlag, organisierte man weiter.

An der Planung beteiligten sich acht indianische Organisationen, darunter AIM, NARF, NIYC und die kanadische *National Indian Brotherhood*. Vier weitere Gruppen versprachen ihre Unterstützung: NILB, *United Native Americans, Native American Women's Council* und *Coalition of Indian-Controlled School Boards*. Zu Ko-Vorsitzenden ernannte man Robert Burnette, einen früheren Vorsitzenden des Rosebud-Stammesrats (der seither abermals in diese Funktion gewählt wurde) und ehemaligen Exekutivdirektor des NCAI, sowie Reuben Snake, den Direktor des *National Indian Leadership*

Training. Alle Indianer wurden eingeladen, mit auf den *Trail of Broken Treaties* (»Pfad der gebrochenen Verträge«), wie die Aktion genannt wurde, zu kommen, der von mehreren Städten der Westküste nach Washington führen und dabei alle in der indianischen Leidensgeschichte wichtigen Orte, wie Sand Creek, Little Bighorn und Wounded Knee, berühren sollte. Jede der Marschgruppen sollte von einem spirituellen Führer geleitet werden, der die heilige Friedenspfeife und die heilige Trommel mit sich trug. Am 23. Oktober sollten die Pfade in St. Paul, Minnesota, bei der Jahrestagung des AIM zusammenlaufen, wo man ein gemeinsames Programm beschließen wollte. Die Woche vor den Wahlen war verschiedenen Aktivitäten in Washington vorbehalten.

Es war die erklärte Absicht des *Trail of Broken Treaties,* besonders streng auf einen ruhigen Ablauf der Demonstration zu achten. Alle Teilnehmer, die die »öffentliche Ruhe stören, den Verkehr behindern, Flaggen verbrennen, Eigentum zerstören oder in der Öffentlichkeit Obszönitäten schreien« wollten, sollten ausgeschlossen werden. Besonders Bob Burnette, sicherlich kein radikaler Hitzkopf, wußte, warum er warnte: »Wir sollten uns von unserer besten Seite zeigen. Wir müssen Alkohol und alle Drogen verbieten und alle Zuwiderhandelnden ausschließen.« Rund sechzig AIM-Ordner in ihren roten Pullovern sollten dafür Sorge tragen, daß die selbstgewählten Beschränkungen von den erwarteten maximal 10.000 Teilnehmern befolgt würden.

Aber noch bevor die Demonstranten Washington erreichten, begannen sich erste Schwierigkeiten abzuzeichnen. Die Organisatoren des Marsches konnten nicht verhindern, daß es entlang des Wegs gelegentlich zu Zwischenfällen kam. In Minneapolis blockierten die Indianer während eines Protests gegen die Behandlung der Roten durch die Polizei einen Gehsteig und entfernten Bilder und ethnographische Gegenstände aus einem Schaukasten im Büro des Bereichsdirektors des BIA, obwohl dieser dem *Trail* seine Unterstützung versprochen hatte. Vernon Bellecourt, einer der AIM-Führer, fand tadelnde Worte für die Missetäter und veranlaßte die Rückstellung der Gegenstände. Ein anderes Mitglied der AIM-Führungsspitze, Dennis Banks, qualifizierte bei einer *Trail*-Kundgebung in Wounded Knee die Einstellung seiner Organisation zur Gewaltlosigkeit: »Obwohl das AIM Gewalt als Mittel zur Konfrontation der Bürger mit den indianischen Wünschen ablehnt, wird es vielleicht eines zweiten Watts bedürfen, damit die Vereinigten Staaten die Schwierigkeiten der Indianer zur Kenntnis nehmen.« Watts war das schwarze Getto in Los Angeles, wo der schwarze Protest erstmals drastisch destruktive Formen angenommen hatte.

Gleichzeitig begannen die offiziellen Stellen ihr doppelzündiges Spiel. Als Bob Burnette in Washington mit Unterstaatssekretär Harrison Loesch über die Demonstration in der Bundeshauptstadt verhandelte, sicherte Loesch dem *Trail* »die offene moralische Unterstützung« der Regierung zu. Gleichzeitig jedoch verfaßte Loesch ein Memorandum an seinen Untergebenen, *Commissioner* Bruce, in dem er dem BIA-Chef die dezidierte Anweisung gab, das Indianerbüro habe die Demonstranten weder direkt noch indirekt zu unterstützen. Robert Robertson, der Exekutivdirektor des *National Council of Indian Opportunity*, dessen Haltung bereits den Roten auf Alcatraz einen schlechten Eindruck gemacht hatte, schrieb noch vor Einlangen der Demonstranten in Washington an die Organisatoren: »Wir alle in der Administration haben uns gefreut, mit den Ko-Vorsitzenden des *Trail of Broken Treaties-Caravan* zusammenarbeiten zu können.« Nach den Ereignissen der ersten Novemberwoche sagte Robertson zu Reportern, er habe nie daran geglaubt, daß die Demonstranten sich an ihr Programm halten würden, »denn ich wußte, daß es nur ein Vorwand war«.

Viele Organisationen, die ursprünglich dem Indianermarsch Hilfe zugesagt hatten, zogen ihr Angebot unter dem Druck der Behörden zurück. Das einzig gesicherte Quartier für die Demonstranten war der Keller einer Episkopalenkirche in Washington. Als die ersten Indianer jedoch am Morgen des 2. November müde am Regierungssitz eintrafen, mußten sie entdecken, daß der Keller bereits mit Ratten voll besetzt war, die wahrscheinlich durch den Geruch des Essens, das ein Vortrupp in großen Mengen zubereitet hatte, aus ganz Washington herbeigelockt worden waren. Eine andere Unterkunft mußte gefunden werden.

Die zweite Enttäuschung für die Demonstranten war die Weigerung der Armee, den Roten die Abhaltung einer religiösen Zeremonie an den Gräbern von Ira Hayes und John Rice auf dem Heldenfriedhof von Arlington zu gestatten. Der Pima Ira Hayes war berühmt geworden, als er im Zweiten Weltkrieg entscheidend mitgeholfen hatte, die amerikanische Flagge auf Iwo Jima zu hissen; aus dem Krieg heimgekehrt, wurde er zuerst als Nationalheld gefeiert, geriet dann in

Vergessenheit und starb schließlich in tiefster Armut. John Rice war ebenfalls Soldat gewesen; in Sioux City, Iowa, hatte man ihm ein Begräbnis verweigert, nur weil er Indianer war; Präsident Truman veranlaßte daraufhin die Beisetzung in Arlington – wahrscheinlich die größte Leistung, die Truman während seiner Präsidentschaft für die Indianer vollbracht hat.

Die Armee behauptete, die Indianer wollten auf dem Friedhof demonstrieren, und verwies auf eine Bestimmung, die alle parteiischen Kundgebungen in Arlington verbot. Die Indianer gingen daraufhin noch am 2. November zu Gericht, verloren am 3. in erster Instanz, legten am 4. gegen das Urteil Berufung ein, worauf das Berufungsgericht am 5. die Aussperrung vom Heldenfriedhof aufhob. Diese Entscheidung, wiewohl immer noch von grundsätzlicher Bedeutung, war mittlerweile durch andere Ereignisse irrelevant geworden.

Da ja an ein Verbleiben im Kirchenkeller nicht zu denken war, zogen die Indianer zum BIA, um über andere Unterbringungsmöglichkeiten zu verhandeln. Die Antwort von Loesch, das BIA sei kein Realitätenbüro, ließ keine baldige Einigung erwarten. Während also die Organisatoren des Marsches mit den Spitzen des Indianerbüros über eine Lösung der Unterbringungsfrage verhandelten, kam mehr und mehr Fußvolk ins BIA-Gebäude. Die meisten versammelten sich im Hörsaal des Hauses, wo zuerst getrommelt und gesungen und anschließend ein Film über die Fischereirechtsdemonstrationen gezeigt wurde. Alles war ruhig, und die Verhandlungen gingen einem positiven Abschluß entgegen. Bei Büroschluß um vier Uhr nachmittags hatten die Verhandlungspartner ein vorläufiges Abkommen erzielt. Bevor es jedoch verlautbart werden konnte, kam es zu einem jener Ereignisse, wie sie das Verhältnis zwischen Weißen und Roten immer schon bestimmt haben.

Der Wachdienst im BIA hatte Schichtwechsel. Der neue diensthabende Offizier war über die anstehenden Probleme nicht ausreichend informiert und versuchte das Haus von Indianern zu »säubern«. Die Eingeborenen weigerten sich zu gehen, solange die Verhandlungen noch andauerten. Der Offizier rief die Bereitschaftspolizei, die kurz darauf in das Gebäude eindrang und, mit Schlagstöcken wild um sich schlagend, die Mündel der Bundesregierung zu vertreiben suchte. Auf indianischer Seite gab es viele Verletzte. Trotzdem gelang es ihrer Übermacht, die Stahlhelmpolizei aus der BIA-Zentrale hinauszudrängen. Vor dem Gebäude aber warteten weitere

Einsatztruppen; in diesem Moment wurde aus dem Warten auf eine Einigung in der Unterbringungsfrage eine Besetzung des zweistöckigen Bürohauses im Zentrum Washingtons. Die Türen wurden mit Schreibtischen verrammelt, die Telephone mit Indianern besetzt und Wachen aufgestellt. Die Polizei belagerte das Haus und riegelte die ganze Umgebung ab. Da jedoch im BIA-Gebäude auch noch Angestellte und sogar einige Polizisten eingeschlossen waren, zog man die Truppen wieder ab, um den Weißen einen unblutigen Abgang zu ermöglichen.

Der (mit einer Viertelmillion Dollar sicherlich zu hoch geschätzte) Schaden des ersten Tages der Besetzung geht zum größten Teil auf das Konto der Bereitschaftspolizei. Die Besatzer demolierten zwar einige Tische, um deren Beine als Schlagstöcke zu verwenden, achteten aber sonst peinlich auf Ordnung. Ein Reinigungsdienst wurde organisiert, der aufräumte und staubsaugte. Die oberen Stockwerke wurden abgesperrt, um weitere Schäden zu verhindern.

Freitag, den 3. Dezember, ging die Regierung zu Gericht. Aufgrund geltender Bestimmungen hätte die Polizei auch ohne gerichtliche Verfügung das widerrechtlich besetzte Gebäude räumen können; allerdings erweckten die Besatzer nicht den Eindruck, als würden sie freiwillig einem Polizeibefehl Folge leisten. Die Regierung wollte daher die Verantwortung für ein mögliches Blutbad wenige Tage vor den Wahlen aus verständlichen Gründen nicht auf sich nehmen und schob den Schwarzen Peter den Gerichten zu. (Innerhalb der Administration vertrat Loesch für das Innenministerium eine harte Linie, während die führenden Beamten des Weißen Hauses als geschulte PR-Leute zur Mäßigung rieten.)

Um vier Uhr nachmittags unterzeichnete Bezirksrichter Pratt ohne Anhörung der indianischen Seite eine Verfügung zur Räumung des BIA-Sitzes. Bundespolizei marschierte auf und wollte den Gerichtsbeschluß zustellen, wurde aber von den Besatzern daran gehindert. Der Rechtsanwalt der Roten befand sich zu diesem Zeitpunkt außerhalb des Hauses und erfuhr erst zwei Stunden später von Pratts Verfügung. Die Okkupanten waren sich nicht darüber im klaren, daß die Polizei nicht sofort eingreifen konnte, da die Angelegenheit nun in den Händen der Gerichte lag und nach Nichtbefolgung der Verfügung ein Beschluß gegen die Roten wegen Mißachtung des ersten Beschlusses gefaßt werden mußte, gegen den Rechtsmittel eingelegt werden konnten, bevor die Polizei mit einer gewaltsamen Räumung beginnen konnte. Jedenfalls wurden im Haus die Barrikaden verstärkt, indem weiteres Mobiliar zertrümmert und zur Verrammelung der Türen verwendet wurde.

Inzwischen war den Eingeborenen ein Ersatzquartier angeboten worden, doch als eine Delegation zur Besichtigung erschien, fand sie das neue Quartier versperrt. Die Indianer vermuteten natürlich eine Falle und weigerten sich, zu übersiedeln, weil sie damit rechnen mußten, am Ende sowohl aus dem BIA als auch aus dem Ersatzquartier ausgesperrt zu sein. Der Rechtsanwalt und das indianische Verhandlungsteam nutzen alle legalen Möglichkeiten, um die Frist für eine gewaltlose Einigung zu verlängern. Während diese Verhandlungen stattfanden, wuchsen im BIA-Gebäude Nervosität und Spannung. Manche AIM-Führer, wie der Ponca Carter Camp, versuchten weiterhin die Besatzer von Gewalttätigkeit gegen Personen und Sachen abzuhalten, andere – wie Vernon Bellecourt – schürten die Hysterie durch militante Ankündigungen: »Nun haben wir den Vereinigten Staaten den Krieg erklärt – alle Mann auf die Gefechtsstellungen!« Molotow-Cocktails wurden verfertigt, Kübel mit heißem Wasser auf Fensterbretter gestellt, damit man im Bedarfsfall Angreifer zurückschlagen könnte. Überdies stellten die etwa vierhundert Männer, Frauen und Kinder zählenden Besatzer neue Bedingungen, von deren Erfüllung sie eine Räumung des Hauses abhängig machten: Loesch, Crow und Robertson sollten entlassen werden; Stadtindianer und andere nicht vom Bund anerkannte Rote sollten mit Reservationsindianern gleichgestellt werden. Dies erschwerte wesentlich die Aufgabe des Verhandlungsteams, das schon Mühe hatte, das Unterbringungsproblem zu lösen. Und als den Besatzern im Lauf des 3. Dezember dreimal neue Quartiere angeboten wurden, lehnten sie dreimal ab.

Nachdem die Unterhändler zu keiner Einigung gelangen konnten, versuchte die Regierung am Samstag um halb vier Uhr früh von Richter Pratt eine Verfügung zu erhalten, um die erste Verfügung durchzusetzen. Die Morgenstunden sind eben der typische Zeitpunkt für Indianerkriege, auch wenn diesmal die Weißen als Angreifer auftraten. Pratt lehnte ab, versprach aber, sich während des Wochenendes zur Verfügung zu halten. Die Gefahr eines Blutvergießens war abermals abgewendet.

Bereits Freitag hatten die Indianer erste Besuche empfangen. *Commissioner* Bruce war erschienen und hatte den Besatzern grundsätzlich Unterstützung ihrer Forderungen zugesagt. Abgesehen davon, daß seine Stimme in der Administration ohnehin kein Gewicht mehr hatte, führte seine indianerfreundliche Haltung dazu, daß der eilig von einer Wahlreise nach Washington zurückgekehrte Innenminister Morton ihn in den frühen Morgenstunden aus dem BIA ins Innenministerium beorderte. Journalisten gegenüber definierte Morton die Befugnisse von Bruce: »Augenblicklich könnte er im BIA nicht einmal Würstchen verkaufen.« Bruce verließ seinen Amtssitz und kehrte nicht mehr ins BIA zurück. »Er ist gekidnapt worden«, hieß es unter den Besatzern.

Samstag, mit beginnendem Wochenende, strömten die Zuschauer in rauhen Mengen herbei. Unter ihnen war Carl McIntire, ein Geistlicher, der mit seinen Anhängern gerne in die Bundeshauptstadt zu kommen pflegte, um vor dem Kongreß für die Regimes in Südvietnam, Südkorea und Taiwan und gegen einen »Ausverkauf an die Kommunisten« zu demonstrieren. Diesmal marschierte er für Thieu, war aber dann doch neugierig, was sich beim BIA abspielte. Nachdem er mit seinem Häuflein um das Haus gezogen war und das Kirchenlied *Onward, Christian Soldiers* gesungen hatte, sprach er durchs Megaphon zu den Indianern. Er warnte sie davor, der »kommunistischen Linie« zu folgen, und erinnerte sie daran, daß sie »gute Amerikaner« sein sollten. Die Eingeborenen fanden das alles recht komisch, wußten aber nicht ganz, was sie mit McIntire anfangen sollten. Schließlich sagte man ihm, Bruce werde in dem ein paar Häuser weiter liegenden Innenministerium von Morton festgehalten, und bat um die Fürsprache des Geistlichen, der aber auf dem Weg zum Ministerium die beiden Namen verwechselte und dementsprechend den Sprechchor anstimmte: »Morton! Morton, komm herunter! Wir möchten, daß Morton befreit wird!«

Ein weiterer Besucher war Stokely Carmichael, der Black-Power-Führer, der den Roten namens seiner *All-African People's Revolutionary Party* volle Unterstützung zusagte. Seine Ansprache befremdete McIntire, die Eingeborenen aber waren dankbar für jedes Zeichen der Solidarität: so auch für die lebende Kette, die weiße und schwarze Besucher um das BIA zogen, um sich zwischen Polizei und Indianer zu stellen. Die Szene war nicht frei von einem Hauch von Fasching und rief Erinnerungen an die schwarze Bürgerrechtsdemonstrationen der Vergangenheit wach. Radikale Sektierer verteilten Flugschriften zu allen erdenklichen Themen, das Publikum kam fröhlich lärmend auf seine Rechnung. Auf dem BIA-Gebäude prangte mittlerweile ein großes Schild: *Native American Embassy.*

Die Verhandlungen zogen sich unterdessen in die Länge. Die Besatzer beklagten sich darüber, daß seitens der Regierung nur subalterne Beamte delegiert wurden, die praktisch über nichts selbst entscheiden konnten. Man verlangte als Gesprächspartner Leonard Garment, den Berater des Präsidenten in Minderheitsfragen, und John Ehrlichman, Nixons innenpolitischen Chefratgeber; das Innenministerium winkte jedoch ab und stellte eine Aussprache mit Morton nach einer allfälligen Räumung des Gebäudes in Aussicht. Samstag und Sonntag wurden neue Quartiervorschläge unterbreitet und diskutiert, jedoch nicht akzeptiert. In der Nacht auf Montag erhielten die Eingeborenen einen Telephonanruf, in dem eine nicht näher spezifizierte Regierungsstelle die gewaltsame Stürmung des Gebäudes androhte. Der Anruf war offenbar eine Mystifikation, genügte jedoch, um die entspannte Stimmung des Wochenendes wieder zu vertreiben.

Montag machte die Administration aber tatsächlich Anstalten, die Besetzung zu beenden. Richter Pratt führte um zwei Uhr nachmittags eine Parteienvernehmung durch und befand, die Eingeborenen hätten seine einstweilige Verfügung vom Freitag verletzt und verletzten sie immer noch vorsätzlich und ohne äußeren Zwang. Er verfügte daher die sofortige Verhaftung und Vorführung der BIA-Besatzer durch die Bundespolizei. Diese Verfügung wurde um drei Uhr erlassen und hätte eine sofortige Stürmung des BIA-Gebäudes ermöglicht. Doch regte Pratt inoffiziell an, die Vollstreckung bis sechs Uhr nachmittags aufzuschieben, um den Indianern die Möglichkeit zum freiwilligen Abzug zu geben (und zugleich dem starken Büroschlußverkehr auszuweichen).

Die Verteidiger der Eingeborenen legten sofort eine vorbereitete Berufung gegen Pratts Urteil ein, was aber die Polizei nicht davon abhielt, vor dem BIA Stellung zu beziehen. Die Gefahr einer unmittelbar bevorstehenden Konfrontation löste im BIA dann jene Verwüstungen aus, die nach Ende der Besetzungen zur schlechten Publicity des *Trail of Broken Treaties* entscheidend beitrugen: Büroinventar wurde zertrümmert, um die Barrikaden abermals zu verstärken und improvisierte Waffen herzustellen, Akten wurden in den Büros und auf den Gängen verstreut. Die Besatzer legten mit Lippenstiften Kriegsbemalung an und zogen einen zweifachen Ring von mit Knüppeln bewaffneten Kriegern um das Gebäude, in dem sich die Frauen, Kinder und alten Männer verschanzt hielten.

Die Polizei war sich noch nicht eins geworden, welche Taktik zur Räumung des Gebäudes angemessen sei: Sturmangriff oder Belagerung und Abschaltung der Strom- und Wasserzufuhr. Kompliziert wurde die Einsatzplanung durch die große Zahl von Gerüchten über die von den Besatzern getroffenen Verteidigungsmaßnahmen, die von indianischen Sprechern weder bestätigt noch dementiert wurden. Man sprach davon, die *Black Panthers* hätten Sprengstoffexperten eingeschleust und das BIA-Gebäude zu einer großen Bombe gemacht, die im Ernstfall das Hauptquartier des Indianerdienstes in Schutt und Asche legen würde. Ein Roter äußerte der Presse gegenüber: »Ich weiß nur, daß sie jetzt im ersten Stock das Rauchen verboten haben.« Der AIM-Führer Russell Means war deutlicher: »Wenn wir gehen, nehmen wir das Gebäude mit. Wenn wir gehen, wird das Gebäude nicht mehr hier sein – nur ein riesiges Rauchzeichen.« Um bessere Einsicht in die tatsächliche Situation zu erhalten, schickte die Polizei Detektive als Spione hinter die feindlichen Linien. Einer von ihnen wurde von den Eingeborenen entlarvt und mit seinen eigenen Handschellen gefesselt. Über sein Gegensprechgerät schalteten sich die Indianer in den Polizeifunk ein und stifteten Verwirrung unter den Belagerern, ehe sie den Unglücklichen seinen Vorgesetzten auslieferten.

Mittlerweile beschäftigte sich der Berufungssenat mit Richter Pratts Verfügung. Gegen halb sechs Uhr hob die zweite Instanz das Urteil des Erstgerichts auf und setzte als neuen Räumungstermin Mittwoch, den 8. Dezember, neun Uhr abends, fest. Der Aufschub wurde gewährt, um der Regierung die Möglichkeit zu geben, auf dem Verhandlungsweg zu einer Einigung über die Frage der Stellung von Ersatzquartieren zu kommen, die ja der eigentliche Anlaß für die unrechtmäßige Besetzung des BIA-Gebäudes gewesen war. Ein weiteres Mal hatten die Gerichte in letzter Minute eine gefährliche Auseinandersetzung verhindert. Während das Urteil des Berufungsgerichts natürlich sofort den Besatzern übermittelt wurde, behaupteten später manche der im BIA befindlichen Indianer, sie hätten erst um 7 Uhr 15 davon Kenntnis erhalten, daß die Polizeiaktion abgeblasen worden war. Dies ist ein auch von

Beobachtern bestätigtes Indiz dafür, daß ein Teil der Indianerführer die Panikstimmung ausnützen wollten, weil sie sich möglicherweise von einem blutigen Ausgang der Aktion eine schnellere Radikalisierung des Fußvolks erhofften.

Das Urteil des Berufungssenats hatte auch zur Folge, daß die Regierung sich nach vier Tagen fruchtlosen Verhandelns auf unterer Beamtenebene dazu aufraffte, endlich jene Spitzenbeamten an den grünen Tisch zu entsenden, die tatsächlich in der Lage waren, den Indianern bindende Zusagen zu machen. Das Weiße Haus, das bisher lediglich durch seinen Einfluß die gewaltsame Linie von Loesch und Co. blockiert hatte, delegierte John Ehrlichman und Leonard Garment sowie den stellvertretenden Direktor des mächtigen *Office of Management and Budget,* Frank Carlucci, zu den Gesprächen mit den Indianern; für das Innenministerium nahm Minister Morton selbst an den Verhandlungen teil. Gleichzeitig lancierte das Innenministerium jedoch eine breite Kampagne gegen die BIA-Okkupanten, indem es alle regierungsfreundlichen Stammesführer nach Washington brachte, um vor Fernsehen und Presse die *Trail*-Organisatoren zu diskreditieren und zu isolieren.

Die Stammesführer versprachen der Regierung nicht nur die Unterstützung der Reservationsbevölkerung, sondern kritisierten auch die Taktik der roten Protestaktion. Gleichzeitig kam es jedoch in anderen Städten und auch in manchen Reservationen zu Sympathiekundgebungen für die Besatzer. Während die Häuptlinge ihrer Befürchtung Ausdruck verliehen, die militante Aktion könnte das »gute Einvernehmen« zwischen Stämmen und BIA stören, bemerkte ein Pawnee in Oklahoma auf einer Versammlung von Eingeborenen, der Erfolg gebe den *Trail*-Teilnehmern recht: Ihnen sei es binnen weniger Tage gelungen, Verhandlungen mit dem Weißen Haus zu erzwingen, während die Stammeshäuptlinge seit Jahren untertänig und erfolglos beim BIA anklopften (obwohl es von dieser Regel Ausnahmen gibt). Donald Antone, der Präsident des *Intertribal Council von Arizona,* bedauerte die Vernichtung von Dokumenten durch die Besatzer und befürchtete als Resultat jedenfalls eine kurzfristige, möglicherweise jedoch auch eine langfristige Schädigung wichtiger tribaler Programme. Ihn und anderen Kritikern, die ähnlich argumentierten, antwortete Peter McDonald, der Vorsitzende des Navajo-Stammesrats, es sei bekannt, daß im BIA von allen Schriftstücken bis zu zehn Kopien angefertigt würden, was die Bürokratie im Prinzip zwar schwerfälliger mache, in diesem Fall jedoch den Verlust einiger Dokumente leicht verschmerzen lasse. *Wassaja* bemerkte später dazu, es sei ohnehin typisch für das BIA, daß die Beamten bei dringenden Anfragen die betreffenden Akten nicht finden könnten; ihre Zerstörung stelle daher keinen Schaden dar.

Nach Einschaltung des Weißen Hauses verliefen die Verhandlungen relativ glatt. Für die Besatzer des BIA verhandelte Hank Adams, ein Chippewa-Assiniboine, der eine führende Rolle bei den Fischereirechtsdemonstrationen an der Nordwestküste gespielt hatte, selbst an der Demonstration nicht teilgenommen hatte und eine versöhnlichere Linie als manche der extrem militanten AIM-Leute einschlug. Man einigte sich darauf, daß eine Kommission die Liste der zwanzig Forderungen, derentwegen die Demonstranten nach Washington gekommen waren, studieren und innerhalb von sechzig Tagen beantworten werde. Die Berater des Präsidenten versprachen schriftlich, sich für Straffreiheit der Besatzer einzusetzen. Schließlich trieb man 66.650 Dollar auf, um die Heimreise der Demonstranten zu ermöglichen; die Regierung tat alles, um die *Trail*-Teilnehmer möglichst schnell wieder loszuwerden.

Am Mittwoch, einen Tag nachdem die amerikanischen Wähler Richard Nixon als Präsidenten bestätigt hatten, räumten die Indianer das BIA. Bei einer Pressekonferenz im verwaisten Büro von Louis Bruce verkündeten sie, bei Durchsicht der Akten des Indianerbüros seien sie auf haarsträubende Affären gestoßen, weshalb sie beschlossen hätten, die Dokumente mitzunehmen. Die AIM-Leute unter den Demonstranten äußerten sich überwiegend optimistisch über die Folgen ihrer Aktion. »Wir haben das BIA zerstört«, verkündete stolz Dennis Banks. Andere hoben die nationale und internationale Publicity des Ereignisses hervor, durch die der moralische Druck auf die Regierung in Washington, zu ihren Versprechungen zu stehen, verstärkt worden sei. Russell Means war sich allerdings klar darüber, daß die Verwüstung des BIA, die nach dem Abzug der Indianer der Presse und damit der Öffentlichkeit sichtbar wurde, Wasser auf die Mühlen der Demonstrationsgegner sein würde. Robert Burnette, der im Verlauf der dramatischen Woche immer mehr in den Hintergrund gedrängt worden war, zeigte sich über die angerichteten Schäden bestürzt, ging aber nicht so weit, die Schuld daran dem AIM zu geben.

Nach dem Exodus der Eingeborenen fanden die Journalisten nicht nur das erwartete Chaos, ein Resultat der akuten Kampfstimmung des Montagnachmittags; auf der Kinoleinwand des Hörsaals des BIA fanden sie auch eine Inschrift in großen Lettern: »Wir entschuldigen uns weder für den Verfall noch für die sogenannte Zerstörung dieses Mausoleums, denn wenn man neu aufbauen will, muß man zuerst das Alte zerstören. Wenn die Geschichte an unsere Bemühungen an diesem Ort erinnern wird, werden unsere Nachkommen stolz sein, zu wissen, daß es ihre Völker waren, die für den Widerstand gegen Tyrannei, Ungerechtigkeit und die krasse Unfähigkeit dieses Zweigs einer dekadenten Staatsform verantwortlich waren.«

Journalisten, Kongreßabgeordnete und die konservativen Indianerführer schlugen tatsächlich großes Kapital aus den Schäden im BIA, die von Regierungsseite vorerst mit 2,28 Millionen Dollar beziffert wurden. Alle Schuld wurde auf *Commissioner* Bruce abgeladen. Die Regierung, die sich von diesen Mißfallenskundgebungen betroffen fühlte, reagierte mit einem Teilrückzug. Die aus dem Indianerbüro entwendeten Dokumente müßten sofort zurückgestellt werden, wollten die Eingeborenen noch auf eine Erfüllung des Versprechens hoffen, das Zwanzig-Punkte-Programm werde geprüft und beantwortet werden. Hank Adams versprach, für die Rückstellung der Akten zu sorgen, von denen die AIM-Leute behauptet hatten, sie seien ins Ausland verbracht worden, um sie zur Verwendung in möglichen Prozessen gegen Bürokraten und Politiker sicherzustellen. Adams warnte die Regierung vor einem abermaligen Vertrauensbruch und teilte mit, die Dokumente würden zurückgestellt, sobald sie von den Eingeborenen studiert worden seien. Loesch ließ hingegen verlauten, er sei sicher, daß Innenminister Morton die Amnestieempfehlung Garments und Carluccis ignorieren würde.

Einige der aus dem BIA entschwundenen Gegenstände wie Schreibmaschinen, Bücher und Bilder tauchten im Laufe des Monats November an verschiedenen Stellen der USA auf: in einem Auto, das in Oklahoma in einen Unfall verwickelt war; in einem anderen Fahrzeug, das vor der Indianerschule Haskell Institute in Kansas geparkt war; in einem dritten Wagen, der in Washington routinemäßig angehalten und überprüft wurde. Einunddreißig Bilder stellten die Indianer durch den Direktor des Washingtoner YMCA zurück. Über den Verbleib der Akten, die immer noch tonnenweise fehlten, berichtete erstmals am 11. Dezember 1972 der Washingtoner Zeitungskolumnist Jack Anderson, der schon früher durch Enthüllungen geheimer Dokumente die Regierung Nixon in Verlegenheit gebracht hatte. Anderson schrieb, die Dokumente seien an mehreren geheimen Stellen in den USA und in Kanada versteckt, und begann sogleich mit der Veröffentlichung von Auszügen. Obwohl für Eingeweihte die Enthüllungen Andersons nichts Neues enthielten, halfen sie doch, in der weißen Öffentlichkeit das Image der Indianer, das durch die Berichte über den »Vandalismus« im BIA sehr gelitten hatte, wieder zu verbessern. (Mittlerweile hatte selbst Innenminister Morton dem Kongreß gegenüber zugegeben, daß die tatsächlichen Schäden nicht Millionen, sondern höchstens einige hunderttausend Dollar ausmachten.) Dann hörte man lange nichts mehr von den Vorkommnissen im November.

Am 31. Januar 1973 jedoch geschah etwas, das am nächsten Tag Schlagzeilen machte: Beamte des FBI verhafteten Hank Adams, Leslie Whitten (einen Mitarbeiter Jack Andersons) und Anita Collins, eine der Organisatorinnen des *Trail of Broken Treaties,* und beschlagnahmten drei Kisten mit BIA-Dokumenten, die sich zu diesem Zeitpunkt im Besitz von Adams und Whitten befanden. Die Hintergründe der Geschichte kamen erst nach und nach heraus. Adams hatte bekanntlich versprochen, sich für eine Rückgabe der Akten und anderer aus dem BIA entwendeter Objekte einzusetzen, und in der Tat seither mehrere Lieferungen dieser Art, die ihm aus dem Indianerland zugegangen waren und einen Wert von mehreren tausend Dollar repräsentierten, an einen Spezialagenten des FBI namens Dennis Hyten übergeben. Am 30. Januar ließ Adams die drei Kisten mit Dokumenten, die aus South Dakota in Washington eingelangt waren, von einem jungen Indianer namens Johnny Arellano in seine Wohnung bringen und vereinbarte für den nächsten Tag einen Termin im BIA, um die Akten (wieder mit Hilfe des Autos von Arellano) im Indianerbüro herzuzeigen und damit seinen guten Willen zu beweisen. Anschließend wollte er die Dokumente an Hyten abliefern. Adams telephonierte am 30. Januar noch mit Whitten, um ihm mitzuteilen, die zurückzustellenden Dokumente hätten geringen Nachrichtenwert; Whitten wollte aber bei der Rückgabe der Kisten dabei sein, um darüber eine Story zu schreiben, die den guten Willen der Eingeborenen publik machen sollte.

Am Vormittag des 31. Januar warteten Adams und Whitten vergeblich auf Arellano. Statt dessen wurden sie festgenommen. Arellano erschien gleichzeitig mit drei FBI-Detektiven bei Anita Collins, die ebenfalls von dem Dokumententransport gewußt hatte. »Es tut mit leid, Anita«, sagte er, »aber ich bin ein Polizist.« Dann wurde Collins gleichfalls festgenommen.

Arellano war in Wirklichkeit gar kein Indianer, sondern ein Mexikaner, der als Agent zuerst für die Washingtoner Polizei und später für den FBI arbeitete. Sobald bekannt wurde, daß der *Trail of Broken Treaties* nach Washington führen sollte, trat er dem AIM bei und beteiligte sich aktiv an der Planung der Demonstration. Als es zur Besetzung des BIA kam, war Arellano einer der auffälligsten und lautstärksten Aktivisten. Mit einer selbstgebastelten Keule stand er vor dem BIA-Gebäude, bedrohte Passanten und beschimpfte seine uniformierten Kollegen von der Polizei: ein *agent provocateur* der alten Schule. Ende Dezember frischte er seine Beziehungen zu der AIM-Gruppe um Anita Collins auf und machte sich mit seinem von der Polizei zur Verfügung gestellten Auto unentbehrlich.

Die Zeitungen widmeten diesen Umständen keine besondere Aufmerksamkeit, wie sie auch Jack Andersons Auszüge aus den Akten des Indianerbüros tief im Blattinneren versteckten. Whittens Verhaftung lieferte jedoch Schlagzeilen. Alle amerikanischen Journalisten fanden sich durch das Vorgehen des FBI mitbetroffen, und sie verkündeten lautstark die Befürchtung, die Regierung Nixon wolle die Pressefreiheit durch Repression einschränken. Aus der Indianergeschichte war eine Pressefreiheitsgeschichte geworden, die Helden waren nicht mehr die Eingeborenen, sondern Les Whitten und die Journalisten. Tatsächlich hatten die FBI-Beamten bei Whitten gleich auch noch andere Unterlagen beschlagnahmt, die nichts mit der BIA-Affaire zu tun hatten, in der Hoffnung, Jack Andersons Quellen für andere peinliche Enthüllungen zu entdecken.

Der Aufschrei der Presse mag dazu beigetragen haben, daß das Verfahren gegen Whitten, Adams und Collins am 15. Februar eingestellt wurde. Die Pressefreiheit war also gerettet, die Verbindung zwischen den gestohlenen Dokumenten und der Regierung war jedoch unterbrochen. Adams weigerte sich, weiterhin als Zwischenträger zu fungieren, solange er keinen schriftlichen Auftrag der Regierung erhalten habe, in dem auch zugesichert sein müßte, daß seine

Tätigkeit nicht als Grundlage für eine Strafverfolgung Dritter verwendet würde. Ein Großteil der verschwundenen Akten wurde schließlich bei den (vom BIA nicht anerkannten) Lumbees in North Carolina gefunden. Mittlerweile hatte die Öffentlichkeit aber schon weitgehend vergessen, was der ursprüngliche Anlaß der Demonstration gewesen war, in deren Folge die Schriftstücke verschwunden waren. (Die Lumbees, in deren Häusern die vier Tonnen Papier aufgestöbert worden waren, wurden 1974 von einem Gericht in allen Anklagepunkten freigesprochen. Vor allem gelang es dem Staatsanwalt nicht, zu beweisen, daß die analphabetischen Roten aus North Carolina die Akten zu widerrechtlichen Zwecken benutzen wollten. »Wir suchen nur unsere verlorene Geschichte«, sagte einer der Angeklagten. »Vielleicht ist sie in diesen Dokumenten.«)

Das Zwanzig-Punkte-Programm wurde bereits am 10. Januar beantwortet – kurz und bündig mit »Nein!« Die Antwort war von einem Schreiben begleitet, in dem Garment und Carlucci zum Abschluß den Zeigefinger erhoben und die BIA-Besetzung als »Handlung, die nur dazu führte, bereits erzielte Fortschritte zu gefährden«, abqualifizierten. Formal hatte die Regierung ihr Versprechen erfüllt – geschehen war nichts oder nur wenig.

Loesch und Crow wurden von ihren Posten entfernt (Robertson blieb im Amt); aber auch Bruce mußte gehen. Der indianerfreundliche Teil der Öffentlichkeit war durch die Besetzung des BIA kurzfristig zu Sympathiekundgebungen animiert worden, die Indianerfeinde fanden ihre Befürchtungen durch die von der Presse übergroß aufgeblähten Fakten bestätigt. Die geplante friedliche Kundgebung war durch Provokationen und unglückliche Umstände zur ersten Indianerdemonstration mit größerem Sachschaden geraten; es hatte sich aber auch gezeigt, daß die AIM-Führer entweder nicht in der Lage waren, ihre Gefolgsleute zu kontrollieren, oder daß ihnen die Eskalation sogar gelegen kam. Die Kluft zwischen konservativen Stammesführungen und militanten Eingeborenen vertiefte sich, die Chancen für eine indianische Einheitsfront waren geringer als je zuvor.

Einer der lautstärksten Kritiker der Besetzung des BIA war Richard Wilson, der Präsident des Stammesrats der Oglala-Sioux der Pine Ridge-Reservation in South Dakota. Er fühlte sich offenbar auch deshalb besonders betroffen, weil Russell Means ebenfalls aus Pine Ridge stammte. Wilsons Stammespolizei sei bereits in Bereitschaft gesetzt, falls die AIM-Leute es wagen sollten, ihren Fuß auf die Reservation zu setzen, und wenn Russell Means in seine Heimat zurückzukehren versuche, werde Wilson ihm eigenhändig die Zöpfe abschneiden. Als Means auf Einladung des Vizepräsidenten des Oglala-Stammesrats, Dave Long, in Pine Ridge über die BIA-Besetzung sprechen wollte, enthob Wilson Dave Long seines Amtes und ließ durch das Stammesgericht eine einstweilige Verfügung ergehen, nach der es Means verboten wurde, in der Reservation auf öffentlichen Versammlungen zu sprechen. Dennis Banks wurde in Pine Ridge verhaftet, weil er gegen eine eilig erlassene Bestimmung verstoßen hatte, nach welcher sich kein Stammesfremder mehr in der Reservation aufhalten durfte.

Hank Adams berichtete als Vermittler zwischen Regierung und *Trail*-Teilnehmern am 22. November 1972 in Briefen an Präsident Nixon und die Kongreßabgeordnete Hansen, die Vorsitzende des Budgetunterausschusses für innere Angelegenheiten, über Repressalien, denen zurückkehrende Oglala sich seitens ihres Stammespräsidenten ausgesetzt sahen. Adams warnte die Regierung ausdrücklich vor möglichen ernsten Konsequenzen, falls die mit BIA-Geldern angeheuerte Schlägerbande Wilsons mit Billigung der weißen Bürokratie die Bürgerrechte der Militanten weiterhin verletzen würde.

Die Regierung aber unterstützte weiterhin Wilson, der auf dem Verordnungsweg immer gravierendere Einschränkungen der Grundrechte vornahm. Jede Ansammlung von fünf oder mehr Personen wurde verboten, so daß selbst Autofahrer Angst davor haben mußten, zu fünft im Wagen zu sitzen. Wilsons Patrouillen terrorisierten nach Angaben ihrer Gegner die Traditionalisten und die Progressiven in der Reservation, indem sie Fensterscheiben einschlugen und Autoreifen aufschlitzten. Die rund hundert Mann Bundespolizei, die bis Mitte Februar 1973 nach Pine Ridge gekommen waren, um die BIA-Polizei bei einer möglichen AIM-Demonstration gegen Wilson zu unterstützen, ließen Wilsons Privatmiliz ungehindert gegen die Regimegegner vorgehen.

Vorerst aber blieben demonstrative Aktionen der vom AIM geführten Eingeborenen auf die weißen Städte im Umkreis der Reservation beschränkt. In Pine Ridge selbst versuchte die Opposition, die sich als Oglala-Bürgerrechtsorganisation formiert hatte, den Stammespräsidenten auf demokratische Weise abzusetzen. Am 21. Februar 1973 wurde auf einer von 500 Indianern besuchten außerordentlichen Versammlung des Stammesrats ein Antrag auf Amtsenthebung Wilsons eingebracht. Begründung: Bevorzugte Anstellung von Freunden und Verwandten, Durchführung der Stammesverwaltung ohne Budget, Verschwendung von Stammesvermögen, Mißbrauch von stammeseigenen Fahrzeugen für Privatzwecke, Bruch der Stammesverfassung durch Unterlassung der regelmäßigen Einberufung des Stammesrats, Ausschaltung des Wohnungsbeirats des Stammes und widerrechtliche Festnahme eines Stammesratsmitglieds.

Wilson beantwortete die konkreten Anschuldigungen mit sehr allgemein gehaltenen Ausflüchten und brachte den Enthebungsantrag durch ein taktisches Manöver zu Fall. Nach der Stammesverfassung gilt ein Funktionär, gegen den ein derartiges Verfahren eingeleitet wurde, zwanzig Tage lang als suspendiert, damit Anklage und Verteidigung sich auf das Tribunal vorbereiten können. Der Stammespräsident stellte nun den Antrag auf sofortige Eröffnung des Verfahrens unter Verzicht auf die zwanzigtägige Frist, die überraschte Opposition wollte hingegen wenigstens zehn Tage Zeit zur Vorbereitung. Als dieser Antrag vom Stammesrat abgelehnt wurde, verließen die sechs oppositionellen Ratsmitglieder die Versammlung; der Rumpfrat stellte mit 14 gegen 0 Stimmen das Verfahren gegen Wilson ein und verabschiedete außerdem eine Resolution, in welcher das FBI zur Untersuchung »subversiver Aktivitäten« in der Pine Ridge-Reservation aufgefordert wurde.

Die austaktierte Bürgerrechtsorganisation der Oglala sah sich dadurch zu einem entscheidenden Schritt veranlaßt: Am 24. Februar richtete sie ein Ersuchen an die AIM-Veteranen der BIA-Besetzung um Hilfe gegen die Unterdrückung in der Reservation. Das AIM, dessen Anhang bisher überwiegend aus Stadtindianern bestanden hatte, erblickte in der Einladung die Chance, einen entscheidenden Durchbruch bei der Reservationsbevölkerung zu erzielen, und sagte begeistert zu.

Somit war allen Beteiligten klar, daß es in Pine Ridge zur Konfrontation kommen mußte. Für die amerikanische Bevölkerung war es aber dennoch eine Überraschung, als sie am 1. März 1973 in den Morgenzeitungen die Schlagzeilen über die Besetzung von Wounded Knee lesen konnte. Selbst das FBI war, obwohl es schon lange Agenten in die AIM-Organisation eingeschleust hatte, nicht im vorhinein über die Details der Aktion informiert gewesen, was für eine relativ spontane Entscheidung der AIM-Führung spricht. Allgemein war eine Demonstration am Sitz der Stammesverwaltung in der Ortschaft Pine Ridge erwartet worden. Am späten Abend des 27. Februar verließen jedoch etwa dreihundert Oglalas und AIM-Mitglieder Pine Ridge und fuhren nach dem fünfundzwanzig Kilometer entfernten Wounded Knee, einer Siedlung von etwa vierzig Einwohnern, die aus einer Kirche, einem Handelsposten und einigen Häusern besteht. Sie drangen in den Laden des siebenundachtzigjährigen Clyde Gildersleeve ein, der den größten Teil seines Lebens in der Reservation verbracht hatte und mit einer Chippewa verheiratet war, setzten sich in den Besitz der vorhandenen Waffen und Nahrungsmittel und erklärten die insgesamt elf anwesenden Dorfbewohner zu Kriegsgefangenen.

Ihr Forderungsprogramm umfaßte drei Punkte: Senator Edward Kennedy sollte mit seinem Senatsausschuß für Staatsverwaltung das Verhalten des Innenministeriums und des Indianerbüros gegenüber den Oglalas untersuchen; Senator William Fulbright wurde aufgefordert, mit seinem Ausschuß für auswärtige Angelegenheiten eine Überprüfung aller zwischen Indianern und den USA abgeschlossenen Verträge zu beginnen; die Oglalas sollten ihre eigenen Führer bestimmen beziehungsweise über die Frage der Wiedereinsetzung der traditionellen Häuptlinge beschließen können. Um ihren Forderungen größeren Nachdruck zu verleihen, drohten die Demonstranten mit einer Ausweitung des Konflikts: Verhandlungen innerhalb von vierundzwanzig Stunden oder eine (provozierte) Wiederholung des Massakers von 1890, so lautete die Alternative.

Ein weißer Kriminologe verglich die Besetzung mit einer Gefängnisrevolte. Wie bei den meisten Gefängnisaufständen sei die Aktion in Wounded Knee durch langanstehende berechtigte Forderungen ausgelöst worden. Jahre- oder jahrzehntelang habe niemand einen ernsthaften Versuch unternommen, die Probleme zu lösen. Im Augenblick der ersten Gewaltanwendung seien plötzlich Scharen von Beamten da, um die Ursachen oder die Symptome der Unzufriedenheit zu beheben. »Die Frage ist: Warum nicht schon vorige Woche oder voriges Jahr?«

Bevor freilich noch die ersten Beamten in Wounded Knee und Umgebung erschienen, trat die bereits auf den Einsatz wartende Bundespolizei in Aktion. An den Zufahrtswegen

wurden Straßensperren errichtet, an denen die Ordnungs-
macht Feuerstellungen aus umgekippten Autowracks errichtete, Panzerfahrzeuge fuhren auf und begannen mit Vorstößen
in den Belagerungsring, wo sie von den Roten beschossen
wurden, zwei Phantom-Düsenjäger überflogen die Siedlung in
hundert Meter Höhe, erste Verhaftungen wurden vorgenom-
men. Ebenfalls noch vor den Politikern und Beamten waren
die Presseleute zur Stelle. Obwohl die Polizei alle Journalisten
an den Straßensperren wegen der kritischen Situation an der
Weiterfahrt nach Wounded Knee hinderte, fanden die Repor-
ter, von Einheimischen geführt, auf Schleichpfaden praktisch
ungehinderten Zugang zum Ort des Geschehens. Ihre
Berichte waren dazu angetan, die Greuelmeldungen der
Polizei über die angeblichen Schreckenstaten der Roten zu
widerlegen.

Auch die Politiker, die am 1. März an Ort und Stelle
eintrafen, trugen zur Beruhigung der Öffentlichkeit bei. Die
beiden Senatoren von South Dakota, McGovern und Abourezk, flogen in Begleitung von Mitarbeitern Kennedys und
Fulbrights nach Pine Ridge, um »die Geiseln zu befreien«.
Dieser gutgemeinte Versuch schlug fehl – weil die »Geiseln«
niemals unfrei waren. Nachdem die Senatoren über diesen
Sachverhalt informiert worden waren, gingen sie zu den
Geiseln und sagten: »Ihr seid frei, ihr könnt Wounded Knee
ungehindert verlassen.« Antwort: »Warum sollten wir gehen?
Wir wohnen hier. Und die Besatzer sind harmlose Leute, die
für eine gute Sache eintreten.« Eine der Geiseln, der
sechsundachtzigjährige William Riegert, erklärte sogar, die
Kriegsgefangenen seien »deshalb aus freien Stücken in Wounded Knee geblieben, um die Besatzer und ihr eigenes Hab und
Gut vor einem Sturmangriff der Polizei zu schützen«. Jedenfalls hatten sie mehr Angst vor den Bundestruppen als vor den
militanten Indianern.

Wer geglaubt hatte, daß nun die Konfrontation ihr glückliches Ende gefunden hätte, wurde eines Besseren belehrt.
Eigentlich gab es keinen rechten Grund mehr, die Straßensperren aufrechtzuerhalten. Das Justizministerium blieb
jedoch bei der Fiktion der Geiselnahme, um die umfangreichen Sicherheitsvorkehrungen zu rechtfertigen. Anstatt nach
zwei Tagen zu enden, dauerte die Besetzung und Belagerung
von Wounded Knee zehn Wochen und kostete den Staat allein
zur Aufrechterhaltung der Blockade mehr als fünf Millionen
Dollar. Fast jeden Tag kam es zu Feuergefechten zwischen

den Eingeborenen und den Bundestruppen, wobei regelmäßig beide Seiten einander die Schuld an der Schießerei zuschoben. Kompliziert wurde die Situation durch die Schlägergarde Richard Wilsons, der schon wenige Tage nach der Besetzung gedroht hatte, mit seinen »achthundert Gewehren« selbst die Initiative zu ergreifen und die Militanten auszurotten. Zwar kam es nicht zu diesem angekündigten Massaker, immerhin aber errichtete Wilson im weiteren Verlauf der Ereignisse seine eigenen Straßensperren außerhalb jener der Polizei und ließ in gesetzwidriger Weise (jedoch mit schweigender Billigung der Behörden) Anhaltungen vornehmen, Autos durchsuchen und Leute verprügeln.

Die bewaffnete Auseinandersetzung zwischen Roten und Weißen forderte neben Verletzten auf beiden Seiten zwei Todesopfer in den Reihen der Eingeborenen: Am 17. April traf eine Kugel den schlafenden Frank Clearwater, der wenige Tage später starb; zehn Tage darauf fiel Lawrence Lamont durch Schüsse der Polizei. Nach der alten Pro-Kopf-Kostenrechnung der Indianerkriege zahlten die USA mithin 1973 für jeden indianischen Toten etwa 2,5 Millionen Dollar gegenüber schätzungsweise einer Million im neunzehnten Jahrhundert – diesmal allerdings, ohne auch nur das kleinste Stück Indianerland oder irgend einen anderen Vorteil für sich zu gewinnen.

Ein gravierendes Problem für die Besatzer stellte die Versorgung mit Nahrungsmitteln dar: Die Vorräte aus Gildersleeves Warenlager waren bald erschöpft. Anderseits waren neben den ungefähr dreihundert Besatzern auch etwa zweihundert Personen zu versorgen, die innerhalb der zirka dreißig Hektar umschließenden Polizeisperrlinie wohnten und nicht daran dachten, ihre Habseligkeiten im Stich zu lassen. Anfangs ließ man diese indirekten Opfer der Aktion mehr oder minder ungehindert die Sperrlinien passieren, um ihnen die Möglichkeit zu geben, außerhalb von Wounded Knee einzukaufen. Mit der Zuspitzung der militärischen Situation wurde diese Erlaubnis aufgehoben. Einer Aufforderung der Polizei, das Gebiet zu verlassen, kam nur etwa ein Drittel der Anrainer nach. Den anderen konnte es passieren, daß sie zwar aus Wounded Knee heraus-, bei ihrer Rückkehr vom Einkauf jedoch nicht mehr hineingelassen wurden. Die Besatzer wußten noch eine andere Möglichkeit, um zu Nahrung zu kommen: Sie fingen und schlachteten Rinder benachbarter weißer Pächter, die nun ihrerseits aktiv in die Kampfhandlungen eingriffen und – als Selbstschutztrupps organisiert – die Indianer unter Feuer nahmen.

Sympathisanten der Besatzer von Wounded Knee mußten bald erfahren, daß ihre Versuche, Nahrungsmittel in den Ort zu bringen, weitgehend zum Scheitern verurteilt waren. Manche wurden beim Überqueren der Grenze zwischen Teilstaaten aufgrund eines Gesetzes, welches das Überschreiten von Staatsgrenzen in aufrührerischer Absicht verbietet, festgenommen: so zum Beispiel eine Gruppe, die Medikamente (vor allem Insulin für drei Zuckerkranke in Wounded Knee) aus Kalifornien nach South Dakota bringen wollte. Für andere war an den Linien der Polizei Endstation. Und als ein Gericht den Bundestruppen durch einstweilige Verfügung untersagte, Nahrungstransporte in die belagerte Ortschaft zu unterbinden, sorgte Wilsons Truppe, die sich offenbar an kein Gesetz gebunden fühlte, für eine Aufrechterhaltung der Blockade. Mehr spektakulär als von grundsätzlicher Bedeutung für die Lösung des Problems war der gelungene Versuch einer weißen Aktionsgemeinschaft, von einem gecharterten Flugzeug aus Nahrungsmittel über der Ortschaft abzuwerfen. Ein anderer Plan, der allerdings nicht ausgeführt wurde, sah vor, daß eine Gruppe von Sioux aus der benachbarten Rosebud-Reservation mit Waffen und Proviant ausgerüstet zu einem Jagdausflug nach Pine Ridge aufbrechen sollte – ein Recht, das den Rosebud-Sioux im neunzehnten Jahrhundert zugesichert worden war.

Daß sich unter diesen schwierigen äußeren Verhältnissen auch die Verhandlungen schwierig gestalteten, liegt auf der Hand. Daß sie überhaupt jemals zu einem Ergebnis führten, ist in erster Linie verschiedenen Privatpersonen und -organisationen zu danken, die sich als Vermittler in die Gespräche einschalteten. Wie unsicher die offiziellen Stellen in der Verhandlungsführung waren, zeigt die Tatsache, daß insgesamt vier Unterstaatssekretäre des Justizministeriums (einer davon zweimal) einander als Chefdelegierte der Bundesregierung ablösten. Auf indianischer Seite führte vorerst Russell Means, der einzige Oglala in der AIM-Führungsspitze, das Wort für die Militanten, während Pedro Bisonette die Bürgerrechtsorganisation der Oglalas vertrat. Unterstützt wurden die Besatzer durch ein großes Juristenteam, das als *Wounded Knee Legal Defense and Offense Committee* bis heute besteht. Ihm gehörten schon seit Beginn prominente Rechtsanwälte an: William Kunstler, der Verteidiger der *Chicago Seven,* und

Mark Lane, einer der heftigsten Kritiker des Berichts der Warren-Kommission über die Ermordung John F. Kennedys, sowie Ramon Roubideaux, ein Oglala, der sich noch ein Jahr zuvor um das Amt eines Justizministers von South Dakota beworben und dabei scharf gegen das AIM Stellung genommen hatte.

Die Verhandlungen begannen damit, daß die Regierung am 4. März den Besatzern freien Abzug aus Wounded Knee anbot; nur die Männer sollten zur Feststellung ihrer Personalien angehalten werden, damit gegebenenfalls strafrechtliche Schritte gegen sie eingeleitet werden könnten. Nachdem am 5. März ganze zwei Besatzer dieses Angebot akzeptiert hatten, stellte das Justizministerium am 6. März ein Ultimatum: Sollte Wounded Knee nicht bis zum 7. März um 18 Uhr geräumt sein, würde man mit der gewaltsamen Evakuierung beginnen. Da aber auch dieses Druckmittel keine Wirkung zeigte, hob man das Ultimatum knapp vor Ablauf ohne Angabe von Gründen wieder auf. Am 10. März zog die Polizei die Straßensperren freiwillig und einseitig ab, in der Hoffnung, die Indianer würden nun den Ort verlassen. Aber die Oglalas und ihre AIM-Freunde wollten nicht gehen; sie wollten über ihre Forderungen verhandeln. Nachdem auch Versuche der weißen Truppen, die Indianer zu entwaffnen, gescheitert waren, besetzte die Polizei am 11. März abermals ihre Barrikaden.

Daß es zu keiner gewaltsamen Invasion gekommen war, ging überwiegend auf das Konto der Vermittler des Nationalen Kirchenrats. Dieser Erfolg wurmte den heißblütigen Wilson, der sich als gewählter Stammeschef bei den Verhandlungen übergangen fühlte und für einen Sturmangriff plädierte. Als die Besatzer am 11. März in Wounded Knee schließlich die »Oglala-Nation« als unabhängigen Staat ausriefen, platzte ihm endgültig der Kragen: Durch Beschluß des Stammesrats verfügte er die Ausweisung aller Stammesfremden, insbesondere der Leute des Nationalen Kirchenrats, von der Reservation. Obwohl der Beschluß von fraglicher Rechtskraft war, da die Stämme heute üblicherweise keine legislative Gewalt über Nichtindianer haben, wurde er vom BIA bestätigt: Die Kirchenmänner mußten gehen.

Die Ausrufung der unabhängigen Oglala-Nation brachte das Justizministerium auf die Idee, die Besatzer wegen landesverräterischer Verschwörung unter Anklage zu stellen. Diese Aussicht versetzte die AIM-Leute in helle Freude, da ein

Gerichtsverfahren über diesen Anklagepunkt ein idealer Anlaß gewesen wäre, die Frage der Souveränität der Stämme durch ein höchstgerichtliches Urteil klären zu lassen. Das mag der Grund gewesen sein, warum das Ministerium diesen Gedanken schnell wieder aufgab. Die ersten einunddreißig Anklagen, die am 14. März erhoben wurden, bezogen sich lediglich auf die Tatbestände Aufruhr, Verschwörung, Einbruch und Diebstahl. Man wollte dadurch ein künftiges Verfahren im Rahmen der gemeinen Kriminalität halten und jede mögliche Politisierung vermeiden.

Am 5. April schien endlich das Ende der Besetzung gekommen: Kent Frizzell, der dritte Unterhändler des Justizministeriums, unterzeichnete mit Russell Means ein Abkommen, wonach Means sich der Polizei stellen und anschließend freies Geleit nach Washington haben sollte, um vor dem Kongreß auszusagen und mit dem Weißen Haus zu verhandeln. Danach sollten die anderen Besatzer die Waffen niederlegen. Ferner wurde zugesagt: eine Untersuchung der Zustände in Pine Ridge und der gegen Wilson erhobenen Anschuldigung, die Bürgerrechte verletzt zu haben, durch das Justizministerium, die Schaffung einer dem Präsidenten unterstellten Kommission zur Überprüfung des Vertrags mit den Sioux aus dem Jahr 1868 sowie ein Gespräch zwischen Beamten des Weißen Hauses und den traditionellen Sioux-Häuptlingen.

Als Means jedoch in Washington eintraf, weigerte sich das Weiße Haus, mit ihm zu sprechen, solange Wounded Knee noch besetzt war. Auf diesen jüngsten Fall von Vertrags- und Vertrauensbruch reagierten die in den Stellungen verbliebenen Besatzer mit einer Verhärtung ihrer Haltung. Sie dachten gar nicht daran, ihre Schützgräben zu verlassen, solange die zugestandenen Bedingungen nicht erfüllt waren. Da beide indianischen Opfer der Besetzung nach dem Abkommen vom 5. April ums Leben kamen, gaben die Eingeborenen die Schuld dafür indirekt dem Weißen Haus.

Der geplatzten Vereinbarung folgte eine lange Verhandlungspause. Erst als Ende April abermals Frizzell nach Wounded Knee delegiert wurde, bahnte sich eine Lösung der verfahrenen Situation an. Den entscheidenden Vermittlungsdienst leistete Alfonso Ortiz, der Tewa-Ethnologe, der von dem AIM-Führer Clyde Bellecourt, welcher sich am 12. April ebenfalls der Polizei gestellt hatte, einen authentischen Bericht über die ernste Gefahr einer blutigen Auseinandersetzung erhalten hatte. Ein weißer Universitätskollege verschaffte Ortiz Zugang zum geschäftsführenden Chefredakteur der *Washington Post,* der seinerseits Ortiz an Leonard Garment im Weißen Haus vermittelte. Ortiz konnte Garment davon überzeugen, daß die Oglalas bereit waren, die Waffen niederzulegen, wenn sie dafür ein sichtbares Zeichen der Unterstützung von offizieller Seite erhielten. Wie schon bei der BIA-Besetzung wurde Hank Adams als Vermittler der Indianer eingeschaltet; gemeinsam mit Garments Assistenten handelte er die Grundzüge einer Einigung aus.

Demnach wurden am 30. April die traditionellen Häuptlinge der Oglalas zu den Verhandlungen zugezogen. Nachdem das Weiße Haus ein Gespräch mit den alten Stammeschefs über die noch älteren Verträge für Mai zugesichert hatte, konnte ein neues Abkommen am 6. Mai unterzeichnet werden. Auf dem Papier, das die Entwaffnung der Besatzer und deren Überführung in Polizeigewahrsam regelt, stehen nur die Unterschriften der traditionellen Häuptlinge. Die in Wounded Knee verbliebenen AIM-Führer Dennis Banks und Carter Camp unterschrieben nicht (wohl auch deshalb, weil sie als Nichtoglalas kaum für den Stamm sprechen konnten). Banks äußerte sich skeptisch über die Verhandlungsergebnisse und schlüpfte durch die Sperrlinien, bevor die Polizei am 8. Mai die unter Anklage gestellten Eingeborenen festnahm.

Das Verhalten der amerikanischen Presse (die europäische hatte ohnedies nicht begriffen, worum es ging) im Fall Wounded Knee weist deutliche Parallelen zur Tendenz der Berichterstattung über Alcatraz und die BIA-Besetzung auf. Anfänglicher Begeisterung und Schützenhilfe folgte eine langsame Ernüchterung. Ein Grund dafür waren selbstverständlich die falschen Erwartungen, welche die Journalisten in die Eingeborenen gesetzt hatten: So mokierte sich eine Reporterin über die Tatsache, daß einigen der Besatzer von Wounded Knee Dee Browns Bestseller unbekannt war, ein anderer vermißte die blumige Indianersprache vergangener Zeiten. Vor allem aber blieb den meisten unklar, warum die Indianer nicht wie andere Interessengruppen um Rechte feilschten, sondern hartnäckig auf ihren Forderungen bestanden. Anderseits fühlten sich die Berichterstatter nach Abflauen der ersten Begeisterung als Opfer einer von den Besatzern gut inszenierten, auf die Bedürfnisse der Medien zugeschnittenen Show.

Anfangs fand man es noch reizvoll, daß die Parallelen zum Vietnamkrieg so treffend herausgearbeitet wurden: Zwischen den Linien der Eingeborenen und jenen der Bundestruppen erstreckte sich eine »entmilitarisierte Zone« (hier fanden in einem Indianerzelt die Verhandlungen statt); stets wurde von Waffenstillstandsverhandlungen gesprochen; die Indianer appellierten an die UNO und an den Senatsausschuß für auswärtige Angelegenheiten und brachten Henry Kissinger als möglichen Vermittler ins Gespräch. Die einzige automatische Waffe in Wounded Knee war überdies ein tschechisches AK-47, offenbar ein illegal nach Amerika gelangtes Vietnam-Souvenir (obwohl Richard Wilson und die weißen Rancher und Farmer der Gegend darin den Beweis für eine kommunistische Verschwörung erblickten).

Als aber am 11. März die Eingeborenen vier angebliche Postbeamte, die sie für getarnte FBI-Agenten hielten, und zwei weiße bewaffnete Rancher festnahmen und mit vorgehaltener Waffe aus Wounded Knee auswiesen, wurde die Medienfreundlichkeit einen Schritt zu weit getrieben. Ein Fernsehteam und einige Photographen kamen zu spät, um die bildwirksame Szene rechtzeitig einzufangen; daraufhin holten die Besatzer ihre sechs eben entlassenen Gefangenen nochmals zurück, um die Ausweisung für die Presse zu wiederholen. Von diesem Zeitpunkt an wurde die Berichterstattung der Medien zusehends reservierter. Am 26. März sperrte das Justizministerium die Journalisten endgültig aus und hielt diese Nachrichtensperre bis zum Ende der Besetzung aufrecht. »Sie vermissen die Presse mehr als ihr Essen«, bemerkte der Einsatzleiter der Polizeitruppen über die Besatzer, »und ich will, daß sie etwas vermissen.«

Ein einsichtiger weißer Leitartikler hatte zu Beginn der Aktion in Wounded Knee bemerkt, das schlechteste Resultat der Besetzung wäre, die Schuldigen für ihre Taten zur Rechenschaft zu ziehen und dabei die Ursachen der Unzufriedenheit unter den Demonstranten zu vergessen. Eine Zeitlang hatte es den Anschein, als ob sich diese Befürchtung bewahrheiten sollte. Die Konferenz zwischen den traditionellen Häuptlingen und dem Weißen Haus fand wie geplant statt, aber die beiden Seiten redeten wie üblich aneinander vorbei; konkrete Resultate stehen bis heute aus. Senator Abourezk führte mit seinem Senatsunterausschuß für Indianerfragen eine Untersuchung in Pine Ridge durch; doch ist sein Komitee ein Organ der Legislative, an der mangelhaften Verwaltung durch das BIA und an den Praktiken der gewählten Stammesführung kann Abourezk nichts ändern.

Der Strafprozeß gegen die Anführer der Besetzung lief monatelang vor einem Gericht in St. Paul; er endete im September 1974 mit einem Knalleffekt. Richter Nichol stellte das Verfahren gegen Means und Banks ein, weil es gerichtsnotorisch geworden war, daß sich die Anklage mehrfach ungesetzlicher Mittel bedient hatte: Das FBI hatte ohne richterliche Genehmigung Telephone angezapft, Zeugen bestochen und seine Agenten vor Gericht falsche Aussagen machen lassen. Die Einstellung des Verfahrens war allerdings nur ein Teilerfolg. Den Angeklagten wäre ein Freispruch lieber gewesen. Außerdem bedeutete die Beendigung dieses Verfahrens nicht das Ende aller Wounded-Knee-Prozesse. Die Zahl der Angeklagten und die Vielzahl der ihnen zur Last gelegten Delikte läßt einen baldigen Abschluß der Prozeßwelle nicht erwarten.

Richard Wilson wurde im November 1973 wieder zum Präsidenten des Stammesrats von Pine Ridge gewählt. Russell Means, der gegen ihn kandidierte, verlor die Wahl nur knapp und strafte damit Wilson Lügen, der immer behauptet hatte, das AIM hätte nur eine Handvoll Anhänger in der Reservation. (Auf der benachbarten Rosebud-Reservation wurde zum selben Zeitpunkt mit Robert Burnette ein Kandidat gewählt, der gegenüber seinem stockkonservativen Vorgänger Webster Two Hawk wie ein junger Revolutionär wirkt.) Means focht die Wahlen bei Gericht an, das sein Begehren auf Ungültigerklärung wegen der »historischen Immunität des Stammes vor Rechtsprechung durch weiße Gerichte« abwies. Die amerikanische Kommission für Bürgerrechte untersuchte die Anschuldigungen und befand nach einjährigen Recherchen, die Unregelmäßigkeiten des Wahlverfahrens ließen eine Neuwahl wünschenswert erscheinen: in einigen Sprengeln waren mehr Stimmen abgegeben worden, als Wahlberechtigte vorhanden waren, und auch einige längst Verstorbene hatten sich laut Wahlprotokollen an die Urne begeben. Das BIA unternahm nichts, selbst als ein Berufungsgericht entschied, die erste Instanz hätte trotz Stammessouveränität sehr wohl Jurisdiktion über die Klage von Means. *Commissioner* Thompson versprach lediglich, die nächsten Wahlen würden besser überwacht werden.

Wilson (den die ultrarechte John Birch Society mittlerweile mit Ehrungen überhäufte) kam trotzdem nicht ungeschoren davon: gegen ihn wurde Anklage im Zusammenhang mit Ausschreitungen seiner Schlägerbande gegen AIM-Anhänger erhoben. Auch der Superintendent der Pine Ridge-Reservation bekam die Folgen von Wounded Knee zu spüren: er wurde abgelöst – und befördert. Sein Nachfolger hatte bei dem Bemühen, für eine Rückkehr zur Ruhe und Versöhnung in der zweitgrößten Reservation des Landes zu sorgen, keine nennenswerten Erfolge. Trotz oder wegen ständiger FBI-Präsenz stieg die Zahl der Mordversuche in einsame Höhen. Das ländliche Reservat hatte 1975 eine Verbrechensrate, die doppelt so hoch war wie die der Großstädte San Francisco oder Philadelphia. Senator Abourezk beschuldigte das Innenministerium, den skandalösen Zuständen tatenlos zuzusehen, und forderte, Pine Ridge sollte der Aufsicht des Innenministeriums entzogen und dem Justizministerium unterstellt werden.

Das *American Indian Movement* war nach Ende der Besetzung von Wounded Knee enormen inneren Spannungen ausgesetzt. Schon während der Okkupation waren Berichte über Konflikte innerhalb der Führungsgarnitur aufgetaucht und sofort dementiert worden. Trotzdem spricht das unterschiedliche Verhalten etwa von Means, Banks und Bisonette für das Vorhandensein von zumindest taktischen Differenzen; auch der spätere Mordversuch Carter Camps an Vernon Bellecourt zeugt keineswegs von perfekter Harmonie. Außerdem wird die Energie der gesamten AIM-Führung weitgehend durch die zahllosen Verfahren gebunden, die gegen sie abhängig sind.

Abgesehen von den Wounded-Knee-Prozessen wurden allein Means zwischen Anfang 1973 und Mitte 1975 acht Delikte (von Störung der öffentlichen Ordnung bis Beihilfe zum Mord) angelastet; seine Freiheit hat er sich mit insgesamt 114.500 Dollar Kaution erkauft. In einigen dieser Fälle hat man das Verfahren bereits eingestellt, nachdem sich die Anzeigen als Verleumdungen erwiesen haben. In AIM-Kreisen vermutet man – nicht ohne Grund – daß es sich bei der kontinuierlichen Strafverfolgung von Means, Banks und anderen um eine Taktik der Behörden handelt, mittels welcher das AIM lahmgelegt werden soll.

Trotzdem ging das AIM aus der bewaffneten Konfrontation mit der Bundesregierung letztlich gestärkt hervor. Für viele Indianer auch in den Reservationen war die Aktion trotz ihres Mißerfolgs ein Anlaß zu großem Stolz. In den Problemen von Pine Ridge erkannten viele Eingeborene ihre eigenen Probleme wieder; das AIM hatte sie der Nation in drastischer Form in Erinnerung gebracht. Es lag nicht am AIM, wenn die weiße Mehrheit und die Regierung keine Konsequenzen zogen.

Es ist nicht abzusehen, ob das AIM seine augenblicklich führende Stellung in der modernen nationalistischen Indianerbewegung auf die Dauer halten kann. Die Geschichte des indianischen Faktionalismus spricht dagegen, aber die Zeit bleibt auch im indianischen Amerika nicht stehen. Durch das Bündnis mit den Traditionalisten hat die ehemalige Stadtindianergruppe nicht nur an Gewicht gewonnen, sie gibt sich heute auch viel respektabler und hat das Buhmann-Image der ersten Jahre abgestreift. Trotz der Konsolidierung des AIM ist aber das indianische Nordamerika wegen der Vielzahl seiner inneren Gegensätze noch weit entfernt von der Schaffung einer politischen Einheitsfront.

Nicht übersehen werden sollte das Faktum, daß manche der vom AIM verfolgten Ziele dem Bestand indianischer Rechte abträglich sein könnten; das gilt in erster Linie für die Forderung, die Stämme als vertragsfähige Partner anzuerkennen, mithin zur Zeit vor 1870 zurückzukehren. Damals wurden wohl den Indianern in den Verträgen gewisse Rechte verbrieft, aber es waren Rechte, die immer schon bestanden hatten, oder solche, die als Ersatz für entzogene andere Vorteile gewährt wurden. Entscheidender als dieser positive Aspekt ist die Tatsache, daß in der Vertragsperiode Rechte aufgegeben werden mußten. Jedes Verhandeln schließt den Kompromiß ein, der das Element der Aufgabe von Rechten enthält. Eingeborene Juristen glauben richtigerweise immer noch, auf dem Rechtsweg eine interpretative Ausweitung oder wenigstens eine Konservierung von Vertragsrechten erzielen zu können. Daß durch neue Verhandlungen Gewinne erzielt werden könnten, erscheint ihnen wirklichkeitsfremd.

Die Eskalation des roten Aktivismus in den vier Jahren zwischen Alcatraz und Wounded Knee führte von Taktiken der Gewaltlosigkeit über Konflikte, die mit Sachschaden endeten, zur bewußten (wenn auch unzureichend geplanten) bewaffneten Konfrontationen. Sie ging zum Großteil von jenen Eingeborenen aus, die – wie die Stadtindianer – praktisch keine speziellen Rechte mehr besitzen, sondern nur noch den Druck der Diskriminierung und wirtschaftlichen Schlechterstellung als Folgen ihres Indianertums zu spüren bekommen. Von diesen Gruppen ist auch in Hinkunft eine weitere Steigerung der demonstrativen Aktionen – bis zum politisch motivierten Terrorismus anderer Bewegungen unserer Tage – zu erwarten. Die Regierung der USA sollte daher lieber ihren Grundsatz vergessen, niemals unter äußerem Zwang zu verhandeln, und nicht weiterhin leichtfertig an den berechtigten Forderungen ihrer indianischen Bürger vorbeigehen.

Die Rückkehr des edlen Wilden

Zur Nachrichtenstunde vernehmen Amerikas Radiohörer zu ihrer Überraschung gelegentlich indianischen Gesang mit monotoner Trommelbegleitung. »Vor dreihundert Jahren«, belehrt sie ein Sprecher, »hielten die Indianer Amerikas diesen Grünkorntanz ab. Er feiert die saubere Erde und die Früchte, die auf ihr wachsen. Heute leidet Amerika unter Verschmutzung.« Und ein andermal heißt es: »Es gab eine Zeit, in der Amerika sauber war, ohne verschmutzte Flüsse und verschmutzte Luft. Dies war die Zeit, als die amerikanischen Indianer die einzigen Amerikaner waren. Es kann wieder so werden, wenn wir alle nur wollen. Menschen verursachen Verschmutzung, Menschen können Verschmutzung verhindern.«

Weit entfernt davon, die Rückgabe Amerikas an seine Urbewohner zu fordern, setzen diese Werbespots der Aktion *Keep America Beautiful* indianisches Erbe im Kampf für die Säuberung der von den Weißen verschmutzten Umwelt ein. Selbst Ölkonzerne, nicht unbedingt als Freunde der sauberen Umwelt bekannt, finden die naturverbundenen Roten attraktiv genug, um mit ihnen ins Werbefeld zu ziehen. Eine ganzseitige Annonce der Atlantic Richfield Company in einem amerikanischen Nachrichtenmagazin verkündet unter der Abbildung eines Sandgemäldes des Navajo-Künstlers Alfred Dihyja mit dem Titel *Mutter Erde, Vater Himmel:* »Die Indianer nennen die Erde ihre Mutter. Wir müssen die Erde schützen. Wir müssen lernen, mit ihr in Harmonie zu leben; wir müssen ihre Stimmungen und Rhythmen kennenlernen. Wir müssen die Erde lieben.« So unglaubwürdig dies aus dem Mund eines Ölkonzernsprechers klingt, wenn wegen der Energiekrise alle Umweltschutzbestimmungen gegen die katastrophale Verwüstung der Mutter Erde durch den Kohlentagbau aufgehoben werden, so gut macht sich der Indianer als Gallionsfigur der Naturapostel: »Wenn Menschen und Natur sich in Harmonie miteinander befinden, ist das Land glücklich. Große Stärke liegt in dieser Idee.«

Betrachtet man die verrostenden Autowracks und den

übrigen Abfall, der so viele Reservationen des Westens verunziert, so wird man sich bald darüber klar, daß die Umweltschützer nicht die heutigen Indianer vor Augen haben, wenn sie sich für die Wiederbelebung des Grünkorntanzes und indianischer Harmonie von Mensch und Natur stark machen. Sie sehnen sich vielmehr nach der Rückkehr des edlen Wilden.

Die satirische Zeitschrift *National Lampoon* hat die Erwartungen, die Amerika in diese Rückkehr setzt, bündig zusammengefaßt: »Hätte sich der indianische Lebensstil behauptet, könnten wir in Amerika ohne Verschmutzung, Protestbewegung, Arbeitslosigkeit, Inflation und Verbrechen in unseren Städten leben. Breite Fährten zögen sich über ungepflügte Prärien. Hohe vierstöckige Tipis richteten ihre Zeltstangen in einen von Düsenflugzeugen ungestörten Himmel. Ein stabiles System von Muschelgeldwährung herrschte an Stelle des schwankenden Dollars. Die Sandelholzwälder wären nicht gefährdet. Der Wiedehopf würde die Sümpfe Floridas bevölkern. Die Kahlkopfadler und die Wandertaube durchflögen immer noch spielend die Lüfte. Und wir lebten in Ruhe im unberührten Urwald, gekleidet in selbstgegerbte Felle, tränken kaltes Wasser aus eisigen Flüssen und äßen nichts als gesunden, organischen Pemmikan, während die Geister unserer Ahnen uns von den Begräbnisplattformen auf den Bäumen über unseren Köpfen wohlwollend betrachteten.«

Wenn Sitting Bulls Erben heute kritisch über das Indianerland blicken, dann müssen sie zugeben, daß die Reinkarnation des edlen Wilden in ihrer Gestalt nicht unmittelbar bevorsteht. Aber viele sind der Meinung, daß das traditionelle Leben in der indianischen Gemeinschaft besser war als das in der modernen Industriegesellschaft, daß ihr kulturelles Erbe auch in der heutigen Gesellschaft von Wert ist und daß es vielleicht auch für andere nützlich wäre.

Die stark akkulturierten Tyendinaga-Mohawks in Ontario glauben gleich vielen ihrer roten Geschwister, daß das Leben in der guten alten Zeit moralisch höher stand als das, welches sie in der Gegenwart führen; es habe damals, meinen sie heute, keine Unaufrichtigkeit gegeben, gegenseitige Hilfeleistung war selbstverständlich, und vor der Ankunft der Weißen herrschte allgemeiner Friede. Was soll ein Volk, das seit Jahrhunderten konsequent schlechte Erfahrungen mit den Weißen gemacht hat, auch davon abhalten, alles Übel der Welt auf die Eroberer zurückzuführen?

Tatsächlich weiß man heute, daß die Uramerikaner – wie

nach allgemeiner Lebenserfahrung nicht anders zu erwarten – vom heutigen Idealbild in wesentlichen Punkten abwichen: weil sie Menschen waren und keine Pappfiguren. Zum Beispiel waren die Uramerikaner keineswegs so auf Umweltschutz bedacht, wie sie und die Werbemanager es heute gerne sehen möchten. Archäologische Belege zeugen davon, daß auch vor der Ankunft der Weißen in der Neuen Welt das natürliche Gleichgewicht der Umwelt durch menschliche Eingriffe (wie Jagd auf bestimmte Tiergattungen ohne Rücksicht auf Schonzeiten und Bestandserhaltung) gestört wurde. Je weiter heute ein Indianer von seiner Tradition entfernt ist, desto stärker verklärt sich für ihn, wenn er seine Identität noch nicht verloren oder sie wiedergefunden hat, alles Vergangene. Den Oklahoma-Cherokees, die 140 Jahre nach ihrer Vertreibung aus dem Osten Nordamerikas als Touristen auf die Reservation der Eastern Cherokees in North Carolina, die sich der Umsiedlung durch Flucht in die Berge entzogen haben, zurückkehren, erscheint die alte Heimat wie das gelobte Land. Alles erlittene Übel liegt für sie in Oklahoma, nicht in der heutigen Zeit, während ihre Brüder im Osten durchaus nichts Besonderes an North Carolina finden können, da ihre Erfahrungen hier nur graduell besser waren als die der Oklahoma-Cherokees im Westen.

In verklärtem Zustand ist jüngst auch der Erfinder der Cherokee-Schrift, Sequoyah, aus der historischen Tradition auferstanden. Weiße Geschichtsschreiber, die insgeheim nie recht glauben konnten, daß ein Kind der Wildnis eine derartige zivilisatorische Leistung allein mit seinem kleinen Wildengehirn vollbracht haben sollte, knüpften Spekulationen an die Überlieferung, wonach der geniale Rote in Wirklichkeit ein Mischling namens George Guess oder Gist oder Guest gewesen sei. Seine Mutter wurde als gemischtblütige Cherokee-Häuptlingstochter identifiziert, auf der Suche nach dem Vater bot sich in einem wandernden deutschen Indianerhändler namens Geist ein wahrscheinlicher, im amerikanischen Revolutionshelden Nathaniel Gist ein patriotisch brauchbarerer Erzeuger an.

Schilderungen aus der Zeit lassen Sequoyah als kleinwüchsig, schwächlich und teilweise invalid erscheinen. Diesem Sequoyah-Bild trat ein Cherokee-Autor namens Traveller Bird in seinem 1971 erschienenen Buch *Tell Them They Lie* entgegen. Seinem Autor zufolge sei das von weißen Historikern gezeichnete Porträt Sequoyahs mißgünstig-rassistischer

Natur (was grundsätzlich richtig ist). Aus dem von Traveller Bird vorgelegten Material aus Cherokee-Quellen (die Dokumente hat allerdings außer dem Autor selbst noch niemand gesehen) tritt uns ein lupenrein indianischer Sequoyah entgegen, ein Mann von überragender Körpergröße, Stärke und Ausdauer, ein roter Apoll, dessen geistige Brillanz sich in seinem Äußeren widerspiegelt. Zugleich brauchte Sequoyah nach Traveller Bird die Cherokee-Schrift aber gar nicht zu erfinden, da sie bereits lange vor der Ankunft der Europäer entwickelt worden sei. Nach der Art der Kulturheroen der indianischen Mythen brauchte er sie den Menschen nur wiederzubringen.

Die Glorifikation Sequoyahs ist nicht nur ein Beispiel für die Verklärung der indianischen Vergangenheit, sondern auch ein weiterer Beleg dafür, daß indianische Geschichtsauffassung mit weißer Historiographie wenig gemein hat. Damit ist freilich nicht entschieden, welche Auffassung von der Vergangenheit die richtige ist; für viele Cherokees ist jedenfalls Sequoyah als roter Superman eine psychische und soziale Realität.

Die Rückkehr zur Tradition wird auch durch das steigende Interesse der Stämme am Gebrauch der alten Sprache signalisiert. Das gilt insbesondere für jene Gruppen, die diese Sprache kaum noch selbst beherrschen. Überall dort, wo die sprachwissenschaftliche Literatur oder letzte noch lebende Sprecher ausreichendes Material für eine Wiederbelebung bereits als ausgestorben geltender Sprachen bereitstellen, gibt es keine grundsätzlichen Probleme. In manchen Fällen – so bei den Indianern Ostvirginias – findet man jedoch kaum brauchbare Aufzeichnungen der Idiome, deren letzte Träger vor mehr als hundert Jahren dahingegangen sind. Gerade die kulturelle Verarmung der virginischen Gruppen läßt ihnen aber ein eindeutiges Zeichen ihrer indianischen Identität – außer panindianischer Kostümierung – wünschenswert erscheinen. Man erwog zuerst, mangels geeigneter Unterlagen über die einstige Stammessprache eine andere, verwandte und noch im Gebrauch stehende Algonquin-Sprache (nämlich Cree) zu studieren, was nicht nur den Zweck der Demonstration des Indianertums den weißen und schwarzen Nachbarn gegenüber erfüllt, sondern auch die Kommunikation mit einer anderen, nach Tausenden zählenden Stammesgruppe ermöglicht hätte.

Die Entscheidung gegen Cree fiel, als der als Gründer der

D-Q-Universität bereits genannte Neo-Indianer Jack Forbes, selbst Historiker und kein Linguist, den Eingeborenen glaubhaft versicherte, er sei in der Lage, die alte Sprache aus den etwa tausend unvollkommen überlieferten Wörtern zu rekonstruieren (morphologische und syntaktische Anhaltspunkte fehlen praktisch völlig). Forbes mußte daher die Sprache fast völlig neu erfinden, und er produzierte eine Reihe von Tonbändern als Lernbehelf für eine beachtliche Anzahl indianischer Interessenten. Die Chancen für ein Gelingen des Projekts stehen trotz der ehrlichen Bemühungen der Eingeborenen nicht günstig, da abzuwarten bleibt, ob die neue Sprache überhaupt als Kommunikationsmittel geeignet ist, und auch, weil erfolgversprechende Ausbildungsmethoden fehlen. Sollte das Unternehmen dennoch Erfolg zeitigen, so wäre der intendierte Zweck voll erreicht; die Rückkehr zur Vergangenheit erfordert keineswegs eine historisch unantastbare Rekonstruktion im Sinne der abendländischen Wissenschaft; worauf es allein ankommt, ist Funktionsfähigkeit, gepaart mit der psychischen Realität der neuen Tradition für die Sprecher der Kunstsprache.

Ähnliche Wünsche äußern Mitglieder dekulturierter Gruppen bezüglich einer Renaissance der traditionellen Kultur. »Wir haben hier überhaupt keine indianische Kultur«, klagte vor kurzem hilfesuchend einer jener Lumbees, die sich heute als Tuscaroras bezeichnen, in einem Leserbrief an die Zeitung *Akwesasne Notes.* »Wir brauchen jemanden, der uns unsere indianische Kultur lehrt. Alles, was man uns beigebracht hat, ist der Weg des weißen Mannes.« Panindianismus ist – so sehr er das Wiedererstarken des indianischen Selbstbewußtseins gefördert hat – vielen Eingeborenen zu wenig; die Rückkehr zur tribalen Vergangenheit erfordert spezifischere Kenntnisse.

Für die Rückkehr des edlen Wilden sprach sich in jüngerer Vergangenheit auch der Staat Georgia aus, der vor fast anderthalb Jahrhunderten die treibende Kraft für die Umsiedlung der Cherokees und der Creeks in das neugeschaffene Indianerterritorium war. Die Handelskammer der Stadt Macon in Georgia erkannte 1972 plötzlich, daß die Indianer eine nicht zu unterschätzende Touristenattraktion darstellten. Es war den Südstaatlern leid, daß sie bei der Austreibung der Roten so gründlich vorgegangen waren. Sie wandten sich an den Stamm der Creeks in Oklahoma und an das Indianerbüro in Washington um Hilfe. Wäre es nicht möglich, meinte der Vorsitzende der Gewerbetreibenden, wenigstens so viele

Creeks nach Georgia zurückzubringen, daß man sie an historischen Gedenkstätten als farbenfrohe Staffage verwenden könnte? Das BIA war bereit, wie bei anderen Umsiedlungsversuchen zur Gewinnung von Arbeitsplätzen finanziellen Beistand zu leisten, um zwanzig Creeks zu unterdurchschnittlich bezahlten Stellen, den Geschäftsleuten von Macon aber zu einer bedeutenden Umsatzsteigerung zu verhelfen.

Daß auch Nichtindianer den Indianern gleichen wollen, ist nicht erst eine Erscheinung des zwanzigsten Jahrhunderts. Das »Indianerspielen« war offenbar bereits im späten siebzehnten Jahrhundert in England bekannt. Ein Kolonist und Indianerhändler aus Virginia sandte 1686 einem Freund in der alten Heimat eine komplette Indianerausrüstung als Spielzeug für dessen Sohn. Seit diesem ersten belegbaren Fall von »Hobbyismus« hat die liebhaberische Imitation nordamerikanischer Eingeborener durch Weiße gigantische Dimensionen angenommen. Allein in Deutschland spielen heute – angeregt durch Karl May und die Folgen – mehr als zweitausend Erwachsene in rund einhundert einschlägigen Klubs organisiert Cowboys und Indianer. Sie entstammen ebenso wie ihre Gesinnungsfreunde in West- und Osteuropa und in Nordamerika allen sozialen Schichten. Alle Generationen vom Baby bis zum Großvater sind in ihren Reihen vertreten. In den angelsächsischen Ländern hat die Pfadfinderbewegung einen bedeutenden Anteil an der Ausbreitung des Indianerspielens gehabt.

Vom traditionellen Kinderspiel unterscheidet sich der moderne Indianer-Hobbyismus durch den großen Ernst, mit dem er betrieben wird. Verbissen studieren die blaßhäutigen Jünger Sitting Bulls die Fachliteratur und die Sammlungen indianischer Ethnographica in Völkerkundemuseen, um bei der Herstellung ihrer indianischen Kleidung nur ja genau den Vorbildern zu entsprechen. Sie verwenden den größten Teil der Freizeit darauf, ihrem Ideal möglichst nahe zu kommen. Im fortgeschrittenen Stadium beschränken sich die Neo-Rothäute nicht mehr auf die Nachahmung von Indianern schlechthin, sondern spezialisieren sich auf eine Region, werden zum Beispiel Plains-Indianer und beginnen schließlich sogar tribal zu denken. »Ich bin ein Dakota«, sagen sie ganz ohne Identitätsprobleme und sprechen stolz von »meinem Stamm«. In gewisser Weise entspricht eine solche Identifikation jedoch jener mit dem Lieblingsfußballklub. Zusätzlich liegt der Verdacht der Realitätsflucht nahe.

Der Hobbyismus entbehrt nicht einer wissenschaftlichen Bedeutung. Im Bestreben nach Perfektion gelangen die Indianerfreunde durch die Praxis der Nachahmung zu genaueren Analysen der Techniken, die von den echten Roten zur Herstellung und Verzierung ihrer Kleider verwendet wurden, als die meisten Wissenschaftler. Viele führende amerikanischen Fachleute für nordamerikanische Indianerkunst, wie Norman Feder, sind ehemalige Hobbyisten, deren Publikationsorgane (heute: *Indian America*) wichtige Lücken füllen, die eine nur mäßig an materieller Kultur interessierte Fachwissenschaft offen gelassen hat.

Während die weißen Roten dergestalt einem beachtlichen technischen Perfektionismus huldigen und auch sonst trachten, so indianisch wie möglich zu sein, weichen sie in einem wichtigen Punkt von den Normen des roten Vorbilds ab: Die einzigen indianischen Männer, die ihre Kleidung selbst herstellten und diese Arbeit nicht ihren Frauen überließen, waren die *Berdaches* genannten Transvestiten. Ihre soziale Stellung in der indianischen Gemeinschaft war meist hoch, weil sie ausgezeichnete Kunsthandwerker waren. Aus demselben Grund waren sie auch als Ehe»frauen« anerkannt. Folglich entpuppten sich die Indianer-Hobbyisten – überwiegend Männer – als kulturelle Transvestiten.

In einem Punkt allerdings hinkt der Vergleich: Die bleichhäutigen Adepten werden von ihren roten Vorbildern nicht immer geschätzt. Wohl gibt es Fälle, in denen Hobbyisten freundlichen Kontakt zu Traditionalisten herstellen konnten, die in ihrem eigenen Stamm keine Interessenten für die Tradition fanden. Während dieses Verhalten zur Zeit der offenen Unterdrückung der kulturellen Eigenständigkeit durch den Indianerdienst noch eher typisch war, ist mit der roten Begeisterung für die Zeit der Vorväter ein Konkurrenzverhältnis zwischen Hobbyisten und jungen Indianern entstanden. Dies trifft natürlich weniger die deutschen Hobbyisten, die ohnedies fern der Realität ihrer *Berdachen*-Tätigkeit frönen, als für die amerikanischen Liebhaber einer fremden Tradition.

»Genügt es nicht, daß ihr unser Land, unsere Freiheit, unsere Ehre genommen habt?«, fragen immer mehr Indianer. »Müßt ihr uns nun auch das letzte, das wir noch besitzen, unsere Tradition, nehmen?« Zudem empfinden viele, besonders junge Indianer, denen alles Vergangene heilig geworden ist, die Nachahmung alter Tänze durch Nichtindianer als

Sakrileg. Während christlichen Missionaren jede Bekehrung zur wahren Religion willkommen ist, finden es die nichtmissionarischen Uramerikaner unverständlich bis gotteslästerlich, wenn etwa ein deutscher Hobbyist – was tatsächlich vorgekommen ist – nach gründlichem Quellenstudium eine indianische Stammesreligion als »die Wahrheit« erkennt, dem Christengott entsagt und fortan zu Manitu betet. Somit kann man die Hobbyisten nur bedingt als Gegenstück zu den akkulturierten Indianern ansehen; beide sind Produkte der abendländischen Auffassung, daß Kleider Leute machen.

Deshalb wird ein Weißer auch nur durch möglichst exaktes Kopieren seiner Vorbilder in seinem Versuch, zum Eingeborenen zu werden, befriedigt, während für die echten Indianer eine solche mechanische Rekonstruktion der Vergangenheit nebensächlich ist.

Das Bestreben der Hobbyisten, indianischer zu sein als die Indianer, entspringt letztlich der Überzeugung von der eigenen Überlegenheit und erinnert an die Erkenntnis Lewis Garrards, der 1846–1847 bei den Cheyennes – so gut er konnte – als Cheyenne gelebt hat. Die freie und glückliche Lebensweise der Indianer, so meinte Garrard, könne eben nur der voll genießen, der nicht vom Schicksal gezwungen sei, wie jene zu leben. Erst der erfahrungsmäßige Hintergrund einer »fortschrittlichen Zivilisation« läßt einen wahren Gefallen an den »Freuden des ungelehrten Wilden« finden. Das gilt nicht nur für den Hobbyismus, sondern für alle »Zurück-zur-Natur«Bewegungen von Rousseau bis zu den Blumenkindern der jüngsten Vergangenheit.

Der *Whole Earth Catalog* war die amerikanische Konsequenz von Gegenkultur und Hippie-Bewegung: ein Versandkatalog und Quellennachweis für alles, was man benötigt, um im Gegensatz zum Establishment leben zu können. Das umfängliche Werk bietet Anleitungen zur Stadtplanung (für gründliche Hippie-Kommunen), nennt Bezugsquellen für Kirchenfenster aus Acryl und gibt Rat, wie man die Vorteile einer Mitgliedschaft bei einem Buchklub nutzen kann, ohne dabei die Nachteile in Kauf nehmen zu müssen. Es erteilt auch Antwort auf die entscheidende Frage: »Wie baue ich mir ein Indianerzelt?« und verweist den Interessenten auf Hersteller von Zeltstangen. Der fleißige Leser erfährt, wo er das Rohmaterial zur Anfertigung seines Indianerkostüms erwerben kann, der faule, daß er das Kostüm auch fertig zu kaufen bekommt. Allen aber wird ans Herz gelegt, Bücher wie

Schwarzer Hirsch: Ich rufe mein Volk, Die Lehren des Don Juan von Carlos Castaneda und ähnliche indianisch-mystische Literatur zu studieren.

Steward Brand, der Herausgeber des *Whole Earth Catalog,* beschreibt an anderer Stelle die Gegenkulturbewegung als romantische Strömung, deren Mitglieder sich vom amerikanischen Konsumbürger unterscheiden durch farbenfrohe oder zerschlissene Kleidung, lange Haare bei Männern, sexuelle Promiskuität, Gebrauch von Drogen zum Vergnügen und zur Gewinnung tieferer Erkenntnisse, esoterische und eklektische religiöse Aktivitäten, hohe Mobilität, geringe Bindung an Arbeitsplatz und Familie, politisches Rebellentum, primäre Bindung an den Gruppenprozeß, strikte Ehrlichkeit und eine besondere Sprechweise (Gruppenslang). Den neuen Romantikern erscheint der Indianer nicht nur als ebenfalls romantisch, sondern auch als naturverbunden und naturfreundlich, spirituell orientiert, in Stammesgruppen organisiert, anarchistisch, Drogen nehmend, exotisch, dabei jedoch heimisch und stets entrechtet, »der einzig echte Überlebende im Kampf gegen den amerikanischen Plastik-Alptraum«. So wollten auch die Hippies sein. Und unabhängig davon, ob der Indianer wirklich so war, wie die Blumenkinder ihn sahen, galt er ihnen als Vorbild.

Was machte es schon, daß das Langhaar der Uramerikaner Beharren in der Tradition, das der jungen Konsumverweigerer aber Flucht vor der Tradition symbolisierte – die Stirnbänder waren bei beiden Gruppen indianisch oder wenigstens indianisch inspiriert. War der Tribalismus der Indianer auf strengen Verwandtschaftsbanden aufgebaut, wollten die selbsternannten »Stämme«, die sich 1967 in San Francisco zum *Human Be-In* versammelten, wenig von ihren kleinbürgerlichen Eltern wissen. Die Armut der Hippies war zum Unterschied von jener der Reservatsbewohner eine selbstgewählte. Drogengebrauch findet sich bei Indianern nur sporadisch und dann meist im Zusammenhang mit dem erst spät verbreiteten Peyote-Kult.

Allen Unterschieden zum Trotz kam es zu einem ungebetenen Zustrom freiwilliger Primitivisten in die Reservationen. Vor allem die Indianer des Südwestens, vom Hippie-Zentrum San Francisco aus leicht zu erreichen, wurden Opfer der neuen weißen Einwanderungswelle ins Indianerland. Die Hopis, deren Name nach einer von Ethnologen mitverschuldeten Fehlmeinung »die Friedlichen« bedeuten soll, genossen bei den Vorkämpfern des Slogans »Make love, not war« besondere Beliebtheit, seit das *Book of the Hopi,* eine von dem Schriftsteller Frank Waters kompilierte bemerkenswerte, wenn auch weitgehend apokryphe Sammlung von Mythen und Geschichten der Hopis, ihnen die Augen geöffnet hatte. Nur ein kleiner Teil der Zivilisationsflüchtlinge fand letztlich Kontakt zu den Traditionalisten der Stämme. Aber auch die anderen wurden, meist aufgrund von Mißverständnissen, in der weißen Gesellschaft zu »neuen Indianerfreunden« und damit zu Bannerträgern des edlen Wilden.

Anders als die Hobbyisten strebten die Mitglieder der Gegenkultur nicht nach vollendeter Nachahmung, sondern nach Anregungen für ihren spirituellen Eklektizismus. Schon in den fünfziger Jahren, als die Subkultur noch »Beat Generation« genannt wurde, suchten und fanden einige junge Weiße Kontakt zum Peyotismus. Dies ist von der weißen Seite her wegen der Suche nach bewußtseinserweiternden Drogen, lange vor dem LSD- und Haschisch-Boom, bemerkenswert, von der roten Seite her aber verständlich, da der Peyotismus ja keine Stammesreligion ist, selbst im Kampf gegen die traditionellen Religionsformen missionarisch verbreitet wurde und in seinem integrierenden Wesen einer Öffnung nach außen zugänglich war. 1968 wurde von den weißen Peyotisten eine *American Church of God* gegründet, der auch Rote, Schwarze und Mexikaner als Mitglieder beitraten. Außerhalb des Kontakts mit Peyote mag aber für das Verhältnis der Indianer zur Gegenkultur gelten, was angeblich ein Pueblo-Indianer von Rang 1967 einer Gruppe weißer Kommunarden in New Mexico ans Herz legte: »Ihr weißen Leute, ihr habt euren Weg verloren. Wir indianischen Leute, wir haben unseren Weg. Ihr Leute, nehmt nicht unseren Weg. Wir alle leben gemeinsam auf diesem Berg. Gut. Verschiedene Leute – verschiedene Wege.«

Eine neue und nicht unerwartete Spielart der Nachahmung der roten Amerikaner ist der politische Indianer-Hobbyismus. Nur aus der Paarung romantisch gefärbter Indianerliebe mit dem neuentdeckten Bewußtsein der Notwendigkeit gesellschaftlich relevanten Handelns konnten sich in Deutschland Gruppen bilden, welche die indianische Sache im Herzen und auf der Zunge führen. Die Zwecklosigkeit solcher Bemühungen ist offensichtlich: Anders als in der Dritten Welt hat das europäische Kapital kaum Einfluß auf die Lage der benachteiligten roten Minderheit Nordamerikas. In Europa kann man daher außer allgemeiner Aufklärung und Säuberung der Schulbücher von diskriminierenden und falschen Aussagen über die Indianer nicht viel tun. Der für die Indianer sichtbarste Ausfluß des politischen Hobbyismus sind Leserbriefe deutscher »Mitkämpfer« in indianischen Zeitschriften. Darin kommt deutlich zum Ausdruck, daß neben Mitgefühlsbezeugungen auch hier das Syndrom des Perfektionismus (der Wunsch, indianischer zu sein als die Indianer) lauert.

»Habt ihr eure Mutter Erde vergessen?« klagt ein Schreiber aus Unkel am Rhein im Zusammenhang mit indianischen Landverpachtungen in New Mexico. »Ihr könnt sie nicht verpachten, so wie ihr sie nicht verkaufen könnt ... So versucht, bitte, eure Entscheidung zu korrigieren. Und entschuldigt diese Meinung eines Nichtindianers.« Eine germanische Indianerführerin aus Horneburg erinnert die Mohawks in dankenswerter Weise an ihre Geschichte, rät ihnen zu Gewalt anstelle des unsicheren legalen Vorgehens und endet mit Bezugnahme auf den europäischen Ursprung des amerikanischen Rechtswesens: »Welche Grundlage haben diese Leute (die Mohawks), uns (den Weißen) zu vertrauen? Keine!« Im Sinne indianischer Selbstbestimmung: wie wahr!

Es ist klar, daß besonders die radikaleren Indianergruppen Bezeugungen von Mitgefühl und Hilfsbereitschaft aus Europa gerne entgegennehmen und als moralische Stärkung empfinden, besonders wenn sie in devoter Form vorgebracht werden. In neuester Zeit hat etwa das *American Indian Movement* noch eine weitere Bedeutung der europäischen Freunde erkannt: als bisher ungenutzte Finanzquelle. Seit dem Debakel von Wounded Knee im Jahre 1973 und den darauffolgenden Spannungen wurde es immer schwieriger, in den USA Gelder aufzutreiben. Besonders manchen Kirchen kamen Zweifel an der Richtigkeit ihrer Investitionen angesichts der zunehmend kritischen Reaktion der liberalen Presse auf die Ereignisse.

In Europa hingegen war die Presse einfach zu wenig im Bilde, um ihren Lesern klarmachen zu können, daß die Aktionen des AIM nicht unbedingt den Willen der gesamten indianischen Bevölkerung widerspiegelten. Der edle Wilde wurde unversehens zum federgeschmückten Che Guevara, mit dem sich alle vom Fernweh geplagten Revolutionäre romantisch identifizieren konnten. Ob es allerdings die Wiederbelebung der deutsch-indianischen Allianz à la Karl May es den politischen Hobbyisten ermöglichen wird, ausreichende Gelder für das AIM als den wahren Repräsentanten von Winnetous Erben zu sammeln, bleibt abzuwarten. Anderseits muß fairerweise bemerkt werden, daß die europäischen Außenstellen des *Wounded Knee Legal Defense and Offense Committee*, die zu den Prozeßkosten der Angeklagten finanzielle Beiträge leisten, eine wichtige und positive Aufgabe erfüllen.

Europäischer und amerikanischer Polit-Hobbyismus verdanken ihre Entstehung dem Aufblühen der Gegenkultur. Während aber in Europa auch die romantisch-literarische Tradition Pate stand, war in den Vereinigten Staaten die Aktivität weißer Liberaler in der schwarzen Bürgerrechtsbewegung der unmittelbare Vorläufer der neuen Indianerhilfe. Auch wenn die von den Black-Power-Führern nicht mehr erwünschten weißen Hilfstruppen nicht unbedingt damit rechnen konnten, von den Red-Power-Häuptlingen mit offenen Armen empfangen zu werden, gibt es in Amerika doch genug Möglichkeiten, der indianischen Sache aktiv zu helfen. Briefe an Kongreßabgeordnete und Senatoren, besonders vor Wahlen, sind ein erprobtes Mittel, um Einfluß auf die Gesetzgebung in Indianerfragen zu nehmen. Notwendige Publicity kann von weißen Gruppen und Einzelpersonen (wie Marlon Brando oder Jane Fonda) ebenso organisiert werden wie die Finanzierung indianischer Projekte. Rock-Gruppen wie *The Grateful Dead* und *Big Brother and the Holding Company* gaben Benefiz-Konzerte für die gute Sache der Uramerikaner. An allen großen Schlachten der modernen Indianerkriege waren auch langhaarige Weiße beteiligt: an den Fischereirechtsdemonstrationen im Nordwesten, an der Besetzung von Alcatraz und des BIA-Gebäudes, an Wounded Knee 1973.

Zu befürchten ist in diesem Zusammenhang nur, daß die gründlichen deutschen Polit-Indianer den Spuren ihrer unpolitischen Hobby-Vorgänger folgen und Red Power bald besser beherrschen werden als die Roten selbst. Eine Besetzung von Wounded Knee durch militante deutsche Hobbyisten ist dann wohl kaum noch aufzuhalten.

Das alte Klischee vom Indianer war weitgehend in der literarischen Tradition entstanden. Die Wandlungen dieses Zerrbilds zu einem realitätsgerechteren Porträt des Uramerikaners beginnen aber nur langsam in der Literatur ihren Niederschlag zu finden. Thomas Bergers *Little Big Man* ist wahrscheinlich der gelungenste Versuch eines weißen Autors, einem weißen Publikum indianische Weltsicht in der Szenerie der Indianerkriege des neunzehnten Jahrhunderts zu präsentieren; ihm zur Seite steht allenfalls *Laughing Boy,* das bereits klassische Buch des Völkerkundlers Oliver La Farge, der nicht ohne romantischen Einschlag die Probleme einer Navajo-Existenz am Rande der weißen Welt beschreibt. Die europäische Indianerbelletristik hat es noch viel schwerer, die alten Stereotypen zu überwinden. Selbst beim besten Willen treten zu oft neue Pappfiguren an die Stelle der alten.

Der Blick auf indianisches Leben von innen her, den Berger und La Farge nur simulieren konnten, wird erst durch die Entstehung einer eigenständigen Literatur der Indianer möglich, obwohl natürlich Literatur in unserem Sinn ein nichtindianisches Konzept ist und daher selten in Stammessprachen Ausdruck findet. Vielleicht haben deshalb viele junge Indianer auch das Medium der Lyrik gewählt, das formal am engsten an Hergebrachtes anschließt. Zeitschriften wie *Akwesasne Notes* haben ihre ständige Lyrik-Seite. Seit der Sioux-Arzt Charles Eastman (»Ohiyesa«) vor siebzig Jahren seine Jugenderinnerungen niederschrieb, hat es wenig indianische Prosa gegeben. Erst in den sechziger Jahren änderte sich die Situation, wenn auch nur langsam. Wie Eastman widmet sich der Navajo-Teenager Emerson Blackhorse Mitchell in *Miracle Hill* den Problemen eines jungen Indianers im Kontakt mit der weißen Welt. Scott Momaday, ein Kiowa, erhielt für *House Made of Dawn* den Pulitzerpreis 1969 und ließ dem Erstlingswerk das poetisch-historische Buch *The Way to Rainy Mountain* nachfolgen.

Im Bestreben, die Publikumsnachfrage nach indianischen Autoren zu erfüllen, ließ sich ein renommierter Verlag dazu verführen, die angeblichen Memoiren des angeblichen Sioux-Häuptlings Red Fox zu veröffentlichen. Von der Kritik freudig akklamiert, wurde der Autor bald als weißer Schwindler und Plagiator entlarvt. *Seven Arrows* von Hyemeyohsts Storm, einem registrierten Cheyenne, wurde von Vine Deloria als Meilenstein in der Geschichte der Indianerliteratur gepriesen, von Rupert Costo, dem Gründer der *Indian Historian Press,* jedoch als blasphemisches Elaborat verdammt.

Ist in diesem Fall die indianische Kritik über ein Werk aus den eigenen Reihen geteilter Meinung, bleibt es normalerweise weißen Rezensenten und Lesern vorbehalten, die falschen Bücher als signifikant anzusehen. Die enorme Wirkung, die Carlos Castaneda mit seinen Büchern über die Lehren, die er von dem Yaqui-Philosophen Don Juan empfangen zu haben vorgibt, auf eine für Mystisches neuerdings wieder besonders anfällige Leserschaft erzielt hat, ist an sich schon fast Beweis genug, daß sein Material nicht authentisch ist. Castanedas Bücher spiegeln in keiner Hinsicht die indianische Vorstellungswelt wider, und man wird den Verdacht nicht los, daß die Figur des tiefsinnigen Drogen- und Visionsgroßmeisters nur zur Hebung des Absatzes geschaffen wurde.

Wie sehr aber ein erfolgreiches Buch das Image einer Gruppe verändern kann, zeigt ein Ereignis, das sich als Folge der »Lehren des Don Juan« zugetragen hat. Eine Gruppe faszinierter Castaneda-Jünger beschloß, auf eigene Faust tiefer in das indianische Drogenmysterium vorzudringen. Sie gingen in eine Indianersiedlung im Südwesten und fragten nach »Don Juan«. Man verwies sie an einen alten Indianer dieses Namens. Die weißen Psychedeliker kamen mit ihm ins Gespräch und fütterten ihn versuchsweise mit einer starken Portion LSD. Der falsche Don Juan starb an dem ungewohnten Rauschgift, aber das Bild vom Uramerikaner als habituellem Rauschgiftkonsumenten lebt weiter.

Das stärkste moderne Theaterstück über die Gegenwartsprobleme des roten Mannes ist wahrscheinlich *The Ecstasy of Rita Joe* (1967) von George Ryga, einem in Kanada geborenen Sohn ukrainischer Einwanderer. Es zeigt die Kluft zwischen den kulturellen Werten und Erwartungen von Weiß und Rot, die es dem Eingeborenen praktisch unmöglich macht, in die weiße Welt überzuwechseln, ohne dort Schiffbruch zu erleiden. Auch auf der Bühne versuchen seit kurzem die Indianer Fuß zu fassen. Das 1973 im Schoße der La-Mama-Truppe in New York gebildete *American Indian Theatre Ensemble,* eine panindianische Gruppe mit Mitgliedern aus dreizehn Stämmen, debütierte mit einer dramatisierten Version der Navajo-Schöpfungsmythe und mit dem Stück *Body Indian* von Hanay Geiogamah, einem Kiowa-Delaware. *Body Indian* handelt von der Zerstörung der indianischen Gesellschaft durch den Alkohol und hat in seiner beinahe rituellen vierfachen Wiederholung der zentralen Handlung eine »indianisch« wirkende Struktur. Wie die Darbietungen des Experimentaltheaters auf ein eingeborenes Publikum wirken, wird sich zeigen, wenn die Gruppe – wie geplant – an eine Wirkungsstätte im Indianerland übersiedelt.

Am Ende des offiziellen Programms des Festivals der Haliwas in North Carolina im Jahr 1973 baute eine aus jungen Haliwas bestehende Rock-Gruppe ihre Verstärker unter dem Blätterdach auf, unter dem zuvor in Ermangelung eigener

traditioneller Musiker eine aus New York angereiste Indianergruppe getrommelt und gesungen hatte. Nach einem Repertoire von Rolling Stones-Nummern und amerikanischem Rock
kam als Höhepunkt des Nachmittags und zugleich als
Bekenntnis zur indianischen Identität das Lied *Indian Reservation,* das vor Jahren von den Raiders kreiert worden war.
Indian Reservation handelt – textlich schwach und historisch
unrichtig – im Original von den Cherokees, dem Lieblingsob-
jekt weißen Mitleids mit dem roten Mann. Die jungen
Haliwas, kaum älter als ihr erst 1957 gegründeter Stamm,
machten durch einfache Einsetzung von »Haliwa« für »Cherokees« daraus eine Art Nationalhymne ihres Stammes.

»They took a whole Indian nation, put them on a reservation« stimmt schon im Fall der Cherokees nicht, klingt aber
auf die Haliwas bezogen geradezu lächerlich. Hätten sie
jemals eine Reservation besessen, wäre ihre Anerkennung als
Indianer nie ein Problem gewesen. »Took away our way of
life, Tomahawk and Bowie knife« paßt hingegen ganz gut für
eine Gruppe, der man sogar ihren ursprünglichen Namen
genommen hat. »Haliwa Nation, Haliwa Tribe« – da kann
man schon stolz sein, wenn das mit Aberhunderten Watt aus
den Lautsprechern kommt; »so proud you lived, so proud you
died«: eine kaum zwei Dezennien alte Nation hat natürlich
noch wenig Gelegenheit zum Leben und Sterben gehabt, aber
stolz ist sie schon. Wenn Stolz ein Kriterium der Nationwer-
dung ist, dann haben es die Haliwas bereits geschafft.

Seit Antonín Dvořák in der Symphonie *Z nového světa*
(Aus der Neuen Welt) ein kaum erkennbares indianisches
Motiv mitverarbeitet hat, ist der Einfluß der roten auf die
weiße Musik kaum gewachsen. Während weiße Komponisten
die Musik der nordamerikanischen Indianer kaum beachten,
gab und gibt es eine Reihe von mehr oder weniger roten
Musikern, die eine mehr oder weniger weiße Musik machen.
Jack Teagarden, der langjährige Posaunist Louis Armstrongs,
zählt ebenso zu den schwarzen Indianern wie das Pop-Idol der
sechziger Jahre, Jimi Hendrix, der sich trotz seinem Afro-
Look auf seine Cherokee-Abstammung berief. Die indianische Antwort auf die Beatles war 1965 eine Gruppe von vier
Schülern der Phoenix Indian School, die sich *The Hopi
Klansmen* nannten und einige Langspielplatten aufnahmen.
Indianische Einflüsse sind stärker bei Jim Pepper, einem
Kaw-Cree (was etwa einem Bulgaro-Isländer entspricht), der
aber vielleicht deswegen weniger Erfolg hat als *Redbone,* die

derzeit unbestreitbar populärste rote Rockgruppe Amerikas, bei der sich das eingeborene musikalische Erbe auf das gewöhnliche Maß an Exotismus in der Pop-Musik beschränkt. Bestenfalls in den Texten wird auf die ethnische Identität Bezug genommen: Titel wie *Niji-Trance* oder *Red and Blue* könnten den Hörer, der nie ein Bild von der Gruppe gesehen hat, auf die richtige Spur führen. Während *Redbone* bei aller Sympathie des roten Publikums doch primär für einen weißen Markt spielt, hat die Gruppe *XIT* [X(Cross)-ing of Indian Tribes] in erster Linie indianische Hörerschaft: musikalisch rein weiß, in den Texten betont nationalistisch. Das Indianische an den roten Pop-Gruppen sind ihr Aussehen und ihre Ausstattung mit den gängigen Paraphernalien modernen Indianertums. Gerade darin unterscheiden sie sich aber kaum von manchen weißen Pop-Gruppen, die als Teil der Gegenkulturbewegung den Indianer als Symbolfigur liebgewonnen haben. Plattencovers weißer Gruppen wie *Crazy Horse* werben mit der Tradition der Eingeborenen, nicht unbedingt zu deren Freude.

Relativ stark sind die Indianer in der Folksong-Welle vertreten. Buffy Sainte-Marie, eine kanadische Cree-Indianerin, gehört nicht nur zu den Spitzenkräften des amerikanischen Folksongs, sondern auch zu den profiliertesten Aktivisten für die indianischen Rechte und gibt diesem Thema in ihren Liedern breiten Raum. Dem weißen Publikum weniger bekannt sind Willie Dunn, ein Métis-Micmac, und Paul Ortega und Floyd Westerman, zwei Sioux, die aber einen großen indianischen Hörerkreis haben. Vor allem stark akkulturierte Rote, deren Beziehung zur alten Stammesmusik ohnedies gebrochen ist, schätzen die zu Country-and-Western-Klängen servierten Attacken gegen den weißen Mann, die an Deutlichkeit nichts zu wünschen übrig lassen. Westerman hatte besonderen Erfolg mit einer Platte, deren Texte auf Delorias *Custer Died For Your Sins* basieren. Die roten Protestsänger haben gleich ihren literarischen Brüdern eine Marktlücke geschlossen, die bislang von ihren weißen Freunden nur unzureichend ausgefüllt worden war. Pete Seeger, der große alte Mann des amerikanischen Folksongs, hatte einige indianerfreundliche Lieder in seinem Repertoire, Peter La Farge, Oliver La Farges Sohn, bespielte sogar zwei ganze Langspielplatten mit diesem Thema.

Im Zuge der Rückkehr des edlen Wilden beginnen sich nach und nach auch andere Mitglieder des Unterhaltungs-

Establishments auf ihre indianische Verwandtschaft zu besinnen. Johnny Cash investierte einen Teil seiner Tantiemen in einen von den Jicarilla-Apachen produzierten Film, während seine Schallplattenfirma eine ältere Langspielplatte mit indianerbezogenem Inhalt neuerdings unter dem Titel *Johnny Cash – Ballads of the American Indian – Their Thoughts and Feelings – The Battle Of Wounded Knee* verkauft. Cher Bono, eine Halb-Cherokee, klagt nun über das Schicksal des Halbbluts, das weder von den Weißen noch von den Roten für voll genommen wird, wird aber auch damit nur von den Weißen für voll genommen. In einer optischen Präsentation dieses Liedes in der *Sonny & Cher Show* des amerikanischen Fernsehens brachte Cher das Lied hoch zu Roß, mit nichts als einem Federkopfschmuck bekleidet. Ganz unbeabsichtigt der treffende Symbolcharakter: die schicke ethnische Identität als einzige Kleidung und Schutz des marginalen Mittelstandes.

Wenn echte indianische Einflüsse am Rande der konzertanten Musik sichtbar werden, dann stammen die Produkte meist von Indianern. Louis Ballard, ein Cherokee-Quapaw-Schotte mit akademischem Grad, hat 1973 beim 35. National Folk Festival der USA in Wolf Trap, Virginia, sein Werk *Cacega Aryuwipi* (Die dekorativen Trommeln) uraufgeführt und damit das Lob der Kritik geerntet. Das dreiteilige Werk handelt von den verschiedenen Rhythmen in der Indianermusik und wurde von einem fünfköpfigen eingeborenen Schlagzeugensemble auf indianischen und konzertanten Schlag- und Geräuschinstrumenten ausgeführt, während Ballard mit einer Feder dirigierte.

Daneben aber lebt die traditionelle Musik, auf der Werke wie jene von Ballard fußen, weiter; die religiöse Musik ist, solange die betreffenden Zeremonien noch durchgeführt werden, dem geringsten Wandel unterworfen. In der Tanzmusik hat sich der schon früher übliche Austausch von Liedern zwischen den Stämmen durch die Reservationssituation und panindianische *Pow-wows* wesentlich verstärkt.

Aber nicht nur unter freiem Himmel ist indianische Musik zu hören. Vor allem bei den Navajos, wo der Markt groß genug ist, gibt es auch Schallplatten mit der eigenen Musik. Die Titel zeigen, daß bei aller Verschiedenheit ähnliche Themen wie in der weißen Unterhaltungsmusik im Vordergrund stehen, auch wenn die Musik selbst traditionell ist: *Mädchen im Minirock* (Navajo), *Ich möchte meine Arme um deinen Hals legen* (Navajo), *Ich bin in einen Navajo-Jungen*

verliebt (Apache), *Um diese Zeit am Blue Lake* (Taos),
Vietnam (Navajo), *Herz-Schmerz Tipi* (Cheyenne). Sänger
wie Reg Begay, ein Navajo, oder Philip und Patsy Cassadore,
ein Apachen-Geschwisterpaar, sind innerhalb ihrer Kommunitäten große Stars.

Die völlig akkulturierten Indianerstämme im Osten der
USA haben in ihrer Musik ebenfalls eine gewisse Eigenständigkeit bewahrt. Bei den Chickahominys in Virginia gibt es
nicht nur *Chief Powhatan and his Bluegrass Braves,* eine bei
Weißen sehr erfolgreiche Country Music-Band, sondern auch
mehrere Kirchenmusikgruppen. So wie die Kirche für die
Chickahominys zum letzten sichtbaren Symbol ihrer Identität
geworden ist, ist ihre Kirchenmusik – obwohl in Text und
Melodie dem Muster der Musik der anderen Südstaaten-Bap-
tisten folgend – in Ausdruck und Ausführung durchaus
verschieden von der Kirchenmusik ihrer weißen und schwarzen Nachbarn. Wenn die *Merry Messengers* davon singen, daß
Jesus ihr Leuchtturm sei, weint nicht nur die ganze Kirche; so
seltsam es klingt, liefern sie damit auch den schlagendsten
Beweis für ihre indianische Abstammung.

Das alte Bild vom Indianer als Heiler paßt natürlich gut in
das neue Image der Uramerikaner. Seine Ausbeutung bleibt
in erster Linie handlesenden und wahrsagenden Zigeunern
überlassen, die ihre Dienste vielenorts auf großen Tafeln mit
der Aufschrift *Indian Healer* anbieten. Während unter diesem
Titel sowohl indische (zigeunerische) als auch indianische
Heilpraktiker zu verstehen wären, wird die irreführende
Assoziation mit den Uramerikanern durch beigegebene
Abbildungen von federgeschmückten Kriegern oder wenigstens von Pfeil und Bogen gefestigt. Dies mit der merkwürdi-
gen Begründung der Inhaberin eines solchen Etablissements:
»Weil die Leute so dumm sind und sich unter einem *Indian
Healer* sonst nichts vorstellen könnten.«

Die Bindung des Leitbilds vom edlen Wilden an die
augenblicklichen Interessen der Zivilisation wird am Beispiel
der virginischen Häuptlingstochter Pocahontas deutlich, deren
legendärer Beitrag zur Geschichte des englischen Kolonialismus hier bereits mehrfach erwähnt wurde. Zu ihren Lebzeiten
beziehungsweise unmittelbar nach ihrem Tod galt sie den
Briten als Symbol für die Zähmbarkeit des Wilden durch das
Christentum, das sie vor ihrer Vermählung mit dem englischen
Siedler John Rolfe angenommen hatte. Das einzige erhaltene
Porträt aus jener Zeit zeigt sie in der englischen Hoftracht, die

man ihr angezogen hatte, um sie der Königin von England in einer der Tochter eines ausländischen Potentaten würdigen Aufmachung vorstellen zu können; ihre Gesichtszüge sind leicht europäisiert, der Gesamteindruck ist fast aristokratisch. Das Phantasieporträt, das im neunzehnten Jahrhundert der virginische Maler Robert Sully von ihr anfertigte, zeigt eine andere edle Wilde: der wogende Busen ist vom pelzverbrämten Kleid der Wildnis kaum bedeckt, duftender Blumenschmuck ziert das lange offene Haar, der träumerische Blick ist über den Beschauer hinweg auf eine von irdischen Zwängen freie Welt glücklicher Entrückung gerichtet. Heute stellt man an Pocahontas ganz andere Ansprüche: Die Herausgeberinnen eines amerikanischen Frauenlexikons suchten den Verfasser der Biographie Pocahontas' zu bewegen, die Häuptlingstochter als Vorkämpferin von *Women's Lib* zu feiern. »Sie ist heute so relevant wie im Jahr 1612«, steht auf dem Waschzettel eines neuen Romans über Pocahontas. »Eine Frau von enormer Kraft und Geistigkeit.«

Zum Thema Geschichtlichkeit muß auch die folgende bezeichnende Episode aus dem Vorspiel zur Zweihundertjahrfeier der amerikanischen Unabhängigkeit gezählt werden. Eines der Geburtstagsgeschenke der Nation an sich selbst ist (im Stil der Oberammergauer Passionsspiele) die naturgetreue Wiederholung der wichtigsten Szenen aus dem Kampf der revoltierenden Siedler um ihre Freiheit von der Bevormundung durch die englische Krone. Als am 16. Dezember 1973 das zweite Jahrhundert seit der *Boston Tea Party,* einem der Besetzung des BIA vergleichbaren Ereignis der amerikanischen Revolutionsvorgeschichte, voll wurde, setzte man auch diesen heroischen Akt im Hafen von Boston neu in Szene; die Abweichungen vom Original sind charakteristisch für den seit 1773 eingetretenen Wandel. Erstens warf man keine mit Tee gefüllten, sondern leere Kisten ins Hafenbecken – ein bescheidener Beitrag der Organisatoren zum Umweltschutz. Und zweitens waren die Revolutionshelden unserer Tage zum Unterschied von ihren Vorbildern nicht mit indianischer Kriegsbemalung und Federschmuck versehen; damals wollte man den Gegensatz zwischen eingeborenen Kolonisten und landfremden Unterdrückern der Freiheit symbolisieren, heute fürchtet man sich vor der Entrüstung der Indianer über diesen frühen Fall von »Hobbyismus«. Und außerdem sind es nun die einstigen Revolutionäre, die der eingeborenen Minderheit Rechte vorenthalten.

Jedes Jahr kämpfen in Washington und Dallas die Rothäute gegen die Cowboys. Tausende Menschen sind regelmäßig Zeugen dieser Gefechte, drücken für die eine oder die andere Seite die Daumen und können oft miterleben, daß fast hundert Jahre nach der Schlacht am Little Bighorn die Rothäute siegreich bleiben. Allerdings sind die Rothäute keine Indianer, sondern hochbezahlte Professionals des amerikanischen Football: die *Washington Redskins*.

In vielen Sportarten nennen sich in den USA die Teams nach Indianern. An sich wäre dagegen nichts einzuwenden, es könnte gar als Kompliment für die sprichwörtliche Ausdauer der Uramerikaner angesehen werden. Tatsächlich hat diese Erscheinung aber so viele unpassende Nebenwirkungen, daß viele Indianer sich in ihrem wiedererwachten Nationalstolz verletzt fühlen müssen. Bei den Spielen der *Stanford Indians*, dem Footballteam der Stanford University, tanzt ein Student als Medizinmann in der Karikatur eines Indianerkostüms an der Outlinie umher, um durch seine »Beschwörungen« den Ball und die Gegner zu verzaubern. Indianer müssen bei einem solchen Augenblick ähnlich empfinden wie ein frommer Kirchgänger, der einen Eingeborenen in einer knielangen Mönchskutte und grün-violett gestriften Socken auf ihrem Fußballplatz mit einer Monstranz herumfuchteln sieht. Stanford aber ist kein Einzelfall. Fast jedes nach Indianern benannte Team hatte seinen entsprechend herausgeputzten Vortänzer oder eine kurzberockte, federngeschmückte Mädchentruppe, die nach amerikanischer Sitte die Spieler anfeuern und das Publikum durch ihren Anblick beglücken soll. Indianische Proteste haben vielenorts dazu geführt, daß derartige beleidigende Praktiken abgestellt wurden. Selbst wenn, wie im Fall der Mannschaft der University of Oklahoma, der Tänzer selbst Indianer war und nur »harmlose« Tänze aufführte, hat man die Auftritte vom Programm gestrichen.

Doch nicht nur auf dem Spielfeld kommt es zu Entgleisungen. Auch die Sportreporter tragen dazu bei, daß seitens der Indianer Beschwerden laut werden. Zu verführerisch sind Schlagzeilen wie *Rothäute skalpieren Patrioten* (Klartext: Washington schlägt Neu-England haushoch), um nicht verwendet zu werden. Niemand bedenkt, daß, was für den einen nur witzige Schreibe ist, für den anderen verletzendes Zerrbild sein kann.

Anderseits sind viele Indianer gute Sportler. Billy Mills, ein Pine Ridge-Sioux, gewann bei der Olympiade 1964 in Tokio den 10.000-Meter-Lauf (die schwarzen amerikanischen Athleten sind gute Sprinter, sagt man, weil sie im Getto so oft vor der Polizei davonlaufen müssen; ähnlich erklärten die Nez Percés laut Vine Deloria den Erfolg von Mills: »Hier bei uns in Idaho mußten die Sioux oft weit und schnell laufen, wenn sie am Leben bleiben wollten«); Johnny Sixkiller und Gene Locklear, ein Cherokee und ein Lumbee, sind beliebte Footballstars, und auch in Golf und Baseball findet man Eingeborene unter den Spitzensportlern. Als Präsident Nixon ins College ging, wurde er im Footballteam von einem indianischen Trainer betreut, dessen taktische Anweisungen er gelegentlich als politische Maxime zitierte und bis ans bittere Ende beherzigte: »Ein guter Verlierer ist einer, der die Niederlage haßt.«

Die Ausschlachtung des Symbolwerts der Uramerikaner ist natürlich nicht auf Sportklubs beschränkt. Emerich von Vattel, dessen Behauptung, den nomadisierenden Indianern könne man ungestraft das überflüssige Land wegnehmen, weitreichende Folgen für den Rechtsstatus der Uramerikaner gehabt hat, hätte sicher große Freude an der Tatsache, daß so viele Produkte der weißen Campingindustrie indianische Namen tragen. Unter den führenden Erzeugern von Wohnwagen findet sich die Firma Winnebago, benannt nach einem seßhaften, ackerbautreibenden Stamm im westlichen Seengebiet; bei den Campinganhängern kämpfen »Apachen« und »Navajos« um Marktanteile. Keiner der gleichnamigen Stämme hat etwas mit diesen Erzeugnissen der weißen Industrie zu tun; Stammesnamen unterliegen sichtlich nicht den Markenschutzbestimmungen. Die Pontiac-Limousinen aus Detroit strahlen etwas vom Glanz der Häuptlingswürde des großen Vorkämpfers einer panindianischen Einigung aus. Daß Pontiacs Versuch, das englische Fort in Detroit zu erobern, scheiterte, macht ihn nur sympathischer: besiegte Feinde haben ein angenehmeres Image bei den Kunden. Ein Luxusauto Marke *Sitting Bull* wäre hingegen kaum verkäuflich.

Die Markenbezeichnung *Pocahontas* für tiefgekühlte Erbsen ergibt sich aus dem Standort der Erzeugerfirma in Richmond, Virginia. Das Gefriergemüse ist freilich nicht mit jener manchmal als Erbsen bezeichneten amerikanischen Bohnenvarietät identisch, die auch von dem Stamm, dem die Häuptlingstochter angehörte, einst in der Nähe von Richmond angebaut wurde. Vattels Argument des Nomadentums erleidet anderseits einen schweren Schlag durch die Existenz von

Maismehl (Marke: *Indian Head*), das die Uramerikaner als Feldbauern ausweist. Ironischerweise stellt der auf der Pakkung abgebildete Indianerkopf einen federngeschmückten Eingeborenen der Plains dar – einer Gegend, in der in historischer Zeit das Nomadentum überwog; immerhin wird hier Mais als indianische Kulturpflanze anerkannt. Ähnliches kann nicht für die *Land O Lakes*-Butter gelten, die in Minnesota erzeugt wird und deren Kartonhülle eine rote Sennerin in knieender Haltung zeigt, welche dem Publikum freudestrahlend eine gleichartige Packung *Land O Lakes*-Butter entgegenhält. Offenbar leidet sie nicht an der unter ihren Stammesgenossen so weit verbreiteten Milchintoleranz.

Und hier schließt sich der Kreis: Den europäischen Entdeckungsreisenden früherer Jahrhunderte erschienen die Ureinwohner Amerikas aufgrund der Vorurteile, an denen sie gemessen wurden, von geringer Bedeutung; auch das moderne Amerika könnte auf seine indianische Bevölkerung mühelos verzichten, solange das realitätsferne Klischee die klare Sicht auf die Wirklichkeit trübt. Wenn sich das Verhalten der weißen Mehrheit der roten Minderheit gegenüber jedoch nicht von der Berufung auf liebgewonnene Vorstellungen löst, besteht die in historischer Erfahrung begründete Sorge, daß sich an diesem Verhalten nichts ändern wird. Gerade eine solche Änderung aber wäre den eingeborenen Amerikanern nach fast fünf Jahrhunderten schlimmer Erfahrungen zu wünschen.

Quellen und Literatur

Die folgenden Angaben verstehen sich weder als vollständige Dokumentation der in diesem Buch verarbeiteten Information noch als umfassende Bibliographie. Was mit diesem Abschnitt bezweckt wird, ist lediglich eine allgemeine Diskussion der vorhandenen Literatur, wobei der subjektive Charakter der Auswahl nicht unterschätzt werden soll. Einerseits werden zwar wichtige Beiträge in nicht immer leicht zugänglichen Fachzeitschriften angeführt, anderseits wurde getrachtet, möglichst viele Bücher zu zitieren, die auch in Taschenbuchausgaben vorliegen.

Die völkerkundliche Literatur über die eingeborenen Stämme Nordamerikas ist besonders umfangreich. Zur allgemeinen Information auf bibliographischem Sektor sei George P. Murdock, *Ethnographic Bibliography of North America* (3rd ed., New Haven 1961) empfohlen. Eine vierte Auflage beziehungsweise ein Werk, das Murdocks Bibliographie ablösen soll, ist projektiert. Mittlerweile muß man sich bezüglich neuerer Literatur mit anderen Hilfsmitteln begnügen. So etwa mit Dwight L. Smith (ed.), *Indians of the United States and Canada* (Santa Barbara 1974), einer keineswegs vollständigen, dafür annotierten Bibliographie der – meist historischen – Zeitschriftenliteratur der Periode 1954 bis 1972; und mit dem von der Indian Historian Press jährlich herausgegebenem *Index to Literature on the American Indian* (San Francisco, seit 1970), der Bücher und Zeitschriftenartikel anführt.

Daneben gibt es eine Vielzahl spezialisierter oder lokaler Bibliographien, von denen beispielhaft die folgenden genannt werden sollen: Roger B. Ray, *The Indians of Maine: A Bibliographical Guide* (Portland 1972); Paul L. Weinman, *A Bibliography of the Iroquoian Literature*, New York State Museum and Science Service, Bulletin 411 (Albany 1969); George E. Fay, *Bibliography of the Indians of Wisconsin*, Museum of Anthropology, Wisconsin State University, Miscellaneous Series 2 (Oshkosh 1965); Omer C. Stewart, *Ethnohistorical Bibliography of the Ute Indians of Colorado* (Boulder 1971); Catherine S. Fowler, *Great Basin Anthropology* (Reno 1970); und David M. Brugge, J. Conell und E. Watson, *Navajo Bibliography* (Window Rock 1970).

Das beste Nachschlagewerk ist immer noch das *Handbook of American Indians North of Mexico,* Frederick W. Hodge, (ed.), Bulletin of the Bureau of American Ethnology 30 (2 vols., Washington 1907–1910; mehrfach nachgedruckt). Es wird gegenwärtig durch das von William C. Sturtevant herausgegebene zwanzigbändige *Handbook of North American Indians* (Washington, ab 1976) ersetzt, behält aber immer noch gewisse Nützlichkeit. Kurzinformation über die Stämme, ihre Untergruppen und ihre Siedlungsgebiete enthält John R. Swanton, *The Indian Tribes of North America,* Bulletin of the Bureau of American Ethnology 145 (Washington 1952).

Völkerkundliche Übersichten über Nordamerika bieten unter anderem Robert F. Spencer und Jesse D. Jennings (eds.), *The Native Americans* (New York 1965), das regional vorgeht, und Harold E. Driver, *Indians of North America* (2nd rev. ed., Chicago 1969), das thematisch aufgebaut ist. In deutscher Sprache kann – mit Vorbehalten – auf Wolfgang Lindig, *Die Kulturen der Eskimo und Indianer Nordamerikas* (Frankfurt/Main 1972) verwiesen werden. Stärkere Beachtung des Kulturwandels zeichnet Eleanor B. Leacock und Nancy O. Lurie (eds.), *North American Indians in Historical Perspective* (New York 1971) und Wendell H. Oswalt, *This Land Was Theirs* (2nd ed., New York 1973) aus; beide Werke haben eigene Abschnitte über die gegenwärtige Situation.

Kaum eine umfassende Abhandlung über die Völkerkunde der Indianer Nordamerikas kommt ohne eine Auseinandersetzung mit dem Verhältnis zwischen Eingeborenen und Weißen aus. Die amerikanische Geschichtsschreibung hingegen konnte lange Zeit ohne eine profunde Diskussion dieses Themas auskommen. Daß es heute anders ist, verdanken wir teilweise Ethnologen, die aus ihrer Interessenlage heraus in spezifisch historische Fragen eingedrungen sind, und einer revisionistischen amerikanischen Geschichtsschreibung, die vor allem seit den sechziger Jahren rasch an Bedeutung gewinnt. Neben zusammenfassenden Werken wie William T. Hagan, *American Indians* (Chicago 1961), Edward H. Spicer, *A Short History of the Indians of the United States* (New York 1969), und Angie Debo, *A History of Indians of the United States* (Norman 1970), stehen annotierte Sammlungen von Quellentexten wie Jack D. Forbes (ed.), *The Indian in America's Past* (Englewood Cliffs 1964) und Wilcomb E. Washburn (ed.), *The Indian and the White Man* (Garden City 1964). Washburn ist auch Herausgeber einer vierbändigen

Sammlung offizieller Dokumente aus der Zeit von 1789 bis in die Gegenwart mit dem Titel *The American Indian and the United States* (New York 1973) und Autor von *The Indian in America* (New York 1974). Der Sammelband von Roger L. Nichols und George L. Adams (eds.), *The American Indian: Past and Present* (Waltham 1971) enthält eine – mit Ausnahmen – gelungene Auswahl von Artikeln aus historischer Sicht. Erwähnenswert ist ferner die Kompilation des Council on Interracial Books for Children, *Chronicles of American Indian Protest* (Greenwich 1971).

Insbesondere dem Südwesten der USA und den angrenzenden Teilen Mexikos widmet sich der Ethnologe Edward H. Spicer in *Cycles of Conquest* (Tucson 1964), während der Historiker Wilbur R. Jacobs in *Dispossessing the American Indian* (New York 1972) die kolonialzeitlichen Verhältnisse im Osten Nordamerikas betrachtet und mit vergleichbaren Problemen in der Südsee vergleicht. Aus indianischer Sicht schrieb der Flathead-Ethnologe und John Collier-Mitarbeiter D'Arcy McNickle sein Buch *Native American Tribalism* (2nd ed., New York 1972) und gemeinsam mit Harold E. Fey, *Indians and Other Americans* (2nd ed., New York 1970). Eine immer noch brauchbare Bibliographie zum Verhältnis zwischen Indianern und Weißen ist William N. Fenton et al., *American Indian and White Relations to 1830* (Chapel Hill 1957). Auch dieses wichtige Hilfsmittel soll in naher Zukunft in gänzlich erneuerter Form wiedererscheinen.

Ein Vorläufer der jüngsten Welle von gegenwartsbezogenen Büchern über die nordamerikanische Urbevölkerung ist *American Indians and American Life,* The Annals of the American Academy of Political and Social Science 311 (1957), in dem Ethnologen – unterstützt von Juristen und Politikern – eine Bestandsaufnahme der indianischen Szene vor dem Hintergrund der Terminationsgesetzgebung versuchten. Der als Reaktion auf diese Gesetzgebung aufblühende indianische Nationalismus erklärt das große Interesse, das in den USA der heutigen Situation der Uramerikaner entgegengebracht wird.

Stuart E. Levine und Nancy O. Lurie (eds.), *The American Indian Today* (Baltimore 1968) muß an erster Stelle genannt werden, obwohl es an Breitenwirkung von Stan Steiners *The New Indians* (New York 1968) und an Intensität von *Custer Died For Your Sins* des Sioux Vine Deloria jr. (New York 1969) übertroffen wird. Wurzeln und Formen des neuen

Selbstverständnisses illustriert Alvin M. Josephy jr. in seiner Auswahl *Red Power* (New York 1971), die indianischen Stimmen breiten Raum einräumt. Rein indianische Perspektiven eröffnen der Sioux Robert Burnette, *Tortured Americans* (New York 1972), der Cherokee William Meyer, *Native Americans* (New York 1970) und die teilweise literarische Anthologie *The Way*, herausgegeben von Shirley Hill Witt und Stan Steiner (New York 1972). Durchaus weiß ist die Sicht von Earl Shorris, *The Death of the Great Spirit* (New York 1972), ein Werk, das gute Beobachtungen enthält.

Das umfangreichste Lesebuch zur aktuellen Situation ist Howard M. Bahr, Bruce A. Chadwick und Robert C. Day (eds.), *Native Americans Today: Sociological Perspectives* (New York 1972). Regionale oder sachliche Spezialthemen behandeln Jack O. Wadell und O. Michael Watson (eds.), *The American Indian in Urban Society* (Boston 1971), Thomas Weaver (ed.), *Indians of Arizona* (Tucson 1974), und Ethel Nurge (ed.), *The Modern Sioux* (Lincoln 1970). Einen einsichtsvollen Kommentar zur heutigen Situation bei den Navajos bietet René König, *Indianer wohin?* (Opladen 1973).

Zwei Symposien indianischer Sprecher und Fachleute zur gegenwärtigen Situation liegen in Buchform vor: *Indian Voices: The First Convocation of American Indian Scholars* (San Francisco 1970) und *Indian Voices: Native Americans Today* (San Francisco 1973).

An Kritik an der weißen Administration der Indianerangelegenheiten mangelt es in den bisher angeführten Werken selten. Fast ausschließlich solcher Kritik widmen sich jedoch William A. Brophy und Sophie D. Aberle, *The Indian: America's Unfinished Business* (Norman 1968), das unter indianischer Mitarbeit entstandene *Our Brother's Keeper: The Indian in White America,* Edgar S. Cahn und David B. Hearne (eds.), (New York 1969) und Sar A. Levitan und Barbara Hetrick, *Big Brother's Indian Programs — With Reservations* (New York 1971).

Speziell zur Situation in Kanada vergleiche das Buch des Cree Harold Cardinal, *The Unjust Society: The Tragedy of Canada's Indians* (Alberta 1969), ferner Norman Sheffe (ed.), *Issues for the Seventies: Canada's Indians* (Scarborough 1970), P. A. Cumming und N. H. Mickenberg (eds.), *Native Rights in Canada* (Don Mills 1972), H. P. Hawthorn, *A Survey of the Contemporary Indians of Canada* (Ottawa 1966) und Waubageshig (ed.), *The Only Good Indian* (Toronto 1971).

Eine wichtige Quelle für das gegenwärtige Geschehen im Indianerland und rundherum sind die indianischen Zeitschriften, deren Bedeutung bereits an anderer Stelle gewürdigt wurde. Viele Fakten über aktuelle Ereignisse in diesem Buch beruhen auf Darstellungen vor allem in *Akwesasne Notes* und *Wassaja* – manche andere auf der Berichterstattung in weißen Medien, insbesondere in der *New York Times* und der *Washington Post*.

In der Bewertung der Fakten spielen meine persönlichen Erfahrungen in den USA in den Jahren 1972 bis 1974 eine entscheidende Rolle. Bei diesen Gelegenheiten wurden auch eigene Beobachtungen angestellt und Arbeiten zu Spezialthemen begonnen und fortgeführt, die in diesem Buch ihren Niederschlag gefunden haben. Insbesondere was über die Indianer Virginias in Vergangenheit und Gegenwart referiert wird, entstammt diesen Spezialstudien. Die Ergebnisse der Arbeiten meiner Frau, Johanna E. Feest, über die Ottawas haben gleichfalls ihre deutlichen Spuren hinterlassen.

Der edle Wilde

Das Bild vom Indianer wurde in der frühen Zeit des europäischen Kolonialismus nicht unwesentlich von den europäischen Vorstellungen über die Herkunft der roten Amerikaner geprägt. Diesen Konzepten geht Lee E. Huddleston, *Origin of the American Indians* (Austin 1967) nach. Aus der Sicht der Archäologie mit derselben Thematik befaßt ist Robert Wauchope, *Lost Tribes and Sunken Continents* (Chicago 1962). Die Übertragung alter geo- und ethnographischer Vorstellungen auf die Neue Welt aus entdeckungsgeschichtlicher Perspektive diskutiert Samuel Eliot Morison am Beginn seines *The European Discovery of America: The Northern Voyages* (New York 1971). Zum irischen Modell der englischen Indianerpolitik vergleiche insbesondere David B. Quinn, *The Elizabethans and the Irish* (Ithaca 1966) und Nicholas P. Canny, *The Ideology of English Colonization: From Ireland to America*, in: William and Mary Quarterly, 3rd ser., 30 (1973): 575–598.

Die wichtigste Arbeit zum amerikanischen Indianerbild ist zweifellos Roy Harvey Pearce, *Savagism and Civilization* (Baltimore 1965). Details über die Situation in den südlichen Kolonien bietet Gary B. Nash, *The Image of the Indian in the*

Southern Colonial Mind, in: William and Mary Quarterly, 3rd ser., 29 (1972): 197–230, von der Metaphysik der Indianerbetrachtung zur Zeit Jeffersons handelt der erste Teil von Bernard W. Sheehan, *Seeds of Extinction* (Chapel Hill 1973), während sich der Ethnologe A. Irving Hallowell in *The Backwash of the Frontier,* in Walker D. Wyman and Clifford B. Kroeber (eds.), *The Frontier in Perspective* (Madison 1957), 229–258, insbesondere mit dem neunzehnten Jahrhundert beschäftigt.

Mit dem frühen europäischen Indianerbild befaßt sich Gertrud Hafner, *Die Indianer und die Revolution der europäischen Kulturen,* Sonderheft IV zu *Indianer Heute* (1971); einen allgemeinen Überblick über die Rolle des Indianers in der nichtenglischen Literatur versucht Christian F. Feest, *The Indian in Non-English Literature,* in Band 4 des neuen *Handbook of North American Indians.* Sein Erscheinungsbild in der englischen Literatur behandelt an derselben Stelle Leslie A. Fiedler, zugleich Autor von *The Return of the Vanishing American* (New York 1968). Zum »edlen Wilden« im allgemeinen vergleiche Henri Baudet, *Paradise on Earth: Some Thoughts on European Images of Non-European Man* (New Haven 1965).

Den »weißen Indianern« widmet sich James Axtell, *The White Indians of Colonial America,* in: *William and Mary Quarterly,* 3rd ser., 32 (1975): 55–88. Auch sein in Vorbereitung befindliches Buch *The Invasion Within: The Contest of Cultures in Colonial North America* wird teilweise diesem Thema gewidmet sein. John Tanners Leben erzählt *A Narrative of the Captivity and Adventures of John Tanner* (New York 1830; Neuauflage Minneapolis 1956). Sein mysteriöses Verschwinden behandelt Maxine Benson, *Schoolcraft, James, and the »White Indian«,* in: *Michigan History* 54 (1970): 311–328.

Eine brauchbare moderne Sammlung von Berichten weißer Gefangener unter Indianern ist Richard Van der Beets (ed.), *Held Captive By Indians: Selected Narratives, 1642–1836* (Knoxville 1973).

Mutter Land und Vaterland

Für die Gesamtheit der nordamerikanischen Stämme nicht notwendigerweise typisch, für ein allgemeines Verständnis der

Ideen eines bodenbautreibenden Stammes über Bodennutzung und Grundeigentum jedoch wichtig ist George S. Snyderman, *Concepts of Land Ownership Among the Iroquois and Their Neighbors*, in: *Bulletin of the Bureau of American Ethnology* 146 (Washington 1951), 13–34. Die Unterschiede zwischen roten und weißen Auffassungen in dieser Frage macht Georgiana C. Nammack, *Fraud, Politics, and the Dispossession of the Indians* (Norman 1969) deutlich.

Eine gute Erörterung der legalen Rechtfertigungen der europäischen Mächte für die Landnahme Amerikas ist Wilcomb E. Washburn, *The Moral and Legal Justifications for Dispossessing the Indians*, in James M. Smith (ed.), *Seventeenth-Century America* (Chapel Hill 1959), 16–32 (nachgedruckt in Nichols und Adams, *The American Indians*). Sie bildet in teilweise erweiterter Form den ersten Teil seines *Red Man's Land – White Man's Law* (New York 1971), das auch in anderen Teilen viel zur Landfrage zu sagen hat. Speziell über die spanischen Ansichten zu diesem Thema und die Argumentation über die aristotelische Vorstellung von der natürlichen Minderwertigkeit mancher Völker handeln *The Spanish Struggle for Justice in Conquest of America* (Philadelphia 1949) und *Aristotle and the American Indians* (Bloomington 1970) von Lewis Hanke. Die frühen englischen Vorstellungen über Land und Christentum faßt Fred M. Kimmey in *Christianity and Indian Lands*, in: *Ethnohistory* 7 (1959): 44–60, zusammen.

Der Rechtsfall *Caldwell versus The State of Alabama* ist interessant, weil das Urteil die frühe Argumentation der USA in bezug auf die juridischen Aspekte des Landproblems unter Berücksichtigung der Theorie Vattels ausführlich darlegt. Wesentliche Auszüge aus dem Urteil, das auch hinsichtlich des Rechtsverhältnisses der Teilstaaten zu den Indianern bedeutungsvoll ist, sind in Vine Deloria jr. (ed.), *Of Utmost Good Faith* (San Francisco 1971), 10–56, wiedergegeben.

Zwei Indianer, Kirke Kickingbird und Karen Ducheneaux, liefern in *One Hundred Million Acres* (New York 1973) nicht nur einen hervorragenden (wiewohl undokumentierten) Einblick in manche der Ursachen des indianischen Landverlusts in unserem Jahrhundert, sondern auch programmatische Ideen für eine Änderung des gegenwärtigen Zustands. Die Texte der Verträge zwischen den USA und ihren Indianern finden sich in Band 2 von Charles J. Kaeppler, *Indian Laws and Treaties* (Washington 1903; Neuauflage New York 1972);

eine Darstellung der Landzessionen in Atlasform bietet Charles C. Royce, *Indian Land Cessions in the United States*, in: *18th Annual Report of the Bureau of American Ethnology* (Washington 1899), pt. 2, 521–997. *Indian Treaties and Surrenders* (3 vols., Ottawa 1891) ist der Titel der entsprechenden kanadischen Vertragssammlung.

Zum Thema Umsiedlung existiert eine beträchtliche Literatur, auf die wir teilweise im Zusammenhang mit Kapitel 4 zurückkommen werden. Die Entwicklung der Umsiedlungspolitik in den USA behandelt Annie H. Abel, *The History of Events Resulting in Indian Consolidation West of the Mississippi*, in: *Annual Report of the American Historical Association for the Year 1906*, pt. 1, 233–450. Die Regierungsdokumente zur ersten Phase der Umsiedlung finden sich in *Removal of the Eastern Tribes of Indians*, in: *23rd Congress, 1st session, Senate Documents*, vols. 7–11 (Washington 1834.) Das Schicksal der Fünf Zivilisierten Stämme während der Umsiedlung behandelt Grant Foreman, *Indian Removal: The Emigration of the Five Civilized Tribes of Indians* (Norman 1953), speziell das der Choctaws, die als erste von der neuen Politik betroffen waren, Arthur H. DeRosier, *The Removal of the Choctaw Indians* (Knoxville 1970). Der Landverlust der im Südosten verbliebenen Gruppen ist in Mary E. Young, *Redskins, Ruffleshirts, and Rednecks* (Norman 1961) dokumentiert. Zur Umsiedlung der Stämme des südlichen Seengebiets vergleiche Grant Foreman, *The Last Trek of Indians* (Norman 1946). Eine engagierte Schilderung des Landraubs an den Fünf Zivilisierten Stämmen in Oklahoma, hervorragend recherchiert und dokumentiert, ist Angie Debo, *And Still The Waters Run* (mit einem neuen Vorwort, das die Ausgabe von 1940 auf den letzten Stand bringt; Princeton 1972).

Zum *Dawes Act* vergleiche Loring B. Priest, *Uncle Sam's Stepchildren* (New Brunswick 1942), Delos S. Otis, *The Dawes Act and the Allotment of Indian Lands* (F. P. Prucha ed., Norman 1973) und Wilcomb E. Washburns Band über dieses Gesetz und seine Ursprünge in der Serie *America's Alternatives* (1975), wo auch der Text enthalten ist. Dem aus dem *Dawes Act* resultierenden Problem des geteilten Erblands ist das zweibändige Ergebnis einer Untersuchung des Repräsentantenhauses gewidmet: *Indian Heirship Land Study*, in: *86th Congress, 2nd Session, House of Representatives, Committee on Interior and Insular Affairs* (Washington 1960/61). Das *Great Sioux Agreement* und eine komplementäre Rechtsentscheidung finden sich bei Deloria, *Of Utmost Good Faith*, 77–99. Eine kurze Zusammenfassung des Streits zwischen Hopis und Navajos aus traditionalistischer Hopi-Sicht ist in Frank Waters, *Book of the Hopi* (New York 1963) enthalten.

Für und wider die Termination sprechen ihr Hauptproponent Senator Arthur V. Watkins und der Ethnologe Oliver La Farge in Beiträgen zu *American Indians and American Life*, 41–55. Die schrecklichen Folgen für die Menominees werden in Deborah Shames (ed.), *Freedom With Reservation* (Madison 1972) aufgezeigt, das – von den Menominees herausgegeben – Anteil am Erfolg der Restaurationsbemühungen hatte. Nancy O. Lurie, die als Ethnologin diese Bestrebungen aktiv unterstützte, äußert sich zur speziellen Problematik in *Menominee Termination: From Reservation to Colony*, in: *Human Organization* 31 (1972): 257–270. Eine kurze Darstellung der Klamath-Termination, die kein Happy End haben dürfte, gibt Susan Hood *Termination of Klamath Indian Tribe of Oregon*, in: *Ethnohistory* 19 (1972): 379–392. Klamaths und Menominees behandeln auch Kickingbird und Ducheneaux, *One Hundred Million Acres*. Den Text der *House Concurrent Resolution 108* (1953) druckt Washburn, *The Indian and the White Man*, 397–398, ab.

Zur Problematik von Dammbauten auf Indianerland äußert sich Edmund Wilson, *Apologies to the Iroquois* (New York 1960; deutsch: *Abbitte an die Irokesen*, München 1974) – zugleich eine prächtige Impression von Kultur und Nationalismus der Irokesen in den späten fünfziger Jahren. Zum James Bay-Projekt vergleiche vor allem die ausführliche Berichterstattung in *Akwesasne Notes*.

Nancy O. Lurie ist aus eigener Erfahrung bestens in der Lage, über *The Indian Claims Commission Act*, in: *American Indians and American Life*, 56–70, zu schreiben. Die ethnologischen Gutachten für die Claims Commission (mehr dazu bei der Literatur zum vorletzten Kapitel) hatten einen wesentlichen Anteil an der historischen Ausrichtung eines Teils der amerikanischen Völkerkunde und werden gegenwärtig als Serie veröffentlicht: David Agee Horr (ed.), *American Indian Ethnohistory* (New York, seit 1974). Zum Fall Blue Lake siehe John T. Whatley, *The Saga of Taos Blue Lake*, in: *Indian Historian* 2/3 (1969): 22–27.

Eine kurze Zusammenfassung der Situation in bezug auf indianische Wasserrechte ist William H. Veeder, *Indian Water Rights and Reservation Development*, in Josephy, *Red Power*,

177–185. Eine Diskussion von Indianern mit Veeder zeigt die enorme Bedeutung dieser Frage für die Eingeborenen, die sich auch in der Berichterstattung der roten Presse wiederspiegelt: *Water Rights: Life or Death for the American Indian,* in: *Indian Historian* 5/2 (1972): 4–21. Das Urteil von Richter Gesell im Fall *Pyramid Lake Paiute Tribe of Indians versus Rogers C. B. Morton* findet sich in *Legislative Review* 2/1 (1972): 53–56. Zum *Central Arizona Project* vergleiche William R. Coffeen, *The Effects of the Central Arizona Project on the Fort McDowell Indian Community,* in: *Ethnohistory* 19 (1972): 345–378. Siehe allgemein auch Rosalie Martone, *The United States and the Betrayal of Indian Water Rights,* in: *Indian Historian* 7/3 (1974): 3–11.

Gründe und Hintergründe der Fischereirechtskontroverse an der Nordwestküste durchleuchtet ein Bericht des American Friends Service Committee, *Uncommon Controversy: Fishing Rights of the Muckleshoot, Puyallup, and Nisqually Indians* (Seattle 1970).

Der einzig gute Indianer . . .

Aus der Fülle von Literatur über die Indianerkriege (meist vom Blickpunkt weißer Historiker) und der weniger reichen Literatur über weiße Ausschreitungen gegen Indianer seien nur einige Beispiele zitiert. Für das kolonialzeitliche Neu-England Alden T. Vaughan, *New England Frontier: Puritans and Indians, 1620–1675* (Boston 1965) und Douglas E. Leach, *Flintlock and Tomahawk: New England in King Philip's War* (New York 1958). Über Bacons Rebellion in Virginia Wilcomb E. Washburn, *The Governor and the Rebel* (Chapel Hill 1957). Für das achtzehnte Jahrhundert Howard H. Peckham, *Pontiac and the Indian Uprising* (Chicago 1961), Wilbur R. Jacobs (ed.), *The Paxton Riots and the Frontier Theory* (Chicago 1967), Barbara Graymont, *The Iroquois in the American Revolution* (Syracuse 1972).

Die Zeit der großen Indianerkriege in der zweiten Hälfte des neunzehnten Jahrhunderts wird von Dee Brown, *Bury My Heart At Wounded Knee* (New York 1971) zutreffend beschrieben. Vergleiche auch William H. Leckie, *The Military Conquest of the Southern Plains* (Norman 1963) und Merrill D. Beal, *I Will Fight No More Forever* (Seattle 1963).

Bezüglich indianischer Kriegssitten noch immer von großem Interesse ist Georg Friederici, *Skalpieren und ähnliche Kriegsbräuche in Amerika* (Braunschweig 1906). Neueren Datums ist Nathaniel Knowles, *The Torture of Captives by the Indians of Eastern North America*, in: *Proceedings of the American Philosophical Society* 82 (1940). Strategischen Fragen widmet sich Keith F. Otterbein, *Why the Iroquois Won*, in: *Ethnohistory* 11 (1964): 56–63, kulturellen Konzepten des Krieges S. Snyderman, *Behind the Tree of Peace: A Sociological Analysis of Iroquois Warfare* (Philadelphia 1948).

Der volle Text der prophetischen Rede von Häuptling Sealth findet sich bei Clarence B. Bagley, *Chief Seattle and Angeline*, in: *Washington Historical Quarterly* 21 (1931): 243–275.

Die erste umfassende Berechnung der Bevölkerungszahl Nordamerikas zum Zeitpunkt der europäischen Kolonisation stammt von James Mooney und wurde postum von J. R. Swanton herausgegeben: *The Aboriginal Population of America North of Mexico*, in: *Smithsonian Miscellaneous Collections* 80 (1928): 1–40. Mooneys niedrige Summe galt fast vierzig Jahre lang als beste Schätzung, erwies sich aber zuletzt als allzu konservativ. Sowohl die globale Hochrechnung durch Henry Dobyns, *Estimating Aboriginal American Population*, in: *Current Anthropology* 7 (1966): 395–449, als auch Einzelstudien wie zum Beispiel Herbert C. Taylor jr., *Aboriginal Populations of the Lower Northwest Coast*, in: *Pacific Northwest Quarterly* 54 (1963): 158–165, und Christian F. Feest, *Seventeenth Century Virginia Algonquian Population Estimates*, in: *Quarterly Bulletin of the Archeological Society of Virginia* 28 (1973): 66–79, kommen zu wesentlich höheren Ergebnissen.

Die Rolle der Kolonialkriege bei der Entvölkerung des indianischen Nordamerikas untersucht an einem Fall Sherburne F. Cook, *Interracial Warfare and Population Decline Among the New England Indians*, in: *Ethnohistory* 20 (1973): 1–24. Eine vergleichbare Studie über die Plains ist Don Russell, *How Many Indians Were Killed?*, in: *The American West* 10/4 (1973): 42–47, 61–63; vergleiche auch Clark Wissler, *Changes in Population Profiles among the Northern Plains Indians*, in: *American Museum of Natural History, Anthropological Papers* 36 (1936): 1–67. Zur Bedeutung der Pocken für die Bevölkerungsentwicklung siehe A. E. und E. W. Stearn, *The Effect of Smallpox on the Destiny of the Amerindian* (Boston 1945).

Die Geschichte von Ishi und seinem Stamm, den Yanas, welche die kalifornischen Verhältnisse an einem typischen Beispiel illustriert, erzählen T. T. Waterman, *The Yana Indians,* in: *University of California Publications in American Archaeology and Ethnology* 13 (1918): 35–102, Saxton T. Pope, *The Medical History of Ishi,* a. a. O., 13 (1920): 175–213, und Theodora Kroeber, *Ishi in Two Worlds* (Berkeley 1961).

Der Große Weiße Vater

American Indians and White People von Rosalie H. Wax und Robert K. Thomas, in: *Phylon* 22 (1961): 305–317, ist seither wiederholt nachgedruckt worden, unter anderem in Dolores Colburg (ed.), *The Indian in the Classroom: Readings for the Teacher with Indian Students* (Helena 1972), 33–44, und in Bahr, Chadwick, Day (eds.), *Native Americans Today,* 31–42.

Mangels einer umfassenden Darstellung der kolonialzeitlichen Indianerpolitik ist beispielsweise auf einige Arbeiten von regionaler Relevanz zu verweisen: Neben dem bereits erwähnten *The New England Frontier* von Vaughan sind besonders erwähnenswert: Allen W. Trelease, *Indian Affairs in Colonial New York* (Ithaca 1960), David H. Corkran, *The Creek Frontier, 1540–1783* (Norman 1966), Robert Goldstein, *French-Iroquois Diplomatic and Military Relations, 1609-1701* (The Hague 1969), Verner W. Crane, *The Southern Frontier, 1670–1732* (Durham 1928; Neudruck Ann Arbor 1964), Wilbur R. Jacobs (ed.), *The Appalachian Indian Frontier* (Lincoln 1967) und *Wilderness Politics and Indian Gifts* (Lincoln 1966), Douglas E. Leach, *The Northern Colonial Frontier, 1607–1763* (New York 1966), und Howard H. Peckham und Charles Gibson (eds.), *Attitudes of Colonial Powers Towards the American Indian* (Salt Lake City 1970).

Über die Indianerpolitik der USA im neunzehnten Jahrhundert und ihren Wandel informieren: Walter H. Mohr, *Federal Indian Relations, 1774–1788* (Philadelphia 1933), Francis Paul Prucha, *American Indian Policy in the Formative Years* (Cambridge 1962), Reginald Horsman, *Expansion and American Indian Policy, 1783–1812* (East Lansing 1967) und Sheehan, *Seeds of Extinction,* über die Zeit von der Unabhängigkeit der USA bis zum *Indian Removal Act.* Henry A. Fritz,

The Movement for Indian Assimilation, 1860–1890 (Philadelphia 1963), Robert W. Mardock, *The Reformers and the American Indian* (Columbia 1971) und Loring B. Priest, *Uncle Sam's Stepchildren: The Reformation of United States Indian Policy, 1865–1887* (New Brunswick 1942) über die Periode zwischen Bürgerkrieg und *Dawes Act*. Dazu kommen Memoiren und Berichte von Beamten und Agenten des Indianerdienstes, wie George D. Harmon, *Sixty Years in Indian Affairs: Political, Economic, and Diplomatic, 1789–1850* (Chapel Hill 1941), Thomas L. McKenney, *Memoirs, Official and Personal; with Sketches of Travels among Northern and Southern Indians* (New York 1846), George Manypenny, *Our Indian Wards* (Cincinnati 1880). Und insbesondere die offiziellen *Reports of the Commissioner of Indian Affairs* (für Kanada: *Indian Affairs Reports*, beziehungsweise *Reports of the Department of Indian Affairs*), in denen auch die detaillierten Berichte der einzelnen Agenten Jahr für Jahr enthalten sind.

Der *Indian Reorganization Act* verdankt seine Entstehung nicht unwesentlich der Analyse von Lewis Meriam et al., *The Problem of Indian Administration* (Baltimore 1928) und einer Serie von umfangreichen Kongreß-Hearings in den Folgejahren, während John Collier über seine Zeit als *Commissioner* des *New Deal* in *From Every Zenith* (Denver 1963) berichtet. Ein Sammelband über die Situation Ende der dreißiger Jahre ist Oliver La Farge (ed.), *The Changing Indian* (Norman 1942). Zur Terminationsgesetzgebung in historischer Sicht siehe S. Lyman Tyler, *Indian Affairs: A Work Paper on Termination* (Provo 1964). Alvin Josephys Grundlagenpapier für eine neue Indianerpolitik unter Präsident Nixon mit dem Titel *The American Indian and the Bureau of Indian Affairs* findet sich bei Josephy, *Red Power*, 93–127.

Der klassische Bericht über die Irokesen ist Lewis H. Morgan, *League of the Ho-De-No-Sau-Nee or Iroquois* (New York, 1851; viele Nachdrucke, darunter Secaucus 1962); eine wesentliche Ergänzung stellen die Arbeiten des Seneca-Ethnologen Arthur C. Parker dar: vergleiche William N. Fenton (ed.), *Parker on the Iroquois* (Syracuse 1968); zur heutigen Situation siehe neben dem bereits zitierten Wilson, *Apologies*, William N. Fenton, *The Iroquois Confederacy in the Twentieth Century*, in: *Ethnology* 4 (1965): 251–265; ferner Ella Cork, *The Worst of the Bargain* (San Jacinto 1962), Rarihokwats, *How Democracy Came to St. Regis* (Buffalo 1971) und

Thomas S. Abler, *Seneca Nation Factionalism* in Elizabeth Tooker (ed.), *Iroquois Culture, History, and Prehistory* (Albany 1967), 25–26.

Den Fall der Ermordung von Spotted Tail durch Crow Dog als Vorgeschichte zum *Seven Major Crimes Act* erzählt William Seagle, *The Murder of Spotted Tail*, in: *Indian Historian* 3/2 (1970): 10–22. *Ex Parte Crow Dog, Talton v. Mayes* und zwei weitere verwandte Fälle, sowie den *Seven Major Crimes Act* findet man bei Deloria, *Of Utmost Good Faith*, 153–195.

Eine grundlegende Zusammenstellung und Auslegung der amerikanischen Rechtsnormen in bezug auf die Eingeborenen schuf Felix S. Cohen, *Handbook of Federal Indian Law* (Washington 1940). Eine umgearbeitete Version wurde vom Innenministerium 1958 als *Federal Indian Law* veröffentlicht. Im Sinne des herrschenden Terminationsdenkens sind viele von Cohens indianerfreundlichen Auslegungen weggelassen worden, so daß indianische Rechtsanwälte immer noch lieber in der Erstausgabe Inspiration suchen. Eine kurze Darstellung der heutigen rechtlichen Stellung der Stämme und der Indianer als Individuen bietet E. Schusky, *The Right To Be Indian* (San Francisco 1970). Ein wichtiger neuerer Beitrag eines weißen Juristen ist Monroe E. Price, *Law and the American Indian* (Indianapolis 1973).

Ohne Versuch einer Analyse, immerhin als Nachschlagewerk beschränkt verwendbar, ist zur Frage des Verhältnisses zwischen Indianern und Teilstaaten Theodore W. Taylor, *The States and Their Indian Citizens* (Washington 1972).

Den neueren indianischen Bemühungen um eine schöpferische Nutzung der vorhandenen Verträge, Gesetzesbestimmungen und Gerichtsurteile entspringt das vorbildliche Werk über die rote Steuersituation von Jay V. White, *Taxing Those They Found Here* (Washington 1972). Die Möglichkeit einer Gestaltung der Steuerhoheit auf Reservationen erforscht David Brunt, *Taxation and the American Indian*, in: *Indian Historian* 6/2 (1973): 7–10, 42.

Zu den Unregelmäßigkeiten bei der Erstellung der Osage-Stammesrollen siehe Garrick A. Bailey, *The Osage Rolls: An Analysis*, in: *Indian Historian* 5/1 (1972): 26–29.

Mit Pflug, Gewehr und Schraubenschlüssel

Zum Pelzhandel in Kanada und den USA siehe Harold A. Innis, *The Fur Trade of Canada* (Toronto 1956), Wayne E. Stevens, *The Northwest Fur Trade, 1763–1800* (Urbana 1928) und Ora B. Peake, *A History of the United States Factory System, 1795–1822*. Mit dem Verhältnis zwischen Indianern und Händlern im Hinblick auf die euroamerikanische Ideengeschichte befaßt sich Lewis O. Saum, *The Fur Trader and the Indian* (Seattle 1965). Als Beispiel für die Auswirkungen des Pelzhandels auf die Eingeborenen sei Eleanor B. Leacock, *The Montagnais »Hunting Territory« and the Fur Trade,* Memoirs of the American Anthropological Association 78 (Beloit 1954) angeführt. Die Rolle des Händlers im Südwesten Nordamerikas behandelt Frank McNitt, *The Indian Traders* (Norman 1962).

Zum Thema Indianersklaverei siehe für die Kolonialzeit Almon W. Lauber, *Indian Slavery in Colonial Times within the Present Limits of the United States* (New York 1913), für den amerikanischen Südwesten, wo bis ins zwanzigste Jahrhundert hinein mit roten Sklaven gehandelt wurde, L. R. Bailey, *Indian Slave Trade in the Southwest* (Los Angeles 1966).

Die in den Reservationen herrschende Arbeitslosigkeit untersuchte ein Ausschuß des amerikanischen Kongresses: *Indian Unemployment Survey,* in: *88th Congress, 1st Session, House of Representatives, Committee of Interior and Insular Affairs* (Washington 1963).

Economic Development of American Indians and Eskimos, 1930 Through 1967 (Washington 1968) ist eine umfassende Bibliographie über alle Bereiche der indianischen Wirtschaft vom Kunsthandwerk über Fremdenverkehr, industrielle Entwicklung und Bewässerungswesen bis zur Entwicklungsplanung. Fred Voget (ed.), *American Indians and Their Economic Development* ist ein Sonderheft (20/4) von *Human Organization* (1961/62), das die Probleme, wie sie sich 1960 stellten, an Hand von Einzelfällen analysiert. Das bereits erwähnte Buch von Levitan und Hetrick, *Big Brother's Indian Programs,* gibt einen aktuelleren und geschlosseneren Gesamtüberblick.

Die wirtschaftliche Situation beleuchten ferner eine weitere Sammlung von Unterlagen für einen Kongreßausschuß: *Toward Economic Development for Native American Communities,* in: 91st Congress, 1st Session, U.S. Congress, Joint

Economic Committee (Washington 1969) und die Studie von Helen W. Johnson, *Rural American Indians in Poverty*, Agricultural Economic Report 167 (Washington 1969).

Zum Pferd und seiner Integration in die Wirtschaft und Kultur der eingeborenen Stämme vergleiche Clark Wissler, *The Influence of the Horse in the Development of Plains Culture*, in: *American Anthropologist* 16 (1915): 1–25, F. G. Roe, *The Indian and the Horse* (Norman 1955), John C. Ewers, *The Horse in Blackfoot Indian Culture*, in: *Bulletin of the Bureau of American Ethnology* 159 (Washington 1955), und La Verne Harrell Clark, *They Sang For Horses: The Impact of the Horse on Navajo and Apache Folklore* (Tucson 1966).

Im Zusammenhang mit der Schafzucht bei den Navajos siehe die Stammesmonographie von Clyde Kluckhohn und Dorothea Leighton, *The Navajo* (Cambridge 1946); die Auswirkungen der von der Regierung verordneten drastischen Reduktion der Schafherden beschreibt George A. Boyce, *When Navajos Had Too Many Sheep* (San Francisco 1972).

Gedanken nicht nur zur Jagd der Indianer, sondern auch zum Stellenwert des Waidwerks in der Kultur der weißen Kolonisten äußert John Witthoft, *The American Indian as Hunter*, in: *Pennsylvania Game News* 24 (1953).

Die Mohawks als Stahlgerüster behandeln Joseph Mitchell, *The Mohawk in High Steel*, in Wilson, *Apologies*, und Morris Freilich, *Cultural Persistence among the Modern Iroquois*, in: *Anthropos* 53 (1958): 473–483. Den sehr positiven Bericht über das Fairchild-Werk in Shiprock, der in *Business Week* (4. April 1970) erschienen war, verteilte das BIA stolz an Interessenten, was von den Berichten über die Schließung der Fabrik in *Wassaja* und *Akwesasne Notes* kaum zu erwarten ist.

Die Problematik der indianischen Gastarbeiter behandeln unter anderem Robert S. Weppner, *Socioeconomic Barriers to Assimilation of Navajo Migrant Workers*, in: *Human Organization* 31 (1972): 303–314, und Theodore D. Graves, *The Personal Adjustment of Navajo Indian Migrants to Denver, Colorado*, in: *American Anthropologist* 72 (1970): 35–54 (nachgedruckt in Bahr, Chadwick, Day, *Native Americans Today*, 440–466).

Die Segnungen der Zivilisation

Vieles, das im weißen Bewußtsein für typisch indianisch gehalten wird, verdankt seinen Ursprung dem Kontakt der Uramerikaner mit den Kolonisten. Als Beispiel für die selektive Übernahme von Zivilisationsgut und dessen Umfunktionierung in den Stammesverbänden mag der Gebrauch von Eisen, insbesondere in Form von Streitäxten (Tomahawks), dienen: Christian F. Feest, *Tomahawk und Keule im östlichen Nordamerika*, in: *Archiv für Völkerkunde* 19 (1965): 39–84; Harold L. Peterson, *American Indian Tomahawks,* Contributions from the Museum of the American Indian 19 (New York 1965). Ebenso vollkommen gelang die Integration von europäischen Glasperlen ins indianische Kunsthandwerk: William C. Orchard, *Beads and Beadwork of the American Indians,* Contributions from the Museum of the American Indians 11 (New York 1929); William Wildshut and John C. Ewers, *Crow Indian Beadwork,* Contributions from the Museum of the American Indian 16 (New York 1959).

Eine geglückte Zusammenfassung des Materials über traditionelle Heilmethoden und -mittel der Indianer und ihren Einfluß auf die weißen Grenzer ist Virgil J. Vogel, *American Indian Medicine* (Norman 1970). Die zentrale Rolle der Gesundheitskontrolle im Leben der Stämme wird beim Studium vieler Monographien deutlich; unter den Spezialstudien, vergleiche zum Beispiel Robert Ritzenthaler, *Chippewa Preoccupation With Health,* in: *Milwaukee Public Museum Bulletin* 19 (1953): 175–258. Quasi-psychoanalytische Techniken im Rahmen der indianischen Medizin beschreiben Anthony F. C. Wallace, *Dreams and Wishes of the Soul: A Type of Psychoanalytic Theory among the 17th Century Iroquois,* in: *American Anthropologist* 60 (1958): 234–248, und Marvin K. Opler, *Dream Analysis in Ute Indian Therapy,* in: M. K. Opler (ed.), *Culture and Mental Health* (New York 1959), 97–117.

Über die Geschichte der Bemühungen der amerikanischen Regierung um die medizinische Versorgung ihrer roten Mündel informieren zahlreiche offizielle Broschüren, die häufig im nachhinein Fehler eingestehen, ohne grundsätzliche Reformvorschläge bieten zu können: M. C. Guthrie, *The Health of the American Indian,* in: *Public Health Reports* 44/16 (1929): 945–957; *Health Services for American Indians,* Public Health Service Publication 531 (Washington 1957); *The Indian Health Program* (Washington 1972). Die Probleme in Kanada beleuchten Robin F. Badgley, *Social Policy and Indian Health Services in Canada,* in: *Anthropological Quarterly* 46 (1973): 151–159, und Thomas E. Bittker, *Dilemmas of Mental Health Service Delivery to Off-Reservation Indians,* a. a. O., 172–182.

Die gründlichste Analyse der Versäumnisse der USA-Regierung, die kulturellen Schwierigkeiten für die weiße Medizin auf Indianerland und anregende Verbesserungsvorschläge am Beispiel der Navajos enthält Robert L. Kane und Rosalie A. Kane, *Federal Health Care (With Reservations),* New York 1972. Komplementär zu diesem Bericht engagierter Mediziner ist ein Buch, das sich demselben Problem vom Standpunkt der angewandten Völkerkunde nähert: John Adair und Kurt W. Deuschle, *The People's Health: Medicine and Anthropology in a Navajo Community* (New York 1970).

Die Bestandsaufnahme des Kennedy-Ausschusses im Bereich der Indianererziehung erschien 1969 unter dem Titel: *Indian Education: A National Tragedy — A National Challenge,* in: *91st Congress, 1st Session, U.S. Senate, Committee on Labor and Public Welfare* (Washington 1969). Sie gründet sich auf ausführliche Untersuchungen des Ausschusses, die in fünf Bänden veröffentlicht wurden: *The Study of Education of Indian Children,* in: *90th Congress, 2nd Session, U.S. Senate, Special Subcommittee on Indian Education* (Washington 1969). Einen Rückblick vermittelt Brewton Berry, *The Education of American Indians: A Survey of the Literature* (Washington 1968). Indianische und weiße Stimmen kommen zu Wort in Jeannette Henry (ed.), *American Indian Reader: Education* (San Francisco 1972). Eine indianische Zeitschrift, die sich dem Erziehungsproblem vor allem von legistischer Seite widmet, ist *Education Journal* (Washington, seit 1972).

Die Ideen der *New Deal*-Reformatoren zur Indianererziehung finden sich hauptsächlich in der BIA-Zeitschrift *Indian Education,* aus deren Inhalt die drei folgenden Sammelbände zusammengestellt sind: Willard W. Beatty (ed.), *Education for Action* (Chilocco 1944) und *Education for Cultural Change* (Chilocco 1953); Hildegard Thompson (ed.), *Education for Cross-Cultural Enrichment* (Lawrence 1964).

Zwei wichtige Beiträge von Robert J. Havighurst (einer davon aus *American Indians and American Life*) sind bei Colburg, *The Indian in the Classroom,* 76–105, nachgedruckt. Eine andere äußerst relevante Sammlung von Aufsätzen zum Thema Erziehung aus der Sicht weißer Wissenschaftler findet sich in Bahr, Chadwick, Day, *Native Americans Today,*

128–192. Vergleiche ferner Alexander Lesser, *Education and the Future of Tribalism in the United States: The Case of the American Indian,* in: *The Social Service Review* 35/2 (1961): 1–9.

Zur Schulbuchfrage siehe Virgil J. Vogel, *The American Indian in American History Textbooks,* in: *Integrated Education* 6/3 (1968): 16–32; Lee H. Bowker, *Red and Black in American History Texts: A Content Analysis,* in: Bahr, Chadwick, Day, *Native Americans Today,* 101–110; und Rupert Costo (ed.), *Textbooks and the American Indian* (San Francisco 1970). Die Behandlung von Minoritäten in deutschen Geschichtsbüchern am Beispiel der nordamerikanischen Indianer untersucht Folkert Everwien, *Dort wo die Massachusetts hausten* (Norden 1972).

Material über bilinguale Erziehung sowie weitere neuere Literatur enthält der *Conference on American Indian Languages Clearinghouse Newsletter* (seit 1972). Erfahrungen der ersten beiden Jahre mit der Rough Rock Demonstration School summiert Broderick H. Johnson, *Navaho Education at Rough Rock* (Rough Rock 1968). Einen negativen indianischen Kommentar zum *Indian Education Act* von 1972 findet man bei Jack Ridley, *Current Trends in Indian Education,* in: *Indian Historian* 6/4 (1973): 8–13.

Eine wichtige Rolle für die Entwicklung spezifisch indianischer Lehrstoffe, aber auch für die Heranbildung von Indianern für Aufgaben in den Stämmen sind die *Indian Studies Programs,* die vor allem in den letzten Jahren an vielen Universitäten in den USA und in Kanada eingerichtet wurden. Viele davon stehen unter indianischer Kontrolle. Eine kritische rote Stimme dazu kommt von Bea Medicine, *The American Indian and American Indian Studies Programs,* in: Henry, *The American Indian Reader: Education,* 13–20. Medicine organisierte auch ein Symposium zu diesem Thema beim 41. Internationalen Amerikanistenkongreß in Mexiko (1974). Ein Musterbeispiel für den Aufbau eines derartigen Programms bietet Carolyn Riehl (ed.), *Course Syllabi, Native American Studies Program* (Missoula 1974).

Entsprechend der geringen Zahl erfolgreicher Wohnbauprogramme gibt es auch nur wenig Erfolgsberichte. Einer davon ist *Report on the Transitional Housing Experiment, Rosebud Indian Reservation* (Washington 1968). William N. Fenton beschreibt die Umsiedlung der Senecas im Gefolge der Flutung des Kinzua-Beckens und die daraus entstehende

Problematik: *From Longhouse to Ranch-type House. The Second Housing Revolution of the Seneca Nation* in: Tooker, *Iroquois Culture, History, and Prehistory,* 7–22.

Die gespaltene Zunge

Immer noch das beste, wenn auch etwas veraltete Werk zur Geschichte des BIA ist Laurence F. Schmeckebier, *The Office of Indian Affairs: Its History, Activities, and Organization* (Baltimore 1927). Für die Zeit von 1933 bis 1957 siehe Colliers Mitarbeiter William Zimmerman jr., *The Role of the Bureau of Indian Affairs since 1933,* in: *American Indians and American Life,* 31–40. Henry Dobyns, *Therapeutic Experience of Responsible Democracy,* in: Levine und Lurie, *The American Indian Today,* 268–291, stellt unter anderem die Organisation indianischer Angelegenheiten vor 1933, vor 1946 und nach 1946 diagrammatisch dar. Kritik an den späteren Zuständen im BIA, an seiner Organisation und Einflußlosigkeit findet man vor allem bei Cahn und Hearne, *Our Brother's Keeper,* 112–173. Auch William A. Brophy, der Nachfolger Colliers als *Commissioner,* kann das BIA aus intimer Kenntnis kritisieren; vergleiche Brophy und Aberle, *The Indian: America's Unfinished Business.*

Die Bewertung der Nixonschen Indianerpolitik beruht hauptsächlich auf eigenen Beobachtungen und Recherchen während meines Aufenthalts in Washington, 1972/1973, sowie auf der Berichterstattung der indianischen Presse. Bemerkenswerte Hintergrundinformation liefern Alvin M. Josephy jr., *What the Indians Want,* in: *The New York Times Magazine* (18. März 1973), und Peter Collier, *The New Indian War,* in: *Ramparts* (Juni 1973), 25–29, 56–59.

Bitteres Wasser

Die Geschichte des indianischen Alkoholkonsums muß noch geschrieben werden. Ansätze für eine Behandlung dieses Themas aus historischer Sicht finden sich bei R. C. Dailey, *The Role of Alcohol among North American Indian Tribes as Reported in the Jesuit Relations,* in: *Anthropologica* 10 (1968): 45–49; A.M. Winkler, *Drinking on the American Frontier,* in: *Quarterly Journal of Studies on Alcohol* 29 (1968): 413–445;

Doane Robinson, *The War on Whiskey in the Fur Trade,* in: *South Dakota Historical Collections* 9 (1918): 169–234; im Kapitel *The Crusade Against Whiskey* in Prucha, *American Indian Policy;* und andeutungsweise bei Sheehan, *Seeds of Extinction,* und Saum, *The Fur Trader and the Indian.*

Wesentlich mehr wurde über die Ursachen für die besondere Anfälligkeit der Uramerikaner für alkoholische Getränke geschrieben (teilweise basierend auf modernem Beobachtungsmaterial). Das Fehlen gegorener oder gebrannter Getränke nördlich von Mexiko in vorkolumbischer Zeit bestätigt Weston La Barre, *Native American Beers,* in: *American Anthropologist* 40 (1938): 224–234. Zur Milchintoleranz vergleiche Robert D. McCracken, *Lactase Deficiency: An Example of Dietary Evolution,* in: *Current Anthropology* 12 (1971): 479–517.

Den Genuß geistiger Getränke als Mittel zur Reduktion von Angstzuständen stellen Donald Horton, *The Functions of Alcohol in Primitive Societies,* in: *Quarterly Journal of Studies on Alcohol* 4 (1943–44): 199–320, und A. Irving Hallowell, *Some Psychological Characteristics of the Northeastern Indians,* in: *Papers of the Robert S. Peabody Foundation for Archaeology* 3 (1946): 195–225, in den Vordergrund. Craig MacAndrews und Robert Edgerton, *Drunken Compartment: A Social Explanation* (Chicago 1969) und Nancy O. Lurie, *The World's Oldest On-Going Protest Demonstration: North American Indian Drinking Patterns,* in: *Pacific Historical Review* 40 (1971): 311–332, betonen den den Weißen imitierenden Charakter des Trinkens beziehungsweise Trinken als Provokation. Gordon Mac Gregor, Royal Hassrick und William E. Henry, *Warriors Without Weapons* (Chicago 1946) und Wesley R. Hurt und Richard M. Brown, *Social Drinking Patterns of the Yankton Sioux,* in: *Human Organization* 24 (1965): 222–230, neigen zur kulturellen Erklärung, die im modernen Alkoholismus einen Ersatzkrieg arbeitsloser Krieger sieht.

Stärker empirisch sind die Arbeiten von Edward P. Dozier, *Problem Drinking Among American Indians,* in: *Quarterly Journal of Studies on Alcohol* 27 (1966): 72–87; Frances N. Ferguson, *Navajo Drinking: Some Tentative Hypotheses,* in: *Human Organization* 27 (1968): 159–167; Jerrold E. Levy and Stephen J. Kunitz, *Indian Drinking: Navajo Practices and Anglo-American Theories* (New York 1974); und Arthur D. Slater und Stan L. Albrecht, *The Extent and Cost of Excessive*

Drinking Among the Uintah-Ouray Indians, in: Bahr, Chadwick, Day, *Native Americans Today,* 358–367. Vergleiche allgemein auch David J. Pittman und Charles R. Snyder (eds.), *Society, Culture, and Drinking Patterns* (New York, 1962).

Den Zusammenhang zwischen Alkoholgenuß und Kriminalstatistik zeigt Omer C. Stewart, *Questions Regarding American Indian Criminality,* in: *Human Organization* 23 (1964): 61–66. Charles Reasons, *Crime and the American Indian,* in: Bahr, Chadwick, Day, *Native Americans Today,* 319–326, liefert dazu eine genauere statistische Auswertung der Daten.

Zum Kapitel »Indianer und Selbstmord« vergleiche vor allem Jack Bynum, *Suicide and the American Indian,* in Bahr, Chadwick, Day, *Native Americans Today,* 367–377; George Devereux, *Mohave Ethnopsychiatry and Suicide,* Bulletin of the Bureau of American Ethnology 175 (Washington 1961); Jerrold E. Levy, *Navajo Suicide,* in: *Human Organization* 24 (1965): 308–318; *Suicide Among the American Indian: Two Workshops* (Washington 1969); und William N. Fenton, *Iroquois Suicide: A Study in the Stability of a Culture Pattern,* in: *Bulletin of the Bureau of American Ethnology* 128 (1941): 80–137.

Was im Himmel geschieht

Die allgemeine Literatur zu den religiösen Vorstellungen und Praktiken der nordamerikanischen Eingeborenen ist vergleichweise dürftig. Den bei allen Vorbehalten immer noch empfehlenswertesten Gesamtüberblick gibt Ruth Underhill, *Red Man's Religion* (Chicago 1965), ein Buch, das neben einem kurzen Abschnitt über moderne Indianerreligionen auch wichtige weiterführende Literatur enthält. In deutscher Sprache sind die Arbeiten von Werner Müller, darunter *Die Religionen der Waldlandindianer Nordamerikas* (Berlin 1956) und *Glauben und Denken der Sioux* (Berlin 1970), beachtenswert, die in ihrem Ansatz eher religionswissenschaftlich als völkerkundlich sind und denen folglich häufig die Beziehung zur ethnographischen Realität fehlt.

Als Beispiele für Monographien über die Religion einzelner Stämme seien Underhills *Papago Indian Religion* (New York, 1946), Gladys Reichard, *Navaho Religion* (New York 1950), Steve Feraca, *Wakinyan: Contemporary Teton Dakota Religion* (Browning 1963) genannt. In Alfonso Ortiz, *The Tewa*

World (Chicago 1971) wird die unauflösliche Verzahnung von Vorstellungswelt und sozialer Realität bei den Pueblo-Gruppen New Mexicos deutlich vor Augen geführt.

Die Auseinandersetzung zwischen indianischen und christlichen Religionen fand lange Zeit primär in der erbaulichen Missionsliteratur oder in christlich gefärbten Missionsgeschichten eine recht einseitige Beachtung. Einen erfreulichen Neubeginn machte Robert J. Berkhofer jr. mit *Salvation and the Savage* (Lexington 1965), einer Analyse der ideologischen Grundlagen und Auswirkungen protestantischer Missionstätigkeit unter den nordamerikanischen Indianern zwischen 1787 und 1862. Über eine frühere Phase des protestantischen Missionswerks und seine soziokulturellen Folgen, insbesondere auch über das Wirken John Eliots, berichten die Arbeiten von Francis Jennings, *Goals and Functions of Puritan Missions to the Indians*, in: *Ethnohistory* 18 (1971): 197–212, und Neal Salisbury, *Red Puritans: The »Praying Indians« of Massachusetts Bay and John Eliot*, in: *William and Mary Quarterly*, 3rd ser., 31 (1974): 27–54. Das Verhältnis von Kirche und Staat in bezug auf die Indianermission untersucht R. Pierce Beaver, *Church, State and American Indian* (St. Louis 1966). Einen wichtigen Beitrag zum Thema Mission und traditionelle Kultur leistet Robert K. Thomas, *The Role of the Church in Indian Adjustment*, in: Wilfred Pelletier et al., *For Every North American Indian Who Begins To Disappear, I Also Begin To Disappear* (Toronto 1971), 87–106.

Die Quellenliteratur über das christliche Missionswerk ist außergewöhnlich reich. Für die protestantischen Kirchen geben die zitierten Quellen wesentliche Hinweise, für den katholischen Bereich sei neben den Amerika-Bänden von R. Streits bibliographischer *Bibliotheca Missionum* (Freiburg i. Br., seit 1916), beispielhaft auf die Berichte der französischen Jesuitenmissionare des siebzehnten und achtzehnten Jahrhunderts verwiesen [R. G. Thwaites (ed.), *The Jesuit Relations and Allied Documents*, 74 vols., Cleveland, 1896–1901].

Zur speziellen Situation bei den Rio Grande-Pueblos und bei den Western Apache vergleiche Edward P. Dozier, *The Pueblo Indians of North America* (New York 1970) und Keith H. Basso, *The Cibecue Apache* (New York 1970). Ein moderner Bericht über den Sonnentanz bei den Shoshonen und Utes, der das Phänomen des Fortbestands der traditionellen Religion in einen historischen und sozialen Kontext stellt, ist Joseph G. Jorgenson, *The Sun Dance Religion: Power for the Powerless* (Chicago 1972).

Das klassische Werk über die Geistertanzbewegung und ihre historischen Vorläufer ist James Mooney, *The Ghost Dance Religion*, in: *14th Annual Report of the Bureau of American Ethnology* (Washington 1896), 641–1136 (als Taschenbuch: Chicago 1965). Über Handsome Lake und die Reformation der Iroquois-Religion informiert im Detail Anthony F. C. Wallace, *The Death and Rebirth of the Seneca* (New York 1969); die überlieferte Lehre selbst, der *Code of Handsome Lake*, bei Fenton, *Parker on the Iroquois*. Über die indianischen Shaker vom Puget Sound schreibt H. G. Barnett, *Indian Shakers* (Carbondale 1957).

Kein Mangel herrscht an Literatur über den Peyote-Kult. Einem allgemeinen Überblick aus ethnologischer Perspektive von Weston La Barre, *The Peyote Cult* (New Haven 1938) ist die Darstellung aus der Sicht eines Ethnologen, der gleichzeitig gläubiger Peyotist ist, gegenüberzustellen: J. S. Slotkin, *The Peyote Religion* (Glencoe 1956). An Einzelstudien sind vor allem David F. Aberle, *The Peyote Religion Among the Navajo* (New York 1966) und Omer C. Stewart, *Ute Peyotism* (Boulder 1948), sowie James E. Howard, *Half Moon Way: The Peyote Ritual of Chief White Bear*, in: *Museum News, Dakota Museum*, 28/1–2 (1967), zu erwähnen. Das Urteil von Richter Trobriner findet sich nachgedruckt in *Indian Historian* 6/4 (1973): 26–31, die Entscheidung des Falls *Native American Church versus Navajo Tribal Council* in Delorias *Of Utmost Good Faith*, 117–121. Deloria selbst, Sohn eines episkopalischen Pastors und ehemaliger Theologiestudent, hat bereits in *Custer Died For Your Sins* das Scheitern des Christentums unter den Indianern zu erklären versucht; in *God is Red* (New York 1973) widmet er sich den unterschiedlichen Ausgangspositionen und Ausformungen roten und weißen Glaubens. Über das Verhältnis von Geistertanz und Peyotismus siehe Omer C. Stewart, *The Peyote Religion and the Ghost Dance*, in: *Indian Historian* 5/4 (1972): 27–30. Die Erzählung des Washo-Peyotisten findet sich bei Warren L. d'Azevedo, *Delegation to Washington: A Washo Peyotist Narrative*, in: *Indian Historian* 6/2 (1973).

Farbig und Rot

Wie sehr der Symbolismus in der Geschichte vom Ursprung der Rassen, welche die Seminolen erzählen, die soziale Realität spiegelt, zeigt ihr Wandel im Laufe der Zeit: mit zunehmender Akkulturation der Roten bestand die Tendenz, doch die Weißen als Krone der Schöpfung zu akzeptieren. Siehe Alan Dundes, *Washington Irving's Version of the Seminole Myth of the Origin of Races,* in: *Ethnohistory* 9 (1962): 257–264; William C. Sturtevant, *Seminole Myths of the Origin of Races,* in: *Ethnohistory* 10 (1963): 80–86; vergleiche auch die Biloxi-Variante in James O. Dorsey und John R. Swanton, *A Dictionary of the Biloxi and Ofo Languages,* in: *Bulletin of the Bureau of American Ethnology* 47 (Washington, 1912): 31–33.

Aus der reichen Literatur über die Rolle der Neger in der amerikanischen Sozial- und Ideengeschichte seien nur zwei neuere Bücher genannt: Lerone Bennett jr., *Before the Mayflower: A History of the Negro in America, 1619–1964* (Harmondsworth 1966) und vor allem Winthrop Jordan, *White Over Black: American Attitudes Towards the Negro, 1550–1812* (Chapel Hill 1968).

Das Schrifttum über das Dreiecksverhältnis Rot-Weiß-Schwarz ist in den letzten Jahren beträchtlich angewachsen. William S. Willis jr., *Divide and Rule: Red, White, and Black in the Southeast,* in Charles M. Hudson (ed.), *Red, White, and Black* (Athens 1971), 99–115 (nachgedruckt in Nichols und Adams, *The American Indian*) widerspiegelt die Ansichten eines schwarzen Ethnologen, Gary B. Nash, *Red, White, and Black: The Peoples of Early America* (Englewood Cliffs 1974) die eines jungen weißen Historikers. Siehe ferner Sidney M. Willhelm, *Red Man, Black Man and White America: the constitutional approach to genocide,* in: *Catalyst* (Frühjahr 1969): 1–62 (nachgedruckt als Warner Modular Publication 166); und Charles Crowe, *Indians and Blacks in White America,* in: Charles M. Hudson (ed.), *Four Centuries of Southern Indians* (Athens 1975), 148–169.

Unter der älteren Literatur erwähnenswert ist Carter G. Woodson, *The Relations of Negroes and Indians in Massachusetts,* in: *Journal of Negro History* 5 (1920): 45–57; Kenneth W. Porter, *The Relation between Indians and Negroes within the Present Limits of the United States,* in: *Journal of Negro History* 17 (1932): 287–367; und das ebenfalls aus den

dreißiger Jahren stammende, jedoch erst kürzlich veröffentlichte Buch von James Hugo Johnston, *Race Relations in
Virginia and Miscegenation in the South, 1776–1860* (Amherst
1970). Eine moderne indianische Stellungnahme bietet Deloria, *Custer Died For Your Sins*, 169–195, schwarze Kommen-
tare geben der Kabarettist und Bürgerrechtskämpfer Dick Gre-
gory, *No More Lies: The Myth and the Reality of American
History* (New York 1972) und der Black-Power-Führer Stokely Carmichael im Gespräch mit Russell Means und dem
weißen Aktivistenanwalt William Kunstler in der *Akwesasne
Notes*-Tonbanddokumentation: *Stokely, AIM & You*
(Mohawk Nation 1974).

Zu den dreirassigen Isolaten aus demographischer Sicht
siehe William H. Gilbert, *Surviving Indian Groups of the
Eastern United States,* in: *Annual Report of the Smithsonian
Institution for 1948:* 403–438; Calvin L. Beale, *American
Triracial Isolates: Their Status and Pertinence to Genetic
Research,* in: *Eugenics Quarterly* 4 (1957): 187–196; Brewton
Berry, *Almost White* (New York 1963); Edward T. Price, *A
Geographic Analysis of White-Negro-Indian Mixtures in
Eastern United States,* in: *Annals of the Association of Ameri-
can Geographers* 43 (1953): 138–155. Aus physisch-anthro-
pologischer Sicht trägt William S. Pollitzer in seinen Arbeiten
Physical Anthropology of the Indians of the Old South, in:
Hudson, *Red, White, and Black,* 31–43, und *The Physical
Anthropology and Genetics of Marginal People of the South-
eastern United States,* in: *American Anthropologist* 74 (1972):
719–734, zur Untersuchung der Frage bei.

Insbesondere zu den Wesorts/Brandywine People/
Piscataway in Maryland siehe William H. Gilbert, *The
Wesorts of Southern Maryland,* in: *Journal of the Wa-
shington Academy of Sciences* 35 (1945): 237–246; zu den
Lumbees das Buch des Lumbee Adolph Dial und des Weißen
David Eliades, *The Only Land I Know: A History of the
Lumbee Indians* (San Francisco 1974); vergleiche dazu auch
W. McKee Evans, *To Die Game: The Story of the Lowry
Band, Indian Guerillas of Reconstruction* (Baton Rouge
1971). Die Catawbas und ihre Rassenideologie behandelt
George L. Hicks, *Catawba Acculturation and the Ideology of
Race,* in Melford E. Spiro (ed.), *Symposium on New Approa-
ches to the Study of Religion* (Seattle 1964), 116–124;
vergleiche auch Charles M. Hudson, *The Catawba Nation,*
University of Georgia Monographs 18 (Athens 1970).

Die immer wieder angesprochenen Verhältnisse in Virginia beruhen weitgehend auf meinen eigenen unveröffentlichten Untersuchungen. Vergleiche aber dazu auch Theodore Stern, *Chickahominy: The Changing Culture of a Virginia Indian Community*, in: *Proceedings of the American Philosophical Society* 96 (1952): 157–225, und Helen C. Rountree, *Being an Indian in Virginia: Four Centuries in Limbo*, The Chesopiean 10 (1972): 1–7.

Red Power und Onkel Tomahawk

Die Stadtindianer sind die längste Zeit unsichtbar und unbeachtet geblieben. Ihre »Entdeckung« wurde verzögert, weil die Völkerkundler auf die Reservationen fixiert waren, während die Soziologen mit den Indianern wenig anzufangen wußten. Die vor allem seit 1970 wachsende Literatur hat allerdings noch wenig brauchbare Generalisierungen gebracht. Mark Nagler, *Indians in the City* (Ottawa 1970) beschäftigt sich hauptsächlich mit der Situation in Toronto, die Beiträge von Ablon, Price, Graves in Bahr, Chadwick, Day, *Native Americans Today*, 412–466, handeln von Indianern in Los Angeles, San Francisco und Denver. Im selben Sammelband finden sich auch allgemeinere Aufsätze zur Frage der Stadtindianer von Bahr, Sorkin und Dowling. J. O. Wadell und O. M. Watson (eds.), *The American Indian in Urban Society* (Boston 1971) enthält zehn Beiträge, die eine Vielzahl verwandter Fragen ansprechen. Die Indianer von Boston stehen im Mittelpunkt von Jeanne Guillemin, *Urban Renegades* (New York 1974). Zur Diskriminierung der Stadtindianer siehe besonders Howard M. Bahr, Bruce A. Chadwick und Joseph Stauss, *Discrimination against Urban Indians in Seattle*, in: *Indian Historian* 5/4 (1972): 4–11.

Einen Blick auf den Panindianismus in Vergangenheit und Gegenwart aus indianischer Sicht gewährt Robert K. Thomas, *Pan-Indianism*, in: Levine und Lurie, *The American Indian Today*, 128–140. Die ausführlichste Arbeit über panindianische Phänomene auf dem Gebiet der Politik, Gesellschaft und Religion im zwanzigsten Jahrhundert ist Hazel W. Hertzberg, *The Search for an American Indian Identity* (Syracuse 1971).

Einen kurzen und ausgewogenen Kommentar zur Akkulturationsproblematik gibt Robert J. Bigart, *Indian Culture and Acculturation*, in: *American Anthropologist* 77 (1972):

1180–1188. Weitere Beiträge zu Fragen der Akkulturation und Identität aus sozialwissenschaftlicher Sicht sind in Bahr, Chadwick, Day, *Native Americans Today*, 193–312, enthalten. Washburn, *The Indian in America*, 250–275, äußert sich gegenwartsbezogen vom historischen Standpunkt aus. Der Faktionalismus ist zwar kein Produkt des Kontakts mit der weißen Welt, hat jedoch durch diesen Prozeß wesentliche Verstärkung erfahren; vergleiche dazu zum Beispiel William N. Fenton, *Factionalism in American Indian Society*, in: *Acts of the International Congress of Anthropological and Ethnological Sciences* 4/2 (1955): 330–340, und *Factionalism at Taos Pueblo*, in: *Bulletin of the Bureau of American Ethnology* 154 (1957): 297–344; James A. Clifton, *Factional Conflict and the Indian Community: The Prairie Potawatomi Case*, in: Levine und Lurie, *The American Indian Today*, 184–211; Edward P. Dozier, *Factionalism at Santa Clara Pueblo*, in: *Ethnology* 5 (1966): 172–185; und Misha Titiev, *Old Oraibi: A study of the Hopi Indians of Third Mesa*, in: *Papers of the Peabody Museum of American Archaeology and Ethnology* 22 (1944): 1–277.

Zur American Indian Chicago Conference siehe Nancy O. Lurie, *The Voice of The American Indian*, in: *Current Anthropology* 2 (1961): 478–500; und Sol Tax (ed.), *Declaration of Indian Purpose* (Chicago 1961). Die nationalistischen Trends der sechziger Jahre beschreiben Nancy O. Lurie in Leacock und Lurie, *North American Indians in Historical Perspective;* Shirley Hill Witt, *Nationalistic Trends Among American Indians*, in: Levine und Lurie, *The American Indian Today*, 93–127; Steiner, *The New Indians;* Roy Bongartz, *The New Indian* und Robert C. Day, *The Emergence of Activism as a Social Movement*, beide in: Bahr, Chadwick, Day, *Native Americans Today*, 490–498 und 506–532.

Eine nützliche Bibliographie zum indianischen Zeitungswesen (vorwiegend älteren Datums) ist Alfred L. Bush und Robert S. Fraser, *American Indian Periodicals in the Princeton University Library* (Princeton 1970). Zu neueren Publikationen vergleiche Jeannette Henry, *The Indian Press: A Slow Development*, in: *Indian Historian*.

Mit den Möglichkeiten eines Navajo-Staats beschäftigt sich Larry R. Stucki, *The Case Against Pupulation Control: The Probable Creation of the First American Indian State*, in: *Human Organization* 30 (1971): 393–399.

Vom Little Bighorn nach Wounded Knee II

Die Diskussion über die Ursachen von enttäuschter Liebe, Intimfeindschaft und Kommunikationsproblemen im Verhältnis zwischen Völkerkundlern und Indianern ist noch nicht alt, wird aber mit großer Inbrunst geführt. Älter als Delorias »Ethnologen-Dämmerung« (als erweiterte Fassung seines *Playboy*-Artikels in *Custer Died For Your Sins*, 83–104) ist eine vergleichbar beißende Kritik am Verhalten der Wissenschaftler seitens des weißen Ethnologen Bernard J. Fontana, *Sagave Anthropologists and Unvanishing Indians of American Southwest*, in: *Indian Historian* 6/1 (1973): 5–8, 32. In derselben Zeitschrift haben auch die roten Völkerkundler Bea Medicine, D'Arcy McNickle und insbesondere Alfonso Ortiz *(An Indian Anthropologist's Perspective on Anthropology)* Stellung bezogen, nachgedruckt in Jeannette Henry (ed.), *The American Indian Reader: Anthropology* (San Francisco 1972).

Einer der wenigen öffentlichen Gegenangriffe stammt von dem relativ unbedeutenden Völkerkundler John Greenway und erschien in der erzkonservativen *National Review* (März 1969), 223–228, 245 unter dem Titel *Will The Indian Get Whitey?* A. Einhorn und E. R. Liddell antworteten im *Indian Historian* (vergleiche Henry, *American Indian Reader: Anthropology*, 157–165), nachdem eine weiße Fachzeitschrift sich geweigert hatte, den Artikel zu veröffentlichen.

Über die Wampum-Kontroverse ist gleichfalls die Berichterstattung des *Indian Historian* recht ausführlich. Sie findet sich mit einer Ergänzung nachgedruckt in Henry, *American Indian Reader: Education*, 198–232.

Weniger Beachtung hat bislang die Geschichte des Verhältnisses zwischen Ethnologen und Indianern gefunden. Zur Problematik der Zeugenstellung der Völkerkundler in den Verhandlungen der *Indian Claims Commission* finden sich Diskussionsbeiträge im Symposium über *Anthropology and Indian Claims Litigation*, in: *Ethnohistory* 2/4 (1955), mit weiteren Wortmeldungen in *Ethnohistory* 3 (1956). Die Diskussion zeigte teilweise Generationskonflikte im Verständnis des Grundproblems.

Zur noch früheren Geschichte liegt der kursorische Beitrag von David L. Marsden, *Anthropologists and Federal Indian Policy Prior to 1940*, in: *Indian Historian* 5/4 (1972): 19–26, vor. Einzelheiten über Alice Fletcher und ihre Stellung zum *Dawes Act* enthüllt Nancy O. Lurie, *Women in Early Ameri-*

can *Anthropology,* in: June Helm (ed.), *Pioneers of American Anthropology: The Uses of Biography* (Seattle 1966).

Wie es den Völkerkundlern seit dem Ende des neunzehnten Jahrhunderts im traditionellen Pueblo-Gebiet ergangen ist, schildert am Beispiel Zuni Triloki Nath Pandey, *Anthropologists at Zuni,* in: *Proceedings of the American Philosophical Society* 116 (1972): 321–337. Vergleiche dazu auch das Kapitel *Zuni* in Edmund Wilson, *Red, Black, Blond, and Olive* (New York 1956). Das Verhältnis von eingeborener Information und wissenschaftlicher Darstellung soll nun an Hand intellektueller Biographien bedeutender roter Informanten oder Autoren im Rahmen eines von Margot Liberty und William C. Sturtevant initiierten Projekts einer historischen Prüfung unterzogen werden.

Zum Thema der konstruktiven Zusammenarbeit zwischen eingeborenen Kommunitäten und Forschern äußern sich aus eigener Erfahrung Karl H. Schlesier, *Action Anthropology and the Southern Cheyenne,* in: *Current Anthropology* 15 (1974): 277–283, und John H. Peterson, der als Ethnologe im Planungsstab der Mississippi Choctaw tätig war, in zwei hektographiert vorliegenden Tagungsvorträgen: *A Totally Applied Anthropologist's Report From the Field* und *The Role of an Anthropologist in a Totally Applied Setting* (beide 1973).

Wie sehr die grabräuberische Tätigkeit der Archäologen die Eingeborenen stört, zeigt die besonders 1975 forcierte Kampagne gegen die Ausbeutung der toten Roten in *Wassaja.* Thomas F. King, *Archaeological Law and the American Indian,* in: *Indian Historian* 5/3 (1972): 31–35, rät den Stämmen, wie sie sich vor Archäologen schützen können; W. J. Hranicky et al., *Virginia Handbook for American Archeology* (Richmond 1972), 71–73, sagt umgekehrt den Ausgräbern, wie sie Probleme mit Indianern vermeiden können.

Unzufrieden mit der Leistung der weißen Wissenschaft, nehmen anderseits immer mehr Stämme ihre eigene Geschichtsschreibung in die Hand. Allen P. Slickpoo (ed.), *Noon Nee-Me-Poo (We, The Nez Perce),* (Lapwai 1973) und The People of Zuni, *The Zunis: Self-Portrayals* (Albuquerque 1972) sind unterschiedlich konzipierte, aber gleichermaßen gelungene Beispiele. Einen Kommentar mit bibliographischem Anhang dazu liefert Henry F. Dobyns, *Native American Publication of Culture History,* in: *Current Anthropology* 15 (1974): 304–306.

Über die Besetzung von Alcatraz berichtet vom Standpunkt

der Besetzer, teils in poetischer Form, teils in Dokumenten das von Peter Blue Cloud für die *Indians of All Tribes* herausgegebene Buch *Alcatraz Is Not An Island* (Berkeley 1972). Ein weißer Bericht, der die Aktion im Zusammenhang mit der allgemeinen Situation der nordamerikanischen Indianer sieht, ist Peter Collier, *The Red Man's Burden,* in: *Ramparts* (Februar 1970): 26–38 (nachgedruckt in Bahr, Chadwick, Day, *Native Americans Today,* 51–68). Eine abgewogen kritische Stellungnahme von roter Seite, verbunden mit einer Darstellung des historischen Hintergrunds bietet Rupert Costo, *Alcatraz,* in: *Indian Historian* 3/1 (1970): 4–12, 64. Der von den Besetzern von Alcatraz aus herausgegebene *Alcatraz Indians of All Tribes Newsletter* (1970) ist bereits als bibliophile Rarität zu betrachten.

Die Berichterstattung der *Akwesasne Notes* über die BIA-Besetzung wurde später in Buchform veröffentlicht: *BIA: I'm Not Your Indian Anymore* (Mohawk Nation 1973). Eine zweite wichtige Quelle zu diesem Ereignis ist die *Legislative Review* 2/1 (1972), die neben Dokumenten Beiträge von Richard La Course *(In the Caravan's Wake: An Unstable Status Quo)* und Harold M. Gross *(The Judicial Proceedings)* enthält. Das Nachspiel ist am ausführlichsten in der *Washington Post* dokumentiert. Robert Burnettes Augenzeugenbericht von der Besetzung findet sich in dem von ihm und John Koster verfaßten Buch *The Road To Wounded Knee* (New York 1974), 195–219.

Burnette und Koster stellen natürlich auch eine Primärquelle für das Geschehen in und um Wounded Knee und die Folgen dar. Während ihr Buch AIM-kritisch eingestellt ist, kann die Berichterstattung der *Akwesasne Notes* nur als AIM-freundlich bezeichnet werden (auffallend ist der geringe Umfang der *Wassaja*-Reportagen zu Wounded Knee II – wohl ein Zeichen für Bedenken gegen das AIM). Trotzdem oder gerade deswegen ist der in Buchform erschienene zusammenfassende Bericht *Voices from Wounded Knee 1973 (Mohawk Nation,* 1974) eine beachtenswerte journalistische Leistung. Das Buch ersetzt allerdings nicht die laufenden Veröffentlichungen in den *Notes,* die auch über die anschließenden Prozesse ausführlich berichteten. Weiße Pressedarstellungen über Wounded Knee wurden ebenfalls mitverarbeitet. Nicht alle sind so borniert wie Terri Schultz, *Bamboozle Me Not At Wounded Knee,* in: *Harper's* (Juni 1973), oder so reaktionär wie Victor Gold, *Of Fallen Trees and Wounded Knees,* in:

National Review (27. April 1973); keiner ist hingegen über-durchschnittlich gut oder zuverlässig. Auch Vine Deloria gibt in *Behind the Trail of Broken Treaties* (New York 1974) eine kommentierte Zusammenfassung des Geschehens von der BIA-Besetzung bis Wounded Knee.

Die Rückkehr des edlen Wilden

Die Vorstellung vom Indianer als Umweltschützer ist nicht neu. Zivilisationskritische Schriftsteller des neunzehnten Jahr-hunderts wie Henry David Thoreau assoziierten gleichfalls Uramerikaner mit Urwald, Indianer mit unzerstörter Natur: den Indianern und der Natur drohte die Vernichtung durch die Erschließung des Kontinents für die Zivilisation. Neuere Beiträge zu diesem Bild lieferten der Ethnologe Frank G. Speck, *Aboriginal Conservators,* in *Audubon Magazine* 40 (1938): 258–261, und der ehemalige amerikanische Innenmi-nister Stewart Udall, *The Indians: First Americans, First Ecologists,* in: *The American Way* 4 (1971): 8–14. Der zitierte Beitrag in *National Lampoon* (Januar 1972) ist von Anne Beatts und trägt den Titel: *The American Indian: Noble Savage or Renaissance Man?* Den Rückblick in den Spiegel der besseren Vergangenheit der Tyendinaga-Mohawks ver-mittelt C. H. Torok, *Tyendinaga Acculturation,* in: Tooker, *Iroquois Culture, History, and Prehistory,* 31–33.

Das Buch von Traveller Bird, *Tell Them They Lie* (Los Angeles 1971) erfuhr eine besonders kritische Besprechung durch John White im *Indian Historian* (Henry, *American Indian Reader: Education,* 179–182). Sequoyah aus weißer Sicht bietet Grant Foreman, *Sequoyah* (Norman 1938).

Was von Jack Forbes' Neuerfindung des Virginia-Algon-quin zu halten ist, kann man aus der von ihm herausgegebenen Stammeszeitung (*Attan-Akamik,* Davis, seit 1972) entneh-men. Ich hatte außerdem Gelegenheit, ein von Forbes bespro-chenes Tonband mit Unterricht in »seiner Sprache« zu hören. Die Grenzen einer philologischen Rekonstruktion der alten Sprache zeigt Frank T. Siebert jr., *Resurrecting Virginia Algonquian from the Dead,* in James M. Crawford (ed.), *Studies in Southeastern Indian Languages* (Athens 1975).

Der Trend zum sozialen Verantwortungsgefühl für die imitierten Exoten zeigt sich auch im amerikanischen Hobbyis-mus. Nicht nur die Namen der Publikationsorgane ändern sich in diesem Sinn (von *Pow-wow Trails* über *American Indian Crafts and Culture* zu *Indian America*), auch ihr Inhalt: Wo früher nur Bastelanleitungen standen, finden sich jetzt gleichberechtigt kritische Worte zur Indianerpolitik. Die deutsche Zeitschrift *Indianer Heute,* die zugunsten des Engagements auf die Grundlagenforschung verzichtete, litt gerade deshalb an einer großen Abhängigkeit von amerikanischen Publikationen. Neues deutsches Zentralorgan ist die Zeitschrift *Amedian.*

Steward Brand, *The Last Whole Earth Catalog* (Menlo Park, 1971) ist bislang unübertroffenes Vorbild für mehrere ihm folgende, ähnliche Unternehmungen. Sein Artikel *Indians and the Counter-Culture* in der Umweltschutz-Zeitschrift *Clear Creek* (Dezember 1972): 34–37, die sich auch sonst liebevoll indianischen Themen zuwandte, ist ein Vorabdruck aus Band 4 des neuen *Handbook of North American Indians.*

Ko-Autor von Frank Waters, *Book of the Hopi* (New York, 1963) war der etwas am Rand seines Stammes stehende Oswald White Bear Fredericks, der mittlerweile an Erich von Daenikens Theorien großen Gefallen gefunden hat und mit ihm zusammenarbeiten will. Fredericks wurden wegen seiner Mitautorenschaft (und vor allem wegen seiner Fehlinformationen) von Stammesseite ernsthafte Vorwürfe gemacht. Vergleiche dazu auch Shorris, *The Death of the Great Spirit,* 122–136.

Eine uneingeschränkt positive Rezension von Hyemeyohsts Storm, *Seven Arrows* (New York 1972) schrieb Vine Deloria in *Natural History* 81/9 (1972): 96–100. Ebenso uneingeschränkt negativ war die Besprechung Costos im *Indian Historian* 5/2 (1972): 41–42. Eine Cheyenne-Kommission hat in der Folge heftige Kritik am Autor geübt, seine indianische Identität bestritten und ein Verbot des Buchs verlangt. Im Fall Castaneda erhebt kaum jemand Einspruch; *Time* brachte zwar eine sehr kritische Titelgeschichte über den Autor, die *New York Times Book Review* wollte hingegen eine negative Stellungnahme des Drogen-Spezialisten Weston La Barre nicht veröffentlichen.

Indianische Schallplattenfirmen wie *Indian House* und *Songs of the Redman* produzieren ausschließlich traditionelle Musik, wenn auch teilweise mit modernen Texten. Pop- und Protestmusik wird fast nur für weiße Firmen aufgenommen, aber auch hier werden Unterschiede sichtbar. *Redbone* etwa nimmt für eine große Marke auf, *XIT* für die Gegenkultur-

Firma *Rare Earth*. Buffy Sainte-Marie hat einen guten Vertrag mit einer Weltfirma, Floyd Westermans Produzent machte pleite. Einzig Willie Dunn wurde von roten Herstellern *(Akwesasne Notes)* auf den Markt gebracht. Eine brauchbare Diskographie (bis 1972) enthält Colburg, *The Indian in the Classroom*, 211–254.

Drei Porträts von Pocahontas (aus dem siebzehnten, achtzehnten und neunzehnten Jahrhundert) reproduziert Washburn, *The Indian and the White Man*, pl. 3–5, ab. Die einzig gute Biographie ist die von Philip L. Barbour, *Pocahontas and Her World* (Boston 1970).

Stämme, Sprachen, Reservationen

Zwei Karten sollen dem Leser helfen, sich in der Vielfalt der nordamerikanischen Stämme zurechtzufinden. Karte 1 (auf dem Vorsatzblatt) zeigt die Verteilung der wichtigsten Stämme zum Zeitpunkt des ersten Kontakts mit den Europäern. Eine solche Karte muß immer unrealistisch sein, weil jedes einzelne Gebiet einen anderen Zeithorizont repräsentiert: Das Gebiet der Plains wird zum Beispiel zu einem Zeitpunkt gezeigt, als die Stämme Ostnordamerikas teilweise bereits ausgerottet oder umgesiedelt waren, während die Gruppen im intermontanen Becken noch ohne europäischen Kontakt waren und sich daher nichts über ihre genaue Lokalisierung aussagen läßt. Auch ist es unmöglich, alle der mehr als tausend ethnischen Gruppen auf einer Karte des gegebenen Formats einzuzeichnen. Eine weitere Schwierigkeit ergibt sich aus der Tatsache, daß Stämme als kulturelle oder politische Einheiten nicht notwendigerweise kongruent sind. Der getroffene Kompromiß beruht auf folgender Richtlinie: alle Stämme werden verzeichnet, die im Buch erwähnt sind, außerdem die wichtigsten anderen Gruppen.

Der Karte 1 ist eine Übersicht über die Zugehörigkeit der Stämme zu den einzelnen Sprachgruppen beigegeben. Die angeführten Sprachverbände sind nicht alle gleichermaßen gut nachweisbar. Das Ausmaß ihrer internen Diversität liegt meist oberhalb dessen der indogermanischen Sprachen. Innerhalb der großen Verbände sind die meist besser erforschten engeren Sprachverwandtschaften durch Bindestriche voneinander getrennt.

Karte 2 (auf dem Nachsatzblatt) zeigt die Stämme und Reservationen in den USA im Jahr 1975. Alle Reservate – gleich ob Bundes- oder Staatsreservat – sind auf der Karte eingetragen, die wichtigsten sind auch benannt. Diese Benennungen entsprechen nicht immer den Namen der Stämme, die auf ihnen leben. Auch hier sind erklärende Hinweise beigefügt. Stämme ohne Reservationsland werden der Wichtigkeit nach lokalisiert.

Die Schreibweise der Stammesnamen richtet sich – außer in Einzelfällen – nach jener, die auch im neuen *Handbook of North American Indians* Verwendung findet. Es sind dies grundsätzlich auch die von den Stämmen selbst benützten Bezeichnungen. Die Navajos haben sich zum Beispiel erst vor wenigen Jahren offiziell für die Form mit *j* (aus dem Spanischen) und gegen die in der Literatur häufige Variante »Navaho« entschieden.

Die meisten Eindeutschungsversuche der Vergangenheit sind mißlungen. Neue solche Versuche erscheinen wenig zielführend, zumal die Literatur zum größten Teil englisch ist und der Leser bei ihrer Benützung nur Probleme der Identifikation hat. Ausnahmen, die sich durchgesetzt haben, sind Irokesen für Iroquois, Huronen für Huron (beide auch adjektivisch eingedeutscht: irokesisch und huronisch), Apachen für Apache sowie Mohikaner für Mahican. Diese Fälle wurden auf der Karte in englischer Schreibweise belassen, im Text wurde der deutschen Version der Vorzug gegeben.

Namenregister

Ein * nach Personennamen bedeutet, daß der betreffende Name nur im Abschnitt *Quellen und Literatur* erwähnt wird.

447

Sachregister

455

456

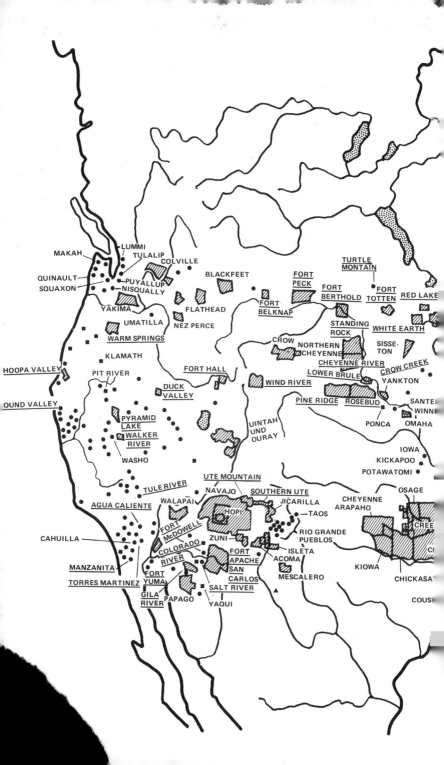